目　录

1

“博学而笃志，切问而近思。”

（《论语》）

博晓古今，可立一家之说；

学贯中西，或成经国之才。

旦博学·复旦博学·复旦博学·复旦博学·复旦博学·复旦博学·复旦博学

作者简介

倪世雄,1940 年 5 月出生,安徽舒城人。1964 年毕业于复旦大学,教授、博士生导师、教育部社会科学委员会委员。曾任复旦大学国际关系与公共事务学院院长、国际问题研究院院长、美国研究中心主任,现任上海世雄国际关系研究中心主任,兼任中华美国学会副会长、全国高校国际政治研究会名誉会长、清华大学苏世民书院讲座教授。

主要研究方向:国际关系理论、美国对外战略和政策、中美关系。

出版著作:《当代美国国际关系理论流派文选》(主编)、《冲突与合作》(主编)、《当代西方战略理论》(主编)、《世纪风云的产儿》(合著)、《国际关系理论比较研究》(合著)、《国际人权论》(合著)、《战争与道义》、《结交一言重 相期千里至——一个中国学者眼中的中美建交 30 年》、《中国国际关系理论研究》(合著)、《国际关系理论探索文集》、《美国政治的理论研究》(合著)、《我国的地缘政治及其战略研究》、《中美关系:故事与启示》等。

发表论文:《西方国际关系主要流派评述》《第二次世界大战与西方国际关系理论》《西方国际关系理论的新发展》《邓小平与中美关系》等 150 多篇。

Contents

第一版序一

　　"国际关系理论是一门既年轻又古老的学科"。本书第一章绪论第一句便引了斯坦利·霍夫曼这句名言——也是大实话。这门与哲学、历史、经济学相比还处于孩提时代的学科,在西方,其学说流派之多,却不遑多论。读者从本书即可窥其一斑。但大体上说,西方国际关系理论可分为两大类和两大块。

　　两大类:一类是论述国际关系内在联系和发展规律的。本书评述的理想主义、现实主义、新现实主义和部分新自由主义学说以及某些批判理论,属于此类。它们各有自己的核心概念和理论框架,都有一定的逻辑和经验的根据。另一类是技术型的,包括被利斯特誉为"英雄十年"内风靡一时的行为主义学派的多数,以及直接借鉴其他学科,不一定专属国际关系的,诸如博弈论等。

　　两大块:"主流"和"非主流"。"主流"即美国国际关系理论研究的主流派,不包括尚未融入和不想融入主流的美国学者;"非主流"泛指西方其他国家国际关系理论。本书对后者只简要介绍了英国、北欧的,自是一大欠缺,据说有人还作过一番"英国学派在中国"的实地考察和分析。英国虽是世界上第一个在大学开设国际关系课程的国家,但这门学科却在美国发展得最快,以致英国学者也自认英国学派是在美国"主流"之外的"非主流"。实际上,1959 年成立的国际政治学理论英国委员会举办的许多研讨会,若非洛克菲勒基金会的资助,怕也开不起来。本书着重或者说集中评介这个"主流",也算是基本上反映了西方国际关系理论的现实。然而就核心概念的归纳和理论框架的锤炼而言,英国学派的"国际体系""国际社会"和"世界社会"的哲学基础、历史底蕴和分析方法,较之"主流"的现实主义、新现实主义和新自由主义似高出一筹。近年来西欧学术界提出重振大陆学派,激进的

1

批判理论再度为世人瞩目,这也许可扩大我们的视野,使我们对西方国际关系理论有一个更为总体的认识。

不过,从本书集中评介"主流"的几次论战,可以看到两大类国际关系理论实际是相互补充,互相促进提高。力图论述国际关系内在联系和发展规律的这一类理论,在技术型的行为主义挑战下,经历了简单—复杂—再简单—再复杂的发展过程。威尔逊理想主义和摩根索现实主义归纳出来的概念和框架比较简要,其不同的哲学思辨和相同的现实政治诉求十分清楚。但在行为主义各种方法论的批判下,这一类理论便被补充得非常精细复杂,连"均势"也可以行为体数量多寡细分为十余种。到了华尔兹的结构现实主义,便干脆宣称只要国际社会存在无政府状态,便一定有均势,均势与行为体的数量无关。这又回复到简单。至于本书所说的目前正在开展的"第四次"或"第五次"论战,即新自由主义的体制论挑战结构现实主义或新现实主义,以及以时下新秀为代表的建构主义挑战新自由主义等,则将"主流"的第一类理论再推上精细复杂的路程。不过,此次新挑战方强调的,不是上次行为主义的"科学方法",而是传统的人文因素,加上社会学的认同、学习乃至移植等等。

可见,每经一次论战,两类理论相互补充得更加完善。也许再经过一段时期,西方国际关系理论还得从目前的纷繁复杂回归到简明扼要,构筑起涵盖面广、概括性强、时间考验性长的大理论(grand theory)。对此,"主流派"大多持乐观态度,认为流派林立、学说纷呈是件好事,只要不固执己见,互补已是事实。于是,严谨的学者告诫学子不要轻言理论,多说方法(approches)为好——这也是大实话。因为国际关系的研究对象究竟是哪些,似难说清,迄今未取得共识,而这恰好是国际关系学多学科和跨学科的特征。

不过就国际关系本义说的国与国之间的互动关系而言,八十多年来,西方国际关系理论在这方面已从实践中总结了一些相对稳定并高度实用的理论概念和框架,虽说不断受到各类批判理论的抨击。愚意这是应该予以梳理、比较和分析的。假以时日,倘能写出一部如朱光潜先生《西方美学史》(这当然是大师级的了)那样的西方国际关系学说史,如此,出版社拿到去掉"西方"两字的国际关系理论的书稿的日子将不会太远。王逸舟教授在《中国国际政治理论研究的几个问题》一文中提到"我们可能缺少对当代国际政治学经典作品的全面介绍,特别是对 20 世纪 80 年代以来国外学者的工作及其重要作品的分析",这更切实际,而且是可以做到的。

倪世雄教授是国内系统介绍西方国际关系理论的先驱者之一。这次他和他的博士生完成的《当代西方国际关系理论》是部辞书性的著作,尤其对西方"主流"学说及其在 20 世纪 80 年代以后的发展作了详尽的评述,一定程度上呼应了王先生,为深入探究国际关系理论提供了有重要价值的参考。

刘同舜
2001 年元月于复旦大学世界经济研究所

第一版序二

面对《当代西方国际关系理论》这部巨著,我颇有望而生畏之感,何况倪世雄教授在国际关系理论研究领域有精深造诣,要由我为其巨著作序,更不免诚惶诚恐,望而却步。但想到他近 20 年来在该领域披荆斩棘、奋力耕耘、孜孜以求的精神,我遂鼓起了落笔的勇气。

倪世雄教授是改革开放中的幸运者,当开放大潮刚在祖国大地涌动之时,他就受祖国的嘱托赴美国深造,师从约瑟夫·奈、斯坦利·霍夫曼等美国著名国际关系理论学者,进入一个当时颇具风险却又完全陌生的领域。当他学成归国时,用尽自己微薄生活津贴积蓄购回国内的并不是当时稀罕的家用电器,而是教育、研究急需的一箱箱书籍,拳拳报国之心可见一斑。更可贵的是,他立即以极大的理论勇气,投身于中国国际关系理论学科的建设。从 1987 年出版《当代美国国际关系理论流派文选》,到今天《当代西方国际关系理论》的问世,其间不断地有新论著登上中国国际关系理论学科的殿堂,为该学科建设增辉。它的论著之所以总是那么令人注目,是因为他奉献给读者的,是经过他细细品味的理论、历史、现状相结合的精心雕琢过的研究成果,能给人以科学的启迪;是因为他奉献给读者的是实现中国国际关系理论创新所需要的营养物质。

中国国际关系理论的创新有三个来源:一个是马克思主义当代发展的最新科学成果,包括我国对外关系发展实践在理论上所提供的最新建树;一个是国际问题研究当代发展的最新科学成果,包括国际关系史、外交史研究的最新科学成果;一个是外国国际关系理论研究的最新科学成果。没有这三者提供的营养物质,没有这三者的结合,就谈不上中国国际关系理论的创新。倪世雄教授善于运用前两个来源的最新科学成果研究当代西方国际关系理论,发掘其合理的内核,剥取其精华,这是非常有意义的工作。严格地说,只要是科学真理,不用忌讳其究竟来自西方抑或来自东方;关键是要鉴别其是否是科学的真理。应该看到,在西方国家中有一大批专心致志地从事学术研究的学者,著作等身的学者也不在个别,这都是令人钦佩的。在他们的论著中,隐含着很有见识的分析和判断、高瞻远瞩的真知灼见,需要我们去发掘,去雕琢,以便开拓我们的视野,丰富我们的知识,拓展我们的思路。马克思主义从其诞生时起,从未放弃过从其他学说中吸纳有价值的东西,无论是科学的内核还是合理的外壳都不排斥,因而具有强大的生命力,总是代表世界最先进的生产力发展要求,代表人类最先进的文化发展方向,代表世界最大多数人民的最大利益。中国国际关系理论要发展,要创新,只能坚持马克思主义这种科学态度。

21世纪是一个国际关系将发生伟大变革的世纪,日新月异的现代科学技术成就不仅将促进生产力和社会财富的巨大增长,而且将孕育国际关系发生伟大变革。客观地说,现存的国际关系理论是适应国际社会主权国家体系运作的需要而产生的,国家利益理论、权力理论、地缘政治理论、均势理论以及我国的和平共处五项原则理论、独立自主理论、国家安全学说等,都是以主权国家体系为背景的。尽管人们在外交决策时无不致力于全局性、战略性考虑,但核心的主体是主权国家。然而由20世纪末发端的全球化趋势所孕育的国际关系的伟大变革,需要人们在主权国家体系与全球化之间找到一个平衡点。在人们可以预期的未来,主权国家体系不可能退出历史舞台,尚不可能有一个权威的国际体系来取代主权国家体系,但是必须同时面对全球化发展趋势所孕育的国际关系伟大变革及因此提出的问题,形成相应的理论,找到应对这些问题的机制。尽管人们所熟悉的主权国家体系理论并不都会过时,但面对全球化趋势,如何与主权国家体系理论建立平衡点,却有着大量未知的领域,这都是国际学术界有待研究的课题。

与全球化相关的另一个重要问题是,当今的全球化是在资本主义生产方式基础上孕育发展起来的,资本主义传统弊病的存在,即使西方国家学术界也不讳言。这些弊病的存在是国际社会在21世纪发展中所必须解决的问题,否则将会严重影响国际社会的稳定,和平与发展都会面临严重挑战,国际关系就不可能健康发展。所以,如何揭示全球化趋势中的合理内核,剥离其非理性,都有大量的理论工作要做。

21世纪也是中华民族伟大复兴的世纪,中国不仅将继续坚持独立自主的发展道路,而且将更深入地融入国际社会,因此可能面对的机遇和风险同样都是巨大的。中国外交在传统上主要是与一个个国家打交道,而今要准备加入各种多边体系,要准备进入一个日益机制化的国际体系,面临着大量我们未知的、不熟悉的东西;我们不仅要考虑如何适应,而且要考虑如何有所作为。解决这些问题既是中国发展对外关系的现实需要,也是要让世界理解中国的崛起是增强国际关系稳定的重要因素。这一切同样使我们的国际关系理论研究面临大量的课题。

新世纪呼唤着中国国际关系理论的创新。放在我们面前的这部巨著,再一次为新世纪国际关系理论的创新提供了宝贵的营养,我们不能不感谢倪世雄教授为此作出的巨大努力。

金应忠

2001 年元月

第一章 绪 论

国际关系理论是一门既年轻又古老的学科。

——斯坦利·霍夫曼:《战争的状态》

国际关系理论是一门关于人类生存的艺术和科学。如果人类文明在未来 30 年横遭扼杀的话,那么,凶手不是饥荒,也不是瘟疫,而将会是对外政策和国际关系,我们能够战胜饥荒和瘟疫,却无法对付我们自己铸造的武器威力和我们作为民族国家所表现出来的行为……国际关系太重要了,以至不能忽视它;然而,国际关系又太复杂了,以至难以一下子掌握它。

——卡尔·多伊奇:《国际关系分析》

每一个时代的理论思维,从而我们时代的理论思维,都是一种历史的产物,在不同的时代具有非常不同的形式,并因而具有非常不同的内容。

——恩格斯:《自然辩证法》

第一节 什么是理论——研究基点

研究西方国际关系理论（IRT），首先遇到的一个问题是：什么是理论？这个问题是研究西方国际关系理论的一个重要出发点。

"理论"一词源于希腊语"θεωρω"，意指"to look at"（看、视为、判断、思考或审视）。[①] 亚里士多德将"理论"视为"知"（knowing），而非"做"（doing）。休谟曾依此提出三种基本的求"知"手段：演绎推理、实证知理和价值判断。[②]

詹姆斯·多尔蒂和罗伯特·法尔兹格拉夫劝告国际关系学领域的学生不应被"理论"一词所吓住，他们认为："理论只是对现象系统的反映，旨在说明这些现象，并显示它们是如何相互密切联系的。"[③]

在西方国际关系理论领域，关于"什么是理论"有以下几种常见的表述：

——理论"代表取向"，是"概念框架"，甚至涵盖"分析技巧"。[④]

——理论是知识系统，是概念和愿望的体系，是系统化了的理性认识。[⑤]

——理论是一种思维的"象征性构建"，包括"一系列相互关联的假设、定义、法则、观点和原理"。[⑥]

——理论是"组合事实的框架"，"认可和遴选事实的模式"，"加工知识原料的手段"；是对客观事物的"一种思维抽象"，呈现出"选择、分类、排列、简化、推理、归纳、概括或综合的过程"。[⑦]

——安纳托尔·拉普波特在研究"理论"时，特意指出其四层含义：

[①] Theodore Conloumbis and James Wolfe, *Introduction to International Relations—Power and Justice*, Prentice Hall, Inc., 1981, p.12.

[②] James Dougherty and Robert Pfaltzgraff, Jr, *Contending Theories of International Relations*, Longman, 1997, 4th Edi., p.22.

[③] Ibid., p.15.

[④] Robert Lieber, *Theory and World Politics*, Winthrop Publishers, 1972, p.8.

[⑤] *The Compact Edition of the Oxford English Dictionary*, Oxford University Press, 1971, p.3284.

[⑥] James Dougherty and Robert Pfaltzgraff, Jr, *Contending Theories of International Relations*, Longman, 1997, 4th Edi., p.21.

[⑦] Charles McClelland, *Theory and the International System*, MacMillan Company, 1966, pp.6–7, p.11.

（1）在特定条件下,研究并证实关于现实世界的原理、定理或法则;（2）提炼直观概念,以形成对事物的客观认识;（3）在社会科学领域,应依据历史政治事件理解人们行为、社会文化和政治制度;（4）在规范意义上,政治理论的应用往往倾向于研究"应该如何"（what "ought to be"）。①

——肯尼思·华尔兹在他的名著《国际政治理论》中,专门用了一章的篇幅写"理与理论"问题,阐述理论的定义、建构和检验。华尔兹强调,法则与理论的关系是研究国际政治的出发点。他据此提出理论的两个最基本的定义:

第一,理论是"一组组关于特殊行为或现象的法则"。②

第二,理论不仅是法则,而且还是"说明法则的道理和观点"。③

由此,华尔兹提出,理论不同于法则,"理论说明法则"。法则是"抽象的事物,理论是说明、解释法则的思维过程";法则是静态的,理论是动态的,理论伴随着从"是或否"问题（a yes-or-no question）到"如何和多少"问题（a how-and-much question）的变化。华尔兹指出,他个人选取第二个定义。④

关于如何建构理论,华尔兹强调,理论是对规律的解释,"必须从客观现实中加以抽象提炼,而将人们看到的和经历的大部分事情放在一边"。⑤ "理论确实可以反映和解析现实,但它不是现实。"理论的构建是"创造性的过程",其主要特点是:（1）分离;（2）联系;（3）抽象;（4）理性。⑥ 华尔兹认为,第一和第二两个特点尤为重要。"将一个领域从别的领域分离出来,是构建理论的一个前提。"⑦理论意在一些因素比其他因素更重要,并进而反映它们之间的关系,表明"什么与什么相关联,以及这种联系是如何建立的"⑧。

华尔兹以构建国际政治学为例,进一步阐明理论形成的要点:首先,国际政治学研究者应接近国际关系的现实,不断增加国际问题研究的实证内容;其次,在整个过程中应视国际政治学为一个分离出来的独立的研究领域;然后,应努力去发现该领域的原理和规则,并寻找能说这些已发现的原

① Anatol Rapopert, "Various Meanings of Theory", *American Political Review*, No.12, 1950.
② Kenneth Waltz, *Theory of International Politics*, McGrow-Hill Publishing Company, 1979, p.2.
③ Ibid., p.5.
④ Ibid., pp.5-6.
⑤ Ibid., p.68.
⑥ Ibid., pp.9-10.
⑦ Ibid., p.8.
⑧ Ibid., p.14.

理和规则的途径。[①]

在关于构建理论的讨论中,其他学者也提出了一些有价值的看法。如斯坦利·霍夫曼认为,理论构建的优劣,一方面决定于科学取向的程度,这包括指定性假设、解释性法则和方法论运用三要素;另一方面与应用目标达到的程度有关,这又包括哲学分析、实证方法和政策取向三要素。[②] 科学范式"开先河"者托马斯·科恩提出理论的"使用价值"问题。他认为,要构建理论需要掌握集成和处理数据与事实的科学手段,还需要确定选择和分析的科学标准。[③]

在讨论理论的定义和构建后,需提及的另一问题是理论的功能问题。戴维·辛格认为,理论是一个内部相互联系的、实证概括的分析整体,它拥有描述、解释和预测的功能。[④] 罗伯特·利珀等也指出理论的这三大功能:[⑤]

第一,描述。理论必须确切地描述现实世界发生的事件。

第二,解释。理论应对说明这些事件发生的因果,说明"行为规律"和进行"评估分析"。在一个特定的体系里,理论解释事物的"连续性、反复性和规律性"。[⑥]

第三,预测。理论还应对事件的未来发展作出预测。针对在这个问题上"易产生的误解",利珀指出,一般来说,是预测"事物发展和结果发生的模式或总趋势,是事物的未来的发展,而不是具体事件的发生。如果要求理论能预测所有具体事件的发生,就会造成不可克服的理论上的混乱和困难"。关于对理论的预测作用的这一客观分析,我们在本书后面还会加以讨论。

最后,在讨论"什么是理论"时,自然会引出两个相关的重要问题:理论与哲学的关系和理论与历史的关系。

① Kenneth Waltz, *Theory of International Politics*, McGrow-Hill Publishing Company, 1979, p.116.
② Stanley Hoffmann, *The State of War—Essays on the Theory and Practice of International Relations*, Praeger Publishers, 1965, pp.5-6.
③ Thomas Kuhn, *The Structure of Scientific Revolution*, University of Chicago Press, 1962, p.15.
④ David Singer, "Inter-nation Influence: A Formal Model" in James Rosenau (ed.), *International Politics and Foreign Policy*, Second Edi., Free Press, 1969, p.380.
⑤ Robert Lieber, *Theory and World Politics*, Winthrop Publishers, 1972, pp.5-6.
⑥ Kenneth Waltz, *Theory of International Politics*, McGraw-Hill Publishing Company, 1979, pp.68-69.

理论与哲学

詹姆斯·多尔蒂和罗伯特·法尔兹格拉夫在新版的《争论中的国际关系理论》一书中，指出理论的"科学哲学"问题，[①]强调理论与哲学的密切关系。哲学一词源于古希腊文 Phileo（爱）和 Sophia（智慧），意指"爱智慧"。其德语为 Wissenschaft，意指一种特殊的"科学"，[②]它涵盖自然科学和社会科学。理论的"科学哲学基础"既源于自然科学中的现象解释，又源于社会科学的历史研究，表现为"政治分析、规范研究、科学证实"。理论含有的"哲学内核"往往表现为社会科学的理论升华，同样地，哲学也为国际关系理论的产生和发展提供内动力和科学基础。"理论"甚至被视为"哲学"的对等词，理论即是一种意识形态，"一组内部相互联系的概念、假设和原理"。[③] 在所有的学科中，哲学体现了"最普遍、最基本、最抽象、最原始的道理"，[④]寻求理论、构建理论离不开哲学。"哲理"是哲学和理论的统一，理论也是哲理。哲学是理论化、系统化的世界观，是研究理论的科学基础。

西方学者在研究理论时注意到哲学基础，这是值得称道的。但马列主义的哲学思想具有更深刻的洞察力度和分析力度，提供更加科学的研究方法。马列主义关于哲学与理论关系的论述中，有三点尤为重要：

第一，与理论一样，哲学是时代的产物。马克思说过："任何真正的哲学都是自己时代精神的精华……是文明的活的灵魂。哲学已成为世界的哲学，而世界也成为哲学的世界。"[⑤]

第二，科学地把握思维和存在的关系。哲学的基本问题是物质和意识、存在与思维。恩格斯就曾说过："全部哲学，特别是近代哲学的重大的基本问题，是思维和存在的关系的问题。"[⑥]这一关系也是理论的重大的基本问题。它涉及的具体方面是：人们的思想与客观世界有何关系？人们的思维是如何形成的？人们关于现实世界的认识（表象、概念、理论）如何反映现实世界？

① James Dougherty and Robert Pfaltzgraff, Jr, *Contending Theories of International Relations*, Longman, 1997, 4th Edi., p.21.
② ［德］文德尔班：《哲学史教程》（上卷），商务印书馆，1996 年，第 8 页。
③ James Dougherty and Robert Pfaltzgraff, Jr, *Contending Theories of International Relations*, Longman, 1997, 4th Edi., pp.21—22.
④ 林德宏主编：《哲学概论》，南京大学出版社，1997 年，第 4 页。
⑤ 马克思：《第 179 号〈科伦日报〉社论》，《马克思恩格斯全集》，第 1 卷，第 121 页。
⑥ 恩格斯：《路德维希·费尔巴哈和德国古典哲学的终结》，《马克思恩格斯全集》，第 21 卷，第 315 页。

第三,唯物主义哲学是理论研究的有力武器。马列主义认为,人类科学思想的最大成果就是唯物主义哲学。列宁指出:"马克思加深和发展了哲学唯物主义,使它成为完备的唯物主义哲学,把唯物主义对自然界的认识推广到对人类社会的认识。"①我们常说的"政治哲学"即为唯物主义哲学。掌握政治哲学对研究理论,包括研究国际关系理论有着关键的意义。

理论与历史

另一个问题是理论与历史的关系。历史与理论有区别,但两者关系密不可分。雷蒙·阿隆说过,历史是过去的政治,理论的实质是历史。肯德尔·麦耶斯指出:"历史之所以重要,是因为它提供了研究国际事务的最好的框架。没有历史,我们在政治上就会陷入茫然。"②1993年,约瑟夫·奈把他在哈佛大学的讲稿整理成书,题为《理解国际冲突》,他加了一个有意思的副标题:"理论与历史简论"。约瑟夫·奈认为,研究国际问题,仅仅理论或者仅仅历史都是不够的,需要"理论与历史"的互联和互动。把理论隔离于现实之外,或以抽象的理论取代现实,都是错误的;把国际关系史等同于国际关系理论也是片面的。国际关系史不是国际关系理论,但国际关系史为国际关系研究提供赖以提炼升华为理论的原始材料和现实基础。约瑟夫·奈强调:"只有将理论与历史结合起来,才能避免上述错误。"他还建议加强理论与历史之间的"对话"。③ 应该说,这些都是很有见地的看法。

恩格斯说得好:"每一时代的理论思维,从而我们时代的理论思维,都是一个历史的产物,在不同的时代具有非常不同的形式,并因而具有非常不同的内容。因此,关于思维的科学,和其他任何科学一样,是历史的科学,关于人的思维的历史发展的科学。而这对于思维的实际应用于经验领域也是非常重要的。"④历史伟人站在时代高峰所作出的深邃概括,如今读来仍是铿锵有力,入木三分!

习近平指出:"历史是人类最好的老师。""历史研究是一切社会科学的基础,承担着'究天人之际,通古今之变'的使命。"⑤

---

① 列宁:《马克思主义的三个来源和三个组成部分》,《列宁选集》,第二卷,第441—446页。
② 美国历史学家肯德尔·麦耶斯在上海进行学术演讲:"历史对于国际问题研究为什么重要",2006年7月2日《解放日报》,第8版。
③ Joseph Nye,*Understanding International Conflicts—An Introduction to Theory and History*,Harper Collins College Publisher,1993,p.xiii-ix.
④ 恩格斯:《自然辩证法》,《马克思恩格斯全集》,第20卷,第382页。
⑤ "习近平致第22届国际历史科学大会的贺信",新华社济南2015年8月23日电。

要处理好理论与历史的关系,必须把握住三个基本观点:

第一,理论是历史的产物,历史是理论的基础。

第二,理论是一种思维的科学,其本质是历史。

第三,检验理论的标准是实践,包括国际关系理论在内的学术理论或社科理论服务于历史实践,并接受现实历史的检验。

在长期研究国际关系过程中,不少西方学者以求真、求实、求知的认真态度,努力探索科学的理论。罗伯特·利珀就提出"建立科学的国际关系理论"的必要性和可能性问题,他指出:"不言而喻,在探究国际关系时,需要建立科学的大理论体系。"①近一个世纪以来,西方学者也曾为此作过努力。然而,西方学者探索理论的道路是艰辛的,由于在理论与哲学、理论与历史结合上的偏颇和世界观、认识论的局限,他们构建科学理论的努力往往暴露出明显的弱点。本书将依据这一特点,对西方国际关系学者的理论探索和创新进行比较系统客观的回顾和评述。

第二节 什么是国际关系理论——定义之辩

什么是国际关系理论? 简单的回答是,作为一种学术总称,国际关系理论意指研究各种国与国之间关系的科学分析框架和理论体系。

据考证,大约在 17 世纪中叶,被誉为"国际法之父"的荷兰学者雨果·格劳秀斯最早使用"国际之法"表示国家之间应遵循的法律和法则。直至那时,作为学科术语的"国际关系"尚未正式出现。法国学者马塞尔·穆勒认为,要确切、具体地道出"国际关系"何时正式开始是困难的,甚至是"不可能的"。② 后人发现,1789 年,杰里米·边沁在《立法原理和道义概论》一书里使用"国际关系"叙述国际立法方面的问题。可见,国际关系理论的诞生,不仅与国际法直接有关,而且也是确切表达主权国家之间关系的现实需要。不久,"国际关系"一词就被广泛地采用、普及开来。然而,国际关系理论作

---

① Robert Lieber, *Theory and World Politics*, Winthrop Publishers, 1972, p.4.

② Marcel Marle, *The Sociology of International Relations*, Translated from French by Dorothy Parkin, Berg-Leamington Spa Publishers, 1987, p.15.

为一门独立的系统的学科问世于社会科学之林,又历经了一百多年的时间。

查尔斯·麦克兰德在《理论与国际体系》一书里,提及该学科常见的名称有国际关系、国际政治、对外关系、国际事务、外交事务、世界事务、世界政治、外交政策、对外区域研究和国际问题研究。但他认为该学科"最好的名称是国际关系"。[①] 用得很频繁的另一名称"国际政治"与"国际关系"的区别在于,国际关系研究世界上基本行为体的跨国的各种相互关系,而国际政治重点研究国家的行为和国家之间的政治关系。[②] 两者并无本质区别,但"国际关系"涵盖面明显要宽广得多。本书因而倾向使用国际关系理论。

关于国际关系的定义,几十年来,西方学者一直是仁者见仁,智者见智,众说纷纭,难以一致。这是一个客观事实,不必强求。斯坦利·霍夫曼曾把这一现象比喻为"购物中心",各种定义,层出不穷,琳琅满目,令人眼花缭乱。

阿诺德·沃尔弗说,国际关系是一种博弈。

斯坦利·霍夫曼认为,国际关系是棋盘上的政治争斗。

欧奈斯特·莱弗沃视国际关系为历史舞台上风云变幻的戏剧。

卡尔·多伊奇则指出,国际关系是关于人类生存的艺术和科学。

以上是几种较为形象的表述。事实上,学者们更多地是围绕着主权国家之间关系,从不同角度,用较严谨的学术语言对国际关系和国际关系理论进行界定。择其典型表述如下:

1. 汉斯·摩根索提出,国际关系是"处于权力之争的国家之间的关系,其实质是权力政治"。国际关系理论则是关于"为权力而斗争的国家关系的学科"。[③] 摩根索和他的学生、著名学者肯尼思·汤姆逊强调,国际关系的核心是国际政治,而国际政治的主题是主权国家之间的权力之争。

2. 昆西·赖特曾列举过23种不同的国际关系定义,但他认为最贴切的定义是,国际关系意指民族、国家、政府和人民之间的关系。国际关系理论则是全面叙述、解释、评价、预测世界上不同政治社会关系的研究项目或学科。[④] 国

① Charles McClelland, *Theory and the International System*, MacMillan Company, 1996, pp.6—7, p.17.

② Steve Smith, *International Relations—British and American Perspectives*, Basil Blackwell Ltd., 1985, p.6.

③ Hans Morgenthau, *Politics Among Nations—A Struggle for Power and Peace*, Knopf Publisher, 1978, p.35.

④ Quincy Wright, "Develpment of a Grand Theory of International Relations", in Horace Harrison (ed.), *The Role of International Relations*, Princeton University Press, 1964, p.20.

际关系理论是一门充满活力的"新兴学科"。

3. 欧奈斯特·莱弗沃认为,国际关系是关于主权国家之间权力对权力、利益对利益、目标对目标的长期斗争。

4. 斯坦利·霍夫曼则指出,国际关系的实质是国家之间关系的政治。① 国际关系理论则是关于影响世界基本单位的对外政策和权力地位的因素和活动的学科。②

5. 弗利德里克·邓在 15 个定义中选取了这样一个:国际关系是指世界体系内各个政治集团或实体之间的复杂关系,其核心是权力问题。国际关系理论则是"关于那些跨国的关系的知识总和"。③

6. 查尔斯·麦克兰德认为,国际关系理论是关于"世界上有组织社会实体互动关系的研究",包括对这些互动关系的有关环境的研究。④ 他还指出,国际关系理论与各个社会实体之间的"接触、来往和互动的利益"密切相关,目的是"寻求这些接触、来往和互动关系的学科体系",探究这些关系的事件过程、环境演变及其历史经验。⑤ 国际关系不同于对外政策。对外政策表现为单向式的一国与其他国家的关系(见对外政策的基本模式图),而国际关系则表现为双向式的国家或实体之间的互动关系(见国际关系的基本互动模式图)。

对外政策的基本模式图

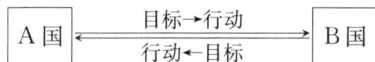

国际关系的基本互动模式图

---

① Stanley Hoffmann, "An American Social Science: International Relations", Daedalus, Summer 1977.

② Stanley Hoffmann, *Contemporary Theory in International Relations*, Prentice-Hall, Inc., 1960, pp.4-6.

③ Frederick Dunn, "The Scope of International Relations", *World Politics*, October 1948.

④ Charles McClelland, *Theory and the International System*, MacMillan Company, 1996, p.18.

⑤ Ibid., p.17.

7. 卡尔·多伊奇另辟蹊径,指出民族国家拥有控制境内事件的能力,但却难以控制发生在境外的事件,包括民族国家自己的行动。因此,国际关系理论应研究民族国家之间不可避免的相互依存和民族国家缺少控制能力的问题。①

8. 卡尔·多伊奇的学生、南加州大学教授海沃德·阿尔克尤为推荐的定义是:国际关系包含人类的活动和各个国家人民的相互交往;国际关系是关于世界上基本单位之间冲突和合作的相互关系。

9. 特莱弗·泰勒认为,国际关系理论是解释跨越国境的各国政治活动的学科,如今它已发展为主要研究国家的官方代表——政府之间的政治关系。②

10. 尼古拉·斯巴克曼是较早对国际关系理论提出严格定义的学者,先用"国家之间关系"(interstate relations),后用"国际关系"(international relations),他认为,国际关系是关于不同国家的人与人之间的关系。③

11. 马丁·怀特则很早就指出,国际关系不单是指国家之间的关系,而且还指组成国家的个人和集团之间的跨国关系。④

12. 多尔蒂和法尔兹格拉夫从同样角度把国际关系理论界定为研究一国或其他国际行为者是如何用某种方式影响别国或别的国际行为者的。⑤

13. 约翰·伯顿提出国际关系理论应"说明和预测国家间关系和世界大体系的运作及其过程"。⑥

14. 罗伯特·利珀认为,政治学是"社会科学的首席学科",国际关系理论是该学科的核心组成部分,它是"关于有组织的大群体和国家之间的关系的研究"。与政治学相比,国际关系理论重点涉及三要素(无政府状态、秩序和限制)和三关系(无政府与秩序、冲突与合作、限制与发展)。⑦

---

① Karl Deutsch, *The Analysis of International Relations*, Prentice Hall, Inc., 1978, Preface and Introduction.

② Trever Taylor, *Approaches and Theories in International Relations*, Longman, 1978, p.1.

③ Nicholas Spykman, *Approaches to International Relations*, Washington, DC,1933, p.60.

④ Martin Wight, "Preface in International Theory", in Gabriele Wight (ed.), *International Theory*, Leicester University Press,1991, p.xix.

⑤ James Dougherty and Robert Pfaltzgraff, Jr, *Contending Theories of International Relations*, Longman, 1997, 4th Edi., p.18.

⑥ Steve Smith, *International Relations—British and American Perspectives*, Basil Blackwell Ltd., 1985, p.5.

⑦ Robert Lieber, *No Common Power*, Harper Collins College Publisher, 1995, pp.4–5.

15.弗尔·威廉斯指出,国际关系理论应研究"国际体系中的和平与战争、冲突与合作、独立与相互依存、秩序与无序、无政府状态与社会、主权与干预、权力与等级等重大问题",而"研究这些问题具有广泛性、深刻性和普世性"的特点。①

上述定义各有不同的侧重:有的强调国家之间的权力之争;有的突出国际关系的行为者;有的着重提及国际关系的大范围——主权国家所处的世界体系;有的则说明国际关系的内涵——国家间合作与冲突的相互关系。它们涉及国际关系行为者(个人、群体、国家、国际体系)的互动关系,也涉及国际关系中的权力与利益、冲突与合作、无序与有序等重要关系,其不同侧重与不同理论渊源、不同学派观点、不同研究方法有关。如果把这些典型的表达综合起来,我们即可大致上勾勒出西方学者关于国际关系的基本定义:国际关系是指处于世界体系内各主权国家和其他独立实体之间的多层次关系——集团、国家、跨国公司、区域共同体、国际组织等之间的关系和多维性关系——政治、经济、军事、外交、文化等方面的关系,国际关系理论则是描述、解释、研究、评估和预测这些关系的现状与发展的理论。

那么,什么是国际关系理论的研究对象和内容呢?

在讨论这个问题之前,有必要提及国际关系理论与政治学的关系。斯坦利·霍夫曼说:"政治学是国际关系理论的养育之母。"国际关系理论是从政治学的母体中孕育生长起来的。汉斯·摩根索在《政治学的困境》中有这样一句概述性的话:"国际政治学的任务就是把政治学的一般原则运用到国际关系领域中,并根据国际政治的独特性质对这些原则重新加以表述、修正和规定。"这说明国际关系理论的研究对象与政治学的发展密切有关,是将政治学关于国家学说的一般原理扩充和延伸到由国家组成的国际社会范畴。国际关系理论的研究对象也自然就是国家和国际社会及其之间的关系了。

早在1935年,英国学者艾尔弗雷德·齐姆恩就指出,国际关系研究的内容从自然科学伸展到道义哲学,涉及历史、政治、经济、地理、人口、外交、国际法、伦理学、宗教和科技等领域。② 弗利德里克·邓列举了五方面研究

---

① Phi Williams, Donald Goldstein and Jay Shafritz (ed.), *Classic Readings of International Relations*, Wadsworth, a division of Thomson Learning, 1999, Preface.

② Sir Alfred Zimmern (ed.), *The Teaching of International Relations in Universities*, Paris Publishers, 1939.

内容：国际政治、国际经济、国际组织、外交史和地缘政治。查尔斯·麦克兰德则强调国际关系理论是跨学科的，它不受拘束地从政治学、经济学、社会学、历史学、心理学等其他学科领域吸收原始材料。

关于国际关系理论的具体研究内容，较为全面的阐述当推昆西·赖特的 16 个核心内容和卡尔·多伊奇的 12 个基本问题。

昆西·赖特在《国际关系研究》中提出的国际关系理论的 4 大类 16 个核心内容列表如下：

	理　　论	应　　用
抽 象	科学： 　心理学 　社会学 　伦理学	哲学： 　政治 　殖民政治 　组织 　法律 　经济 　通讯 　教育
具 体	历史： 　地缘学 　人口学 　技术学	技艺： 　战争艺术 　外交艺术 　对外关系行为

赖特认为，国际关系心理学和地缘学应摆在中心地位，因为国际关系理论是研究人（心理学）和有形世界（地缘学）的科学。英国学者斯蒂夫·史密斯在评论昆西·赖特提出的核心内容时说："1955 年赖特在《国际关系研究》中列举了十几方面的实际的和理论的国际关系研究领域，最近，其他有关分支学科，如比较政治学、区域研究、福利、社会选择、博弈理论等，也先后进入了国际关系理论的研究范畴。"[①]

卡尔·多伊奇在《国际关系分析》中提出的 12 个基本问题是：国家与世界，跨国过程与国际相互依存，战争与和平，力量与弱点，国际政治与国际社会，世界人口与粮食、资源以及环境，繁荣与贫困，自由与压迫，感觉与错

---

① Steve Smith, *International Relations—British and American Perspectives*, Basil Blackwell Ltd., 1985, p.16.

觉,活力与淡漠,革命与稳定,同一性与变革性。① 值得注意的是,在该书的1968年版本中多伊奇只列举了10个问题,上述的"跨国过程与国际相互依存"和"世界人口与粮食、资源以及环境"两个问题是该书1978年版本所增加的,这反映国际关系研究视野的扩大——从单一的国家行为者到多元的国际行为者,从国家问题到全球问题,标志国际关系理论开始在更广阔的范围内研究国际关系发展的新内容。

在《争论中的国际关系理论》中,多尔蒂和法尔兹格拉夫指出,国际关系理论历来存在两大分类:一是全面的总体理论,或宏观取向理论,它涉及的国际关系现象范围广泛,如从摩根索到基辛格的现实主义权力理论,从华尔兹到金德曼的新结构现实主义,从卡普顿到罗斯克兰斯的体系理论,从沃勒斯坦到克里斯托弗·邓的资本主义世界体系理论和新马克思主义理论等。二是局部的或微观取向理论,它涉及局部范围的现象和问题,如斯巴克曼的边缘环境理论,多伊奇的沟通理论,戴维·米特雷尼、恩厄斯特·哈斯和约瑟夫·奈的功能主义/一体化理论,伯纳德·布罗迪和罗伯特·杰维斯的理性威慑理论,托马斯·谢林和阿纳托尔·拉普波特的理性选择理论,理查德·斯奈德和格雷厄姆·艾列森的决策论等。② 如此两大分类自然会引起争论。有的学者对第一大类有兴趣,有的则倾向于第二大类,有的处于两者之间,有的甚至对这两大分类持反对态度。在这过程中,有两种思路值得注意:一些学者(如霍夫曼等)主张先着手构建整体理论框架,然后局部或微观理论便可从总框架里分离出来。另外一些学者(如戴维·辛格等)则提出应先检验、强化局部或微观理论,然后再提到更高层次,构建抽象的整体理论。有争论未必是坏事,争论催生新的理论思考。无论是先总体后局部,还是先局部后整体,双方均能找到理论的汇合点,为国际关系理论发展注入新内容,增添新方法。

纵观西方国际关系理论的发展,我们可以将其研究对象和内容概括为10个方面:国际政治、国际经济、国际法、国际组织、国际军事战略、外交政策、国际伦理、国际教育、国际关系社会学和国际关系心理学。其中最重要的是国际政治和国际经济,前者是国际关系中最核心的因素,后者是最活跃的因素,而其余的则从属于或派生于这两个最重要的因素。

---

① Karl Deutsch, *The Analysis of International Relations*, Prentice Hall, Inc., 1978, p.7.

② James Dougherty and Robert Pfaltzgraff, Jr, *Contending Theories of International Relations*, Longman, 1997, 4th Edi., pp. 15—16.

卡尔·多伊奇曾说过："国际关系理论是一门关于人类生存的艺术和科学。如果人类文明在未来30年横遭扼杀的话，那么，凶手不是饥荒，也不是瘟疫，而将是对外政策和国际关系。我们能够战胜饥荒和瘟疫，却无法对付我们自己铸造的武器的威力和我们作为民族国家所表现出来的行为……国际关系太重要了，以至不能疏忽它；然而，国际关系又太复杂了，以至难以一下子掌握它。"①关于国际关系理论研究的重要性，恐怕没有任何别的学者像多伊奇阐述得如此言简意赅，如此富有启迪！

第三节 "国际关系理论之父"——理论渊源

斯坦利·霍夫曼在谈到西方国际关系理论的发展时说："国际关系理论是一门既年轻又古老的学科。"②说"年轻"，是指国际关系作为一门独立的学科，是在第一次世界大战以后才逐步形成的，至今只有几十年的历史；说"古老"，因为国际关系理论源远流长，可以追溯到2 000多年前古希腊时代修昔底德、柏拉图、亚里士多德等人的历史学、政治学、哲学和国家学说。有人还提出，第一个系统叙述国际关系的是公元前4世纪一位印度政论家考底耶，他的《政府与政治的艺术》一书用历史实证方法最早阐述关于国家和均势的理论。③

在以后历史的长河中，一些主要学科领域，如政治学、历史学、哲学、国际法学、地理学等又在不同程度上对国际关系学的形成产生过重大的影响。特别是到15、16世纪，随着资本主义的产生、欧洲文艺复兴时代的到来、民族国家的出现、中世纪神权一统天下局面的崩溃和生产领域的国际关系的形成，古代的国家间的关系被近代的以主权国家为基本行为者的具有有机整体联系的国际关系所取代。理论是时代的产物，时代需要新的理论。国际关系理论的雏形便在这些领域中逐步地形成起来。

---

① Karl Deutsch, *The Analysis of International Relations*, Prentice Hall, Inc., 1978, p.7.

② Stanley Hoffmann, *The State of War—Essays on the Theory and Practice of International Relations*, Praeger Publishers, 1965, p.5.

③ Theodore Conloubmbis and James Wolfe, *Introduction to International Relations—Power and Justice*, Prentice Hall, Inc., 1981, p.12.

　　1994 年,汉斯·摩根索的学生、著名国际关系理论学者肯尼思·汤姆逊出版《国际思想之父——政治理论的遗产》一书,该书全面系统地展现了当代国际关系理论的渊源。汤姆逊在前言里写道:"这是一本关于伟大思想家的书。"①该书介绍的 16 位国际思想理论家为:柏拉图(427—347 B.C.)、亚里士多德(384—322 B.C.)、奥古斯丁(354—430)、阿奎那(1225—1274)、马基雅弗利(1469—1527)、格劳秀斯(1583—1645)、霍布斯(1588—1679)、洛克(1632—1704)、亚当·斯密(1723—1790)、大卫·休谟(1711—1776)、孟德斯鸠(1689—1755)、卢梭(1712—1778)、埃德蒙·伯克(1729—1797)、康德(1724—1804)、黑格尔(1770—1831)和马克思(1818—1883)。汤姆逊强调,该书并不意在提出关于这些伟大的政治思想家的全面的权威的分析,而是重点介绍他们的思想对当代国际政治和国际关系的影响,回顾这些思想理论先驱者如何为后来者留下了"关于人、政治、社会"的理论基础,如何为当今的国际理论大师们提供"支撑的坚实的肩膀"。英国历史学家和政治理论家汤因比就曾说过,任何历史学家或思想家都需要"站在前人的肩膀上"。②

　　国际关系理论的继承性是明显的。莱因霍尔德·尼布尔的思想源于奥古斯丁,约翰·默里的灵感来自阿奎那,阿诺德·沃尔弗斯的思想与霍布斯和洛克的理论一脉相承,马基雅弗利、格劳秀斯和康德的学说对马丁·怀特产生过决定性影响,摩根索曾多年讲授古典政治理论,他从亚里士多德、韦伯和霍布斯的思想吸取了现实主义的理论营养。在《当代美国国际关系理论流派文选》的代后记里,两位作者从政治学领域、哲学领域、地理学领域、世界史领域和国际法领域五个方面分别阐述了柏拉图、马基雅弗利、格劳秀斯、霍布斯、洛克、休谟、康德、黑格尔、马汉和麦金德的思想理论对当代国际关系理论的影响。③ 王逸舟在《西方国际政治学:历史与理论》里列举了十个方面:中世纪晚期对修昔底德的重新发现;马基雅弗利的《君主论》及其思想影响;博丹的现代主权理论;霍布斯的"自然状态"说;卢梭的启示;康德的"永久和平论";克劳塞维茨的国际冲突思想;黑格尔的历史及国家理论;

---

①　Kenneth Thompson: *Fathers of International Thought —The Legacy of Political Theory*, Louisiana State University Press, 1994, p.1.

②　Ibid., Preface.

③　倪世雄、金应忠:《当代美国国际关系理论流派文选》,学林出版社,1987 年,第 248—252 页。

马克思的批判理论；霍布森的帝国主义理论。① 他提及古希腊历史学家修昔底德及其历史经典巨著《伯罗奔尼撒战争史》，是对《国际思想之父》的重要补遗。王逸舟的十点评述更全面地勾勒了国际关系理论从古代到现代的演变轨迹，把这些伟大先驱者的思想理论对国际关系理论的形成和发展所起的历史作用展现在读者面前。这一节就不再对这些内容加以赘述了。

　　这里，仅就国际关系理论渊源的两个重要关系，即传统政治理论与国际关系理论的关系和古典哲学与国际关系理论的关系作一介评。

　　传统政治理论是国际关系理论的母体。柏拉图的"三篇"（《国家篇》、《政治家篇》和《法律篇》）、亚里士多德的《政治学》、奥古斯丁的《上帝之城》、阿奎那的《论真理》、马基雅弗利的《君主论》和《对话》、格劳秀斯的《战争与和平法》、霍布斯的《利维坦》、洛克的《政府论》、孟德斯鸠的《论法的精神》、卢梭的《社会契约论》、边沁的《道德与立法原则总论》、康德的《政治权利原理》、马克思的《资本论》等政治理论经典著作均对国际关系理论和流派形成和发展产生过重大影响。肯尼思·汤姆逊在书中提出三个观点：传统政治理论与国家概念密切相关；传统政治理论与国际思想之间存在区别；政治理论涉及的权威、自由、秩序、正义、政治团结等反映在多元政治制度里的问题也出现在国际关系研究领域中。

　　从以上观点引出了若干重要问题：

　　1. 是否存在"国际理论"。英国伦敦经济学院的著名国际关系教授马丁·怀特于1966年写了一篇论文：《为什么不存在国际理论？》。起初，论文题目是《为什么不存在国际理论的体系？》，因此，其本意是指国际关系理论研究太分散，太凌乱，找不到现存的、完整的探索国家间关系的国际理论。另外，国际关系理论的局限大于政治理论，存在着更多的"未知数"。当然，没有理由认为怀特是在否定国际关系理论的存在，他只是以更严格的界定来审视国际关系理论。怀特强调国际政治与政治理论不是同属一个范畴，但他并没有否认传统政治学与当代国际关系理论形成和发展有着密切关系。然而，这篇论文却引起了不小的争议和持久的论辩。

　　争议和论辩给了国际关系领域发展以推动。怀特的这篇论文引发的这场争议帮助不少学者开拓了思路。有人就说，"应是关系国际化，而不是理论国际化"（It's the relations that are international; it is not theory that is

---

① 王逸舟：《西方国际政治学：历史与理论》，上海人民出版社，1998年，第9—29页。

international.），所以说不存在国际理论，要研究的是国际关系的理论（theory of international relations），而不是国际理论（international theory）。① 这恐怕也道出了国际关系理论这一学术名称产生的一部分背景。

2. 国际关系理论的最初研究内容。怀特认为，古典政治学家是政治哲学家，而传统国际关系学家则是一批"游离不定的"思想家，他们提出的国际关系理论最初研究内容包括六个方面：国际法，特别是 18 世纪公共法；国际关系新概念和成立国际政府的革新思想；关于现实主义的理性主张；政治哲学和历史哲学思想；政治家和外交家的回忆录、演讲稿和公函；以修昔底德为代表的古典历史学。这些内容后来均成为当代国际关系理论的重要立论依据。

3. 传统政治理论和传统国际思想的区别。研究两者区别对认识当代国际关系理论的发展也是十分重要的。传统政治理论强调国家发展，目标是"过上好日子"；认为革命是极端表现，是例外情况；主张社会契约、政治秩序、国家权威，政治理论研究的是相对稳定的有序的国际体系；重视政治经验的作用；指出政治理论应贴近现实，特别是与政治活动有直接关系。传统国际思想则强调国际行为者的目标是生存；认为武力、暴力和革命是常见的现象，是一种规律；主张国家应学会与纷争、冲突共处，认为国家之间无社会契约，只有无政府状态，国际关系理论是研究无序的无政府状态下的国际体系；重视国际法对国际政治的反作用；指出理念先于事实，如世界政府是必需的，因此也是可能的。

4. 传统政治理论与国际关系理论学派的形成。20 世纪 50 年代怀特在伦敦经济学院讲授国际关系时，曾提出现实主义、理性主义和革新主义三个传统，又称"三 R"（realism, rationalism, revolutionism）。现实主义的理论主张是：赞赏冷血、不道德的人，国际政治处于"自然状态"，现实世界充斥着"暴力、罪恶和苦难"，国际关系的法则是强权政治。理性主义推崇法律、秩序、守信的人，认为国际关系的唯一法则是理性法则，国际政治意指国际交往、权力均势、大国协调、国际合作；革新主义所推崇的是从事传教、解放、革命的人，认为国际社会的变革经历了中世纪宗教改革、法国革命和共产主

---

① Martin Wight，"Preface in International Theory", in Gabriele Wight（ed.），*International Theory*，Leicester University Press，1991，p.xxi.

义革命三个阶段,国际政治是国际冲突和合作的结合。① 怀特提出的这三个国际关系理论传统与马基雅弗利、格劳秀斯和康德分别代表的政治理论并无二致。

传统政治理论对后人思想学说的影响是很大的。汤姆逊认为,关于理性和正义的辩论一直持续至今日。柏拉图的理念论、阿奎那的理想论、洛克的古典自由主义、康德的和平论等直接影响了本世纪理想主义学派的出现,而现实主义学派则从亚里士多德、奥古斯丁、霍布斯关于权力与国家的政治现实主义吸取了理论精华。汤姆逊还认为,从 16 世纪到 19 世纪,从马基雅弗利到马克思,政治理论家们对当代国际关系理论有着"直接的和持久的影响",特别是 18 世纪的亚当·斯密、休谟、卢梭、孟德斯鸠等建立一个合理的、科学的国际秩序的思想成为后来科学行为主义、新自由主义的理论基础。

然而,在讨论这个问题时,注意不要"一刀切",要作具体分析。如,马基雅弗利的《君主论》曾被誉为近代政治现实主义的奠基著作,其人性本恶论、理性政治论、政治道德分离说,对后来的国际关系现实主义理论影响尤深。但是,他的《李维史论》所反映的自由理念和共和制学说则成为后来的国际关系理想主义的理论内容之一。又如,在"自然状态"的问题上,霍布斯和洛克的观点就不一样。霍布斯把自然状态描述为一种"贫困、匮乏、肮脏和残酷"的图景,而洛克则认为自然状态的特点是"和平、善意、互助和持久"。20世纪上半叶国际关系理论关于国际政治的辩论可追溯到霍布斯和洛克。"现实主义者吸取了大部分霍布斯的理论,理想主义则从洛克那里进一步确认了他们关于人和国际社会的理念。"②

古典哲学是当代国际关系理论的另一重要渊源。在第一节里曾提及哲学与理论的关系,哲学通过思维分析的手段,深入探究"观点、概念、命题和原则"。"没有哲学,智慧会丢失于知识之中;没有哲学,知识也会湮没于信息之中。"③古典哲学对当代国际关系理论的影响是深层次的。从古希腊的自然哲学到欧洲近代理性主义哲学(特别是 18 世纪法国启蒙哲学),再到德

---

① Martin Wight，Preface in International Theory，in Gabriele Wight（ed.），*International Theory*，Leicester University Press，1991，pp.14-16.

② Kenneth Thompson：*Fathers of International Thought—The Legacy of Political Theory*，Louisiana State University Press，1994，p.82.

③ Ibid.，p.2.

国古典哲学(特别是康德的批判哲学和黑格尔的由法哲学、历史哲学和政治哲学组成的思辨哲学),以及马克思的辩证唯物主义哲学,构成了人类思想史发展的一条主线。摩根索多次强调哲学方法在国际关系理论的重要地位,并把这一关系概括为"国际关系哲学"。他在芝加哥大学的博士毕业论文答辩会又被称作"国际关系哲学毕业讨论会"。可惜的是他的这篇毕业论文未能出版。他曾建议出版一本专门介绍哲学与国际关系的著作,但也没有如愿。

国际关系哲学涉及权力与道义、权威与秩序、正义与平等,西方当代国际关系理论学者(除一部分行为主义和机制主义学者之外)几乎都从古典哲学吸取营养,这成了威尔逊、卡尔、尼布尔、摩根索等同代人和后继者的一个共同特点。行为主义和机制主义忽视国际关系哲学的作用,因此,国际关系哲学就成了传统主义与行为主义、新现实主义与新自由主义的一个重要分水岭。

肯尼思·汤姆逊提及托克维尔曾批评美国人缺乏哲学思维。但这一情况已逐步改变,到20世纪,国际关系哲学开始在美国"复苏"。

一方面,第二次世界大战期间和之后,大批欧洲哲学思想家移民至美国,对国际关系哲学在美国的"复苏"起了积极的推动作用。当时新成立的纽约社会研究学院成了这些移民学者的"艺术之家"。事实证明,政治学和国际关系理论比任何别的学科都更多地受益于这一移民学者现象。芝加哥大学是最早接受欧洲学者传统的政治哲学方法的地方,在那里诞生了著名的芝加哥学派。当时,在美国还出现了两个分支学派。一个分支学派为政治哲学学派,代表人物是卢·斯特劳斯、哈纳·阿伦特、汉斯·琼纳斯和艾力克·沃吉林;另一分支学派叫比较政治学派,代表人物有卡尔·弗里德利奇、法朗兹和辛克蒙·纽曼、奥托·克奇海默和韦尔德马·古里安。他们大多是从欧洲移民到美国的。

另一方面,随着国际关系理论的发展,出现了一个奇特现象:哲学与权力论结合。主张权力是永恒的现实的现实主义学者也同时主张政治哲学的概念和方法。尼布尔为沃尔弗斯的《争斗与合作》一书作序,称沃尔弗斯是一位"政治哲学家",他用哲学思维检验和评估不同国际关系理论、概念、命题的有效价值。对尼布尔和沃尔弗斯来说,在国际关系研究的理论化过程中,哲学实现了与政治和权力的结合,使国际关系理论得以深入到当代全球重大问题的核心。

西方国际关系理论学者,特别是美国学者,从自身的经验来认识国际关系哲学思想的重要性。他们认为,如果国际关系理论能扎根于古典哲学的土壤,就会得到迅速的成长。汤姆逊指出,哲学方法的一个优势,是它相对来说能在不断变化的现实中使国际关系理论免于陷入瞬间即逝、昙花一现的时髦理论的误区,为国际关系理论提供一个研究权力与道义、和平与秩序、稳定与变革这些重大课题的坚实基础。因此,哲学方法帮助国际关系理论学者"重新找到了自己的历史地位"。[①]

第四节 "国际关系理论大师"——历史沿革

1980 年,肯尼思·汤姆逊出版了反映国际关系理论历史沿革的专著《国际思想大师——20 世纪主要思想家与世界危机》。作者引用著名科学家爱默生的名言:"看一条大鱼从水面蹦跳出来要比抓一串小鱼精彩得多。"依此,他写道,这是一本"关于具有宏伟博大思想的大师的书"。[②]

该书向读者介绍了 20 世纪 18 位占有重要学术地位、对国际关系理论发展产生过历史影响的大师,他们是:赫伯特·巴特菲尔德(1900—1979)、莱茵霍尔德·尼布尔(1892—1971)、约翰·默里(1904—1967)、马丁·怀特(1913—1972)、爱德华·卡尔(1892—1982)、汉斯·摩根索(1904—1980)、尼古拉斯·斯巴克曼(1893—1943)、阿诺德·沃尔弗斯(1892—1968)、约翰·赫兹(1908—2005)、卡尔·多伊奇(1912—1992)、华尔特·李普曼(1889—1974)、乔治·凯南(1904—2005)、路易斯·霍尔第二(1910—   )、雷蒙·阿隆(1905—1983)、昆西·赖特(1890—1970)、戴维·米特雷尼(1888—1977)、查尔斯·维斯切(1884—1973)和阿诺德·汤因比(1889—1975)。这 18 位大师都对国际关系理论和方法提出了系统的论述,对国际关系理论作出了积极的贡献。汤姆逊说,他是在摩根索的鼓励下动笔写作此书的,1980 年完稿时,这 18 位大师中还有 7 位活着,但到 1994 年他发表

---

① Kenneth Thompson: *Fathers of International Thought—The Legacy of Political Theory*, Louisiana State University Press, 1994, p.8.

② Kenneth Thompson, *Masters of International Thought—Major Twentieth-Century Theorists and the World Crisis*, Louisiana State University Press, 1980, p.ix.

此书的续篇《国际思想之父》时,只剩下约翰·赫兹、乔治·凯南和路易斯·霍尔第二三人了,卡尔、摩根索、阿隆和多伊奇4位最有影响的国际关系理论大师相继去世。代表现实主义顶峰的摩根索是在此书出版的当年——1980年与世长辞的,多伊奇则在12年后,即1992年也溘然而逝。汤姆逊写到此时,感慨万千,字里行间颇为动情。

《国际思想大师》从规范思想、欧美权力与政治概念、冷战冲突分析和世界秩序理论四个方面,通过18位大师的"水面蹦跳",系统地评析了国际关系理论和思想,生动地展现了西方国际关系理论从产生到形成、从形成到成熟的历史沿革。

在《国际思想大师》出版近20年后的1999年,自称"继承汤姆逊开创的事业"的挪威学者伊弗·诺伊曼和丹麦学者奥勒·韦弗尔主编了一本题为《未来国际思想大师》的著作,为正在展现才华的一批国际关系思想人物立传,书中列举了12位著名学者和后起之秀:约翰·文森特、肯尼思·华尔兹、罗伯特·基欧汉、罗伯特·吉尔平、贝特朗·巴弟、约翰·鲁杰、海沃德·阿尔克、尼古拉斯·奥纳夫、亚历山大·温特、琼·埃尔丝塔、R.B.J.沃克和詹姆斯·德里安,除文森特和沃克是英国人,巴弟是法国人,其余都是美国人。[①]

在成为一门独立的社会科学学科之前,国际关系理论散见于历史学(外交与战略)、法学(国际法及其实践)、哲学(人性与正义)和政治学(国家学说、战争与和平)。国际关系理论是"学术上的后来者",[②]它产生于第一次世界大战之后。

第一次世界大战标志着一个新的历史时代的到来。这一时代的国际关系呈现出比以往任何一个历史时期都更令人难以把握的复杂性。世界范围的力量组合和重新组合,在政治、经济、军事诸领域的斗争以及这些斗争的相互交织,战争与和平、冲突与合作等多种手段的并用——国际关系中这种前所未有的复杂性为一门新学科的诞生提供了必要的土壤。

当时的西方学者和政治家们试图寻找一种能够解释变幻莫测的国际风云并且驾驭纷繁复杂的世界大势的理论。国际关系理论就这样应运而生

---

① 伊弗·诺伊曼和奥勒·韦弗尔主编:《未来国际思想大师》,肖锋和石泉译,北京大学出版社,2003年,总序第2—3页。

② Kenneth Thompson, *Masters of International Thought—Major Twentieth-Century Theorists and the World Crisis*, Louisiana State University Press, 1980, p.ix.

了。联邦德国学者厄恩斯特—奥托·泽姆比提出 1919 年 5 月 30 日为国际关系学的诞生日,因为那一天,出席巴黎和会的英美代表同意在各自国家建立国际关系的学术研究机构,以推动对战争与和平的研究。巴黎和会以后最早成立的机构有英国国际事务研究会(英国对外关系委员会的前身)、美国对外关系委员会、耶鲁大学国际关系研究所以及哈佛大学国际与地区研究委员会等。同年,英国工业家大卫·戴维斯(David Davies)资助威尔士大学建立国际政治系,首先开设了国际关系讲座课程,设立了最早的国际关系教授职称,著名教授 C.K.韦伯斯特获得此殊荣。不久,以爱丁堡大学希特利的《外交与国际关系研究》为代表的一批关于国际关系理论的专著相继问世,为这一新兴学科打下了初步的基础。至此,西方国际关系学开始从政治学的母体分离出来,成为一门独立的学科。1919—1926 年,美国陆续有 40 所大学建立了国际关系学的系所,到 1931 年为止,美国大学里所开设的国际关系课程累计达 3 700 门。但是,直到 20 世纪 30 年代末以前,西方国际关系理论研究的中心依然在欧洲,占支配地位的学派是理想主义。

第一次世界大战的灾难性后果暴露了欧洲传统研究的严重缺陷和不足,学者们从而转向追求新的集体安全体系以防止世界大战的悲剧重演。他们提出和平民主论和法律—道义论,认定战争是一种罪恶,应建立有效的防止大战的国际组织和机制。最初的代表人物是伍德罗·威尔逊和约翰·霍布森,他们的理想主义理论的形成几乎与国际关系理论诞生同步。到 30 年代,赫西·兰特伯奇影响渐隆,他的《国际社会的法律功能》成为理想主义的经典著作。

然而,这一"理想主义时代"并没有持续很久。德国纳粹主义和日本军国主义以及其所导致的第二次世界大战给了理想主义以致命的打击。

20 世纪 30 年代末,一个新的学派——现实主义学派开始向理想主义提出挑战,形成国际关系学领域里的"现实主义革命"。就在二次大战爆发的 1939 年,英国威尔士大学的爱德华·卡尔教授发表了《二十年危机(1919—1939):国际关系研究导论》一书。卡尔从分析 1919—1939 年 20 年间的国际危机出发,在批评当时占优势地位的理想主义基础上,提出现实主义学派最早的三个基本观点:(1)权力是政治活动的主要因素;(2)道德、民主和正义是相对的,是权力的产物;(3)政治不能脱离权力,政治活动是权力和道德的结合。① 该书是第一部系统地用现实主义观点阐述国际关系

---

① E.H. Carr, *Twenty Years' Crisis*(*1919—1939*),Haper & Row,1964,pp. 21-64、102.

理论的专著,在西方国际关系学发展史上占有不可忽视的地位。

第二次世界大战之后,美国一跃成为世界强国,与英国"换了岗"。它一手拿美元,一手拿原子弹,凭借政治、经济和军事的实力,走上谋求世界霸权的道路。与美国"头号强国"的地位和"世界霸权"的目标相适应,以权力政治为核心的现实主义思潮就顺理成章地在美国受到青睐,并逐步取代了理想主义的支配地位。加上第二次世界大战期间和之后一大批欧洲著名学者由于横遭希特勒法西斯的迫害而逃亡或移居至美国,这样,在短短的几年内,就在美国形成了强有力的国际关系学者阵容,西方国际关系理论的研究中心明显地从欧洲转移到美国。当谈到这一转移时,斯坦利·霍夫曼生动地评述说:"卡尔最初的努力未能在欧洲扎根,反而在美国结果了。"[1]

20 世纪 40 年代,国际关系理论"在美国结果"的最具代表性的著作是:耶鲁大学尼古拉斯·斯巴克曼的《美国在世界政治中的策略——美国与均势》(1942)和芝加哥大学汉斯·摩根索的《国家间政治——为权力与和平而斗争》(1948)。前者提出,国际关系的基本因素是"合作、协调和冲突";国家的首要目标应是攫取权力,而不是追求理想;权力之争是"世界政治的核心内容"。[2] 斯巴克曼还强调,现实主义有两个主要的理论台柱:均势论和地缘政治学。在书中,他详尽地阐述了他的"边缘地带理论",提出处于世界心脏地带的强国一旦控制边缘地区就将控制世界的论断。斯巴克曼的"边缘理论"实际上是麦金德的"地缘政治学"的继续和发展。摩根索的《国家间政治》被视为西方国际关系理论的奠基之作,这部巨著自问世到 1980 年作者逝世曾再版 5 次,声誉经久不衰。摩根索逝世后,从 40 年代起就成为他的学生和研究助手的弗吉尼亚大学教授肯尼思·汤姆逊根据老师的遗愿,经过 4 年的努力,于 1985 年修订出版了该书的第 6 版。摩根索在这部最重要的代表作里提出,国际政治就是权力之争,国家利益只有通过权力才能得以实现;他及时地对第二次世界大战前后现实主义与理想主义的论战作了比卡尔更加全面系统的理论总结,首次提出以"权力"和"国家利益"为核心的现实主义六项原则(参阅本书第二章第三节之"六"关于汉斯·摩根索的内容),把现实主义的权力政治学推向一个新高度。

50 年代末 60 年代初,一些学者提出,现实主义的权力理论概念不精

---

① Stanley Hoffmann,"An American Social Science: International Relations", *Daedalus*, Summer 1977.

② Nicholas Spykman, *America's Strategy in World Politics*, Harcourt Brace, 1942, p.7.

确,且绝对化,他们开始寻求一种新的科学研究方法,以反映"后工业化革命"对国际关系的影响。于是,国际关系研究领域异军突起,一个新的学派——科学行为主义向现实主义的支配地位提出挑战,学术界称之为"行为主义革命"。此间,另一批学者接受挑战,坚持现实主义的传统观点和原则,坚持历史、哲学、伦理、法律的传统研究分析方法,主张国际关系理论是研究无政府状态下主权政治实体之间的各种关系。这一学派被称为传统主义学派。两派之争在学术界形成一种"现实主义与科学的两枝范式",①使国际关系理论研究的空气异常活跃起来,其主要特点是:

第一,研究范围扩大,宏观分析加强,先后出现了若干研究热点,如军事战略理论(尤其是威慑理论)、体系理论、世界秩序理论、互相依存理论等。

第二,研究重点逐步转向核时代的外交、国际政治经济学和新技术革命形势下的全球问题。于是,从赖特的《国际关系研究》开始,美国国际关系理论一举冲破仅局限于权力政治、冲突和主权国家问题的单一旧模式,转向全面研究国际政治与经济关系、冲突与合作、国家利益与全球问题。

第三,自然科学神速地渗透到国际关系理论的研究中,尤以数学原理、心理分析、电脑运用和模拟分析最为突出。随之出现了不少反映科学行为主义特征的新的研究方法,其中影响较大的有博弈论和决策论的新模式、沟通论、影响论、数学模拟法和心理分析法等。这一特点使美国国际关系理论到 20 世纪 70 年代发展成为一门跨学科的、具有较强渗透力和吸引力的综合性社会科学学科。

20 世纪 70 年代末,虽然科学行为主义和传统主义的争论仍在继续,但其激烈程度大减,美国国际关系理论又进入了一个新的发展阶段——新现实主义或后行为主义阶段。哈佛大学教授约瑟夫·奈指出,20 世纪 80 年代国际关系学的新的理论对峙已在新现实主义和新自由主义之间形成。②

新现实主义理论始于 1979 年问世的《国际政治理论》。该书作者肯尼思·华尔兹是美国加州大学柏克莱分校国际政治学教授,60 年代他曾以《人、国家与战争》一书董声西方学术界。华尔兹在《国际政治理论》中提出新的"结构分析模式"及其结构分析的"三要素",即国际政治体系的结构取决于构成体系的原则,就国际政治而言,亦即无政府状态;国际政治体系的

---

① Steve Smith, *International Relations—British and American Perspectives*, Basil Blackwell Ltd., 1985, p.11.

② Joseph Nye, "Neorealism and Neoliberalism", *World Politics*, January 1988.

结构取决于国际社会不同单位的功能;国际政治体系的结构取决于单位之间实力的分配。华尔兹教授的结构分析理论因而被称为"结构现实主义"或"新现实主义"。它最关注的问题是,如何区分国际政治体系及其互动的组成部分——国际政治的基本单位。它立论的核心是,只有结构的变革才能改变国际体系的无政府性质。戴维·鲍德温对此给予了很高评价。他认为,华尔兹提出的"体系层次"和"单位层次"是一个突破,奠定了"新现实主义"的基石,就如汉斯·摩根索在50年代提出的权力与利益理论为现实主义奠定了基础一样。① 詹姆斯·多尔蒂和小罗伯特·法尔兹格拉夫也指出:"结构现实主义理论强调体系结构和单位结构,从而提供了全面发展国际关系理论的基础。"②

秦亚青曾精辟地作了概述:"纵观现实主义的发展历程,三个重要理论家起到了重要的作用:卡尔奠定了现实主义的基础,摩根索建构了现实主义的理论大厦,华尔兹完善了现实主义的科学体系。"③

新现实主义是在新的历史条件下对现实主义的"修补和发展",对传统现实主义理论的"深化和开拓"。新现实主义功不可没。它在新形势下努力克服以摩根索为代表的传统现实主义的局限性,将权力与道义、霸权与秩序、冲突与合作、政治与经济结合起来研究,使国际关系理论研究的深度和广度都得到了拓展。然而,和第一二次论战演变的情况一样,到20世纪80年代初,随着新现实主义的发展,对新现实主义的批评也同时出现了。"以华尔兹为代表的新现实主义理论触发了一场新论战,这次论战从80年代初起一直支配着国际关系理论领域"。④ 批评者认为,新现实主义仍然坚持"以国家为中心",在以国家为中心的模式中,国际组织的作用极其有限;新现实主义相互依存的作用,其体系结构分析也有所偏颇。批评者主张国际关系理论应超越民族国家,注重国际机制和国际组织,注重经济、环境和相互依存。

从西方国际关系理论的发展来看,80年代起形成的第三次论战是一个重要里程碑,是对从冷战结束到冷战后时期国际关系深刻变化所作的理论

① David Baldwin, *Neorealism and Neoliberalism: The Contemporary Debate*, Columbia University Press, 1993, p.13.
② James Dougherty and Robert Pfaltzgraff, Jr, *Contending Theories of International Relations*, Longman, 1997, 4th Edi., pp.87-88.
③ 秦亚青:《现实主义理论的发展及其批判》,《国际政治科学》,2005年第2期,第138—139页。
④ 同上书,第85页。

探索。麦克尔·伯恩克斯认为,探求一种更好的理论的过程构成了第三次论战,这是国际关系领域迄今出现的"最生动、最丰富、最激动人心和最有发展前景的一次论战。"开始时,争论的一方是新现实主义,这已不言而喻,但另一方是什么学派,尚不清楚。1986年,罗伯特·基欧汉主编了一本书,收录了华尔兹《国际政治理论》的若干章节和新现实主义的赞同者与批评者的文章。基欧汉在书的前言说,希望此书使人们更意识到当代国际关系理论的重要性和生命力。书名为《新现实主义及其批评者》,其中的批评者是什么学派,仍不得而知。1987年,保罗·维奥蒂和马克·考比出版《国际关系理论》,取的副标题是"现实主义、多元主义和全球主义",该书叙述的重点是与现实主义有区别的学派,而没能明确提出与新现实主义对峙的学派。与此同时,查尔斯·克格莱在《伦理学与国际事务》杂志上发表题为《新理想主义:一个实际问题》的论文,批评新现实主义忽视国际关系中的伦理道义因素,提出自由主义——理想主义观点的重要性。然而,到1988年,约瑟夫·奈在《世界政治》杂志上撰文,首次使用"新现实主义与新自由主义"。至此,第三次论战的两个对峙学派的名称才"尘埃落定"。

进入20世纪90年代后,国际关系理论呈现出活跃的景象。特别是一批北美、西欧、北欧的中青年学者脱颖而出,他们给第三次论战带来了新的理论思路。于是,除了新现实主义和新自由主义之外,还出现了相对主义、后实证主义、新马克思主义、后现代主义或建构主义等非主流学派的研究理论和方法,有人统称其为"批判理论",①并将其与"自由制度主义理论"相提并论。在对新现实主义和新自由主义两个主流学派进行评析和批评的过程中,"批判理论"把第三次论战再次推向深入。可以毫不夸张地说,自1979年华尔兹提出结构现实主义之后,如果20世纪80年代是第三次论战的形成期的话,那么,90年代就是第三次论战的深入发展期。

这期间,由于受到欧洲、北美流行的相对主义(relativism)、后结构主义(post-structuralism)、后现代主义(post-modernism)、后实证主义(post-positivism)和解释学(hermeneutics)等思潮的影响,在第三次论战中出现了两场交锋:理性主义对反思主义(rationalism vs. reflectivism)和建构主义对解构主义(constructivism vs. deconstructivism)。这两场交锋的结果,使

①　John Mearsheimer,"The False Promise of International Institutions", *International Security*, Winter 1994/1995.

建构主义占了上风。笔者20世纪90年代在美访问期间,见到斯坦利·霍夫曼、詹姆斯·罗斯诺和罗伯特·杰维斯时,他们均提及,研究第三次论战,除了新现实主义和新自由主义以外,还应注重建构主义。日本独协大学的星野昭吉教授也专门提到,从90年代起,新现实主义和新自由主义正逐步相互靠近,而作为一种批判理论,建构主义与其形成了新的三方论战。该理论思潮的代表人物有尼古拉斯·奥纳夫、亚历山大·温特、约翰·鲁杰、埃蒙纽尔·艾德莱、迈克尔·巴纳特、乔纳森·莫塞、玛莎·费丽莫、彼得·卡赞斯坦和塞缪尔·巴尔金等,而其中影响较大的是耶鲁大学的亚历山大·温特。温特在1992年《国际组织》春季号上发表的关于国际政治的社会建构的论文中,最早提出建构主义的理论主张。他指出,建构主义虽反对新现实主义和新自由制度主义的理性主义核心,但却认同它们的科学方法。建构主义认为,对社会生活和国际关系最终起作用的不是物质本身,而是物质是怎样得到表现的。其关注的问题是和谐进化,核心变素是社会环境,解决途径是改变观念。新现实主义所说的国际体系的结构最终是由赋予这些结构以实际内容的"具有社会意义的结构"决定的。这种具有社会意义的结构不是某一个人、团体、国家的主观臆断,而是举世公认的一种社会事实。由此,温特认为,无政府状态的后果与权力物质基础的分布无关,倒是与赋予这些基础以实际内容的主观建构出来的意义有关。由此,均势不再有意义,有意义的是威胁均衡(balance of threat),即并不是实际存在的东西阻止政治家发动战争,而是政治家认为实际存在的东西起到了这一作用。也就是说,无政府状态是否导致国家采取自助行为,即安全困境是否使国家间趋向于对抗,要看国家对无政府状态持何种态度,要看国家间的姿态和意图怎样。无政府状态脱离了国家赋予它的意义就无任何实质内容可言。而强权政治只是国家之间关系的一种可能,它不是无政府状态的本质属性,因此原则上转变强权政治的可能性并未被排除。①

目前,新现实主义和新自由主义主流学派的论战仍在继续发展,其中重要的表现是新古典现实主义和新古典自由主义的出现和助阵,新古典建构主义也应运而生。这使国际关系理论呈现出活跃的迹象。越来越多的学者开始以更冷静更客观的态度来审视这场论战及其两个主要学派之间的关

---

① Alexander Wendt,"Anarchy Is What States Make of It: The Social Construction of Power Politics", *International Organization*, Spring 1992; "Collective Identity Formation and the International State", *American Political Science Review*, No.2, 1994.

系。早些年,争论双方的代表人物就强调,虽然新现实主义和新自由主义在一些问题上存在分歧,但是不应将其夸大。多尔蒂和法尔兹格拉夫说:"新现实主义和自由制度主义要帮助人们懂得国际关系的话,它们就必须寻求共同之处。"①基欧汉认为两者可以寻求到汇合点。他承认,他的自由制度主义观点是同样多地从现实主义和自由主义借鉴过来的。约瑟夫·奈则强调,这场论战"从某种意义上说,是国际关系史上代表传统理论的两个主要流派之争的再现。现实主义一直占有支配地位,自由主义突出国内社会、国际社会、相互依赖和国际制度的影响……然而,现实主义和自由主义理论的分歧被过分强调了。事实上,这两种理论及方法可以互补"。②约瑟夫·奈还指出,新现实主义者强调连续性,新自由主义者则强调变革性。谁对谁错?双方既对又错。21世纪的世界是充满着继承和变革的世界,所以,国际关系理论的任务应该是使两者实现互补和综合。"这两派理论对我们理解变化中世界的国际政治都是有用的和必需的。"③

50多年前,现实主义学派鼻祖之一莱茵霍尔德·尼布尔把理想主义者比为"光明的孩子"(children of light),把现实主义者比作"黑暗的孩子"(children of darkness)。这两类"孩子"的"后代"——新现实主义者和新自由主义者如今在国际关系理论领域里各自扮演着不同的角色,起着不同的作用,应该取长补短,为发展面向新世纪的国际关系理论而努力。

在追溯西方国际关系理论发展的历史沿革时,我们发现一个非常难得的巧合。西方国际关系理论的发展史恰好经历了近100年,产生了四个带"九"的里程碑:1919年国际关系理论诞生,成为社会科学中一门独立的学科;1939年爱德华·卡尔发表《二十年危机(1919—1939):国际关系研究导论》,标志西方国际关系理论发展的新阶段——现实主义学派的开端;1979年肯尼思·华尔兹出版《国际政治理论》,第三次论战从此揭开了序幕;1999年,西方国际关系理论处在一个重要的世纪之交的历史发展时期,亚历山大·温特的《国际政治的社会理论》问世,成为一个重要标志。100年的历史可分为前20年(1919—1939)、中间40年(1939—1979)和后40年(1979—

① James Dougherty and Robert Pfaltzgraff, Jr, *Contending Theories of International Relations*, Longman, 1997, 4th Edi., p.62.

② Joseph Nye, "Neorealism and Neoliberalism", *World Politics*, January 1988.

③ Joseph Nye, *Understanding International Conflicts—An Introduction to Theory and History*, Harper Collins College Publisher, 1993, p.5, p.195.

今）。前 20 年是形成期,中间 40 年是成长成熟期,后 40 年是发展期。汤姆逊的《国际思想大师》写至 1980 年,虽然涵盖的是 1919 年至 1979 年 60 年西方国际关系理论的历史沿革,但也为后 40 年(1979—今)的发展提供了有益的研究框架和思路。至此,我们不妨对西方国际关系理论的产生和沿革作以下归纳:一部西方国际关系理论的历史包含着两次"革命"(现实主义革命和行为主义革命),三次论战(理想主义与现实主义、科学行为主义与传统主义、新现实主义与新自由主义)和七个主要学派(理想主义、现实主义、科学行为主义、传统主义、新现实主义、新自由主义和建构主义)。本书的以下各章将逐一加以介评。

第二章　第一次论战
——理想主义与现实主义

理想和现实构成了政治学的两个方面。健全的政治思想和健全的政治生活只存在于理想和现实这两个方面皆有的地方。

E.H.卡尔:《二十年危机(1919—1939):国际关系研究导论》

现代政治思想史是关于人、社会和政治的本质的概念上存在根本分歧的两个学派之间争辩的历史。

一个学派(理想主义)相信,从普遍有效的抽象原则获得的理性和道义的政治秩序此时此地就能够实现。它假定人类本性善良,并具有无限的适应性……另一个学派(现实主义)则认为,从理性观点看现实,世界是不完善的,它是人类本性中固有因素发生作用的结果。要改善世界,人们必须利用这些力量,而不是排斥这些力量。在这样一个存在着利益冲突的世界上,道德原则从来不可能完全得以实现。

汉斯·摩根索:《国家间政治——为权力与和平而斗争》

第一节　一场严肃但"吵闹的论战"

一、论战背景

斯坦利·霍夫曼曾经这样说过,"33年前,当我作为一名学生来到这个国家的时候,我发现的不仅是一种希望脱离传统的国际法和外交史研究,一种企图把国际问题研究变为原则研究的学术努力,而且是一场理想主义和现实主义之间的吵闹的论战……这次论战看起来离现在已经很远了,而且有些离奇,然而,各方攻击对方的论点直至今日都仍然是有意义的。"①霍夫曼所说的这个国家是美国,直至今天它仍是西方国际关系理论研究最活跃的地方。在国际关系理论史上,至今已经发生过三次论战,但是,第一次论战无论在它的重要性方面,还是在它的影响力方面都是其他两次论战所无法比拟的。它是一场"既持久又深刻"(prolonged and profound)的论战。今天的国际关系理论许多都来源于第一次论战的思想,是第一次论战的发展和延伸。因此,第一次论战就成了研究现代西方国际关系理论的一个重要起点。

国际关系理论史上的第一次论战开始于第一次世界大战后至20世纪60年代,与二次世界大战密切相关。是第一次世界大战与第二次世界大战之间的20年危机和第二次世界大战构成的又一次"三十年战争"的产物。

第一次世界大战之前,在国际关系研究领域曾出现过一种短暂的以欧洲百年均势和平为背景的现实主义观点,有人称之为"古典的均势现实主义"。它认为追求权力是一种自然倾向,主张支持主权国家追求权力并依靠均势来限制国家间的争斗。

然而,第一次世界大战把维也纳会议以来因大国均势政策而维持的所谓欧洲百年和平局面打得粉碎。这历时四年半的大战给国际社会带来了空前的灾难。先后有30个国家、15亿人口卷入战争,死伤达3 000余万人,物质损失更无法计算。这场战争向国际关系研究领域提出一系列关于人类生

---

① Stanley Hoffmann, *Janus and Minerva—Essays in Theory and Practice of International Politics*, Westview Press, 1987, p.194.

存的重大问题：如何认识帝国主义的产生及其特征？帝国主义战争是怎么发生的？怎样才能防止战争，维持和平？于是，不少政治家和国际关系学者把目光转向当时已成为哲学社会科学主导思潮的乌托邦主义（或称理想主义），有的人甚至崇尚 18 世纪的启蒙主义和 19 世纪的理性主义。他们强调通过道义和精神教育来唤醒人类的良知；他们主张恢复国际规范，健全对各国具有约束力的国际法准则；他们呼吁建立起国际性机构和组织，加强国际合作，巩固战后稳定的国际社会，以避免世界大战惨剧的重演。于是，国际关系理论中的理想主义学派就应运而生。它的出现与第一次世界大战有密切的关系，是对战争灾难所作的反思的结果。理想主义学派认为，人性本是善良的或是可以通过教育和环境而变好的。这个道理延伸到国际关系中，说明国家的政治行为也可以改变，以致放弃强权政治，建立集体安全。理想主义学说谴责追求强权政治以谋求自身利益的国家行为，主张国家应依据国际法和国际组织的原则行事。

　　该学派最早最重要的代表人物是美国第 28 届总统伍德罗·威尔逊。正如摩根索所说的，"在这一学派中，伍德罗·威尔逊是最雄辩的和最有影响的代言人。"这一学派因而也被称为"威尔逊学派"。① 该学派早期的代表人物除了威尔逊之外，还有英国的艾尔弗雷德·齐默恩、大卫·戴维斯、诺埃尔·贝克、吉尔伯特·默里、大卫·密特雷尼和美国的约翰·霍布森、雷蒙德·福斯迪克、尼古拉斯·巴特勒、洛斯·迪金森和詹姆斯·肖特韦尔等。密特雷尼后来到美国普林斯顿大学工作，成为研究功能主义和世界秩序的著名学者，而肖特韦尔多次访问欧洲，后在伦敦经济学院任教，这段佳话开启了欧美学者间最初的学术交流。

　　理想主义在很大程度上代表了两次大战之间美国国际关系的主要理论倾向和外交实践。"第一次世界大战在国际关系领域产生了乌托邦主义的理论，这一理论在两次大战之间的时期形成了支配地位。"② 然而，理想主义理论并没能抵挡住 30 年代希特勒德国极权政治和法西斯主义的威胁，席卷西方资本主义经济总危机和第二次世界大战宣告了理想主义理论的破产。现实主义学派正是在这样的背景下形成于 30 年代，发展于 40 年代，到 50 年代和 60 年代在国际关系研究领域占据统治地位，出现了卡尔、尼布尔、摩

---

① Hans Morgenthau, *Politics Among Nations*, p.36.
② Fred Halliday, "The End of the Cold War and IR: Some Analytic and Theoretical Conclusions", in Ken Booth and Steve Smith (eds.), *International Relations Today*, 1995, p.40.

根索、阿隆、凯南和基辛格这样具有重要影响的代表人物。他们在抨击理想主义的基础上提出了政治现实主义的国际关系理论,在西方社会科学领域形成了颇有影响的国际关系理论的第一次论战。

现实主义学派继承了自马基雅弗利、霍布斯和洛克以来的关于"自然状态"的分析传统和思想理论,认为国际关系理论同样受到人的本性和"自然状态"法则的支配。该学派从这一根本点出发,提出现实主义的四个基本思路:第一,人的私欲和生存意志在政治上表现为"权力的意志",国家的权力便是这种人的权力意志的扩大;第二,由于国际社会处于无政府状态,组成国际社会的主权国家毫无例外地都在追求权力,国家间关系实质上是一种特殊的权力的关系,国际政治即是权力之争;第三,各国在对外目标上追求和维护自身的利益,因此冲突与斗争是国际关系的最基本特征,一国在国际上享有的权力越大,所获得的利益也就越大,反之亦然;第四,权力与利益是影响对外政策的核心因素,在决策过程中权力与利益的重要性超过道义和理想的重要性。

尽管在经历了两次世界大战以后,理想主义学派受到重创,影响开始减弱,尽管在卡尔和摩根索的现实主义理论的攻势下,理想主义理论显得黯然失色,但是理想主义作为一种思潮,并没有完全退却,"它仍然存在",它仍然在裁军、战争法、维持和平、全球生态和联合国等问题上坚守着阵地。

这期间有影响的理想主义学者有赫西·兰特帕奇和J.L.伯里尔利。兰特帕奇在1933年出版的《国际社会的法律功能》曾被卡尔批判,他写了对卡尔的批判的批判,但直到他去世后才于1977年出版,题为《国际法》,共四卷本。伯里尔利以三本书蜚声于世:《国际法观察》(1944),《国际法义务之基础》(1959)和《国家的法律》(1963)。他俩均认为,国际法优于国际政治,国际法的完善将带来世界的稳定与公正。60年代后曾出现过理想主义的"回复",R.A.福克、M.S.麦克莫加尔和D.M.约翰斯通等学者积极地提倡世界秩序、世界政府、法律公正,并努力创建未来学,故有"新理想主义"之称。[①]

[①] 见 Charles Kegley, Jr, "Neo-idealism: A Practical Matter", *Ethics and International Affairs*, Vol. 2, 1988;所提及的学者的著作有:R.A.Falk 的 *The Future of International Legal Order* (1969) 和 *The States of Law in International Society* (1970),M.S.McDougall 的 *Studies in World Public Order* (1960)、*Human Rights* 和 *World Public Order* (1961),以及 D.M. Johnstone 的 *Foundations of Justice in International Law* (1978)。

但是,理想主义学派的"回复"势头乏力,国际关系理论的支配地位仍由现实主义学派掌握。"现实主义处于当代国际政治理论和实践辩论的核心……现实主义是一种综合理论,而不是单一的理论。"①现实主义学派的以下核心观点仍在国际关系理论研究领域具有最大的影响:(1)国家是国际政治的最重要的行为者;(2)无政府主义是国际社会的突出特点;(3)国家最大限度地追求其权力或安全;(4)国家通常采取理性的政策;(5)国家有时也会依靠武力威胁或使用武力来实现其目标;(6)国际体制诸方面,特别是国家间的权力分配,是形成国际政治和对外政策基本模式的最重要原因。②

二、争论焦点

第二次世界大战给人类造成了空前的灾难。在痛定思痛之余,人们思考着:为什么会出现如此巨大的人类间的互相残杀? 人类将用什么样的方法来避免战争? 正是在这两个问号之下,理想主义和现实主义先后提出了针锋相对的观点,他们具有哲学性的思考和给人以启迪的研究方法引导着后人的国际关系理论研究,并且也影响着后人的国际关系理论的发展方向。

理想主义和现实主义在人的本性、战争根源、人的理性、国家利益、国家利益和道德之间关系以及维持和平的方法等问题上存在着分歧。

从严格的意义上讲,理想主义并没有形成一个完整的理论体系。理想主义是在特定的历史条件下出现的一种运动和一种思潮,是为了一种共同的目标——和平目标而出现的人类的行为。

以威尔逊学派为代表的理想主义的理论主要包括以下内容:

1. 人性可以改造。理想主义关于人类的思想主要来源于文艺复兴时期的人类完美主义。一派认为,人类的本性是不确定的,它既可以恶也可以善,而根本的问题是人所处的环境问题;另一派认为人的本性天生就是恶的,但是,人性可以通过教育得到改造。正因为理想主义理论认为人可以通过客观环境的变化而变化,所以他们相信人类总是在不断进步和向好的方向发展的。人类在教育和正确思想的驱使下,在好的客观环境的限制和作

---

① Michael Brown, Sean Lynn-Jones and Steven Miller(eds.), *The Perils of Contemporary Realism and International Security*, The MIT Press, 1995, Preface.

② Ibid., p.ix.

用下有能力克服自身的缺点和不足,最终走向文明。

2. 战争可以避免。理想主义由此提出了两个结论:战争的根源不能归罪于人的罪恶;战争的出现也不是人类的必然产物。洛斯·迪金森曾经这样说过,"战争不是人性注定的产物,它是那种人性放在某种环境下的结果。"[①]可见,理想主义者认为战争的出现与人类的本性无关,而和他所处的环境有关,他们认为战争主要是由于不完善的国内或国际政治体制的缺陷,由于对人类进行教育和开化的困难和人类文明进步的不足所引起的。在此前提下,于是引出了后一个结论,一旦人类的教育程度提高了,再不是感情思维而是理性思维,再不是用武力去解决问题而是用协商的办法解决问题,人类的战争最终则可以消除。

从人本性并非是罪恶的观点出发,理想主义者对人类社会的发展充满信心。正因为人类可以通过教育而避免战争,所以,理想主义又提出了他们另外两个相应的观点:

第一,他们认为人类可以逃脱追求权力的欲望,可以逃脱因安全而必须要增加权力的安全困境,可以逃脱战争的危害,政治并不意味着就要卷入罪恶。

第二,世界各国之间虽然有矛盾和冲突,但是,冲突和矛盾不是不可避免的,因为它们不是来自人类的本性,因此,国家之间的利益可以和谐,而这种利益和谐的最显著表现就是避免战争和寻求和平。理想主义者们相信,第一次世界大战后,和平反映了世界各国的共同利益。他们把第一次世界大战后国际联盟的出现看成是国家利益可以和谐的具体表现。他们指出,国际联盟的建立本身说明了世界各国的国家利益正走向一致,这种一致就是大家认识到了人类应当采取措施,摆脱战争,求得生存。

3. 利益可以调和。理想主义强调,在人类社会和国家之间不存在重大的利益冲突。在理想主义者的眼里,国家对外政策中强调国家利益是一种眼界狭小的民族主义。这种观点,在文艺复兴的时候就已经被人们所唾弃。理想主义相信国家利益在国际关系中是可以互相和谐一致的,他们不愿意区分国家利益之间的不同实质上是否定国家利益在国际政治中的重要性。

4. 国际体系可以维持世界和平。国际联盟是理想主义者的希望,也是他们对世界和平信仰从理论到实践的具体体现。他们之所以要积极支持建

---

① Lowes Dickinson, *Causes of International War*, London, 1929, p.16、22.

立国际联盟,是因为他们相信,只有建立这样一个国际机构,世界和平才能维持。国际联盟是基于以下几个观点而建立的:

(1)世界处于无政府状态。洛斯·迪金森在他的《国际社会无政府状态:1904—1919》中是这样写的,战争的根源以及和平之所以不能出现的原因是国际社会处于无政府的状态。为了拯救世界和平,就要建立国际联盟,在这个机构建立之后使之发展成熟并具有世界政府的性质,它将为了和平的利益控制各国的政策。

(2)用集体安全来代替均势。理想主义认为,第一次世界大战爆发的原因是长期盲目地相信均势力量的结果。他们指出,国家为了自身的利益互相之间充满矛盾,人们以为通过均势的互相牵制,可以控制矛盾的爆发,但是,人们从第一次世界大战的惨重教训中知道,依靠均势来维持世界和平结果往往失败。洛斯·迪金森指出:"所有的历史表明,均势都是以战争而告终的。"[1]因此,世界和平的维持今后应该通过国际联盟的集体安全力量来实现,以往传统的外交方式将被新的维护和平的方法所代替。

(3)和平是世界所有国家的愿望,而任何冲突都可以通过某种理性中介的调和,使各方都受益后而化解。在国际关系的实践中,这种中介就是积极创立的国际联盟。国际联盟可以在今后的国际关系中协调各国之间的国家利益并且起到化解矛盾的作用。在吉尔伯特·默里的《这一代的苦难》一书中,作者描绘道,在战争之后,"我们似乎最清楚地看到了重建世界秩序的途径。我们已经成立了国际联盟:在我们发动战争之前,我们交换意见,当我们不能得出直接的答案的时候,我们召集专家,让他们来解决问题。"[2]这就是理想主义者心目中的理性中介。

由此可见,在理想主义者看来,世界之所以会出现战争,是因为国际体系不健全,而要使国际体系由不健全走向健全,主要的问题不是政治性的问题,而是机制性的问题。

5.国际法和国际公约可以保证世界公正。理想主义者相信,国际法可以规范国家的行为。在国际法和国际公约的规范下,一旦出现了侵略行为,世界各国可以根据国际法和国际公约的规定对违法的行为进行制裁,例如,对侵略者国家的经济制裁和政治孤立。通过制裁和其他相应的国际压力,

---

① Michael Smith, *Realist Thought from Weber to Kissinger*, Louisiana State University Press, 1986, p.58.

② Ibid., p.59.

可以迫使侵略国家改变它的政策,世界和平就能得到保证。与此相应的是理想主义者认为,国际道德在国际关系中具有非常重要的地位。国家只有在国际道德的约束之下才能在对外关系中不损害其他国家的利益。因此,一个国家的外交政策的好坏衡量标准主要是看这个政策是否符合国际道德。符合国际道德的外交政策就是好的正确的外交政策,不符合国际道德的外交政策就不是好的外交政策。符合国际道德的行为自然也符合国际法的标准。因此,道德和外交之间的关系是简单的正比关系。

6. 舆论和道义也可以确保世界秩序。正因为理想主义相信,衡量外交政策的标准主要是看这个政策是不是符合国际道德。所以,长期一直困扰着政治家们的难题是,如何既保证外交政策的实施,同时又符合道德标准。理想主义者认为在国际关系中真正的困难不是外交和道德的关系,而是在国际道德标准已经确立之后,如何使其贯彻执行。他们相信,要维护国际道德,主要必须做到两点:第一,要依靠国际联盟的力量,对违反国际联盟的政府进行制裁和抵制;第二,要靠提高公众的觉悟和文化素质,发挥学者和政治活动家的积极性。一旦一个国家的政府采取了对外侵略政策,在国际上它将受到国际联盟的制裁和国际舆论的谴责,这种制裁和谴责可以使这个国家内受过良好教育的公众醒悟,推翻侵略政府,最终使世界避免战争。

这六个"可以",是理想主义者所推崇的基本信念。

英国著名学者赫德利·布尔(Hedly Bull)认为,理想主义最明显的特征是相信导致第一次世界大战的那种国际体系能够被改造成一种和平的和正义的世界秩序,相信觉醒的民主主义意识将产生巨大影响,相信国际主义会有越来越多的呼应,相信国联一定能够发展和成功,相信进步人士的和平努力和启蒙工作能够奏效,同时也相信,作为国际关系学者,理想主义的职责是消除愚昧和偏见,揭示通往和平安宁之路。[①]

论战的另一方现实主义对理想主义的最初批判始于 E. H. 卡尔的《二十年危机》,在批判过程中,现实主义理论逐步走向完善和成熟。

现实主义主要从三个方面对理想主义进行批判:

第一,批判理想主义不是研究国际关系的现状怎样,而是看国际关系应当怎样,对国际问题的研究完全凭主观意志,把自己的理想当成是国际关系中的事实,而不愿意对复杂的国际关系进行耐心细致的分析。

---

① 王逸舟:《西方国际政治学:历史与理论》,上海人民出版社,1998 年,第 56 页。

第二,批判理想主义对国际问题的看法过于理想化,理想主义提出,人类是不断进步的,国家间的利益可以和谐,集体安全是可靠的,实现和谐的国家间关系可以保障世界和平。现实主义在人类在不断地进步的观点上是和理想主义的观点一致的,然而,现实主义所认为的人类的进步并不是像理想主义者所认为的那样是一种直线的上升式的进步,而是在后退和反复挫折中的前进。人类的进步在现实主义者看来经常是前进一步后退半步的进步。对于国家间关系,现实主义的理论要比理想主义理论悲观得多。现实主义认为国家利益决定了国家之间关系难以协调。正因为国家间的利益经常有矛盾,所以战争则是人类生活中经常发生的事实。靠集体安全的力量是不可能维护世界和平的,世界和平的保证不是利益和谐的结果,而是利益牵制的结果。

第三,批判理想主义在研究国际问题时忽视权力。在国际关系中,如何看待权力问题是多年来一直争论的问题。在理想主义者看来,权力是国家之间矛盾的根源。他们对权力嗤之以鼻,他们提出在国际关系中,道德和国际法是和平的保障。但是,现实主义认为,没有实力的国际关系是空想的国际关系,靠国际法和国际道德来实现国际和平是一种空想的乌托邦。

从最早的现实主义理论的含义看,现实主义理论包括三个基本的哲学要素:(1)历史是由一连串的原因和结果构成的,它的过程可以通过智慧去分析和理解,但是不可能想象出来;(2)理论不可能产生实践,但是,实践可以产生理论;(3)政治不是道德的功能,而道德是政治的功能。道德也是权力的产物。构建在这三个要素哲学基础之上的现实主义理论主要包括以下几个方面要素:

1. 人性本恶。现实主义者或是从哲学角度出发,或是从宗教的角度出发,认为人性是恶的。而且,他们认为人通过教育和智慧的增长并不能解决人性恶的问题。由此出发,他们指出人和人之间的关系是一种冲突的关系,这种关系是由人总是为了自己的利益和人是自私的本性决定的。

而作为人的集合体,国家同样会反映出这些特点。尼布尔甚至认为,这种特点表现在集合体中比表现在个人的身上更加明显。这就决定了冲突和斗争是国际关系中的最基本的特征。

2. 国家是国际体系主要的行为体,其他任何国际行为体都不能代替。现实主义者批评理想主义者建立国际机构的乌托邦想法,强调国家总是追求自己的国家利益,因此,以权力界定的利益是研究国家行为的主要尺度。

3. 国际社会处于无政府状态。在无政府状态中,国家为了保护自己的生存权、领土主权和军事安全总是要追求权力。因此,在某种意义上说,国家之间的关系是一种权力的关系。国际政治是一种权力的斗争。而国家在国际关系中的地位主要是由国家在国际政治中的权力地位来决定的。国家的权力来自国家的实力。国家的实力越大,它在国际社会中的权力就越大,也就越能够保护自己的国家利益。与此相反,国家的权力越小,它在国际社会中所能够获得的利益也就越小。

4. 国家利益在国际政治中是分析国家行为的路标。现实主义认为国家利益在国际政治中的地位非常重要。作为一个国家来说,在权力界定下的国家利益是决定一个国家外交政策的主要依据;对国际社会来说,以权力界定的国家利益是我们观察一个国家外交政策是否正确的依据。现实主义认为,一个国家在制定外交政策的时候,一定要以自己的国家利益为标准,而国际道德和国际法是不能作为衡量一个国家外交政策的标准的。

5. 道德是相对的。现实主义反对把道德、公众舆论、国际法等置于外交上的重要地位。他们中的一些人(如摩根索),虽然不否认道德在国际关系中的作用,但是,他们认为最好的办法是有实力和采取正确的外交手段。至于道德,他们认为,国际道德实施要和国家的具体情况相结合,道德是受到国际利益的限制的。现实主义者中还有另外一些学者则认为道德是不重要的,如卡尔,他虽然认为国际政治行为应当是理想和现实的结合,但是,在本质上讲,他是忽视道德的。

6. 维持国际和平最好的办法是依靠均势。大多数的现实主义者主张通过结盟的办法实现力量均势。在均势的作用下,国际和平就可以有保证。在这里需要指出的是,在现实主义者看来,结盟和集体安全的概念是不同的。结盟要求参加结盟的各方要对安全承担义务,但是,集体安全的参加各方对于安全,特别是对其他成员的安全不必承担义务,特别是军事上的义务。现实主义者对于均势的崇拜是和他们所推崇的 19 世纪的欧洲均势有关。他们认为在维也纳会议之后,欧洲之所以会出现近 100 年的和平主要的原因是因为欧洲的均势在起作用。在他们的外交思想中,只要均势实现了,国际和平就可以有保证了。

汉斯·摩根索在论述第一次论战时,曾用犀利的笔触分析了现实主义与理想主义的主要区别,并提出这一著名的论断:"一个学派(理想主义)相信,从普遍有效的抽象原则获得的理性和道义的政治秩序此时此地就能够实现。它假定人类本性善良,并具有无限的适应性……另一个学派(现实主义)则认为,从理性观点看现实,世界是不完善的,它是人类本性中固有因素发生作用的结果。要改善世界,人们必须利用这些力量,而不是排斥这些力量。在这样一个存在着利益冲突的世界上,道德原则从来不可能完全得以实现。"①

从立论基点和研究结论来看,现实主义与理想主义的分歧具体表现为:第一,对人性的看法不同。理想主义认为人性本善,至少可以通过修养达到善;现实主义认为人性本恶,人有权欲,本性难改。第二,对国家关系的看法不同。理想主义主张在"道义"和"民主"的基础上建立"公正的"国际关系;而现实主义则强调世界的竞争性,各国利益不可调和,国际关系只能以"权力"和"利益"为轴心,理想主义的道义和"民主"说教在现实世界里是行不通的。第三,对国际法和国际组织的作用看法不同。理想主义强调国际法和国际组织的重要性,视之为维护国际关系秩序唯一有效的工具,认为国际法和国际组织秩序代表了全人类的真正利益;现实主义认为,法律同政治相比并不更"道德"些,离开权力均势,国际组织体系也常常名存实亡。第四,对社会和世界的看法不同。理想主义强调研究社会和世界"应该如何",对客观世界抱盲目乐观态度;现实主义信奉实证原则,强调人类应当面对争斗的现实,不可陷入和谐的空想。第五,对未来的看法不同。理想主义崇尚"利他主义",认为未来的目标是实现普遍裁军和建立民主的世界政府,但在如何实现这一目标问题上束手无策;现实主义则认为"利他主义"是一种空想,历史的悲剧正是来自人的权欲和野心,未来的目标无论如何美好,由于受到这种利己主义的局限,只能部分地得到实现。

第二节　从伍德罗·威尔逊到约翰·默里
——理想主义学派的代表人物

第一次论战有一个显著的特点,就是它的理论体系呈现出从不完善到完善的过程:不完善的理想主义的理论→不完善的现实主义理论→完善的

---

① Hans Morgenthau, *Politics Among Nations*, p.3.

现实主义理论体系。理想主义始终没能形成一个完善的理论体系,其主要的原因,一是因为理想主义理论还处于国际关系理论的初级研究阶段;二是因为有影响的理论家比较少。这里介绍的伍德罗·威尔逊(Woodrow Wilson)、阿尔弗雷德·齐默恩(Alfred E. Zimmern)和约翰·默里(John Murray),就是较少的有影响的理想主义学派代表中的三位。

一、伍德罗·威尔逊(1856—1924)

伍德罗·威尔逊是理想主义中最重要的代表人物,被称为是理想主义学派"最雄辩的和最有影响的代言人"。他于1856年出生在美国弗吉尼亚州。从青年时候起,他就怀有远大抱负。他训练自己有雄辩的口才和外表极端冷静的绅士风度。他在阅读大量关于历史传统和制宪政治的著作过程中和投入世纪之交的社会实践中成熟起来。他曾经做过威斯尼亚大学历史学和政治学教授、当过普林斯顿大学的法学和政治学教授。1902年他担任普林斯顿大学校长,1911年当选新泽西州州长,1913年入主白宫,成为美国第28届总统。

威尔逊描述他自己是一个"活跃的保守派"。这个特点不仅表现在他的风度上,同时也充分体现在他的思想上。

所谓活跃,是指他的思想充满了理想主义和自由主义的倾向。这在他的《论国家》书中得到了充分地体现,他要在民主制度下重新恢复美国领导的活力和责任心。1917年,他提出:"没有胜利的和平"的口号。美国参战后,他又呼吁"以战争拯救世界民主",争取实现"光荣而公允的和平"。

所谓保守,是虽然威尔逊对人类的命运抱有乐观的希望,但是,他的这种乐观的情绪是在承认问题的存在之后的乐观。例如在人性问题上,他对人性的看法并不乐观,他认为人性是恶的。这就是他的保守的一面。但是,在承认人性恶之后,在看问题的角度上,他和现实主义者又有明显的不同。他认为,人类总是在不断竞争和斗争中追求进步,这充分反映了他所说的"活跃的保守派"的思想。

威尔逊在1918年1月8日向国会的演说中提出了著名的"十四点计划",作为实现战后"世界的和平纲领"。这"十四点计划"集中反映了威尔逊的理想主义思想。其中的第十四点是"为了大小国家都能相互保证政治独立和领土完整,必须成立一个具有特定盟约的普遍性的国际联盟"。威尔逊将建立集体安全组织放在最后一点,以显示它特别重要。这一思想后来作为整个"十四点计划"的特色写进了《国际联盟盟约》第 10 条。"十四点"中,除了 8 条是涉及具体国家外,有 6 条皆属于国际关系的一般原则。除了建立国联之外,新的国际秩序基础还有"不搞秘密外交"、公海航行自由、取消贸易壁垒、裁减军备和"调整"殖民地等,这些原则都与国联密切相关。威尔逊后来又进一步声称,他要把建立国联视为维持永久和平的最主要的工具,认为这是达到永久和平的整个外交结构的基础。

威尔逊的"十四点计划"在国际上影响很大。主要有几点原因:第一,第一次世界大战后美国的实力和地位令战后欧洲各国不可小视,欧洲各国政府对美国的政策不能不予以特别的关注。第二,"十四点计划"是美国登上国际政治舞台后第一次为世界和平设计的蓝图,的确对欧洲有很大的吸引力,倍受战争蹂躏的欧洲人民将威尔逊的主张当作一种关于战争与和平的"良药"。第三,威尔逊将民族自治、裁军和公开外交等政治原则道德化,打出"民主""自由""自决"的旗号,这在富有理想主义传统的欧洲自然有很大的市场。

为了推行"十四点计划",威尔逊身体力行,前往巴黎参加和会,竭力游说欧洲国家领导人接受这些原则。他把设立国联视为此次和会及缔结和约的整个程序的关键部分。在威尔逊的建议下,1919 年 1 月 25 日和会的全体会议通过了建立国际联盟的决议。决议中说,为了世界和平,必须建立国联"作为总的和平条约不可分割的一部分"。2 月 14 日国际联盟盟约草案拟定后,威尔逊立即兴冲冲地回到国内,要说服美国国会接受盟约草案。然而,"威尔逊的理想征服了欧洲",却没能征服美国。[①] 参议院以国联盟约的某些条款干涉到美国的主权拒绝批准凡尔赛和约。美国最终没有参加国际联盟。

威尔逊主义开创了美国走上国际政治舞台的时代,它是"美国着眼于世界全局、由美国牵头、与欧洲列强共同维持世界秩序的一个总框架",影响是深远的。[②] 虽然如此,美国拒绝了国联,是对国联的沉重打击。美国国内的孤立主义情绪在一战后充斥朝野,是美国走向世界的一大障碍。对于威尔逊的失败,有人批评说,这是"威尔逊理想主义和国际主义的失败",

---

① 参见袁明主编《国际关系史》,北京大学出版社,1994 年,第 145 页。
② 陈乐民主编:《西方外交思想史》,中国社会科学出版社,1995 年,第 188 页。

历史为美国提供了主导世界的机会,但美国人对世界国家的概念并不理解。英国首相劳合·乔治在伦敦告诉美国大使说,同盟国为美国提供了领导世界的资格,但美国国会将这把领导者的"权杖"扔进了海里。客观上来讲,威尔逊"集体安全"思想在美国的失败是"由于美国还不到问鼎世界霸主地位的时机"。[1] 用基辛格话说,是因为"美国尚未准备好承担如此全球化的角色"。[2]

通常地,在严重的战争危机中,浓厚的悲观气氛和乌托邦思潮就会同时出现。第一次世界大战爆发后也是如此。卡尔曾说:"1914 年后,人们的思想自然在摸索回来的路……寻找新的乌托邦。"[3]威尔逊理想主义正是这种"摸索"和"寻找"的结果。他的基本理论和政策主张主要反映在两部论著里:《论国家》(1889)和《伍德罗·威尔逊文集》(1925—1927,三卷本)。其主要点是:

1. 强调建立国际组织和开展国际合作的重要性,对强权政治和大国均势持批评态度。

2. 认为健全国际法和国际公约可确保和平。1928 年白里安-凯洛格公约便是该学派在制定反战法规方面所作的一次努力,公约规定缔约国不得以战争推行国家对外政策的手段。

3. 在战争与和平问题上,该学派提出三个重要假设:其一,人的本性是善良的,战争之所以爆发是因为战争的有利可图使一些人的良知误入歧途,一旦唤醒良知,消除误解,世界便可得到拯救。其二,主权国家之间的根本利益是和谐的,尤其在和平问题上更应如此。结束秘密外交,实现外交决策的民主进程,建立作为各国协商解决分歧的论坛和场所的国际组织,将有助消除战争的起因。其三,国家主权不应是无限的,依靠狭隘的极端的民族主义的均势体系不能确保和平,因此,必须以国际集体安全体系取而代之。

前美国哥伦比亚大学副校长约翰·克劳特曾把威尔逊理想主义概括为四个原则:(1)美国无意攫取别国领土;(2)美国外交的主要手段是和平谈判,而不是武力;(3)美国不承认任何通过暴力而掌权的外国政府;(4)美国在国际关系中将恪守信用,尊重道义。[4] 威尔逊认为,"社会主义、共产主

① 陈乐民主编:《西方外交思想史》,中国社会科学出版社,1995 年,第 188 页。
② 基辛格:《大外交》,中译本,海南出版社,1997 年,第 36 页。
③ E. H. Carr, *Twenty Years' Crisis*, p.26.
④ John Krout, *The US Since 1865*, p.129.

义和无政府主义是对美国安全的三个潜在威胁"。他竭力想把美国的自由民主制度推广到全世界，为此，美国不仅向拉美和欧洲各地派兵，而且在1919年派兵到西伯利亚，妄图与其他列强一起扼杀新生的苏维埃政权。然而，第一次世界大战期间和之后的世界历史进程和美国的所作所为表明，威尔逊理想主义不过是用自由资本主义时代的价值观来处理国际关系，以建立有利于美国的世界秩序罢了。他的理想主义思想对美国外交政策影响深远。"无论如何，威尔逊在思想上的胜利比任何其他的政治成就更根深蒂固，因为每当美国面临建立世界新秩序的使命之际，它总是殊途同归地回到威尔逊的观念上。"①

二、阿尔弗雷德·齐默恩(1879—1957)

齐默恩是欧洲早期理想主义的代表人物和国联的积极筹划者。从1930年到1944年，齐默恩担任牛津大学国际关系学教授。他的主要著作有：《希腊共同体》(1918)、《第三英帝国》(1926)、《民主的前景》(1929)、《中立与集体安全》(1936)和《国联与法权》(1936)。

一方面，他坚持认为人的本性并没有什么善恶之分，也并不是本性好战，人性所存在的问题主要是由于开化和教育不足，而要想使人类接受道德和改造又是一件非常不容易的事情。他在《中立和集体安全》一书中是这样写的，人类之所以会发生战争"不是因为人类是恶的，不能被教育好，没有国际社会的意识，而是因为他们——让我们诚实地讲，并且说'我们'——是保守的并且是智慧有限的人类"。② 在有关人性的观点上，齐默恩首先对人类本身作了肯定。他坚决反对和他们同时代的马克斯·韦伯和尼布尔等人把战争的根源归结于人的天性、是人性恶的观点；其次，他认为人的本性中存在着愚昧和无知，正是这种愚昧和无知，往往使人类不能避免战争；最后，他坚信人类通过受教育是可以避免战争的，但是，对人类进行改造是一件非常困难的事情。由于人类的改造非常困难，人类的愚昧和无知的结果就是战争的产生和出现。

在这样的思想指导下，齐默恩甚至提出在国际上建立一个国际借阅图

---

① 基辛格：《大外交》，第36页；Francis Gavin, *The Wilsonian Legacy in the 20th Century*, p.629.
② Alffed Zimmern, *Neutrality and Collective Security*, p.8.

书馆的建议。通过提高人们的素质,在国际社会上形成正确的公众舆论,而不是让一些统治者们的舆论宣传和摆布愚弄公众。他号召所有的学者都承担对公众教育的义务,并参加到国际事务的讨论中去。

他相信导致第一次世界大战的那种国际体系能够被改造成一种完全和平的和正义的世界秩序。而觉醒的民主主义意识将会产生巨大影响,并会使国际主义有越来越多的呼应。总之,他认为公众的觉醒是改造国际社会和建立一种正义的国际秩序的基础。他相信所有为之奋斗的和平努力和启蒙工作最终都会奏效。理想主义者有责任去消除愚昧和偏见,为世界的和平而努力工作。

当时在他的影响下,一些社会力量参加到了教育民众的行列中。其中最有名的是,英国工业企业家和自由派议员大卫·戴维斯。他专门出资在威尔士大学设立了英国第一个国际关系教授职位,从事法律和政治、道德和经济以及和国联相关的问题的研究和教学,齐默恩正是这一以威尔逊命名的第一个教授职位的获得者。齐默恩在英国影响了许多人。他对于他所从事的工作充满热情。他说他所强调的世界人民之间的理解和交往不是一个简单的人类行为标准问题,而是世界观问题。政治在这个概念上,也就成了一种"理想事业"。总之,齐默恩认为人类避免战争的公式是这样的:提高广大人民的教育水平——造成具有影响力的公众舆论压力——形成一种热爱和平的国际主义精神——人类避免战争。而所有这些思想的根源就是对人性的肯定、希望和信心。

另一方面,他强调必须用新的方法来避免战争。在《国联与法权》一书中,齐默恩对过去用均势避免战争的手段进行了批判。他对国际联盟大加肯定,认为以前的世界无政府状态和产生战争的根源在国际联盟出现之后就会消失。他相信,今后维护世界和平最有效的方法就是国际联盟。齐默恩与吉尔伯特·默里和洛斯·迪金森一起积极创立了国际联盟(League of Nations),为国联的组建四处奔波。直到1935年日本侵略中国和意大利侵略阿比西尼亚之后,齐默恩仍然相信国际联盟是世界和平的最大希望,是世界走出无政府状态的希望。齐默恩坚持认为:

1. 人类是可以改造的,所以人类总是在不断进步。国际联盟是人类进步的表现。如果强国把安全仍然寄托在均势上面,就会忽视人类的力量;

2. 国际联盟是人类将要走出无政府状态的表现,是均势时代将结束、一个新的时代将要开始的表现。

正因为如此,齐默恩在他的一生中为国际联盟建立做出了不倦的努力。齐默恩的上述思想观点令人敬慕,但在当时历史条件下也没有能够避免碰壁和失败的命运。

三、约翰·默里(1904—1967)

约翰·默里1904年生于美国纽约,父亲是位律师,父母信天主教。默里年轻的时候曾想将来做医生,但是,由于受家庭的影响,他最后选择了神学职业,成为美国著名的神学家和政治思想家。默里从中学到大学都是在教会学校上学。1938年,他在罗马格里历大学获神学博士学位。从那以后,他一直在美国马里兰州吾德斯特克大学任教授直至逝世。

20世纪40年代以前,默里在宗教界并没有名气。到40年代后,他的才华才充分显现出来。他在他作为编辑的《神学研究》和《教会观察》两本刊物上不断发表文章,观点非常激进,以至于罗马天主教会要取消这两本杂志的出版许可证。默里认为,在美国社会,罗马天主教和基督新教已经实现合作,他呼吁教皇不应当仅仅承认美国社会多教派存在的事实,同时应当承认这种体系自身的优越性。他还认为,美国传统对罗马天主教传统是有价值的。默里的观点受到了罗马天主教极端保守派的严厉批判,面对对他的攻击,默里声明,现在不是要罗马天主教和美国的民主和谐一致,而是要谈美国的民主是否能和罗马天主教和谐一致。然而,不管怎样,默里具有民主气息的宗教观点在当时保守的罗马天主教派氛围中,显然是进步的。在基督新教中占优势的美国社会,他受到了普遍的欢迎。

在美国国际关系理论界,对国际关系理论产生影响的神学家有两人,一人是莱因霍尔德·尼布尔,另一人则是约翰·默里。然而,他们的思想截然不同。尼布尔是美国现实主义政治思想的代表人物,而默里则是理想主义和自由主义的代表人物。"默里和尼布尔的关系,他们共同的和不同的,他们构成的讨论和辩论是美国宗教和政治思想史中最丰富的对话之一。"[1]尼布尔对默里的评价是:"默里之所以伟大是因为他用罗马天主教的神学思想和美国的民主传统同时进行思考。"[2]

---

[1] Kenneth Thompson, *Masters of International Thought*, Lousiana State University Press, 1980,p.38.

[2] Ibid.

默里的民主思想和政治理论主义主要反映在以下几个方面：

第一，关于权力的观点。默里认为，道德必须要监督权力的运用，并且权力应在道德的指导下使用。他说，"权力只有在道德原则下使用，或禁止使用，或限制使用，或者更广泛的意义上说，根据目的来确定也许要使用，或者必须使用。"①从默里对权力使用和道德的关系说明中，人们可以看出他在权力和道德之间没有划绝对的分界线。他并不像有些理想主义者那样绝对反对权力，他警告人们处理权力问题用简单的思维方式是危险的。他认为，道德的法律，从罗马天主教的思想来说，就是自然的法律。这是他和其他理想主义不同的地方。

第二，关于正义战争的问题。默里对人类的文明表现出极大的关注。在核武器时代，他企图用罗马天主教的教义去研究核时代正义战争的问题，研究人类的生死命运问题。默里认为，传统正义战争具有三个功能：（1）声讨战争的罪恶；（2）使罪恶受到限制；（3）尽可能地发扬人道主义。默里认为，在核时代，正义战争的假设仍然是合理的。防卫的战争无论在原则上，还是在事实上都是道德的、正义的。判断正义战争和非正义战争的标准有两条：一是看这场战争是不是给人类带来了更多更大的灾难；二是看权力的使用是不是有限的，是不是为了法律目的。

第三，关于自然法的观点。默里认为，道德的标准是来自自然法的标准。与其他理想主义者不同的是，他反对用简单的方法来分析和看待国际关系问题。他既反对过于简单的和平主义观点，也反对过于极端的现实主义观点。在道德问题上，他反对道德模棱两可主义。他指出，这种模棱两可主义对思想建议没有带来任何好处。他呼吁人们在判断事物时，不要极端，而要遵循自然法。由此，在战争问题上，他反对三种极端的态度，第一种态度是基督教和平主义者的，认为战争是灾难和完全不道德的；第二种认为，敌人都是可恶的，必须要消除；第三种是，联合国应当宣布一切战争都是非法的。他坚持认为，即便核战争在道德上也并不一定完全不道德，世界上存在着比致人死亡更罪恶的东西。

总之，默里在战争问题上的核心思想是，战争与和平在人类生活中没有绝对区别，国家道德和权力的使用总是交叉在一起的，一切应当自然地进行

① Kenneth Thompson, *Masters of International Thought*, Lousiana State University Press, 1980, p.36.

判断。

1967 年 8 月的一天,默里突然因心脏病发作,离开了这个他一生为之祈祷的世界,这位"高大而文静、彬彬有礼而充满智慧"的国际政治思想家给人们留下的著作有:《外交政策和自由社会》(1958)、《核武器的道德困境》(1959)、《道德和当代战争》(1959)、《我们信奉这些真理:关于美国主张的天主教思考》(1960)、《上帝的问题:昨天和今天》(1964)、《自由和人类》(1965)、《宗教自由问题》(1965)。

第三节　从韦伯、卡尔到摩根索、基辛格
——现实主义学派的代表人物

在国际关系理论各个学派中,现实主义的代表人物人数最多,阵容最强。汤姆逊的《国际思想大师》一书所介绍的 18 位大师,大多数属于现实主义学派。迈克尔·史密斯则认为,现实主义学派最重要的代表人物是:马克斯·韦伯(Max Weber)、爱德华·卡尔(E.H.Carr)、莱茵霍尔德·尼布尔(Reinhold Niebuhr)、汉斯·摩根索(Hans Morgenthau)、乔治·凯南(George Kennan)和亨利·基辛格(Henry Kissinger),但还可以增加几位,如乔治·施瓦泽伯格(Georg Schwarzenberger)、尼古拉斯·斯巴克曼(Nicholas Spykman)、马丁·怀特(Martin Wight)、阿诺德·沃尔弗斯(Arnold Wolfers)、约翰·赫茨(John Herz)和雷蒙·阿隆(Raymond Aron)。[①] 这里,我们选择 10 位现实主义学派的主要代表人物逐个地进行介评。

一、马克斯·韦伯(1864—1920)

迈克尔·史密斯在《现实主义思想——从韦伯到基辛格》一书中写道:"要了解当代现实主义学者,最好从韦伯开始。在国际关系学者中,韦伯被

---

① Michael Smith, *Realist Thought from Weber to Kissinger*, Louisiana State University Press, 1986, p.2.

意外地忽视了，但在我们提及的学者中，韦伯对社会科学的贡献是最大的。"①现在就让我们从韦伯开始，为这位"被意外地忽视"的现实主义鼻祖之一正名。

马克斯·韦伯是德国著名的社会学家、哲学家、历史学家和政治评论家。马克斯·韦伯虽然是以社会学家成名的，但是，他对政治非常关注。2009年，东方出版社出版了由英国拉斯曼编的《韦伯政治著作精选》。从韦伯的著作中，人们可以看出他的政治思想涉及权力的理论、关于政治领导的理论、关于国际冲突对国际政治结构影响的理论等。关于国际政治的影响我们可从以下几个方面来分析：

1. 他对理想主义的理论进行了认真的批判。在韦伯看来，理想主义最大的错误就在于它把政治看成是道德的政治。他认为，理想主义者之所以会犯这样的错误，主要的原因是他们不愿意去承认和接受政治的现实。韦伯认为，只承认道德，而拒绝研究现实问题的态度是理想主义理论家和国家领导人对于国家不负责任的表现。韦伯不无讽刺地把理想主义者称为是"知识界的人"(Literati)。他认为这些人的特点是：忽视政治的现实生活，在事实和价值的判断上、在科学和道德的区分上没有逻辑的区别。

2. 关于什么是政治，韦伯定义为分享或影响权力的分配的斗争，这种斗争或是在国家之间或是在一个国家内的集体之间产生的。韦伯明确地指出，所有的政治都离不开权力问题。他认为"所有的那些试图要取消人统治人的想法都是乌托邦"。② 因此，对理想主义乌托邦的称呼应当是从韦伯开始的，而不是从卡尔开始。

韦伯在对国家下定义时，同时表达了他对政治的看法。韦伯指出，"国家是一块人类居住的领土。在这个限定的领土内，国家成功地、合法地、垄断地行使武力……国家被认为是有使用权力的唯一源泉。因此，'政治'对我们来说意味着力求分享权力和力求在国与国之间或在国家各团体内权力的分配……当一个问题是关于'政治'的问题时，它总是意味着在分配、保存或转移权力中的利益。这一利益决定着问题的回答和问题的裁决。"③这里，韦伯由对国家下定义发展为对政治下定义，他的论述始终围绕着权力来展

---

① Michael Smith, *Realist Thought from Weber to Kissinger*, Louisiana State University Press, 1986, p.15.

② Ibid., p.25.

③ Ibid.

开,韦伯对政治所下的定义都离不开为权力而斗争的思想。他的这个思想后来一直影响着其他现实主义的理论家。

3. 在对国家和政治下定义之后,韦伯认为国家与国家之间的关系是竞争的关系,这种竞争的关系是不可避免的。国家总是离不开为其生存而斗争这样一条规律。韦伯认为"和平不过是冲突性质的改变"。[①]

关于国家关系问题,韦伯说,"每一种政治结构自然都愿意选择较弱而不是较强的邻居。而且当每一个政治团体是一种潜在的威望的追求者时,它同时也就是所有邻居的潜在威胁者。于是,大的政治团体,便因它大、它强,也会存在潜在的和不断遇到的危险。最后,由于不可避免的'权力动力'的驱使,不论追求威望的要求在哪里出现——这种要求通常源于对和平的严重政治威胁——它都是对所有其他的威望保有者的挑战和竞争。"[②]因此,在韦伯看来,国家无论大小都互相拥有安全利益。小的国家怕别国欺负,大的国家怕其他国家对它的挑战。总之,国家之间的关系是一种不可避免的冲突的关系。

4. 韦伯在他的政治理论中给予国家领导人的作用以充分的重视。他认为,领导人是决定一个国家国际地位的最重要的因素。在强调国家领导人的素质的基础之上,韦伯提出了道德的问题。他把道德区分为绝对的道德和责任的道德。按照绝对的道德行事的人完全不问结果,只管目的。因此,行为的毅力性在这里特别的重要。但是,韦伯同时又指出,为了正义的绝对的目的,并非不能使用不好的、不正当的手段;目的本身的正义性并不可以证明手段的正义性。他再三强调,在今天的世界上,我们不可能永远使目的和手段两全其美地都保持正义,因为我们所生活的世界本身就是一个在道德方面无理智的世界。韦伯认为,责任道德和绝对道德的区别就在于:具有责任道德的领导人能够看到他的行为的结果,并且他也愿意接受他应当负的责任,即便这种责任有时是他不愿意接受的。他赞扬这种责任的道德,并且对一战中德国政府不愿意承担所犯的政策上的错误感到不满。

5. 在政治、权力和道德的关系上,韦伯认为政治从来和暴力和权力紧密相连,政治最根本的和最重要的手段就是暴力。他说,"早期的基督教徒非常清楚世界是由恶魔统治着的,并且他们也知道从事政治的人,换句话说就

---

① Michael Smith, *Realist Thought from Weber to Kissinger*, Louisiana State University Press, 1986, p.26.

② Ibid.

是把权力和力量作为手段的人,是以权力来缔结协议的。他们也非常清楚,对于这样一个人来讲,下面的判断并非事实,即所谓好的行为结果一定是好的,罪恶的行为结果一定就是罪恶的。事实经常与此相反,任何看不到这一点的人都是政治上的婴儿。"[1]韦伯的这种看问题的方法对摩根索的国际关系理论中的道德和政治的理论起了重要的作用。韦伯的思想无论对后来欧洲的学者还是对美国的学者,影响都很大。

二、爱德华·卡尔(1892—1982)

爱德华·卡尔是英国著名的历史学家、国际关系理论家。正是从卡尔开始,国际关系理论的研究重点从理想主义转向现实主义。是卡尔首先指出了理想主义的弊端,提出了现实主义的国际关系理论。卡尔也因此被誉为国际关系研究领域"政治现实主义的奠基人"[2]。从卡尔开始,国际关系理论研究揭开了新的一页。

卡尔生于1892年6月28日,1911年就读剑桥大学,1916年进入外交界。1919年作为英国代表团工作人员参加巴黎和会,1920—1921年在英国驻巴黎大使馆任秘书,后调回英国外交部工作,直至1936年,其间曾任英国国联事务顾问助理,直接参与英国外交决策实践。1936年卡尔离开外交界,任教于威尔士大学国际政治学院(1936—1947),50年代后先后执教于牛津大学、剑桥大学和曼彻斯特大学。1956年当选为英国科学院院士。他一生著作甚丰,主要的代表作品有:《和平条约以来的国际关系》(1937)、《二十年危机(1919—1939):国际关系研究导论》(1939)、《和平的条件》(1942)、《民族主义及其后》(1945)、《苏联对西方世界的影响》(1947)、《革命研究》(1950)、《新社会》(1951)、《什么是历史》(1961)、《俄国革命:从列宁到斯大林》(1979)和1950年至1978年完成的十二卷本的《苏俄历史》。1982年去世,享年90岁。

卡尔的影响是从他的一本只有244页的小书《二十年危机(1919—1939):国际关系研究导论》开始的。1939年9月3日第二次世界大战爆

---

① Michael Smith, *Realist Thought from Weber to Kissinger*, Louisiana State University Press, 1986，pp.46—47.

② Kenneth Thompson, *Masters of International Thought*, Lousiana State University Press, 1980，p.69.

发。这本书却正好在 1939 年 9 月底出版。人们在又一次战争中遭受苦难，人们在苦苦地思索着：人类为什么又会再次遭受战争的苦难？他们不是一直在为避免战争而努力吗？国际联盟不是一直在为此而工作着吗？战争的根源何在？正是在这样的背景下，卡尔的书问世了。卡尔写这本书的主要目的就是要告诉人们寻求和平的道路，所以在他这本书的第一页，他写道："献给即将来到的和平的创造者们。"他的这本书使当时受战争之苦的人们有一种猛然惊醒、茅塞顿开的感觉，在那个年代，的确起到了划时代的作用。

卡尔的这本著作在 1945 年再版。由于它"第一次科学地论述了现代世界政治"，[①]而成为国际关系理论的经典之作，直至今日仍是研究国际关系的必读书。这本书代表了卡尔主要的国际关系理论，是我们研究当代西方国际关系理论现实主义理论初级阶段的最重要的著作之一。卡尔的思想主要包括以下内容。

第一，他对在第一次世界大战后流行的理想主义思想作了系统的总结和有力的批判。他对理想主义的批判性分析在当年轰动了世界论坛。他提出，现实主义理论是和理想主义理论完全对立的理论。其主要的表现是自由意志对立决定论、理论对立实践、知识界对立官僚界、左派对立右派、道德对立政治。而所有这一切归根到底是理想主义对立于现实主义，卡尔把理想主义批判为乌托邦主义。他用国际关系中的事实——证明这种乌托邦主义在二三十年代的失败。卡尔认为，理想主义患了六方面的弊病：（1）以"should be"（应该如何）替代"to be"（现实如何），有激情无实际；（2）过分地从伦理和道德看世界，将道义绝对化；（3）过分地强调利益和谐，忽视利益冲突；（4）忽视国际政治中权力的作用；（5）过分地强调国际法和国际组织的作用，实际上国际法和国际组织并非万能；（6）世界政府是世界未来不可实现的一种"乌托邦"。在对理想主义进行认真分析和批判的基础上，卡尔提出现实主义的两点最基本最重要的原则：第一，"权力始终是政治的核心成分""政治在一定意义上即是权力政治"；[②]第二，"道义只能是相对的，不是普遍的。"[③]"道义是权力的产物。"[④]

---

① Stanley Hoffmann, *Janus and Minerva—Essays in Theory and Practice of International Politics*, Westview Press, 1987, p.5.

② E. H. Carr, *Twenty Years' Crisis*, p.102.

③ Ibid., p.16.

④ Ibid., p.64.

第二,卡尔对国际关系理论研究学科建设提出了自己的看法。在他看来,当时的国际政治理论研究中的问题主要表现在两个方面:一是学科的幼稚性。卡尔在给他主编的《无任所大使丛书》作序的时候是这样说的,"在国际政治领域,我们几乎没有人超过了幼儿阶段,在这个阶段中任何人可以被指责为'你调皮捣蛋',而他自己却不认为是如此……"[1]而幼稚阶段最大的特点就是科学的研究往往是同人的主观需要紧密相连,带有主观愿望强、细致性弱的特点。二是这个学科的主观意志性。他认为所有科学的出现都是和需要紧密相连的,其研究的程序应当是:收集材料、对材料分类、分析材料,然后,在分析的基础上得出结论。因此,在正确的研究方法中应当是分析在前,目的在后。然而,人类的思维往往并不是以这样的程序进行的。事实经常是:人类的目的在前,而分析在后。因为要提高健康,所以才建立了医学;因为要建筑桥梁,所以才有了工程学;因为要治疗政治上的疾病,才有了建立政治学的愿望。卡尔引用了柏拉图的话,"希望是思想之父",认为这句话最准确地描绘出了人类思想的起源。卡尔认为在政治学方面,柏拉图的这个描写比其他科学都更加说明问题。

正因为国际政治既是一个非常幼稚的学科,同时又是最容易违反正常科学的研究程序的涉及人类思想的学科,所以,它在幼稚阶段不可避免地会出现弊病,即人类的良好愿望在很大的程度上影响着国际政治的研究。在卡尔看来,理想主义的出现就是这种研究方法上幼稚的表现。

卡尔认为,国际政治的研究应当克服和超越它的幼稚阶段,应当对国际事物进行细致的分析,而再不是用主观的热情和主观的愿望代替对国际问题现实的研究。

第三,卡尔对国际政治中国家利益提出了独特的见解。卡尔是从存在决定意识这个科学的唯物主义的角度对国家利益问题进行分析的。他明确指出,社会的存在决定着社会的意识,而不是相反。

卡尔认为,人类的思想在行动中应当是使自己的思想去适应现实,由此出发,卡尔对理想主义的国家利益和谐论进行了批判。他指出,国家利益和谐论之所以会出现是因为占有优势的势力,由于在社会或社会团体中已经处于支配的地位,要把自己的利益说成是群体的利益。因此,国家利益和谐

---

[1] Kenneth Thompson, *Political Realism and the Crisis of World Pilitics—An American Approach to Foreign Policy*, Princeton University Press, 1960, p.25.

论是服务于占有优势的集团的道德观念,其目的是为了保护这些人的地位和已经有的利益。国家利益和谐论给人以错误的观念,似乎对这些利益获得者的批判就是对整个集团的批判,对这些人的利益分歧,就是对所有团体的分歧。在批判国家利益和谐论的过程中,他举了两个典型的例子:一个是19世纪的英国。在19世纪,英国在世界资本主义经济中占有压倒优势的地位。在这样的背景下,英国提出了经济自由竞争的口号。英国的资本家对于这个口号推崇备至,认为自由竞争的经济政策对世界的经济政策是有利的。然而,卡尔认为,说到底,这个政策是为英国的国家利益服务。另一个是一次世界大战以后的例子,理想主义提出"战争对任何人都没有利""没有人反对和平"的观点。卡尔认为提出这个观点的人是既得利益者,他们要维持现状。在一战后,各国的心理并不都是反对战争的。美国和英国在战争中得到了较多的利益,但是,德国人认为他们在战争中失去了很多,所以,他们要想办法改变现状。因此,理想主义所说的人类共同利益根本不存在,而只能说是既得利益者的利益。正是在此基础上,卡尔认为不同的国家有不同的国家利益,在研究国际政治时不能忽视对国家利益的研究。

第四,卡尔国际关系理论的最大特点是讲权力,重视权力。在对理想主义理论进行批判时,卡尔除了提出国家利益的重要性之外,还提出权力在国际关系中的重要地位。尽管卡尔曾经认为,权力和道德在国际政治中是一对互相联系、同时又互相矛盾的存在物,理想主义和现实主义在这个问题上应该取长补短。但是,卡尔对权力在国际政治中的作用给予了极大的厚爱。首先,卡尔认为,权力在国际政治中无处不有,无处不在。他认为,政治就是权力政治,但是,究竟为什么政治就是权力政治,他并没有给予明确的论述。同时,他再三强调权力是国际政治中最主要的因素。其次,他指出,权力可以是手段,也可以是目的。再次,卡尔同意经济权力是一个国家实力的一部分,但是,他反对经济权力可以和政治权力分开的看法。卡尔认为经济和军事权力都是权力的组成部分。

第五,在道德和权力之间的关系上,卡尔重权力而轻道德。卡尔强调一个国家在制定外交政策时,应把道德和权力结合起来。他认为,在相当长的一段时间内,人们在权力和道德问题上总是走向两个极端。现实主义理论认为,只要追求权力,道德就不可能完美;理想主义则认为,在国际关系中道德是理所当然的,并试图用道德标准去解决权力政治问题。他指出,"政治行为必须建立在道德和权力相互协调的基础之上"。[①] 在权力和道德之间必须要进行妥协。但是,在实际的问题中,在对待道德问题上,卡尔其实是把道德放在了次要的地位。卡尔把对待道德的方式分为三种:一种是哲学家的方式,他们所谈的道德很少能实践,经常是纸上谈兵。另一种是普通人的道德观念,这种道德观念一般谈得很少,但是,有时是可以实践的。还有一种就是普通人的道德行为,这种道德行为和人的道德观念很相近,而与哲学家的道德观念无关。卡尔批评哲学家经常空谈道德,他宣布他自己所关心的是一般人是怎样认识道德概念的,又是怎样去实践的。说到底,他认为道德的应用必须和实际相联系,人们不应该被道德观念所束缚。在道德问题上卡尔的思想接近一种直觉主义的观念,这种思想在韦伯的理论中有所反映,尽管并不是那样地直接。卡尔这种对待道德的灵活性还表现在他对道德规范和对道德期盼的不一致。他承认,在国际关系中存在着道德的标准。例如,要爱护生命,要避免不必要的人类伤害。但是,在实际行为中,人们对国家的道德标准不可能希望太高。他认为,人们应当区分人类所接受的道德标准和对道德的期盼标准之间的差别。

卡尔对道德的标准的区分,不仅表现在对道德的标准和道德的期盼之间的区别上,而且也表现在人的道德标准和国家的道德标准的区别上。卡尔认为,国家的道德标准是低于个人的道德标准的。这是因为,首先,关于国家的道德标准问题。个人总是希望国家或者个人团体比个人的行为能够更加慷慨,但是,这种道德的行为往往要根据国家的情况而定。国家的利他行为与国家的富裕等因素有关。因此,这就决定了国家的行为不是道德约束的结果,而是国家情况的结果。其次,卡尔同意国家的行为会比个人的行为更加无道德的观点。这个观点的出发点,是其从个人的行为上看是无道德的行为,在国际的行为中往往是有道德的行为。人的自私自利是无道德的,但是,一旦人的自私行为表现为爱国主义的行为,爱自己国家的行为就是道德的行为。再次,卡尔指出,在国际社会中不存在一个权力机构可以评判道德行为,这就是决定了道德在国家的行为中没有很强的约束力。当一些原则在一些国家看起来是平等和正义的,在其他国家看来又不是平等和正义的。因此,道德价值标准很难确定。

此外,卡尔对于国际政治中的公众舆论和国际法的作用也采取一种轻

---

① E. H. Carr, *Twenty Years' Crisis*, p.97.

视的态度。他认为权力是最重要的。在论述前者时,卡尔否认公众舆论在国际政治中的作用。他对于意识形态的看法是,它不过是国家政策的外衣,而且他直截了当地认为,理想主义所提倡的国际主义不过是为了在国际政治中获取权力的方法。关于国际法的作用,卡尔认为,政治是道德和权力的交汇地。在社会生活中,法律有助于社会稳定和延续,但是,真正能够保证社会稳定的力量是权力而不是法律。总之,在道德、公众舆论、法律和权力之间,卡尔认为,权力是一切政治的基础。然而,卡尔并没有完全抛弃理想主义的理念,他试图在两者之间寻求一个平衡点。他指出,政治的魅力和悲剧都在于它具有无法相容的两面性——理想与现实,道德与权力,而健全的政治思想必须建立在理想和现实的结合之上。难怪乎后来有人把他的理念称为是权力的乌托邦,视卡尔为"乌托邦现实主义者"。

在评论卡尔对国际关系理论的贡献时,多尔蒂和法尔兹格拉夫指出,至今卡尔对理想主义与现实主义之争所作的辩证分析依然是适时的。有的学者认为,卡尔理论的最大特点就是辩证地提出现实主义与理想主义的关系,他在辩证关系的运用上反映了马克思思想的巨大影响,有人甚至把卡尔誉为"马克思主义的现实主义者"。确实,卡尔常常引用马克思的经典著作,并认为马克思是"现代现实主义"最早的和最重要的代表人物,他对马克思主义始终怀有特殊的推崇之情。然而,卡尔不同于"西方马克思主义者",如匈牙利的乔治·卢卡奇(Geory Lukacs)、德国的卡尔·科尔施(Karl Korsch)、意大利的安托尼奥·葛兰西(Antonio Gramsci)和德国的法兰克福学派。在卡尔与西方马克思主义之间没有发现什么"明显的联系",这也是为什么在西方马克思主义盛行时,卡尔理论中的马克思主义成分被忽视了。卡尔的特殊之处在于他把西方马克思主义者异化的马克思主义又来了个"西化"。这一过去鲜为人知的历史考证为研究卡尔理论提供了新的线索和思路。

三、莱因霍尔德·尼布尔(1892—1971)

莱因霍尔德·尼布尔是美国最著名的神学家和基督教现实主义的代表人物。他于1892年1月21日出生在美国密苏里州芮特城的一个宗教世家。1910年入密苏里圣路易斯伊登神学院,1913年转入耶鲁大学神学院,1914年获神学学士学位,1915年获耶鲁大学硕士学位,1930年获伊登神学院神学博士学位,同年担任纽约协和神学院"道奇讲座"应用基督教教授。1935 年任《激进的宗教》主编,1941 年任《基督教与危机》主编并参与创建美国人争取民主行动协会,1944 年任纽约自由党副主席,1960 年从纽约协和神学院退休。莱因霍尔德·尼布尔的一生是对美国的宗教和政治思想产生巨大影响的一生。乔治·凯南曾经说过,尼布尔是"我们众人之父"。[①] 在对他的思想进行研究的时候我们不能不对他的思想的宏伟和精深感到赞叹。他是一位多产的学者,在 40 多年的时间里,他写的论文数高达 1 500 篇,著作 20 多本,几乎平均不到两年出一本专著。他的代表著作包括:《道德的人与不道德的社会》(1932)、《对时代终结的反思》(1934)、《超越悲剧》(1937)、《基督教与强权政治》(1940)、《人性与命运》(1941—1943)、《光明的孩子与黑暗的孩子》(1944)、《信任与历史》(1949)和《基督教现实主义与政治问题》(1953)等。

　　尼布尔的思想除了他的宏伟和精深的特点之外,还有一个特点就是在不断变化和自我完善,因此,当研究他的思想的时候,你会经常发现尼布尔在反对尼布尔。尼布尔思想变化的过程和美国的历史以及他个人的经历密切相关。在第一次世界大战之前,他是一个充满乐观主义和理想主义的年轻人。但是,战后,他变成了一个现实主义者。促使尼布尔从理想主义变为现实主义的经历主要是在 1915—1928 年间。此时,他在美国底特律贝瑟尔福音教会任牧师,他在布道中对人们所宣传的信仰被欧洲的战争所破灭,他还亲眼目睹了汽车城中的工人失业和遭受压迫的悲惨情景。这些事件对尼布尔思想的变化产生了巨大的影响。他在自传中是这样写的:"在我的布道过程中,我发现简单的理想主义和古典的信仰在此升华,这是一种与个人的生活危机完全脱离的理论,也是和这个工业城市复杂社会情况相脱离的理论。"[②]在此之后,他开始在理论上对宗教中的自由主义理论进行批判,同时,提出了他自己的基督教现实主义理论。

　　按照尼布尔自己的话说,他不能被称作是神学家,因为他的许多时间不是在从事纯粹的宗教活动,而是用在理论探索上,为他的思想进行辩护,因此,他对神学理论的研究和与此相关哲学和政治学上的研究是其他人所不

---

① Michael Smith, *Realist Thought from Weber to Kissinger*, Louisiana State University Press, 1986, p.18.

② Charles Kegley and Robert Bretall (eds.), *Reinhold Niebuhr—His Religion*, *Social and Political Thought*, Vol. II of the Library of Living Theology, MacMillan Press, 1956, p.4.

能比拟的。他在国际政治理论上的影响是他的宗教思想和哲学思想的延续。其影响主要在以下几个方面：

1. 人的原罪说。在西方有个寓言：在古时，一位国王接到他的大臣的关于丰收的报告，报告说，今年丰收了，但是，谁吃了丰收的粮食，谁就会变疯。结果国王还是决定，既然没有别的东西可以吃，我们只好吃粮食，但是，我们要知道自己都是发疯了的人。这个故事的内涵就是尼布尔在他著名的1939 年英国爱丁堡大学主持的吉福德讲座时开头所说的第一句话："人一直是他自己最苦恼的问题。人是怎样看待他自己的呢？"

尼布尔认为，对人性的解释可以各种各样，如理智的、浪漫的、新兴资产阶级个人主义的、自然主义、理想主义的。但所有这些对人性的不同解释都有一个共同点，即没有看到人总是过高地估价自己，对人是有罪的这一点从来认识不清。尼布尔指出这是当代在人性看法上的流行病。在研究中，他对自由主义思想进行了批判，他认为必须坚持用基督教的人的原罪说去分析人的问题。他始终强调，只有基督教的理论才能够真正解释人的本性。

尼布尔指出，人具有两面性：一是他具有超越自我的精神能力；二是他本身具有不可避免的罪恶。人自我超越的精神能力决定了他既是一个有理智的人，同时也是一个无理智的人。正是在此基础之上，人既可以是善良的创造者，同时也可以是罪孽的制造者。人在这个永恒的宇宙中，一直在寻求自身存在的意义，因此，在某种意义上人又成了超越宇宙的人。人生存于宇宙，但是，人并不因此认为自己和宇宙之间的关系就是人从属于宇宙的关系，因此，人最伟大的成就和最坏的罪孽都同出一源：人对于他在世界上应有的位置从来不清楚；他生活在宇宙中，但是又超出了宇宙。而事实上，人是自由的，但也是受约束的；人的能力是无限的，但也是有限的。

尼布尔在分析人的罪恶的时候再三强调，人的罪恶不是由于他的无知造成的，而是"源于彼此之间的猜疑和嫉恨。人具有生存的意志，这种意志往往表现为政治上追求权力的愿望，国家权力正是这一愿望和意志的延伸"。[①] 在人的自我超越和罪恶之间的关系上，人的自我超越的种种努力并没有使人能摆脱罪恶，而是使人越陷越深。他把人的罪恶分为骄傲和纵欲两种形式。他指出骄傲之罪是万恶之源。他认为，人总是盲目地、过高地估

---

① Ernest Lefever, *The World Crisis and American Responsibility—Niebuhr's Nine Articles*, pp.37—38.

计自己的能力,并且为了自身的安全总是超过自己的自然禀赋极限去扩大自己的权力。一旦人的某些欲望获得了满足,人便会产生骄傲的心理。人的骄傲可以有几种,包括权力的骄傲、知识的骄傲和自我德行的骄傲。对权力的骄傲使人试图去获得自我满足,同时保证自己的安全。由于人的不安全感既可以来自自然也可以来自社会,因此,权力欲便表现为人对自然和他人的控制的企图。人的这种寻求安全的欲求是永远不可能满足的,因为权力使人安全,权力越大,安全越牢固;而且,人为保证安全而获取的权力越多,就越害怕失去这些权力与安全。在知识上的骄傲是指,人以自己的知识为终极真理,并且会表现得藐视一切,恃才傲物。其结果是在人类文化进步的同时,人类出现"新的虚妄"。在道德上的骄傲则是把自己的道德标准当作是绝对的标准,对其他人表现为妄自菲薄,排斥不同意见。

2. 关于人与集体。在尼布尔的著作里,他不仅对单个的人进行研究,而且对集体的人也进行研究。尼布尔说,"社会……仅仅是积累的个人的利己主义,并且是个人的利己主义变形为集体的利己主义,因此,群体的利己主义拥有加倍的力量。从这个道理上讲,没有一个群体的行动是出于纯粹的无私行动,因此,更成熟的目的和倾向是争夺权力。"①这样一来,在个人和集体之间就没有什么区分了,只是反映为人的多少程度。个人所有的缺点国家也都会有。于是,个人会骄傲,国家也会骄傲,个人为了安全会在他所处的社会中追求权力,同样,国家为了安全,便也会在国际社会中要求有更多的权力。总之,在尼布尔看来,个人和人的群体都充满了自私和罪恶,由此使人世沦为一场悲剧。对于人的前途,他持一种悲观的态度,认为人是无法自救的,只有信仰基督教,人才能够得到拯救。

3. 冲突和权力是社会必然存在的产物。人有原罪的观点决定了社会是冲突的。尼布尔指出,科学智慧和道德教育不能解除社会冲突。企图不考虑人性,用理性和道德的方法解释社会问题必然要碰壁。一个有效的政治理论不仅要考虑到人的能力,也要考虑到人的弱点,特别是在集体环境中人的弱点。尼布尔认为,在人的关系中压制是社会和谐所必需的基础。在他看来,人类的爱是一回事,人类的权力是另一回事。而这两者是同等重要的。对于这两个问题,人们最好是用两点论,而不要用一点论,因为这样会

① Michael Smith, *Realist Thought from Weber to Kissinger*, Louisiana State University Press, 1986, p.107.

威胁到人类爱和权力的有效性。① 在这个问题上,他是这样批判和平主义者的:"和平主义者不懂人的本质和仁爱之间与人的罪恶之间的矛盾。他们看不出罪恶把冲突带到世界上,即使是最亲密的关系也无法摆脱冲突。他们仅仅断言'如果'人们互相亲善,一切复杂的、有时是可怕的现实政治秩序就可绝处逢生。他们不明白这个'如果'应该是以了解人类历史最根本问题为条件的。因为人是有罪孽的人,所以只有一方面通过某种程度的压制,另一方面通过对压制和暴政的反抗,正义才能够实现。"②

尼布尔指出,爱是宗教的战略,而实用主义是社会的战略。正因为我们是人,不是上帝,所以人的行为中总是有罪恶的,我们没有什么能力能够逃脱自私自利和罪恶。尼布尔认为,由此出发,政治就是在罪恶中进行选择,在每一分钟,我们都是在用罪恶去制约罪恶。正因为如此,罪恶决定了政治上的成就是有限的、破碎的和不完善的。对于那种要不然就把一切想象得很理想,要不然就是失败主义的绝对化的思维方式,尼布尔采取的是批判的态度。

4. 道德和权力政治之间的关系。如果爱是宗教的事情,而政治是现实的事情,那么,在这个社会中权力政治和道德之间的关系是什么呢? 尼布尔认为,权力政治存在于任何历史之中。权力冲突是历史的基本成分。他宣布,"所有的生命都是一种权力的表现",③一切政治活动都和权力有关,一切政治斗争都是关于权力的政治斗争。这就造成一个结果,人们不得不去尊重和屈从于有权力的人。而在这里,尼布尔相信美国建国之父和联邦党人的观点:一切有权力的人都不应当信赖,而且权力绝对不会受到有权力的人的自我限制。尼布尔进而提出,权力要受到限制,只有正义和道德才能够有效。而限制权力的办法就是均势。在均势、道德和权力之间的关系上,尼布尔认为,从根本上讲,正义有赖于均势,一个人或集体或国家掌握了不应有的权力,如果不用可能的批判和抵抗对这种权力加以抑制,它随时都会无节制地膨胀起来。均势不同于和谐的仁爱,要略胜一筹。对于人类的罪孽来说,它是正义的基本条件。这种均势并不排斥仁爱,事实上,没有仁爱,精

---

① Charles Kegley and Robert Bretall (eds.), *Reinhold Niebuhr—His Religion*, *Social and Political Thought*, Vol. Ⅱ of the Library of Living Theology, MacMillan Press, 1956, p.135.

② 参见倪世雄、金应忠:《当代美国国际关系理论流派文选》,学林出版社,1987年,第26页。

③ Charles Kegley and Robert Bretall (eds.), *Reinhold Niebuhr—His Religion*, *Social and Political Thought*, Vol. Ⅱ of the Library of Living Theology, MacMillan Press, 1956, p.136.

神的摩擦和紧张状态会令人无法忍受,但失去了均势,即使是最亲密的关系也会沦为非正义的关系,而仁爱则会成为非正义的保护伞。

5. 关于对理想主义的批判。肯尼思·汤姆逊认为,尼布尔对国际政治最主要的贡献是他大胆地对当时流行的理想主义进行了批判。[①] 尼布尔的批判矛头主要指向当时美国思想界的两个流派:一是宗教界的社会福音派,二是学术界的杜威实用主义。

尼布尔把理想主义的思想概括为六个方面:第一,相信社会缺少公正是由于社会的无知,而这种无知会被教育和智慧所改变;第二,相信文明正在逐渐变得越来越道德;第三,个人的性格将会由公正所制约;第四,乞求兄弟友爱和善意最终是会有结果的,如果至今还没有,只要我们不断地乞求最终是会有结果的;第五,上帝创造幸福,增长的知识将会克服人的自私;第六,战争是愚昧的并且将会屈从于理智。尼布尔指出,理想主义的失败是由于他们疏忽了人的生命和人的生存之间会不可避免地发生冲突的悲剧。"认为一个新的社会就能免除民族利己主义和争权夺利,这是十分不现实的。乌托邦主义始终是处理国家事务的出现混乱的一个根源。"[②]

四、阿诺德·沃尔弗斯(1892—1968)

在西方,在 1892 年,诞生了三位著名的国际关系理论现实主义大师:卡尔、尼布尔和沃尔弗斯。这不能不认为是一个历史的巧合。

阿诺德·沃尔弗斯 1892 年 1 月 14 日出生于瑞士圣加伦市,1912 年至 1924 年先后就读慕尼黑大学、柏林大学和苏黎世大学,获法律、经济学和政治学多种学位。1933 年移居到美国,1939 年加入美国国籍,先在耶鲁大学任访问学者和教授,后转至罗彻斯特大学和约翰·霍布金斯大学任教。沃尔弗斯曾任世界和平基金主席(1953)和约翰·霍布金斯大学华盛顿外交政策研究中心主任(1957)等职务。

沃尔弗斯的一生是多产的一生,这表现在两个方面:一是他留给后人许多宝贵的著作,他从 1940 年起,基本上平均每 3 年出版一本重要学术著

---

① Kenneth Thompson: *Political Realism and the Crisis of World Pilitics—An American Approach to Foreign Policy*, Princeton University Press,1960, p.24.

② Ernest Lefever, *The World Crisis and American Responsibility—Niebuhr's Nine Articles*, p.79.

作。他的著作有：《两战之间的英法：从凡尔赛到第二次世界大战间冲突的和平战略》(1940)、《小国与和平的执行》(1943)、《美国对德国政策》(1947)、《盎格鲁——美国的外交事务传统：从托马斯·莫尔到伍德罗·威尔逊》(1959)、《冷战中的盟国政策》(1959)、《争斗与合作——国际政治文集》(1962)、《六十年代的对外政策》(1965)和《裁军世界里的美国》(1966)。二是他带出了许多非常优秀的学生，例如：罗伯特·古德(Robert C.Good)、罗杰·赫尔斯曼(Roger Hilsman)和斯坦利·霍夫曼(Stanley Hoffmann)等人。沃尔弗斯最辉煌、学术上最有成就的时期是在美国渡过的，但是，他一直非常想念他的祖国，他逝世之后，他的骨灰葬回到了他出生的地方瑞士。

沃尔弗斯曾评论他自己是"一个非常多样化的学者"。[①] 如果把他和其他欧美学者相比，他评价他自己的这个特点非常准确。他的多样化，不仅表现在他的经历、爱好上，而且还表现在他的学术方法和思想上。我们可以从以下几个方面看出他这一特点：

第一，沃尔弗斯的丰富经历是其他学者不可比的。在成为美国知名学者之前，他在瑞士曾当过律师，在军队服役过，做过政治讲师。到美国后，他不仅是学者，而且成为美国政府的智囊人物。他研究范围广泛，不仅涉及政治学、国际关系学和历史学，还涉及法律学和经济学。他在美欧大陆之间来往频繁，他的阅历和对美欧文化的透彻理解为他研究国际关系问题打下了坚实的基础。

第二，沃尔弗斯和美国其他国际关系理论家的区别还在于他不仅对纯学术理论感兴趣，而且与外交决策者和政治家保持密切的联系。然而，人们对此并没有非议，相反认为他的贵族气质和对社会的责任感使他一直不只是安心于做学问，而且希望当决策参谋。由此，他不仅同美国的学术界和政界，而且和瑞士和德国学术界的领袖人物们一直保持着频繁的往来。在二次大战期间沃尔弗斯曾担任过马歇尔将军顾问办公室、战略服务办公室、国家战争学院、国际分析研究院、陆军部和美国国防部的顾问。二次大战之后，他仍然和美国白宫权力中心有经常的联系，1960 年起还兼任美国国务院顾问。他最大的希望是自己的理论能影响外交决策，他的目的可以说在

---

① Kenneth Thompson, *Masters of International Thought*, Lousiana State University Press, 1980, p.98.

一定程度上达到了,特别是在战后美国对德国政策问题上,可以明显看出沃尔弗斯思想的痕迹。

第三,沃尔弗斯是现实主义的代表人物,但是,他的理论观点并不是特别鲜明。虽然他对斯巴克曼特别敬仰,称之为他所尊敬的朋友和同事,然而,在权力政治的理论观点上,他既同意斯巴克曼的权力政治理论,但又不愿意在权力问题上表现得那样赤裸裸和咄咄逼人。

沃尔弗斯作为学者的多面性不仅表现在他的政治观点上,而且表现在他的思想方法上。他不仅是一个政治学家,而且是一个哲学家。莱因霍尔德·尼布尔是这样评价沃尔弗斯的:"从他细心地评阅、衡量不同理论概念和假设合法性并讨论国际关系的模式来看,他是一个哲学家。但是,从某种意义上讲,他又是一个好的科学家,在实践中竭力弄清事实使它成为概念的准确性和假设合法性的最终标准。"[1]

第四,欧洲的政治思想和美国的政治思想在沃尔弗斯身上都留有明显的烙印,这是他多样性格的又一表现。在美国,大多数从欧洲来的学者,是将欧洲传统政治思想去适用于美国的国情,但沃尔弗斯不是如此。他尝试着将欧洲思想和美国思想结合起来。他的著作经常反映出欧洲传统思想和美国传统思想的争论和融洽。这使得沃尔弗斯成为对美国外交政策影响最大的一位现实主义代表人物。

沃尔弗斯的代表作是1962年出版的《争斗与合作——国际政治文集》,该书收集了16篇文章,分别论述16个问题。尼布尔在为该书写的序里称沃尔弗斯为"受人尊敬的政治哲学领域的先驱者和带头人",认为书中所讨论的问题"决非纯学术性,它们触及到当代对外关系中一些重要问题的核心"。

沃尔弗斯在以下四方面"创造性地推进了"现实主义的国际关系理论:

第一,关于国际政治角色。

沃尔弗斯认为,研究国际关系,最重要的是认定国际舞台上的主要角色。按照现实主义理论,民族国家固然是最核心的角色,但不应视为唯一的角色。如果仍坚持国家为唯一的角色,就会忽略作为个体的人的作用。他主张采取一种新的研究视角:个人作为国际政治的角色。这种新的研究视

---

① Kenneth Thompson, *Masters of International Thought*, Lousiana State University Press, 1980,p.99.

角有两层含义：一是将个人置于国际舞台的中心地位；二是强调个人的组合角色，特别是跨国公司和国际组织与国家并存①。沃尔弗斯指出："如果不深入到个人角色的研究，就无法理解任何以国家名义所作出的决定和所采取的行动。"②关于国家角色和个人角色的两种研究方法应该互补。能做到这样，才算是真正提出一种现实主义的理论，因为它帮助人们弄清楚当代国际政治现实的主要问题。

第二，关于国家目标与国家利益。

沃尔弗斯认为，国家一般拥有三类目标：（1）持有目标和环境目标。持有目标包括国家独立、生存和领土完整；环境目标指超越国境的外部条件。（2）直接目标和间接目标。前者与国家利益有关，直接服务于国家；后者与作为个体的公民的利益有关，只是间接服务于国家。（3）意识形态目标。旨在向海外扩展政治民主。沃尔弗斯强调，利益与目标的结合是现实主义的重要原则。

第三，关于对外政策的基本目标。

沃尔弗斯认为一国对外政策基本目标是自延（self-extention）、自保（self-preservation）和自制（self-abnegation）。自延意指要求改变现状，以获取更大的权利和更多的价值利益；自保则指维持和维护现有的价值利益分配，即保持现状，特别是民族独立、国家安全和领土完整；自制是指在一定条件下接受国际法、国际和平、集体安全利益的制约。很明显，现实主义学派更重视"三自"中的自延和自保目标，认为自制是国际政治中乌托邦的表现，亦称为"理想主义自制"，在现实生活中是难以实现的。

第四，关于均势问题。

沃尔弗斯把均势界定为"对手之间分配的均衡状态"，与霸权或统治完全不同，是分析世界政治的有用工具。第二次世界大战后有四个新因素影响均势的走向：（1）美国占据世界政治的领导地位，为了维护东西方的大国均衡，美国制定遏制的威慑的对外目标；（2）战后"两极"体系的出现，对均势格局形成冲击；（3）意识形态因素成为世界大国争斗的主要内容，均势也受意识形态和宣传舆论的影响；（4）核武器的出现导致"恐怖均势"。

沃尔弗斯还列举了四种关于均势理论，他认为它们在不同程度上影

---

① Arnald Wolfers, *Discord and Collaboration*, The Johns Hopkins University Press, 1962, p.4.
② Ibid., p.11.

响着世界政治和美国对外政策：第一种理论视均势为"理想的权力分配"，有利于世界和平；第二种理论认为，均势是"多种国家体系发展的必然产物"，是"一种固有的规律"，就像古典经济学中论述市场经济的"看不见的手"一样；第三种理论强调均势的自保性质，追求的只是"权力之间的平衡"；第四种理论则认为，均势概念已经过时，没有任何组织（包括联合国）能使国家间权力保持平衡，因此，美国应在世界上建立自己的支配地位。

五、尼古拉斯·斯巴克曼（1893—1943）

尼古拉斯·斯巴克曼出生在荷兰阿姆斯特丹市，后移居美国。他一生短暂，影响却遍及美国学术界。他于 1920 年移居美国，在 1921 年一年中，就获得了学士学位和硕士学位。1923 年，他在加利福尼亚大学获得博士学位，此后，在加利福尼亚大学任社会学和政治学讲师。1925 年，调至耶鲁大学任教，10 年之后，任耶鲁大学国际关系系主任和耶鲁大学国际政治研究学院主任，直至 1940 年。斯巴克曼最初的兴趣是在社会学，但随之把后半生的精力转到国际关系研究方面。他的主要著作有：《国际政治中的美国战略》(1942) 和《和平地理学》(1944)。

斯巴克曼对国际关系理论界的影响主要在现实主义思想和方法论两个方面。

在现实主义思想方面，斯巴克曼强调权力在国际关系中的作用。他认为国家的首要目标是赢得和维持权力地位。斯巴克曼的批评者说他的理论是极端的强权政治，而他却不屑一顾，回答说："权力有一个坏名声，使用权力也经常会受到指责……现在有一种倾向，特别是某些自由主义者或自称为理想主义者认为，在国际社会中应排斥权力的主题，除非在非道德问题上。"但是，"脱离权力的政治观念和理想几乎很少能实现其价值。"①

对于美国国内存在已久的孤立主义与国际主义的争论，斯巴克曼认为，这两种政治观点并不是完全对立的。事实相反，这两种观点以及它们引出的外交政策从来就是不断交织在一起的，它们之间不存在绝对的不是黑就是白的关系。为了说明他的观点，在《世界政治中的美国战略》一书中，斯巴

---

① Helen Nicholl (ed.), *The Geography of Peace*, Harcourt & Brace, 1944, p.3.

克曼举了孤立主义的例子。他指出,孤立主义既是一种感情,也是一种国家战略。从感情上讲,孤立主义者们希望他们这块远离欧洲争吵和战争的大陆从此能再不用卷入欧洲事务和欧洲烦恼。从战略上讲,美国奉行孤立主义是有它的原则的。在孤立主义政策中,人们往往只看到美国不愿意卷入英法争端、不愿意加入国联。但是,人们并没有看到,美国战略意图是在欧亚保持秩序和均势,把西半球作为它自己的势力范围。这是美国最重要的利益所在。斯巴克曼认为,盲目地坚持孤立主义或者反对孤立主义的人都没有看到问题的关键。

斯巴克曼还认为,地缘政治和均势是支撑国际关系理论的两根支柱,为此,他提出国际关系"边缘地带理论"(rim theory)。学术界称该理论是在新的历史条件下对麦金德地缘政治中"心脏地带理论"的重要补充和发展。

从这里我们自然地引出斯巴克曼研究国际关系的方法论问题。他在研究过程中特别重视地缘因素。他认为,地缘因素是一个国家在制定外交政策时的一个非常重要的因素。他强调,一国的地理位置,以及这种位置和其他权力中心的关系决定了这个国家的重要问题。在说明地缘政治这种研究方法的重要性时,他说:"有些学者歪曲地缘政治学。事实上,这是一种分析方法,是一组统计数据得出的合适的名称,在作出外交政策明智的决定过程中,它是不可缺少的。"①正是用地缘政治的研究方法,斯巴克曼对国际问题和国家安全做了透彻的分析,并使他由此在国际关系理论界产生影响。然而,这里需要指出的是,斯巴克曼认为他的地缘政治学理论和德国法西斯主义者讲的地缘政治完全不同。希特勒用地缘政治为其侵略政策服务,但他的地缘政治研究目的是为了国家的安全。

此外,斯巴克曼的历史研究方法也给后人留下深刻的印象。他特别重视过去历史对今天的借鉴意义和今天的事件对未来的影响。关于前者,他认为,新的世界秩序不管怎样发生变化都不会摆脱过去的权力模式。关于后者,他表现出惊人的预见性,在 20 世纪 40 年代,他就预测中国将要成为一个现代化的军事强国。他还认为,在第二次世界大战中,西方盟国对德国开战,是为了消灭德国法西斯,但战后并不会对德国完全解除武装。他的这一预见最后得到了验证。尽管他的预见完全是从美国的安全利益出发的,但对他的"先见之明",人们不得不表示钦佩。

――――――――――――――――

① Helen Nicholl (ed.), *The Geography of Peace*, Harcourt & Brace, 1944, p.7.

六、汉斯·摩根索(1904—1980)

汉斯·摩根索是公认的最著名的国际关系理论家。斯坦利·霍夫曼写道:"如果我们的学科有奠基之父的话,他就是摩根索。"①作为最优秀、最权威的现实主义学派代表人物,他的理论学说博大精深,他的学术影响深刻广远,他成为西方国际关系理论的"奠基之父"是受之无愧的。

摩根索 1904 年 2 月 17 日生于德国,1923 年至 1927 年先后就读于柏林大学、法兰克福大学和慕尼黑大学,主攻法律,1927 年通过律师资格考试后,当了几年律师,1931 年至 1933 年在法兰克福大学法学院任助理教授,1933 年至 1935 年转至日内瓦讲授政治学,1937 年移居美国前曾在西班牙的马德里小住,教授国际法和国际经济。到美国后,先在纽约布鲁克林学院和肯隆斯大学任教,1943 年转到芝加哥大学,当年加入美国籍,并晋升为政治学系副教授,以后很快晋升为教授,从 1950 年至 1968 年曾任芝加哥大学美国对外政策研究中心主任。他在芝加哥大学任教的时间最长,从 1943 年直至他逝世。对摩根索的理论和实践产生重要影响的经历还有,从 1949 年起至 20 世纪 60 年代,他先后兼任美国国务院和国防部的顾问。摩根索一生著作甚丰,主要有:《科学人与强权政治》(1946)、《国家间政治——为权力与和平而斗争》(1948)、《国际政治的原则和问题》(1951)、《捍卫国家利益》(1951)、《政治的困境》(1958)、《美国政治的目的》(1960)、《20 世纪的政治学》(1962)、《越南与美国》(1965)、《美国的新对外政策》(1969)、《真理与权力》(1970)和《科学:佣人还是主人》(1972)。

在摩根索之前,国际关系理论领域曾经出现过若干学术高地,但没有高峰。摩根索的贡献莫过于最全面、最系统地将国际关系现实主义理论发展至成熟阶段,在国际关系理论领域树立起了一座学术高峰。他的《国家间政治》即是一个学术制高点和里程碑,而他的国际关系哲学思想则提供了坚实的土壤和基础。

摩根索的扛鼎之作《国家间政治》是他自 1943 年起在芝加哥大学讲授国际关系的基础上写成的,于 1948 年正式出版,至 1973 年出版了五版,

---

① Stanley Hoffmann, *Janus and Minerva—Essays in Theory and Practice of International Politics*, Westview Press,1987, p.6.

1978 年第五版修订本问世,这是摩根索留下的最后一个版本,有极高的学术价值。1985 年,摩根索当年的学生、著名国际关系理论教授肯尼思·汤姆逊根据老师的遗愿,修改出版了该书第六版。该书如今已成为当代国际关系学最重要的经典著作之一,其最核心的内容是摩根索提出的现实主义六原则。这六项原则已被国际学术界公认为最完整、最根本的国际关系原则:

第一,政治现实主义认为,正如一般社会一样,政治受到根植于人性的客观法则所支配。现实主义相信政治法则的客观性。为了使社会不断完善,首先需要了解和掌握社会赖以生存的法则。

第二,以权力界定利益的概念是政治现实主义研究国际政治的主要标志性特征,它使国际政治成为一个独立的研究领域,而区别于经济学(以财富界定权力)、伦理学、美学和宗教学。没有这一概念,政治理论,无论是国际理论还是国内理论,都将成为不可能。

第三,以权力界定利益的核心概念是普遍适用的,客观存在的,但它不是永远一成不变的。权力意指人支配人的力量,它涵盖所有社会关系。权力是政治的目的,利益是政治的实质。利益则是判断和主导政治行动的永恒标准。任何政治均受以权力界定利益的概念的支配,这是现实主义区别于其他流派的根本点。

第四,政治现实主义意识到政治行动的道德意义,个人和国家都必须依据普遍的道德原则(如自由原则)来判断任何政治行动。但如果不考虑似乎看上去是道德行动带来的政治后果,就不可能有政治道德。事实上,采取成功的政治行动本身就是基于国家生存的道德原则。

第五,政治现实主义强调,普遍的道德法则与某一特定国家的道德要求不可混为一谈,后者与各国国家利益的差异有关。

第六,政治现实主义强调权力政治范畴的独立性,坚持以权力界定利益,因此政治现实主义与其他学派的区别是真实的,是深刻的。①

这六项原则比较完整地提出了摩根索政治现实主义"人性观""利益-权力观"和"道德观"三环相扣的理论框架。

肯尼思·汤姆逊在《国际思想大师》一书中指出,国际关系哲学是摩根索现实主义理论的精髓,其核心是权力的概念,作为国际政治的"铁律",权

---

① Hans Morgenthau,*Politics Among Nations*,pp.3—15.

力不仅是美国对外政策成功的基础,而且是国际体系稳定与和谐的重要手段。[①]

摩根索国际关系哲学包括以下主要的内容:

1. 人的政治哲学。摩根索一生经历过两次世界大战。由于摩根索青年时的战争经历,加之他作为犹太人在德国的不幸遭遇,他一直坚信人的本性是恶的观点。他认为人天生是自私自利的,而且人的这种利己的本性不能通过教育或人为的机制得到消除。存在于人自身的罪恶本性使人类不可能建立一个有理智的和有道德的国际社会。在这样的环境中,人们经常会感到自身处境岌岌可危。为了能够得到安全,人们必须要自保,而自保的首要条件就是要有实力。这种实力,在人类的野蛮状态下是人的体力,在文明的状态下则反映为人的权力。因此,人的政治关系就是权力斗争的关系。在《科学人与权力政治》一书中,摩根索在探讨人类冲突产生的根源时,就是从关于人的政治哲学的角度来展开阐述的。他认为,人类冲突产生的根源,一是因为一个人的自私自利性必然要和另一个人的自私自利性相冲突;二是人对权力追求的欲望。人对权力的追求又出于两种原因:一是由于人的基本生理需要,人需要吃、穿、住,人需要有工作、有钱;二是因为人的政治需要,当人的生理需要得到满足的时候,人的自私自利性就受到了限制;然而,人的政治需要是指人在满足了生理需要之后,要强调他在人类群体中的位置,而人对这一方面的需要是无止境的。摩根索认为,只有当人的控制对象最后是他自己的时候,人对权力的追求才会停止。

2. 国家行为哲学。摩根索认为,个人权力意志的放大就是国家的权力。当个人组成一个集团或一个国家的时候,个人原来的本性仍然保留着。个人追求权力的本性扩大至国家的时候,其权力的倾向就会表现得更加突出,其追求权力的力量也就会变得更大。因此,在国际社会中,国家的行为是由对权力的追求驱使的。从这个意义上说,国际政治的动因就是对权力的追求。这种对权力的追求,在国际政治中表现在国家与国家之间的相互关系上,主要呈现为两个方面的内容:一是人类进行的战争;二是人类进行的各种外交活动。这种国与国行为关系的方式从古到今都没有发生过任何的变化,在今后也不大可能会发生任何的变化。

[①] Kenneth Thompson, *Masters of International Thought*, Lousiana State University Press, 1980, p.88.

　　国家之间进行的战争和国家之间的外交关系,本质上讲不外乎是追求权力的角逐关系。国家在追求权力时的动机是和个人追求权力时的动机相类似的。个人是出于自私自利之心,国家是出于国家利益。摩根索认为国家利益是研究国家行为的最重要标志。在不同的形势下各国有不同的国家利益,国家利益是历史的产物,它随着形势的变化而变化,这就决定了国家行为的不同。

　　摩根索认为,在国际关系中,国家的行为是理性化的,在国家决定和执行外交政策的时候尤为突出。目标和手段的逻辑连接性表现为国家会有意识地、竭尽可能地去实现它获取国家利益的预定目标,突出连续性而不会自相矛盾。摩根索认为,正是因为国家的行为是理性的,这才使得国际政治理论的形成变为可能。摩根索不仅认为国家行为理性化是理解国家间关系的重要前提条件,同时,他也希望国家行为理性化是国家外交政策的目标。他说,"政治现实主义认为理性的外交政策将是好的外交政策,因为只有理性的外交政策能够最大限度地减少危险和最大限度地使国家获利。"①

　　3. 国家道德哲学。摩根索在国家道德行为方面的思想是复杂和矛盾的。首先,他承认国家道德的重要性和道德对国家行为的影响。他说,"政治现实主义意识到政治行为的道德意义,同时也意识到在道德要求和政治成功需要之间不可避免的矛盾。它不愿掩饰和抹去这种矛盾,并且也不愿意让十分明显的政治事实看上去比其本身在道德上令人满意,道德规范看上去比其本身要不准确得多,不愿意用这样的办法去模糊道德和政治问题。"②因此,从这点上来看,摩根索在研究国家的行为时,第一,他承认道德存在于国际关系之中;第二,他也承认道德在国家的行为中和在国家间的关系中起一定的作用。

　　与此同时,摩根索强调在国际关系中存在着普遍的道德原则。但是,他在这方面的论述是矛盾的。在《国家间政治》一书里,摩根索说:"现实主义坚持认为,普遍的道德原则不能作为抽象公式应用到国家的行为当中,它们必须应用到具体的时间和地点的环境之中进行过滤。"③摩根索的国家道德哲学在这一点上是让人感到糊涂的。他一方面提出,世界上存在的普遍道德原则是不能生搬硬套地应用到国家政治行为中去的,但是,另一方面,他

---

① Hans Morgenthau, *Politics Among Nations*, p.8.
② Ibid., p.10.
③ Ibid.

又认为在国际社会中存在着普遍的道德原则,这种原则各国都必须遵守。那么,到底普遍的道德因素是否能影响国家的具体政治行为呢?他对此含糊其辞。这大概是由于摩根索觉得普遍的道德原则本身就太模糊、太模棱两可,因此,也就不便于明确地判断它们的指导意义的缘故。

在各个国家的道德和普遍的道德之间的关系上,摩根索提出,政治现实主义拒绝把某一国家的道德愿望同具有普遍指导意义的道德规范等同起来。因此,这样一来,摩根索陷入了一个他一直想回避的矛盾之中:即在道德原则的双重标准之间首鼠两端。摩根索的意思就是,每一个国家是有自己的道德标准的。那么各个国家的道德标准和普遍的道德标准之间的关系究竟怎样协调?既然各国不能生搬硬套普遍的道德标准,而各国国家又有自己的道德标准,那么有普遍指导的道德标准的作用又究竟体现在哪里?摩根索没有说明这个问题。总之,摩根索的国家道德行为的哲学是他的政治理论中最混乱的部分。

4. 国际政治哲学。摩根索的现实主义六原则中最突出的一条,就是宣布国际政治领域是一个具有自主性的、独立的领域。这是因为:第一,它有本身的价值标准。这正像经济学和其他学科都有它们自身的价值标准一样。摩根索说:"经济学家问:'这样的政策对社会的福利或其中一部分人的福利有何影响?'法学家问:'这样的政策符合法律的规律吗?'道德家问:'这一政策符合道德原则吗?'而政治现实主义者问:'这一政策对国家的权力有何影响?'"①第二,国际政治领域和其他的领域一样,有它自身的客观规律可循。这个规律就是存在于人本性内的、直至发展到国家意志中的对权力的追求。权力的概念为人们理解国际政治提供了一个"沿波讨源"的依据。第三,正因为国际政治有它自身的客观规律,这些规律又是来自对人类历史的观察和总结,加之它在这一领域内的特殊的矛盾,因此,国际政治与其说是一门艺术,不如说它更应当是一门科学。

总之,在摩根索的政治哲学中,有一个一以贯之的主要脉络,那就是权力在国家行为中的作用。摩根索的哲学的首要前提就是,人的本质是利己的;国家本质和人的本质是一样的,人为了自身的安全要追求权力,国家为了本国的利益也要追求权力;这种各国都为自身利益而追求的结果,就是在国与国之间的关系中产生相互怀疑和互不信任,乃至国际冲突,因为国家在

---

① Hans Morgenthau,*Politics Among Nations*, p.12.

追求权力的过程中总是希望自己的权力比别国的权力更大。在国际政治领域,试图从道德的角度去对国家的行为加以解释,则无异于缘木求鱼,唯有从权力去解释国家行为才是研究国际政治现象的正确途径。因此,从这个意义上说,是权力决定了国际政治这一领域的特殊性。权力学说是摩根索政治哲学的核心内容。

5. 对外政策哲学。摩根索关于对外政策的论述是他国际关系哲学的一个重要方面,其内容的哲理性值得研究。摩根索认为,成功地争取均势和国际稳定的一个最好途径是"通过相容实现和平",而实现的手段就是外交。摩根索指出,"外交是国家权力的组成部分"。它的任务是:第一,根据已拥有的潜在的实力确定国家的目标;第二,评估别国的目标及其为实现这些目标已拥有的和潜在的实力;第三,确定双方的目标在何种程度可以相容;第四,决定和实施适合于实现国家目标的手段。① 摩根索强调,这四项任务是一国对外政策在任何地方、任何时间都应具有的基本内容。

在纷繁复杂的国际形势下,为了促进国家利益,一国外交要取得成功就必须遵循一些重要的准则。摩根索总结的九条准则丰富了他的对外政策哲学:第一,外交必须摆脱十字军精神,消除战争危险,促进道义一致,以有助发展维持和平的外交。第二,外交的目标必须以国家利益来界定,必须以足够的实力来支持。第三,外交必须从别的国家的观点来观察政治形势。第四,国家必须愿意在所有非重大的问题上作出妥协,然而,只有当双方的国家利益得到确保时,这种妥协才是可能的。第五,放弃无价值的权利以获取真正的实质权益。第六,永远不要把你自己置于"退而丢脸""进而受损"的境地。第七,永远不要让一个弱的盟国代你作出决定。第八,军事力量是对外政策的手段,而不是主宰;同时,军事力量是战争的工具,而对外政策才是和平的手段。第九,政府是公共舆论的领导者,而不是随从者。②

七、乔治·凯南(1904—2005)

乔治·凯南 1904 年 2 月 16 日生于美国威斯康星一个农民家中。凯南

---

① Kenneth Thompson, *Masters of International Thought*, Lousiana State University Press, 1980, pp.529—530.

② Kenneth Thompson, *Masters of International Thought*, Lousiana State University Press, 1980, pp.551—556.

继承了典型的农民性格,他性格倔强、崇尚独立且重视个人的自由。凯南1921年至1925年就读于美国普林斯顿大学,大学毕业后,他被美国国务院选为外交官。经过特殊的语言训练和专业训练后,他被派往美国驻外使领馆工作。他不仅能够讲德语,还能讲俄语。他先后在汉堡、柏林、日内瓦、波罗的海沿岸三国首都、维也纳、布拉格、里斯本、伦敦、贝尔格莱德和莫斯科的美国使领馆担任过三等秘书、二等秘书、一等秘书、副领事、领事、总领事和大使,期间,他还担任过美国国家战争学院外交事务研究中心副主任和美国国务院政策研究室主任。以后,凯南退出外交界和政界,在美国普林斯顿大学国际问题高级研究机构任终身教授,从事国际关系的研究和教学,直至1974年退休。凯南于2005年3月17日因病去世,享年101岁。

凯南的一生是外交家兼理论家的一生。他被视为"美国外交政策的构建者""著名的外交历史学家"。他论著甚丰,多为外交实践经验的总结和阐述,与现实主义外交传统一脉相承。"像卡尔一样,凯南通过积极外交对现实主义思想作出了贡献。"[1]人们还发现,其主要观点与摩根索的并无二致,唯一的区别在于,摩根索的研究基于欧洲的历史经验,而凯南却基于美国早期的外交经验。凯南的主要著作包括:《美国外交:1900—1950》(1951)、《美国对外政策的现实》(1954)、《俄罗斯告别战争:1917—1920》(苏美关系第一卷,1956)、《俄罗斯、原子弹和西方》(1958)、《列宁、斯大林领导下的俄罗斯和西方》(1961)和《回忆录:1935—1950》(1967)等。

西方学术界一直给予凯南的思想理论和外交实践以极大重视。如,几十位著名学者曾经聚会美国南加州大学国际问题研究机构,举办了"乔治·凯南:冷战和美国对外政策的未来"学术讨论会,约翰·盖迪斯、海沃德·阿尔克、乔尔·罗森塞尔等在会上提交了14篇论文,包括《凯南政治学:1940—1990》《凯南与遏制概念》《作为外交家的凯南》《作为现实主义者和道义主义者的凯南:冷战时期的道义和对外政策》等。

凯南现实主义理论和实践的最典型表现莫过于他的"遏制政策"。1947年,作为美国驻苏大使馆临时代办,凯南曾向国内发回一份8 000字电报,并用笔名"X"在《外交季刊》发表,题为《苏联行动的根源》。这份电报和这篇文章遂成了美国战后"遏制政策"的理论依据和战略框架,在战后影响美

---

① Michael Smith, *Realist Thought from Weber to Kissinger*, Louisiana State University Press, 1986,p.165.

国外交和国际关系长达半个世纪。凯南从美国的实力地位和国家利益出发，强调美苏对抗不可避免，把共产主义苏联视为"铁幕"，主张以西方的"遏制"对付苏联的"扩张"。他提出两个"十分明确"：一是"十分明确，任何美国对苏政策必须是长期的、耐心的，但又是坚定的、警觉的遏制政策，以制约俄国的扩张趋势"；二是"十分明确，美国不可能在不远的将来与苏联政府建立和睦的关系，美国应该继续视苏联为政治舞台上的对手，而不是伙伴"。① 在《美国外交：1900—1950》的结论部分，凯南对遏制战略作了理论概括，提出美国应该更加现实，更加注重"国家利益"，因为"我们自己的国家利益是我们真正能够认识和把握的全部真谛"。②

凯南现实主义思想还集中反映在他对道义与外交关系的分析上。他认为，美国旧时外交政策的最严重缺陷是不恰当地强调"法律-道义因素"，"法律-道义学派忽视了政治问题的国际意义和国际稳定的深层根源。"③

1985 年，凯南在《外交季刊》上发表题为《道义与对外政策》的论文，自称它是在新形势下对 35 年前出版的《美国外交：1900—1950》小册子的回应。论文再次指出，道义是相对的，而不是绝对的；是相互关联的，而不是孤立的。道义的实施与"利益、民主、稳定"三个目标密切有关。凯南认为，在道义与对外政策的关系上，有三个基本原则必须遵循：（1）外交的行动是政府的责任；（2）政府的道义责任不同于个人的道义责任；（3）虽然美国想以道义原则行事，但并不存在国际社会所接受的道义标准。

凯南有一句名言："没有原则的道义，不是真正的道义。"特别是到了晚年，他尤为重视"原则"的概念及其运用。他曾说过："当我思考对外政策时，我并不是依据什么学说来考量，而是依据原则来考虑。"④1995 年，他在《外交季刊》上撰文，题为《论美国的原则》。从 1947 年他的第一篇论文《苏联行动的根源》算起，他已先后在《外交季刊》上发表了 19 篇论文。凯南以门罗政府时期约翰·亚当斯国务卿提出的美国孤立主义原则为例，强调应运用历史来解释原则。他把"原则"定义为"行为的总规则"，既体现理想，又体现现实；原则的基本功能是"建立可用于规范国家政策和行为的框架"。他认

---

① George Kennan, *American Diplomacy：1900—1950*，A Mentor Book by The New American Library，1951，p.89、104.

② Ibid.，p.88.

③ Ibid.，p.85.

④ Ibid.，p.166.

为,重要的是要确立包含"干预、责任和期望三方面内容"的"榜样的力量",大国帮助小国的最好办法就是通过"榜样的力量"。凯南晚年的这一历史反思说明现实主义权力论和干预论仍有影响。

在研究凯南时,我们发现了一个值得思考的现象。在凯南提出遏制政策后,这一新的战略思路立即受到美国政府的青睐和推崇,把凯南捧上了天。然而,朝鲜战争、越南战争及其他冷战时期的国际事件促使凯南进行反思,他开始看到自己的遏制思想存在的问题。他曾提出,美苏的敌对是有限度的,经过短暂的遏制阶段后就会出现谈判与和解;遏制政策只是"对苏联政治威胁的政治遏制",而不是对苏联军事威胁的军事遏制;对苏联的遏制并不像杜鲁门政府所做的那样到处实行遏制政策,而是应对美国地缘政治构成威胁的那些地方实行遏制政策。但是,凯南已无法阻止他的遏制政策在实践中走向极端。他的遏制政策成了"潘多拉盒子"。他曾反对越战,主张恢复和平;他呼吁用外交手段解决争端,而不要直接对抗,但凯南已难以挽回其遏制政策给战后世界带来的严重影响。美国政府决策层对他双管齐下,在接受、肯定和赞赏遏制政策思想的同时,艾奇逊、杜勒斯和腊斯克等人却对他竭尽攻击之能事。凯南的外交实践并不成功,他的理论和实践的局限是与整个美国外交局限联系在一起的。与其他西方学者一样,凯南也不可能摆脱这一历史局限性。

八、雷蒙·阿隆(1905—1983)

雷蒙·阿隆是法国著名的政治社会学家和政治评论家,同时也是法国国际关系理论最有影响的现实主义学派代表人物,被誉为 20 世纪法国学术界的泰斗。他 1905 年 3 月 14 日生于巴黎,年轻时就读法国巴黎高等师范学院并获得哲学学士学位。当时,萨特和他同班,毕业成绩他名列第一,萨特第二,后两人在学术界各树一旗,成为法国的两座学术高峰。1938 年,他获得文学博士学位。先后在德国科隆大学任讲师、柏林的法语学院任教员、法国哈佛尔公学任哲学教授、法国图卢兹大学任社会学教授。第二次世界大战爆发后,阿隆弃教从戎,投身于戴高乐将军领导的反法西斯斗争,曾任《自由法兰西》报的编辑,当过自由法兰西的飞行员,后还成为戴高乐将军的老朋友。第二次世界大战后,阿隆重回学术界,担任法兰西学院社会学教授和法国巴黎文学院教授。阿隆在国际关系理论这片"刚开拓的园地"勤奋耕耘,获得丰硕成果。他是一位公认的多产学者,几乎每年出一本书。他的著作主要有:《反对暴君的人》(1946)、《大分裂》(1948)、《全面战争的世纪》(1954)、《论战》(1955)、《战争和工业社会》(1958)、《帝国主义和殖民主义》(1959)、《历史哲学》(1961)、《宇宙历史的黎明》(1961)、《道德历史的范围》(1961)、《世界科技和人类命运》(1963)、《德国社会学》(1964)、《大辩论:战略理论》(1965)、《权力的无政府秩序》(1968)、《论战争》(1968)、《马克思主义和存在主义》(1969)、《社会学思想的主要流派》(1970)、《和平与战争:一种国际关系理论》(1970)、《帝国共和国:美国和世界(1945—1973)》(1974)、《历史和暴力的辩证:对萨特的理性辩证批判的分析》(1975)和《政治与历史:雷蒙·阿隆文集》(1978)。

阿隆的《和平与战争》一书集中体现了他的现实主义理论。斯坦利·霍夫曼称赞该书为两千年来国际关系研究的最伟大的经典之一,[1]具里程碑意义。这部"代表欧洲思想主流"的专著,"既精深又宏大",[2]其主要观点有:

1. "自然状态"是国际关系的最重要和最基本的特征。"自然状态"即是"战争状态",因为国际政治关系的运行处在战争的阴影之中。因此,重要的是,在国际关系中,国家应把"正义"掌握在自己手里,学会在霍布斯所描绘的世界中求生存。

2. 国际关系的本质是关于国家之间的冲突和对抗。虽然国际关系的内容远不止冲突与对抗,但是冲突和对抗始终是最根本的。阿隆强调,国际关系领域区别于其他领域的基本点是使用武力的合法性。

3. 阿隆认为,国际关系舞台上最重要最活跃的角色是外交家和军人,他称之为"外交—战略"的生动戏剧。他特别指出,外交家一定要谨慎行事,做到"理性"和"规范"。而理性要求行为适应国际情势和国家利益。规范则要求行为符合一定的道德准则和目标。

4. 阿隆主张道德相对观。他反对抽象的道德标准,赞成具体的实际道德;他否定"信念伦理",而选择"责任伦理"。他认为,"国家间道德选择的首要条件是认可领导人对国家安全应负的责任。"[3]可见,像摩根索一样,阿隆

---

① 转引自王逸舟:《西方国际政治学:历史与理论》,上海人民出版社,1998年,第37页。

② P. Hassuer,"Raymond Aron and the History of the 20th Century",*International Studies Quarterly*, Vol.29, No.1, 1985.

③ Kenneth Thompson, *Masters of International Thought*, Lousiana State University Press, 1980, p.176.

并没有放弃道德的伦理,他欲创新思路,韦伯曾称之为"智慧道德"。

此外,阿隆在《和平与战争》中还以相当的篇幅论述了核时代的威慑概念,对后人的研究有着重大影响。

阿隆是一位具有挑战性的现实主义学者,他不落俗套,独树一帜。他不相信世界的永久和平,但对韦伯的"悲观现实主义"也持否定态度。他反对像摩根索那样,把权力绝对化,视之为一切政治的本质;他反对把利益抽象化,主张应有"不成文的准则"来界定国家利益的合法与否。他还指出,国际关系应借助历史社会学的方法,并重视对经济问题的研究,使之成为国际关系理论的重要内容。肯尼思·汤姆逊评论阿隆的学术地位时说:欧洲的历史社会学主流思想"置阿隆于传统与科学观点之间重大辩论的中心"。[①] 这句话是对阿隆的现实主义理论及其影响所作的十分中肯的结论。

九、约翰·赫兹(1908—2005)

约翰·赫兹 1908 年生于德国达塞道夫,青年时代在科隆大学学习,并获得公共法律博士学位。他在第二次世界大战前从瑞士移居美国。先以德国问题专家身份在国务院等部门短期工作过,后在美国霍华德大学和哥伦比亚大学教书。以后,他长期任教于纽约市立大学,讲授政治学。在他的教学生涯中,他一直与德国的大学保持着密切的联系,曾在德国玛伯格大学和柏林自由大学做客座教授,他还以富布赖特教授身份访问过德国。

与其他国际关系理论大师相比,赫兹一生没有太多崇拜他的追随者,也没有在著名的美国大学里教书。然而,他思想的独创性和丰富性,使他在国际关系理论领域占有一定的地位。赫兹于 2005 年 12 月 25 日病故。

赫兹是一位很有特点的国际关系理论家,他的特点表现在三个方面:

第一,赫兹不善交际,喜欢独处,但思想的火花却在极少和外界碰撞的情况下甚为灿烂。赫兹曾说他自己是"一个孤独的个体思想家",[②]在他私人的智慧试验室默默勤奋地工作。赫兹著作甚多,主要有:《国际法中的国家社会主义理论》(1938)、《政治现实主义和政治理想主义:理论和现实的研究》(1951)、《主要国外大国:英国、法国、苏联和德国政府》(1952)、《核时代

---

① Kenneth Thompson, *Masters of International Thought*, Lousiana State University Press, 1980, p.171.

② Ibid., p.113.

的国际政治》(1959)、《二十世纪的政府和政治》(1961)、《德国政府》(1972)、《民族国家和世界政治危机:关于20世纪国际政治的论文》(1976)。赫兹20世纪50年代的两本书《政治现实主义和政治理想主义》和《核时代的国际政治》使他蜚声于世,加入国际政治大师的行列。

第二,赫兹和现实主义理论家以及理想主义理论家观点不完全相同,他曾自称是自由现实主义者,在赫兹学术生涯的早期,他曾是一位理想主义者,大部分时间花在对集体安全的研究上。但是,德国纳粹势力的兴起,使他对集体安全的幻想完全破灭。在他用笔名写的第一本书《国际法中的国家社会主义理论》里,赫兹警告人们说,德国纳粹党有可能发动战争。随着第二次世界大战的爆发,他对人类命运逐步失望。到晚年,他转变成了一个现实主义者。然而,他的现实主义是一种和理想主义相融合的现实主义。他希望在无政府社会和世界政府之间寻求一种介于两者之间的世界体系。他一方面重视权力,另一方面又提出了最低生存伦理学的理论。他指出,最低生存伦理学必须要取代历史上国际政治中的个人道德标准。他认为,传统的道德标准对国际政治是不适用的。总之,赫兹的自由现实主义理论是一种理想主义和现实主义理论的混合物。

第三,虽然像他所说的那样,自己的活动和范围非常狭窄,但是,赫兹的兴趣之广泛,却超过了其他国际关系理论家。他很早开始研究国际关系中的国内因素,并把两者结合起来;他在比较政治学也取得了显著的研究成果;他提出了许多新的国际关系概念,如"安全权力困境""国土不可渗透性";他研究科学和技术问题,以后又把兴趣转到人口问题和精神问题,环境问题和资源问题上。总之,赫兹的研究兴奋点总是随着形势和问题的变化而变化。他关于国际关系理论的研究具有独创性,充满智慧和超前意识,给后人留下了宝贵的学术遗产。

十、亨利·基辛格(1923—　　)

基辛格是美国著名的外交家、现实主义理论家。他1923年5月27日生于德国纽伦堡附近的费尔特市。1938年基辛格15岁时,为了逃避纳粹法西斯对犹太人的迫害,他父亲路易·基辛格带了全家从英国伦敦转往美国纽约。随后,基辛格进入纽约"乔治·华盛顿"高级中学念书。1941年美国向德国宣战,基辛格应征入伍,后曾编入美军第84步兵师,回到欧洲战场。战后,基辛格获得纽约州政府的奖学金,1947 年进入哈佛大学政治系学习,1950 年以优异成绩毕业。他的毕业论文题为《历史的意义》,有 370 多页,洋洋大观,广受好评。毕业后,基辛格留在哈佛文理学院任助教。1950 年转至哈佛国际事务研究中心,不久即任执行主任。1954 年获博士学位,其博士论文后以《重建的世界》为题,出版成书。1957 年担任讲师,1959 年成为副教授,1962 年晋升为教授。他开设的课程中,"国际政治原理""美国外交的政策与政策问题"两门课充满"热情和智慧",深受学生欢迎。从 1951 年至 1971 年,他担任哈佛大学国际论坛负责人的重任,前后办了 18 期,直到他离开哈佛去白宫就职为止。在哈佛的 20 年"磨炼",为基辛格日后"发迹"打下了坚实的基础。1969 年至 1975 年他任美国总统国家安全事务助理。1973 年,他与越南的黎德寿共获诺贝尔和平奖。1973 年至 1977 年,他任美国国务卿。基辛格的奇特经历给了他若干"第一个":美国历史上第一个原籍非美国人的国务卿,美国战后第一个犹太人出身的国务卿,第一个兼任总统国家安全事务助理的国务卿。1973 年,基辛格荣获诺贝尔和平奖。1977 年退出政界后,基辛格担任 Chase 曼哈顿银行国际委员会主席、洛克菲勒兄弟基金会董事、国际战略研究中心顾问、对外关系委员会顾问、基辛格国际咨询公司总裁等职务,仍以充沛的精力活跃在国际舞台上。2015 年基辛格访问复旦大学,在美国研究中心与 60 多位师生进行座谈。当他知道,他的生日 5 月 27 日与复旦校庆日是同一天时,他显得尤为激动。他当时已 92 岁高龄,但谈笑风生,思路敏捷,就国际形势、中美关系及国际关系研究谈了许多重要的看法。

　　基辛格关于国际关系的主要论著和回忆录有:《核武器与对外政策》(1957)、《美国对外政策》(1969)、《选择的必要:美国外交政策展望》(1961)、《白宫岁月》(1979)、《重建的世界——拿破仑之后的欧洲:重新评价大西洋联盟》(1980)、《动荡年代》(1982)、《大外交》(1994)、《论中国》(2011)、《世界秩序》(2014)等。

　　在现实主义代表人物中,基辛格和凯南一样,是以学者和决策者兼于一身为特点的。

　　基辛格的现实主义思想与他的家庭经历有关。第二次世界大战前,他的家庭遭受到德国纳粹的迫害,后来全家不得不移居美国。他和汉斯·摩根索一样,个人的悲剧式经历造就了他们对人性和社会的现实主义认识。在他的大学毕业论文《历史的意义:对斯宾格勒、汤因比和康德的反思》中,基辛格对人性提出了自己独到的见解。他认为,历史的哲学包含着不仅对自然,而且对人性的神秘性和可能性的深刻的认识。基辛格对斯宾格勒的直觉观非常赞叹。他认为直觉观理论对于人们认识和理解事物的内在性有很大的价值。他在他的理论中提出了与其他现实主义理论家所不同的观点,即他否认历史决定着人的行为和事件的结果。在直觉理论的基础之上,基辛格同意人的行为是受到一定限制的观点。他提出,人的行为和国家的行为的有限性决定了对道德标准的理解。这种人性的受限性,如知识的受限性,决定了人的直觉行动上的自由性。在对人的能力的有限性理论上,基辛格受到了尼布尔思想的影响。正因为人的能力是有限的,所以,基辛格提出人在道德上的行为也是有限的,是受到人的能力的限制,并且这些限制是在直觉的影响下作用的。因此,基辛格对于人性从来就没有抱有过高的希望。

由于基辛格对于人性的理解,很大程度来自对人的直觉和人的能力的认识,所以在他的理论中,他是从现实主义角度对人物在历史中的作用进行分析。他强调,个人作用下的权力政治具有浓厚的个人和英雄创造国际关系的特点。在基辛格的博士论文《重建的世界》里,人们会发现他对权力政治,特别是对 19 世纪梅特涅和俾斯麦所玩弄的权力均势赞叹不已。他所写的著作常常包括三方面内容:历史、现实主义权力理论和历史人物分析。

在他的著作中,人们不仅可以清楚地看到他对一个个历史人物的评判,看出他对权力政治家的欣赏和敬佩,同时,在外交风格上也清楚地显示出了他强调个人外交和秘密外交的特点。在尼克松执政期间,他很少和美国国会商量,他的穿梭外交虽然给人留下了深刻的印象,但是,也遭到了美国国内的反对。

基辛格崇尚现实主义权力论,认为必要时,国家应运用权力实现国家目标。但与尼布尔、摩根索和凯南相比,基辛格更显"自由主义倾向"。[①] 他曾批评艾奇逊的遏制政策,说它在权力置换为政策的过程中,选错了方向。学术界一般认为,基辛格的现实主义思想有三个突出点:重视大国外交、国际因素优于国内因素、政治家对外交伦理困境负有个人责任。这些现实主义的要旨构成了基辛格的外交思想。

---

① Michael Smith, *Realist Thought from Weber to Kissinger*, Louisiana State University Press, 1986, p.205.

　　具体来说,基辛格的现实主义外交思想包含五方面基本内容:

　　第一,基辛格外交思想的基础是他提出的"外交哲学"。1973年9月24日,在他就任国务卿前两天,基辛格对其外交哲学作了以下总结:(1)外交的战略任务是将实力转为政策,起点和落点都是安全。(2)外交的目标是建立一个合法性占支配地位的世界,确保全面和平的实现。(3)外交的重点是构建和平和秩序的基本结构。(4)外交的核心政策是维持均势。(5)外交的主要手段是谈判。

　　第二,外交思想不能脱离体系分析。基辛格指出,过去,国家往往是孤立地开展外交,但战后国际体系变化了,新的国际格局和科技革命使外交"第一次变得全球化"。① 同时,国际体系中,"稳定性体系"和"革命性体系"并存,外交既要容纳体系的变革,又要维持秩序与稳定。外交成为这两种体系之间的联结点,即寻求"普遍接受的合法性"。

　　第三,国际格局从两极到多极。基辛格早在20世纪60年代末就提出,世界正进入"军事两极但政治多极"的时代。② 军事两极将仍是使外交陷入僵持的一个主要根源,因为一方的得显然就是另一方的失。政治多极的好处是可帮助改变这种外交的零和博弈,但是,基辛格也指出,"政治多极也不能必然确保稳定。"应该说,基辛格是有预见力的,他是最早预测两极转向多极的理论家和战略决策者之一,但他的理论和思想是为实现美国战略利益和维护美国对世界事务的支配地位服务的。在他预测政治多极出现时,他说,"政治多极使美国(在世界事务中)强加美国蓝图成为不可能"。③ 这一无可奈何的心态正是基辛格外交思想真实意图的写照。

　　第四,均势是基辛格外交思想的核心。基辛格就任美国国务卿时,美国报刊上曾刊登了一幅图像,作者巧妙地把基辛格的脑袋和梅特涅的身子拼凑起来,以喻示两者之间的思想联系,特别是表明20世纪70年代美国国务卿的均势政策与19世纪初奥地利首相的均势思想是一脉相承的。

　　基辛格认为,传统的均势判断标准是领土,一国只有通过征服别国才能获得支配地位,因此,只要领土扩张被制止,均势局面就可维系。如今,情况不一样了。实力的增长、支配地位的获得完全可以通过一国内部发展来实现。一国通过掌握核武器拥有的军事实力比通过征服别国领土所获得的还

① Henry Kissinger：*American Foreign Policy*,W.W. Nortow and company,1974, p.53.
② Ibid., p.65、79.
③ Ibid., p.56、58.

要大,也就是说,均势的变化如今可在一国领土之内发生,这也是为什么迫切需要研究核时代的均势问题。基辛格进而认为,在这样一个多变的"多极"世界上,美国应该以实力和均势作为外交决策的依据,在均势的基础上建立和平结构,以均势来维持国际体系的稳定。稳定总是与均势联系在一起的,没有均势就没有稳定。基辛格断定,核时代下的均势是一种"枝形吊灯"式的均势。然而,战后世界动荡不安的事实表明,基辛格推崇的均势政策和美国推行的强权政治本质并无二致。美国著名记者乔治·谢尔曼就曾说过,基辛格执行的均势外交政策"是一种强权政治哲学的自然产物"。①

第五,通过谈判实现"缓和"。基辛格认为,缓和是调节紧张关系的手段。在当时的情况下,缓和战略意在改善与苏联的关系。缓和是"全面的""互惠的",包括军事、政治、经济、社会、人权等方面。要缓和,苏联就得在这些方面让步。美国发现苏联有要求"缓和的倾向",美国应"加强苏联的这种倾向"。② 为此,基辛格总结出了若干"缓和原则":(1)美国决不能把自己的政策纯粹建立在苏联的善意基础上;(2)美国必须反对侵略行径,但不应轻易寻求对抗;(3)在与苏联建立新的缓和关系的同时,决不能削弱与西方国家的结盟关系;(4)要使缓和能持久,就必须做到"双利";(5)必须保持强有力的国家防御力量。

第四节　对理想主义与现实主义的评价

一、对理想主义的评价

理想主义与现实主义的论战是西方国际关系理论史上的第一次认真的论战,持续了差不多半个世纪,影响深远。对在国际关系理论界仍属最激烈、最重要的这场论战给予正确的评价,这对于促进今后国际关系理论研究和发展是必不可少的。

理想主义在国际关系理论领域出现的时间短暂,但是,它留给人们许多

---

① 见美国《明星晚报》,1971 年 10 月 17 日。
② 见美新社华盛顿 1974 年 7 月 31 日和 8 月 16 日电。

思考。

首先,理想主义的失败是一种特定的理论在外交实践上的失败,因为它失败了,所以人们对它的批评多,而肯定少。其实,理想主义理论在今天看来有很多方面还是值得肯定的。

1. 理想主义强调维护世界和平要靠人民和公众力量的观点是正确的。现实主义者中的许多人认为,外交要靠少数的政治家和外交家来决定,民众是愚昧和无知的,他们往往冲动,其结果是使政府走向战争。最典型的例子是摩根索怀念的贵族外交。摩根索认为,第一次世界大战后,传统的贵族外交已经失去了它过去的光彩。其主要原因,就是在第一次世界大战后,威尔逊对外交注入了新的哲学,即外交应当在公众的舆论监督下进行。在摩根索看来,这样的外交则意味着是外交的贬值。摩根索认为在这样的情况之下,今天的"外交丧失了它的活力,它的功能萎缩到了在现代国家体系的历史上空前的程度"。① 理想主义代表人物在这个问题上和现实主义观点完全不同。他们相信,通过对民众的教育可以提高民众的素质,以造就正确的国际舆论环境,在国际舆论的压力下,政府可以避免选择战争的道路。同时,由于人民教育素质的提高,国际主义的出现,各国的利益走向和谐,人类也会避免战争。在这里,理想主义把和平的希望寄托在人民大众的基础之上;而现实主义则把和平的希望寄托在少数上层统治者的身上。理想主义认为人民大众可以教育,人类社会在不断前进,不断趋于理性;现实主义则认为,民众是无知的,不可教育的,人类的命运要靠少数精英来拯救。理想主义对人类历史发展动力的分析具有唯物主义的思想。它对人类命运是进步和发展的分析建立在对人民大众的信任之上,由此相信人类的命运将充满光明,这比现实主义只相信少数人要科学得多。

2. 由于理想主义强调普通民众在国际关系中的作用,所以,第一次世界大战后,理想主义者提倡国际问题研究要走到民众中去,国家的外交决策不能只是少数人的事情,国家与国家之间的关系不能再搞秘密外交。之后,国际问题研究走进大学,学生和教授们对国际问题的研究影响了民众。理想主义在这方面对国际关系理论的发展功不可没。

3. 理想主义认为,人是客观环境造就的产物。这一思想有唯物主义的

---

① 汉斯·摩根索:《国家间政治——寻求权力与和平的斗争》,徐昕译,中国人民公安大学出版社,1990年,第658页。

色彩。他们强调,战争的出现是由于人类的愚昧无知;客观环境造就了人类,如果人类受到良好的教育,在健全的客观环境中,人类就不会去发动战争。理想主义这一观点带有唯物主义的色彩,应当说比现实主义在分析战争时认为人有原罪的思想更具有科学性。

4. 理想主义强调国际关系中道德的重要性是适时的。虽然在研究国际关系时,要考虑国家利益,要重视国家在实现国家利益时的实力,但是,理想主义在其理论中坚决反对用权力来衡量国际事务,强调要用道德和规范来处理国家之间关系,这一点至今仍有指导意义。从今天的国际关系实践来看,单纯用武力来解决国家之间争端往往是失败的,越南战争就是最有力的例证之一。在处理国际关系时完全用道德来解决问题不行,而完全撇开道德也不行。

5. 现实主义认为各国都有自己的国家利益,国家之间的矛盾不可调和。但是,理想主义认为国家之间的利益是可以调和的。当时最好的例证,就是在第一次世界大战后各国都不愿意看到大战的悲剧重演。今天,随着历史的发展,国家利益在一定条件下可以调和的情况越来越多。工业生产中的互相合作、商业中的互利互惠、环保中的共同利益、世界维和部队的出现,所有这些都说明,随着世界的进步和发展,人类的共同利益在不断增多,求同存异的原则越来越为人们所接受。

其次,虽然理想主义的许多思想值得称赞,但是,它在实践上却失败了。其失败的根本原因不是因为其理论的“正义性”不强,而是把握国际事务的准确性不强。现实主义批判理想主义最有名的两句话是:理想主义是“乌托邦主义”;他们只讲世界“应当”怎样,而不研究世界“是”怎样。现实主义对理想主义批评的第一句话不一定准确,但第二句话是有一定道理的。理想主义对未来世界的设想并不完全是幻想,其许多设想目前已经实现。如联合国在今天的国际事务中正在发挥着越来越大的作用,而它实质上就是国际联盟的延伸。建立国际维和部队的设想最早也是理想主义者提出的。在第一次世界大战后,理想主义者戴维斯爵士就一再建议在世界上建立一支维护和平的部队。他曾经写了795页的报告,阐述这支部队的重要性和必要性,阐述过去维护和平的方法为什么会失败以及这支部队今后应当怎样发挥作用等问题。他所希望建立的这支维持世界和平的部队今天不仅已经实现,而且作用不断加强。再看现实主义对它批判的第二点:即它在研究国际问题时,不问世界当时的情况“是”怎样。就国家而言,只强调道德,而不重视实力；就世界而言，只重视各国利益和谐的一面，而忽视了利益分歧的一面。对付无政府世界这只猛兽，理想主义所设想的目标正确，但方法简单，因此，在 20 世纪 20—30 年代，面对法西斯的侵略它就显得无可奈何了。

还应当指出的是理想主义虽然提倡国际道德和国际法，但是，任何一门社会科学都是为一定的阶级利益服务的，特别是国际政治这门实用性非常强的社会科学就更不能例外。十四点计划是理想主义最有代表性的思想阐述，就是在这个最显得正义的理论后面，反映出它是为一定的国家利益服务的虚伪性。

在第一次世界大战中，美国不仅把远征军派向欧洲，还向欧洲国家提供武器装备、原料和粮食。在战争中，美国的资本家大发横财。战后，英法虽然是战胜国，但是，在战争中元气大伤。而战败国的损失和赔款使国家的经济几乎到了崩溃的边缘。只有美国的经济战后急速膨胀。世界的金融中心从伦敦转移到了纽约，美国的贸易总额由战前的 3.27% 上升到占世界的一半，从原来是债务国变为拥有 132 亿美元的债权国。因此，威尔逊认为，在战争中，美国支持了世界，在战后，世界就应当听美国的指挥。他提出的十四点计划正是在这样的历史背景下为美国的国家利益服务的。

二、对现实主义的评价

与理想主义相比，现实主义在研究国际问题时比较注重对客观国际环境的分析和研究，因此，在一些方面有自己特有的长处：

1. 现实主义在研究国际关系时把国家利益置于核心地位，认为区分理想主义和现实主义的主要标志，不是看口头上是不是讲道德，行动上是不是以实力为后盾。但是，如果仅仅以这两个标准作为区分理想主义和现实主义的标准，就很难区分这两种理论了。因为，现实主义在执行政策中并不表现为反对道德，理想主义在推行政策中也并不是不考虑国家的实力。威尔迅的十四点计划就是美国在一次大战后国家实力大增的情况下提出的，因此，它也是以美国的国家实力为后盾的。在理论上区分理想主义和现实主义的根本标准是看在执行外交政策的过程中是否以国家利益为决策的核心标准。理解这一点对于我们今天分析美国的外交政策是很重要的。

2. 现实主义在研究国际问题时，提倡客观细致分析在前，理论结论在后。与理想主义相比,现实主义的特点是,所提出的理论不是说教式的,而是对国际事务作赤裸裸的分析;而理想主义的理论特点,则往往表现为不是细致的情况分析和推理,而是颐指气使的理论督导和说教,其结果就是理论缺乏客观性和实践性。现实主义者强调,他们对事物的把握客观而准确,他们比理想主义对国际问题的分析要深刻得多。

3. 现实主义以其理论的现实性为外交政策提供决策框架,在冷战时代尤显突出。斯坦利·霍夫曼就认为,现实主义不过是冷战政策的理性化表现。在理论研究和决策性实践的结合上,现实主义优于理想主义。要是不以现实为依据,任何理想就只能是空想。

然而,现实主义理论存在着许多理论缺陷,这种理论缺陷决定了这一理论在很多问题上会受到批判:

1. 现实主义对人性的看法使人们对人类的命运变得极为悲观。人性恶是支撑权力政治理论体系的基点。其实,人性的善恶,是在一定社会条件下形成并表现出来的。现实主义理论仅仅从人性恶的一面出发去看待问题,然后再由此推向国家和国家之间的关系,这就使人类的未来变得极为暗淡。现实主义者认为人性恶的本性不可改变,人为了自己的利益总是要追求权力,人与人之间总是在争权夺利,无信任可言,他们之间的相互利益也很难互补;国家之间关系同样如此,国家间关系总是斗争的关系、冲突的关系。但是,在实际的生活当中,事实并不是如此,在人和人的交往中,不仅有竞争的一面,而且也有友好的一面;在国家之间的关系上,不仅有冲突的一面,而且也有合作的一面。

2. 现实主义者把道德的标准分为不同的层面,是欠妥的。在现实主义者看来,个人的道德观念和价值标准必须要严格地遵守,但是,国家的道德观念和标准就不一定非要按照个人的道德观念去要求。他们认为,个人可以为了道德和信仰而不惜牺牲生命,但是,政治家为了整个国家的利益,则可以不顾道德,因为政治家不能为了道德而牺牲整个国家。到底是道德重要,还是国家利益重要?这两者的位置应当怎么摆?现实主义者在这个问题上观点是最不明确的。他们都认识到道德和国家利益之间存在着矛盾,同时也知道道德在国际政治中的重要性,但是,他们在道德问题上的处理是自相矛盾的。爱德华·卡尔在批判理想主义时提出,最理想的国际关系理论应当是把理想主义和现实主义的成分加以融合,也就是既重视权力的作用同时也重视道德的作用。然而,他的理论最后给人们的印象是在国际政治中只有权力才是最重要的。摩根索对卡尔的只强调权力的观点曾经进行过批评,但是,他自己在这个问题上,也没有阐述清楚。摩根索一方面告诫人们要顾及道德,谨慎行事;另一方面又明确地指出,只有成功的外交政策才是最好的外交政策。其实,说到底现实主义者在道德和国家利益发生矛盾的时候,他们首先选择的还是国家利益。

3. 几乎所有的现实主义者都是把和平的希望寄托在领袖人物的身上,而不是民众的身上,民主的身上。韦伯曾谈到了魏玛共和国领导人的问题,此外,他给政府和国家所下的定义、他的关于国家关系是为了权力而斗争的观点以及他对德国极端民族主义热情的分析,无一不在表明一国领导人素质的重要。摩根索则把国际道德的削弱与民主的发展联系起来。摩根索对当今国际道德的削弱表现了深深的惋惜,他认为,国际道德削弱的一个主要的原因,是政治民主化的日益加强。民主化之所以形成对国际道德的损害,一是因为,摩根索认为由清晰可辨的个人管理的政府——更具体地说,即贵族统治的政府——是形成国际道德体系的前提条件,但是,在民主政治下,不同的道德观点阻碍了人们的道德问题上的共同观点的形成;二是因为在民主政治下,对政府最根本的要求是对选民负责,而普通的百姓对国际道德的观念又非常淡漠,因此,在这样的民主化的条件下,国际道德便几乎荡然无存。可见,摩根索在有关国际道德的研究上如此悲观,是他对已成陈烟的贵族统治仍有几分向往、几分缅怀之情:唯有贵族才会以道德自任,也惟有贵族才会有明确的道德观念。但是,历史证明,在贵族的统治下,所谓的国际道德——即贵族们对国际问题上的共识——并没有使战争爆发的次数比现在减少。相反,在贵族外交的情况下,由于秘密外交和外交的透明度不够,人民对政府监督的力度明显削弱,这正是导致有些国家走上穷兵黩武的道路,致使国家间频繁爆发战争的重要原因之一。

理论的意义就在于它对实践的指导作用,理想主义理论在外交实践上的失败使这一理论不能不最终被现实主义理论所代替。现实主义理论最重要的两个特点是既强调国家权力又强调国家利益。客观地讲,现实主义在外交实践中总体上强于理想主义。

然而,现实主义并非万能,在外交政策的实施过程中,也有许多弊端。现实主义者所强调的维护世界和平要以均势为主的思想,国际关系史上的许多事实已经证明并不可靠。在第一次世界大战后,英国张伯伦政府对德国法西斯的一再退让和迁就,在最初是为了平衡德国和法国之间的力量,结果并没有避免第二次世界大战的爆发。第二次世界大战后,美国和苏联之间形成两大阵营,力量基本处于均势,但是,在美苏操纵下的世界局部战争并没有减少。因此,在理论和实践的结合上现实主义也存在着种种解决不了的问题。

特别值得注意的是,在美国这个世界性超级大国和国际关系理论最发达的国家中,现实主义理论并没有对普通的百姓产生很大的思想影响。美国的外交决策者如果要用现实主义去说服和带领美国人民在国际舞台上显示权力、实力和武力,他们的目的经常难以实现。在第一次世界大战前,要用西奥多·罗斯福的现实主义观点让美国人参战是不可能的,而威尔逊则顺利地把美国带入了第一次世界大战。在越南战争前,如果不是以反对苏联和共产主义作为幌子,美国人是不会同意它的士兵到离美国十万八千里的地方去打仗的。之所以会出现上面所说的现象,除了和美国这个国家的特点有关外,一个主要的原因是因为现实主义的权力政治论和对世界的悲观看法难以在民众心中引起反响。因此,是否可以这样说,现实主义在理论上对理想主义占上风,而在推行外交政策时理想主义有时对现实主义占上风。

肯尼思·汤姆逊提出,为什么一些决策人物在判断国际政治时比其他的决策人物要准确得多,他认为,首先是他们在分析国际问题时有自己的原则,即有国际关系理论和观点。其次,还涉及以下几个方面:

第一,决策者是不是具有丰富的历史知识和敏感的历史观?

第二,能否以人的哲学思想作为理解国际和国内政治的起点?

第三,人类是如何进步的?

第四,(国际)政治的定义是什么?[①]

在分析国际问题的准确性上,所有的国际关系理论追其根源都离不开这四个方面的影响。理想主义和现实主义在国际问题上的分歧也往往表现在这几个方面。我们今后在对国际关系理论进行分析时也应该抓住这四个问题。在第一次论战中,理想主义理论上的失败和现实主义的胜利并不能说明它们某一方的观点是完全正确的。否则,今天就不会出现受理想主义影响的自由主义,也不会有种种新的理论流派接二连三地对现实主义进行批判。

---

① Kenneth Thompson: *Political Realism and the Crisis of World Politics—An American Approach to Foreign Policy*, Princeton University Press, 1960, p.6、13.

第三章　第二次论战
——科学行为主义与传统主义

自 50 年代以来,国际关系研究经历了一场论战,它是在那些主张"新的科学研究方法"的学者与那些坚持历史"传统的"方法的学者之间所发生的争辩……这是一场"新的大论战",论战涉及的主要是研究方法和模式,而不是主题和内容。

　　——克劳斯·诺尔和詹姆斯·罗斯诺:《争论中的国际政治研究方法》

第二次论战……涉及的问题比现实主义与理想主义之间的分歧更带有根本性。

　　——阿伦·利派特:《国际关系理论:大论战和小论战》

第一节　一场激烈但"虚假的战争"

从 20 世纪 50 年代开始,国际关系理论经历了"又一场革命":行为主义革命。这场革命触发主张用新的科学方法研究国际关系的学者和极力捍卫历史和传统的学者的论战。论战的双方是科学行为主义学派和传统主义学派。论战的重点是方法论的分歧。关于这次论战的性质,克劳斯·诺尔和詹姆斯·罗斯诺指出:"在很大程度上,这场关于传统和科学的冲突也许只是一场虚假的战争。"[①]

"作为占支配地位的现实主义学派在 50 年代中间明显衰弱,而新的研究方法正是从别的社会科学和自然科学领域进入国际关系理论研究领域。"[②]代表新的研究方法的科学行为主义产生的背景是:(1)国际关系格局出现新的变化,第三世界不断壮大,原有的两极体系趋于多极化,相互依赖关系有所加强,旧时的权力政治学单一模式已远远不足于反映纷繁复杂的新的国际关系格局;(2)科学技术飞速发展,有力地促进了国际关系学方法论的"变革和现代化",导致自然科学的若干研究方法对国际关系理论领域的渗透;(3) 20 年代兴起的行为主义思潮(着重研究人的行为,而不是意识,强调行为的规律性、科学性和系统性)被称为"政治学的新科学",成为50 年代行为主义运动的先兆,在社会科学领域引起一场行为主义方法论的"革命",这场以"实证方法、技术手段、数量和价值的确定,科学推论和信息处理"为特征的行为主义革命自然也波及到了国际关系理论的研究。

著名的政治学家戴维·伊斯顿认为"行为主义"是 20 世纪西方政治学领域出现的"最重大的变革"。他提醒人们说,尽管英文的词根是相同的,行为学说(behaviorism)和行为主义(behavioralism)是相异的,两者不应该混为一谈。[③] 行为学说是指关于人类行为的一种心理学理论,创始者是 B. 华

---

① Klause Knorr and James Rosenau, *Contending Approaches to International Politis*, Princeton University Press, 1969, p.12.

② Arend Lijphart, "Karl Deutsch and the New Paradigm in International Relations", *International Security Quarterly*, March 1978.

③ David Easton, "Political Science in the USA—Past and Present", in David Easton and Corinne Schelling(eds.), *Divided Knowledge*, Sage Publications, 1991, p.41.

生和 B.F.斯根纳。政治学的行为主义与之不同,其特点是:(1)认为人类行为中存在可以认知的统一性;(2)这些可以认知的统一性能够通过实证试验加以证实;(3)主张强化方法论,以获取和分析数据;(4)主张理论的细化和量化,更为证实取向,所推崇的理论包括权力多元化(power pluralism)、博弈理论(game theory)、公共选择理论(public choice theory)、结构-功能理论(structural-functional theory)和体系分析(system analysis);(5)主张把价值标准排除在研究过程之外,在研究中注重伦理评估的实证解释,认为非价值或价值中立的研究是可能的;(6)主张建立不同于应用性研究的基本理论或纯理论。[①]

科学行为主义学派把政治理想主义和政治现实主义称为"传统的"或"古典的"理论,自诩为"科学的"理论,反对现实主义和理想主义的历史、哲理的规范研究方法,提倡实证的或实验的研究方法——整体研究(范畴分析和模式分析)、策略研究(博弈分析和决策分析)以及计量研究(统计分析、数学分析和电脑分析),他们主要从两个方面对现实主义进行尖锐的批评:(1)现实主义过分强调权力的作用,视之为国际关系的核心,忽视了伦理、道德、法律等重要因素;(2)现实主义在界定像权力、国家利益、均势等概念时缺乏精确性。在批评现实主义的基础上,他们极力运用新的科学的方法研究国际关系,提出实证理论和行为模式,力求使国际关系研究更加"清晰化""精确化"和"科学化"。

正当科学行为主义学派在国际关系学领域掀起阵阵理论攻势时,另一批自称"捍卫传统的现实主义理论"的学者则摆出阵容,进行应战。他们指出,传统学派的研究方法仍然是有用的、重要的,哲学、历史学、法学仍然应该是国际关系研究的基础,现实主义的研究方法细致、精确且富逻辑性。他们批评科学行为主义过分强调实证而忽视了哲学、历史、伦理的因素。这一学派因而得名"传统主义学派"或"非科学学派"。[②]

关于这一场争论,莫顿·卡普兰有一段重要的概述:在过去 10 年里,传统主义者对科学行为主义的研究方法进行了严肃的批评。大部分的批评以早年卡尔在《二十年危机》中的定论为依据,要点为:政治学的要旨与物

[①]　David Easton,"Political Science in the USA—Past and Present", in David Easton and Corinne Schelling(eds.), *Divided Knowledge*, Sage Publications,1991, pp.41—43.

[②]　Klause Knorr and James Rosenau, *Contending Approaches to International Politis*,Princeton University Press,1969, p.14.

理学的要旨不同;科学知识可运用于事实,而理解、智慧和本能只是运用于人类关系的研究;主张科学方法的人往往把方法误为现实;科学方法要求高度的可测性和精确性,因此难以对付国际政治中的最有变动的成分。① 卡普兰说,在了解了传统主义对科学行为主义的批评后,我相信,传统主义者对这些新科学研究方法倡导者所提出的理论主张和方法技巧知之甚少。传统主义者的确是一批有知识智慧的人,但为什么他们会作出这样的错误的判断呢? 这肯定是他们的研究方法出了差错。传统主义者只是重复以往的内容,像一台留声机老是在放一张旧唱片。

作为科学行为主义代表人物,卡普兰不免流露出一丝理论偏见,但是他以上精彩的概述对我们研究第二次论战是有帮助的。

在考察由科学行为主义学派与传统主义学派对垒的第二次论战时,有一个有趣的现象就是美英研究方法的比较。英国著名学者斯蒂夫·史密斯认为,第二次论战实际上是"美国学者与英国学者之间的对峙"。② "浩瀚的大西洋成了划分国际关系研究的重要分水岭"。③ 20世纪初以来,理想主义与现实主义、现实主义与行为主义、行为主义与后行为主义的辩论基本上限于美国学术界,英国学术界几乎完全孤立于这些辩论之外,而直到卡普兰和布尔关于认识论与方法论之争出现后,这一情况才有改变。尽管如此,行为主义一时间在美国学术界取得优势,"行为主义革命造就了新一代美国国际关系学者",而在英国,行为主义革命还没等到站住脚跟就夭折了。④ 这样,就形成了美国重科学、英国重经典,美国重行为主义、英国重传统主义的局面。史密斯指出,出现这一局面的原因是:(1)美英两国的政治、经济、文化背景和经历不同;(2)两国面临的国内外政治经济问题不同;(3)两国培养学者的方式不同,英国较少运用计量方法,仍注重传统方式;(4)两国学术界的组织结构和运行模式不同;(5)政界与学界的联系情况不同,美国在这方面比英国密切;(6)两国获取信息的环境不同,美国有"信息自由法案",英国没有。⑤

---

① Morton Kaplan,"Traditionalism and Science in International Relations", in Morton Kaplan (ed.), *New Approaches to International Relations*, 1968.
② Steve Smith, *International Relations—British and American Perspectives*, Basil Blackwell Ltd. 1985, p.25.
③ Ibid., p.x.
④ Ibid., p.140.
⑤ Ibid., pp.xi-xiii.

当然,第二次论战中出现的美英比较这一"两枝"现象,也不应被绝对化。事实上,在美英的科学行为主义与传统主义之争的同时,美国国际关系理论学者也分垒成了相应的两大学派,并产生了各自的代表人物。

第二节　从多伊奇到阿尔克
——科学行为主义学派的代表人物

行为主义革命造就了新一代美国国际关系学者,其中主要代表人物是卡尔·多伊奇(Karl Deutsch)、莫顿·卡普兰(Morton Kaplan)、戴维·辛格(David Singer)和海沃德·阿尔克(Hayward Alker)。

一、卡尔·多伊奇(1912—1992)

卡尔·多伊奇是美国著名国际政治学教授、科学行为主义学派的主要代表人物。1912 年 7 月 21 日生于捷克,青年时代在布拉格攻读法律和政治学,获博士学位。1948 年加入美国国籍,1951 年在哈佛大学再次获博士学位,接着在麻省理工学院、耶鲁大学任教。1967 年起任哈佛大学政治系教授,曾先后兼任普林斯顿大学、芝加哥大学、斯坦福大学、日内瓦大学、巴黎大学、苏黎士大学的客座教授。曾任美国艺术科学学院院士、全美政治学学会理事。其主要代表著作有:《民族主义和社会沟通》(1953)、《政治联合与北大西洋地区》(1957)、《政治的神经》(1963)、《军备控制与大西洋结盟》(1967)、《国际关系分析》(1968)、《民族主义及其不同选择》(1969)、《政治学与政府》(1970)、《政治学的数学研究方法》(1973)、《数学政治分析》(1976)和《经济社会体系和经济政治学》(1977),此外,还撰写了不少专题论文。《政治的神经》和《国际关系分析》较集中地表述了多伊奇的主要观点。

卡尔·多伊奇的主要理论贡献是他从科学行为主义的视角系统地提出了一体化理论(integration theory)、沟通理论(communication theory)和博弈理论(game theory),学术界称之为"科学行为主义三论"。

多伊奇批评现实主义学派忽视了战后世界力量结构的变化,过分地强调了均势的作用。他提出,在复杂纷繁的国际关系中,一体化的安全体系越来越显示出其重要性。为此,多伊奇于 1957 年带领了七位学者,对历史上十多个多元型和混合型的一体化实例作了周密调查,并发表了题为《政治联合和北大西洋地区——从历史经验看国际组织》的研究报告。1968 年出版的《国际关系分析》进一步从理论上阐述一体化的性质和内涵以及一体化与相互依存的关系,在西方学术界产生了一定的影响。

卡尔·多伊奇认为,一体化的基本特征是在"一个整体的构成部分中间形成相当程度的相互依存",[①]是相互依存的单位之间的一种特殊关系。多伊奇用锁和钥匙的关系打比方,形象地说明一体化的运作。一把锁和一把与之相配的钥匙就可组成一个系统:拧动钥匙就可打开锁。通常地,作为整体,一个系统具有任何一个构成部分单独所不能具有的系统特征,就好像一个锁匙系统能用来控制门的开和关,而单个锁或钥匙就做不到一样。一体化具有四方面要素:区域(domain)、范围(scope)、幅度(range)和力度(weight)。区域是指一体化所涉及的地域的人口;范围指一体化关系所涉及的行为的各个方面;幅度指一体化关系赖以维系的奖励和惩罚幅度;力度则指一体化内行为者的拥有实力。一体化肩负的目标是在地区或全球层面上的建立一体化、功能性的体系,它们肩负着四方面的任务:维持和平;获得更大收益;促进社会进步;实现新的自我印象。一体化的主要形式是政治一体化和经济一体化。

著名学者阿伦·利派特说,多伊奇的一体化理论实际上是关于一体化的整合理论,它不仅反映多伊奇自己作出重大理论贡献,而且代表国际关系理论研究至今所取得的一项最重要的理论成果。[②]

在研究一体化的过程中,多伊奇特别注重运用沟通理论。沟通理论与控制论和信息论密切有关,是关于事物之间信息传递的过程及其规律的科学。随着战后全球范围内相互联系、相互依存的趋势日益明显,多伊奇把控制论中关于沟通的原理引入对国际一体化的研究,与现实主义的国家利益论对弈。他形象地把国际关系的沟通比作"政治的神经",他认为现实主义关于"国家是国际社会惟一的行动者"观点已经过时,当前国家集团和国际组织所起的作用越来越大,因此,在国际关系研究中不能再以国家为中心,而应重视国家之间的相互沟通关系;仅就其使用的方法而言,沟通理论为国

---

① Karl Deutsch, *The Analysis of International Relations*, Prentice Hall, Inc., 1978, p.198.

② Arend Lijphart,"Karl Deutsch and the New Paradigm in International Relations", *International Security Quarterly*, March 1978.

际关系研究的深入开辟了新的途径。

此外，多伊奇摒弃了现实主义学派关于国际关系理论与其他学科之间只存在本质上的区别的看法，他认为，随着各种学科相互渗透现象的发展和一系列边缘学科的不断出现，国际关系理论与其他学科的主要区别已不再是本质上的区别，而是数量上的区别。运用其他学科的某些原理和方法来研究国际关系是完全必要的和可能的。多伊奇率先运用其他学科的方法和原理，如数学、统计学、心理学、控制学等来研究国际关系问题。其中影响较大的是他在《国际关系分析》等书中分析了国际冲突的三种形态：战争、博弈和论战，而其中运用心理学、数学、社会和策略学原理阐述的博弈论便是突出的一例。在科学行为主义学派里，多伊奇是最早用浅显易懂的语言和模型描述博弈论的一位学者，自他以后，"零和博弈"和"非零和博弈""小鸡博弈规则"和"囚犯困境博弈规则"就不胫而走，广为接受，成为研究冲突与战略问题的重要方法和模式。

阿伦·利派特在评价多伊奇提出的新范式时说，其理论意义在于把国际关系研究从传统模式的束缚中解脱出来，尤其是冲破以下传统的桎梏：主权国家是国际舞台上惟一重要的行为体；国家是单一实体；国家与其他行为体、国际政治与国内政治毫无联系；国家的核心特征是主权，这决定国家之间无本质区别可言。利派特认为，多伊奇的观点与格劳秀斯的思想一脉相承，是格劳秀斯范式的继续，故又称之为"格劳秀斯-多伊奇范式"。[①]

这一范式在科学方法论上的特点又可归纳为五个方面：

（1）追求高度的"精确化"和"实用性"，视之为理论发展的基础。

（2）任何政治行为都必须经过实证的检验。

（3）注重数量分析，不再视国际关系行为体的差异仅仅是质量上的区别。

（4）主张从别的学科吸取有用的概念和方法。

（5）为国际关系中的跨国关系研究"铺平了道路"，特别是詹姆斯·罗斯诺在这方面进行的"创造性研究"正是在"格劳秀斯-多伊奇范式"影响下进行的。

然而，这一范式在其形成过程中也暴露出了明显的局限。首先，它否定

---

① Arend Lijphart, "Karl Deutsch and the New Paradigm in International Relations", *International Security Quarterly*, March 1978.

国际关系无政府状态的存在,但又未能提出明确的观点取代之。重复太多,造成许多雷同。再次,虽然在分析过程中注重数据和实证,但仍是主要研究民族国家的行为,与传统主义一样忽视非国家行为者的研究。这也是为什么该范式没有得到广泛认可和重视的缘故。

尽管如此,卡尔·多伊奇仍以他敏锐的观察、深邃的分析和理论的革新闻名遐迩。他是 20 世纪 50 年代出现的科学行为主义革命的"主要带头人"和"首席革命家"。[1]

卡尔·多伊奇是 1992 年因病与世长辞的,11 月 12 日,他的亲友、同事、朋友和学生为他举行了简朴的追悼仪式。多伊奇当年的学生、如今著名国际关系学者海沃德·阿尔克致悼词。这篇题为《卡尔的眼镜》的悼文感人至深,催人泪下。阿尔克说,多伊奇去世使我们所有的人经历了巨大的失落。阿尔克怀着深情回顾了多伊奇传奇般的一生,总结了他对国际关系学发展产生的不可磨灭的影响。阿尔克说,如果摩根索的政治现实主义是"人类学习经历的最伟大的总结"的话,卡尔"对规范的实证理论和重新发现"完全可以被视为是跨越欧美的同样伟大的研究成果和"对国际和平作出的永恒贡献"。阿尔克最后动情地说,卡尔离开了我们,但他却留给了我们他的眼镜。他的眼镜折射出他的学说,他的智慧,他的视野和他的精神,他的眼镜向人们展示了他观察、思想、学习、行动的方法。

二、莫顿·卡普兰(1921—　　　)

莫顿·卡普兰是美国著名国际政治学教授,国际系统模式创始人之一。1921 年 5 月 9 日生于美国费城,1943 年在宾夕法尼亚州坦普尔大学获硕士学位,1951 年在哥伦比亚大学获博士学位,1951 年至 1956 年期间,先后在俄亥俄大学、哈弗福德学院、布鲁克林学院任教。1956 年起任芝加哥大学教授和校国际关系委员会主任,同时还是全美政治学者学会理事,国际政治科学协会和伦敦国际战略研究所的成员,现为芝加哥大学荣休教授。卡普兰是一位勤奋多产、研究领域广泛的国际关系著作家,从 20 世纪 60 年代起,几乎每年出版两部著作,同时还发表为数不少的论文。其主要著作有:

---

[1]　Arend Lijphart,"Karl Deutsch and the New Paradigm in International Relations", *International Security Quarterly*, March 1978.

《国际政治的系统和过程》(1957)、《国际法的政治基础》(1961)、《世界政治
的革命》(1962)、《国际关系的新研究方法》(1968)、《宏观政治学：政治学的
哲学和科学》(1969)、《国际政治的重大问题》(1970)、《限制战略武器会谈：
问题与前景》(1973)、《孤立还是相互依存——明日世界的今日选择》
(1975)、《正义、人性和政治义务》(1976)、《冷战的兴衰》(1976)、《共产主义
人物志》(1978)、《实现国际关系理论的专业化——宏观分析》(1979)和《全
球政策》。主要论文有：《关于国际政治理论》(1958)、《国际体系研究的若
干问题》(1966)、《一场新的大论战：国际关系学的传统主义对科学》
(1966)、《七十年代国际体系中的北大西洋集团》(1969)、《策略思想的社会
学》(1971)、《美国选择了世界政治》(1974)、《是乌托邦还是地狱——什么是
我们的选择》(1977)、《美国两百年：对外政策的回顾与展望》(1979)和《日
本的生存战略》(1980)等。

　　卡普兰的理论探索是多方面的：国际法、国际体系、对外政策、社会学、
共产主义运动等,但最有影响的当推"系统理论"(systems theory)。他的代
表作《国际政治的系统和过程》曾先后再版三次。作者声称,该书"旨在从理
论上系统地分析国际政治"。书中,作者把世界比作一个大实验室,各种国
际斗争——各种实验在其中发生、变化,"系统理论"则是研究这一大实验室
内发生、变化着的国际政治现象的宏观模式的新方法。这是战后第一部系
统分析各种国际体系的特征、结构、作用的专著。

　　卡普兰认为,国际体系模式是国际政治的"宏观模式"。他运用大系统
的基本原理提出国际体系的六个模式,被称为"卡普兰六模式"：

　　模式1,均势体系(balance of power system),指的是18世纪至20世纪
的均势格局。特点是：为了增强实力,可以与对手进行谈判,反对任何企图
在体系内取得优势地位的结盟国或霸权国;对在体系内形成威胁的国家行
为者进行限制;允许被打败的国家行为体重新加入体系。

　　模式2,松散的两极体系(loose bipolar system),指第二次世界大战后
初期的两极格局。特点是：运作机制是调解性质的,而不是对抗型的;跨国
家行为体参与国际体系的运作;核武器的出现带来"核恐怖平衡"。

　　模式3,紧张的两极体系(tight bipolar system),指50年代到60年代的
冷战格局,是松散的两极体系的继续和强化,趋势是"不稳定",出现高度紧
张的态势。

　　模式4,环球体系(universal system),指60年代末以后世界格局的多

极趋势,相对稳定是其根本特点。

模式5,等级体系(hierarchical system),指一种民主型或极霸型的体系,特点是稳定性强。

模式6,单位否决体系(unit veto system),基本特点是:联合国的作用将得到加强;在这种体系内,战争可能发生,但是不会使用核武器,战争的地域和手段将受到限制;大国外交出现孤立主义的倾向,结盟的作用弱化。[①]

在这六个模式基础上,卡普兰又引出若干分体系:异常松散的两极体系(very loose bipolar System)、缓和体系(detente system)、不稳定的集团体系(unstable bloc system)和不完全的核扩散体系(incomplete nuclear diffusion system)。

此外,卡普兰还为每个体系模式设计了五方面用于计量测定的内容:基本规则、变换准则、角色变数、实力测量和信息因素。这些内容为体系理论提供了最优化的选择标准和依据。

卡普兰在探讨体系问题时还注意与一体化过程(integrative process)、价值理论(value theory)策略理论(strategy theory)结合起来进行综合研究。其中,价值理论是核心。价值理论涉及价值与行为的关系、价值与体系目标的关系。以卡普兰和多伊奇为代表的科学行为主义学派认为,"价值"可分为八方面的内容:财富、权力、福利、尊重、正直、知识、技能、感情,并表现为安全、自由、完整和民族尊严。卡普兰据此大胆提出:"国家利益包括价值,而非权力。"[②]

卡普兰和他同辈著名学者多伊奇(沟通理论)、霍尔斯蒂(国际系统模式)、厄恩斯特·哈斯(新功能主义)、摩根斯坦(博弈论)、莫德尔斯基(长波论)、布鲁斯·拉塞特(国际一体化)等,运用科学行为主义所推崇的策略观念、价值标准和计量方法从结构、成员、职能、行为的环境条件和变化诸方面对体系理论进行了大量的研究和探讨,他们的成果已引起西方学术界的重视,被视为是国际关系学领域的"突破性的成果"。

西方学术界对卡普兰的系统理论褒贬不一,肯定他的人认为其理论有"倡导性和启发性",对研究"战后国际社会的新变化有很大的参考价值";持批评观点的则认为卡普兰提出的模式"粗浅""没有重点""建立在假设基础

---

① Morton Kaplan, *System and Process of International Politics*, John Wiley and Sons, Inc., Publishers, 1957, pp.21-85.

② Ibid., p.149.

上",充其量是"了解现实世界的一种工具,还谈不上是一种理论"。

三、戴维·辛格(1925—2009)

戴维·辛格是西方国际关系理论著名学者,美国密执安大学政治学教授,早年被誉为"一位年轻的科学行为主义的开拓者"。其主要著作有:《威慑、军备控制和裁军》(1962)、《人的行为和国际政治》(1963)、《计量国际政治》(1968),但使他初露头角的是1961年发表的长篇论文《国际关系的层次分析问题》(同时被收入克劳斯·诺尔和西德尼·弗巴合编的《国际体系论文选》和詹姆斯·罗斯诺所编的《国际政治和对外政策》)。

层次分析是20世纪50年代末到60年代初,"在行为主义革命的影响下,进入国际关系研究领域的",[1]并很快地成为体系理论的一个核心内容,它"直接明晰地深入到了对国际社会中个人、国家和体系不同层面的分析"。[2]层次可从两方面来加以界定:从本体论的角度看,体系是指一个结构内相互作用的不同单位的组合,层次即是"不同的分析单位";从认识论角度看,层次意指解析一个特定单位的行为的不同变素。[3]

在《国际关系的层次分析问题》这篇论文里,辛格认为,国际关系是一个有机联系的整体,参与国际关系的诸行为者和诸种因素的交互作用在不同层次上发挥自己的功能,因此,采用层次分析来研究国际关系是无可厚非的。辛格断言,现实主义的弊病是只讲权力政治,把国际政治与对外政策混为一谈,而层次分析把国际政治与对外政策加以区分——国际政治是以国际系统作为分析层次,对外政策是以民族国家作为分析层次。他还认为,上述两个层次有关联,又有差异,相辅相成,缺一不可,只有运用这一方法才能科学地阐述纷繁多变的国际关系。

著名学者巴里·布赞认为,辛格的层次分析与肯尼思·华尔兹的"行为体三概念"(个人、国家、社会)和"结构三层概念"(原则、功能、实力分配)如出一辙,是两个学派相互兼容的有力例证。故有"华尔兹-辛格研究方法"(Waltz-Singer Approach)之称,其研究重点在体系与结构、单位与层次,研

---

① Barry Bugen, "Level of Analysis", in Ken Booth and Steve Smith (eds.), *International Relations Theory Today*, 1995, p.199.

② Ibid., p.200.

③ W.B.Moul, "The Level of Analysis Revisited", *Canadian Political Science*, 1973,61(1).

究面涉及个人、集团、国家、区域分体系和国际体系。

鉴于国际关系的传统研究方法易使国际系统和对外政策混为一体,辛格能打破传统,此举意义不同寻常。西方学术界给予他的层次分析法以很高的评价,认为是迄今为止最有效的国际体系研究方法之一,是"开拓性的成就""国际系统研究的催化剂""对国际关系研究产生了深远的影响"。[①] 辛格的层次分析法提出后不久,果然出现了研究国际组织和系统模式的新势头。

此外,辛格还提出一种新的研究方法:影响理论(influence theory)。这是从权力出发,研究"国家之间相互影响、相互作用"的一种理论,实际上是层次分析法的外延和补充。影响理论是辛格在《国家之间的影响——一种外形模式》(1963)一文中提出的,作者运用数学公式和图表列举了各种影响格局的种类,并强调各种影响格局都是未来取向的,都是双向的,都可能导致对方行为的修正和变化。[②]

辛格在其著作和文章中大量运用数学公式和图表,玄妙得很,艰涩难懂。在借用数学、计算机科学、统计学、模型学等手段和方法研究国际关系时,故弄玄虚,越搞越数理化,这恐怕也是科学行为主义的一个共同特点。怪不得有的学者批评说,科学行为主义者正在把国际关系变成"只有少数人才懂得的学术领地"。

四、海沃德·阿尔克(1937—2007)

海沃德·阿尔克是著名国际关系理论学者,美国南加州大学国际关系学院教授。1937 年 10 月 3 日生于纽约市,1959 年毕业于麻省理工学院,获学士学位,专业为数学,1960 年在耶鲁大学获硕士学位。1963 年获政治学博士学位。1963—1968 年留校,晋升为副教授,1968 年在密执安大学作访问教授,1968 年起在麻省理工学院任国际关系学教授。20 世纪 90 年代初调到南加州大学,直至去世。阿尔克早年受到罗伯特·达尔的多元主义的影响,后师承卡尔·多伊奇,由于他具有数学专业基础,又经过国际关系专

① Barry Bugen, "Level of Analysis", in Ken Booth and Steve Smith (eds.), *International Relations Theory Today*, 1995, pp.214—215.

② David Singer, "Inter-nation Influence: A Formal Model", in James Rosenau (ed.), *International Politics and Foreign Policy*, p.380.

业熏陶,在科学行为主义学派中显示出自己的特色,他独树一帜地运用数学原理研究国际关系中诸行为的体系、结构和特点。这从他的论著中可见一斑:《数学与政治学》(1965)、《政治与社会指南:世界手册》(1966)、《联合国大会与世界政治》(1966)、《国际政治与数学方法》(1973)、《全球相互依存分析》(1974)、《政治的政治分析》(1976)、《囚犯困境解析》(1981)等,他还撰写了大量的文章,其中最具代表性的是发表在 1966 年第 23/4 号《世界政治》杂志的《通向国际关系理论的漫长之路》和被收入 1976 年在欧洲出版的《社会科学年鉴(政治学)》的《研究范式与数学政治学》。阿尔克曾兼任一些重要的学术刊物的编辑,如《国际组织》和《国际问题研究季刊》。1967—1968年他曾在斯坦福大学行为科学高级学院从事研究。1992 年阿尔克任当年的国际政治学会会长。

阿尔克在 1992 年 3 月 30 日写的一篇关于历史学的手稿中说:"虽然我长期对历史和科学比较分析有兴趣,但我并没有在人文科学、哲学和历史地理等方面受过良好的教育。"他后来不止一次对人表白,学术上对他影响最大的是三个人:他的老师卡尔·多伊奇,是他接受科学行为主义的指引者;托马斯·科恩,其《科学革命的结构》中提出的"范式"(paradigm)对阿尔克产生了极大的影响;厄恩斯特·哈斯,阿尔克说,正是在哈斯的联大集体安全体系实证研究的推动下,他才在 1968 年开始了关于联大投票模型的实证研究。多伊奇、科恩和哈斯在不同时期、从不同方面启发和帮助阿尔克打下了"科学方法论分析的哲学基础",[1]在这过程中,阿尔克又形成了"数量研究、框架模式和方法分析"三位一体的研究特点。

阿尔克对科学行为主义方法所作的贡献主要表现在他提出的"数学取向的政治学",即数学政治学(mathematical politics),其基本内容包括:(1) 数学政治学是一种实证性、数学分析的范式组合;(2) 数学政治学与模式选择转换有关;(3) 强调政治分析方法的实践;(4) 认为规范取向的政策科学化有难度,但不是不可能;(5) 数学政治学的研究范式可能部分地或全部地根植于政治学以外的领域;(6) 数学政治学是国际关系理论中"科学革命"的反映。[2] 阿尔克所列举的有关数学政治学的主要研究范式包括:因果分析、心理逻辑、组织过程、控制论、公共得益论、得益/代价分析、社会沟通、

---

① Gunter Olzog Verlag Munchen, *Research Paradigm and Mathemastical Politics—Social Science Yearbook*(*Politics*)*1976*, p.44.

② Ibid., pp.32-35.

机构功能、博弈论、冲突论、地区一体化、外交决策、事件数据分析和战略研究等。这些范式涉及了国际关系的众多研究领域,阿尔克强调,他对范式的研究方法是基于本体论(ontology)、认识论(epistemology)和学科论(disciplinarity)之上的科学方法。罗伯特·基欧汉曾称,阿尔克对"反映论"(reflectivism)的形成和发展起了重要作用。

阿尔克1992年任国际政治学会会长时曾于当年9月25日发表了一篇会长演讲,他动情地说,他作为一名国际关系的学生,已在"追求真理"的无国号旗帜下开始了一次探险航行,将像500年以前哥伦布发现新大陆一样去发现学术的"新大陆"。[①] 他表示将与同事们一起建立一种模式多元化、研究开放型的国际关系科学体系。

除了以上四位科学行为主义学派代表人物之外,其他有影响的学者还有:詹姆斯·罗斯诺、哈罗德·喀茨柯、布鲁斯·鲁塞特、黛娜·津妮斯、乔治·莫德尔斯基、奥斯卡·摩根斯坦、托马斯·谢林、肯尼恩·鲍丁和安那图·拉波特等。这里有必要对詹姆斯·罗斯诺(James Rosenau)作一简要的介评。

罗斯诺(1924—2011)1948年毕业于巴德学院,1949年在约翰·霍普金斯大学高级国际问题研究学院获硕士学位,1957年在普林斯顿大学获博士学位。从1949年到1970年任教于新泽西州罗特斯大学,1976年晋升为教授;1970年至1973年在俄亥俄州大学政治系讲授国际政治;1973年调到南加州大学,任跨国问题研究所所长,至1992年。1992年罗斯诺离开加州,"东迁"首都,任乔治·华盛顿大学教授,用他的话来说,就是"一个理论家来到了华盛顿","从理论世界转到决策世界。"[②]他还作为访问教授在哥伦比亚大学、纽约大学、加拿大的麦吉尔大学和卡勒顿大学、印度尼赫鲁大学、澳大利亚国立大学、南斯拉夫贝尔格莱德大学以及联合国和平大学讲学。罗斯诺从年轻时就一直保持高涨的研究和创作热情,是一位特别多产的学者,计有专著、编著60多种,具代表性的著作有:《罗斯福丰富的遗产》(1951)、《国际政治与对外政策》(1961)、《争论中的国际政治研究方法》(1969,与克劳斯·诺尔合编)、《国际政治与社会科学》(1973)、《比较对外政策》(1974)、

---

① Hayhard Alker, "The Humanistic Moment in International Studies", *International Studies Quarterly*, December 1992.

② 詹姆斯·罗斯诺1992年10月27日在乔治·华盛顿大学作就职演讲,笔者有幸被邀请参加。

《寻求全球模式》(1976)、《世界政治》(1976,合编)、《科学的对外政策研究》(1971)、《全球相互依存研究》(1980)、《政策适应性研究》(1981)、《世界体系结构：连续性与变革性》(1981,合编)、《世界政治的相互依存和冲突》(1989,合编)、《全球的变革与理论的挑战》(1989,合编)、《世界政治的动荡：变革性与连续性理论》(1990)、《全球的声音：国际关系的对话》(1993)和《透彻地思考理论》(1995)等。发表论文数百篇,在 200 多篇有影响的论文中具代表性的包括：《先期理论与对外政策理论》(1966)、《国家利益》(1968)、《国际政治研究的传统和科学》(1968)、《比较对外政策》(1973)、《决策方法与理论》(1978)、《再评先期理论》(1984)、《后国际政治学》(1988)、《动荡世界的规范型挑战》(1992)、《新的全球秩序：重点与结果》(1992)、《国际理论与政策：走向汇合》(1993)、《外交决策的理论与实践》(1994,合写)、《全球化的动力》(1996)、《动荡世界的无序与有序》(1998)和《超越后国际主义》(1998)等。一个鲜为人知的轶事是,罗斯诺在 1991 年创作了一部二幕剧本 *Kwangju: An Escalatory Spree*,并在洛杉矶的奥得赛剧场公演。作为一个学者,罗斯诺不仅具有高超的理论思维,而且还显示出非凡的艺术才能。

对罗斯诺来说,1966 年至 1976 年的 10 年是他学术创作的第一个丰收期,当时他提出的"先期理论"(Pre-theory)强调"理论应包括一系列关于行为模式的特有假设",为国际关系和对外政策的比较研究提供基础。他认为,传统的方法缺乏总体理论框架和可供实证检验的手段,他的先期理论是一种"社会科学方法",重点在于对外政策的科学分析,将外交行为的定量分析引入国际关系研究。罗斯诺不喜欢给他贴上"科学行为主义"的标签,但他承认,他的先期理论是"偏向于科学行为主义"的,属于当时国际关系学术领域的主导潮流。斯蒂夫·史密斯对罗斯诺的先期理论给予很高的评价,称之为"开拓性研究成果",认为罗斯诺 1966 年的论文《先期理论与对外政策理论》的发表是"一个重要的事件",标志着比较对外政策流派的诞生。查尔斯·凯格利主持的"大学之间比较对外政策项目"(ICFP)、乔纳森·韦尔肯弗尔德等人设计的"国家之间行为分析模式"(IBA)和莫利斯·伊斯特等人从事的"国家事件比较研究项目"(CREON)正是在罗斯诺的科学行为主义的先期理论基础上才开展起来的。[1] 后来他转向新的研究领域,特别是在

---

[1] Steve Smith, *International Relations—British and American Perspectives*, Basil Blackwell Ltd.1985,pp.47—48.

20 世纪 80 年代末和 90 年代初,转为研究两枝世界政治,就逐步脱离"主导潮流",自成一派了。正当人们期待罗斯诺新的学术成果问世时,2011 年,他却不幸因病逝世。他的逝世是美国学术界的一大损失。

第三节　从怀特到霍夫曼
——传统主义学派的代表人物

传统主义学派主要是从政治现实主义流派分化出来的,它既保留了自己理论母体的基本特征,又从政治理想主义流派中吸取了某些有用的东西。它不像现实主义那样突出"权力"和"国家利益",而较为重视"均势"和"世界秩序"。该学派的主要代表人物包括英国的马丁·怀特(Martin Wight)、美国的英尼斯·克劳德(Inis Claude)、肯尼思·华尔兹(Kenneth Waltz)和斯坦利·霍夫曼(Stanley Hoffmann)。

一、马丁·怀特(1913—1972)

20 世纪中期,在英国国际关系理论领域曾出现过著名的"四人学派":赫伯特·巴特菲尔德(Herbert Butterfield)、查尔斯·曼宁(Charles Manning)、马丁·怀特(Martin Wight)和赫德利·布尔(Hedely Bull),史称"英国国际关系传统主义学派"。他们之间有着特殊的关系,巴特菲尔德是怀特的老师,而怀特又是布尔的老师,他们承上启下,共同努力,奠定了传统主义在英国国际关系研究领域的支配地位。他们中间的怀特被认为是"英国学术界影响最大的国际关系思想家"。[①]

马丁·怀特 1913 年生于英国布尔莱顿市,父亲是医生,家境尚可,1935 年毕业于牛津大学,专业为现代历史。毕业后在皇家国际事务研究所工作,至 1949 年,其间参与了该所《国际事务观察》的编写,还在联合国工作了一年。他 33 岁时就写成了《强权政治》,显示出其学术才华。1949 年,他应查尔斯·

---

① Gabriele Wight, *International Theory—the Three Traditions*, Leicester University Press, 1991, p.xxiv.

曼宁的邀请到伦敦经济学院国际关系系讲授国际关系理论,正是在那里,他运用历史的哲学的方法提出"三 R"分析,即国际关系的"三传统"理论:现实主义(realism)、理性主义(rationalism)和革新主义(revolutionism)①。1961年,怀特离开伦敦经济学院回到故乡布尔莱顿,在萨塞克斯大学的欧洲研究学院从事国际关系理论的研究和教学工作,他还为建立英国国际关系理论委员会倾注了大量的精力。怀特的著作有:《立法委员会的发展:1606—1945》(1946)、《对非洲的态度》(1951,合著)、《英国殖民宪法》(1952);怀特发表的论文主要有:《历史与判断》(1950)、《如何成为一个好的历史学家?》(1953)、《战争与国际政治》(1953)、《联合国内部的权力之争》(1956)、《为什么不存在国际理论?》(1960)、《经典著作在新大学里的地位》(1963)、《西方国际关系的价值标准》(1966)、《国际合法性》(1972)和《均势与国际秩序》(1973)等。怀特英年早逝,他逝世后,他的学生布尔编辑整理出版了老师的两部遗著(《国家体系》(1977)和《权力政治》②(1978))。长期以来,这在英国学术界传为佳话。

　　怀特的学术创作可分为三个阶段:(1)战前,他的研究重点是历史问题,他是一名和平主义者,他支持成立国联,但第二次世界大战使他失望,转到现实主义一边,认为对外政策应是权力世界与道义世界的汇合点。(2)第二次世界大战后,怀特开始关注第三世界欠发达国家,《立法委员会的发展》、《对非洲的态度》和《英国殖民宪法》便是这阶段研究的成果。(3)1949年起,在《权力政治》小册子的基础上,怀特用深邃的分析总结了战后国际政治的基本问题,如权力、国际无政府状态、国家利益、均势、缓冲地带和联合国等。此时的怀特受到卡尔和摩根索的现实主义理论的影响,认为现代历史与中世纪历史的区别主要是强调权力大于正义。但怀特比卡尔和摩根索更加悲观些,他不认为世界在从权力政治转向新的国际秩序。

　　怀特的权力政治是"对国际政治定义和概念的重大贡献"。③ 他提出,权力政治是指"权力国家之间的关系",有两个条件:"存在不接受任何政治支配的独立单位和它们之间持续的可控的关系。"④他认为,大国的地位的得失

---

① Gabriele Wight, *International Theory—the Three Traditions*, Leicester University Press, 1991, p.7.

② 该书另一编者是卡斯顿·霍尔布拉德。该书在 1946 年《权力政治》小册子的基础上整理出版。

③ Kenneth Thompson, *Masters of International Thought*(*1980*), p.51.

④ Ibid.

要靠战争的暴力;中等国家的地位则是大国的善意;小国的地位依靠的是中立政策,仅追求有限的利益,在狭缝中求生存。从这个意义上来说,国际政治就是"关于生存的理论"。他强调,在一定程度上,权力以威望为基础,反过来,威望也以权力为后盾,威望也是一种实力的体现。他指出:"均势是权力政治体系的核心原则。"①均势是多元的,就像是"一座枝形吊灯",均势有两层含义:力量均衡或失衡,历史学家倾向于冲突双方力量均衡时才是均势,而政治家则认为,一方强于另一方才算是均势。

怀特的另一个理论贡献是他关于西方国际关系价值标准的论述。在他的论文中,他深入地探讨了西方价值标准在国际关系中的地位问题。他认为,价值是指一种长期形成的观念模式,其核心部分是"宪政传统价值"。国际关系价值主要表现在四个方面:国际社会的规范准则、国际秩序共同标准、反映国家之间相互依存的干涉原则和国际道德观念。怀特的价值观为国际政治学提供了"一个规范基础"。②

20世纪50年代,怀特在伦敦经济学院讲授国际关系理论。赫德利·布尔曾回忆当年他听课的情景:"是查尔斯·曼宁教授敦促我去听马丁·怀特上的关于国际理论讲座课。这些讲座给我、给所有听课的人都留下了深刻的印象。自那时起,我就感到我一直处于马丁·怀特的思想的影响之下。"③怀特的理论课程的基本内容是关于"三个传统的论战",即"三 R 之争":(1) 现实主义(realism),意指"马基雅弗利主义",强调无政府状态、权力政治、国际冲突,崇尚的是一些推行铁血政策、不讲道德的人("the blood-and-iron and immorality men");(2) 理性主义(rationalsim),意指"格劳秀斯主义",强调理性原则、国际对话,重视均势和国际法的作用,认为国际关系中不仅有冲突,而且还有合作,目标是要造就能"坚持法律和秩序、言行一致的人"("the law-and-order and keeps-your-word men");(3) 革新主义(revolutionism),意指"康德主义",反对现实主义关于国际冲突与合作的看法,注重人的关系,国际社会和"国家大家庭"的作用,希望有一代从事"变革、解放和说教的人"("the subversion and liberation and missionary men")。④ 怀特指

---

① Kenneth Thompson, *Masters of International Thought*(1980),p.53.
② Ibid.,p.60.
③ Hedley Bull,"Martin Wight and the Theory of International Relations",in Gabriele Wight, *International Theory—the Three Traditions*,p.ix.
④ Ibid.,pp.xi-xii、7、13、15.

出,格劳秀斯主义是欧洲传统思想的"最重要的主流"。他认为,最理想的情况是"成为一个格劳秀斯主义者,同时又吸取摒弃愤世嫉俗内容的马基雅弗利主义和不带狂热和盲信的康德主义"。[1]

怀特在伦敦经济学院讲授国际关系理论的三个传统流派时,科学行为主义思潮正在美国涌起。他对此不屑一顾,他对科学行为主义的一套是不满的,他的观点也不完全与当时美国的现实主义相一致。怀特理论的本质是欧洲政治哲学,不同于科学行为主义。虽然他不属于上述三个流派中的任何一个,但他倾向于传统主义。

二、英尼斯·克劳德(1922—2013)

英尼斯·克劳德是西方国际关系理论著名学者,生于 1922 年 9 月 3 日,1947 年、1949 年在哈佛分别获得硕士、博士学位。1949—1956 年在哈佛大学任助理教授;1957—1960 年任教于密执安大学,晋升为副教授;1960 年后转至弗吉尼亚大学,任终身教授。他还曾经兼任美国国务院顾问(1962—1971),还曾任《国际组织》《政治学季刊》《Orbis》和《国际法》等杂志的编委。其主要著作是《少数民族:一个国际性问题》(1955)、《化剑为犁——国际组织的问题和进展》(1959)、《权力与国际关系》(1962)、《变化中的联合国》(1967)、《美国研究世界事务的方法》(1986)和《国家与全球体系》(1988)。

1962 年克劳德在密执安大学政治系执教时出版的《权力与国际关系》被誉为传统现实主义的一部重要代表著作。次年,由于其成功地运用了"传统和现实相结合的方法"研究国际关系而获得全美政治学协会颁发的"一九六三年科学奖"。克劳德在该书中围绕权力详细地分析了国际关系中的三个基本概念:均势、集体安全和世界政府。就权势集散程度而言,均势表示权力的分散,集体安全则是权力的部分分散,世界政府代表权力的集中。因此,国际关系中权力的管理就成了"三概念"的核心。[2] 克劳德还认为,均势理论是关于"现代国家制度的传统概念",是历史现实的反映;世界政府只是一种理想的目标;集体安全是介于两者之间。但不管怎样,"均势—集体安

① Hedley Bull, "Martin Wight and the Theory of International Relations", in Gabriele Wight, *International Theory—the Three Traditions*, p. xiv.
② Inis Claude, *Power and International Relations*, Random House, 1962, p.8.

全—世界政府"应是国际关系发展的三个重要阶段,而"国家主权和国际无政府状态则为这三个重要阶段提供了分析基础"。①

克劳德对均势的分析被公认有其独到之处。他强调说,均势是传统理论中最重要、最有影响的理论。在战后现实主义和传统主义学者的努力下,该理论得到了最充分的发展。他认为:(1)均势是"一种形势",意指处于均衡的格局,国家或国家集团之间的权力关系基本上是一种对等和均衡状态;(2)均势是"一种政策",意指"建立和维护均衡状态的政策",均势应是一种"谨慎的政策";(3)均势是"一种制度",意指能抑制任何国家占据统治地位的一种稳定的制度;(4)均势是"一种标志",它是战争可以防止的标志,是人们现实愿望的一种体现。克劳德从以上四个角度剖析均势的含义、特点和性质,给人以耳目一新之感,有助于人们进一步了解西方学者奉为圭臬的均势理论的实质及其演变过程。

关于第二概念"集体安全",克劳德认为,凡是以现实主义观点对待权力问题的人都相信均势,凡是对权力问题抱理想主义态度的人则倾向于相信集体安全。集体安全意指通过各国的一致行为为国际社会提供可靠的安全环境。集体安全体系的特点是:(1)通过建立压倒优势的力量提供对付可能的侵略者的安全体系;(2)能够帮助小国和弱国摆脱处于均势体系中的不利地位;(3)均势体系从本质上讲是无政府的机制,而集体安全是一种有组织的机制;(4)均势体系视冲突为常见、合作为少见,集体安全则视冲突为少见,合作为常见。

世界政府是克劳德提出的国际关系第三个重要概念。是三个概念中最新的概念。均势始于 17 世纪国家体系形成后,集体安全始于一次大战前后,世界政府则始于二次大战以后。世界政府概念的产生是基于:(1)认识到世界处于无政府状态;(2)避免战争成为国际关系的第一必需;(3)这一目标只有建立世界政府才能实现;(4)世界政府体系是最终建立世界秩序的必然和可靠的手段;(5)世界政府是"国际关系中权力管理"的最有发展前途的体系。

虽然以上国际关系三概念的分析方法有独到之处,但内容并无多少新意。然而,克劳德能对时间上跨度相当大的三个重要概念进行概括和分析,应该说是做了一件对国际关系理论的发展颇有意义的工作。

---

① Inis Claude, *Power and International Relations*, Random House, 1962, p.8.

1988 年问世的《国家与全球体系：政治、法律与组织》是克劳德的又一部力作。他强调此书的主题是"关于主权与体系的关系",①书中所收集的他 1966—1986 年的 14 篇代表性论文进一发展了他 1962 年的《权力与国际关系》的基本思想。当年他在书中曾提出"均势、集体安全、世界政府"三概念；20 年后经过反思,他认为过去的看法"过于理想化"了。他如今写道："直至有充分证据说明以国家为中心的全球体系消失之前,我们还需尽力用国家来维护国家间的秩序,尽管这一任务是困难的。"②他提出,全球体系的秩序应是"有益于国家、限制于国家、受制于国家、实现于国家"。③ 他宣示："作为一位国际政治学专家,我一直相信,我们的首要工作是研究那些构成世界的重要的政治、法律和行政单位。"④他还强调,政治不仅仅是一种追求权力的斗争,而且还是一种关于合法性的角逐。克劳德这些反映传统理论的关于国家与世界体系的真知灼见已引起了学术界的重视。

三、肯尼思·华尔兹(1924—2013)

肯尼思·华尔兹是美国著名国际关系理论家。1924 年 6 月 8 日生于密执安州安阿伯,1948 年毕业于奥比多林学院,1951—1952 年入伍服兵役。1950 年和 1954 年在哥伦比亚大学分别获得政治学硕士和博士学位,1953—1957 年在哥伦比亚大学任助理教授,1957—1966 年转至斯沃斯摩尔学院任教,先后晋升为副教授和正教授,1966—1971 年在布兰戴斯大学任教并从事研究,1971 年起任加利福尼亚大学伯克莱分校教授。同时兼任美国对外政策委员会委员、全美政治学学会理事等职,还是颇有影响的理论刊物《世界政治》的编委。1994 年退休,是伯克莱分校政治学系终身荣誉教授,1997 年起任哥伦比亚大学兼职教授。90 年代曾在复旦大学和北京大学讲授国际关系理论,受到师生的欢迎。2013 年 5 月 13 日,华尔兹不幸病故,享年 89 岁。其主要著作有：《人、国家与战争》(1959)、《对外政策和民主政治》(1967)、《国际政治的冲突》(1971)、《国际政治理论》(1979)、《使用武力》(1983)和《核武器的扩散：一场辩论》(1995)等。华尔兹还撰写了许多有影

---

① Inis Claude, *State and Global System: Polities, Law and Organizations*, 1988, p.2.
② Ibid., p.9.
③ Ibid., p.7.
④ Ibid., p.13.

响的论文,如《政治哲学与国际关系研究》(1959)、《康德、自由主义和战争》(1962)、《两极世界的稳定》(1964)、《和平政治学》(1967)、《国家相互依存的神话》(1970)、《国际关系理论》(1975)、《相互依存的理论与实践》(1979)、《和平、稳定与均势》(1988)、《现实主义思想与新现实主义理论》(1990)、《新世界秩序》(1993)、《国际政治的新结构》(1993)、《国际政治不是对外政策》(1996)和《评估理论》(1997)。但是,集中体现华尔兹传统主义观点的是《人、国家与战争》。

华尔兹于1959年出版的《人、国家与战争———一种理论分析》是在他的博士论文《人、国家与国家系统———关于战争根源的理论》基础上写成的,这是一部关于国际冲突——战争的理论性相当强的专著。作者围绕"战争的主要根源是什么"这个核心问题,提出了著名的关于战争根源的三个概念:人的本性和行为;国家内部结构问题;国际无政府状态的存在。华尔兹进而指出,当今世界上最迫切的任务就是"要找出国际冲突——战争的根源,然后有的放矢地加以医治和防止"。① 他提出的医治药方是:

1. 冲突和战争与人的本性密切有关,战争源于人的自私、愚蠢和误导的冲动。华尔兹认为,只有改变人的私念、恶性和权欲,才能避免战争,所以,"恶是根源,爱是药方"。②

2. 国家的内部结构是了解战争与和平的关键。华尔兹认为:"国家的弊病导致了国家之间的战争。"他进而指出:为什么有的国家要打仗? 因为战争可以为它们提供增加税收、维持官僚制度和控制民众的借口。他的结论是:"和平与战争分别是好的国家和坏的国家的产物。"③因此,要防止战争就必须从改造国家着手,在这方面,他认为马列主义关于改造私有制、变革国家制度的思想是可取的。华尔兹还特地引用了毛泽东和刘少奇的语录:"只有一个办法,那就是用战争反对战争。"(毛泽东)"必须清除坏的国家,好的国家才能生存于和平之中。"(刘少奇)④

3. 人性恶,国家坏,固然会导致战争,但还不是问题的全部,即使好的人和国家,有时也会动武。因此,一定还有另一个重要原因:战争之所以会发生,是因为没有可以防止它的东西。至今世界上尚无一种能防止武力和战

---

① Kenneth Waltz, *Man, the State and War*, p.3.
② Ibid., p.26.
③ Ibid., p.114.
④ Ibid., p.112.

争的跨国权威组织,这是人类的悲剧。华尔兹还敏锐地触及到社会主义国家之间也会兵戎相见的可能性。他预见到十年以后发生的事情。华尔兹主张成立世界政府,而在这一目标实现之前,应尽力维持均势,因为权势不均对强国和弱国都是危险的,只有维持均势,各国的安全才有保障。"无政府状态是根源,世界政府是药方"。①

华尔兹的上述三个概念各有侧重,但紧密相连,这三个概念加在一起,就构成了国际关系的完整图像。

可见,华尔兹在《人、国家与战争》中基本上还是运用现实主义的观点,但在分析结论时却明显带有理想主义的色彩。拾起现实主义和理想主义两派的有用武器,对科学行为主义应战,这表明了传统主义的一个显著特点。当然,由于受到阶级立场的局限,尽管华尔兹崇敬马列主义,但仍不可能对战争的本质和根源(历史的、阶级和社会的)作出客观的分析,他的基本观点是历史唯心主义的。

战后,现实主义学派又经历了传统现实主义和新现实主义的发展。当然,传统现实主义和新现实主义并没有对现实主义作根本的修正,但是,也没有因循守旧,而是有所创新的。华尔兹本人就经历了从传统现实主义到新现实主义的转变。他的早期著作《人、国家与战争》是传统现实主义的最重要的代表作之一,而后期(20世纪70年代末)的《国际政治理论》则是新现实主义的最早的一部代表作。所以,西方学者称华尔兹的成就"不同凡响"。这两部著作至今仍是美国大学里国际关系专业的最重要的教学参考书。关于华尔兹在新现实主义时期的学术研究和成果,下一章将作进一步的介评。

四、斯坦利·霍夫曼(1928—2015)

斯坦利·霍夫曼是美国著名国际政治学者,哈佛大学教授。1928年11月27日生于奥地利首都维也纳,1948年毕业于法国巴黎政治研究学院,1952年在哈佛获得政治学硕士学位,后又取得博士学位,1955年加入美国国籍。从1956年起(除了1966和1967年在斯坦福大学外)一直在哈佛大学任教,长期任哈佛大学西欧研究中心主任,同时兼任美国对外关系委员会委员、美国政治科学学会理事、美国艺术科学学院院士。霍夫曼治学严谨、

---

① Kenneth Waltz, *Man, the State and War*, p.238.

功底深厚、博学多产,其主要著作有:《当代国际关系理论》(1960)、《战争状态》(1965)、《格利弗麻烦——国际关系与国际体系》(1968)、《国际秩序的条件》(1968)、《衰落,还是复苏》(1974)、《支配地位,还是世界秩序——冷战以来的美国对外政策》(1978)、《跨越国界的责任》(1981)、《生活在核时代》(与约瑟夫·奈等人合著,1983)、《此路不通》(1984)和《两面神和智慧神:国际政治理论与实践文论选》(1987)、《罗素论国际关系》(合编,1991)、《冷战之后:国际制度与欧洲的国家战略》(合编,1993)、《人道干预的伦理学和政治学》(编著,1996)、《政治思想和政治思想家》(合编,1998)。他还在美国、法国、英国等国报刊上或选集里发表了大量的国际政治论文和书评,影响较大的有:《国际组织和国际体系》(1970)、《评均势》(1973)、《美国的一门新兴的社会科学:国际关系理论》(1977)、《不幸的选择》(1980)、《八十年代的西欧与美国的关系》(1984)、《雷蒙·阿隆与国际关系理论》(1985)和《全球化的冲突》(2002)。

斯坦利·霍夫曼曾是美国现实主义代表人物沃尔弗斯和法国现实主义大师阿隆的学生,他对阿隆的理论特别推崇,受其很大影响。他曾自称是阿隆的"忠实信徒"。"理论是通向客观的必由之路。"霍夫曼经常援引的这句雷蒙·阿隆的警句格言,显示了作者在理论研究道路上的探索精神和求实态度。

霍夫曼的成名之作是《当代国际关系理论》,这是一部较早系统介绍和评述西方国际关系学的文选,入选内容均为精品佳作,尤其是霍夫曼对西方国际关系学的研究对象、发展、理论和流派所作的精辟总结,使这本书成为传统主义的代表作,至今仍然有较大的影响。当问及所有他的著作中哪本书写得最好,他的回答是1978年的《支配地位,还是世界秩序》,因为该书较全面地从传统的历史观分析了世界秩序问题。他还提到1987年的《两面神和智慧神》,这本书收集了霍夫曼自1962年到1987年25年中撰写的20篇代表性文章,出版前他对这些文章均作了修改。这本文选是霍夫曼25年学术探索的结晶。他运用历史、政治、哲学的传统研究方法对国际问题和国际关系理论的流派及其发展作了精辟的分析,并在世界秩序、相互依存、国际体系、道义哲学等方面提出了新的见解,用学术大手笔概述了国际关系研究的三组内容:战争与和平、冲突与合作、权力与秩序。[①]

---

① Stanley Hoffmann, *Janus and Minerva—Essays in the Theory and Practice of International Politics*, Westview Press, 1987, Preface.

斯坦利·霍夫曼的著作较系统地阐述了传统主义的基本观点：

1. 认为"世界政治中充斥着经常的纷争和冲突"，由于缺乏制止这种冲突的国际权威机构，诉诸武力的情况时有发生，因此，"世界政治的无政府状态是国际冲突的根本原因"。[①]

2. 国际关系应"面对这一充斥着纷争和冲突的现实"，寻求克服世界无政府状态的有效途径，而迄今为止能找到的最有效途径是"世界秩序理论"。该理论反对诉诸武力，主张扩大经济合作，发展多边关系，目标是建立温和型国际体系，手段是加强国际组织在维护和平方面的作用。[②]

3. 主张用"历史"和"现实"的方法分析均势，认为从过去的五强均势（英、法、俄、普、奥匈）到今天的五角均势（美、苏、中、日、西欧）已发生了很大的变化。过去的均势法则，局限于欧洲，呈现为简单均势；今天的均势法则是复合均势，在全球范围内展开，呈现为相互依存的格局，并带有核对峙、核威慑的特点。

4. 强调伦理道义在国际政治中的重要性，《超越国界的责任》就是关于伦理问题的专著，他认为伦理道义应以"安全生存"和"相互依存"为原则，以符合"国家利益"为目标，国际关系中的伦理问题与维护人权、世界秩序密切相关，极为重要。

霍夫曼上述基本观点的核心是三个问题：均势、秩序和伦理。霍夫曼认为，当代的"复合的均势"，用阿隆的话来说，是一种"战略-外交行为的模式"，呈现为五角枝形吊灯的形态（a pentagonal chandelier），其特点是：（1）由美苏中日西欧组成五角均势；（2）均势不仅在全球范围展开，而且表现为核竞赛和核对峙，亦称"核恐怖均势"。而形成多极均势的条件有：（1）必须同时存在 5—6 个主要行为者；（2）必须存在一个中心平衡的机制；（3）在主要行动者中必须有共同的语言和行为的准则可寻；（4）必须存在国际等级制。

霍夫曼在《支配地位，还是世界秩序》中提出了世界秩序的三个不可分割的定义要素：（1）世界秩序是国家间关系处于和睦状态的一种理想化的

---

① Stanley Hoffmann, *Gulliver's Troubles—International Relations and International System*, Macgraw-Hill Book Company, 1968, Chapter 1.

② Stanley Hoffmann, *Primacy or World Order—American Foreign Policy Since the Cold war*, McGraw-Hall Book Company, 1980, p. 109 and p. 188; "International Organiztion and International System", *International Organization*, No.3, 1970.

模式；（2）世界秩序是国家间友好共处的重要条件和有规章的程序,它能提供制止暴力、防止动乱的有效手段；（3）世界秩序是指合理解决争端和冲突、开展国际合作以求共同发展的一种有序的状态。霍夫曼强调,世界秩序不同于联合国体制,它还不是现实,它有一个逐步形成的过程,它需要众多国际关系角色的长期努力；世界秩序也不同于世界政府,它应是通向世界政府的过渡状态。霍夫曼认为,尤其重要的是既不要视世界秩序为维持世界现状,也不要把它与世界革命等同起来,世界秩序是"世界政治深刻的、渐进的,但是有限度的变革过程"。①

至于伦理问题,E.H.卡尔根据霍布斯关于国家的"人格化"概念,曾经引出一段非常精彩的论述:"国家只有在被赋予'人格'的前提下才彼此具有道德上的权利和义务……正是国家的义务和责任构成了国际伦理的主要内容。"②可见,国际关系伦理学的核心内容是政治伦理和社会道义的普遍原则（权利、义务、责任、信仰、习惯、准则、规范、价值标准等）在国际关系中的具体运用,在对外关系中尤为强调道德原则应与国内政治所追求的价值标准一致,其目标为自由、平等、正义、友好、合作与和平。霍夫曼的《超越国界的责任》一书正是论述国际关系伦理学的一部重要著作。他强调,国际关系伦理学是手段,不是目的,目的是为了对充斥着邪恶和争斗的现实世界进行改造,实现人类的完善和社会的正义。国际关系伦理学是"用道德伦理的手段"克服无政府状态、反对强权政治的"一种政治艺术",其基本内容有三:（1）在国与国关系上,对武力实行道义的限制和制止。提倡平等交往、国际礼让、信守诺言、尊重主权、反对武力,强调"正当的目的,适当的手段和必要的自制"。（2）在对外政策的目标上,突出维护人权的原则。（3）在国际社会里建立平等公正的世界秩序,以伦理和道义的力量结束世界上的"行为无节制"、"局势不稳定"的状态。

在《超越国界的责任》中,霍夫曼有一段十分典型的自述,特录以备考:"我关注的不仅是'应该如何',而是'如何才能做到应该如何',我的朋友和过去的同事迈克尔·沃尔泽在《正义战争与非正义战争》一书里说,他的理想主义的思路是以'应该如何'到'现状如何',而我的思路恰恰相反,是从'现状如何'到'应该如何'。我这是在使政治学逐步升级。我希望我们能在

① Stanley Hoffmann, *Primacy or World Order—American Foreign Policy Since the Cold war*, McGraw-Hall Book Company, 1980, p.189.

② E.H.Carr, The *Twenty Year's Crisis*, Syracuse University Press, 1981, p.148 and p.151.

中途相遇。我认为,我自己是一个自由主义者……作为一个自由主义者,我主张社会改革。我相信社会必善,但我不是革命者。我的意思并不是说,革命是邪恶的,甚至这种邪恶是不可避免的。革命常常在发生,有时是有益于社会的。然而,我崇尚和追求通过较少受到损害和毁坏的途径来建立一个更加美好完善的社会。”①

霍夫曼的理论倾向是鲜明的,他从不人云亦云,盲目附和,即使对摩根索的理论也不全盘接受。例如,他对“国家利益”“均势”等概念都作了重要的修正,补充了诸如相互依存等新的内容,这些内容都是新现实主义的重要依据。他对科学行为主义进行了唇枪舌战,在指出科学行为主义确实存在的不足之处的同时,他断言卡普兰的“系统理论”是国家关系研究偏离正确方向的“一次失误”,多伊奇的“沟通理论”是肤浅的量变理论。在吸取理想主义的有益成分和继承政治现实主义的合理内核的基础上,霍夫曼进一步阐述了传统主义的基本思想,不断开拓新的理论和方法。在西方国际关系理论“现实主义—传统现实主义对科学行为主义—新现实主义”的发展过程中,斯坦利·霍夫曼起了重要的承上启下的作用。到晚年,霍夫曼坚毅地与病魔作斗争,但仍于2015年9月13日离开了人间。然而,他宝贵的学术财富将永存。

第四节　对科学行为主义与传统主义的评价

在以上介评的基础上,可以得出几点结论:

第一,科学行为主义与传统主义之间的第二次论战历时不长,但影响不小,可用两个“S”概括：Short 和 Significant。它在西方国际关系理论史上占有重要地位。据说,这场论战的“第一枪”是赫德利·布尔打响的,他率先对卡普兰的体系论提出质疑,形成“布尔—卡普兰之争”,从而引发持续十年之久的传统与科学的论战。② 乔治·里斯卡称这场论战的十年(1955—1965)

① Stanley Hoffmann, *Duties Beyond the Border*, Syracuse University Press, 1981, pp.1-2.
② Hedley Bull,“International Theory：The case for a classical Approach”,*World Politics*, No.2 1966；布尔在1977年出版的《无政府状态的社会》(*The Anarchical Society*)里对这场论战作了进一步的总结。

是"英雄的十年"("heroic decade")。① 诺尔和罗斯诺则称这场论战为"一场新的大论战"("a new great decade")。②

英国著名国际关系理论评论家斯蒂夫·史密斯认为,自20世纪20年代以后,西方国际关系理论领域出现过"三次浪潮":理想主义阶段(20—30年代),呈现为"进步学说";现实主义传统(30—40年代),表现为"保守理论";行为主义革命(50—60年代),反映社会科学进步。③ 第二次论战是推进这"三浪"的巨大冲击波。

第二,传统主义与科学行为主义之争是理想主义与现实主义之间论战的继续。但和第一次论战相比,传统主义学派与科学行为主义学派之间并不像理想主义学派与现实主义学派之间那样在立论基点和研究结论方面存在着较大的分歧,两者之间主要是研究方法和途径的差异。有的学者因此称传统主义学派与科学行为主义学派的论战仅仅是"方法之争",是一场"虚假的战争"。双方的区别不是"一筐水果与一筐鸡蛋的区别",而只是"一筐苹果与一筐橘子的区别"。稍作分析可见,这一看法并非没有道理。

第三,科学行为主义的主要贡献是为国际关系理论带来了"方法论的革命"。科学行为主义学派强调国际关系理论是一种跨学科的研究,主张在研究中不仅运用政治和历史的传统方法,而且运用应用性社会科学和自然科学的方法,理念上是科学取向,以"数据、计量、实证、精确"为特征,不断开拓研究方法的深度和广度,使一些新的研究方法(如沟通论、控制论、博弈论、决策论、层次分析、体系分析等)应运而生,"对国际关系理论的研究方法产生了深刻的影响"。④ 它在方法论上的变革推动了西方国际关系学的发展,科学行为主义者的积极倡导和不断创新使美国国际关系学在20世纪60年代至70年代出现了一个研究方法纷繁多样、百家争鸣的活跃局面。

然而,科学行为主义理论的缺陷也是显而易见的,它远远没有达到像现实主义传统理论那样的成熟程度。有的学者在借用数学、统计学、计算机科学和模型学等手段和方法时,故弄玄虚,越搞越使国际关系理论数理化,难

① Steve Smith, *International Relations—British and American Perspectives*, Basil Blackwell Ltd.1985, p.13.
② Klause Knorr and James Rosenau, *Contending Approaches to International Politics*, Princeton University Press,1969, p.12.
③ Ken Booth and Steve Smith(eds.), *International Relations Theory Today*, 1995, p.14.
④ Klause Knorr and James Rosenau, *Contending Approaches to International Politics*, Princeton University Press,1969, p.214.

怪批评者指出,科学行为主义学派要把国际关系理论变成只有少数人才懂得的学术领地。

第四,传统主义学派与科学行为主义学派之间的分歧主要表现在:首先,科学行为主义注重国际关系的数量变化,把国际关系的一切活动看成是一个个参数和变量的总和,认为国际关系研究正趋于计量化;传统主义则注重国际关系的质量变化,把国际关系看成是一个历史进程,坚持传统的历史研究方法,反对计量化。其次,在具体方法上,科学行为主义学派强调数据的收集、整理和分析,着重于行为经验的实证研究;传统主义学派则强调历史事件的起因、经过、结果以及相互内在联系的研究,称之为"事例分析",着重于历史与现实的规范研究,认为法律、哲学、历史、伦理学仍是国际关系理论研究的基础。传统主义学派对科学行为主义学派的批评主要集中在以下三点:(1)科学行为主义过于局限实证范围,未能更好地把握事物本质;(2)科学行为主义将理论研究降格为臆造的"模式",致使所提出的"分析理论"无法最终形成严格意义上的理论;(3)科学行为主义过分地强调计量化,往往忽视国际关系不同现象之间的本质。

第五,第二次论战中传统主义与科学行为主义之争在一定程度上反映了一种英美研究方法的比较。斯蒂夫·史密斯所作的英美国际关系分析十点比较便是一典型的实例:(1)英国强调传统分析,美国强调比较分析;(2)英国强调规范方法,美国强调实证方法;(3)英国注重历史分析,美国注重科学分析;(4)英国注重国际关系中的独特性和行为的个人特点,美国注重国际关系中的普遍性和行为的一般规律;(5)英国认为"本能""直感"和"想象"大于"前提""推断"和"理论",美国反之;(6)英国侧重国际关系中的行为程序,美国并不侧重;(7)英国重视个人、伟人和精英集团的作用,美国不如英国那样重视;(8)英国不怎么重视社会科学方法论对国际关系的影响,美国极为重视;(9)英国的政府决策机构与学术研究机构之间的关系不密切,美国的政府决策机构与研究机构和思想库之间的关系非常密切;(10)英国学术界视国际关系和外交政策为"艺术",美国学术界视之为"科学"。[①] 近几年,以上十方面的比较内容已引起人们广泛的注意。

第六,同第一次论战(现实主义学派取代理想主义学派并占据支配地

---

① Steve Smith, *International Relations—British and American Perspectives*, Basil Blackwell Ltd.1985,pp.45—54.

位)不同,第二次论战的任何一方(传统主义学派或科学行为主义学派)结果都没有能够取代对方,而是获得了"双赢"。学术界普遍认为,不是科学行为主义赢了传统主义,也不是传统主义赢了科学行为主义。[①] 两派通过各自的努力,均在国际关系理论领域攀登上了一定的学术高地,两派相互渗透,互为补充,对西方国际关系理论的发展作出了贡献。不久以后,在这次论战的基础上出现了两个新的学派——新现实主义和新自由主义。

---

① Steve Smith, *International Relations—British and American Perspectives*, Basil Blackwell Ltd. 1985,p.17.

第四章　第三次论战
——新现实主义与新自由主义

现在需要的是寻求一种新的现实主义,它既承认世界处于无政府主义状态,又努力通过各方面的合作和集体行动来改变现有的战略,以防止大动乱和核战争。"为权力而斗争"的现实主义已经不够了,结合权力斗争和世界秩序的新现实主义必定会出现。

——斯坦利·霍夫曼:《现实主义及其批评者》

国际关系理论领域最近出现的令人欣喜的发展是现实主义的恢复。70 年代初,现实主义学派在支配国际关系理论学科 20 年之后,开始败下阵来。它遭遇到来自各方面的攻击——行为主义学派、多元主义学派、全球主义者和激进派。然后,到 70 年代末,现实主义学派重整旗鼓,在"新现实主义"的旗号下进行了反击,并逐步显示,它正恢复昔日的支配地位。现实主义的"复兴时期"开始了。

——理查德·科特尔,引自马洛特·赖特和 A.J.R.格鲁姆主编的《当代国际关系理论手册》

以华尔兹为代表的新现实主义理论触发了一场新的论战,这场论战从 80 年代初起一直支配着国际关系理论研究领域。

——詹姆斯·多尔蒂和罗伯特·法尔兹格拉夫:《争论中的国际关系理论》

第一节　新现实主义的出现

　　传统主义学派与科学行为主义学派之间的论战到 20 世纪 70 年代后期已接近尾声。在美国,由于经济危机的影响、对苏联核优势的丧失、越南战争的后遗症以及阿富汗事件和伊朗人质事件的余震,卡特政府和里根政府不得不调整其对外政策,以"重整国威"。此时,传统现实主义理论已显然不适合新形势的需要,科学行为主义的一些概念过于抽象,多种方法玄而又玄,也解决不了现实政策调整中出现的新问题。不少学者敏锐地看到形势的这一转折,认为战后以来的全球权力结构已经发生了重大变化,权力分散、政治多极和霸权丧落的趋势日益显露出来,于是,他们着手对传统现实主义进行"科学的修正和补救"。这一经过"科学的修正和补救"的现实主义就称之为新现实主义。其"新"主要表现在对 20 世纪 70 年代以来变化了的形势提出新的理论观点和见解。由于新现实主义还主张传统主义学派和科学行为主义学派在方法论上的互相渗透、取长补短、融合为一,学术界有时也将新现实主义称为后行为主义或后传统主义或"科学现实主义"。

　　不难看出,新现实主义思潮是国际关系学前次论战的延伸和演变,反映了西方学者对 20 世纪 70 年代以来变化了的形势的新的理论认识和提出的应变对策。

　　正如英国学者理查德·利特尔在 80 年代初指出的:"国际关系理论领域最近出现的令人欣喜的发展是现实主义的恢复。70 年代初,现实主义学派在支配国际关系理论学科 20 年之后,开始败下阵来。它遭遇到来自行为主义学派、多元主义学派、全球主义者和激进派等各方面的攻击。然后,到了 70 年代末,现实主义学派重整旗鼓,在'新现实主义'的旗号下进行了反击,并逐步显示,它正恢复昔日的支配地位。现实主义的'复兴时期'开始了。"①斯坦利·霍夫曼在评论汉斯·摩根索的现实主义时,也曾生动地叙述

---

① Richard Little, "Structuralism and Neorealism", in Margot Light and A. J. R Groom, *International Relations —A Handbook of Current Theory*, 1985, p.74.

过:"现在需要的是寻求一种新的现实主义,它既承认世界处于无政府主义状态,又努力通过各方面的合作和集体行动来改变现有的战略,以防止大动乱和核战争。'为权力而斗争'的现实主义已经不够了,结合权力斗争和世界秩序的新现实主义必定会出现。"①

新现实主义学派是前次"论战"的延伸和演变的产物,它的理论特征是:在承认国际社会处于无政府状态以及国际关系仍以国家为中心的现实的同时,强调国际关系的秩序和限制,重视包括东西南北关系的全球系统研究,给国际关系中的经济因素以更多的注意。在研究方法上,该学派强调综合性分析,认为权力政治与体系模式、结构分析与反馈博弈、宏观与微观分析应兼收并蓄,互为补充。詹姆斯·多尔蒂和罗伯特·法尔兹格拉夫具体提出了以下四个特点:第一,该学派不仅勾勒了国际关系的性质和范畴,而且努力在更坚实的基础上建立独立的多样化的综合性国际关系理论;第二,该学派主张在基础理论和应用理论之间,即在国际关系理论和重大国际现实问题之间实现"研究分工";第三,该学派认为现实主义的定性分析和科学行为主义的定量分析对国际关系的发展都是不可缺少的,两者应该互补,而不应该对立;第四,该学派强调微观国际关系和宏观国际关系的综合分析和交叉研究,使国际关系学成为一门以政治和经济为两大杠杆,融合历史学、政治学、人类学、行政学、社会学、心理学等学科的综合性的理论。②

这一新的理论思潮始于1979年肯尼思·华尔兹出版的《国际政治理论》。该书提出国际关系的新结构主义理论,为新现实主义的发展开创了先河。华尔兹的结构分析强调"国家构成结构,结构造就国家"。③ 约瑟夫·奈认为,华尔兹的著作并不是重点在"简述一个新的理论,而是在使现实主义理论系统化",华尔兹"为现实主义提供了一个更有力的理论基础"。④ 罗伯特·基欧汉披露,"新现实主义"这一称呼是其批评者之一罗伯特·考克斯第一个提出来的。⑤ 基欧汉认为:"华尔兹的过人之处,不在于他提倡了一种新的理论研究或理论思考路线,而在于他努力将政治现实主义体系化,使之

① Stanley Hoffmann, "Realism and Its Discontents", *The Atlantic Monthly*, November 1985.
② James Dougherty and Robert Pfaltzgraff, Jr., *Contending Theories of International Relations*, Longman Publishing Company, 1982, p.552.
③ Kenneth Booth and Steve Smith, *International Relations Today*, 1995, p.264.
④ Joseph Nye, "Neorealism and Neoliberalism", *World Politics*, No.1, 1988.
⑤ Robert Keohane, *Neorealism and Its Critics*, Columbia University Press, 1986, p.16.

成为一种严谨的、演绎性的国际政治理论体系"。①

这期间先后问世的其他重要著作有：罗伯特·基欧汉和约瑟夫·奈的《权力与相互依存——转变中的世界政治》、罗伯特·吉尔平的《战争与世界政治的变化》和《国际关系政治经济学》、罗伯特·基欧汉的《霸权之后——世界政治经济中的合作与纷争》和《新现实主义及其批评者》、理查德·范伯格的《动荡不安的地区：第三世界对美国的对外政策的挑战》以及罗伯特·利珀的《不存在共同的权力——国际关系概论》等。从20世纪80年代开始，差不多每年新现实主义学派都有几本重要专著出版。在这一阶段，国际关系理论又趋于活跃，各种新理论纷纷出台，如相互依存论、复合相互依存论、世界体系论、长波新理论、国际机制论、国际政治经济学、霸权后合作论、宇宙政治经济学等，这些理论不仅修正了而且发展了传统的现实主义，主要表现在下面三组关系上：

第一，国际政治与国际经济关系。这是新现实主义学派以权力为主把国际政治与国际经济结合起来所作的一种显著努力。其针对性是：从20世纪初开始，源于15—18世纪重商主义时代世界政治与世界经济的密切关系逐渐被人们忽视，经济关系被人为地孤立于国际关系研究范围之外。而现实主义学派却助长了这一分割过程。在摩根索等人的著作里，经济关系只是作为极其次要的内容一带而过，权力斗争却被强调至极端的程度。为了修补摩根索现实主义这一弱点，新现实主义学派的一些著名学者提出了国际政治经济学理论，强调只有将政治与经济关系两者结合起来，才能较全面地反映国际关系的现实，国际关系理论作为一门综合性学科首先应研究国际政治与国际经济的总和及其相互关系。这方面较有影响的著作，除了基欧汉的《霸权之后——世界政治经济中的合作与纷争》和吉尔平的《国际关系政治经济学》之外，还应提及的有琼·斯佩罗的《国际经济关系的政治学》、丹尼斯·皮雷奇斯的《世界经济政治学——国际关系理论的新内容》和戴维·鲍德温的《经济治国方策》。

第二，国际冲突与国际合作关系。摩根索现实主义强调世界的无政府状态和权力冲突，忽视合作（特别是经济合作），视前者为"高级政治"，后者为"低级政治"。针对这一偏向，新现实主义学派为"低级政治"正名，

① 肯尼思·华尔兹：《国际政治理论》，信强译，苏长和校，上海人民出版社2003年，封底有罗伯特·基欧汉的评语。

认为世界虽然处于无政府状态,但这一情况在改变,现代科技的发展和各国之间相互依赖程度的加强大大促进了全球范围内的合作关系。今日之国际关系,不仅存在矛盾和冲突,而且还有沟通和合作,国际关系理论应是一种国际冲突和国际合作研究的结合。正如斯坦利·霍夫曼预见的那样,强调冲突与合作研究的结合,并以合作理论研究为侧重,已成为新现实主义学派的又一显著的特征。该学派提出的主要的国际合作理论有:查尔斯·金德伯格和罗伯特·吉尔平的"霸权合作理论"(又称"霸权稳定理论")、罗伯特·基欧汉的"霸权后合作理论"和肯尼思·奥伊的"无政府状态下合作理论"。

第三,国际关系中的东西南北关系。新现实主义学派认为,原先国际关系学中的现实主义理论以研究战争、和平、权力、均势等问题为主,仅仅触及到国际关系的东西方关系那一部分,有片面性,国际关系的另一部分,即南北关系,和东西方关系相比就不甚了了,被忽视了。新现实主义学派力图从国际政治与国际经济关系结合入手,搞出个囊括东西南北关系的理论,以能全面地反映当前全球的现实,这应该视为国际关系理论研究的一个进步。

同时,关于结构现实主义对传统现实主义的修正与发展还可以从六个方面进行分析:(1)结构现实主义对传统现实主义最大的修正是将国际政治视为一个系统,其具有自身内在的结构。其内容由两方面来界定:国际政治的无政府状态以及大国之间的权力分配。(2)传统现实主义强调因果关系的"单向性",即单向度的从民族国家行为体到国际政治结果;而新现实主义则强调因果关系的"双向性",即国际系统的结构层次与民族国家行为体之间的互动。(3)传统现实主义认为权力是国家追求的目的,而新现实主义则认为安全是国家的终极目标,权力只是实现这一目的的手段。(4)传统现实主义的理论假设根植于难以证伪的人性,而新现实主义则转向国际政治的结构性压力。(5)传统现实主义强调互动单元的作用,而新现实主义则强调结构对单元行为的影响。(6)在研究方法上,传统现实主义主要遵循的是归纳逻辑,而新现实主义则偏重演绎逻辑。

作为一种理论思潮,新现实主义在80年代发展得很迅速,罗伯特·基欧汉认为它"席卷了国际关系理论领域"。[①]

---

① Robert Keohane, *Neorealism and Its Critics*, Columbia University Press, 1986, p.9.

第二节 新现实主义与现实主义

第三次论战呈现明显的阶段性：第一阶段从 1979 年至 80 年代中期,是形成期,主要是现实主义与新现实主义的比较;第二阶段从 80 年代中期到 90 年代初期,是发展期,主要是新现实主义与新自由主义之争;第三阶段从 90 年代初至今,是深入期,出现新现实主义、新自由主义与批判理论"三足鼎立"的局面。

新现实主义是对现实主义的修补、深化和发展,有的学者甚至认为新现实主义对现实主义进行了有决定意义的"抢救工作"。从国际关系理论发展的轨迹来看,现实主义和新现实主义代表了过去半个世纪国际关系理论领域的两个主要理论流派。20 世纪 80 年代初,新现实主义与现实主义的比较研究成为国际关系理论的一个重点和主要内容。

霍夫曼曾经就新现实主义与现实主义的比较讲了三点看法：（1）现实主义着眼于国家,强调世界处于无政府状态;新现实主义着眼于体系,认为世界包含着国际政治经济的相互依存关系。（2）现实主义着重研究国家利益和国家权力;新现实主义则着重研究全球国家间的权力分配,主张结构分析。（3）现实主义强调国际冲突,淡化国际合作的可能性,忽视国际机构促进合作的使用;新现实主义则主张国际冲突与国际合作的结合,强调国际合作的可能性,重视国际机构促进合作的作用。①

关于新现实主义与现实主义比较的最全面的叙述要算是肯尼思·华尔兹的论文《现实主义思想和新现实主义理论》。华尔兹曾在文中提及一件往事：1957 年,威廉·考克斯主持了一个国际政治理论的讨论会,参加者有摩根索、保罗·尼兹和查尔斯·金德尔伯格,还有当时的青年学者,包括英国的马丁·怀特、美国的莫顿·卡普兰和罗伯特·塔克。在讨论会论文的基础上,1959 年出版了考克斯主编的《国际关系的理论层面》。华尔兹说,正是受了这本书的启发和影响,他撰写了《现实主义思想和新现实主义理论》一文。

---

① 1988 年 10 月 19 日,霍夫曼与笔者的谈话纪要。

华尔兹的这篇论文追叙了国际关系理论从国际经济理论(IET)到国际政治理论(IPT)到国际政治经济理论(IPE)的发展过程,他指出:"现实主义和新现实主义是过去半个世纪以来最具代表性的两种理论。"[①]华尔兹在这篇论文里再次强调了他结构理论的三原理:体系组成排列的原则;不同体系的功能;单位之间实力的分配。很明显,华尔兹的结构现实主义在相当的程度上,吸收了金德尔曼为代表的德国慕尼黑新现实主义学派的"群体星座分析"(Constellation Analysis),其内容包括六组关系:体系与决策,认知与现实,利益与权力,规则与法律,结构与相互依存,合作与冲突。[②]华尔兹新现实主义的核心是,只有变革结构,才能改变国际体系的无政府性质。华尔兹以自己的"体系结构"对峙摩根索的"权力结构",他说,摩根索写《国家间政治》的目的是"提出国际政治理论",[③]然而,华尔兹认为,摩根索提出的"只是一些理论碎片,并无多大理论"。华尔兹专门介绍了摩根索生前喜欢引用的一个典故:17世纪法国科学家和哲学家布莱斯·帕斯卡尔说,如果克娄巴特拉的鼻子短一点的话,世界历史将完全不是现在这个样子。克娄巴特拉是埃及托勒密王朝末代女皇,恺撒和安东尼奥先后拜倒在她的石榴裙下。帕斯卡尔的话意指,如果克娄巴特拉的鼻子短一些,她就会失去美丽,像恺撒和安东尼奥这样伟大的人物就不会为之倾倒,而由她引起的一系列历史事件就不会发生,世界历史也许会发生不同的变化。帕斯卡尔的话隐含着这样一个道理:历史进程中往往存在着不少偶然因素,这些不确定因素有可能影响历史的进程。

华尔兹继而在论文中从理论角度提出了五个方面的区别:

1. 新现实主义提出了体系结构的新概念,即将国际政治视为一个定义精确的结构体系,"这是新现实主义与传统现实主义的根本区别"。

2. 在国际关系的因果关系上,现实主义强调世界由互动国家组成,"原因"是趋于一个方向,即从互动的国家到由它们的行为和相互关系产生的"结果"。这在摩根索的现实主义"六原则"里体现得最为明显。而新现实主义强调,因果关系同手段与目的的关系一样,是不同的,"原因"并不只在一

---

① Kenneth Waltz, "Realist Thought and Neorealist Theory", *Journal of International Affairs*, Spring 1990.

② James Dougherty and Robert Pfaltzgraff, Jr., *Contending Theories of International Relations*, Longman Publishing Company, 1997, p.81.

③ Hans Morgenthau, *Politics Among Nations*, 1972 edition, p.3.

个方向上发生,而是在两个方向上,即国际政治的单位层次和结构层次上,结构影响单位,只有通过区分结构层次和单位层次的因果要素才能充分地研究和了解互动国家。

3. 关于对权力的解释,传统现实主义认为对权力的追求根植于人性,权力是国家追求的目的,而新现实主义则强调权力本身不是目的,而是实现国家目标的有用手段,国家追求的最终目标是安全,而不是权力。华尔兹指出:"这是对现实主义的重要修正。"此外,传统现实主义还认为,权力首先意指军事实力,而新现实主义则"将权力的概念视为结构的根本特点",认为权力应是国家的"综合实力"。

4. 现实主义和新现实主义都认为,不同国家行动方式不同,因而所产生的结果也不同。但是,现实主义强调互动单位的作用,而新现实主义强调结构对互动单位的影响;现实主义强调无政府状态,但却否认无政府状态是一种特征性的结构,而新现实主义认为"自助"是在结构层次上无政府状态的对应物。现实主义者强调了国家的异质性,因为他们相信国家行为和结果的差异直接产生于单位构成的差异,新现实主义者认为这一假设是不可取的,他们则提出一种理论以解释结构是如何影响行为和结果的。

5. 从研究方法来看,传统现实主义着重归纳综合方法,而新现实主义则偏重推断演绎方法。①

另一部并不十分显眼,但对新现实主义和现实主义作了颇有见地的比较分析的著作是《动荡不定的地区:第三世界对美国外交政策的挑战》,作者理查德·范伯格现在是美国加州大学圣地亚哥分校国际关系和太平洋问题研究学院院长。法恩伯格在书中从理论分析和外交实践的结合上归纳了新现实主义的六方面的特征:

1. 新现实主义在承认体系作用的同时,认为民族国家仍是世界政治的基本组织单位;

2. 新现实主义认为,各国政府对私人企业,特别是跨国公司和银行的控制越发困难;

3. 新现实主义比现实主义更注重国际经济关系因素;

4. 现实主义较多地注重欧洲事务,新现实主义更注重第三世界问题;

---

① Kenneth Waltz, "Realist Thought and Neorealist Theory", *Journal of International Affairs*, Spring 1990.

5. 新现实主义反对用全球遏制战略来追求美国利益,主张通过加强合作和结盟的途径来实现;

6. 新现实主义主张限制对外政策中思想意识的作用,认为对外政策应以理性和实用为准则,对外政策是加强政治经济联系的窗口,而不是反映意识形态的镜子。[①]

第三节　新现实主义与新自由主义

1984 年春季号的《国际组织》安排了一个讨论新现实主义的专栏,题为"新现实主义笔会",发表了代表不同意见的文章:理查德·阿希利的《新现实主义的贫困》;罗伯特·吉尔平的《政治现实主义的传统宝库》;弗雷德里奇·格罗托奇韦的《错误也有好的一面》;布鲁斯·安德鲁斯的《国际目标的国内含义》。阿希利的文章《新现实主义的贫困》对新现实主义进行发难,他说,此文是受 1978 年 E.P.汤姆逊的《理论的贫困》一书的启发而作的。阿希利指出,新现实主义自称是站在前两次论战(现实主义与理想主义,科学主义与传统主义)的胜者一边,但实际上却背叛了现实主义传统,陷入了"理论贫困",新现实主义并不"名副其实"。他认为新现实主义主张"国家主义、结构主义、功能主义和实证主义"是犯了"一系列理论错误";他批评新现实主义是"自我封闭式""静态式""机械型"和"急功近利型"的理论。罗伯特·吉尔平的反驳文章则从政治现实主义传统及其影响,为新现实主义辩解。吉尔平指出,阿希利的长文是对新现实主义的"偏见和误解",是他本人"历史近视和理论贫困的表现"。吉尔平等人强调说,新现实主义注意国际经济关系与国际政治关系的结合是形势的新的需要,只有这样才能使国际关系理论的研究"扎根于国际关系现实的土壤"。[②]

与这场小争鸣相隔不久,1986 年,罗伯特·基欧汉主编的《新现实主义及其批评》出版。就在 1985 年 9 月 10 日基欧汉写完前言的最后一稿时,基欧汉的 81 岁高龄的母亲因车祸不幸身亡,基欧汉即以此书作为永久的纪

---

① Richard Feinberg, *The Intemperate Zone—The Third World Challenge to US Foreign Policy*, W.W.Norton and Company, 1983, pp.22—25.

② "Symposium on Neorealism", *International Organization*, Spring 1984.

念。此书收入了肯尼思·华尔兹《国际政治理论》的四个主要章节、对华尔兹结构现实主义的四篇批评文章(约翰·鲁杰的《世界政体的连续与变革》、罗伯特·基欧汉的《世界政治理论》、罗伯特·考克斯的《社会力量、国家和世界秩序》和理查德·阿希利的《新现实主义的贫困》)、罗伯特·吉尔平的辩解文章《政治现实主义的传统宝库》以及华尔兹对批评者的答复。基欧汉认为,新现实主义的重要作用已是公认的事实,对它有不同看法是不足为怪的。他的《新现实主义及其批评》涵盖了三种基本观点:(1)新现实主义为了解当代国际关系提供了有力基础;(2)新现实主义的作用和价值是有限的,但经修正后可以改进;(3)新现实主义存在严重缺陷,有误导性,阿希利就代表这一观点。[①]

鲁杰认为,华尔兹的《国际政治理论》是他继《人、国家与战争》以来对国际关系理论的最重要的贡献。但主要不足是未能"动态的说明世界政治的主要变化",[②]其体系结构模式常常"发生短路",[③]"缺乏预测变化的基础"。[④] 此外,华尔兹曾在《国际政治理论》中提出"四 P"问题(污染 pollution,贫困 poverty,人口 population 和扩散 proliferation),但由于新现实主义自身的局限,缺乏全球问题的管理机制,"四 P"问题亦成空谈。这里使人想起阿希利批评新现实主义时提出的另外一组"四 P"问题(过程 process,实践 practice,权力 power 和政治 politics)。阿希利指责新现实主义否认作为过程的历史,否认实践的历史意义,否认权力的社会基础和社会局限,否认传统的政治观,将国际政治降格为"一种经济框架"和"纯粹的技术东西"。[⑤] 拉吉在其文章最后说,尽管华尔兹的新现实主义有着不少缺陷,但"仍是有力的和雄辩的"。[⑥]

基欧汉认为,华尔兹无愧是结构现实主义最有影响的代言人,他的结构现实主义"正处于当代国际关系理论的核心地位",使之更趋"系统化"。[⑦] 然而,华尔兹理论在解释"变化方面却很弱",基欧汉说,他同意鲁杰的观点,认为华尔兹"未能说明世界政治的变化",忽视了"国家内部因素与国际体系结

---

① Robert Keohane, *Neorealism and Its Critics*, Columbia University Press,1986,pp.6—7.

② Ibid., p.17.

③ Ibid., p.150.

④ Ibid., p.151.

⑤ Richard Ashley, "Poverty of Neorealism", *International Organization*, Spring 1984.

⑥ Robert Keohane, *Neorealism and Its Critics*, Columbia University Press,1986,p.152.

⑦ Ibid., p.169.

构的联系"。[①]

考克斯认为,国际关系有两种基本理论:解决问题的理论(problem-solving theory)和批判的理论(critical theory),和摩根索一样,华尔兹把现实主义变革归为前者而不是后者。考克斯是推崇马克思主义的少数西方学者中的一位,他指出,历史唯物主义视冲突是结构变化的根源,不是结构重复的结果。华尔兹正是在这一因果关系上弄颠倒了。考克斯还指出,历史辩证主义强调生产权力、国家权力和国际关系权力,而新现实主义却忽视了生产过程的权力。考克斯得出的批评结论是"华尔兹的理论从根本上来说是非历史性的"。[②]

基欧汉在《序》里写道,在此书出版之前,华尔兹没有机会对批评者的批评作出答复。因此,此书的目的是给华尔兹一个回复的机会,同时让读者不仅从批评文章了解新现实主义,也从华尔兹的自我辩护中重新审视他的观点。基欧汉认为,华尔兹的答复澄清了一些问题,缩小了他与批评者之间的分歧。

华尔兹在答复中坦诚地介绍了他写作《国际政治理论》的背景和目的。他说,他的结构现实主义理论在很大程度上、在很多方面受到经济学、人类学、微观经济学和市场理论的影响,受到埃米尔·德克赫姆的启发。他写该书的目的是:(1)提出比早期现实主义更严谨的国际政治理论;(2)提出单位层次和体系层次的结构分析;(3)提出"自内向外"的思路模式(inside-out pattern of thinking);(4)显示随着体系结构的改变,国家行为是如何随之改变的;(5)提出一些检验理论的方法。[③] 华尔兹还指出,批评者说新现实主义"没有新东西",但关键是如何看待旧的东西。华尔兹说,阿希利指责他是从传统现实主义的"倒退",而他"发现阿希利很难对付","读他的文章就像进入迷宫"。[④]

从以上的叙述可以看出,华尔兹结构现实主义理论的提出、对华尔兹结构现实主义的批评以及华尔兹对这些批评的回复,构成了20世纪70年代末至整个80年代西方国际关系理论的主要内容和基调。基欧汉的《新现实主义及其批评》则成了第三次论战发展期的一个重要标志,它对新现实主义

---

① Robert Keohane, *Neorealism and Its Critics*, Columbia University Press, 1986, p.159、18.

② Ibid., p.243.

③ Ibid., p.322.

④ Ibid., p.337.

和对新现实主义的批评观点作出了最初的总结。虽然当时批评一方叫什么学派尚未点明,但双方争论的焦点已经显露:第一,新现实主义主张"以国家为中心"的观点,即认为,虽然国际社会存在不同的国际关系角色,但国家仍是最中心的角色;新自由主义则主张"以全球相互依存为中心"的观点,认为国家不再是占中心地位的国际社会角色,世界政治经济多极趋势导致众多的角色活跃在国际舞台上。第二,国际系统应主要包含结构和过程两部分,新现实主义所强调的是系统"结构层次"的分析,而新自由主义则注重系统"过程层次"的分析。第三,新现实主义认为,国家仍视权力为目的或手段,仅是形式和重点有所改变,国家的一切行动仍是为了追求政治和经济权力,国家应根据自身的利益以合理的方式参与国际政治、经济和军事活动;新自由主义则认为,权力不再是国家行为的唯一目标,武力不再是国家对外政策的有效手段,指出全球相互依存、经济技术合作正逐渐占据国际关系的主导地位。

最早以新现实主义和新自由主义的理论对峙来概述第三次论战的是约瑟夫·奈在《世界政治》上发表的文章:《新现实主义和新自由主义》。奈的这篇文章是关于罗伯特·基欧汉的《新现实主义及其批评》和理查德·罗斯克莱斯的《贸易国的兴起》的书评。前者刚作过介绍,后者阐述了传统自由主义的演变:重商自由主义(强调自由贸易的重要性)—民主自由主义(强调共和政治的重要性)—调节性自由主义(强调国家之间关系之规则和机构的重要性)—社会自由主义(强调跨国利益和联系在国际社会中的重要性)。罗斯克莱斯在这基础上提出新的自由主义概念,认为它不同于新现实主义,它所强调的是国际关系中的非权力因素、沟通与合作的能力变化以及全球系统相互依赖过程(而不是结构)的分析。奈在这篇颇有影响的书评里提出,新现实主义和新自由主义在理论观点和方法上的区别,首先表现在国际关系的角色问题上。新现实主义强调国家为中心,国家是最重要的国际关系的角色;而新自由主义在承认国家角色的重要性的同时,更重视其他角色(跨国公司、国际组织等)在国际关系中的作用。其次,在军事安全问题上,新现实主义认为,对国家来说,权力、安全和生存是第一位的,因此,军事实力是国际关系中最重要的因素;而新自由主义则认为,由于国际关系趋于缓和,军事威胁可能降至次要地位,军事实力的作用相对减弱,国际合作领域明显扩大。再次,双方都重视经济因素,但新现实主义强调国家必须依靠自身的实力,以维持在国际体系中的地位,为此目的甚至可以付出较高的经济代价;新自由主义则视经济利益与国家安全为同样重要,不能忽视,更不能随意放弃或牺牲,并对新现实主义的"自助"主张提出质疑。最后,在研究方法或层次方面,两者也不一致。新现实主义是一种体系结构(structure)层次上的分析方法,重点在体系角色之间的权力分配上;而新自由主义是一种体系过程(process)层次上的分析方法,强调研究体系角色相互作用的权力模式。①

奈于1988年撰写的这篇文章再次显示,"当代国际关系理论最有影响的两大学派是新现实主义和新自由主义,它们之间的论战在过去的十年里支配着大部分的国际关系理论研究领域"。② 1989年基欧汉也指出:"在过去的几年内,新现实主义与新自由主义之间的论战是广泛的(ektensive)和激烈的(intensive)。"③双方的理论观点和研究方法被视为"国际体系两模式",列表如下:④

国际体系两模式

	(新)现实主义	新自由主义
主要问题	战争根源、和平条件	社会、经济、环境等问题
当前国际体系概念	结构无政府状态	全球社会、复合相互依存
主要角色	单位(民族国家等)	国家以及非国家角色(国际组织、非政治国际组织、个人)
主要动机	国家利益、安全的权力	人类的需求
体制变革的可能性	低	高
理论、观点、证实的来源和手段	政治学、历史学、经济学	广义社会科学、自然科学、技术科学

---

① Joseph Nye, "Neorealism and Neoliberalism", *World Politics*, No.1, 1988.
② Robert Powell, "Anarchy in International Relations Theory: Debate Between Neonealism and Neoliberalism", *International Organization*, Spring 1994.
③ Robert Keohane, *International Institutions and State Power—Essays on International Relations Theory*, Westview Press, 1989, p.16.
④ Ole Holsti, "Models of International Relations—Realist and Neoliberalist Perspectives on Conflict and Cooperation", in Charles Kegley and Eugene Wottkoff (eds.), *The Global Agenda—Issues and Perspectives*, 1995, p.136.

1993 年，哥伦比亚大学教授戴维·鲍德温主编的《新现实主义和新自由主义——当前的论战》一书出版。撰稿者均是活跃在第三次论战中各流派的代表人物，包括罗伯特·基欧汉、罗伯特·阿克塞洛德、亚瑟·斯坦恩、查尔斯·利普森、邓肯·斯奈特、罗伯特·鲍威尔、约瑟夫·葛里格、海伦·米尔纳、斯蒂芬·克拉斯纳和麦克尔·马斯顿多诺等。这本书是迄今为止关于国际关系理论第三次论战最系统、最全面的总结。鲍德温在该书第一章里就言明："在一定意义上，这本书是《新现实主义及其批评》一书的续篇。"①

戴维·鲍德温在书中还提及一个颇有意思的"名称"问题。他说，其实，从渊源来看，现实主义与自由主义并不是对立的，自由主义的对立面是保守主义。起先，自由主义只是在讨论国内政治时才常被引用，后来逐步用之专指国际关系中的经济因素分析。如今，新现实主义和新自由主义已广为使用，尽管许多学者感到不满意，但也无奈，只是希望随着论战的发展，我们能提出更满意的学派名称。

鲍德温在书中撷取六个要点对新现实主义和新自由主义进行比较分析：

1. 关于无政府状态的性质和结果。鲍德温认为新现实主义与新自由主义在某种程度上都承认国际社会处于无政府状态，但这两大流派对于无政府状态的性质、作用和结果有着不同的看法。海伦·米尔纳认为，在表面混乱的无政府状态中"发现世界政治的有序特征"，也许是"新现实主义的主要成绩"，然而，新现实主义却过分强调"无政府状态"而忽视"相互依存"。相比之下，新自由主义并没有把无政府状态的程度和结果看得太严重。此外，新现实主义比新自由主义更强调国际体系的无政府状态对国家行为有着很大的制约作用。

2. 关于国际合作。如前文所讲，新现实主义与新自由主义都承认国际合作的可能性，但是在其可行性和可靠性上，双方存在分歧。约瑟夫·葛里格指出，新现实主义对国际合作的态度是消极的，新自由主义是积极的，前者认为国际合作很难成功，即使成功了，也很难维持，因为合作大都依赖于国家权力。邓肯·斯奈德说，当两个国家关心的只是相对利益时，他们之间

---

① David Baldwin, *Neorealism and Neoliberalism: the Contemporary Debate*, Columbia University Press, 1993, p.3.

的关系就是零和博弈型的,或囚犯博弈型的,没有合作的余地。而国际合作是新自由主义一个重要的内容,新自由主义者都支持国际合作,认为,在无政府的国际体系中,合作是正常的,也是经常发生和存在的现象。新自由主义认为现实主义低估了国际合作的可能性以及国际制度的能力。同传统自由主义一样,新自由主义坚信制度能使人与人在一起工作,也能使国与国成功地合作。基欧汉的国际合作理论基于这样一个假设:国家是原子行为体(atomistic actors),是理性的自我主义者。理性意指国家行为合乎规则、一致且有秩序,并能权衡将要选择行为的得与失,以最大化其实际效用。而对于新现实主义来说,国家不是原子行为体,而是地位行为体(positional actors),其特点是,一国关注的是在合作中如何比别国获取得多。基欧汉和葛里格认为,欧盟一体化的成功与否是检验国际合作的一个重要试金石,理论应有实践去证明它的正确性。

3. 相对收益与绝对收益。相对收益(relative gains)与绝对收益(absolute gains)也叫相对利益和绝对利益。当国家之间进行合作以获取某些得益时,它们关注的是得益如何分配。在这个问题上,新现实主义强调国家在国际关系中获取相对利益,也就是说计算自己所得是否多于别人所获,而新自由主义者则认为国家的目的是获取绝对利益,只考虑在合作中自己是否有所得益,不顾及自己的收益比别人多还是少。葛里格指出,新自由制度主义者最大限度地追求实际或潜在的绝对得益,而忽视了相对得益的重要性。利普森认为,相对得益在安全问题上比在经济问题上显得更为突出。

正如华尔兹所说,在合作中感到不安全的国家总关心收益如何分配,他们并不注重参与者两方是否都得益,而只关心谁多得益。如果收益分配不均,得益的国家总想要削弱对方以改变自己在利益分配中处于不利的地位,即使利益分配的双方有获得绝对收益这种愿望,但都害怕对方的实力增强对自己有威胁,所以合作起来也就不能成功。斯奈德认为,相对收益的追求导致"囚徒困境",但他却认为新现实主义者所强调的相对收益只适用于两极关系,也就是合作的参与者只有两个谋求相对收益的国家,对相对收益的追求使两个行为者的国际态势变成要么是零和游戏,要么是更为激烈的冲突,合作是不可能的。如果参与者是两个以上,行为体数量少量的增加会减少相对收益的作用对合作的阻碍。另外,斯奈德认为,相对收益与绝对收益的界线不像人们常说得那样分明,二者之间有时是相互交融的。葛里格强调现实的和潜在的绝对收益掩盖了相对收益的作用,他认为不论在什么情况下,国家最基本目的是防止其他国家在实力上超越自己。罗伯特·鲍威尔争辩道,当军事效用很高时,相对收益阻碍合作的发展;当军事效用不高时,相对收益不会对合作造成不利因素。亚瑟·斯坦恩认为,国家的个人利益就是最大化自己的绝对收益,在谋求绝对收益的同时产生了共同利益。如果国家只追逐相对利益,就无法形成公共利益。基欧汉赞成国家的目的是获取绝对利益,但他提出,不能在强调绝对收益时否认相对收益的作用,同时,在强调相对收益时也不能否认绝对收益的作用。基欧汉还声称,将二者清楚地区分开是十分困难的,因为谋求相对收益的国家与谋求绝对收益的国家的行为特别相似,通过他们的行为很难说明谁在获取相对收益,谁在获取绝对收益。

4. 关于国家的优先目标。如前文所述,新现实主义者与新自由主义者都认为国家安全与经济福利是国家的主要目的,但二者的侧重点不同,新现实主义强调安全目标,而新自由主义则强调经济福利。鲍威尔试图在这二者之间架构一座桥梁,他指出,国家凭借军事力量谋求使自己的经济福利最大化,没有军事力量为保证,一国很难取得经济利益,经济福利是军事力量的后盾,而军事又是经济利益的保证。葛里格支持新现实主义的观点,强调国际无政府状态要求国家更加关注权力、安全和生存问题,国家应竭尽全力维护权力和自身的安全并应能适应任何竞争和冲突,这是因为国际社会是无政府的,而无政府是塑造国家动机和行为的主要力量。吉尔平虽主张经济力量在国际关系中占有很重要地位,但他认为,国家的最首要的目的还是争权力,求安全,追求经济利益也就是追求权力,有了很强的实力,就能保障国家的安全。支持新自由主义观点的利普森声称,在经济问题领域里要比在军事安全领域里更易形成国际合作的局面。他认为,新现实主义主要研究安全问题,而新自由主义则注重政治经济的研究,所以造成双方对世界的不同看法,由此推导出不同的结果。新现实主义和新自由主义的国家目标都来源于假设,两者都不能说明利益的标准。新现实主义是权力利益和安全为主体的思想体系,新自由主义则是以国际合作、相互依存为主体的思想体系,所以它们对国家利益关注亦不同,最终形成了不同的国家目标。

5. 关于意图和实力。鲍德温指出,新现实主义与新自由主义在意图和实力的重要性问题上的分歧已成了当代论战的一个焦点。新现实主义更为注重国家的实力而不是意图,认为"实力是国家安全和独立的基础";更为注重国际体系中力量的分配,也就是华尔兹所说的国家行为体实力的大小决定它们在国际体系中的排列。而新自由主义则强调国家的意图,也就是说国家参与国际社会的打算,比如说在合作中是获取相对的还是绝对的收益等。葛里格指出,由于一国将来的意图以及对其他国家利益的不确定性,导致国家领导更注重国家的实际能力,一个国家为自己设定了一定的目标,但由于自身实力和国际环境的变化,这一目标是未知的,不确定的,同时,由于不十分明确别的国家利益,所以设计不确定的意图是无意义的。只有注重国家的实力才是确切而有目的行为,因为国家实力才是安全与独立的根本。克莱斯纳批判新自由主义过分强调意图、利益以及信息等,而忽视国际社会力量的分布从而轻视国家实力对一国行为的作用。基欧汉辩解道,一些国家对别国追求利益行为的"敏感性",从根本上来说是因为受了那些国家意图的影响和驱动。由于受不同的价值偏好和利益趋向等影响,一国更为担心的是敌对国而不是盟国的相对收益。斯坦恩以成员国的偏好趋向解释国际机制,他认为只有当实力影响国家的偏好和意图时,它才能算是实力,才能真正起作用。华尔兹与吉尔平都认为权力或者实力是现实主义理论最基本概念,尽管对权力的解释不尽相同,但国家实力在国际体系中起着主导作用。

　　6. 关于制度与机制。机制意指国际关系中的"原则、准则、规则",制度则是其"载体"。新现实主义与新自由主义者都承认国际制度与机制在国际关系中的作用,但新现实主义者坚持国际无政府状态是国际社会的主要特征,在缺少超国家的权威机构的协调或者强制的手段维持国际秩序情况下,国际制度及机制无法有效地起作用。对于新自由主义者来说,因为国家是理性的,国际机制是解决国际无政府状态这一问题的有效手段,在无政府的混乱秩序中,国际规则及制度等能实现国家间合作这一目标。新现实主义者批判新自由主义夸大了国际制度和机制的作用,从而忽视了无政府状态对国家间合作的限制。如基欧汉指出的那样,当代论战的大部分内容集中在国际制度、规则以及机制等是否在国际政治中起着十分重要的作用这一焦点问题上。[①]

　　当鲍德温的这本书把关于新现实主义和新自由主义的争论引向深入时,大西洋彼岸的英国学者也将目光转到这一论战上来。肯尼思·布思和

---

① David Baldwin, *Neorealism and Neoliberalism: the Contemporary Debate*, Columbia University Press, 1993, pp.4—8.

斯蒂夫·史密斯于 1995 年出版了《当今的国际关系理论》,他们对这场论战双方的观点也作了类似的概括:(1) 新现实主义和新自由主义在无政府状态问题上存在分歧,新现实主义比新自由主义更强调对国家安全的关切是国家行为的动机;(2) 新现实主义认为合作难以实现;(3) 新现实主义强调相对得益,新自由主义则强调绝对得益;(4) 新现实主义注重国家安全,而新自由主义注重政治经济;(5) 新现实主义强调实力,新自由主义则强调意图;(6) 新自由主义认为,通过不断完善制度和机制,人类能克服国际无政府状态,新现实主义则对此表示怀疑。①

第四节　新现实主义和新自由主义的代表人物

西方国际关系理论的第三次论战为学派的发展提供了必要的土壤,这一时期研究活跃,学派混杂,要认定代表人物是件颇为困难的事情。一般认为,新现实主义的主要代表人物是肯尼思·华尔兹(Kenneth Waltz)、罗伯特·吉尔平(Robert Gilpin)、戴维·鲍德温(David Baldwin)和罗伯特·利珀(Robert Lieber),其他代表人物还有斯蒂芬·克拉斯纳(Stephen Krasner)、罗伯特·塔克(Robert Tucker)、乔治·莫德尔斯基(George Modeski)和查尔斯·金德尔伯格(Charles Kindleberger)以及约翰·米尔斯海默(John Mearsheimer)等;新自由主义的主要代表人物是约瑟夫·奈(Joseph Nye)、罗伯特·基欧汉(Robert Keohane)和理查德·罗斯克莱斯(Richard Rosecrance),其他代表人物还有罗伯特·杰维斯(Robert Jervis)、肯尼思·奥伊(Kenneth Oye)、查尔斯·李普森(Charles Lipson)和罗伯特·奥克塞罗德(Robert Axelord)等。

一、肯尼思·华尔兹(1924—2013)

著名学者保罗·施罗德指出,现实主义思潮在国际关系理论领域仍占支配地位,而华尔兹为代表的新现实主义则被视为是在摩根索的政治现实

---

① Kenneth Booth and Steve Smith, *International Relations Today*, 1995, p.23.

主义基础上取得的最新的重大发展。①

华尔兹以新的理论贡献确定了其在西方国际关系学中作为新现实主义开拓者的地位。关于他的简历,已在第三章作了介绍,这里不再赘述。华尔兹于1959年出版的《人、国家与战争》虽说还未能突破传统现实主义理论,但他的分析方法和切入点给国际关系理论研究提供了新的视角。他从三个概念,即人、国家和国际社会三个层次分析人类社会战争的缘由。华尔兹认为,无论是传统现实主义者还是自由主义者都从第一、第二概念分析国际关系,忽视了国际体系的作用,他强调只有从第三概念着手分析,才能确切而全面地把握国际政治的真谛。他否认开放的世界秩序、人权及民主的作用,对他来说,国际权力大于个人权力,所以他的理论应是国家中心论"而非"人中心论,他认为自己是第三概念的理论家,实际上他也属于第一、二概念理论家的行列。②

20年后,即1979年,他的另一部力作《国际政治理论》补充和推进了传统现实主义,创立了国际体系结构学说,开创了国际关系理论的另一个流派——新结构现实主义或新现实主义。戴维·鲍德温说:"正如20世纪50年代摩根索的《国家间政治》是现实主义的里程碑一样,华尔兹的《国际政治理论》是新现实主义的里程碑。"斯坦利·霍夫曼则认为:"华尔兹的《国际政治理论》是自汉斯·摩根索的《国家间政治》之后最具有影响的国际关系理论著作,也是新现实主义最早和最重要的代表作。"③他对国际政治研究的成果帮助人们更清楚地认识到体系理论的作用以及结构模式对国际政治的解释力。此外,他的理论也以演绎的方式解释了均势轮回重复的根源。对于华尔兹来说,国际社会包含两组重要关系:体系与单位,结构与过程。单位之间关系受体系结构的制约和影响。国际关系塑造了国家行为,反过来,国家行为也能影响国际体系的变动,二者相互影响。华尔兹从结构角度重新确切地表述了现实主义并使其体系化(见下图所示)。

---

① Paul Schroeder, "Historical Reality vs. Neorealist Theory", *International Security*, Summer 1994.

② Jung Gabriel, *Worldviews and Theories of International Relations*, St. Martin Press, Inc., 1994, p.86.

③ 见华尔兹《国际政治理论》中文版封底评语。

国家体系

↓

结构的无政府状态

↓

安全的优先地位

↓

自助体系

↓

均势格局

保罗·施罗德认为,上表反映了新现实主义的基本理论思路。[①]

下面,让我们顺着这一思路对肯尼思·华尔兹在《国际政治理论》和其他文章里的理论观点作简单的评述。

这里,有必要简要地介绍一下华尔兹的《国际政治理论》。对国际政治进行结构功能的研究并非始于华尔兹,最早从 20 世纪 40 年代末的戴维·密特雷尼就开始了。密特雷尼提出的是多元功能主义(pluralist functionalism),主张采取不改变国界、但超越国界的共同措施,在全球范围的特定领域实现全面合作。到 50 年代末则有厄恩斯特·哈斯的结构功能主义(structural functionalism),哈斯认为,结构是关于组织功能的一种概念,用于表示行为者的活动与国际组织的结构功能之间相互作用和影响。新结构功能主义不单纯是一种政治理论,而且是国际关系的一种综合理论,即是对经济学、社会学、政治学、心理学、计量学、控制学等基本原理的综合运用,强调各种国际体系之间的相互依存关系。华尔兹的新结构现实主义主要论点是:(1)体系的结构取决于构成体系的原则,并随着这些原则的变化而变化;(2)体系的结构表现为不同体系功能,如果功能变化,结构也随之变化;(3)体系的结构由各种体系实力的分配情况决定,实力分配的变化必定带来体系结构的变化。华尔兹的"新结构主义"的理论贡献在于它标志了国际关系学的另一阶段——新现实主义(或称当代现实主义、结构现实主义)阶段的出现,也表明新现实主义与传统现实主义的主要区别在于:前者已不再重复理想主义关于世界政府的观点,而代之以转向国际一体化结构的研究。

1. 理与理论。华尔兹在《国际政治理论》中开宗明义地阐述了理论在本质上与理(事物的规律)不同。理可通过归纳获得,而理论则是通过把组成

---

① Paul Schroeder, "Historical Reality vs. Neorealist Theory", *International Security*, Summer 1994.

的整体划为部分的方式以及把整个知识体系划分为相互关联的组成部分的方式来解释规律。规律不是简单地基于一种已经发现的关系,而是基于一种被重复发现的关系。华尔兹认为,只有通过理论的指导,才能在无限的材料中找到解决问题的方法。①

华尔兹从总体上将理论分为两种,一种是归纳的(reductionism),一种是体系或结构的(systemic or structural)。归纳理论是以部分开始,然后发展到整体,而体系理论正好相反,从整体到部分。归纳式的解释基于部分的内部特性,体系解释则基于部分之间的结构以及整体结构,比如归纳理论将联盟解释为国家属性,而体系理论则认为是国际体系结构的属性。换句话说,归纳理论是通过国家或国家次层面上的因素以及因素的结合解释国际现象。华尔兹强调,不论是传统的还是现代的政治学者都把体系简化到部分之间的互动上,或者是行为角色的行为,也就是说他们注重民族国家之间以及其他行为体之间的互动关系,只局限于单位,没有认识到体系因素的作用。对于华尔兹来说,研究国家的内部组成以及它的外部行为都无法研究国际政治,只有在单位层次上又在体系层次上才能解决问题,才能说明国际体系的行为。② 传统现实主义者只强调单位对体系的作用,而忽视了体系对单位的作用,而这一作用正是研究国际政治的基础。就像市场对于公司有强制作用一样,体系对于单位同样有强制作用。研究经济首先该研究市场的变化以及市场对市场参与者的作用,研究国际关系,就得研究国际体系的变化以及其对国家的作用。体系的变化导致单位决策的变化,单位要适应体系结构。

2. 体系结构理论。体系是指诸多功能相同或相似的单位(民族国家)按照一定的秩序和内部联系而组合起的一个整体,作为自助单位的民族国家的互动构成了国际体系。华尔兹认为:“一个体系包括两个变量,其一是结构,其二是单位。”③国际体系的结构指诸多国家行为体以自身实力的大小决定在体系中的排列,也就是说,国际体系中实力分配决定了国际体系的结构。“各部分的排列组合产生了结构,排列的变化导致结构的变化”,④换言

---

① Kenneth Waltz, *Theory of International Politics*, McGraw Hill Publishing Company, 1979, p.1.

② Ibid., p.64.

③ Ibid., p.79.

④ Ibid., p.80.

之,体系是随着结构的变化而变化的,跟市场一样,国际体系一旦建立,就具有自身的结构和实力,而这种实力是体系内个体无法控制的。华尔兹又认为,国家从来都不是国际社会的唯一行为体,然而,结构却是由主要行为体(民族国家)而非所有行为体界定的。

体系结构有三个要素:(1)国际体系是无政府的而非等级的;(2)国际体系是由功能相同的国家行为体互动构成的;(3)国际体系的变化是由体系内实力分布不同引起的。前两个要素是一直不变的,一直处在变化状态中的要素是第三个要素,因为体系内实力的大小总是处于变更状态之中。自从人类有了国际社会,就一直是无政府的,没有一个中央权威机构像国家内的中央政府那样去管理世界事务,目前的联合国起不了中央政府的作用,所以这一因素是不变因素。国家不论大小,不论是什么样的政治制度,它的功能都是一样的,都想确保自己的生存和绝对主权,所以,不需考虑国家功能对结构的影响,而要研究实力对结构的作用。

一国国内政治是一种明确的等级体系,而国际政治则是一种无政府体系,国内政治属于权威、行政管理和法制的范畴,国际政治是无政府的,属于权力、斗争和相互调整的范畴。国内政治的特点是纵向的,有中心的,由不同功能的成分组成的,直接和可设计的;国际政治则是横向的,无中心的,由相同功能的单位(民族国家)组成的,不直接的以及相互适应的。

国际秩序是无政府的,并不只因为没有一个具有权威性的世界政府,同时也由于国际社会的过程混乱无序。国家作为国际体系的自助单位,由于受结构的制约,具有功能的相似性,但主要行为体之间存在着力量对比,将产生权力的不均衡的分配,这就导致了无政府状态中微弱的等级秩序。没有一种等级社会绝对不存在无政府因素,也没有一个无政府社会绝对不存在等级因素,只是在无政府体系中,等级只能存在于有限的范围,不可能改变体系中占统治地位的主流秩序。在国际政治中,等级因素约束了国家主权的有效发挥,但只能在根深蒂固的无政府的大体系中起弱小的作用。

结构看起来是静态的,因为结构经常持续很长时间。但华尔兹认为结构是动态的,而不是静态的。然而即使结构不变化,它也是动态的,因为结构可以改变行为体的行为并且影响他们互动的结果,由于结构具有持久性,这样就很容易忽视它对行为体的影响。变化的东西固然很重要,可是持续的、经常重复的事态也很重要。结构也可能是突变的,不管它的变化是暴力的还是非暴力的,结构的变化是一种革命,那是因为单位之间的互动导致新的结果,而随着结构的变化,单位在体系中的位置也发生变化。只有当一种理论与结构变化的结果相一致,并能解释这些结果如何随着结构变化而变化时,才是一种成功的理论。

3. 因果关系。华尔兹认为在国际政治中,因果关系是双向的,原因并不只是在一个方向上产生结果。若从个人和国家的行为寻找国际政治中各种事态发生的原因,就忽视了结构的动因,事实上,一些国际结果的原因处在单位层次上,另一些则处在体系层次上,在单位和体系层次上的原因与结果具有明显的双向关系,部分的互动影响了整体,而整体的变化也影响着部分,比如说,苏联的解体这一单位层次上的因导致体系层次上两极解体、多极格局的逐步形成这一果,反过来,国际体系对其内部的单位有制约作用,体系的变化也导致单位政策的变化。两极格局的瓦解迫使各国改变其政策,东欧的剧变正是两极体系这一因导致的果。存在于单元层次的原因与存于结构层次上的原因是相互作用的,因此,仅从单位层次上解释国际政治,肯定会陷入困境。单位层次上的原因与结构层次上的原因的互动才能比较完整地解释国际政治,只有当理论既涉及单位层次上的原因又涉及结构层次上的原因才能说明出现在体系里的变化与延续。

4. 权力、手段与目的。对于传统现实主义者而言,人的本性是对权力的渴望,对权力的渴望是普世的。跟一个人一样,国家也同样具有这种普通的权力欲从而导致冲突与战争。对霍布斯而言,导致争斗的原因是竞争、不信任及对荣誉的追求。竞争导致为获取利益的争斗,差异导致为维护既得利益的争斗,对荣誉的追求导致为取得名誉的争斗。对于摩根索来说,理性的人或国家应获取更多权力,因为权力就是利益,权力就是目的,一国参与国际社会的目的就是最大限度地获取权力。然而,华尔兹则认为对于国家来说,权力具有十分重要的意义,然而,权力本身不是目的,而是一种手段,国家的最终目的是通过权力获取安全。对一国来说,权力有一个适当的量,太大或太小都危险。权力太小,就会遭受别国的攻击,权力太大,则会刺激一国冒险扩张,也会刺激别国增加军备并与其他国家结盟抵制强国,造成国际局势不稳定。在国际政治中,一国的安全是最为重要的目的,权力只是实现这一目的的手段。

华尔兹提出了不同于传统现实主义的权力观,赋予权力以新的概念和功能。他认为,权力在体系中大小排列形成结构,权力的变化引起结构的变化,所以,权力在国家间的分配及分配的变化有助于定义结构和结构的变化。

5. 均势理论。华尔兹认为均势理论是结构现实主义重要组成部分之一,"要是有一个独特的国际政治理论的话,均势理论可担此任"。[①] 权力是手段,是实现安全的手段,不是目的。华尔兹声称,国家不是谋求权力最大化,而是寻求权力的平衡分配。均势理论的实质是主要大国间实力平衡的分配。

从传统意义上讲,完善的均势需要至少三个大国的参与,例如欧洲就经历了几个世纪的多极体系。许多学者提出紧密的两极体系中不可能产生出均势,可是华尔兹却反对这一观点,他认为参与者数量越少的体系越是稳定,而参与者数量越多则不利于稳定,所以,对于华尔兹而言,两极之间的均势最稳定。"简单的两极关系及其所产生的很大的压力会使两个国家变得保守起来,双方都力图维持现状,即使发生战争,也是维持均势的战争",[②]目的在于制止另外一个大国建立霸权。这一斗争也给小国带来有利的一面,因为,对于小国来说,霸权的全球统治并不是他们的利益之所在。华尔兹对传统均势理论作出的这些修正,是新现实主义的理论核心之一。

2000 年,华尔兹发表了题为《冷战后的结构现实主义》的长篇论文。[③] 他认为,新时代需要新思路和新理论,如果一种理论所适应的外部条件完全改变了,该理论当然就不再有用了。但问题是什么样的变化才能改变原来理论的适用性? 华尔兹的回答是:体系的变化(changes of the system)而不是体系内部的变化(changes in the system)影响理论的适用性。他列举了冷战后的五方面变化:国家内部变化、国家互动的变化、国家和别的角色相对重要性的变化、体系构成原则的变化和武器的变化,他认为这些变化均属于体制内部的变化,并没有改变了结构现实主义的适用性,结构现实主义没有过时,仍体现在民主、相互依存、国际制度、均势、观念与规范等五个方面。华尔兹的结论是:除非发生根本的体系变革,否则,结构现实主义仍然是国际政治的基本理论。

秦亚青对华尔兹的新现实主义作了非常精彩的评述和概括:华尔兹的

---

① Kenneth Waltz, *Theory of International Politics*, McGraw Hill Publishing Company, 1979, p.117.

② Ibid., p.74.

③ Kenneth Waltz, "Structural Realism After the Cold War", *International Security*, Vol.25, No.1, Summer 2000.

"结构现实主义是国际关系诸多理论中科学化程度最高,也是最为简约的理论。……其'新'主要在于它的科学化程度。它以理性主义为宏观理论假定,以国际体系为研究层次,以体系结构为主要自变量,以国家行为为主要因变量,以国际体系无政府性为基本体系条件,构建了一个现实主义的科学理论体系"。[①]

二、罗伯特·吉尔平(1930——   )

罗伯特·吉尔平生于1930年7月2日,1952年和1954年先后在弗蒙特大学和康乃尔大学获得学士和硕士学位,后就读加州大学伯克莱分校政治学系,1960年以优异成绩获得博士学位。他在哈佛大学做了两年博士后,任教于哥伦比亚大学,自1962年起一直在普林斯顿大学讲授国际关系,他尤为擅长于国际政治经济学以及欧洲和亚洲问题的研究。他曾任国际政治学学会副主席,现为美国艺术和科学学院院士。他的著作中,最具影响的是三部:《美国权力与跨国公司:对外直接投资的政治经济学》(1975)、《战争与世界政治的变革》(1981)和《国际关系政治经济学》(1987)。其他著作有:《美国科学家和核武器政策》(1962)、《科学家与国家政策制定》(1964,合著)、《处于科学时代的法国》(1968)、《全球资本主义的挑战:21世纪的世界经济》(2000)和《全球政治经济学:解读国际经济秩序》(2001)等。

关于吉尔平究竟属于什么学派,曾有一段有趣的插曲:吉尔平在回复阿希利对新现实主义的批评时说,"我回忆不起是什么时候我视自己是现实主义者。虽然我承认我受到修昔底德、摩根索、卡尔的影响,但我也强烈地受到马克思和一些自由主义思想家的影响。如果一定要我认定是什么学派,那么,我是在现实世界里的一位自由主义者"。[②] 这里,吉尔平自称是"一个自由学派的现实主义者"。他的研究重点是"安全、权力和财富"及其之间的关系,他的主要理论贡献是提出"三论":体系变化论(systemic theory of change)、国际政治经济学(IPE)和霸权衰弱论(theory of hegemonic decline)。

1. **体系变化论。** 吉尔平认为,有三个因素始终影响着体系的变化:

[①] 秦亚青:《现实主义理论的发展及其批判》,《国际政治科学》,2005年第2期,第143—144页。

[②] Robert Keohane, *Neorealism and Its Critics*, Columbia University Press, 1986, p.304.

（1）基本的变化动力。在行为者层面上，是追求权力和财富；在体系层面上，是市场机制和技术革新。在现代社会，技术与权力已密不可分，但之间会出现国家的、跨国的和国际的竞争与斗争。（2）国内对竞争与斗争的回应及对策。一般来说，各国政府都会重视这一问题。（3）关于权力转移的国际管理。权力转移的国际管理有其特殊重要性，特别是当大国衰弱时角逐会引发战争危险。[1]吉尔平强调，体系变化与权力有关。他的初步结论是"国家间权力分配构成了控制国际体系的基本形式"和"权力的变化会带来由国家组成的体系的变化"。[2]

2. 国际政治经济学。西方学术界有一种看法：吉尔平的主要贡献是以自己的开拓性学术成果"更新和发展了现实主义理论，并重新把国际关系理论的方向转向 IPE"。[3]他的研究也就被称为是"现实主义的经济分析方法"、"新传统经济理论"或"新重商主义"。[4]

吉尔平提出的国际政治经济学有两个重点，其一是双重经济，该理论认为每一种经济无论是国内还是国际的经济都含有两种相对独立又相互冲突的经济部门——以经济一体化为特征的现代经济部门和以落后的生产方式，封闭式的自给自足为特征的传统经济部门，这一双重性最终导致经济技术相互依存与主权国家各自为政的世界政治体系之间的冲突，国际政治经济学的任务之一就是研究这一冲突并寻找解决的途径。其二是现代世界体系，该理论强调世界是一个大体系，体系内的国家有机地联系在一起，并依照一定的经济规律行动。国际政治经济学的任务之一就是研究这一体系的政治经济关系的性质、结构、功能、动力以及规律，重点是研究作为人类行为之决定因素的经济活动，世界经济领域的冲突重于国家政治集团的冲突；研究资本主义经济体系的全球等级制；研究现代世界经济的内部矛盾和不可避免的危机。

3. 霸权衰弱论。吉尔平在《战争与世界政治变革》一书里运用现实主义的方法，从世界历史周期变化的视角，对过去 2 400 多年的西方历史作了较

---

① Iver Neumann and Ole Woever, *The Future of International Relations—Masters in the Making*, Routledge, 1997, p.122.

② Robert Keohane, *Neorealism and Its Critics*, Columbia University Press, 1986, p. 177, p.179.

③ Iver Neumann and Ole Woever, *The Future of International Relations—Masters in the Making*, Routledge, 1997, p.124.

④ Ibid., pp.125-126.

为详细的分析。

通过对历史的研究，吉尔平得出一个结论，认为世界历史是一个无休止的系列的周期。"一个霸权战争的结束就是另一个霸权周期的成长，扩展以及到最终衰退的开始"，[①]国际政治的这一周期具有五个不同的体系阶段：

（1）如果没有一个国家认为试图改变体系是有利可图的，这一体系是稳定的（也就是处于均衡状态）。

（2）如果预期的得益大于预期的损失，一国将试图改变国际体系。

（3）一国通过领土、政治、经济扩张谋求改变国际体系，直到认为进一步改变体系的边际成本等于或大于边际收益时才会停止。

（4）当进一步改变体系及继续扩张的成本与收益持平时，维持现状的经济成本要比支持现状的经济能力增长得快。

（5）如果国际体系的不均衡问题没有得到解决，体系就发生变化，标志将形成力量重新分配的均衡。[②]

国际体系是从均衡状态发展到不均衡（失衡）状态，然后是随之而来的紧张局面的缓解，最后又回到均衡状态。历史将一直在这样的周期变化中推进，直到人类学会创造一种和平转变机制为止。均衡不等于均势，只要没有任何一国认为改变现状是有利可图的，这时的国际体系就是均衡稳定的。吉尔平认为，霸权体系是最稳定的体系。

在第一、第二阶段的论述中，吉尔平分析了不同因素对体系变化的作用，如交通、通讯以及经济和军事技术等环境因素，国际体系内部的因素及体系内单位的因素。在第三阶段的论述中，吉尔平将前帝国周期与现代的霸权周期作了比较。第四阶段是霸权开始衰落的阶段。当一个社会到达它扩张的极限时就遇到维持其霸权地位的困难，最终导致霸权实力的衰退。吉尔平的这一观点是与华尔兹的体系层次分析一致的。他认为："一个国际体系中的力量分布在一定时期发生转变，这种转变导致国家间关系的巨变最终导致国际自身性质的变化。"[③]在对第五阶段的论述中，吉尔平认为，当新的均衡形成时衰落停止，然而在建立新均衡时需要行为体作出痛苦的选择，一是限制对外承诺；二是进行防御性战争；三是侵略性扩张以减少成本。

---

① Robert Gilpin, *War and Change of World Politics*, Cambridge University Press, 1981, p.210.

② Ibid., pp.52-105.

③ Ibid., p.194.

在这三项选择中,只有第一项是和平形式的,其他两项都是战争形式。吉尔平强调从古至今,解决国际体系结构与力量重新分配之间的不均衡的重要手段是战争,我们称它为霸权战。霸权战标志前一霸权周期的终结和下一个霸权周期的开始。

吉尔平认为霸权体系是一种等级体系,霸权周期的更替期是混乱的无政府时期。前一个霸权周期结束导致体系的变化,体系内力量重新分配,最后达到新的等级体系的形成。吉尔平认为,仅仅用体系方式解释国际政治的诸现象是不够的,应将体系与行为体、整体与部分有机结合才能构筑一种能充分解释国际政治的理论。他把自己与华尔兹作了比较,认为"华尔兹从国际体系及其结构特征开始去解释单个国家的行为,而我的《战争与世界政治变化》……从单个国家行为体开始去谋求解释国际的形成和变化"。①

对于 1864 年以来的历史,吉尔平与华尔兹有不同的解释。华尔兹强调均势,认为均势是这一时期的重要特征;而吉尔平强调霸权,均势是霸权体系过渡时期的现象。另外,华尔兹和吉尔平对单位及体系结构的作用也有不同的解释,华尔兹认为战争的根源在于体系与结构层面上,无政府国际体系最能说明战争的原因;吉尔平认为在于国家本身,战争趋向的国家是战争体系的组成部分,也就是说,没有战争的国家就没有战争的体系。

和许多现实主义者一样,吉尔平只强调分析解释战争根源却没有提出如何防止战争的办法,这应是 21 世纪人类应该研究的一大课题。

三、戴维·鲍德温(1936—   )

戴维·鲍德温于 1958 年毕业于印第安纳大学,所学专业是经济学。1958—1959 年在密执安大学攻读政治学,1961 年在普林斯顿大学获得硕士学位,1965 年获得博士学位。之后的教学生涯包括:1965—1985 年在达特默思学院任教 20 年,从助教授晋升为教授;1985 年起转至哥伦比亚大学政治系任教授,期间,1987 年后还担任哥伦比亚大学战争与和平研究所所长达 10 多年。2005 年退休,现为哥伦比亚大学华拉西荣休教授,兼任普林斯顿大学威尔逊学院资深教授。他发表的著作主要有:《经济发展和美国对外政策》(1966)、《对外援助和美国对外政策》(1966)、《加拿大—美国关系:

---

① Robert Keohane, *Neorealism and Its Critics*, Columbia University Press, 1986, p.302.

相互依存的政治和经济》(1967,主编)、《相互依存世界中的美国》(1976,主编)、《经济治国方策》(1985)、《新现实主义和新自由主义——当前的论战》(1993)、《国际关系理论》(2008,主编)、《权力百科全书》(2011,主编)、《新全球经济主要概念》(2012)和《权力与国际关系》(2016)等。此外,他还在《世界政治》、《国际问题研究季刊》、《国际组织》、《美国政治学评论》等杂志上发表了不少有影响的论文,如《美国对外政策的制定》(1968)、《国际援助和国际政治》(1969)、《外援、干预和影响》(1969)、《关于威胁》(1971)、《权力的代价》(1971)、《经济权力》(1974)、《权力与社会变革》(1978)、《权力分析与世界政治——新旧趋势比较》(1979)和《相互依存与权力——一种概念分析》(1980)等。鲍德温还是对外关系委员会、美国政治学学会、国际政治学学会、国际问题研究学会、英国国际问题研究学会成员,他曾担任过国际问题研究学会主席等学术职务,同时还兼任过《国际组织》、《国际事务杂志》、《国际问题研究季刊》的编者或编辑部主任。

鲍德温在国际关系领域所作的新现实主义理论探索主要表现为权力分析和经济分析。

1. 关于权力分析。鲍德温在 20 世纪 70 年代末至 80 年代初曾撰写了不少关于权力分析的文章,其中最有影响的是《权力分析与世界政治》,此文详细地评价了英美各家学派关于权力分析的观点,包括哈罗德·拉斯韦尔、阿伯拉罕·卡普兰、赫伯特·西蒙、詹姆斯·马奇、罗伯特·达尔、杰克·内格尔和杰弗雷·哈特等。鲍德温特别赞赏哈特关于权力的三概念:权力是对资源的控制、对行为者的控制和对事件及其结果的控制。

鲍德温认为,传统现实主义的权力分析有两个明显的弱点:一是夸大了军事实力的作用,不恰当地视军事实力为最重要的衡量标准;二是过分地强调了冲突的消极面,而忽视合作的积极面。鲍德温指出,军事实力和经济实力、冲突的消极面和合作的积极面都应兼顾。当然,鲍德温的侧重是在后者。在这基础上,鲍德温提出权力多层面性质(multi-dimensional nature)。同时,他还强调权力与相互依存的关系。他认为,相互依存程度越高,现存权力的机会和代价都会随之增加。他说:"国际关系理论学者对相互依存感兴趣主要是因为它与权力概念有着密切关系。"[①]

鲍德温还相信,长期以来,国际关系理论研究中的权力经济分析被忽视

---

① David Baldwin, "Power Analysis and World Politics", *World Politics*, January 1979.

了,现在是以新的思路让"权力研究方法复活的时候了"。他赞同阿尔克的提法,权力分析并不像一些批评者所说的,贫乏、虚弱、行将消失,相反,它的作用才刚刚开始。鲍德温颇有信心地指出,"虽然权力分析可能是世界政治最古老的研究方法,但它仍是今后最有发展前途的研究方法之一。"

2. 关于经济分析。鲍德温说过,他试图在研究国际关系理论时把经济与政治结合起来所作的努力已经有 25 年了。早在 1969 年,他就在国际问题研究学会举办的一次研讨会上提出"经济治国方策"(economic statecraft)的概念。1985 年出版的《经济治国方策》则集中地反映了他关于经济分析的新观点。

经济治国方策是鲍德温经济分析的核心内容。治国方策意指"治理国家事务的艺术"。经济分析是前提。治国方策(statecraft)包含"二 P"(policy 政策和 power 权力),"二 P"是落点。这里,政策的内涵重点在对外经济政策,特别是经济外交。权力概念则强调权力源于不同基础,表现为不同形式;权力不一定是零和博弈;权力应是一种理性的概念。[1]

鲍德温认为,经济治国方策有四个特点:(1)它强调的是手段,而不是目的;(2)它对经济手段可达到的目标范围不加限制;(3)它重视政策手段的运用;(4)它有利于区别治国方策中的经济手段和非经济手段。[2]他特别提出,重商主义只是经济治国方策的一种形式,"贸易促进和平",历来如此。同时,他还提醒人们注意经济治国方策的道义问题,并提出八方面衡量标志:权力、伦理、正义、秩序、技能、启蒙、友善和福利。

鲍德温在书中要求研究经济治国方策的学生重视政治学与经济学的结合,认为这是国际关系理论未来健康发展的关键。鲍德温把 25 年以来总结的这一学术经验传授给青年学者,这是值得赞赏的。

四、罗伯特·利珀(1941——　　　)

罗伯特·利珀 1941 年 9 月 29 日生于芝加哥,1960 年就读威斯康星大学政治学系,1964 年在芝加哥大学政治学系获硕士学位,后在哈佛大学师从于著名国际关系理论家摩根索和霍夫曼,1968 年以杰出成绩获博士学

---

① David Baldwin, *Economic Statecraft*, Princeton University Press, 1985, pp.20—22.
② Ibid., pp.39-40.

位。1969年至1970年在英国牛津大学做博士后研究。回国后先在加州大学戴维斯分校任教,曾任该校政治学系系主任(1975—1976年)。1982年起在乔治敦大学政治学系任教授,1990年至1996年担任系主任。他曾经在英国的牛津大学、法国的大西洋研究所,以及哈佛大学布鲁金斯学会、威尔逊国际问题研究中心当过访问学者。1988年4—5月还应邀访问复旦大学,在国际政治系作了国际关系理论的系列讲座,受到师生们的欢迎。利珀在学术园地勤奋耕耘,著作颇丰。早期的作品主要有:《英国政治与欧洲联合》(1970)、《理论与世界政治》(1972)、《石油与中东战争》(1976)、《当代政治学:欧洲》(1976,合著);从70年代末到90年代初,他与肯尼思·奥伊和唐纳德·罗思查尔德合著的关于美国对外政策的四本系列编著:《国鹰处于困境:错综复杂的世界里的美国对外政策》(1979)、《国鹰重振雄风:80年代的美国对外政策》(1983)、《国鹰重新展翅:美国对外政策的里根时代》(1987)和《新世界的雄鹰:冷战后时代的美国大战略》(1992);1988年,利珀出版了集中反映他的新现实主义观点的代表作《不存在共同的权力——国际关系概论》,如今该书已多次再版,成为国际关系专业学科的一部重要参考书;他后来的两部关于美国对外政策的系列书《国鹰继续统治? 对外政策和21世纪美国的优势地位》和《国鹰飘忽不定:世纪末的美国对外政策》(1997)一出版就受到了学术界的重视。他的近作是《美国未来的实力和意志力》(2012)和《退却及其后果:美国对外政策和世界秩序问题》(2016)。至此,利珀累计出版了17本关于国际关系和美国外交的专著。

利珀早年以《理论与世界政治》一书初露头角。该书对国际关系的一些基本理论,如权力论、冲突论、一体化论、体系论、博弈论、沟通论等,作了深入浅出的介评。利珀不人云亦云,有自己的见解。笔者1980年第一次与霍夫曼见面时,他推荐读的第一本书不是摩根索的《国家间的政治》,也不是他主编的《当代国际关系理论》,而是利珀的《理论与世界政治》。霍夫曼对笔者说,这本书是西方国际关系理论的"ABC",可帮助初学者入门。

利珀对新现实主义的理论贡献表现在两个方面:

一方面,他对摩根索的政治现实主义作了客观的恰如其分的评价。利珀认为,以摩根索为代表的现实主义在国际关系理论中虽已不占支配地位,但其影响犹存,特别是它所阐述的政治、历史和哲学分析观点,对我们研究和认识国际关系仍有不少帮助。然而,随着时间的推移,摩根索现实主义的缺陷也越来越突出了。新现实主义正是在新形势下对这些缺陷所作的

"修补"。

1. 摩根索现实主义忽视了对国际经济关系的研究。在他的著作里,经济关系原只是极次要的内容,往往一带而过,如浮云一般,权力政治被强调至极端的程度。为了克服这一弱点,一些著名学者(如斯坦利·霍夫曼、约瑟夫·奈和罗伯特·基欧汉等)提出两种重要的现实主义新模式:一是安全现实主义,它基本上属于传统的观点,注意国际关系中武力、秩序和结盟的战略研究;二是政治经济现实主义,即国际政治经济学,它已成为与新现实主义有关的一个新研究领域,其主要观点在罗伯特·基欧汉、罗伯特·吉尔平和斯蒂芬·克拉斯纳的著作中有较系统的阐述。国际政治经济学中的一个基本概念是"国际机制",意指国家间政治关系和经济交换的一系列规则和程序,其涉及面较广,包括国际政治、国际组织、国际贸易、国际金融、国际能源、人权问题等。该理论认为,只有将政治经济关系结合才能较全面地反映国际关系的现实。其实,这一观点在亚当·斯密、马尔萨斯、马克思和约翰·米尔等人的传统政治经济学理论中也可找到,只是到了现代被人忽视了。如今,新现实主义重提这一政治与经济的结合,使国际关系研究出现了奇特的现象——旧时的传统理论披上新时代的服装,复活了。

2. 新现实主义修正了国际关系中冲突和合作的关系。摩根索现实主义强调国际体系的无政府状态和权力冲突,忽视合作,特别是经济合作,视前者为"高级政治",后者为"低级政治"。新现实主义则认为,虽然世界处于无政府状态,但也同时存在着全球范围的合作。国际关系应包括冲突与合作。现代科学技术的发展促进国际经济合作趋势的发展,单靠争权夺利、强权政治的手段来实现国家目标的时代已不复存在了。

这里需要为摩根索正名的是,有人认为,似乎摩根索现实主义就是纯粹地意味权力、冲突和战争。其实不尽然,摩根索也强调外交的作用,提及对权力的限制和谨慎使用武力的问题。他(基辛格也是如此)在20世纪60年代反对美国对华的敌视态度即是明证。但问题是摩根索的一些追随者和自称为现实主义者的人常忘记这一对权力的限制问题。

3. 摩根索现实主义在若干理论概念、定义和方法上也暴露出不少问题,如权力、利益、均势的概念和定义比较模糊。权力是目的,还是手段?连自己也搞不清楚。霍夫曼说,摩根索是"把车子套在马的前面",前后颠倒了,哈斯也撰文指出,在摩根索的著作中可以找到八个不同的关于权力的定义,而且前后矛盾。

因此,在很大程度上可以说,新现实主义是对摩根索现实主义的修补和发展,近10年来已逐步地引起了人们的关注。与现实主义相比,它对国际关系的研究更系统、更精确;开始重视国际政治关系与国际经济关系的结合;重视国际冲突与国际合作的结合,其目的是"为美国对外战略提供一种新的思维方法"。

另一方面,利珀提出了"存在现实主义"(existential realism)的新概念。这一概念最早是在1988年他出版的《不存在共同的权力》中提出的,1993年利珀发表的论文《冷战之后的存在现实主义》对这一概念进一步作了阐述。利珀自称,"存在现实主义"是在冷战结束后的国际环境下对摩根索"权力与利益"的再思考的产物,是对现实主义权力分析的重要充实。

利珀的"存在现实主义"主要涉及国际关系研究的三个基本问题:无政府状态(anarchy)问题、秩序(order)问题和限制(constraint)问题。①

1. 无政府状态问题。国际关系与国内政治截然不同。国内政治是有政府的政治。政府拥有权威,能实施法治,能及时顺利地解决内部争端和冲突。而国际关系是发生在一个不存在超国家权威机构的国际系统内,一旦国家之间出现纷争和冲突,尚无像国内政府那样的世界权威机构(联合国还不是这样的机构)来确保有关国家的安全和生存。因此,国际范围的无政府状态便构成当代国际关系的一个主要特点。这一无政府状态的直接结果是,各主权国家处于一种"自助体系"中,它们或是依靠自身实力,或是寻求结盟手段维护国家利益。

在无政府状态下,国家面临着"安全困境":为了克服无政府状态下的不安全感,国家不得不武装自己,加强防务,但这样做,又未必能增强自身的安全感,因为其邻国和对手也同样存有戒心,同样加紧备战,结果是所有国家都感到更不安全。近现代国际关系史证实,不仅超级大国之间关系是这样,而且第二世界与第三世界之间以及第三世界之间关系也是如此,比如,英阿之间的马岛之战、两伊战争和阿以冲突等便是实例。因此,国际安全实质上是指处于"安全困境"的国家之间的相互依存度,冷战后的安全重点转向经济安全和环境安全。

国际关系研究必须从这一根本问题着手,然后寻求解决冲突、确保安全

---

① Robert Lieber, *No Common Power—Understanding International Relations*, Harper Collins College Publishers, 1995, pp.5-9.

的有效途径。

2. 秩序问题。克服无政府状态以确保安全的现实主义观点固然重要，但还远远不够，还必须超越这一观点，即国际关系不仅仅是研究权力、冲突和无政府状态，权力政治学已不足以提供全面了解国际关系和对外政策的理论基础，国际关系还必须重视世界秩序和合作问题的研究。

世界秩序问题在每次重大冲突或战争后都变得越发突出，如第二次世界大战后，各国采取一系列措施建立国际秩序和合作，以防止另一次战争浩劫。结果相对稳定的国际秩序导致了 20 世纪 50 年代和 60 年代的经济发展以及贸易和投资的增长。当代世界秩序问题涉及这么几个方面：核时代的裁军、国际合作、经济一体化、国际组织的作用和危机处理机制等。

3. 限制问题。由于国际社会现代化的影响，国际关系经历着明显的变革：从以欧洲为中心的体系发展为全球体系，对国内社会的渗透力增强，国家对外活动的范围扩大，国际贸易、投资、技术、通讯和文化交流日益发展。这些变化置国家于一个较为稳固的相互依存的国际环境里，国家之间出现了一些自身已无法控制的新的关系。这便是要讨论的限制因素问题。

如果说无政府状态问题和世界秩序问题是属于国际系统范畴的问题，那么，第三个问题则是在国家关系范畴内对国家活动的限制问题。这个问题异常重要，因为它牵涉到国家如何影响和限制各自社会的种种外部因素。

限制问题主要是指国内政策和对外政策的相互渗透、政治与经济的相互制约。国际因素影响国内政策，国内政策也反过来影响国际环境；政治影响经济，反之，经济也影响政治。这一现象极大地制约着国家间的关系。我们更要从这个角度来考察当今的国际关系。

上述基本问题是有机地联系在一起的。国际关系应从研究无政府状态的现实着手，寻求要扩大合作、建立秩序的途径，而做到这一点，就须不断调节国家之间的制约关系。利珀认为，冷战后时期最突出的发展趋势是一个广袤开放的国际经济体系正在取代冷战时期的美苏全球军事对抗。但是，经济相互依存的增长不只是促进广泛的合作。无疑地，相互依存可以带来经济合作，然而，在一定条件下它也可能会导致冲突。国际范围和区域层次的经济合作、竞争和摩擦将成为冷战后国际合作的一个重要方面，也将是存在现实主义的一个核心内涵。同时，利珀还指出，存在现实主义将不可避免地遇到国际关系变化带来的种种挑战，这些挑战主要来自经济全球化、国际机制化、全球民主化、超国家力量分散化和核武器扩散化。①

　　五、约瑟夫·奈(1937——　　)和罗伯特·基欧汉(1941——　　)

　　约瑟夫·奈生于 1937 年,1958 年在普林斯顿大学获公共事务学学士学位,1960 年获英国牛津大学哲学-政治学-经济学硕士学位,1964 年获哈佛大学政治学博士学位,毕业后留校任教至今。其间曾在日内瓦国际关系高级学院、加拿大卡尔敦大学和伦敦皇家国际事务研究所任客座教授。1977 年至 1979 年任卡特政府负责科技、能源的助理国务卿。1979 年回哈佛大学,任国际事务研究中心主任,至 1993 年。1993—1994 年任克林顿政府全国情报委员会主席,1994 年 9 月至 1996 年底任美国负责国际安全事务的助理国防部长。1997 年起回哈佛大学任教,并担任肯尼迪政治学院院长。奈同时还兼任三边委员会执委会成员、美国东西安全研究所所长和阿斯彭战略研究小组组长。其主要著作是:《国际地域主义》(1968)、《跨国关系与世界政治》(与基欧汉合著,1972)、《权力与相互依存——转变中的世界政治》(与基欧汉合著,1977)、《能源与安全》(与戴维·迪斯合编,1981)、《生活在核时代》(与斯坦利·霍夫曼等人合著,1983)、《美国的对苏政策》(1984)、《核伦理学》(1986)、《必定要领导》(1990)、《理解国际冲突》(1993)、《美国权力的悖论》(2002)、《软实力——世界政治的成功手段》(2004)、《权力博弈》(2004)、《全球信息时代的权力——从现实主义到全球化》(2004)、《领导力》(2008)、《权力的未来》(2011)和《美国世纪终结了吗?》(2015)等。此外,还在《外交事务》《对外政策》《大西洋周刊》《新共党》《交流》《纽约时报》《华盛顿邮报》和《波士顿环球报》等杂志和报纸上发表了大量的关于国际问题研究的文章,其中许多文章是与基欧汉合写的。主要文章有:《世界权力的变革》《软权力》《信息时代的权力与相互依存》《美国的两面刃》《国家利益新论》《信息时代的国家利益》和《中国软实力的崛起》等。20 世纪 90年代,笔者去哈佛大学拜访奈时,得知奈竟然会写小说,他创作的《华盛顿的黑手》已在日本出版了日文版。

　　罗伯特·基欧汉生于 1941 年,1957 年就读他父亲任教的夏默学院,夏

---

① Robert Lieber, "Existential Realism After the Cold War", *Washington Quarterly*, Winter 1993.

默学院当时是附属于芝加哥大学的一个单位。在夏默学院读完本科学业后,基欧汉于1961年进了哈佛大学攻读研究生课程,1965年他在霍夫曼的指导下完成关于联合国大会政治学的博士论文。之后,基欧汉选择了斯沃斯摩尔学院,开始他教学的生涯。当时肯尼思·华尔兹也在那里任教。1973年,基欧汉转至斯坦福大学政治学系,与亚历山大·乔治和罗伯特·诺斯共事。后因他夫人就任韦尔斯利学院院长,基欧汉也东移至布兰戴斯大学。1985年,在离开斯沃斯摩尔学院20年以后,他又回到了哈佛大学,不久被聘为政治学系系主任。1996年,基欧汉的夫人就任杜克大学校长,他随之转至那里任教。他的主要研究课题是:相互依存、国际制度和传统均势理论。主要著作除了与奈合著的《跨国关系和世界政治》和《权力与相互依存》之外,还有《霸权之后——世界政治经济中的合作与纷争》(1984)、《新现实主义及其批评者》(1986)、《国际制度与国家权力——国际关系文集》(1989)等。基欧汉曾与奈合作撰写过一些颇有影响的论文,如《世界政治和国际经济体系》《全球环境和资源依存的组织问题》《国家自治、国家权力及国际经济的相互依存》《再论权力与相互依存》等。他自己也发表了不少关于国际关系理论的文章。

奈和基欧汉是属于美国开拓型的一代学者,他们面对已经变化了的世界,善于继承,敢于创新,在西方学术界的影响渐隆。他俩被视为是国际关系理论领域的"黄金拍档"。基欧汉回忆说,他和奈的合作和友谊始于20世纪60年代他俩一起参加《国际组织》杂志编委会工作时,他俩合作的动力是"善于发现和探索新事物的精神和天赋"(serendipity)。基欧汉称赞道,虽然奈比他大4岁,但成熟得多,奈常常邀他到哈佛大学和家里切磋学问,交流思想。"我肯定地说,我从约瑟夫·奈那里学到的东西比他从我这里学到的要多。"基欧汉强调,对他来说,奈是"最重要的人",他和奈的个人关系对他的学术发展有积极的影响。他俩合作的成功是基于一种"深深的相互尊重和彼此信任"。①

1972年出版的《跨国关系与世界政治》是奈和基欧汉最初的合作成果。他俩指出,现实主义在传统上习惯于研究国家关系,且重点放在"权力和目标"上,如今的趋势是逐步转向"国家之间关系"(interstate system)

---

① Robert Keohane, *International Institutions and State Power —Essays on International Relations Theory*, Westview Press, 1989, pp.25-26.

的研究,"国家之间的社会联系和跨国角色"成了研究重点。这种跨国关系具有"促进变革、国际多元化和相互依存"的作用。[①]基欧汉和奈进而认为,跨国关系是世界政治的重要部分,其重要性在提高。他俩建议国际关系理论中增加"世界政治范式"(world politics paradigm)的内容,其研究范畴包括跨国、跨政府之间的交往活动和规律。他俩相信,未来世界的和平与进步不仅取决于国家的行为,而且越来越取决于跨国机构和国际组织。20世纪70年代,有三种主要的自由主义思潮对现实主义提出了挑战,它们是新功能主义、官僚政治和跨国关系。[②]基欧汉和奈的这些观点实际上反映了早期的新自由主义思想雏形。以后,这些思想和观点不断丰富和成熟起来。1985年,奈和基欧汉提出"多边主义"的概念正是这一努力的突出例子。他俩认为,"单边主义"已无法解决涉及国际合作的一系列问题,只有"多边主义"才能"既协调大国的多边利益,又维护美国的经济利益和安全利益"。[③]这一趋势从美国开始,其影响现已波及加拿大、英国、法国、德国、意大利、丹麦等国学术界。一些学者甚至试图从资本主义发展的长周期入手,研究国际政治经济关系的全球性的长波规律,将战争与和平理论和经济发展理论也包括进去。

基欧汉和奈1977年合著的《权力与相互依存》是70年代西方国际关系理论新自由主义思潮的代表作。他俩摈弃"国家是唯一行为者"的主张,认为战后国际社会中国家间(interstate)和跨国(transnational)关系的发展促使人们更加重视对国际层次的诸行为者的研究,重视对超越国界的相互联系、结盟关系和相互依存的研究。"相互依存理论"即是以国家间和超国家关系为研究对象的。他俩将现实主义的权力政治论和科学行为主义率先提出的相互依存论有机地结合起来进行考察,进一步剖析了两者之间的内在联系,并且在对政治、经济、生态、军事等方面进行综合研究的基础上提出了"复合相互依存"(complex interdependence)的新概念。他们认为,复合相互依存有三个基本特征:(1)存在着多渠道的社会联系,这种联系使国际社会内部的相互联系和相互依存大大加强;(2)越来越多的问题进入国家间

① Robert Keohane and Joseph Nye, *Transnational Relations and World Politics*, Harvard University Press, 1981, Preface.
② Joseph Nye, "Multilateralism", *Foreign Policy*, Summer 1985.
③ Peter Katzenstein, Robert Keohane and Stephen Krasner(eds.), *Exploration and Contestation in the Study of World Politics*, The MIT Press, 1999, p.18.

关系的议事日程,国内和国际问题的区别日益变小;(3)军事力量的多元作用日益明显。[1]

现实主义与复合相互依存条件下的不同政治进程[2]

	现 实 主 义	复 合 相 互 依 存
行 为 者 目 标	军事安全是占支配地位的目标	国家的目标随问题领域的不同而不同。跨政府政治使得给目标下定义显得困难;跨国行为者追求他们自己的目标
国家政策工 具	尽管经济及其他方面手段也可以使用,但军事力量是最有效的	针对具体问题领域的权力是最为适用的。操纵相互依存、国际组织以及跨国行为者乃是主要的手段
议事日程制 定	潜在的均势转换及安全威胁列入高级政治议事日程并强烈地影响其他议事日程	议事日程受问题领域中权力手段分配变化的影响。国际体制的地位、跨国行为者重要性的变化以及导致敏感性相互依存的一些问题与政治化的联系也影响议事日程的制定
问 题 的 联 系	联系减少了问题领域间结果的差别,从而加强了国际问题的前后排列次序	由于武力并非行之有效,对强国来说,确定问题的联系更为困难;对弱国来说,通过国际组织,问题的联系逐步减弱,问题前后排列次序更不明确
国际组织作 用	作用微弱且受国家权力及军事力量重要性的限制	国际组织制定议事日程,建立联合制定议事日程制度并可作为弱小国家采取政治行动的舞台。国际组织的重要政治手段在于它选择问题论坛及动员投票表决的能力

　　1987 年此书重印,他们结合此书发表后 10 年中的国际关系新变化和新问题,撰写了"重评权力与相互依存"一文作为新的前言,对先前的观点作了评述和修正,首次提出新时期国际关系理论的三个基本原则:(1)坚持权力取向的分析法;(2)以复合相互依存为核心理论;(3)加强关于国际机制变化的研究。他俩更加明确地提出,相互依存不一定必然导致合作,在一定条件下也会引发冲突。[3] 这一关于相互依存的"两点论"无疑是反思修正后

---

① Robert Keohane and Joseph Nye, *Power and Interdependence—World Politics in Transition*.
② Ibid.
③ Robert Keohane and Joseph Nye, "Power and Interdependence Revisited", *International Organization*, Autumn 1987.

的又一重要结论。2001 年此书再版,两位作者把全球化、国际机制、相互依存整合起来,对 21 世纪国际关系的变化进行理论分析,使之成为新自由制度主义发展的巅峰之作。

《权力与相互依存》一书在学术界产生很大的影响,被视为新自由主义"全面复兴的序曲"。[1] 早在 1979 年时,斯坦利·米恰拉克就指出这本书"可能会成为 70 年代的《国家间政治》"。[2] 还有人认为,基欧汉和奈的这本书是可以用来代替摩根索的巨著的"新圣经",它试图改变现实主义在该领域的支配地位。[3] 霍夫曼也认为,权力与相互依存的结合,复合相互依存的提出,是西方国际关系研究中最突出的新发展。他给予奈和基欧汉这部专著以很高评价。

1989 年,罗伯特·基欧汉的又一本专著问世,题为《国际制度与国家权力——国际关系文集》。这本书在 1977 年他与约瑟夫·奈合作的《权力与相互依存》基础上,进一步提出了新自由主义关于国际关系的理论主张。基欧汉指出:虽然新自由主义和新现实主义均赞成通过把握国际体系的性质来解释国家行动,但是新现实主义的结构概念"过于狭隘","过于局限"。[4] 他认为,世界政治的"制度化"将对各国政府的行为产生重大影响,国家决策和行为只有通过对合作与纷争模式的分析,才能加以准确的界定和评估。他将这一分析观点称为"新自由制度主义"(neoliberal institutionalism)。这种制度的安排不同于体系结构分析,它主要包含以下三个内容:(1)加强政府实施自身承诺和监督别国遵守协定的能力;(2)增加谈判各方之间信息和机会的交流;(3)维护国际协议的一致性。落实上述机制或制度安排的基本形式是政府间组织或跨国非政府组织,国际机制和约定俗成的共识或协定。基欧汉和奈长期合作,从跨国关系、权力与相互依存、国际制度和信息革命不同角度,"给予世界政治和国际关系以新自由主义的说明"。基欧汉强调说,新自由主义对国际关系的分析"更为全面和精确"。他提出的"新自由制度主义"不是单纯地替代新现实主义,而是希望从

---

[1]　秦亚青:《现代国际关系理论的沿革》,《教学与研究》,2004 年第 7 期,第 58 页。

[2]　Robert Keohane and Joseph Nye, "Power and Interdependence Revisited", *International Organization*, Autumn 1987.

[3]　Vendulka Kubalkova, Nicholas Onuf and Paul Kowert(eds.), *International Relations in a Constructed World*, M.E.Sharpe Inc., 1998, p.40.

[4]　Robert Keohane, *International Institutions and State Power—Essays on International Relations Theory*, Westview Press, 1989, p.8.

内容和形式上涵盖它。[①] 基欧汉从制度分析而不是结构分析提出的这一新自由主义理论主张,把第三次论战引向了深入。

六、理查德·罗斯克莱斯(1930—   )

理查德·罗斯克莱斯是美国加州大学洛杉矶分校政治学系教授,兼任哈佛大学肯尼迪政治学院教授。生于 1930 年,1952 年毕业于斯沃斯摩尔学院,1954 年和 1957 年在哈佛大学先后获硕士和博士学位,1957 年起任教于加州大学洛杉矶分校,1967 年至 1970 年转到伯克莱分校,1970 年至 1988 年在康乃尔大学任教。期间,曾于 1967 年至 1968 年担任美国国务院政策规划委员会委员。1992 年至 2000 年担任加州大学洛杉矶分校国际关系研究中心主任。著有《世界政治和国际关系中的行动与反应》(1963)、《国际体系的未来》(1972)、《国际关系:和平还是战争?》(1973)、《19 世纪的权力、均势和国家》(1975)、《贸易国的兴起:现代世界的商务及其征服》(1986)、《美国经济的复苏》(1990)、《超越现实主义:国内因素和大战略》(1993,合编)、《冲突的代价》(1999,合编)、《道义国家的兴起:未来世界中心的财富和权力》(1999)和《新大国联盟》(2001)等,还发表了不少关于国际经济和国际政治的文章。

罗斯克莱斯的新自由主义观集中反映在他的《贸易国的兴起》一书里。学术界给予该书较高评价,认为它是"理论与历史结合"的一个典范,是关于国际关系中经济重于军事的开拓性分析。奈具体地指出,《贸易国的兴起》继承了自由主义的传统。奈还指出,基欧汉列举了商业自由主义、民主自由主义和调节性自由主义,罗斯克莱斯的贸易国思想属于商业自由主义的范围。[②]

罗斯克莱斯认为,国际体系中存在着两种世界:军事世界和贸易世界。在传统的军事政治世界里,国家主要靠武力征服和领土扩张来壮大自己的力量,各国争逐权力和利益地位,无政府状态是国家之间关系的基本准则,均势成了对付霸权的基本手段。而在现代贸易世界里,国家不像在军事政治世界里那样争权夺利,以实力和领土分强弱,而主要依靠发展经济和贸

① Robert Keohane, *International Institutions and State Power—Essays on International Relations Theory*, Westview Press, 1989, p.15.

② Joseph Nye, "Neorealism and Neoliberalism", *World Politics*, No.1, 1988.

易,是争市场,不是争权势。①

罗斯克莱斯主张,国家应通过在国际贸易中获取利益,并在国际市场上扩大自己的份额等手段增强自己的实力。前者是战争的世界,后者是和平的世界,罗斯克莱斯信奉经济是和平的前提。

第二次世界大战的结束标志国际体系性质的变化,这一变化的结果有利于贸易国的兴起。罗斯克莱斯从以下四点进一步阐述了这一转折的缘由和现实。

第一,军事技术的革命使战争变得具有一毁俱毁的残酷性。作为威慑的核武器是有用的,而作为战争工具的核武器只能导致全人类的毁灭,用它去进行领土扩张当然是不现实的。核武器的出现改变了战争的性质,各国就转向经济发展,在国际贸易中扩大自己的收益成为增强国力的主要手段,而国际贸易促进国家间交往和合作。

第二,国内政治的变革。过去的战争可以使国内人民更加团结一致,政府也可将激化的国内矛盾通过对外扩张而化解,然而,这种观点现在得到了彻底的变更,有些战争反而遭到更强烈的国内人民的反对,如越南战争就遭到美国人民的抵制和反对。当战争变得越来越难,代价越来越大时,对战争的支持就越来越弱。随着科技革命和教育的发展,政府闭门决策越来越不能愚弄人民,政府也越来越难以控制民众的呼声。

第三,世界的相互依存。当今的世界不像以前那样,民族与民族、国家与国家不再是分割的、无联系的,也不再是经济独立的,自给自足的,而是相互依存的。第二次世界大战后,民族解放运动兴起,殖民地解体,涌现出一大批小国家,他们的经济不能自足,特别需要相互合作和依存。"第二次世界大战一个基本后果就是创造了一个高度相互依存的世界"。②"相互依存随着大量人口,工业化以及对资源的需求的增长而增长,这样使军事-政治世界遇到了更大的困难"。③

第四,国家数量的增加。大批新国家的出现促使国际社会更加相互依存。第二次世界大战后,国际体系发生了变化,国际体系中新增了许多国家行为体,而相互依存对于那些国家的生存是至关重要的,"除非贸易依然是大多数国家的主要目的和职能,由一百六十多个国家组成的国际体系就无

① Richard Rosecrance, "The Rise of the Trading State", *Basic Books*, 1986, pp.23—25.
② Ibid., p.140.
③ Ibid., p.28.

法继续存在"。[1] 新增加的国家经济上的不能自给自足的特征增加了和平因素,因为他们需要与其他国家合作,与其他国家相互依存。只有在相互合作、相互依存中才能达到资源的有效配置,才能充分利用有限的资源,才能保证全人类的生存。

对于罗斯克莱斯来说,军事政治世界是一种危险的世界体系,争霸战和均势战此起彼伏,战争不可避免。而摆脱这一恶性循环的危险体系的出路就是贸易世界。贸易将给人类带来希望。

罗斯克莱斯的另一个重要理论贡献是他提出的"新的强国联合论"(a new concert of powers)。他指出,人类暂时还不能改变世界无政府状态,还不可能出现一个世界政府,也不可能实现足够的相互依存或劳动分工,把国际关系改造成国内政治一样。在这样的情况下,只有三种方法能制约无政府状态,防止它发展为动乱或战争,即均势、威慑和联合。联合是最有效的维持和平的途径。他为此提出"新的强国联合"的三个要素:全体参与、思想一致、对战争和领土扩张进行谴责。罗斯克莱斯认为,现时是国际关系中形成强国一致的最有希望的时期,而形成和保持这一势头的关键是发展有力的和平衡的贸易联系。[2]

七、罗伯特·杰维斯(1940—   )

在这一时期众多的代表人物中,有一位学者值得一提,他就是著名的美国哥伦比亚大学政治学系教授罗伯特·杰维斯。他 1940 年 4 月 30 日生于纽约市,1962 年毕业于奥伯林学院,1963 年仅花一年时间即获加州大学伯克莱分校政治学硕士学位,1967 年又在该校获博士学位。之后先后在哈佛大学(1968—1973)、耶鲁大学(1974—1975)和加州大学洛杉矶分校(1975—1980)教书,1980 年起任教于哥伦比亚大学至今。他专长国际安全、决策分析、冲突与合作理论。他的著作和编著甚丰,主要有:《国际关系的概念逻辑》(1970)、《国际政治——无政府状态、武力和帝国主义》(1973)、《国际政治中的认知和误解》(1976)、《安全困境下的合作》(1978)、《国际政治——无政府状态、政治经济的决策》(1985)、《核革命的意义》(1989)、《体系效

[1] Richard Rosecrance, "The Rise of the Trading State", *Basic Books*, 1986, p.15.
[2] Richard Rosecrance, "A New Concert of Powers", *Dialogue*, No.3, 1993.

应——政治及社会生活中的复杂性》(1997)、《现实主义、新现实主义和合作》(1999)、《前景理论对人性和价值的含义》(2004)、《理解信念》(2006)、《政治学的黑天鹅》(2008)、《为什么情报会失败：伊朗革命和伊拉克战争的教训》(2010)和《再论体系效应》(2012)等。2017 年 3 月,杰维斯的《信号与欺骗：国际关系中的形象逻辑》中文版问世,这是一部关于政治心理学和国际关系学的力作,一出版立即受到学术界的关注。长期以来,他还在《世界政治》《国际安全》等杂志上发表了大量的文章,如《安全困境下的合作》《战争与误解》《现实主义、博弈理论与合作》《理性威慑：理论与证实》《关于威慑的争论：安全与相互安全》《冷战的遗产》和《汉斯·摩根索、现实主义与国际政治的科学研究》等。杰维斯曾担任过美国政治学学会副主席和对外关系委员会成员,他现为美国国际问题研究学会成员和美国艺术和科学学院院士。2000 年,他当选为美国政治学学会主席。

要确定杰维斯属于哪一学派绝非易事。他曾强调,华尔兹研究结构(structure),他研究过程(process),重点在体系之间和内部的联系及其结果,他运用的分析方法主要是政治心理学。他说,他不属于任何一个学派,他搞他自己的。他常常以批评的态度对待新现实主义,他认为,新现实主义只不过是"没有新意的理论概念的新发展"。"新现实主义的重要性在减弱,因为许多人已经开始对它感到厌倦。"[1]但是,他同时对新自由主义的相互依存论也持批评观点,他被人家称之为与自由主义思潮相对的"现代主义学者"[2]。有的学者说得更加明确：罗伯特·杰维斯跨越着两个流派阵营——强调决策心理分析的多元主义和强调安全、威慑、无政府状态的国际体系的现实主义。从这个意义上来说,杰维斯的国际关系理论研究有其独特性。

杰维斯的理论探索和成果主要表现在三个方面。

1. 关于国际政治中的认知和误解。1976 年,杰维斯出版他的成名之作《国际政治中的认知和误解》。杰维斯的认知和误解观对原来的国际关系理论作了两个重要的补充：一是华尔兹关于战争问题的"三概念"。杰维斯认为,除了人、国家和国际体系之外,认识和误解也是导致冲突和战争的根源。"当对峙的两国夸大对方的敌意,误解对方的意图,冲突和战争就不可避

① Robert Jervis, "Realism in the Study of World Politics", *International Organization*, Autumn 1998.
② Yosef Lapid, "International Relations", *International Studies Quarterly*, (1989)33.

免"。① 杰维斯运用了心理学方法研究国际政治中行为者的认识心理和视觉心理的变化,他不仅列举了误解的种种实例,而且还在书中专门写了一章如何使误解极小化。② 耶鲁大学教授罗伯特·艾伯尔逊评论道,"这本书是一本非常重要的书,它标志着政治学的一个新浪潮涌现出来了。"斯坦福大学教授亚历山大·乔治则指出,杰维斯的这本书将成为研究影响外交政策的心理学因素的一个里程碑。二是国际关系的层次分析。杰维斯从认知和误解的角度在决策层次、官僚层次、国内政治运作层次和国际环境变化层次深入地分析国际社会中各种关系的定位及其互动规律。

2. 关于体系效应。体系效应(system effects)又称互动效应(interaction effects)。基于30多年的观察,杰维斯完成了一本题为《体系效应——政治及社会生活中的复杂性》的书。此书于1997年出版。杰维斯在书中尖锐地指出,不少社会科学理论(特别是政治学理论)的基础有明显的缺陷,他的体系效应理论就是旨在从一个侧面帮助克服这些缺陷。

体系效应理论的出发点是:世界上的事物都是相互联系的,人们的行为常常会引出始料不及的或不可避免的结果,行为的总效应与个人行为的总量是不对等的。"结果与互动往往不协调,因为效应常常是间接的"。③ 结果一般通过连锁式的行为和反应来实现,为实现某一目标的直接努力可能会产生反效应,形成一种非线性关系。杰维斯在书中提出体系效应的"三段式":结果不能通过个别行为来预测;一国的战略取决于对方的战略;行为可以改变环境。他进而认为,政治和社会生活中行为者的能力、偏好和信仰是可以通过互动改变的;在体系内,影响效应的驱动力是竞争;体系效应是多元的,多层次的。

杰维斯还运用体系效应理论对华尔兹的结构现实主义提出质疑。他认为华尔兹的"结构—体系—单位分析"有局限性,概念狭隘,是一种静态分析。而他主张的是"体系—行为—效应"的双向的动态式分析。

3. 关于理性威慑理论。自1978年发表《安全困境下的合作》以来,杰维斯20多年来坚持不懈地进行国际合作安全(international cooperation

---

① Robert Jervis, "War and Misperception", *Journal of International History*, Spring 1988.
② Robert Jervis, *Perception and Misperception in International Politics*, Princeton University Press, 1977, p.6 and p.409.
③ Robert Jervis, *System Effects—Complexity in Political and Social Life*, Princeton University Press, 1997, p.113.

security)的研究,从微观到宏观,从结构到战略,从案例到理论,所涉及的安全问题面之广、程度之深在西方学者中是少见的。这里着重介绍杰维斯提出的理性威慑论(Rational Deterrence Theory,简称 RDT)。

RDT 重点研究"威胁和武力的根源与作用",目的是从理论上分析如何"减弱安全困境"和"实现危机下的稳定"。RDT 是五六十年代威慑理论的发展,标志着"威慑理论的第二次浪潮"。[①] RDT 的基本内容包括:

——分析四个因素的变化:防御和进攻的变化,付出代价的变化,影响对方决策能力的变化,评估和预测对方行动的变化。[②]

——研究四组关系的互动:合作与脱离(cooperation vs. defection),进攻与防御(offense vs. defense),权力与价值(power vs. value),利己与利他(self-interest vs. altruism)。[③]

——双重威慑问题。威慑的实施形态常常表现为抑制威慑(deterrence by denial)和惩罚威慑(deterrence by punishment)。前者认为,只有抑制对方扩张企图,和平才能得以维护,尤其是指用武力保卫有争议的领土的能力;后者则是核时代下的"恐怖均势"(balance of terror)。杰维斯主张把两者结合起来,这是 RDT 的成功关键。[④]

第五节 对新现实主义与新自由主义的评价

这里,我们可以得出几点初步的结论:

1. 新现实主义与新自由主义是在传统现实主义与自由主义根基上生长出来的两个涉及国际关系的不同理论学派。它们都认为自己的理论最能体现和表述国际体系的本质,然而,这两种学派的理论只是各代表了一种国际

① Robert Jervis, "Rational Deterrence, Theory and Evidence", *World Politics*, August 1988.
② Robert Jervis, "From Balance To Concert—A Study of International Security Cooperation", in Kenneth Oye(ed.), *Cooperation Under Anarchy*, Princeton University Press, 1986.
③ Robert Jervis, "Realism, Game Theory and Cooperation", *World Politics*, April 1988.
④ Robert Jervis, "Debates on Deterrence: Security and Mutual Security", Paper Presented to the Conference on Strategic Studies, Oct.21—33, 1988;"What do we want to deter and how do we deter it?", in Benjamin Ederington and Michael Mazarr(eds.), "Turning Point—The Gulf War and U.S. Military Strategy", *Westview*, 1994.

政治的现实。现实主义强调冲突与战争,认为国家是追逐利益和权力的;而自由主义则强调合作与稳定,认为国家是自律、自控和理性的。自人类社会开始走入群体生活以来,人类便生活在战争与和平的相互交替之中。国际关系的现实主义理论显现人、国家与国际社会中阴暗不理想的一面,而自由主义则表述了人、国家和国际体系中光明理想的一面。这两大理论学派揭示了国际关系中切实存在的两种现实——战争与和平,现实主义忽视了国际关系中和平因素,自由主义则忽视了战争因素,而战争与和平的历史现实是对立的,很难将二者统一起来,从而导致现实主义与自由主义的理论对峙。

第二次论战对西方国际关系理论的发展有积极意义,但它基本上局限于"狭隘定义的方法论"的分歧。"第二次论战实质上是一次虚假的战争,没有发生过一场真正的战役,因为两个学派(传统现实主义与科学行为主义)是属同一个范式"。① 国际关系理论领域的这一"沉静"到 20 世纪 70 年代末才被打破,主张结构分析和多元分析的新现实主义和新自由主义第一次用新的视角和范式研究不同角色、不同结构以及相互关系。当时就曾出现过"三方论战"(three-sided debate)的雏形:现实主义、多元主义和结构主义。这一情况在美国尤为突出,学术界"对多元分析和结构主义的呼声和支持日益高涨","国际关系理论史上从未出现过如此多的不同范式,而且开始被应用于政策实践"。②

不少学者认为,第三次论战把重点从前次论战的"方法论"转到"认知论",着重探讨关于国际关系的认知的性质和发展,科恩的"范式分析"、劳顿的"研究传统"、盖廷的"超级理论"和霍克的"全球理论"构成了"认知论"的基础。③ 第三次论战也涉及方法论的分歧,但重点已转为关于世界的认知概念的分歧,特别是"国家为中心"还是"全球为中心"的争论。

在研究过程中,两派学者们都重视运用"新的科学哲学",难怪有人认为,从这个意义上来说,第三次论战可以被视为是第二次论战中科学行为主义学派"迟到的、阴差阳错的胜利"。④

① Hugh Dyer and Leon Margusarian(eds.), *The Study of International Relations*, St. Martin's Press, 1989, p.20.

② Ibid., p.23.

③ Yosef Lapid, "International Relations", *International Studies Quarterly*, (1989)33.

④ Ole Woever, "The Rise and Fall of the Inter-paradigm Debate", in Steve Smith, Kenneth Booth and M.Zalemski(eds.), *International Theory—Positivism and Beyond*, Cambridge Univeristy Press, 1996, p.16.

霍夫曼曾说过,第三次论战期间,国际关系理论"处于一种重建的过程之中"。[①] 新现实主义与新自由主义理论是传统现实与自由主义理论的延续,他们对各自的传统理论进行了修补,这是新的历史现实赋予新现实主义与新自由主义的使命。正如罗斯克莱斯所定义的那样,第二次世界大战的结束使人类历史的发展发生了转折,政治现实的变化促使理论的更新,这是历史发展的需要。

2. 新现实主义和新自由主义代表了两种不同的认识世界观,从科学哲学的角度来看,其基本观点可从人、国家和国家间关系三个层面反映出来。

第一,关于人。新现实主义继承了传统现实主义关于人性恶的基本观点,对人的本质持悲观态度,认为人的本性易被欲望驱使,是邪恶的。由于人的动机是满足自己的欲望,势必就会发生冲突而不是合作。人类的冲突甚至战争是自然的,是正常的。人类的问题深植于人的潜意识中,远不是人们之间的误解造成的,也远非以理性的对话和劝解能解决的。虽然深植于人性中的人类问题是顽固的,但并不意味着没有解决的办法。顽固的问题需要强有力的手段来解决,也就是说使用强力迫使人改变。

新自由主义抛弃传统自由主义人性善的观点,但又不像现实主义那样认为人性是纯粹恶的,他们承认人的本质是不完美的,人是有缺点的,有脆弱和非理性的一面,但也具有潜在的能力控制自己的欲望,并在合理的环境下使自己变得有理性。人不是实现集体目的的手段,人本身就是目的,人在群体生活中有能力创造适合自己发展的习俗、规则及价值观,人可以通过理性手段解决人与人之间的冲突。基欧汉强调,人有足够的智慧与别人以任何方式进行贸易交易,人有能力衡量自己的利益和得与失并有能力与他人竞争,有能力作出理性的选择。

第二,关于国家。新现实主义关于人的概念与国家概念有直接联系。新现实主义者认为,人自身没有挽救自己的能力,只有在自身以外,在集体中及国家内才能实现这一愿望。国家弥补了人的这一缺陷。人是冲动的,国家则是人格化的;人是脆弱的,国家是强大的;人缺乏真正的"人格",国家则是理性化的。人创造国家,国家也造就了人。然而,国家具有二元性,同时表现出潜在的非理性一面,为了自己的国家利益,不惜牺牲别国的利益,

---

① Stanley Hoffmann: *Janus and Minerva—Essays in the Theory and Practice of International Politics*, Westview Press, 1987, p.91.

在国家间很难建立一种有序的、公正的、谋求共同利益的国际格局。新现实主义认为，国家是不完善的，由于不完善的特性和力量的差异，要求得生存，国家就必须很强盛。但是，不是所有的国家都强盛，所以就需要一个强国来维持国际秩序。吉尔平的霸权稳定论将这一思想推到了顶峰。

新自由主义继承了古典自由主义对于国家的解释。国家是在人们共同的协定下建立起来的，主权的根本是人民，国家对外维持主权独立，对内保障个人权力，满足人民需要。公益必须建立在私益的基础上。国家是满足人之所需的手段，自身绝对不是目的。人是国家这个整体内的部分，应是整体服务于部分，而不是部分服务于整体。新自由主义强调次国家行为体以及私人行为体，如俱乐部、社会团体、公司、政党等在社会中的重要性以及相对自主性，主张国家应该有开放和透明的特性。同样地，国家在国际社会中是独立的、自主的和平等的。

新自由主义声称国家尽管不完美，但是有理性的，如果国家是非理性的，就无法在国际体系中建立起任何机制以制约违犯公益的行为。国际机制是建立在国家理性基础上的，然而，理性的国家之间并不是没有冲突，因为不完善的国家间不可避免会产生利益冲突。有利益冲突，国与国才有合作，因为合作发生在行为者认为他们的政策处在真正的或潜在冲突之中，而不是和谐之中。合作是对冲突的反映，而国际机制既是对冲突的反映又是对冲突的限制，总的来讲，国家的理性本质就是国际机制和合作的基础。

第三，关于国家间关系。对于国家间的关系——和平还是战争问题，新现实主义基本上是持悲观的态度，新自由主义则是乐观的。新现实主义认为国际社会是无政府的，仅靠体系结构控制着所有行为体，决定着国家与国际社会的行为。新现实主义坚持独立的主权民族国家的共处是可能的，但不是和平共处，因为在自助体系中，战争是可能的并且是正常的现象。在无政府结构中出现一种秩序是可能的，但不是和平秩序。在一段时间内，战争是可以避免的，那是因为战争的威慑力在起作用，战争应以战争所造就的威慑力加以遏制，以强制强，但必须作好应付最坏结果的准备。不充分的军备以及裁军导致力量真空和不稳定格局的形成，这就容易诱发侵略行为和战争的形成和出现。跟传统现实主义一样，新现实主义认为国家生存系于由自助原则控制的战争状态，要安全，就必须获得权力。当所有国家处于相对的安全状态时，国际体系中的稳定局面才有可能形成。然而，不同于传统现实主义的是，新现实主义者，特别是华尔兹认为，权力不是目的，而是维护国家独立安全这一最高目的的手段。国家的目的不是使自己的实力最大化，而是防止和阻止任何一国权力的最大化。

新现实主义仍然强调国家是主要行为体，国家的权力很重要，国家的最终目的是实现和确保自我安全。新自由主义同传统自由主义一样，认为国家是人们共同协定的产物，国家是满足人们需要的手段。新自由主义不否认现实主义所强调的国家是国际体系中主要行为体，但强调除国家外，国际组织、跨国组织以及各种社会团体对国际体系作用，国家作为唯一主要行为体的作用在下降。

新自由主义强调体系结构，也就是全球结构对国际关系有着举足轻重的影响。结构决定着国家和国际社会的行为，无政府的世界秩序赋予结构以重要的使命，结构控制行为体。新自由主义认为，和平与全球合作在国际组织和国际机制的维持下是可能的。新自由主义不否认国际冲突的存在，但认为，国际组织、正式和非正式的国际规则可以避免冲突，加强合作。由于非国家行为体对国际体系影响力的增加，强力作用的下降，功能合作的加强以及现代科学技术的发展等使国际相互依存加深，未来的国际社会不是分裂的、相隔的，可以通过全球结构促进世界和平及国际合作。

3. 关于历史变迁、理论变革及其实践意义。理论的发展来源于对历史的思考和对未来的展望。正如前两次论战是对当时国际关系变化的思考和反映一样，第二次世界大战以后，特别是70年代以后世界经济和世界政治的变化，为新现实主义与新自由主义的产生、发展以及它们之间的论战提供了土壤。

20世纪70年代发生了两件影响国际关系发展的重大事件：1971年，以美元为中心的国际货币体系由于与黄金脱钩而崩溃，美元的霸主地位被削弱，国际金融关系从固定汇率制转变为浮动汇率制。布雷顿体系和固定汇率制的废弃，意味着国际金融纪律的完全松弛，这为以后的私人债务、国家债务和国际债务的大量增加打开了方便之门。随着货币流动和货币投机的进一步发展，也为此后各国金融相互影响以及世界经济依赖程度的提高创造了条件。1973年发生的第一次石油危机对世界格局的影响也是深远的。发达国家出现了整整10年的经济"滞胀"期，再也不能与发展中国家，甚至是与它们原来的殖民地国家的内政外交相分开。一些原本弱小的国家使强国受到了冲击，能源价格的波动，进而影响到西方社会的商品价格和经济稳定这一事实，使许多人士相信权力已经发生了转移，世界也变得日益相互依存了。

那么,新现实主义与新自由主义究竟是如何来认识这个变化的世界呢?鲍德温曾说,新现实主义与新自由主义的争论并不在于认为世界是什么和认为世界应是什么之间的区别,而是两派学者在如何描述现实世界上存在不同。[①]

作为新现实主义理论家,华尔兹不仅捍卫了传统现实主义理论,而且从体系结构的角度提出,1973年的世界性石油危机使一些国家受到严重束缚,而另一些国家则有多种选择;一些国家几乎无力影响国外事件,而一些国家对外界却有着巨大的影响。华尔兹认为,高度敏感性减少了美国的脆弱性。由于美国所付出的代价与别国并不相等,因此它们并不是对等的相互依存,当今大国的依存性小于过去大国的依存性。从华尔兹的分析中我们可以看出他还是从权力角度来理解相互依存问题。

作为新自由主义的代表人物,罗伯特·基欧汉和约瑟夫·奈试图建立从政治角度分析相互依存的一种理论框架,他们既不赞同传统派的观点,也对现代派认为电信和交通业已创造了一个"世界村",社会经济交往产生了一个"无国界的世界"的观点表示怀疑。在《权力与相互依存》一书中,他们认为,现实世界的相互依存首先与国家关系的敏感性有关。敏感性涉及在某种政策框架内所作反应的程度,即某国发生变化导致另一国变化的速度有多快,所付代价有多大。1973年石油危机反映了各国受石油价格上涨的敏感性和脆弱性的程度。

战后以来,自由制度主义始终是现实主义理论所面临的一大挑战。两大学派的分歧不仅涉及国家行为体的作用,而且还涉及国际合作和国际无政府两个基本问题。现实主义理论对国际合作的前景以及国际制度的作用的分析是低调的,认为国际制度不可能缓和无政府状态对国家之间合作的限制性影响。而20世纪40年代和50年代早期的功能主义一体化理论,50和60年代的新功能主义区域一体化理论,以及70年代的相互依存理论都拒绝了现实主义对国家和对世界政治悲观的理解。比较而言,这些早期的自由制度主义见解为国际合作提供了有益的预测并对制度促进国际合作的能力作了较乐观的评价。

---

① David Baldwin, *Neorealism and Neoliberalism: the Contemporary Debate*, Columbia University Press, 1993, p.10.

其实,更重要的是新现实主义与新自由主义对如何有效地通过国际合作来缓和或控制这种无政府状态有着不同的看法,这尤其表现在对国际组织和跨国公司的理解上。

通过国际组织来促进国际合作在 19 世纪中期就已出现,而第二次世界大战以后国际组织更是大量涌现并且规模日益扩大。如欧共体、国际货币基金组织、石油输出国组织等,特别是欧共体,1973 年,欧共体的成员国已有 9 个,1986 年增至 12 个,它们的国内生产总值已接近美国。同时其有关机构的权力已不断扩大。1975 年,欧洲理事会开始有权讨论和决定有关共同体的一切大政方针,使之实际上成为共同体的最高决策机关。1991 年欧共体签订的《马斯特里赫特条约》最后通过了经济与货币联盟和政治联盟的有关文件,使欧共体的一体化发展进入一个新阶段。1995 年欧共体改名欧洲联盟(欧盟),又经过 20 年发展,成员国扩大至 28 个,其影响力日益壮大。欧盟的这种不断扩展与深化的合作不仅影响着欧洲,而且使世人相信,国际组织正在影响着国家利益,改变原有的无政府状态下的国际体系,从区域一体化开始进而向更高层次的一体化方向发展,将成为今天的现实和未来的趋势。新自由主义认为,从西欧日益加快的一体化进程来看,只有基于共同的利益才能促成这样的一体化进程。基欧汉等人指出:"欧共体的未来是他们理论的重要试金石。如果欧洲一体化的进程减弱了或者受到了逆转,那么新现实主义将是正确的。如果一体化得到了继续,那么新自由主义将视之为是对他们观点的支持。"[①]目前,欧洲一体化进程发生波折,英国已启动脱欧程序,但从长远来看,以欧盟为标志的欧洲一体化不会因英国脱欧而停顿,仍将继续向前发展。新现实主义与新自由主义在这相互交织。

那么,新现实主义与影响颇大的相互依存论和国际制度主义有何关系呢?应该说,两者既有密切关系,又有明显区别,把两者混为一谈是不妥当的。

反映相互依存和国际制度的新自由主义认为,其一,国家不再是占支配地位的国际角色,世界政治与经济多极化导致众多的角色活跃在国际舞台,如利益集团、跨国公司、国际组织等;其二,武力不再是有效的政策手段,从根本上否定了现实主义关于权力的概念;其三,改变了现实主义

---

① David Baldwin, *Neorealism and Neoliberalism: the Contemporary Debate*, Columbia University Press, 1993, p.5.

关于国际事务的固定僵化的排列顺序：军事安全问题始终占首位，经济、科技、社会、福利问题一直居后，认为国际事务的排列问题不再是固定不变的了，而是应形势变化而异，经济、科技、社会、福利问题在某些时期也可跃居首要地位。

与上述观点相比，新现实主义则有不同的侧重点：一是虽然存在不同的国际关系角色，国家仍是最关键、最重要的角色；二是国家对外活动以追求权力和财富为目标，强调国际政治与经济相结合；三是国家应根据自身的利益，以合理的方式参与国际政治经济军事活动。

在美国，有一些著名学者（如约瑟夫·奈）提出这样的看法：新现实主义与新自由主义在对外战略思想方面即表现为保守现实主义与理想自由主义的分野，其关系可见下图：

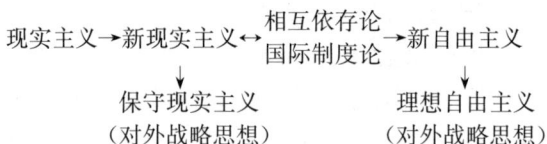

现实主义→新现实主义↔相互依存论/国际制度论→新自由主义

保守现实主义（对外战略思想）　　理想自由主义（对外战略思想）

这一看法可供我们研究时参考。

总的来看，从 20 世纪 70 年代末开始，以华尔兹为代表的新现实主义理论日益兴起，而新自由主义理论则一度大幅下降。80 年代末到 90 年代初新自由主义迅速攀升到新的高度。其原因主要是：70 年代由于石油危机、美元危机和资本投资热潮，也由于美、中、苏三角关系的新格局和传统东西方关系画面的模糊化（所谓"趋同"现象），而被称作"相互依存进程大大加速的十年"，它刺激了全球主义的讨论；此后一段时期由于苏联入侵阿富汗，美国里根政府的强硬反应和东西方关系的重新紧张，出现了一段时间的"新冷战"，从理论到政策都有加强现实主义权力政治的迹象；直到 80 年代中后期，随着苏联新旧领导的交替，尤其是戈尔巴乔夫的上台和此后苏联外交"新思维"的出现，东西方对峙的局面才得到缓和；80 年代末，随着苏联的解体和两极格局的结束，新自由主义在西方又得到了重视，形成新现实主义与新自由主义两个学派左右西方国际关系理论的局面。

毋庸置疑，新现实主义和新自由主义对美国等西方国家的外交政策有着很大的影响，其实践意义不可低估。从本质上来说，它们是"为管理国际体系中的大国关系服务的"。[1] 霍夫曼曾强调说,新现实主义与新自由主义为美国对外战略提供了一种新的理论思维方法和手段。它们提出的国际政治经济学、合作理论、霸权稳定论、国际机制论、复合相互依存论、世界体系论等与决策和实践关系密切。进入 20 世纪 90 年代后,第三次论战仍在继续,并且不断扩大和深入,新的流派参与其中,新的理论层出不穷。如果说摩根索为代表的现实主义是"冷战理论"的话,那么,第三次论战将进入"冷战后理论"的重要阶段。

第四,新现实主义与新自由主义在很多问题上存在分歧,但在其发展过程中,理论也融合了时代的因素。它们结合不断变化的现实,努力解释复杂的世界。新现实主义与新自由主义无论从它们的理论基础看,还是从它们二十余年所争论的内容看,在很多问题上我们都不能绝对地用"对立"或"相反"来形容两者的观点差别。英尼斯·克劳德曾对"现实主义与理想主义本质上是对立的"这一概念提出了疑问,并指出它们"如果被认为是互补的而不是在国际事务研究中相互竞争的,那就更恰当了"。同样,把新现实主义与新自由主义理论绝对地分成两派并非明智之举。新现实主义与新自由主义既联系又区别,二者在相互批判的同时也找到了共同点。

新现实主义与新自由主义之分本来就有许多不确定性。事实上,由于新现实主义与新自由主义两者中没有一方能完全说服对方,而且各自理论也存在不足,对现实的解释存在偏差,因此通过它们的相互借鉴来促进对国际关系的了解是相当重要的。在这两种理论演进的过程中,我们也可以看到这种迹象。冷战的结束过程充满着动荡和变化,但这一切却"活跃了学术思想……这些思想反映了被遗忘了的、但应按其原状来设计的世界"。[2] 自70 年代末 80 年代初发展起来的新现实主义与新自由主义理论从两个重要侧面对国际格局和国家行为的变化作了及时的和有益的说明和解释。

90 年代初,戴维·鲍德温就认为,尽管新现实主义与新自由主义都不能完全说服对方,但彼此都能够相互学习以促进对国际政治的了解。随着新现实主义与新自由主义的不断发展,他认为有几方面需要进行深入的研究。

1. 迫切需要更好地了解促进或阻碍国际合作的条件和因素。新现实主

---

[1]　Robert Keohane, *Neorealism and Its Critics*, Columbia University Press, 1986, p.248.

[2]　Michael Barnett: "Bringing in the New World Order—Liberalism, Legitimacy and the United Nations", *World Politics*, July 1997.

义与新自由主义的争论已经至少引出六个值得进一步研究的问题。首先是关于相互对等（reciprocity）的战略问题，即在什么样的条件下这种战略能促进国际合作；第二是关于行为者的多少对合作可能性的促进问题；第三是关于行为者对他们将来合作中相互关系的期望问题；第四，关于国际制度对合作的促进问题；第五，关于促进合作中的"认识共同主体"（epistemic communities）问题；第六，关于行为者间的权力分配对国际合作的影响问题。上述六个问题对新现实主义与新自由主义学者的互补研究提供了丰富的素材。

2. 如何解释国内政治的问题。我们不能随意假定新自由主义承认国内政治的重要性而新现实主义忽视它。基欧汉等人敦促以更大的努力加强国内政治和国际政治关系的理论研究，并认为对国内政治的考虑与理解国家如何定义他们的利益有关，特别是为什么国家选择某些战略而放弃另一些，以及在什么条件下国家有可能遵守国际条约。

3. 现实主义与自由主义之间对军事力量的作用存在着传统分歧，那么这种分歧是否存在于新现实主义与新自由主义之间呢？回答是不确定的。这一问题也有待进一步的研究。

4. 在促进国际合作方面，各种手段的相应作用也值得研究。军事、经济、宣传和外交方面的手段应该也可以被用来发展合作。新现实主义与新自由主义都需要超越以往的认识，进行更多实证性的研究。

冷战结束前后国际形势的变化给国际关系理论带来了新命题、新内容和新挑战。无论从实践上还是从理论上来看，新现实主义与新自由主义的一些理论观点都应该是可以相互借鉴的。一些新自由主义者建议把自由主义的取向与现实主义的政策结合起来，把学者个人的探讨与政府政策的选择结合起来，把西方利益的维护与国际和平及世界进步的目标结合起来。罗伯特·基欧汉和约瑟夫·奈通过将系统分成结构（单位间的能力分配）和过程（单位相互联系的方式）两方面，不仅丰富了系统理论，也使新现实主义与新自由主义在一定程度上得到了互补。他们认为，在系统层次上，除了权力分配外，国家所受到限制和获得的机会是随着世界经济的影响、技术革新和国际体系的变化而变化的。这些系统的过程对国家选择产生的影响属于非权力影响，是合作性与交往性的。

完善新现实主义理论的努力还包括对权力的重塑以及在合作而不是竞争条件下加强相互理解。当前，技术革命正在进入一个更高的发展阶段——信息技术时代。信息技术和信息产业不仅能成为未来世界经济高涨的主要动力,而且使国家的行为方式、国际合作的程度与范围、相互依赖关系等发生重大的变化,进而影响国际规范和国际制度的变迁。对这些问题的解释已非某一种理论能够完成的,新现实主义与新自由主义也需要通过互补立足于一个更新、更高的角度来认识世界。

20 多年前,约瑟夫·奈尖锐地指出,新现实主义与新自由主义之间的分歧"被夸大了,事实上,这两种研究方法是能够互补的"。[①] 他还说:"现在已到了超越国际政治中传统的现实主义与自由主义分野的时候了,两个传统学派均对帮助人们了解国际行为的理论研究作出了贡献。20 世纪 90 年代,国际关系理论研究工作也许是综合,而不是仅仅重复 70、80 年代两个学派的争论。"[②]在持续了二十余年的争论后,处于世纪之交的新现实主义与新自由主义必将以新的面貌出现。无论今天的新现实主义与新自由主义是在继续着第三次论战,还是正在揭开第四次论战的序幕,可以肯定的一点是,它们的观点在一定程度上得到了综合。随着知识经济时代的到来,完善新现实主义与新自由主义的理论努力将会继续下去。

---

① Joseph Nye,"Neorealism and Neoliberalism",*World Politics*,No.1,1988.
② Ibid.

第五章　论战仍在继续
——冷战后国际关系理论的重建

变革的时代需要有不落俗套的分析。
　　——戴维·坎贝尔：《释解安全：美国对外政策与认同政治学》

　　国际关系的重建要求这一学科摆脱它目前的虚伪性。如果这被认为是可能对作为一门学科的国际关系的扬弃和对国际理论（特别是国际关系理论）进行重建的话，那么，我赞成。如果它是意指放弃对国际关系的希望的话，我是不赞成的。
　　——尼古拉·奥纳夫：《我们创造的世界：规则与社会理论及其国际关系的作用》

　　国际理论的新的批判研究所共有的特点之一就是否定被一般界定为实证主义的理论。这里的"批判"一词意指后现代主义，批判理论家、女性理论学者和后结构主义者的批评性观点。毫无疑问，这些观点是对传统的或主流的实证主义理论所作的全面批判。
　　——斯蒂夫·史密斯：《国际理论——实证主义及其之后》

第一节 从"范式之间争论"谈起

勿庸置疑,第三次论战中的主导学派是新现实主义和新自由主义,但实际上学派背景要复杂得多。理查德·阿希利早就提出,从许多角度来看,新现实主义只是"发展趋势的一部分"。① 在新现实主义与新自由主义对峙出现的同时,曾形成了一个"范式之间争论"(inter-paradigm debate)的局面。研究"范式之间争论"是了解第三次论战这一复杂背景的重要出发点。

"范式之间争论"这一称呼是迈克尔·班克斯于 1985 年首先提出来的。班克斯指出,大约从 70 年代起,后行为主义阶段逐步发展到一个更为复杂的阶段,新老研究方法和理论既分又合,一些学者忙着建立起"理论之岛",另一些学者则努力博取名家之长,至 80 年代形成了"一种三角的范式之间争论":现实主义、多元主义和全球主义。② 班克斯等对这三个范式作了如下的归纳:

现实主义是以"国家为中心"的分析法,着重研究国家权力和权力均势。其要点是:(1)国家是最重要最核心的国际关系角色;(2)国家本质上是一理性角色;(3)权力是国际关系中的核心概念;(4)国家安全是国际关系诸角色的核心问题。

多元主义是一种"多中心"的分析法,所强调的是国家决策和跨国主义。其要点是:(1)非国家角色是国际关系中不可忽视的重要行为者;(2)国家不一定是理性角色;(3)相互依存和跨国主义是国际关系的核心概念;(4)国家安全不一定是国际关系诸角色的核心问题,国际关系的重要议题是广泛的,不是一成不变的。

全球主义则以世界体系为分析基础,强调世界政治经济中"资本主义全球结构"的作用。该派的主要观点是:(1)国际关系分析的出发点是国家与

---

① Richard Ashley, "The Poverty of Realism", *International Organization*, Spring 1984.

② Michael Banks, "The Inter-paradigm Debate", in Margot Light and AJR Groom, *International Relations—A Handbook of Current Theory*, Frances Printer(Publishers)Ltd., 1985, p.9 and p.11.

其他非国家角色赖以发生相互作用的全球体系,而不是国家;(2)在承认国家和国际组织等角色的重要性的同时,特别注重探讨如何使这些角色协力建立国际关系机制;(3)比现实主义和多元主义更加重视国际关系中的经济因素。①

关于"范式之间争论"的特点,有两个学者曾作过很好的概括,保罗·维奥蒂和马克·考比认为:(1)三大范式均带有理想化成分,只是程度不一;(2)三者既有分歧,也有共同点,并不相互排斥;(3)三个范式的重点在于"研究什么",而不在于"如何进行研究";(4)三个范式本身不是理论,只是代表国际关系一般概念的观点,但某种理论有可能从中产生和发展起来。②

班克斯提出的三个范式分析随后又有了发展,英国学者马戈特·莱特和肯尼思·布思从另一角度对"范式之间争论"作了补充,他们提出新马克思主义的范式,并依据研究范畴、基本概念、角色、动力和国际关系学的任务五个方面变素对三个学派进行了一番比较:

关于研究范畴。现实主义最窄,局限于国家为中心;多元主义开拓了研究范畴,将跨国公司等各种组织包括在其中;新马克思主义也称新结构主义,研究范畴最广,包括各个层次的体系及其结构在内。

关于基本概念。现实主义强调权力政治和均势结盟;多元主义主张民族主义和相互依存;新马克思主义则着重研究剥削和依赖。

关于角色。现实主义重视的只是民族国家;多元主义认为国家与其他角色同样重要;新马克思主义则强调阶级是最核心的角色。

关于国际关系的动力。现实主义视权力(特别是武力)为主要动力;多元主义认为各种社会运动是主要动力;新马克思主义则强调经济关系的变动是主要动力。

关于国际关系学的任务。现实主义认为仅仅是解释国家的行为;多元主义强调从不同角度解释和预测世界的重大事件;新马克思主义则认为国际关系学的任务应是揭示世界上的贫富悬殊和阶级矛盾。

具体可见下表:

---

① Ken Booth and Steve Smith, *International Relations Theory Today*, Cambridge University Press, 1995, pp.294—297.

② Paul Viotti and Mark Kauppi, *International Relations Theory—Realism*, *Pluralism and Globalism*, MacMillan Publishing Company, 1987, pp.11—14.

范式之间的争论①

	现实主义	多元主义/相互依存	新马克思主义
分析层次	以国家为中心	多个中心	以全球为中心
基本角色	国家	次国家、跨国家和非国家角色	资本主义世界经济；阶级
行为动力	国家是理性角色，追求国家利益，实现对外目标	寻求跨国的冲突和合作、竞争和妥协的关系	追求阶级利益
主要问题	国家安全至上	多元化，不只是福利问题	经济因素
冲突与合作	国家关系基本上是冲突型的和竞争型的	国家关系有潜在的合作可能，非国家角色常常可起减小冲突的作用	国家内部和国家之间的关系是冲突型的，因为阶级斗争是主要模式
关系状态	静态	进化	革命

另外一种看法是厄恩斯特·哈斯教授提出来的。他主持的一项关于国际关系理论学派的研究课题。列举了八个不同流派及其代表人物，并对它们的概念、变素、重点等作了比较，比以上几种看法更具体、更细致、更深层些。如下表所示：

流派名称	代表人物	国际关系角色	角色是否受体系结构支配?	主要概念	强调点
结构现实主义	华尔兹、吉尔平、克拉斯纳等	民族国家	是	权力政治、国家安全	稳定
决策分析	谢林、杰维斯等	官僚集团	否	决策模式	稳定与变化
理性选择	奥尔森、奥克塞罗德、基欧汉等	民族国家	是	理性政策分析	稳定

---

① Steve Smith，Kenneth Booth and Marysia Zalemski(eds.)，*International Relations—Positivism and Beyond*，Cambridge University Press，1996，p.153.

（续表）

流派名称	代表人物	国际关系角色	角色是否受体系结构支配？	主要概念	强调点
相互依存（新自由主义）	奈、基欧汉、罗斯克莱斯等	国家、国家集团、跨国机构、国际组织	是	新功能主义、复合相互依存	变化
依附论	洛尔汀、卡波拉苏等	国家（阶级代言人）	不完全是	控制与剥削	变化
世界体系	沃勒斯坦、考克斯等	由国家组成的集团或体系	是	世界体系	稳定
新结构主义	阿尔克、鲁杰、阿希利等	民族国家（阶级代言人）、国家体系	部分是	结构	稳定与变化
新世纪一体化	多伊奇、奥尔克等	人民	否	民族生存	变化

从目前各学派的影响程度来看,新现实主义与新自由主义之争或现实主义与全球主义之争的看法似乎占支配地位。正如哈斯所说,有的学派尚处雏形,有的只是学派分支(有的甚至只是研究方法而已),有的学者同属两三个学派,有的则先后变换学派,不宜轻易对号入座,应作具体分析。

著名欧洲国际关系理论学者奥尔·沃弗写了一篇题为《范式之间争论的兴衰》的文章,后收入史蒂夫·史密斯等人所编的《国际理论——实证主义及其之后》一书中,他认为"范式之间争论"是"新-新"(new-new)合力的结果。他所说的"新-新"是指"现实主义转变为新现实主义,自由主义变换为新自由制度主义","两个新学派经历综合的过程",其间派生出其他范式和流派。在整个20世纪80年代,"新-新"综合过程成为西方国际关系理论的主导潮流。[①]

"范式之间争论"与本章讨论的内容有着密切的关系。80年代的"三角范式"(现实主义,多元主义和全球主义)为批判理论的形成提供了学术土壤,为其后出现的新的"三方争论"(新现实主义、新自由主义和批判理论)创

---

① Ole Wæver，"The Rise and Fall of the Inter-paradigm Debate"，ibid，pp.163—164.

造了理论条件。80 年代的"范式之间争论"（inter-paradigm debate）亦随之在 90 年代演变为"后实证主义争论"（post-positivist debate）或"后现代主义争论"（post-modernist debate）。

第二节　冷战的结束与国际关系理论

　　1991 年 12 月苏联的解体标志着战后两极对抗、两霸争夺的冷战时代最终结束。一个以多极化和新秩序为基本特点，以和平与发展为时代主题的冷战后时代随之开始。

　　正如恩格斯在《自然辩证法》中所指出的："每一个时代的理论思维，从而我们时代的理论思维，都是一种历史的产物，在不同的时代具有非常不同的形式，并因而具有非常不同的内容。"①作为时代理论思维的重要组成部分，国际关系理论也是一种历史的产物。如果说国际关系理论的第一次论战（现实主义与理想主义）是两次世界大战和冷战前期的历史产物，第二次论战（传统主义与科学行为主义）是冷战后期的历史产物的话，那么，目前仍在继续的第三次论战（新现实主义与新自由主义），既反映了一种"历史的终结"——冷战的结束，也折射出另一种"历史的开端"——冷战后时代的到来。在世界从冷战结束到冷战后的历史性转变过程中，国际关系理论领域充满着反思、修正、探索和争论。从某种意义上来说，"国际关系理论目前正处在一个极其不确定的阶段，这使它面临着更多的挑战"。②

　　冷战的结束是一个过程，呈现出某种阶段性和多变性。然而，无论对国际形势还是对国际关系理论来说，20 世纪 80 年代末到 90 年代从冷战结束过渡到冷战后时代这一历史转变过程都是一个极为重要的时期。西方国际关系理论的新学派和新理论（如历史终结论、结构理性主义、批判理论、后现代主义、后实证主义、建构主义等）正是在这一历史背景下孕育和发展起来的。

　　这一历史时期，新现实主义仍维持着一定的优势，但"关于新现实主义

---

① 恩格斯：《自然辩证法》，《马克思恩格斯全集》第 20 卷，第 283 页。
② James Dougherty and Robert Pfaltzgraff, Jr., *Contending Theories of International Relations*, p.5.

的论战已集中在冷战结束所带来的影响上"。① 关于这方面的论著和文章层出不穷,使西方国际关系理论领域显得更加纷杂多变,于是,一场关于冷战结束的热烈讨论便开展起来了。

1989年,先是斯蒂芬·罗克(Stephen Rock)出版了关于冷战结束与国际关系的专著:《为何实现和平:从历史观看大国的修好》,后是弗朗西斯·福山(Francis Fukuyama)在《国家利益》1989年夏季号发表著名论文:《历史的终结》。他俩率先从冷战结束前后国际关系剧变的角度,对国际关系理论研究的主流学派提出质疑和挑战,因而,被称之为冷战结束期的"批判理论家"。

罗克从对历史上大国间修好的研究出发,作出了四个具体的假设来对冷战结束的前景进行评价:一是和平状态最有可能出现在权力运用各不相同的大国之间;二是和平状态最有可能出现在经济活动各不相同的国家之间;三是和平状态最有可能出现在社会属性相同的国家之间;四是即使权力运用、经济活动和社会特性有利于和平关系,但仍需要有一些起促进作用的事件来推动和解过程的发展。然而,罗克指出美苏关系从来没有符合过这些标准。自1945年以来,美苏之间所涉及的是一种"强烈的地缘政治竞争、一种意识形态的隔绝和误解以及一种潜力较强但实际上较为薄弱的经济关系"。甚至像1962年的古巴危机也不足以克服上述无望的条件并在莫斯科与华盛顿之间产生任何较为持久的和解,因此,冷战持续那么长的时间并不足为奇。对不久的将来,罗克总结道:"可能我们能够希望的最好结果是结束意识形态上的针锋相对"。他认为从长期来看,当美国的国内政治回复到自由主义和戈尔巴乔夫的"改革生效"之时,更多基本的变化就有可能发生。② 虽然罗克认为只要存在妥协的结构条件,一国的"有效领导"必然能引起重大的变化,但在他的著作中没有任何东西可使读者预期到冷战在数月后就会结束,当然他也没能够对这一事件如何或者为什么会发生作任何解释。

事实最终告诉我们,所发生的并不是双方逐渐地和对称地衰落,而是其中一个超级大国突然地和不对称地崩溃。罗克不能够预见不久所要发生的事并不表明他本人作为一个国际政治分析家存在的缺点,而是反映了结构

① Paul Schroeder, *International Security*, Vol.19, No.1, Summer 1994.
② Stephen Rock, *Why Peace Breaks out: Great Power Rapproachement in Historical Perspective*, University of North Carolina Press, 1989, pp.149—159.

主义研究作为一种基于预见性的理论所存在的普遍不足。这种不足的反映是视时间为衡量尺寸,而不把它视为是一个过程。结构主义者以时间为刻度来衡量事件使他们很少注重时间能够塑造事件这一事实。在国际关系的研究中,他们作出了一些确定的并且常常是令人惊异的结论,这与行为主义谨慎的断言和分析完全不同。结构主义结论的静态特点——不能够解释变化——使其不能用来很好地预见导致冷战结束的剧烈变化。

福山在《历史的终结》一文中认为,苏联的解体证明自由主义已不再有意识形态上的强大竞争者,这是"人类意识形态进化的终结点"和"人类政府的最后形式"。冷战的结束代表了"理想国"的胜利和一种政治经济的特殊形式——"自由资本主义"——"已不能再改进了","基本的原则和制度将不再进一步发展"。像大多数自由主义者一样,他把历史看成"进步的"、线性的和定向性的,并且"有一个基本的过程在起作用并支配着人类社会共同的进化方式"。总之,在自由民主方向上,有某种像人类普遍历史一样的东西。

福山相信西方式的政府、政治经济和政治共同体是人类最终的目标,他的这种信仰至少向国际关系中的正统观念提出了三方面的挑战:①

首先,他声称政治和经济的发展总是以自由资本主义为终结,这就想当然地认为非西方世界在模仿西方的现代化道路,换句话说,西方的现代化之路将最终主宰整个世界。

其次,福山认为西方是道德真理的捍卫者。不管民族和文化的差别是什么,"进步"将有助于所有社会遵守道德真理。

第三,福山相信可以从一些方面来评价人类历史的进步。例如全球冲突的消除与否,取决于国内政治秩序中合理的原则是否为国际社会所接受。这组成了一种国际关系的"内—外"研究,在这种研究中,国家外在行为可以根据他们内在政治、经济性质加以解释。

事实上,国际格局在向多极化过渡的进程中,旧的理论已跟不上时代发展,而新的理论又有待出炉,在这期间,各种观点纷至沓来。正是由于他们的观点尚未理论化、系统化,所以他们作品的标题中常带有问号。对福山来说,历史终结的命题也给他本人带来了"烦闷"之感,这正说明了他自己对未来的一种迷茫。对福山的观点,新现实主义者表示反对。

---

① Francis Fukuyama, "The End of History", *National Interest*, Summer 1989.

罗克和福山掀起的讨论第一波刚过,又涌来了第二波。

20 世纪 90 年代初苏联解体、冷战结束后,一些学者在福山和罗克的质疑和挑战基础上,撰文从不同角度论述冷战的结束与国际关系理论,进一步对新现实主义和新自由主义提出尖锐的批评。

约翰·盖迪斯。这位当年以《遏制战略》一书蜚声于学界的教授,1992年发表了题为"国际关系理论与冷战的结束"的长篇论文。[①] 盖迪斯在论文一开始就指出,冷战结束提供了一个检验国际关系理论的机会:为什么自称具有预测功能的国际关系理论未能预测苏联的解体和冷战的结束。他说,他对现实主义想要构建全面的国际关系理论表示不满,并认为,以往的三种理论或研究方法(行为主义、结构主义和进化主义)在冷战结束的历史剧变面前均暴露出自身的弱点。盖迪斯指出,行为主义方法既没有产生理论,也没有作出预测,由于行为主义尚属新生的科学,批评它未能预测冷战的结束似乎过于苛求。他认为,华尔兹的结构主义是对卡普兰体系理论进行批评的产物,结构主义是国际关系理论的一大进步,但华尔兹却认为"两极会维系下去","冷战会继续下去",他也未能预测到冷战的终结。直到 1989 年罗克才预示冷战将会和平地结束。他还指出,进化主义关于线性和周期的理论与方法,虽然提出了发展理论、相互依存论和战争过时论,但也在冷战国际关系剧变下显得束手无策。盖迪斯称这一现象为"预测困境"(predictability paradox)。自第二次世界大战以来,几代国际关系理论家以研究冷战为本,如今未能成功地预测其终结,不免使人怀疑他们的理论(特别是现实主义和自由主义)的可靠性和科学性。

威廉·沃尔弗斯。他先在《国际安全》杂志上发表了题为《现实主义与冷战的结束》的论文,后又在《世界政治》上撰写了书评《修正国际政治理论以回应冷战的结束》。[②] 前文指出,关于为什么现实主义未能预测冷战结束的问题,学者中有两种回答:大多数人感到困惑、怀疑、不满;其他人认为,国际关系理论只能设计行为模式和预示发展趋势,而无法作出具体的定时

---

① John Lewis Gaddis, "International Relations Theory and the End of the Cold War", *International Security*, Vol.17, No.3, Winter 1992/1993, 1992 年;牛津大学出版社出版了他的专著《美国与冷战的结束》(*The U.S. and the End of the Cold War*)。

② William Wohlforth, "Realism and the End of the Cold War", *International Security*, Vol.19, No.3, Winter 1994/1995;"Revising Theories of International Politics in Response to the End of the Cold War", *World Politics*, July 1998.

定点的预测。沃尔弗斯认为,这两种看法都有所偏颇。他的结论是:(1)冷战的结束是对传统现实主义的检验和挑战;(2)华尔兹的结构现实主义也未能预测国家行为或解释国际关系的变化;(3)冷战结束后的国际体系变化并没有使现实主义理论消亡,"它从冷战的结束中再次浮现出来,就像当初它进入冷战时期一样"。沃尔弗斯在后一篇文章则更明确地指出,冷战的结束改变了整个国际关系理论的议题,特别是动摇了新现实主义的支配地位。既然新现实主义已不能提供对冷战结束后国际关系的变化的有力的解释,另一种理论框架的出现就是必然的和必需的了。这里沃尔弗斯指的即是建构主义等批判理论。沃尔弗斯强调说:"要改进国际关系理论,就需要知道这些理论为什么不足和如何不足。"他认为:"1989—1991年国际政治的变化为学者提供了一个将旧理论与新形势结合起来的试验机会。"

其他论述冷战的结束对国际关系理论影响的论著还有理查德·勒鲍和托马斯·里斯·卡班主编的《国际关系理论与冷战的结束》、弗雷德·哈里代的《冷战的结束和国际关系:若干分析和理论结论》等。

差不多在关于冷战结束对国际关系理论意味着什么的第二波讨论展开的同时,《国际安全》杂志组织了另一场别开生面的讨论,形成了第三波。

第三波讨论是由约翰·米尔斯海默的文章《国际制度主义的虚假前提》引发的。该文在《国际安全》1994/1995冬季号刊出后,立即得到学术界积极的反应。[①]

米尔斯海默的文章围绕"自由制度主义、集体安全和批判理论"三个分支学派开展,他认为这三个分支学派的矛头都是对准现实主义的,都是在冷战结束后新形势下"对现实主义的反应"。

1. 米尔斯海默指出,自由制度主义与现实主义的主要区别:一是现实主义强调"制度不会对国际稳定的前景产生影响,而制度主义强调会产生影响";二是新现实主义认为,制度机构的安排"只是对世界实力分配的反映,不构成导致和平的原因",而制度主义则认为,"制度能改变国家取向和行为,有能力让国家远离战争"。正如自由制度主义代表人物基欧汉所说的:"制度主义的思想把批评的火力对准了现实主义。"[②]然而,米尔斯海默认为,

---

① John Mearsheimer, "The False Promise of International Institutionalism", *International Security*, Vol.19, No.3, Winter 1994/1995.

② David Baldwin(ed.), *Neorealism and Neoliberalism*, p.271.

"自由制度主义未能提供了解国际关系和促进冷战后和平稳定的坚实基础，自身正在进行修补之中"。①

2. 米尔斯海默接着指出，冷战结束后，人们再次把目光转向集体安全，对现实主义的注意力相对减弱。集体安全较为吸引人的新的含义是：它强调国家应放弃用武力来改变现状；它反对大国根据狭隘的自我利益行事，主张国家利益与国际社会的整体利益广泛一致；它赞成国家之间应相互信任。但是米斯海默认为，在处于无政府状态下的世界里，集体安全的理想化安排既无成功的历史实例，也缺乏实现的有力保证。

3. 米尔斯海默然后指出，批评理论作为一种新思潮，是"挑战新现实主义的产物"。② 它标志着"后现实主义世界"（post-realist world）或"后现代主义国际体系"（post-modern International System）的开始。两者的区别是：第一，从本体论和认识论的角度，新现实主义强调存在一个可以认知的客观世界，与个人是分离的；批评理论则强调主客观和世界与个人是紧密联系的整体。第二，新现实主义强调，世界是由客观因素决定的，而批判理论强调思想、观点等主观因素的作用，"思想观点形成物质世界"，而不是相反，所以，"变革国际政治就是变革人们对国际政治的认识"。③ 批判理论认为，世界是"一种社会建构"，主张建立"多元化的安全社会"（a pluralist security community）。④ 第三，新现实主义强调政治家、外交家、战略家作用，而批判理论则强调知识分子，尤其是批评理论家所起的关键作用。⑤ 然而，米尔斯海默指出，批判理论显得相当不成熟，光谈论从根本上改变国家行为和国际体系，但却很少触及如何去改变，同时缺乏有力的实证支持。因此，他的结论是，现实主义——新现实主义"继续成为有影响的理论"，批判理论"很可能仍处于现实主义的卵翼之下"。⑥

作为一位主张新现实主义的学者，米尔斯海默的理论倾向是明显的。他对摩根索和华尔兹情有独钟，认为他俩"是过去 50 年来国际关系理论领

---

① John Mearsheimer，"The False Promise of International Institutionalism"，*International Security*，Vol.19，No.3，Winter 1994/1995.

② Ibid.

③ Ibid.

④ Ibid.

⑤ Ibid.

⑥ Ibid.

域最有影响的现实主义者"。① 但是，在文章的字里行间，他还是流露出对现实主义的惋惜之意，作为一种悲观理论，它常遭到人们的责难。文章的结尾处，米尔斯海默写下了抨击制度主义的重重一笔："不幸的是，对制度主义的错位依赖很可能导致未来更多的失败。"

"一石激起千层浪"。《国际安全》1995 年夏季号辟出专栏，刊登了一组反应文章及其米尔斯海默的回复。这四篇反应文章和作者分别是：《制度理论的前景》（罗伯特·基欧汉和丽莎·马丁）、《集体安全的前途》（查尔斯·库珀查和克利夫特·库珀查）、《现实主义的虚假前提》（约翰·拉吉）和《构建国际政治》（亚历山大·温特）。

罗伯特·基欧汉和丽莎·马丁认为，现实主义与自由制度主义的区别不在于制度是独立的还是依附的，而在于制度为什么会建立和它们如何发挥作用。他俩指出，米尔斯海默的现实主义是片面的，称不上是"社会科学的理论"。他俩也承认，过于依赖制度的确会造成"虚假前提"，但是，"在充斥着权力纷争和利益冲突的世界里，建立在互动互惠基础上的国际制度将积极地促进永久的和平"。

查尔斯·库珀查和克利夫特·库珀查指出，米尔斯海默关于集体安全的定义是"狭隘的"，分析是"肤浅的"，他从结构现实主义的角度批评制度主义时却忽略了在什么程度上国内政治、信仰和规范等能制约国家行为。两位作者客观地评述了集体安全的作用：（1）有利于形成反对侵略者的有效的集体防御力量；（2）有利于促进信任与和平；（3）有利于缓解各国的安全困境；（4）有利于国家从推动国际稳定的要求重新界定国家利益。

约翰·鲁杰则用比较尖锐的语言批评米尔斯海默采取了反制度主义（anti-institutionalist）立场，称米尔斯海默是一个现实主义的反制度主义者（a realist anti-institutionalist），他宣传的现实主义是一种"高度的现实主义变种"（a hyper-realist variant）。

亚历山大·温特在《构建国际政治》中首先指出，米尔斯海默的文章有两点是应该肯定的：（1）它是自华尔兹以来对新现实主义最系统的阐述；（2）它提醒新自由主义者和批判理论学者，他们之间存在共同点，能

---

① John Mearsheimer，"The False Promise of International Institutionalism"，*International Security*，Vol.19，No.3，Winter 1994/1995.

够以制度主义为基础相互借助。温特接着提出,批判理论并不是一种单一的理论,而是一个理论"家族",包括:(1)后现代主义(阿希利、沃克);(2)建构主义(艾德勒、克拉托奇维尔、鲁杰和卡赞斯坦);(3)新马克思主义(考克斯、吉尔);(4)女性主义(彼得森、西尔维斯特)。温特自称为建构主义者,其代表作是《国际关系理论中的代理—结构问题》。建构主义是批判理论的一个重要组成部分,它着重研究"世界政治是如何社会地建构起来的",它与新现实主义的区别在于:(1)新现实主义讲物质实力的分配,建构主义则讲"社会关系",主张"社会变化",认为国际政治的根本结构是社会的,而不是物质的;(2)建构主义认为新现实主义还不够结构性(not structural enough),结构决定"认同和利益",而不仅仅是"国家的行为"。①

约翰·米尔斯海默在《一个现实主义者的回答》中,对上述四篇批评文章都逐一作了答复。他认为,制度主义事实上是现实主义的一种替补性理论;集体安全理论试图对现实主义提出修正,但在实践中却行不通;鲁杰的观点与现实主义并无二致,他只是"一艘夜航的轮船";批判理论是对现实主义的勇敢的宣战,但却未能回答两个问题:(1)"社会变化"是如何产生的?(2)如何寻求有力的实证支持?"缺乏证实内容是建构主义的一个致命弱点"。② 米尔斯海默最后指出,批判理论虽有发展,但尚未壮大到足以改变现实主义在国际关系理论领域的支配地位的程度。

这里,有必要对约翰·米尔斯海默及其代表的进攻性现实主义作简单的介评。

从时代变革的 20 世纪 90 年代初到世纪之交的 21 世纪初,现实主义学派经历了以卡尔和摩根索为代表的政治现实主义、以华尔兹为代表的结构现实主义和以米尔斯海默为代表的修正现实主义的发展。学术界称华尔兹的结构现实主义为温和的或防御性现实主义,称米尔斯海默的修正现实主义为激进的或进攻性现实主义。这两种现实主义都认为国际社会处于无政府状态,都注重权力。但防御性现实主义主张维持现状,反对过分追求权力,国家行为的目的追求是权力均衡,以均衡求稳定,确保自己国家的生存、安全和发展。而进攻性现实主义则主张修正现状,改变现状,认为国际体系

① Alexander Wendt, "The Agent-structure Problem in International Relations Theory", *International Organization*, Vol.41, No.3, Summer 1987.

② John Mearsheimer, "A Realist Reply", *International Security*, Vol.20, No.1, Summer 1995.

无政府状态的实质就是权力之争,国家应追求权力和影响的最大化,采取进攻性战略以获得最大安全。

约翰·米尔斯海默 1947 年出生于纽约市,17 岁参加美国陆军,一年后入西点军校,1970 年毕业。接着,他在空军服役 5 年后继续求学,1980 年获康乃尔大学国际关系专业博士学位。1982 年起,他担任芝加哥大学政治学副教授(1984 年)、教授(1987 年),1996 年荣获"温得尔·哈里森杰出贡献"称号。2003 年,他被评为美国艺术与科学学院院士。[①]

集中代表进攻性现实主义观点的是米尔斯海默 2001 年出版的《大国政治的悲剧》,该书一度被视为是继 1979 年华尔兹的《国际政治理论》之后对现实主义国际关系理论最重要的贡献。该书"集中反映了进攻性现实主义的思想",[②]显示了"现实主义的生命力和再生性"。[③] 米尔斯海默认为,进攻性现实主义的基本命题是:第一,权力是大国政治的根本,大国为权力而斗争;第二,国际体系特征反映了权力分配是国家追逐霸权的主要原因;[④]第三,争霸是大国关系的必然态势,"国家的最高目标是成为体系中的霸权国",[⑤]而争霸的结果取决于该国在经济力量和政治权力基础上的军事实力。这正是大国政治的必然悲剧。因此,进攻性现实主义是一种悲剧性现实主义。

然而,约翰·米尔斯海默的进攻性现实主义,以继承传统、修正现状的基本理念,以简约的科学分析和严谨的层次推理,独成一体,独树一旗,受到学术界广泛的关注。

至此,这场一波三折的关于冷战结束后国际关系理论的讨论,已将持续到冷战后时代的第三次论战全方位地予以展现出来,在第三次论战的第三阶段(新现实主义,新自由主义和批判理论)三方交锋中,批判理论就自然地成为关注和研究的焦点。

---

① 2003 年 10 月 28 日至 11 月 12 日,应复旦大学国际关系与公共事务学院邀请,米尔斯海默教授首次访问中国,在复旦大学、华东师大、上海国际问题研究所、北京大学、中国人民大学、外交学院、中国社会科学院、中国国际问题研究所和吉林大学作学术交流。特别是在北京与王缉思教授的会见以及与秦亚青教授的对话,给米尔斯海默教授留下了深刻的印象。笔者时任复旦大学国际关系与公共事务学院院长,有幸主持他的几次讲座。王义桅博士全程陪同米尔斯海默的那次对华访问。

② John Mearsheimer, *The Tragedy of Great Power Politics*, W.W. Norton, 2001, p.5.

③ Ibid.,第 166 页。

④ Ibid.,第 12 页。

⑤ Ibid.,第 21 页。

第三节　批判理论对实证主义的挑战

一、批判理论的起源

当代西方国际关系理论一般分为两类：解释性理论和构成性理论。[①] 解释性理论侧重对理论假设进行检验，提供因果关系上的理解，叙述国际事件并对其一般趋势和现象给予解释。其认识论基础是实证主义（positivism）或理性主义（rationalism）。这类理论把说明国际政治生活的真实、直接为国家决策者解决难题服务作为自身的目的，因此，亦称解决难题理论。西方国际关系理论自它产生后所发展起来的（新）现实主义和（新）自由主义等均属于这一类。构成性理论则注重对国际关系理论本身的哲学基础进行反省和重建，其认识论基础是后实证主义（post-positivism）或反思主义（reflectionism），强调理论上的自我批评和重建对正确认识和理解世界政治的性质及特征具有重要作用，因此，亦称批判理论，或批评理论（critical theory）。长期以来，解释性理论一直在西方国际关系理论界占居支配地位。然而，自20世纪80年代开始，由于受西方政治及社会理论发展的影响和推动，构成性理论在西方国际关系理论界逐渐兴起，对传统的主流理论提出批评和挑战，形成所谓西方国际关系理论的"第三次论战"。[②]

西方国际关系构成性理论是一个"家族"，包括批判理论、后现代主义、女性主义和建构主义等分支，而批判理论则是贯穿这一"家族"的核心理论流派。

"批判理论"一词用来代表一种哲学。这种哲学通过内在的批评方法对占主导地位的社会及政治现代化秩序提出质疑，谋求恢复一种批评的潜在活力。这种批评的精神在西方思想、社会、文化、经济和技术的趋势中日益受到重视。当批判理论开始渗透入西方国际关系研究，从认识论、本体论、

---

① 参阅 Robert W.Cox, "Social Forces, States and World Orders: Beyond International Relations Theory", *Millennium: Journal International Studies*, 10, No.2, 1981, pp.128—137; Steve Smith, "The Self-Images of a Discipline: A Genealogy of International Relations Theory", Ken Booth and Steve Smith(eds.), *International Relations Theory Today*, The Pennsylvania State University Press, 1995, pp.25—27。

② 参阅 Yosef Lapid, "The Third Debate: On the Prospects of International Theory in a Post-Positivist Era", *International Studies Quarterly*, 33, No.3, 1999。

价值论和方法论等方面对这一学科进行批评性的反思时,它动摇了西方主流国际关系理论大厦的根基,同时也为重建西方国际关系理论开拓了道路。

在西方,批判理论的根源可追溯到欧洲启蒙主义运动时期的思想,并且常常与康德、黑格尔和马克思的著作相联系。批判理论还含有古希腊关于民主和自治的烙印,以及后来受尼采和韦伯的思想的影响。然而,在 20 世纪,西方批判理论与德国法兰克福学派有着密切的联系。

20 世纪 20 年代,西方马克思主义获得新的发展,由此产生一种学派。由于该学派的成员主要来自德国法兰克福的社会研究所,因此,又称"法兰克福学派"。该学派强调研究政治社会学、心理学、文化理论和哲学。由于德国纳粹主义的迫害,该研究所于 1933 年开始流亡国外。1944 年该学派的两个主要人物西奥多·阿道尔诺和马克斯·霍克海姆在美国出版重要著作《启蒙运动的辩证法》,对传统的科学和理性主义观点提出挑战。二次大战结束后,该学派的另一主要人物赫伯特·马尔库塞发表《单向度的人类》,抨击后期资本主义的文化。不过,一般认为,该学派的集大成者是后来的哲学家和社会学家尤尔根·哈贝马斯。他关于实证主义的批评以及对批判理论的阐述,对欧美思想界和学术界产生了重要影响。

哈贝马斯提出一种独特的理论框架:认识与兴趣。他把所有的知识视为是由于人类不同兴趣的产物。他认为有三种人类兴趣构成知识。第一种是关于人类与物质环境之间相互作用的关系,引起人类对预测和控制问题的兴趣,从而产生实证主义的经验性分析科学知识;第二种是关于人与人之间相互沟通的关系,它不是实证主义科学知识所能够理解的,引起人类对含义进行解释的兴趣,从而产生解释性科学知识;第三种,哈贝马斯把社会视为是权力主宰的场所,这就引起对从受支配中解放出来的自由和实现理性自主的兴趣,从而产生批判理论。①

---

① 参阅尤尔根·哈贝马斯,《认识与兴趣》,郭官义和李黎译,学林出版社,1999 年。哈贝马斯大部分著作未被译成汉语,主要的有:"A Postscript to Knowledge and Human Interests", *Philosophy of the Social Sciences* (Vol.3, 1973), pp.175—185; *Theory and Practice trans.* by J.Viertel, Beacon Press, 1973; *Towards a Rational Society trans.* by J.J.Shapiro Beacon Press, 1970 and *Legitimation Crisis trans.* by T.McCarthy, Beacon Press, 1975. "For a discussion of Habermas's ideas", see J. B. Thompson and D. Held (eds.), Habermas, *Critical Debates*, MacMillan, 1982; G. Kortian, Metacritique, *The Philosophical Argument of Jurgen Habermas*, Cambridge University Press, 1980; R.Guees, Habermas and Critical Theory Oxford University Press, 1982, G.Therborn, "Habermas: A New Eclectic", *New Left Review* (No.67, 1971), pp.69—83 and F.R.Dallmayr, "Critical Theory Criticized: Habermas's Knowledge and Human Interests and Its Aftermath", *Philosophy of the Social Sciences* (Vol.2, 1972)。

法兰克福学派批判理论的一个基本点是注重通过理解历史及社会的发展和通过探索当代社会的各种矛盾，去认识当代社会的诸核心特征，从而谋求实现对当代社会主导性的超越。批判理论不谋求废除一种或两种弊端，而是分析造成这些弊端的社会基础，以便最终克服它们。批判理论把社会本身作为分析的对象，而且认为理论建设活动不能脱离社会。因此，批判理论的分析范围还包括对理论本身的反思，它是一种自我反思的理论。

批判理论认为，理论不可避免地与社会及政治生活相关联，并扎根于这种生活之中，而且一定的理论具有一定的目的和功能。值得注意的是，批评者不仅指出任何理论不可避免都是它们所处的一定社会的产物，而且其兴趣在于从现存的社会中解放出来，而不是使这种社会合法化。因此，与传统理论相反，批判理论的目的是要通过废除非正义去改善人的生存环境。总之，批判理论接受这样一种看法，即知识不可避免地是为一定的目的和功能服务的，而这些目的和功能又规定着社会及政治生活。批判理论既说明具体的历史环境，又作为一种力量去推动环境的变化。[1]

值得指出的是，法兰克福学派的批判理论主要把国家层面的社会作为关注的焦点，并没有去考虑不同社会之间的关系层面。它在批评现代社会的过程中也未涉及国际关系内容。但是，这并不意味着批判理论不适用于国际关系层面。

到了 20 世纪 80 年代，西方批判理论开始进入国际关系领域。一个主要任务是把法兰克福学派在国内社会层面的探讨活动扩大到国际或全球层面。它不再局限于关注某个单一的政体，而是考虑政体之间的关系，并且考虑是否存在把理性、正义和民主的政治组织扩大到整个人类的可能性。它成为一种国际关系批判理论，一种致力于解放人类的世界政治理论。可以说，国际关系批判理论是在国际层面上得到拓展的批判理论。

二、从实证主义到后实证主义

近代西方启蒙运动和理性主义革命，把西方社会从黑暗的中世纪经院神学束缚中解放了出来，人性的力量和智慧获得充分的肯定和赞美。启蒙时代的人们认为，自然界万物的运行受着自然法则或规律的支配，科学家的任务是

---

[1] 参阅 Max Horkheimer，*Critical Theory: Selected Essays Herder and Herder*，1972。

去发现这些存在于宇宙中的客观法则,并以公理式的文字将它们表述出来。这种观点无疑唤起人们探索自然界规律的浓厚兴趣。在这种背景下,西方在自然科学领域发生了革命:牛顿提出作为近代物理学基础的力学三大定律和万有引力定律;伽利略发明望远镜观察天体;哥白尼提出地球围绕太阳旋转的日心学说;巴斯德在显微镜下观察细胞,阐述病菌学说等等。这类凭经验、观察和实验去发现和认识自然界规律的方法,被称为经验的或实证的方法。人类也由此走向现代社会。"现代"一词包含了科学、技术、进步和理性等意思。

后来,这种研究自然界的实证方法以及经验上的认识过程被引入社会科学领域。19世纪初,法国著名哲学家和社会学家奥古斯特·孔德创立实证主义哲学,实证主义哲学坚持社会科学和自然科学的统一性,认为客观规律不仅存在而且可以发现。孔德首次提出利用实证方法研究社会世界、发现社会规律的观点,与当时产业革命的兴起相呼应。孔德把人类知识划分为三类:神学知识、玄学知识和实证知识,使它们与人类智力及社会发展经过原始、中间、科学三个阶段相对应,说明实证知识标志着人类进入科学阶段。孔德的实证主义取向提出方法论上的统一科学概念,这一概念大体包含了三个基本方面:第一,实证的知识是真实的,因为它符合经验上的事实;第二,实证的知识是客观的,因为它对事物的认识和掌握是在没有受到主观因素影响的情况下获得的;第三,实证的方法是互联的,即它不但适用于对自然世界的研究,也适用于对社会世界的研究。根据实证主义的逻辑,如同自然世界一样,社会世界也存在着法则和规律,社会科学研究者的任务是通过观察、实证和经验的办法去"发现它们"。[①] 由于这一原因,20世纪20年代,逻辑实证主义在奥地利、德国和波兰出现并迅速占居支配地位。应该承认,孔德的实证主义和后来的逻辑实证主义在西方社会产生不可忽视的影响,成为指导包括西方国际关系理论在内的不少社会科学领域研究的重要理论。

一般地说,西方国际关系研究主要是从传统的外交史、国际关系史以及国际法研究中繁衍出来的。传统的外交史和国际关系史主要关注和强调国际事件及个人的特殊性、偶然性、不确定性和独特性,它们所关心的不是发现普遍法则,而是讲究对具体的外交事件、人物或决策过程的详细叙述,再现国家之间关系的历史画面。从这个意义上讲,西方国际关系研究一开始

---

① 参阅夏基松,《现代西方哲学教程》,上海人民出版社,1985年,第29—39和417—440页;Mark Neufeld, *The Reconstruturing of International Relations Theory*,Cambridge University Press,1995,pp.22—28。

是扎根于诠释和描述的传统,而不是实证和经验的传统。

然而,在学科的建设过程中,西方国际关系理论并没有沿着叙述的传统方向发展。第一次世界大战爆发的残酷事实,促使人们感到需要对战争的起源与和平的条件问题进行系统的思考和研究。西方国际关系理论开始从叙述的传统转向接受实证主义的传统。从历史上看,实证主义传统与西方国际关系理论研究之间大体经历了四次结合。[①]

第一次是在 20 世纪 20—30 年代。第一次世界大战结束后,国际关系理论作为一门学科在欧美国家确立。在当时,人们主要关心从理论上回答爆发战争的原因和维持和平的手段问题。残酷的大战促使他们提出要对战争的整体现象进行系统研究,摆脱对个别的、孤立的战争案例进行解剖和诠释的传统做法。此外,人们还试图对国际组织、国际法等在维护国际和平及安全方面的作用给予较系统的说明。这些均为后来西方国际关系理论研究朝着综合性、一般性理论的方向努力打下基础。

第二次是在 20 世纪 40—50 年代。第二次世界大战的爆发,宣告国联组织的破产以及国际乌托邦理想的破灭。1939 年,E.H.卡尔出版《二十年的危机》一书,批评自由主义的幼稚观点。政治现实主义开始占居主导地位。1948 年,汉斯·摩根索的《国家间政治》一书问世。该书深入地探讨战争与和平的问题,其实证主义色彩更为浓厚,主要反映在两个方面:第一,它是一本最早尝试建立一个全面的、综合性的国际政治理论框架的专著;第二,该书认为,在国际政治方面,有一套客观法则在调节和控制着国家行为,作者指出:"关于政治上的事情,存在着一种客观的、普遍有效的真理……(它)是人的理性所能够获得的。"[②]这种认识论一直反映在后来政治现实主义的理论活动及实践中。

第三次是在 50 年代末和 60 年代初,当时的行为主义革命渗透到西方社会科学的诸多领域,引出历史主义和行为主义之间在国际关系理论上的激烈争论。行为主义运用现代物理学和其他自然科学方法论,批评传统的国际政治知识不是"根据科学",而是"凭直觉"总结出来的,把"事实"与"价值"混淆在一起,因此是不精确的和缺乏事实证明的。行为主义者把先前所

---

① 关于次数的划分,参考了以下论文: Nick Rengger and Mark Hoffman, "Modernity, Postmodernism and International Relations", in Joe Doherty and Elspeth Graham and Mo Malelz(eds.), *Postmodernism and the Social Sciences*, St.Martin's Press, 1992, pp.127—147.
② Hans Morgenthau, *Politics among Nations*, Alfred Knorf, 1973, p.xi.

有的国际关系思想比作是"民间法或星占学",认为历史主义研究所使用的大量书籍、文件、档案资料等只是对事实或知识作直观的积累和收集,不同于行为主义所倡导的关于国际关系研究建立在可信赖的数据基础之上的观点。于是,当时出现不少研究国际政治的"科学"及实证方法,如利用数学方法分析冲突环境中国家理性行为的"博弈法"、对国际之间话语进行探究的"内容分析法"、统计法,以及计算机模拟法等等。此外,行为主义者倡导使用自然科学研究的手段,如"模式""样本""变量""曲线"等,谋求对国际政治进行定量性和测定性分析研究,其目的是要通过"科学的""真实的"方法去"精确地"解释和预测国际政治、检验理论假设。在这场围绕方法论的争论中,行为主义的"科学"及实证方法偏居上风,但传统的历史主义所使用的概念、术语和基本理论假设得到保存。行为主义的实证方法和现实主义研究取向相结合,进一步构成西方国际关系理论的主流和正统。

需要指出的是,1962 年,美国学者托马斯·科恩出版《科学革命的结构》一书,轰动当时西方思想界和知识界。该书探索理论范式的本质和变化,试图突破"科学"这一概念,认为所谓"客观"知识是独立于观察者的价值、信仰和偏爱之外的。① 这种认识显然与当时国际关系研究强调实证方法相对立。这一时期出现的多元主义和结构主义两大理论范式,试图与占主导地位的现实主义理论范式相并存。它们各自强调不同的行为体、概念、问题和价值。然而,围绕"范式"概念而引出的思想混乱,以及对这一术语的使用、滥用、误用、错用等现象反而巩固和突出了西方国际关系理论领域中行为主义的阵营。

第四次是在 70 年代末和 80 年代初。1979 年,肯尼思·华尔兹出版新现实主义代表作《国际政治理论》,在西方国际关系理论界产生巨大影响,它再次使实证主义研究方法得到"拨乱反正"。作者开始用了一个篇章节讨论科学的理论及研究方法问题,然后在批评先前理论"缺乏系统"的基础上,建立他所谓"科学的"国际政治理论。华尔兹通过对国际关系史的观察发现,"国际政治的特征处于高度稳定的状态中,其模式一再出现,事件本身反复不断"。② 他提

---

① 参阅 Thomas Kuhn, *The Structure of Scientific Revolutions*, University of Chicage Press, 1962。科恩讨论了理论范式问题,把"范式"定义为"一方面它代表某个特定团体成员所共享有的信念、价值、技巧等的总汇;另一方面,它指这一总汇中的一种要素,即作为模式或范例使用的具体解疑方法,解疑方法可以代表明确的规则,作为解决常规科学其余难题的基础"。(第 175 页)关于西方国际关系理论范式间的争论,可参阅 M.Banks, "The Inter-paradigm Debate", in M.Light and A.J.R.Groom (eds.), *International Relations: A Handbook of Current Theory*, Francis Printer, 1985, pp.7—23。

② Kenneth Waltz, *Theory of International Politics*, p.66.

出从国际体系层面分析、解释和预测国家之间的行为及结果，并总结其规律。

　　在这以前的 40 多年里，国际关系主流理论基本上遵循实证主义传统，或者说，实证主义研究方法在国际关系理论领域基本上占据了支配地位，所有三种范式（现实主义、多元主义和结构主义/全球主义）均属此范畴。无独有偶。1987 年，先后有两对学者预示，国际关系理论将出现新的论战势头[①]：基欧汉和奈提出，后实证主义、后结构主义、后现代主义对国际关系主流理论提出批评，使"以后 10 年可能成为激动人心的学术发展时期"。马克·霍夫曼和理查德·阿希利也预测，批判理论将成为国际关系理论下一阶段发展的主要标志。

　　这下一阶段被称为"后实证主义时代"[②]。"新的国际理论批判研究共有的特点之一就是否定实证主义的理论。这里的'批判'一词意指后现代主义

[①] 参阅 Yosef Lapid, "The Third Debate: On the Prospects of International Theory in a Post-Positivist Era", *International Studies Quarterly*, 33, No.3, 1999。

[②] 关于后实证主义时期的专著和文章举不胜举，主要的有：Cox, R.W., "Reflections of Some Recent Literature", *Internation Organization*, 1979; Ashley, R.K., *The Political Economy of War and Peace: The Sino-Soviet American Triangle and the Modern Security Problematique*, 1980; Galtung, J., The True Worlds, 1980; Alker, H.R., "Dialectical Foundationof Global Disparities", *International Studies Quarterly*, 1981; Cox, R.W. "Social Forces, States and World Orders: Beyond International Relations Theory", Millennium, Reprinted in *Neorealism and its Critics* (ed.), Keohane, 1986; Cox, R.W., "In Search of International Political Economy: A Review Essay", *New Political Science*, 1981; Ashley, R.K., "Political Realism and Human Interests", *International Studies Quarterly*, 1981; Alker, H.R., "Logic, Dialectics, Politics: Some recent controversies", in *Dialectical Logics for the Political Sciences* (ed.), H. R. Alker. *Poznan Studies in the Philosophy of the Sciences of Humanities*, 1982; Ashley, R. K. 1983, "The Eye of Power: the Politics of World Modeling", *International Organization*, 1983; Ashley, R.K., "Three Modes of Economism", *International Studies Quarterly*, 1983; Mittelman, J. H., "World Order Studies and International Political Economy", Alternatives, 1983; Cox, R.W., "Gramsci, Hegemony and International Relations: An Essay in Method", *Millennium*, 1983; Alker. H.R., and Biersteker, T.K., "The Dialectics of World Order: Notes for a Future Archaeologist of International Savior Faire", *International Studies Quarterly*, 1984; Cox, R.W., "Postscript 1985", in *Neorealism and its Critics* (ed.), Keohane, 1986; Ashley, R.K., and R.B.J. Walker., "Reading Dissidence/Writing the Discipline: Crisis and the Question of Sovereignty in International Studies", *International Studies Quarterly*, 1990; Walker, R.B.J., "History and Structure in the Theory of International Relations", *Millennium*, 1987;——, "Realism, Change and International Political Theory", *International Studies Quarterly*;——, "One World, Many Worlds: Struggles for a Just World Peace", 1988;——, "The Prince and 'The Pauper': Tradition, Modernity, and Practice in the Theory of International Relations", in *International/Intertextual Relations*, Der Derian, M.J., and Shapiro, J., (eds.), 1989;——, "Inside/Outside: International Relations as Political Theory", 1993;——(ed.), *International Theory: Critical Investigation*, 1994; George, Jim, "Discourses of Global Politics: A Critical (Re) Introduction to International Relations", 1994; Der Derian, J., and M. J. Shapiro (eds.), *International/Intertextual Relations: Postmodern Readings of World Politics*, 1989; Dillon, Michael, "Politics of Security: Towards a Political Philosophy of the Continental Thought", 1996.

者、批判理论家、女权理论学者和后结构主义者的批评性观点，毫无疑问，这些观点是对传统的或主流的实证理论所作的全面批判"。①

于是，自 20 世纪 80 年代起，西方国际关系的实证主义主流理论开始受到批判理论的激烈挑战和冲击。

批判理论首先把批评的重点放在"范式之间争论"的三个主流理论（现实主义、多元主义和结构主义）上。② 一般认为，现实主义主要分两大流派：摩根索的政治现实主义和华尔兹的新现实主义。马克·霍夫曼指出，阿希利的突出作用就是适时地提出了"国际关系的批判现实主义理论"（a critical realist theory），并为其发展"打下了基础"。③ 批判主义对现实主义的批评主要集中在：（1）现实主义过于强调权力与安全，从整体上忽视了"世界政治"中的文化因素；（2）现实主义，特别是新现实主义未能对单位与体系作详细的描述和分析；（3）新现实主义未能把握国际关系中道义和伦理变化的意义。④

关于多元主义，这里是指相互依存论（奈、基欧汉）、机制理论（瓦斯奎兹、克拉斯纳）和世界社会研究（伯顿）。这些理论和研究方法曾起过很大作用，但阿希莱等人认为，它们过于"技术化"，故亦称之为"技术多元主义"；⑤此外，在研究方法定位上明显趋于"折衷"；最后，它们未能满足研究"人类社会需要"的要求，缺乏从历史、经济、社会、政治、机构不同角度和内容对"人类社会需要"进行科学研究的手段。⑥

在三个实证主义范式中，结构主义与批判理论相对"近似一些"，部分原因是它们社会和政治理论的"根"相似，世界体系分析便是一例。世界体系分析强调的是只有一个单一的世界体系，并具有自己独特的结构，即世界资本主义经济。结构主义分析的积极一面是，它为批判理论提供了最初的形

① Steve Smith, Kenneth Booth and Marysia Zalemski(eds.), *International Relations—Positivism and Beyond*, Cambridge University Press, 1996, p.12.
② Mark Hoffman, "Critical Theory and the Inter-paradigm Dabate"in Hugh Dyer and Leon Mangesation (eds.), *The Study of International Relations*, St.Martion's Press, 1989, pp.70—78.
③ Mark Hoffman, "Critical Theory and the Inter-paradigm Dabate"in Hugh Dyer and Leon Mangesation (eds.), *The Study of International Relations*, St.Martion's Press, 1989, pp.72—73.
④ John Vasquez, "Post-positivist Debate", pp.250—251.
⑤ Ken Booth and Steve Smith, *International Relations Theory Today*, Cambridge University Press, 1995, p.74.
⑥ Mark Hoffman, "Critical Theory and the Inter-paradigm Dabate" in Hugh Dyer and Leon Mangesation(eds.), *The Study of International Relations*, St.Martion's Press, 1989, p.76.

成基础,但是,它缺乏促进认知利益(cognitive interest)的实质内容和指导行动的明晰的规范原则。马克·霍夫曼的结论性意见是:"结构主义可视为国际关系批判理论的一个重要部分,但它单独却不能形成这样的理论。"①

三、批判理论与国际关系研究

国际关系批判理论大体分为两种:批评性诠释理论和激进的诠释主义。

批评性诠释理论的主要特征是打破主流理论所遵循的实证主义和理性主义传统。在国际关系方面,这一分支的观点主要体现在罗伯特·考克斯、安德鲁·林克莱特以及墨文·弗罗斯特等人的著作中。批评性诠释理论有三个基本前提:第一,它认为主流理论的认识论假定是不正确的。考克斯指出,主流国际关系理论只关注世界秩序范围内的解决难题的理论,而没有提出关于世界秩序本身是如何产生以及世界发生转型可能性等重要问题。同所有批判理论一样,它拒绝实证主义所提倡的主流理论。第二,批评性诠释理论强调对规范给予重视,强调知识与利益的联系,而这些正是被传统的主流理论所忽视和低估的内容。第三,它对认识论抱一种温和的态度,谨慎地认为在伦理和道德领域不排除存在普遍主义的可能性。

激进的诠释主义赞成批评性诠释理论对传统实证主义理论的批评和反思,但是,它超越批评性诠释理论的见识,通过采取后结构的方法论,形成极为不同的伦理和认识论方面的假设。这一分支的理论思想体现在詹姆斯·德·德里安、理查德·阿希利、罗伯·沃克和杰·爱尔希坦等人的著作里。

国际关系批判理论的这两个学派的代表人物把批判矛头指向新现实主义和新自由主义,掀起了一场"批判风暴"。在这场"批判风暴"中,考克斯成为了批判理论的先驱,阿希利和林克莱特则成为风暴中的"斗士"。②

从总体上看,国际关系批判理论从认识论、本体论、方法论和价值论等方面对传统的西方国际关系研究提出挑战和批评。

---

① Mark Hoffman, "Critical Theory and the Inter-paradigm Dabate" in Hugh Dyer and Leon Mangesation(eds.), *The Study of International Relations*, St.Martion's Press, 1989, p.78.
② 郭树勇:《国际关系研究中的批判理论:渊源、理念及影响》,《世界经济与政治》,2005 年第 7 期,第 9 页。

在认识论方面,国际关系批判理论批评实证主义关于认识知识的观点,批评在经验基础上可以获得验证的真理性陈述,反对关于独立于人的思想和实践之外存在客观标准的观点。批判理论者广泛吸收西方现代哲学、政治学和社会学理论研究成果,如库恩和费耶拉班德的思想,以及政治及社会理论中的语言转折、维根斯坦的"语言游戏"分析、伽达默的"哲学解释学"以及福柯对权力-知识的分析等。他们指出,衡量知识是否可信赖的标准不是自然的标准,而是人为的标准。因此,批判理论认为,在学术研究过程中存在政治规范性的内容。"观念、文字和语言不是实证主义所认为的是复制'真实'或'客观'世界的镜子,而是我们用以对付'我们的'世界的工具"。[①] 理论是一定特定时间和空间的产物,而且不可避免地受到社会、文化以及意识形态的影响和限制。借用英国学者斯蒂夫·史密斯的话讲,国际关系理论主要是"美国的学科","现实主义叙述世界政治的三个核心成分——国家利益、权力扩张和权力均势——特别适合于美国对外政策的需要"。[②] 也就是说,西方现实主义理论不能被理解为是对"客观"世界的不偏不倚描述,而应该被理解为是特定社会群体(即美国的国家决策者)用来说明某些难题、满足特定需要和利益的意识形态工具。

在本体论方面,国际关系批判理论挑战理性主义关于人性和人的行为的概念,强调行为体认同的社会建构,以及认同对利益和行为的形成所具有的重要性。这一点在后来的建构主义研究取向中得到进一步的发展。

在方法论方面,国际关系批判理论反对单一的科学方法占居支配地位,提倡在探索知识的过程中使用多种方法,指出研究方法中诠释战略的重要性。批判理论认为,人类社会不同于自然社会,人作为行为主体,不同于化学元素或物理颗粒,前者有思想、观念、价值、伦理道德等,后者则没有。因此,研究自然世界的方法不完全适用于研究社会世界。

在价值论方面,国际关系批判理论指责关于在建立理论的过程中价值中立的说法,否认这一价值中立的可能性。国际关系批判理论强调恢复研究国际伦理和道德的重要性。在国际关系方面,只有少数人直接参与和经

---

① Cornel West, *The American Evasion of Philosophy*, The University of Wisconsin Press, 1989, p.201.

② Steve Smith, "Paradigm Dominance in International Relations: The Development of International Relations as a Social Science", *Millennium: Journal of International Studies*, 16, No.2, 1987.

历国际事件和对外决策活动,而绝大多数人则是通过报纸、杂志、电视、电台、教科书、电影、小说等了解和认识国际关系及国家对外政策方针。这种通过操纵各类文化符号建构国际关系含义,不可避免地使人们对国际关系的理解带上价值伦理的色彩,因为人总是处于一定的文化哲学背景,站在一定的地缘位置,透过一定的视角去运用这些符号。

罗伯特·考克斯认为,批判理论是一种历史时代的产物,他曾概括了批判理论的七方面的基本内容,可供我们在研究这一理论思潮时作重要参照:(1)批判理论在世界秩序如何构建问题上,不同于主流观点;(2)它视社会和政治因素为一整体,努力在整体和部分两个层面上理解变化的过程;(3)它重视历史理论,视历史为一个充满连续变化和变革的过程;(4)它对社会和政治机构的合法性以及它们是如何变化的提出质疑,并试图确定哪些内容对世界秩序是普遍适用的,哪些是因历史背景而定的;(5)它也包含"问题解决理论",但经常根据变化的主题而调整其概念;(6)它还包含主张社会和政治秩序的理想化规范的成分,并认为,虽然受到历史发展的制约,现存的秩序中仍有着变革的潜力;(7)它为战略行动提供指导,以促进新的秩序的建立。[①]

批判理论不认同新现实主义结构-制度决定论,也不赞成新自由主义关于国际制度的纯功能性分析,提出比新现实主义和新自由主义更加激进的思考路径和分析框架。"批判理论在国际关系理论史上占有重要地位。它与新自由制度主义同期兴起,上接新现实主义,下启建构主义,领批判风气之先,与后现代主义、女性主义、新马克思主义等学说一起动摇了主流理论的根基,是当代国际关系理论批判史上的重要分水岭,并将会在很长的一段时间内继续照耀学术争鸣与创新之路"。[②] 这是一段关于批判理论的引人注目、令人兴奋的评语。

---

① Mark Hoffman, "Critical Theory and the Inter-paradigm Dabate"in Hugh Dyer and Leon Mangesation(eds.), *The Study of International Relations*, St.Martion's Press, 1989, pp.69—70.考克斯的代表作品包括:"Social Forces, States and World Orders: Beyond International Relations Theory", *Millennium: Journal of International Studies*, 10, No. 2, 1981; Production, Power, and World Order: Social Forces in the Making of History, 1987; "Multilateralism and World Order", *Review of International Studies*, 1992; Approaches to World Order, 1995。

② 郭树勇:《国际关系研究中的批判理论:渊源、理念及影响》,《世界经济与政治》,2005 年第 7 期,第 7 页。

第四节　后现代主义与西方国际关系理论

一、后现代主义思潮及其基本特征

自20世纪80年代中期尤其是冷战结束以来,西方国际关系理论一直处于转型过程中,其主要特征是对以实证主义和经验方法获得国际政治知识进行彻底的反思和批判性的重建。如前所述,有人把这一转型过程称为西方国际关系理论的"第三次论战"。然而,不同于先前的自由主义和现实主义、历史主义和行为主义之间的交锋,这场"论战"似乎没有明确的辩论方,而是体现为不同理论范式之间的频繁接触和对话。这场"论战"的内容也不同于前两次,它主要围绕理论本身问题而展开。

在这场"论战"中,批评者怀疑目前占主导地位的国际关系理论范式(主要是新现实主义和新自由主义)在描述、解释、规定和预测国际政治方面的作用,提出从理论上探讨该学科在本体论、认识论、价值论以及方法论等方面的哲学问题,其目的是寻找获得更好理论的途径。在这一学术思想的转型过程中,后现代主义思潮对西方国际关系理论变革起着不可忽视的作用。

一般人认为,"后现代"一词是由英国历史学家阿诺德·汤因比于1949年首次使用。后现代主义是一个广义概念,泛指一种思潮和一类感情,最初渗透于西方文学批评、诗歌、艺术、建筑、绘画、广告等领域。后现代主义的社会理论出现于20世纪60年代后期的法国,代表人物有福柯、拉康、巴尔特、里奥塔、德里达、克里斯特瓦、德鲁兹、布德里拉尔等,他们的思想前辈则有尼采、海德格尔、胡塞尔等人。后现代主义思潮在西欧和美国——尤其在知识界——得到广泛的传播和发展。80年代以后,它显得非常具有活力和气势,对西方社会科学领域诸如经济学、社会学、政治学、地理学等日益产生不可忽视的影响。

后现代主义思潮的特点是反对实证和经验的方法论和认识论,反对关于理性是决定因素的说法,反对现代性和启蒙传统,与后实证主义有着异曲同工的关联。不过,要对后现代主义思潮作出确切而全面的描述是一件很困难的事情。本节只对与西方国际关系理论研究有关的后现代主义诸观点和方法进行阐述,主要是关于对实证主义的批评、文本与作者关系、知识与权力关系、解构和延异等。①

后现代主义对建立在实证或西方逻辑基础上的理论及方法提出怀疑,不赞同世界存在普遍的、基本的法则的说法,认为实证主义的简约化做法否定了问题的复杂性和多元性。后现代主义不承认实证主义在方法上具有优势,认为每种研究方法有其自身存在的价值,彼此是平等的,指出实证的归纳演绎方法是武断的。在后现代主义看来,占主导地位的是以自我为中心、排他性的东西,譬如以西方基督文化和意识形态为基础的知识,压抑和打击了建立在其他文化和意识形态基础之上的知识。在西方二元对立的世界里,客体/主体、自然/文化、物质/精神、男性/女性、言语/书写等等,一方面(前者)被认为是核心的,另一方面(后者)则被忽视。整个西方思想是建立在核心观念基础之上。后现代主义的主要任务是要颠倒这种情形,"解放"和关怀被现代主流所搁置在一边的偶然事件、边缘问题、不联贯或被忽视的问题、被压抑和被忘却的问题,提出重新讨论被正统或主流认为不以为然或理所当然的课题。

后现代主义强调文本研究,指出整个世界乃是一个文本:人生经历、政治集会、民众选举、缔约谈判、人际关系、买车、找工作等等。所有文本具有多种含义,并通过"文本之间的相互联系"体现出来。后现代主义提倡对文本进行解释而不是发现文本;强调阅读而不是观察。文本本身应该是开放性的,人们可以对它作无数的解释。在阅读过程中,文本独立于作者的特殊环境与个性之外,人们在解释文本时,不必去参考文本原作者的因素,诸如作者生平及写作背景、动机或意图等。

后现代主义强调话语——广义上指语言、符号、认同、交往形式等——在社会及权力组成方面所具有的重要作用,而对目标、选择、行为、态度、个性等问题不感兴趣。后现代主义认为,知识不仅由概念所构成,而且是建立在人类大脑话语基础之上的东西,语言并不反映"现实",只不过是创造和再

---

① 参阅 Roland Barthes, "The Death of the Author", and "Writers, Intellectuals, Teachers" in Roland Barthes(ed.), *Images*, *Music*, *Text*, Hill and Wang, 1977; Roland Barthes, "From Work to Text" in Josue Harrai(ed.), *Textual Strategies: Perspectives in Post-Structuralist Criticism*, Cornell University Press, 1979; Jim Powell, *Derrida*, Writers and Readers Limited, 1997; Pauline Rosenau, "Once Again into the Gray: International Relations Confronts the Humanities", *Millennium: Journal of International Studies*, 19, No.1, 1990;弗尔特南·德·索绪尔,《普通语言学教程》,高名凯译,商务印书馆,1980 年。

制作出一个世界罢了。按照德里达的观点，人们只是在通过概念、代码和范畴等去接近"现实"。被建构起来的世界是一个不明晰的、处于不断变化的世界。因此，后现代主义不承认存在真理的可能性，认为真理和知识乃是权力垄断、优势特权的结果，并且体现和服务于权力支配者的利益。

在方法论方面，后现代主义强调内在反省、多元解释、解构和延异。后现代主义反对实证主义所采纳的数据采集分析、模式设计、抽样研究等方法，不依赖"理性"或"逻辑"分析，不承认也不谋求揭示有一个独立于主观以外的"客观真实"，而是依靠直觉、感悟、见识、本能等去解释文本，认为所有的解释同样具有意义，不存在什么"最好的解释"。一个多元的世界需要有多元的解释。"解构"和"延异"是后现代主义的两个重要术语。解构一词来自德国哲学家马丁·海德格尔的"摧毁"概念，意思是通过揭示本体内在发展来打破本体论关于研究终极本质现实的古老传统。后现代主义的另一重要术语是延异。该词具有双重含义："差异"和"拖延"。前者意指"不同于别的东西"，后者指"推迟至以后"。瑞士结构语言学家索绪尔认为，语言是一个互相依赖的语词体系，在这个体系中，每一个词语的确切含义都仅是与其他语词相互依存的结果。也就是说，词语制造出含义是因为它们是某种差异体系中的诸成分。

二、后现代国际关系理论的兴起与挑战

后现代主义思潮从 20 世纪 80 年代中期开始进入西方国际关系理论。[①] 它来势凶猛，强劲有力，对传统的国际关系理论发出激烈挑战。带领这一挑战的一个核心人物是美国亚利桑那大学教授理查德·阿希利。80 年代初，阿希利受哈贝马斯和法兰克福学派的影响，80 年代中期以后，他开始接受法国思想家如皮埃尔·波笛耶和米歇尔·福柯的观点，致力于后现代国际关系的研究。詹姆斯·德·德里安的《论外交》(1987 年)和沃克的《一个世界/许多世界：为一个正义的世界和平而斗争》(1988 年)开创了后现代主义以专著形式对传统的国际关系学科进行挑战的先河。1989 年，詹姆斯·德·德里安和迈克尔·夏皮罗主编了一本题为《国家之间/文本之间关系：对世界政治的后现代释读》的后现代论文集。1990 年，《国际研究季刊》出版一期题为《讲流放者的语言：国际研究中的异端》的专刊，撰稿人均从后现代视角对国际关

---

① Fred Halliday, *Rethinking International Relations*, MacMillan Press Ltd., 1994, p.37.

系进行理论探究。在美国,一些大学已经为国际关系专业研究生开设后现代国际关系理论课程,成为这类研究中引人注目的重镇,更多的知名出版社和国际问题学术杂志开始出版和发表他们的研究成果,不少年轻学者或新一代研究者热衷于把后现代主义思想和方法运用于国际关系领域研究中。

后现代国际关系理论否定目前占支配地位的国际关系理论范式对错综复杂的世界事务进行实证和经验上的认识,指出国际关系主流理论从自身的本体论和意识形态出发,只是看到国际关系中的特定画面,在认识论上存在局限性和狭隘性。后现代国际关系研究者反对实证的主流理论把复杂的、处于不断变化的国际关系僵化且单一地简化成几条"普遍法则",提倡国际关系理论范式多元化、多角度、多视野地解释当今错综复杂的国际生活。他们主张冲破现代主义的束缚,打破旧的统一性和整体性。他们竭力推崇超越实证主义的认识论和方法论。他们意识到,当代国际关系领域正在经历新的剧烈变化,西方"国际关系学科的理论发展已落后于现、当代的现实"。[①] 因此,他们呼吁在深刻反省的基础上重建冷战后西方国际关系理论。

三、国际关系中的权力与知识

在西方国际关系理论中,"权力"被认为是最重要最关键的概念之一,并得到广泛的使用。国际政治甚至被称为"权力政治"。尽管如此,在后现代主义研究者看来,"权力"仍然是一个没有得到充分理解和发展的概念,它与知识的关系问题更是受到忽视。

进入 20 世纪 80 年代,人们才开始重视对知识问题的认真讨论,它构成当时国际关系理论研究的一种方向,使"国际关系处于认识论方面的反思,这一反思对构成和主导某种思想'传统'的语言、概念、方法和历史(即占主导的话语)进行质疑"。[②] 后现代主义围绕对国际关系中的认识论和本体论进行讨论,对传统认识中关于知识和价值之间、知识和现实之间、以及知识和权力之间不存在任何关系的看法提出怀疑。正是在知识与权力的关系中,后现代主义作出了非常重要的学术观察。

① Ann Tickner, "Preface"in V.Spike Peterson(ed.), *Gendered States:Feminist (Re)Visions of International Relations Theory*, Lynn Rienner Publishers, 1992, p.9.
② James Der Derian, "Philosophical Traditions in International Relations", *Millennium: Journal of International Studies*, 17, No.2, 1988.

在传统的社会科学叙述中,知识被认为是应该免受权力影响的。以国际关系研究为例,人们在探索这一学科的"客观"知识过程中,必须暂时抛开价值、利益和权力的关系等考虑,而这些关系在日常生活中却无处不在。所谓"客观"知识,即不受外界影响支配并建立在纯理性基础上的知识。这种观点是根据康德的一句名言而来:"拥有权力会不可避免地腐蚀自由而理性的判断。"然而,后现代主义则认为,正是权力制造了知识,权力与知识之间存在着相互联接关系。① 后现代主义指出,倘若没有知识领域的相互建构,也就不存在权力;反过来,倘若知识不同时预设和构成权力,知识也就不存在了。后现代主义承认观念、知识和意识形态在社会及政治现实构成中的重要性,强调指出知识领域已经受到盛行的权力关系的影响,并在一定程度上服务于权力关系。这样,后现代主义批判地重铸了知识与权力、观念与物质世界、理性与暴力之间的关系。②

后现代主义的这种观察被应用于国际关系研究中。阿希利通过说明国家的知识和"人"的知识之间的关系,揭示权力和知识关系中的一个层面,指出"现代的国术就是现代的人术"。③ 阿希利谋求说明国际关系中的"主权范式"。一方面,知识被认为依赖于理性所确立,因为只有通过理性,人才有可能获得全部知识。另一方面,现代政治生活发现主权具有与知识有关的构成性原则。国际关系作为一种知识领域或者作为一种政治范围,受到主权构成性原则的条件限制。

其他后现代国际关系研究者也探讨了这一问题。巴特尔森在《主权的系谱学》一书中探讨了主权与真理的历史关系,把主权和真理作为权力和知识领域中两个相互作用的方面加以对待,指出如果没有适当的知识形式把主权表述清楚,那么,主权便不存在,也将失去通过区别内与外、同类与其他去组织政治现实的能力;同样,如果没有适当的主权形式,知识也就失去组织现实和构成客体及探索领域以及确立有效性和真理标准的能力。巴特尔森提出的主要观点是,国家主权的政治含义是与它在历史上被理解的方式相关联的。④ 在《模拟主权》一书里,作者辛西娅·韦伯说明不同的权力和知

---

① Michel Foucault, "Discipline and Punish: The Birth of the Prison", *Middlesex*, 1977, p.27.
② Ibid.
③ Richard Ashley, "Living on Border Lines: Man, Poststructuralism and War"in J.Der Derian and M.J. Shapiro (eds.), *International/Intertextual Relations: Postmodern Readings of World Politics*, Lexington Books, 1989, p.303.
④ J.Bartelson, *A Genealogy of Sovereignty*, Cambridge University Press, 1995.

识结构如何造成主权、政体和干预等概念在含义上的不同。她所探究的一个问题是"权力和知识的实践活动是如何被用于证明主权国家观念的"。在辛西娅·韦伯看来,主权不是一个固定的概念,而是如同其他政治概念一样,其合法性、作用和权能等随时间而变化。[①]

在讨论权力与知识之间的关系时,后现代主义还引入系谱观念。简单地讲,系谱是一种历史思维方式,它揭示和记录权力与知识之间关系的重要方面。从系谱学角度讲,历史并非是用来证明被逐渐揭示出来的真理和含义,而是一场"无休止地重复占支配地位的历史的游戏"。[②] 历史是知识与权力关系中占支配地位者和占强制地位者的产物。后现代主义研究的任务是要澄清历史,揭示知识领域、行为领域和其他主体构成中的历史本身。此外,在系谱学看来,不存在什么占支配地位的、单一的通史,而是有许多相互交织的历史。所有的知识都是一定时间和空间的产物,知识总是从一定的视角被总结出来的。知识的主体总是存在于一定的政治及历史的背景之中,并受这种背景的制约。因此,在国际关系研究中,不存在什么占支配地位的视角,而是存在相互影响的不同视角。后现代国际关系研究就要解放被压抑的、被低估的、被边缘化的视角,不再把知识和权力的关系问题以及它们对历史研究的重要性排斥在外。

可见,后现代主义的"后"既是历史阶段的序列符号,也有"更加"的意思,后现代主义是现代主义的升级版,它否定的不是先前理论的优点,而是其局限。[③]

第五节　建构主义与西方国际关系理论

一、建构主义的兴起与发展

在20世纪最后20年里,新现实主义在西方国际关系理论中一直占据支

---

① Cynthia Weber, *Simulating Sovereignty: Intervention*, *the State and Symbolic Exchang*, Cambridge University Press, 1995.
② Michel Foucault, "Nietzche, Genealogy, History"in M. Gibbons(ed.), *Interpreting Politics*, 1987, p.228, 转引自 Scott Burchill and Andrew Linklater(ed.), *Theories of International Relations*, MacMillan Press Ltd., 1996, p.105.
③ 庄礼伟:《后现代主义对国际关系研究的启示》,《世界经济与政治》,2005年第7期,第44页。

配地位。然而,20 世纪 80 年代后期以来,西方越来越多的研究者认为,新现实主义没有能够充分解释和说明冷战的结束以及冷战后国际生活中的复杂现象,他们谋求在对现存占主流的国际关系理论进行深刻反思的基础上,重建冷战后西方国际关系理论。当时,在国际关系理论领域活跃的一种被称为"建构主义"的新型研究取向,便是在这种背景下应运而生的。建构主义批评新现实主义的理性原则,主张应用社会学视角看待世界政治,注重国际关系中所存在的社会规范结构而不是经济物质结构,强调观念、规则和认同在国家行为及利益形成过程中所具有的重要作用,指出行为体与体系结构之间存在着互动建构关系。"建构主义于 20 世纪 80 年代中后期兴起,90 年代初开始成型并受到学术界重视,90 年代中后期成为强劲的理论流派",[①]在冷战后西方国际关系理论界产生了不可忽视的影响。[②] 从某种意义上讲,当前西

---

① 秦亚青:《译者前言》,见亚历山大·温特:《国际政治的社会理论》中文版,上海人民出版社,2000 年。

② 西方国际关系理论领域的建构主义作品主要有:Nicholas Onuf, *World of Our Making: Rules and Rule in Social Theory and International Relations*, University of South Carolina Press, 1989;——, "The Constitution of International Society", *European Journal of International Law* 5, 1994;——"Levels", *European Journal of International Relations* 1(March):35—58, 1995;——, "Rules, Agents, Institutions: A Constructivist Account", *Working Papers on International Society and Institutions* 96—92, 1996; Global Peace and Conflict Studies at University of California, Irvine;——, "A Constructivist Manifesto", in *Constituting International Political Economy* (eds.), Kurt Burch and Robert A. Denemark, 7—17, Lynne Rienner, 1997; Alexander Wendt, "The Agent-Structure Problem in International Relations Theory", *International Organization 41* (Summer):335—70, 1987;——, "Bridging the Theory/Meta-Theory Gap in International Relations", *Review of International Studies 17* (October), 1991:383—92, 1991;——, "Levels of Analysis vs. Agents and Structures: Part Ⅲ", *Review of International Studies* 18(April):181—85, 1992a;——, "Anarchy is What States make of It: The Social Construction of Power Politics", *International Organization 46* (Sping):391—425, 1992b;——, "Collective Identity Formation and the International State", *American Political Science Review 88* (June):384—96, 1994; Peter Katzenstein (ed.), *The Culture of National Security: Norms and Identity in World Politics*, Columbia University Press, 1996; *Martha Finemore*, *National Interests in International Society*, Cornell University Press, 1996; Martha Finemore, "Norms, Culture, and World Politics: Insights From Sociology's Institutionalism", *International Organization*, Vol.50, No.2, 1996, Spring, pp.325—347; Martha Finemore & Kathryn Sikkink, "International Norm Dynamic and Political Change", *International Organization*, Vol.52, No.4, 1998, Autumn, pp.887—917; Audie Klotz, *Norms in International Relations: The Struggle against Apatheid*, Cornell University Press, 1995. Jonathan Mercer, "Anarchy and Identity", *International Organization*, Vol.49, No.2, 1995, Spring, pp.229—252; Mark Hoffman, "Restructuring, Reconstruction, Reinscription, Rearticulation: Four Voices in Critical International Theory", *Millennium*, Vol.20, No.1, 1991, Spring, p170; David Campbell, "Violent （转下页）

方国际关系理论"争论"的一个主要支轴是围绕新现实主义和建构主义之间展开的。

在西方,几乎每个学派都会从前辈人物中寻找自己的思想渊源。建构主义者认为他们的思想主要来自近现代批评社会理论家,譬如安东尼·吉登斯、尤尔根·哈贝马斯、米歇尔·福柯以及更早的尼采等人,从这个意义上讲,建构主义属于西方社会理论的一种变体。这一社会理论曾广泛渗透于西方哲学、经济学、社会学、政治学等领域,并从20世纪90年代开始对西方国际关系理论学科产生较大影响。作为一种研究取向,建构理论强调事物乃是通过社会建构而存在,因此而得"建构主义"名称。以下我们所讨论的建构主义仅局限于在西方国际政治研究领域中的情形。

建构主义在西方国际关系理论领域中兴起的缘由,大体有以下几个相互关联的方面。第一,自20世纪80年代中后期以来,西方国际关系理论出现"第三次论战",后现代主义思潮试图打破占主流的理论范式,但难以形成自己的国际政治知识或理论体系。建构主义者在吸收它们成果的同时,谋求摆脱"超理论"争论,提出一套从经验上可以解释冷战后国际政治现象的理论。第二,冷战结束以及冷战后的国际关系现实的深刻变化,在相当程度上揭示出以新现实主义为主流的理论范式在解释和预测国际政治方面所存在的缺陷,特别是对社会和文化因素的忽略,这一情形促使学术界出现和开拓新的研究视角。"冷战的结束使建构主义理论的产生合法化",冷战后世界政治的中心议题是"如何促进和平和秩序",[①]建构主义体现了一种求变的思维方式,提倡用社会学眼光看待世界政治的变化。第三,自80年代中后期以来,西方国际关系理论界涌现出一批新的研究力量,尽管他们中间大多数人所接受的教育主要来自传统上占主流地位的国际政治知识,但是,过去

(接上页)Performances:Identity, Sovereignty, Responsibility", in Yosef Lapid & Friedrich Kratochwil eds., *The Return of Culture and Identity in IR Theory*, Lynne Rienner, 1996, pp.164—166; John Ruggie, "What Makes the World Hang Together:Neo-utilitarianism and the Social Constructivist Challenge", *International Organization*, Vol. 52, No. 4, 1998, Autumn, pp.855—885; Ted Hopf, "The Promise of Constructivism in international Relations Theory", *International Security*, Vol.23, No.1, 1998, Summer, pp.171—200; David Dessler, "Constructivism Within a Positivist Social Science", *Review of International Studies*, Vol.25, No.1, 1999, January, pp.123—127; Robert Keohane, "Ideas Part-way Down", *Review of International Studies*, Vol.26, No.1, 2000, January, pp.125—130。

① Stephen Walf, "International Relations, One World, Many Theories", *Foreign Policy*, Sping 1998.

十多年来国际关系的迅速变化给世界政治研究提出严峻挑战,促使他们要有所创新有所超越。新一代崛起的建构主义者谋求在研究中更为贴近并抓住当代国际政治生活的脉搏,强调国际体系变化的社会动因和不同方面,注重国际关系中的实体性问题和经验分析。

罗伯特·基欧汉指出,世界政治研究有两种基本视角或方法,即理性主义和反思主义/建构主义。理性主义强调效用、功能和偏好最大化的假设及思路。建构主义是反思理论的重要一支,强调从心理和文化层面检验现有观念形态的合理性,主张对理性主义的思维、信念、价值进行批判式解析。[①]

从本体论来看,新现实主义、新自由主义和世界体系论属于理性主义,建构主义则是反理性主义的。从认识论来看,前者均为物质主义理论,建构主义则是理念主义理论。反思主义理论的主体由批判理论和建构主义组成。

近二三十年的事实证明,不仅批判理论和建构主义之间,而且包括新现实主义的理性主义和包括建构主义的反思主义之间也存在着互联互补的关系。世界是被演绎的而不是被实证的,这是批判理论的一个基本理念。批判理论认为,"世界永远是一个被演绎过的东西"。[②] 人们凭借语言、符号、意象、画面及其他社会工具再现他们所理解和观察到的世界,而且,人们的观察和理解不断受到自身及外界不同的社会文化背景、历史经历、信仰、意识形态乃至偏见等因素的影响。建构主义赞成批判理论的这一观点,认为世界是一种建构,对世界的认识始终是一种过程,不承认在认识世界方面存在永恒的真理,也不谋求去探索和发现这种真理。不过,建构主义认为,通过对世界政治进行适当的经验分析,人们还是有可能在一定程度上获得所具体研究对象方面的知识。建构主义遵循批判理论的这一认识,不承认存在(也不谋求提出)能够解释所有世界政治现象的一般性规律。但是,建构主义并不回避谋求对世界政治的诸方面提供较为专门性的理论,譬如,通过对历史过程、文化实践、主体之间含义和规范形式等进行经验上的探索,来解

---

① Robert Keohane, "International Institutions: Two Approaches", *International Studies Quarterly*, Dec. 1988, pp.379—396.

② 参阅 Jeffery T.Checkel, "The Constructivist Turn in International Relations Theory", *World Politics*, 50, 1998; Ted Hopf, "The Promise of Constructivism in International Relations Theory", *International Security*, 23, No.1, 1998; Richard Price and Christian Reus-Smit, "Dangerous Liaisons? Critical International Theory and Constructivism", *European Journal of International Relations* 4.No.3, 1998.

释国际政治的变化。

建构主义并不排斥包括新现实主义在内的理性主义理论的合理成分。它赞成新现实主义对国际政治所作出的下述基本论断：国家所追求的对象是权力、安全和财富；国际政治处于无政府状态；国家利益和行为动机总是自私的；国家之间不能完全确保了解对方的真实意图；国家是理性的行为体；武力是解决国家之间冲突和危机的最后手段等等。建构主义也赞成把国家作为国际关系研究的主要分析单位，也强调从体系层面对世界政治进行理论探讨的必要性，也接受并采纳经验上的分析方法。然而，建构主义指出新现实主义理论没有能够充分解释国际政治的复杂现象。[①] 可以说，新现实主义所忽视的东西以及不足之处，也正是建构主义所要强调的内容。

有的学者把建构主义分为现代建构主义和后现代建构主义。[②] 它们之间的主要区别是分析上的差异。现代建构主义又分为两种：一种是体系建构主义，它赞成新现实主义从体系层面研究国际政治的观点，从体系层面对世界政治进行社会文化分析，重视研究国际社会相互行为的构成作用，认为国际结构的本质是国家，反过来，国家的实践活动再造了这类结构。这一分支不谋求解释国家认同和国家结构的基本变化，也就是说，不注重国家认同中非体系方面的情形如国内政治文化等。另一种是整体建构主义，它注重历史角度的研究，更为具体地关注国际政治变化的动力问题，把国内和国际政治结构及过程视为全球社会秩序整体的两个方面，并且考虑这种社会秩序和国家之间的彼此构成关系。后现代建构主义关注世界政治中主客体的社会语言的观念建构问题，注重研究社会历史的条件，以及在这种历史条件下语言建构和社会力量如何相互作用。可以说，这一分支更倾向于探索关于事物变化的"如何"之类问题，而不是关于事物因果关系的"为何"之类问题。

也有的学者倾向将建构主义分为规范建构主义（conventional constructivism）和批判建构主义（critical constructivism）。前者重点研究现存结构和施动者（agent）之间的互动关系，后者则强调运用"社会科学知

---

① Alexander Wendt，"Constructing International Politics"，*International Security*，20，No.1，1995.

② Richard Price and Christian Reus-Smit，"Dangerous Liaisons? Critical International Theory and Constructivism"，*European Journal of International Relations* 4.No.3，1998.

识"和重视学者的批判性工作。[①]

"建构主义既是过去十多年上升势头最快的一个分支流派,也是最具分化性和最难界说的一个研究方法。建构主义的家族成员众多"。[②]

除了基欧汉和霍普夫的传统建构主义和巴尔金的现实建构主义之外,"家族成员"还包括:奥纳夫的规则建构主义、温特的身份建构主义、卡赞斯坦的安全文化论、江忆恩的战略文化论、鲁杰的体系演进论、费丽莫和克拉托赫维尔的规范建构主义等。[③]

二、建构主义的核心理念和主要概念

如同其他批判理论一样,建构主义认为,世界政治是通过社会建构而存在的,并关注世界政治是如何被社会建构起来的。无论是现代建构主义还是后现代建构主义,是规范建构主义还是批判建构主义,它们都谋求探讨和阐述这一具有本体论意义的核心理念。

第一,建构主义指出,除了物质结构以外,还存在社会结构。世界政治体系的结构可以理解为两个方面:物质结构和社会结构。物质结构指各行为体在一定社会中所处的相对位置,以及它们之间物质的实力分配状况;社会结构则指行为体行为的文化内容,譬如构成社会主流特征的、占支配地位的观念、信仰、规范和认识等。建构主义认为,国际政治的基本结构是一种社会结构,由共同观念决定,而不是由物质力量决定。观念的力量是巨大的,起着因果作用;观念有建构功能,是国际政治的首要因素,观念构建身份,身份决定利益。因此,建构主义强调分析的重点从物质转向观念,从客体转向主体,注重研究话语者的思想和利益,研究行为者的观念对其行为的塑造。

在建构主义者看来,如果不理解国家所处国际体系中的社会结构,就不能理解国家需要什么,权力和财富只是手段,不是目的,国家必须确定如何利用这些手段。然而,国家并非总是知道自己需要什么或如何利用自己的

---

① Peter Katzenstein, Robert Keohane and Sephen Krasner (eds.), *Exploration and Contestation in the Study of World Politics*, MIT Press, 1999, p.36.

② 王逸舟:《西方国际关系研究的新课题、新视角》,《外交评论》,2005 年第 6 期,第 59 页。

③ 秦亚青:《建构主义:思想渊源、理论流派和学术理念》,《国际政治研究》,2006 年第 3 期,第 13 页。

财富和权力。简言之,国际政治的基本结构是一种社会结构,而不是一种绝对的物质结构。

第二,认同构成利益和行为。占主流的理性主义理论较少考虑认同和利益的形成问题,而是视其为理所当然的东西。建构主义则认为,利益不是一种想当然的东西,"利益不是存在'那里'等待被发现,而是通过社会互动而建构起来的"。① 决定和改变国家行为、认同和利益的不是体系的物质结构而是国际政治过程,"分析国际政治的社会建构,就是要分析互动过程如何产生和再产生出影响行为体认同和利益的诸社会结构——合作性的或冲突性的"。② 建构主义认为,理解利益的构成有助于解释理性主义所误解和忽视的许多国际现象,"认同是利益的基础"。③

建构主义赞成新现实主义关于国际政治缺乏一个核心权威的认识,但同时相信规范、法律、习俗、技术发展、学习和机构等可以从根本上改变国家的行为和利益。其理由是,世界政治可以进行重建,因为它本身就是被建构起来的,而不是"特定不变的"。自助原则不是无政府状态中的必然附属物,而是人们制造出来的,因此也是可以改变的。

第三,建构主义认为,世界政治行为体和结构之间存在着互动构成关系。建构主义强调社会结构不仅确定单个行为体的认同,而且确定这些单个行为体所从事的经济、政治及文化活动的模式。建构主义既认为这类结构具有相当的构成力,又认为它的存在并不是独立于社会行为体的知识实践之外的。社会结构只是行为体实践的结果。

杰弗雷·切克尔指出,建构主义对新现实主义和新自由主义的批评主要不在于后者主张什么,而在于它们忽视了什么。建构主义强调的正是"两新主义"所忽视的世界政治中的社会文化结构,④是对传统国际政治进行的批判性反思和再造,在"两新主义"之间建构了一座桥梁。

---

① Martha Finnemore, *National Interests in International Society*, Cornell University Press, 1996, p.2.
② Alexander Wendt, "Constructing International Politics", *International Security*, 20, No.1, 1995, p.81.
③ Alexander Wendt, "Anarchy is What States make of It: The Social Construction of Power Politics", *International Organization*, 46, No.2, 1992.
④ Jeffrey Checkle, "The Constructive Turn in International Relations Theory", *World Politics 50*, January 1998.

下表显示出了"新的三方争论"的主要异同点：①

争论的范式	新现实主义	新自由主义	建构主义
主要理论观点	国家追求自身利益，为权力和安全而进行无休止的竞争	关注与经济和政治因素有关的权力，追求发展富裕，促进自由价值	国家行为由思想观念、集体规范和社会认同决定
主要分析单位	国　家	国　家	个人（尤其是精英集团）
主要研究手段	经济实力，特别是军事实力	价值取向（国际制度、经济交流、扩展民主）	观念和对话
对冷战后的预测	再次出现公开的大国竞争	随着自由价值、自由市场和国际制度的发展，合作会得到加强	不可知论，因为难以确定思想观念的变化
主要局限	未能说明国际变化	过于忽视权力的作用	描述过去比预测未来更强

任何一种研究取向都试图建立一套理论概念。在建构主义的理论框架中，研究者趋于运用一组在意义上相互关联的社会学概念来解释世界政治，它们主要是"规范"、"认同"、"文化"等。

"规范"属于一种社会约定，包括规则、标准、法律、习惯、习俗等。建构主义者把规范概念定义为"意指对某个特定国家本体作出适当行为的集体期望"。建构主义认为，通过建构而产生出来的行为规范、原则以及共同分享的理念，不仅影响和规定着国际政治中国家行为体的具体行为、利益、优先选择以及实现对外政策目标的工具，而且可以帮助行为体理解什么是重要的或有价值的，以及如何运用合法手段去获取它们。因此，"社会规范的一个重要特征是它们创造出行为模式"。② 在对国际体系变化的认识方面，建构主义不是根据在行为体背后起作用的实力分配和权力结构来看待国际体系，而是认为这个体系是由与规范有关联的机构所组成。建构主义认为，

---

① Stephen Walf，"International Relations，One World，Many Theories"，*Foreign Policy*，Sping 1998.

② Martha Finnemore，*National Interests in International Society*，Cornell University Press，1996，p.12.

这些机构使国际社会不断确立各种规范,并以此调节着各机构的活动和习惯,"国际体系是诸机构的集合体,而且诸机构是由诸规范所组成的实践活动,当其构成的规范的一部分(或全部)发生改变时,国际体系的基本变化随之出现"。① 在西方建构主义看来,第二次世界大战后,苏联不愿意接受先前传统的欧洲诸国家体系所确立的组织规则并打破了它们。当时的美国违反传统的民族主权观念,打破或改变约定的规范,导致以后长期的冷战岁月。建构主义认为,国家的需要是通过社会规范、法则、理解和与其他者的关系而形成的。"在决定行为体的行为方面,社会规范、法则、认同等与物质现实同样重要、同样有影响"。②

"认同"这一概念来自社会心理学,指某行为体所具有的和展示出的个性及区别性形象,这类形象是通过与"其他者"的关系而形成的。建构主义关注认同和利益的建构,认为利益依赖于认同。亚历山大·温特提出两种认同类型:整体认同和社会认同。③ 前者指构成行为体个体化的内在本质,强调行为体如何在整体上与其他行为体的区别性特征,如行为体的整体意识和经历、物质资源、分享的理念价值或知识等。后者指行为体在看待其他行为体时赋予自身的一组含义,社会本体具有个体的和社会的结构特征,行为体在一定的环境或是在共享理解和期待的社会角色结构中,确定自己的身份或者说自我定位。一定的外界环境不仅决定行为体采取一定的行动,而且决定行为体以一定的方式确定自己的利益。建构主义认为,国家认同不是既定的,是通过复杂的历史实践建构起来的,它感兴趣的是行为体中间的"集体认同",即自我和其他者建立积极的认同关系,在认知上把其他者看作是自我的延伸,并体现在民族、部落、阶层、国家和社会、文化各个方面。行为体之间存在移情联系是建立集体认同的基础。新现实主义认为,国际政治的无政府状态阻止行为体之间的真诚合作和信任,因此,行为体奉行自助原则,一切从自身利益考虑问题。建构主义承认国家以自身需要去确定自己的国家利益,但同时认为,国家的利益是处于变化过程中的。"利益是

---

① Rey Koslowski and Friedrich Kratochwil, "Understanding Change in International Politics: The Soviet Empire Demise and the International System", *Internatonal Organization*, 48, No.2, 1994.

② Martha Finnemore, *National Interests in International Society*, Cornell University Press, 1996, p.128.

③ Alexander Wendt, "Collective Identity Formation and the International State", *American Political Science Review*, 88, No.2, 1994.

通过社会相互作用而建构成的"。① 换言之,自身的利益是在与其他人的关系中确定的,在考虑自身利益时,必须也要考虑其他人的利益。建构主义认为,社会机构对行为体的认同和利益施加深刻的影响。国际机构确定主权国家的认同。于是,在建构主义看来,国际机构如何规定国家认同是一个关键问题,因为社会认同反映了利益,而这种利益则推动国家的行动。国家利益是在明确的国际社会背景中得到调整的。

建构主义还认为,文化不仅影响国家行为的各种动机,而且还影响国家的基本特征,即国家的认同。新现实主义认为,国家行为体的特征是国家所固有的,不是社会的构成,也不受外界影响。建构主义则认为,国际政治和国内政治不是各自封闭在自己的领域里,"国内政治的变化可以改变国际体系"。② 譬如,近现代民族主义的兴起,通过改变国内和国际政治的规则,造成国际体系发生根本性转型。在分析国家对外政策及战略方针方面,建构主义认为国家存在着"战略文化"。

三、建构主义的主要代表人物

建构主义学派的代表人物有奥纳夫、温特、卡赞斯坦、霍普夫、江忆恩、鲁杰、费丽莫、巴尔金、莫塞和克拉托奇维尔等,但主要的代表是尼古拉斯·奥纳夫、亚历山大·温特和塞缪尔·巴尔金。

奥纳夫,1941 年出生,是佛罗里达国际大学的政治学教授。据称,"建构主义"这一词就是他 1989 年首先提出来的,他领头的课题小组对建构主义进行了十余年的研究,1997 年因发表《建构主义宣言》而出名,1998 年出版了《建构世界的国际关系》,作者除了奥纳夫本人之外,还有课题小组的其他两位成员:从事马克思主义与国际关系研究的迈阿密大学教授文杜卡·库巴可瓦和佛罗里达国际大学的国际关系学教授保罗·科沃特。该书是迄今为止所看到的关于建构主义的最系统的一本书。2002 年奥纳夫出版《国际关系的视野》。同时,他还发表了大量学术论文。

---

① Peter Katzenstein, "Introduction: Alternative Perspectives on National Security", Peter Katzenstein (ed.), *The Culture of National Security: Norms and Identity in World Politics*, Columbia University Press, 1996, p.2.

② Rey Koslowski and Friedrich Kratochwil, "Understanding Change in International Politics: The Soviet Empire Demise and the International System", *Internatonal Organization*, 48, No.2, 1994.

　　20 世纪 80 年代末,当冷战正走向结束时,奥纳夫敏锐地观察到,冷战后国际关系的新变化已经出现,冷战时代国际关系的主导理论未能科学地预测这些变化。他强烈地意识到,建构主义的历史使命就是指出主导理论的局限和缺陷,提出重新描述世界的新方法和新思路。奥纳夫认为,原有的理论把人民排斥在外,而建构主义则置人民和他们的活动于最重要的地位;建构主义始于人的社会活动,然后再提升到复杂的社会关系、结构与制度、思想与实践。传统的主导理论强调物质结构决定社会行为,而建构主义则重视社会活动及其思想与文化的作用,强调社会和世界是人们通过实践构建起来的。奥纳夫指出,建构主义是对"两新"(新现实主义和新自由主义)的建设性回应,是"第三次论战中的第三种思路"。① 其目的是"提出一种新的社会理论框架",为人们提供一个观察国际关系的新视角。

　　奥纳夫以下的一段深入浅出的自述可帮助我们进一步了解建构主义的基本思路、主要内容及其特点:"建构主义是研究社会关系的一个新方法,它的根本出发点是:人是社会人,没有社会关系就不成为'人',或者说,社会关系使人们成为像我们现在的人类。人民建立社会,社会孕育人民,这是连绵不断的双向过程。在人民与社会之间,加入一个成分,即规则(rule),规则将人民与社会联系起来……实践产生规则,改变规则或取消规则,一切取决实践。参与社会活动的人,如代表别的人,就成了施动者(agent)。施动者实际上是一种社会条件,从这个意义上来说,政府是集体的人,也是一种社会条件。规则造就施动者,施动者创造规则;规则形成机构,机构组成社会……这里,规则给予施动者各种选择,施动者在社会中活动,以理性的举止去实现反映人民的要求和愿望的目标。于是,规则和实践带来稳定的社会关系,稳定的规则和机构导致稳定的社会结构。"②

　　自 1989 年奥纳夫提出"建构主义"后,作为反思理论的一个分支,它迅速传播开来,"像森林之火蔓延四处","开拓了研究冷战后新现象、新问题的一个广阔的理论领域"。奥纳夫等人声誉鹊起,他主持的"迈阿密国际关系小组"(Miami IR Group)被学术界称之为"奥纳夫建构主义学派"。他们所作的长期努力,使国际关系理论"日趋完善","不像只有单翼的飞机无法起

---

① Venduika Kubalkova, Nicholas Onuf and Paul Kowart, *International Relations in a Constructed World*, M.E.Shapre Inc., 1998, p.20.

② Ibid., pp.58—61.

飞,现在有了双翼,可以飞起来了"。①

亚历山大·温特,1958 年出生于德国的梅茵兹市,1982 年在明尼苏运州的麦卡勒斯特学院读完政治学硕士课程,后在明尼苏达大学取得国际关系博士学位,他的博士学位论文是"国家体系与全球军事化问题",曾获好评。1989 年至 1997 年任教于耶鲁大学政治学系。1997 年至 1999 年任教于达特茅斯学院,1999 年至 2004 年在芝加哥大学任教,2004 年至今在俄亥俄州立大学任国际安全专业教授。温特属于国际关系理论领域的后起之秀。早些时候笔者访美期间与老一辈国际关系理论学者如霍夫曼、杰维斯、华尔兹等交谈时,他们都提及温特和他的建构主义理论,尽管温特对他们的批评有所保留,但他们仍赞赏温特"后生可畏,敢想敢创"。

温特的国际关系理论学术活动大致可分成两个时期。早期的温特从华尔兹的结构现实主义和沃勒斯坦的世界体系理论吸取了有用的营养,在其影响下,他提出基于现实主义的"结构化理论"。1987 年,他发表了两篇颇受重视的论文:"国际关系理论中的行为体:结构问题"和"国际关系理论中的代理者——结构问题"。他指出,当前的国际关系理论需要一种新的科学现实主义方法,把结构与社会、结构与"代理者"结合起来。社会由社会关系组成,这种关系形成人类互相关系的特有结构。② 这恐怕是温特的建构主义的雏形。

后期的温特显示出理论上的成熟,他提出基于社会互动关系的"建构主义"。重点从"结构化"转为社会互动,从科学现实主义转为社会建构主义;主张以社会联系的发展代替无政府状态,以建构主义的认同代替物质主义的认同。通过社会建构过程,推动"认同与利益"的结合。③ 1992 年温特的代表性论文《无政府状态是由国家造成:权力政治的社会建构》发表,在学术界引起不小的震动。1997 年他的又一篇力作《国际政治中的认同和结构变化:国际关系理论中文化和认同的回归》问世,更是产生了持续的影响。此时的温特已成为一位"真正意义上的建构主义者",对"两新"理论提出了全面的批评,如过于"物质主义"和"理性主义",未能解释社会和国家的变

---

① Venduika Kubalkova, Nicholas Onuf and Paul Kowart, *International Relations in a Constructed World*, M.E.Shapre Inc., 1998, p.53, p.193.

② Eric Ringmer, "Alexander Wendt: A Social Scientist Struggling with History" in Iver Neumann and Ole Wæver, (eds.), *The Future of International Relations: Masters in the Making*, pp.271—276.

③ Ibid., pp.278-280.

化,忽视认同和利益形成的互动过程等。1999 年,温特出版题为《国际政治的社会理论》专著。一些西方评论家认为,它是 20 世纪国际关系理论界最后一部重要著作。温特另一部有影响的著作是《结合物质和社会主体论的定量思维和社会科学》(2015)。

温特的建构主义理论贡献表现为:

1. 他以独特的角度显示第三次论战的性质是理性主义与反思主义之争。他认为,基于理性主义的"两新"理论注重"过程和结构",而基于反思主义的批判理论注重"认同和利益"。

2. 他较其他学者更明确地阐明了建构主义的要旨:第一,国家是体系的主要行为者,无政府状态是国家造成的;第二,国家体系的基本结构是社会的,而不是物质的,如何在无政府条件下"社会地构建"自助体系和权力政治是对国际关系理论的一个挑战;第三,社会关系构建认同和利益,而实现认同和利益结合的途径主要有三种:通过主权实体的演变;通过渐进式的合作;通过国际努力变"利己的认同"为"集体的认同"。① 第一点与"两新"的观点一致;第二点区别于新现实主义;第三点有异于新自由主义的体系论和制度论。

3. "两新"主流理论忽视了国际关系中的文化、认同和利益问题,温特所主张的批判的、反思主义的建构主义理论则把文化、认同和利益因素及其结合带回国际关系研究,并建议在华尔兹结构现实主义的三概念(构成原则、体系功能和实力分配)基础上,增加第四概念,即认同和利益因素。

叶赛夫·拉比德说得好,温特的建构主义仍摆脱不了"理想的成分",他据此称温特的理论为"结构理想主义",温特从社会学、哲学等领域寻求理论工具,登上"文化之船",以建构主义为双桨,驶向真理之彼岸。② 但由于建构主义缺乏历史观和体系感,这一开拓性航程决不轻松,也不会一帆风顺。

塞缪尔·巴尔金先后在加拿大多伦多大学获学士、硕士学位,在美国麻省理工学院获博士学位,专攻全球治理和人类安全,以及建构主义理论。主

---

① Eric Ringmer, "Alexander Wendt: A Social Scientist Struggling with History" in Iver Neumann and Ole Wæver, (eds.), *The Future of International Relations: Masters in the Making*, p.98.

② Yesef Lapid, "Culture's Ship: Returns and Departures in International Relations Theory", in Yesef Lapid and Friedrich Kratochwill (eds.), *The Return of Culturn and Identity in International Relations Theory*, Lynne Rienne Publisher, 1997, pp.13—15.

要著作：《无政府状态与环境》（1999，合编）、《现实主义建构主义：反思国际关系理论》（2010）、《国际组织：理论与制度》（2013）等。2003 年 5 月号《国际问题研究评论》刊登了巴尔金的论文"现实主义的建构理论"。该论文提出，现实主义与建构主义之间的对话和融洽不仅是必要的，而且是可能的。他称这一对话和交流可以通过一个"搭桥计划"来进行，产生一种沟通国际关系主流学派与批判理论及后现代学派之间鸿沟的"搭桥理论"，即"现实建构主义"或"建构现实主义"。[①] 该论文一石激起千层浪，在热烈反响和争论中，《国际问题研究评论》次年开辟"学术论坛"专栏，发表更多文章，推动这一讨论。学术界普遍认为，2003 年巴尔金提出的现实建构主义是拓展建构主义的一个突破性成果。有学者评论说，巴尔金的现实建构主义以社会建构为基本假定，以现实主义为分析框架，以"权力与理想的辩证关系"为核心问题，以主体间认识论和方法论为解释路径，对规范建构主义进行一种理想研究，克服新现实主义对非物质因素的忽视，创造出比现实主义乐观的新的"中间地带理论"。[②]

关于建构主义理论的评述最全面最生动的莫过于郭树勇和叶凡美在 2002 年所概括的"一、二、三、四、五分析框架"，在此录以备考：[③]

一、一个主要方法：社会学分析法。

二、二个阶段：20 世纪 80 年代的解构主义和 90 年代的建构主义。

三、三次论战：（1）20 世纪 80 年代主流理论与批判理论；（2）90 年代建构主义理论与"两新"理论（新现实主义和新自由主义）；（3）90 年代中后期，流派内部形成论战态势。

四、四大流派：阿希利的激进建构主义，反对与主流理论妥协；温特的主流建构主义，与主流理论互动对话；鲁杰的现代性建构主义；女性学派的建构主义。

五、五块内容：纯粹理论、国家与国家利益理论、国际体系理论、国际体系转型理论和国际和平理论。

---

① Samuel Barkin，"Realist Constructivism"，*International Studies Review*，No. 5，2003，pp.325—342.
② 董青岭：《现实建构主义理论述评》，《国际政治科学》，2008 年第 1 期，第 131—136 页。
③ 郭树勇、叶凡美：《试论建构主义国际关系理论及其社会学渊源》，《国际观察》，2002 年第 1 期，第 1—6 页。

第六节　英国学派与西方国际关系理论

　　粗略回顾 20 世纪令人耳熟能详的国际关系理论,发现绝大多数出自美国学者之手。西方国际关系学者,包括美国学者,都承认美国国际关系学界主宰着国际关系理论的热点和走向。然而,"美国中心观"的看法,本身就很可能代表着一种遮蔽事实真相的主流意识形态,接受它的人往往看不到处于边缘地位的国际关系理论的价值和作用。其实,如果人们能够稍微对历史上公认为举足轻重的西方国际关系理论进行一番不偏不倚的考察,就可能得出这样的结论:即使在西方国际关系理论内部,美国的支配地位也并不是从来就有的,在某种意义上更不是绝对的。英国学派在西方国际关系理论中就占据突出地位,近年来也异军突起,引人注目。

一、英国学派的出现和发展

　　从 20 世纪 70 年代起,英国国际关系理论不断呈现深入发展的势头,在国际关系学分支领域的开拓、学科历史的评价与反思等许多方面都取得显著的成果。

　　1981 年,英国威尔士卡迪夫大学院罗伊·琼斯在《国际问题研究评论》上发表题为"国际关系的英国学派:一个应该关门歇业的个案"的文章,首次提出"英国学派"的概念。[1] 经过 30 多年的变化,当初罗伊·琼斯提出的这一"关门歇业"的个案,如今已发展成主流国际关系理论的一部分,在西方学术界代表着"一种明显的崛起"。[2] 正如巴里·布赞指出的,"英国学派实际上不是'英国的',是泛指一个学术群体。从狭义上看,它区别于美国的,有自己的特色;从广义上看,它更像一种欧洲学派,因为它比大多数英国理论更重视以历史和政治理论的视角来审视国际关系"。[3] 2007 年,巴里·布

---

[1]　Roy Jones, "The British School of International Relations: A Case for Closure", *The Review of International Studies*, No.1, 1981, pp.1—13.

[2]　张小明:《国际关系的英国学派——历史、理论与中国观》,人民出版社,2010 年,第 106 页。

[3]　巴里·布赞:《英国学派及其当下发展》,《国际政治研究》,2007 年第 2 期,第 101 页。

赞到中国北京大学讲学,在谈及英国学派时,他说:"如果你喜欢,可以把它看成英国的学派,但千万别以为它只是英国的或英国创立的理论,它并非是一个国家的国际关系理论。"①

英国学派的形成和发展大致经历了三个时期:

1.传统时期。时间跨度大约是在 20 世纪 70—80 年代或更早时期。代表人物是英国学派的"思想鼻祖"查尔斯·曼宁(Charles Manning)、"理论之父"马丁·怀特(Martin Wight)和"奠基先驱"赫德利·布尔(Hedley Bull)。布尔于 1977 年出版的《无政府社会:世界政治中的秩序研究》一书成为英国学派发展的重要标志。这个时期的代表人物还有赫伯特·巴特菲尔德(Herbert Batterfield)、亚当·沃特森(Adam Watson)和艾伦·琼斯(Alan Jones)等。

2.承上启下时期。时间跨度大概在 20 世纪 80—90 年代。这一时期英国学派的领军人物首推苏珊·斯特兰奇(Susan Strange)。她几十年如一日,竭尽全力呼吁建立国际政治经济学这一全新的研究学科,并为此作出重要贡献。在 90 年代初她当选为国际研究学会主席,正当她的学术事业如日中天时,她却不幸于 1998 年因病去世。这个时期还出现了不少英国和其他欧洲国家的学者,他们活跃在西方国际关系理论界,赢得了越来越多的国际声望。斯蒂夫·史密斯(Steve Smith)努力总结国际关系的学科发展状况,并提出国际关系理论研究的两种基本思路——理解和解释;默温·弗罗斯特(Mervyn Frost)深入挖掘了国际关系中的伦理学;弗雷德·哈勒代(Fred Halliday)阐述了国际关系的国家-社会理论;贾斯丁·罗森伯格(Justin Rosenberg)系统地从市民社会的角度批判了现实主义;查尔斯·雷诺兹(Charles Reynolds)对国际关系研究的理论探讨方式作了严谨的剖析;罗杰·斯皮格尔(Roger Spegek)则以全新的逻辑思维对国际关系理论各流派作了条分缕析②。

---

① 张小明:《国际关系的英国学派——历史、理论与中国观》,人民出版社,2010 年,第 6 页。

② 参阅 Steve Smith (ed.), *International Relations: British and American Perspectives*, Basil Blackwell, 1985; Steve Smith, Martin Hollis (eds.), *Explaining and Understanding International Relations*, Clarendon, 1990; Mervyn Frost, *Ethics in International Relations*, Cambridge University Press, 1996; Fred Halliday, *Rethinking International Relations*, MacMillan, 1994; Justin Rosenberg, *The Empire of Civil Society*, Verso, 1994; Charles Reynolds, *The World of States*, Edward Elgar, 1992; Roger Spegek, *Political Redism in International Theory*, Cambridge University Press, 1996。

这时期,布尔和怀特的影响依旧,学生辈在他们的带领下,继续探索,发表了一些重要著作,如布尔和沃特森主编的《国际社会的扩展》(1984 年)、文森特的《人权与国际关系》(1986 年)、梅奥尔的《民族主义与国际社会》(1990 年)、沃特森的《国际社会的演讲》(1992 年)和怀特的《国际理论:三种传统》(1992 年)。

英国学派虽然队伍庞大、著述丰厚、思想深邃,但由于以美国为主导的国际关系主流思想流派的压抑,一直没有赢得与其理论地位相称的国际影响力。直到 20 世纪 90 年代,英国学派才逐渐声誉鹊起,为国际关系学界所瞩目。美国学者斯坦利·霍夫曼对英国学派的多舛命运深有感触。他在 1995 年亲自为布尔的代表作《无政府的社会》第二版作序,并感叹道:"《无政府的社会》现在已被广泛地奉为国际关系研究的一部经典⋯⋯我们应当自问,为何如此重要的著作,在其 1977 年初版之时竟未能得到认可,尤其是在美国⋯⋯答案是:它的英国特色与美国的方法论不相符。它对社会(尽管是无政府的)的强调无论对于以汉斯·摩根索为代表的、用权力追逐和国家竞争的眼光研究国际关系的现实主义者,还是对于追随肯尼思·华尔兹的、着重探讨国际体系的权力分配如何影响不可避免的国家间角逐的新现实主义者,都显得有些怪异。"[1]

3. 当代时期。时间从 21 世纪初起。根据不同的理念和理论倾向,又可分成若干流派:(1)以约翰·文森特(John Vincent)学生为代表的激进派,成员有尼古拉斯·惠勒(Nicholas Weelue)、罗伊斯·施密特(Christian Reus-Smit)和蒂姆·邓恩(Tim Dunne)。文森特 1990 年不幸病故,年仅 47 岁,英年早逝,实为英国学派一大损失。(2)以简·梅奥尔(Jane Mayall)为代表的温和派,另一位代表人物是安德鲁·哈雷尔(Adrew Hurrell)。(3)新传统保守派,成员主要包括罗伯特·杰克逊(Robert Jackson)、亚当·罗伯斯(Adam Roberts)和爱德华·基尼(Edward Keene)。(4)新一代英国学派,又称修正派,主要成员有巴里·布赞(Barry Buzen)、奥列·维弗(Ole Wæver)和理查德·利特尔(Richard Little)。布赞的《世界历史中的国际体系》被视为新一代英国学派的代表作。[2]

世纪之交开始,英国学派更加受到重视,主要原因是,随着全球化的发

---

[1] Hedley Bull, *The Anarchial Society*, Columbia University Press, 1995, p.vii.
[2] 参阅张小明《英国学派国际社会理论研究:张小明教授访谈》,《国际政治研究》,2016 年第 3 期,第 129 页。

展,国际学术界越来越意识到国际关系理论领域中涉及国际制度、国际文化、国际规范内容的重要性,而英国学派推崇观念、认同、国际文化、国际伦理和国际社会,正好适应这一客观需求,其学术队伍不断扩大,学术影响不断扩展,学术成果处于国际关系理论和实践的前沿,英国学派的支持者遍布中欧、北欧、北美和澳洲,成为一个得到普遍认可、具有学术特色和享有世界声誉的学者群体和理论学派。1999 年,英国国际研究学会举行"重新思考英国学派:结束还是重塑"学术研讨会,布赞作了题为"英国学派作为一项研究纲领:概述和重塑的计划"的主旨发言,发言之后发表在 2001 年第 7 期《国际问题研究评论》上,题目改为"英国学派:国际关系中没有充分利用的资源"。这个事件被视为新一代英国学派出现的标志。

目前,英国学派的思想已得到英国以外的世界其他地区学者的认可。其主要代表著作纷纷再版,有关国际社会理论的评论文章也不断见诸书刊杂志。中国学者对英国学派的评介工作虽刚刚起步,但已取得了可喜的进展。①

二、英国学派的核心理念

英国学派的核心理念是国际社会,因而,英国学派也被称为国际社会学派。

最先明确提出"国际社会"概念的是曼宁。曼宁反对把"国际无政府状态"理解为"无秩序"、"混乱"。曼宁认为,在国际上也存在一个社会,就是国际社会。与国内社会不同的是,国际社会的存在并没有以一个中央政府和强制执行的法律体系作为支撑。曼宁指出,国际社会不是一种经验的存在物,而是一种观念的实体。各国的官员、商人、百姓在日常生活中涉及国际交往时都自然而然地接受"国际社会"的观念。这就足以证明国际社会的存在。曼宁不断强调,国际社会的特性不能从与国内社会的对照中推导出来,

---

① 可参见石之瑜:《英国学派与西岸国际关系研究》,《国际政治科学》,2005 年第 1 期;秦治来:《一场跨大西洋的学术大辩论》,《外交评论》,2005 年第 10 期;秦亚青:《建构主义:思想渊源、理论流派和学术理念》,《国际政治研究》,2006 年第 3 期,第 9—10 页;巴里·布赞:《英国学派及其当下发展》,《国际政治研究》,2007 年第 2 期;《中国的英国学派国际社会理论研究——张小明教授访谈录》,《国际政治研究》,2016 年第 3 期。张小明:《国际关系的英国学派——历史、理论与中国观》,人民出版社,2010 年;章前明:《英国学派的国际社会理论》,中国社会科学出版社,2009 年;许嘉:《"英国学派"国际关系理论研究》,时事出版社,2008 年。

国际社会虽不像国内社会拥有中央政府,但国际社会也是有秩序的。对国际法也不能从与国内法的对比中得到理解,因为它根本不是从国内法发展而来的,这就如同乒乓球不是网球的初级形式一样。国际法的本质只能从它的社会基础——国际社会中得到把握,而国际社会的成员不是国内社会中的个人,而是国家。①

怀特笔下使用的是"国家的体系"概念,但值得注意的是,怀特的"体系"观与美国主流的"体系"论截然不同。怀特认为,美国的国际体系论是机械互动论,属于纯粹的物质层次而忽略了文化的因素。怀特的"国家的体系"观则强调,国家之间有可能因共同的文化纽带而彼此承认,并认同于它们所组成的整体。这样一个拥有共同文化的体系就不再是美国意义上的机械互动体系了,而是"国家的体系"。这里,怀特再一次用"国家的体系"阐明了"国际社会"的思想——国际社会不同于国际体系。

布尔的"国际社会"观一方面借鉴了曼宁和怀特的思路,同时又对前人的一些具体方法和论断作了修正。布尔淡化了曼宁研究国际社会的观念阐释法,把国际社会理论建筑在更为经验的基础上。布尔还放弃了怀特关于国际社会必须拥有共同文化纽带的论断,把它更换成共同的利益观和归属感纽带。

布尔的国际社会理论首先从阐明国际社会的基本目标入手。布尔认为,国际社会的基本目标包括两大类,一类是任何社会都共同拥有的,另一类是国际社会独有的。关于第一类,布尔提出了限制人身暴力、保持交易信用和稳定财产权三项基本目标。关于第二类,布尔指出,保存国际体系和国际社会自身、维系国家独立和主权以及促进和平是三项基本目标。于是,两类相加,国际社会的基本目标一共包括上述六项。②

判断一个国际体系是不是国际社会,要看该体系是否满足了实现这些基本目标的条件。这些条件包括:各国在实现这些基本目标方面享有共同利益,并形成共同利益的认同;各国之间默契地认同于一系列限定国家行为的规则,如国家体系的规则、各国共存的规则和协调国家间合作的规则;国家间应建立一系列确保上述规则行之有效的制度,如均势、国际法、外交、大国协调和战争③。如果一个由国家组成的体系在实现六项基本目标方面满

①　Charles Manning, *The Nature of International Society*, MacMillan, 1962.
②　Hedley Bull, *The Anarchial Society*, Columbia University Press, 1995, pp.16—18.
③　Ibid., pp.63-71.

足了这三项条件,那这个体系就可以被称作国际社会,而且在这样的国际社会中存在国际秩序。

关于国际社会中国际秩序的维持,布尔提出了两点耐人寻味的看法。首先,布尔认为,各国对权力和利益的追求并不一定有碍国际秩序的实现。如果各国之间的权力竞逐(即均势)能被有意识地加以利用而形成为国际协调的制度,那么,权力完全是可以用来为国际社会造福的。关于利益问题,布尔认为,即使国家之间在短期利益上常常会发生冲突,但不能否认的是,每个国家都在遵守外交惯例和条约义务方面享有共同利益。原因在于,不尊重国际规则会破坏国家之间的有效沟通,从而使国际关系中的不稳定因素增多,最终破坏国家间正常的相互期待。其次,布尔坚决反对集体安全的理论与实践,认为集体安全与均势原则相抵触,从而干扰唯有均势才能有效维护的国际秩序。[①]

布尔对国际社会的概念界定实际上包含了对国际体系和国际社会两概念的区分。在布尔看来,国际体系的存在仅仅要求各国的行为相互关联,而国际社会的存在还必须以上述的额外条件为前提。这也就是说,国际社会一定同时是国际体系,但国际体系并不一定同时又是国际社会。在国际社会中存在正常维持着的国际秩序,国际体系中则没有。

英国学派并没有把学术努力仅仅停留在对国际社会基本理论的阐发上。英国学派的许多成员都把国际社会理论运用到国际社会史和国际社会的其他基本问题上去,从而形成了壮观的学术著作群。布尔和沃特森主编的《国际社会的扩展》,连同沃特森的《国际社会的演进》,对欧洲近代国际关系体系向全球扩张的过程以及世界范围内不同历史时期的国际体系或国际社会的特征作了深刻的剖析。文森特的《不干预与国际秩序》和《人权与国际关系》则对国际干预问题和人权问题作了权威的论述。卢阿德对联合国专门立项研究,其成果历经数版而不衰。盖里特·冈对近代以来"文明"的标准作了历史透视,揭示了一个不容忽视的重大课题。梅奥尔用《民族主义与国际社会》一书开创了民族主义研究的新视角。

后起之秀巴里·布赞认为,布尔的国际社会理论的基本观点是,国际社会不必在各国拥有一致的文化这一基础上生成,而可以通过交往中逐

[①] Tony Evans and Peter Wilson, "Regime Theory and the English School of International Relations", *Millennium* 21(3), 1992.

渐培养出来的共同利益观和整体归属感来塑造。因此,布尔的国际社会起源观属于功能论,它完全可以在新现实主义的国际无政府状态论和新自由主义的机制理论之间架起一座桥梁。原因也并不难理解:新现实主义视野中的国际无政府状态是各国共同的外部环境,在这样的环境中,各国如不通过一些共同的机制协调彼此的行为,那就很可能酿成对大家都不利的灾祸。于是,在长期的交往中,各国逐渐依靠共同的利益观发展出了功能性的国际机制。[①] 布赞的论点扩展了美国主流理论流派的思路,无形中扩大了英国学派的影响力。

长期以来,英国学派对西方主流国际关系理论界的介入扩展了它自身的影响力,而它飘忽于新现实主义—新自由主义和建构主义之间的理论位置更是它的思想魅力所在。

三、英国学派的主要代表人物

英国学派在 50 多年的发展中形成了老中青三代学术队伍,主要代表人物有曼宁、怀特、布尔、巴特菲尔德、沃特森、文森特、布赞和沃弗等,这里着重介绍"二布一沃",即布尔、布赞和沃弗。

赫德利·布尔。布尔 1932 年出生于澳大利亚悉尼,1949 年就读悉尼大学哲学和法律专业,1952 年毕业后在牛津大学攻读国际政治。在牛津大学期间,布尔深受英国学派第一代前辈曼宁、怀特、巴特菲尔德的厚爱和指导,24 岁时就成为英国国际政治理论委员会委员。布尔初展才华的领域是军备控制,1961 年他出版专著《军备竞赛的控制》。60 年代他供职于英国外交部军控和裁军研究小组,这期间多次到哈佛大学、普林斯顿大学等学府进行访学,学术视野得到很大拓展,1966 年出版另一部专著《国际关系理论研究中的传统主义方法》,引起学术界重视。1967 年,布尔受聘任澳大利亚国立大学国际政治系教授;1977 年他回到英国,被聘为牛津大学蒙塔格·伯顿首席教授,同时担任英国国际政治理论委员会主席。就在这一年,布尔出版了他的成名作《无政府社会——世界政治秩序研究》,推出他已熟悉的国际社会理论,在国际关系理论领域产生了轰动性影响,该书遂成为英国学派

---

① Barry Buzan, "From International System to International Society", *International Organization* 47(3), 1993.

发展的一个重要里程碑。1977—1978 年,布尔整理、出版了怀特的遗作《国家体系》和《权力政治》,之后笔耕不止,1984 年,他编著《世界政治中的干涉》,与沃特森编著《国际社会的扩展》。1985 年 5 月布尔不幸因病逝世,享年 53 岁。

布尔英年早逝,和另一位英年早逝的文特森一起,成为英国学派中最值得怀念的代表人物。布尔对国际关系研究作出的重要贡献主要在以下三个方面:

1. 丰富深化了国际社会理论。布尔的国际社会理论集中体现在其成名作《无政府社会——世界政治秩序研究》中。他认为,不能把国际社会简单地等同于国家集合体或各种国际行为体的集合。国际社会的科学涵义是,现代国家不仅在主动关系中形成了全球性国际体系,而且在共同价值、共同利益、共同观念的基础上,构建了一种无政府状态下的有规则、有秩序的国际社会。布尔的国际社会理论把英国学派的国际社会核心理念推至新的理论高度,使之理论化和系统化,在西方国际关系理论领域产生很大影响。学术界发现,温特的建构主义理论与布尔的国际社会理论有许多相似之处,因此称布尔是"建构主义的先驱"。[①]

2. 国际关系研究方法。布尔反对科学行为主义研究方法,坚持传统主义的研究方法。他重申历史、法律、哲学方法在国际关系研究中的核心地位和作用,并在这方面坚守阵地,独树一帜。

3. 国际安全战略研究。布尔这方面的研究才华和成果最早反映在他1961 年出版的《军备竞赛的控制》一书中,现在读来,这本书还让人有耳目一新之感。

巴里·布赞。布赞 1946 年出生于英国伦敦,在加拿大渡过童年和青少年时代,1964 年回到英国,就读英属哥伦比亚大学,1968 年获学士学位,后在伦敦经济学院深造,1973 年获博士学位。布赞先在沃威克大学任教,1983 年升为高级讲师,1988 年升任副教授,1990 年被聘为教授。1996 年他调至威斯特敏斯特大学任教。从 1991 年至 2001 年的十年间,布赞教学研究双丰收,不仅教学深受好评,而且著作硕果累累。他出版的著作有:《人民、国家和恐惧》(1991 年)、《无政府主义的逻辑:从新现实主义到建构现实

---

① Tim Dunne,"The Social Construction of International Society", *European Journal of International Relations*, No.3, 1995, pp.367—389.

主义》(1993年)、《新安全论》(1998年)、《世界历史中的国际体系——国际关系研究的再构建》(2000年)等。2003年,布赞回到母校伦敦政治经济学院,继续他一生追求的教授生涯。布赞于20世纪80年代开始成名,以"地区复合安全"研究著称,1988—1990年任英国国际研究学会主席,1993—1994年任北美国际问题研究学会副主席,1998年当选为英国科学院院士。从1988年起,他还一直兼任哥本哈根和平研究所欧洲安全研究项目主任。2004年,布赞又出版了一本力作《从国际社会到世界社会?——英国学派理论和全球化的社会结构》,在学术界产生了持久的影响。

布赞还有一个头衔:英国学派重聚项目的总协调人。英国学派形成初期,巴特菲尔德创立了该学派的共同学术团体"英国国际政治理论委员会",之后,怀特、沃特森、布尔先后担任委员会主席。但是,布尔1985年去世后,该委员会的活动就基本停顿了。1999年,布赞担任英国学派重聚项目的总协调人,重新恢复了英国学派的学术交流,使之起死回生。布赞曾动情地说:"我当前的研究重心是国际关系的英国学派。这包括对国际社会、世界社会、多元主义-社会连带主义、国际制度等概念的理论研究,同时,我还利用英国学派的这些理论分析历史上和当代的国际体系。我的另一个主要研究领域是地区安全。除此之外,我对霸权理论和世界历史也有所研究。"[1]布赞是公认的英国学派新生代的代表人物,在这一代学者中他最具有批判和创新精神,思想最活跃,写作最勤奋,成果最显著。

布赞最主要的学术贡献是提出英国学派结构理论。该理论在曼宁、怀特和布尔研究成果的基础上,对英国学派的传统理论进行了重新建构(reconstructing)、重新阐释(rewriting)和重新塑造(recasting),实现了英国学派当代理论的继承发展。布赞的英国学派结构理论运用国际体系、国际社会和世界社会等概念来解读国际社会的物质结构和社会结构,建立一系列分析性的结构框架来描述国际社会的状况和变化,并使之理论化。[2]布赞的结构理论属于规范理论的新发展,它通过国际社会等概念对规范、规则、制度、道德、法规等进行多元化研究,使英国学派国际关系理论更加完整、完善和完美,构筑起英国学派与主流美国学派之间的桥梁。我们想起了另一位英国学派代表人物蒂姆·邓恩在2005年写的一段话:"认为布赞所做的

① 转引自许嘉等著:《"英国学派"国际关系理论研究》,时事出版社,2008年,第353—354页。
② Barry Buzen, *From International to World Society?: English School Theory and the Social Structure of Globalization*, Cambridge University Press, 2004, p.14.

工作将会把英国学派带到一个新的层次只是一种保守的说法,布赞对英国学派的改变完全可以与华尔兹在《国际政治理论》中对现实主义的改变相媲美。"①

　　奥尔·沃弗(Ole Wæver)。沃弗出生于 1960 年,是一位活跃于国际关系理论界的丹麦学者,1985 年至 1999 年任丹麦和平与冲突研究中心高级研究员,现在在哥本哈根大学讲授国际关系课程。他和巴里·布赞一起被认为同属"哥本哈根学派"。他与布赞合著的《新分析框架》(1998)和《国际安全结构》(2003)在西方学术界产生较大的影响。沃弗十分关注西方国际关系理论的历史演变脉络和未来的走向问题,并对历次国际关系理论"大辩论"的线索作了深入的研究。②

　　在西方国际关系理论发展史上,第一次"大辩论"(理想主义对现实主义)和第二次"大辩论"(传统主义对科学行为主义)的线索和内容是相对明确的,但学者们对后行为主义时期即 20 世纪 70 年代以来的情况却众说纷纭,莫衷一是。沃弗认为,70 年代之后,西方国际关系理论又先后经历了两次大规模的辩论,并且超越第四次大辩论,进入了一个辩论阵营不甚明确、理论流派杂然相陈的新时期。具体说,从 70 年代初到 80 年代中期,国际关系理论第三次大辩论在自由主义、现实主义和激进主义之间展开。从 80 年代中期到 90 年代初,第四次大辩论在理性主义与后现代主义(又称反思主义)之间展开。从 90 年代初至目前,"后第四次大辩论"呈现出理性选择论、制度主义、英国学派、建构主义与解构主义五大流派之间错综复杂的相互关系。

　　沃弗认为,从 20 世纪 80 年代中期开始,西方国际关系理论学派出现了两大趋势。一方面,"科学化"过的现实主义(即新现实主义)和自由主义(即新自由主义)逐渐发现它们都享有共同的理性主义假定——国家在国际无政府状态下理性地行动。另一方面,后现代主义哲学开始进入国际关系研究领域,以德里安和沃尔克为代表的反思主义猛烈抨击主流意识形态的理性主义和实证主义,指责它们把自己所观察到的现实自诩为科学,从而忽略了国际关系的主观性和国际关系研究的主观性。深受后现代主义影响的反

---

① 　Tim Dunne, "System, State and Society: How Dose It All Hang Together?", *Millennium*, No.1, 2005, p.168.

② 　参见 Ole Wæver, "Figures of International Thought", in Iver Neumann and Ole Wæver(eds.), *The Future of International Relations*, Routledge, 1997, pp.1—37.

思主义站在批判者的角度上,对占主流的理性主义发难,实际上是取代了影响力日渐衰微的激进主义的位置;而新自由主义和新现实主义则合并起来成为辩论的另一方。于是,第四次大辩论成为两方之间的对垒。与第三次大辩论不同的是,这一次,双方是在共同的理性主义基础上进行着建设性的"知识积累"。第四次大辩论可用下图表示:

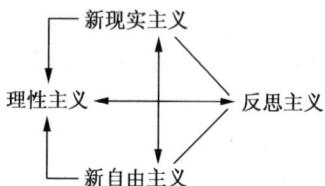

```
            ┌──→ 新现实主义
            │              ↗
理性主义 ←──┼──────────────→ 反思主义
            │              ↘
            └──→ 新自由主义
```

从世纪之交开始,随着理性主义与反思主义大辩论的深入,双方阵营内部都出现了分裂:理性主义分裂为较极端的理性选择论和较温和的制度主义,反思主义则分裂为较极端的解构主义和较温和的建构主义。此外,历史相对悠久的英国学派此时重新得到学者们的青睐,它的理论坐标恰好处于制度主义和建构主义的中间。于是,第四次大辩论清晰的辩论线索此时模糊不堪:不仅辩论方骤然增多,而且辩论的层次也是纷繁复杂,难以理清头绪。西方国际关系理论流派将向何方发展,恐怕还难以料断。"后第四次大辩论"的主要流派关系图如下:

```
理性选择论   制度主义    英国学派    建构主义    解构主义
←──────────────────────────────────────────────→
      └────┬────┘                  └────┬────┘
        理性主义                      反思主义
```

沃弗指出,上述"大辩论"脉络虽难免有过分简化之虞,但作为勾勒西方国际关系理论辩论线索、展望未来流派发展趋向的概括性介绍,这样的分析和整理仍是不可缺少的。关键在于,不能把这一简化的图景当成西方国际关系理论的全部线索,那样的话,像国际政治经济学、女权理论和历史社会学等等很具潜力的领域或思想就会遭受不应有的忽视。沃弗的国际关系理论"大辩论"观对 80 年来西方国际关系理论流派的相互关系作了一次透彻的梳理,虽然只是一家之言,但必定会让人们对西方国际关系理论获得耳目一新的了解。

第七节 新进展和新趋势

自 20 世纪 80 年代,尤其冷战结束以来,国际关系正在经历着深刻的变化:一方面,新的国际事件层出不穷,造成整个国际体系和世界政治处于历史性的深刻转型过程中;另一方面,冷战后时期错综复杂的国际社会现实,迫使人们调整或改变对国际关系的传统认识及思维方式,甚至提出对现存国际政治理论及研究方法的深刻反思和重建,由此推动国际关系研究在本体论、认识论、价值论及方法论等方面出现新的转型。前者可谓是国际关系现实层面的变化,后者则是国际关系理论方面的变化。

西方国际关系理论在几次论战的推动下,正在朝着纵深和更为成熟的方向发展。敢于自我反思本身就是一种成熟的表现。该学科的每次论战都试图弄清楚和回答一些基本的理论问题。第一次论战探讨了国际政治研究取向问题,第二次论战涉及研究方法问题,第三次论战则是关于理论更好地反映现实的问题。它试图解决当前西方国际关系理论较为前沿的两个问题:如何思考和建立理论,以及发展中的理论与变化中的世界之间的关系。

在第三次论战过程中,一些新进展先后和交叉地出现:

1. 从许多方面看,国际关系批判理论的出现是西方国际关系理论发展新态势的一种反映。它对国际关系理论建设本身进行了较为深入和复杂的探讨,从本体论、认识论、价值论和方法论等方面动摇了西方国际关系主流理论体系的学术根基。此外,国际关系批判理论帮助人们扩大了研究视野、视角和范围,为解放和重建西方国际关系理论开辟了途径,也由此推动和激励了自 80 年代尤其冷战结束以来西方国际关系研究领域新的学术革命。这是国际关系批判理论作出的重要贡献。

2. 就本章所涉及的内容而言,以批判理论为主体的后现代国际关系研究为开拓和深化当代国际关系的一般探讨作出了较有价值的努力。

后现代国际关系研究重视扩大研究范围和视野。如果说一定的理论是一定时空的产物并反映那个时空的话,那么,二战以后西方国际关系主流理论所强调的权力、利益、结盟、威慑、均势等内容则反映了当时超级大国之间冷战的需要。冷战后时期复杂变化的国际关系环境在许多方面已经不同于冷战时期的国际关系环境,开拓新的研究领域,寻找新的研究课题,应对新的现实挑战,探讨长期被压抑和被忽视的问题,包括第三世界国家生存与发展问题等,成为新的国际关系研究需要。在开阔视野方面,后现代国际关系理论从现存主流理论强调以实证数据为主的国家行为模式研究,转向对国际关系文本含义结构以及国家所处社会结构进行研究。西方国际关系主流理论强调作为物质外的国际体系对国家行为及其结构的影响,重视国际政治结构中物质力量的分配,后现代理论则提醒人们把文化、社会规范、认同等被认为属于国内政治研究范畴的诸因素引入国际关系研究,用它们解释国际行为及其后果。这种从研究"外部"转向研究"内部"的方法,不仅利用了人文学科的研究成果,而且是对传统研究取向的一种回归。

3. 如同其他批判理论分支一样,女性主义国际关系研究在理论批评和重建方面作出一定的贡献。女性主义对西方国际关系理论的挑战曾经历一个过程。1972 年,《冲突解决杂志》发表贝伦丽丝·卡罗尔的一篇文章,它可能是女性主义在主流的英语国际事务杂志上发表的第一篇文章。作者并没有明确说明她的文章是女性主义的,但是,她的文章提出了在今天看来具有女性主义思想的观点。然而,在以后的十多年里,尽管继续有人从女性视角研究和探讨世界和平和战争问题,但是,它们均没有对西方主流国际关系理论构成明显影响。直到 1988 年,英国伦敦经济学院的《千年间:国际研究杂志》出版了一期题为"妇女与国际关系"的专集,才出现女性主义挑战西方国际关系理论的一个转折点。1991 年,丽贝卡·格兰特和凯瑟琳·纽兰将这些文章和随后的有关讨论编辑成一本题为《性别与国际关系》的论文集。从此女性主义开始以较大的规模和更多的方式对西方国际关系研究领域形成影响。不久,英美国际研究协会——一个以大西洋两岸国家为主的国际问题研究学术团体——设立了性别研究分部。在美国,一些大学的国际问题研究机构就女性主义与国际关系研究主题举办学术讨论会,开设有关课程。更多的研究成果开始出现,主要有安·蒂克纳的《国际关系中的性别:从女性主义视角看待实现全球安全》(1992 年)、斯派克·彼得森和安妮·西森·鲁尼恩的《全球性别问题:世界政治中的困境》(1993 年)、克里斯蒂·西尔维斯特的《女性主义理论与后现代时期的国际关系》(1994 年)等。一些北美杂志也效仿《千年间》杂志的做法。1993 年,西尔维斯特为

《选择》杂志主持一期题为《女性主义论国际关系》的专刊。同年,艾丽克·
吉奥兰多和金波莉·西尔佛为《佛莱舍论坛》杂志主持一期题为《国际关系
中的性别:发展中的各种视角》的专集。1999 年,享有盛誉的 Routledge 出
版社推出《国际女性主义政治杂志》(*International Feminist Journal of
Politics*),这是第一份女性主义研究的专业期刊,为这方面研究提供了一个
重要的平台。

　　女性主义国际关系研究内部存在不同的分支,罗伯特·基欧汉把它
们大体分为三类:(1) 女性经验主义。它强调国家和国家之间在根本上
是性别化的支配和相互作用的结构,侧重研究国家和全球性的资本主义
过程,而不去考察把性别引入国际学的社会态度和结构是否准确。
(2) 女性观点派。它认为,处于政治生活边缘的妇女经历,使她们具有观
察社会问题的视角,从而对世界政治进行有力的洞察。这一分支站在边
缘的立场,批评由男人所建构起来的国际关系理论,男人们把他们自身置
于决策者的位置,或者用摩根索的话讲,通过"他的肩头看东西"。女性主
义从被排除在权力之外的普通民众的观点批判地考察国际关系。这一分
支提出对世界政治进行复杂的理解。(3) 女性后现代主义,或后现代女
性主义(post-modern feminism)。它在概念上难以确定,似乎包括了各种
趋势。不过,它的核心表现为反对"一种真实叙述"的概念,反对把个人的
视角作为普遍视角。[1] 女性主义作为第三次论战中后实证主义的批判理论
的一部分,其重要性不可小视,它在挑战现实主义、实证主义理论的"霸主地
位"过程中发挥了特殊的作用。

　　批判理论指出,知识和理论是建立在经历之上的。不同的经历给国际
关系的基本概念赋予不同的含义。根据女性主义的叙述,西方国际关系理
论以及更早的政治理论一直把妇女的经历排斥在外,使国际关系研究成为
带有性别偏见的活动。由于这些理论是建立在部分的经历(确切地讲是建
立在男性经历)之上,因此,它们对国际关系的理解和认识是狭隘的和不全
面的。在女性主义看来,这一情形不仅严重地妨碍了人们对国际关系的充
分认识,也妨碍了这一学科本身的发展。因此,女性主义研究的一个主要目
的是要"把性别引入国际关系学科",认为只有把性别问题引入国际关系研

---

[1]　Robert Keohane, "International Relations Theory: Contributions of A Feminist Standpoint", in
　　Rebecca Grant and Kanthleen Newland (eds.), *Gender and International Relations*, Open
　　University Press, 1991.pp.41—42.

究,把女性视角引入国际关系研究,加强审视世界的女性视角,西方国际关系理论才有可能在叙述和解释上更为平衡、更接近真实、更具有见识。女性国际关系理论的贡献在于,一方面,它打破了关于西方传统的国际关系理论是一套理性的、不带情感色彩的客观法则的神话,一针见血地指出它是明显地带有性别偏见的国际政治知识,女性和妇女被置于世界政治的边缘,因此,这种国际政治知识是狭隘的和不全面的。另一方面,它通过把性别话题引入国际关系研究,谋求重建西方国际关系理论,从而使这种理论更加接近世界政治的真实,引导人们对这个世界所发生的事情作出更好的理解和认识。

4. 建构主义批判性地吸取了先前国际关系解释性理论和构成性理论的研究成果,谋求从社会学角度考察世界政治,为国际关系研究开辟了一条新思路。建构主义和新现实主义之间的分歧大体可归纳为以下几个主要方面。第一,国际体系结构到底是由什么构成的问题。新现实主义强调国际体系的物质结构影响行为体的理性行为;建构主义则认为,除了物质能力的分配以外,国际体系结构还由社会关系所组成,也就是说,国际体系也是一种社会结构,文化内容往往比物质能力更重要。"现实主义和自由主义往往强调物质因素,如权力和贸易,而建构主义则强调观念的影响"。[①]"观念的影响"指的是三"I":认同(identity)、利益(interest)和思想(idea)。第二,国际体系中的国家自助原则问题。新现实主义认为,由于国际体系的无政府状态以及在国家之上没有更高的权力机构,国家完全从自私利益考虑出发;建构主义则认为,由于受社会规范和认同的作用,国家的行为有时是利他性的,社会规范往往胜过物质上的自我利益。第三,影响国家利益和行为形成的动因问题。新现实主义认为,国际体系的"无政府状态"决定了国家利益和行为的自私性,它们是理所当然的"客观"存在;建构主义则认为,国际"无政府状态"是一种社会建构,国际规范、认同和其他文化内容决定、影响或改变国家的利益和行为。第四,国内因素对国际政治的影响问题。新现实主义认为,国际政治不受国内因素影响;建构主义则认为,国内因素如国家机构、国内社会规范、认同和文化也是解释国际政治的重要因素。

建构主义与新现实主义的分歧实际上是反思主义和理性主义之间的分

---

① Steve Walt, "One World, Many Theories", *Foreign Policy*, Spring 1998, p.40.

歧,前者强调规则、认同、利益和知识,后者注重结构、信息、策略和制度。然而,在今后一段时间内,建构主义与"两新"理论将构成国际关系理论的主要内容,它们"在研究社会联系和互动关系和价值取向上有共同点",呈现"健康的多样性"(healthy diversity),将从不同的角度对国际关系理论的未来发展起重要作用。[1]

在世纪之交,西方国际关系理论发展的新趋势主要循着以下三个方向:

1. 现实主义—古典传统现实主义—新现实主义—新古典现实主义。

20 世纪 90 年代出现这样一对新概念:最大现实主义和最小现实主义。最大现实主义意指将现实主义基本命题发挥到极致,其代表理论是进攻型现实主义;最小现实主义则指偏离现实主义基本假设,表现为一种中观现实主义理论。最小现实主义又分为体系层面的、国家层面的和个人层面的,而国家层面的最小现实主义又提出一个新概念,即新古典现实主义(neorealism)。[2]

新古典现实主义这一概念是由 Gideon Rose 1998 年最早提出来的,那年 Rose 在《世界政治》杂志第一期发表论文"新古典现实主义和对外政策的主题",文中作者着力评述了新古典现实主义五位代表人物及其著作。他们是:威廉·沃尔福茨(William Wohlforth)和《难以捉摸的平衡:冷战时期的权力及其观念》(1993 年)、迈克尔·布朗(Micheal Brown)和《无政府状态的危害——当代现实主义与国际安全》(1995 年)、柯庆生(Thomas Christensan)和《有用的对手:大战略、国内动员与中美冲突,1947—1958》(1996 年)、朗多·斯维勒(Randall Schweller)和《致命的失衡:三极格局与希特勒的征服世界战略》(1998 年)、法里德·扎卡里亚(Fareed Zakaria)和《从财富到权

---

[1]　Peter Katzenstein, Robert Keohane and Sephen Krasner (eds.), *Exploration and Contestation in the Study of World Politics*, MIT Press, 1999, p.335, p337, p339.

[2]　秦亚青:《现实主义理论的发展及其批判》,《国际政治科学》,2005 年第 2 期,第 162—165 页。还可参阅中国学者关于新古典现实主义的其他文章。刘丰:《现实主义国际关系理论流派辨析》,《国际政治科学》,2005 年第 4 期;刘丰:《新古典现实主义的发展及前景》,《国际政治科学》,2007 年第 3 期;刘丰、左希迎:《新古典现实主义:一个独立的研究纲领》,《外交评论》,2009 年第 4 期;宋伟:《从国际政治理论到外交政策理论——比较防御性现实主义与新古典现实主义》,《外交评论》,2009 年第 3 期;李巍:《从体系层次到单元层次:国内政治与新古典现实主义》,《外交评论》,2009 年第 5 期;Shiping Tang(唐世平):"Taking Stoek of Neorealism", *International Studies Review*, No.4, 2009;刘若楠:《新古典现实主义的进展与困境》,《国际政治科学》,2010 年第 2 期;宋美佳:《变动条件下的中国外交和安全政策行为》,《国际政治科学》,2014 年第 3 期。

力：美国世界作用的不寻常根源》(1998年)。2006年,斯维勒推出另一部新作《没有应答的挑战：均势的政治制约》,该书进一步阐述了新古典现实主义的观点,从国内政治角度提出新的分析框架,尤其是从关注个别国家外交转向关注所有国家外交行为模式和从单一变量研究发展到多种变量研究,其概念分析和研究方法更加严谨,更为成熟。新古典现实主义"在现实主义单元层次分析和新结构现实主义体系层次分析之间架起了一座桥梁"。① 2009年,英国剑桥大学出版社出版了斯蒂芬·洛贝尔等三人编著的《新古典现实主义、国家和对外政策》,该书在对传统(古)现实主义和结构现实主义进行反思和综合基础上,着重从国家行为的外交层面进行理论创新,提出新古典现实主义与古典现实主义和新现实主义的异同比较(参见下表)。

古典现实主义、新现实主义与新古典现实主义异同比较

研究纲领	认识论与方法论	体系观	单元观	因变量	基本因果逻辑
古典现实主义	归纳；关于政治本质的哲学反应或详细的历史分析	比较重要	异质	国家的外交政策	权力分布或利益分布→外交政策
新现实主义	演绎；定性与定量分析	非常重要；内在的竞争性和不确定性	同质	国际政治发展结果	相对权力分布(自变量)→国际政治发展结果(因变量)
新古典现实主义	演绎；定性	重要；无政府状态对决策的影响是变化着的,有时不明确	异质	国家的外交政策	相对权力分布(自变量)→国内约束和精英认知(干预变量)→外交政策(因变量)

来源：Steven E. Lobell, Norrin M. Ripsman and Jeffrey W. Taliaferro, eds., *Neoclassical Realism, the State, and Foreign Policy*, p.20。

2016年,这三位学者由加拿大的诺林·里普斯曼牵头,合著了由剑桥大学出版社出版的新作《新古典现实主义国际政治理论》,这部新作强调"新

① 刘丰：《新古典现实主义的发展及前景——评〈没有应答的挑战：均势的政治制约〉》,《国际政治科学》,2007年第3期,第164—165页和第167页。

古典现实主义已成为研究外交政策的重要路径",为研究对外政策、战略调整和国际体系结构演变提供了新视角和新方法。①

学术界一般认为,建构主义后,国际关系理论研究基本上围着三大理论流派转,没有什么新的理论成果出现。其实,客观地讲,新古典现实主义可视为是一种新的理论成果,尽管它还不怎么成熟。新古典现实主义"新"在:第一,它以一国的对外政策为主要研究对象,专注于对国家外交行为的解释和研究;第二,它认为,国家外交行为受到国际和国内两个相互关联层面的互动影响,它在新现实主义的基础上探索一种同时包含国际和国内因素的更新的对外政策分析框架;第三,它重点转向国内,注重国内因素,注重外交决策中国家领导人和人民的关系以及智库精英的作用。这些初步的"新"还是给长期熏陶于三大理论流派的国际关系领域带来了一股清风。

2. 自由主义—古典(传统)自由主义—新自由主义—新古典自由主义

新古典自由主义是新自由主义之后出现的一个概念,最早由奥兰·扬(Oran Yang)在1999年出版的专著《世界事务中的治理》中提出,与新古典现实主义相伴而生。其代表人物有基欧汉、奈、克拉斯纳、杰维斯、罗斯诺等。它以国际制度为研究对象,重点研究领域包括区域合作、多边主义和全球治理。新古典自由主义的核心理论是全球治理,它认为世界事务从来没有像现在这样需要治理,国际关系从来没有像现在这样需要全球治理理论。该理论主张进一步超越国家中心论,注重国际体系的制度化和民主化,重视传统与非传统安全的综合研究,强调国际关系行为体的多元性和危机管控的重要性及紧迫性。

3. 建构主义—现实(传统)建构主义—批判建构主义—新古典建构主义

约翰·鲁杰曾把建构主义分为自然建构主义、新古典建构主义和后现代建构主义三个分支流派。② 新古典建构主义把后现代主义与建构主义的基本原理结合起来,重点研究权力与知识的关系、社会真实与主观意识的关系,其得出的结论明显偏颇,如它认为社会真实完全取决主观意识,主张无真理无科学。它强调观念统领一切(Ideas all the way down);一切皆由社会建构(Everything is socially constructed)。这一分支流派的代表人物除

---

① 参见该书中译本,[加拿大]诺林·里普斯曼、[美国]杰弗里·托利弗和斯蒂芬·洛贝尔著,刘丰译:《新古典现实主义国际政治理论》,上海人民出版社,2017年。

② John Ruggie, "What Makes the World Hang Together", *International Organization*, No. 4, 1998, p.855.

了奥纳夫和温特之外,还有罗伯特·沃克、卡赞斯坦、约翰·鲁杰和马尔斯·卡勒等。卡勒和另外两位学者在《国际组织》2009 年秋季号发表题为《国际关系的网络分析》论文,引起学术界广泛关注。卡勒是美国美利坚大学国际事务学院资深教授,他们三人抓住信息时代的新特点,率先推出网络分析的国际关系新视角,认为网络正在成为国际关系中一种特殊的组织模式,对国际关系关于权力、利益、国家和体系的传统观念提出了新挑战。

可见,进入 21 世纪以后,西方国际关系理论的发展没有止步,仍在摸索前行;各种理论之间的互动没有间断,仍在取长补短;不同学派之间的争论没有停息,仍在继续下去。

2017 年 8 月 14 日,笔者在美国乔治敦大学见罗伯特·利珀时,请教他关于西方国际关系的近况。他十分热情地向我推荐杰克·斯耐德发表于 2004 年 11—12 月《外交政策》上的《一个世界 争议理论》的文章,称该文和斯蒂夫·沃特发表在同一杂志上的《一个世界 许多理论》一文是“姐妹篇”。利珀主张深化基于人性为本的现实主义,这种新时代的现实主义吸收自由主义、建构主义的长处,彼此借鉴互补。如今,单独一种学派已不足以解释、描述、预测充满复杂变化的世界,一种综合性、互补性、时代性的新理论学派正在孕育出现。

关于国际关系理论的未来趋势,学者们认为应把握三个侧重点:现实主义关于权力作用的分析,自由主义关于国内因素对国际关系的影响的分析和建构主义关于社会变化的分析。可能会出现一种明显的汇合互补的趋势,使现实主义仍将是“理解国际关系的一个基本框架”。[①] 曾在英国牛津大学和加拿大麦考尔大学攻读政治学,现任美国麻省大学政治学教授的詹姆斯·德林曾作过一段充斥调侃但令人回味的表述。德林写道,未来的国际关系理论领域将出现“多枝型的现实主义”(a multiplicity of realism):“历史的、社会的、哲学的、政治经济的、艺术的、戏剧的、文学的、法律的现实主义;马基雅维利式的、霍布斯式的、罗素式的、黑格尔式的、韦伯式的、基辛格式的现实主义;乐观主义的、悲观主义的、宿命论的现实主义;幼稚的、庸俗的、神奇的现实主义;技术的、实践的、实证的现实主义;传统的、科学的现实

---

① Stephen Walf, “International Relations, One World, Many Theories”, *Foreign Policy*, Sping 1998.

主义;结构的、结构-理性主义的、后结构现实主义;极小化的、极大化的、基础的、潜在的现实主义;实证主义的、后实证主义的、自由的、新自由的、制度的、激进的、解释性的现实主义;批判的、核心的、认识论的现实主义;超级的现实主义、新现实主义、反现实主义、后现实主义,等等。"①

---

① James Derian(ed.)，*International Theory — Critical Investigations*，MacMillan Press Ltd.，1995，p.1.

第六章　国际关系基础理论（Ⅰ）

历史是过去的政治,理论的实质是历史。

　　　　　　　　　　——雷蒙·阿隆:《和平与战争》

　　理论总是为了一定的人们,为了一定的目的。所有的理论都有自己的视角,各种视角来源于时间和空间(尤其是社会和政治的时间和空间)的位置。

　　——罗伯特·考克斯:《社会力量、国家和世界秩序:超越国际关系理论》

第一节　国家利益论

一、国家利益概念的形成和发展

国家利益概念是在欧洲最早的民族国家形成之后才出现的。它的出现是民族国家在形成过程中和神圣罗马帝国以及教皇权威较量的结果。在16世纪，随着教皇权威的下降和神圣罗马帝国的衰弱，欧洲统一的观念受到了挑战。在这样的背景下，在欧洲逐渐形成民族国家需要某种原则作为它们独立于神圣罗马帝国、反对正统观念的理论基础。由此，法国的黎塞留主教首先提出了国家至上的理论，为法国独立于神圣罗马帝国提供了理论依据。

在国家至上的思想驱动下，法国在欧洲保持了它强大的国家地位。在此之后，随着神圣罗马帝国日益衰落，欧洲民族国家的强大，国家至上的理论进一步得到了肯定和确立。但是，在近代的世界史上，国家利益的概念转变成了王朝利益。在封建王朝的统治之下，君主的利益就是国家的利益。因此，从某种意义上讲，王朝利益的概念比起国家至上的概念倒退了一步。

封建的王朝统治瓦解之后，世界各国由封建国家进入到资本主义国家。在经济发展的推动下，甚至在一个国家内也存在着不同的利益集团，此时，才出现了真正意义上的国家利益的概念。这时的国家利益不仅包含着国家的政治利益，而且还包含着国家的经济利益。查尔斯·比尔德认为，"随着国家体系的出现，公众对政治控制的影响的增加，以及经济关系的巨大发展，国家利益这个新提法的界线逐渐被确定下来。"不过，它仍与以往有密切联系，仍然保持着王朝利益的特征，还存留着"强迫性的专制主义"因素，这使得国家利益"仍然像'王公意志'那样至高无上和不可抗拒"。[①]

可见，历史上曾经有过三个明显的发展阶段：国家至上阶段、王朝利益阶段和真正意义上的国家利益阶段。国家利益的概念是一个历史的概念，

---

① 威廉·奥尔森、戴维·麦克莱伦、弗雷德·桑德曼编：《国际关系的理论与实践》，中国社会科学出版社，中译本，1987年，第78页。

它只有在主权国家的情况下才存在。19 世纪末,阿尔弗雷德·马汉就提出,国家利益是对外政策的首要考虑因素。

国家利益是国际关系理论研究的核心概念之一,它意指国家在复杂的国际关系中维护本国和本民族免受外来侵害的一些基本原则。它是国家制定对外目标的重要依据和决定因素。

在西方国际关系研究领域,关于国家利益的研究主要涉及四个问题:

1. 国家利益概念笼统化。一般来说,一个国家的根本利益,是指国家生存和延续的基本条件,例如,领土完整和国家主权的维护等。但是,对一个国家来说,不可能在任何的时候和任何的情况下,对自己的国家利益都作这样简单的概括,否则,就没有形势分析和外交决策可言了。在不同的历史阶段和不同的国家内,国家利益的含义是不同的。但是,除了一国的根本利益之外,如何来确定一个国家不同时期和不同情况下的国家利益呢,用什么样的标准来确定一个国家的国家利益呢? 学者们在这些问题上意见不同,由此,从理论上解释国家利益的概念时,他们往往用笼统化和空洞化办法去处理。结果,国家利益概念就变得很不准确。与此同时,学者们为了克服这个缺点,往往又会走到另一个极端,对国家利益概念的解释包罗万象,仅国家利益的内涵就几乎包括方方面面,其结果是决策者们难以知道国家利益的内涵究竟是何物,不能用国家利益概念进行决策的、实用的分析。

人们在最初研究国家利益的时候,重点是在对国家利益的基本内涵上。汉斯·摩根索曾对国家利益的概念提出明确的定义,他说,国家利益应当包括三个重要的方面:领土完整、国家主权和文化完整。[①] 他认为,在这三个方面中,最本质的问题就是一个国家的生存问题,其余方面都是次要的问题。他同时认为,国家利益的概念是一个普遍适用的概念,尽管这个概念和国家之间的联系是一个历史的联系,国家利益的概念是一个历史的概念。就国家利益的涵义本身而言,他所提出的定义是一个抽象的定义,国家利益的概念并不具有一个永久固定的含义。

然而,主权国家除了基本生存的利益之外,在不同的时期,还会有不同的国家利益,因此,国家利益的内涵就会显得很不一致。摩根索在题为《解释美国外交政策的失败——三个自相矛盾的论点》一文中,对美国在 20 世

① Hans Morgenthau,"The National Interest of the United States",*American Political Science Review*,46:961,1988.

纪 70 年代中期的国家利益作了这样的解释:"国家利益的概念,以当代威胁的角度来切合实际地去进行判断,具有三个方面的准确的目标:避免具有常规战争准备的核战争;以最好的措施去同情和对付在世界许多国家内出现的激进变动;支持超国家机构及其实行的功能措施,而这些做法在当代技术发展的情况下单个国家是无法实施的。"[1]

2. 在研究国家利益的时候,人们总会提出是谁的利益、这些利益由什么人来决定的问题。在每一个国家都存在着不同的利益集团,那么当说到是国家利益的时候,人们总是会提出这样的问题:目前的国家利益是不是代表全体人民的利益? 对于这样的疑问,统治者们总是回答,国家利益是代表全体人民的利益,但是,事实是不是果真如此,人们并没有统一的答案。

3. 如果国家利益是由统治者们为了他们集团的利益而决定的,那么又是什么因素决定统治者们选择这样的国家利益,而不去选择另外一种国家利益呢?

4. 国家利益在政府决策中是最后用来解释政府决策的呢? 还是在政府的决策中起着关键的作用?

二、关于国家利益问题的研究

对于上述四个问题,西方学术界的研究和回应是:

1. 在国家利益内涵的研究上,他们从泛泛的国家利益研究发展到强调国家利益的层次研究上。

为了避免国家利益概念定义的不准确性和国家利益研究的不统一性,学者们和外交决策者们对同一时期、同一国家的国家利益研究,开始采用分层次的研究方法。

1992 年,由美国哈佛大学肯尼迪政治学院、尼克松和平与自由研究中心和兰德公司发起并成立了美国国家利益委员会,宗旨是研究冷战后国际形势下的美国国家利益。1996 年,该委员会完成了一份题为《美国国家利益》的研究报告。当时任美国全国情报委员会主席的哈佛大学教授理查德·库珀称此报告是"本世纪最重要的一份研究报告"。

---

[1]　Hans Morgenthau,"Explaining the Failures of US Foreign Policy-Three Paradoxes",*The New Republic*,October,1975.

报告系统地提出美国国家利益的十个基本概念。

（1）国家利益表现为四层等级：根本利益、极端重要利益、重要利益和次要利益。

（2）根本利益强调的是国家生存和延续的基本条件。

（3）根本利益关系到美国作为一个自由的国家其根本制度和价值观的存在，以及确保为美国人民的幸福创造条件。

（4）国家利益与对这些利益构成的特殊威胁是有区别的，应加以界定。

（5）国家利益也有别于为保护和发展这些利益的政策，它们是政策的基础和起点。

（6）国家利益不仅仅是政府的宣传或公众舆论的总结，而是维护国家利益的必需。

（7）除客观存在的国家核心利益之外，还存在着其他利益层次，这反映出对国家利益的主观抉择和实施能力。

（8）国家对不同利益采取不同的对策。例如，对于根本利益，即使是在孤军奋战、孤立无援的情况下，美国仍将全力捍卫之；至于极端重要利益，只是在盟国的根本利益受到威胁时，才准备出兵并组成联合部队以制止威胁，维护利益；对于重要利益，美国将在低代价和少负担的情况下参加军事行动予以维护。

（9）国家利益等级的判断常常与美国承担的国际义务有关。这一国际义务包括结盟（北约、美日安保条约）、签约（北美自由贸易协定、世界贸易组织）和海外驻军及建立基地。

（10）利益与价值之间的关系是复杂的和微妙的。美国的生存和繁荣不仅是美国的根本利益，而且也体现美国人的价值核心。

报告对美国的国家利益的四个层次进行了概念上的定性。

所谓根本利益是指，美国国家生存和延续的基本条件，它关系到美国作为一个国家的根本制度和价值观念的存在，以及美国人所理解的幸福条件。

所谓极端重要利益是指，如果美国在所面对的威胁面前妥协的话，美国所认为的在世界维护自由、安全和幸福的目的就会受到严重的影响。

美国的重要利益是指，美国如果妥协，将会对美国政府维护美国的根本利益的能力产生消极的影响。

美国的次要利益是指，如果这次利益受到危害了，它们对美国的根本利益不会产生重要的影响。

在对美国的国家利益进行层次分析和概念确定之后,美国政府对美国这四个层面上的国家利益进行了分类和归纳,提出在 20 世纪末美国国家利益的不同内容,例如,对于美国的根本利益包括:防止、制止和减少核武器和生化武器对美国的威胁;防止在欧亚地区出现一个敌对的霸权势力;防止在美国边界或所控制的海域内出现敌对大国;防止贸易、金融、能源和环境等全球体系出现灾难性的解体。美国的极端重要利益包括防止、制止和减少在任何地区威胁使用核武器和生化武器;防止核武器和生化武器以及运载系统的地区扩散,鼓励有关国家接受国际法制和机制,推动各种争端的和平解决。美国的重要利益包括反对在国外出现大规模侵犯人权的行为;在具有战略重要性的国家内鼓励多元主义、自由主义和民主化,其前提是避免内乱,如有可能,以低代价防止和结束在具有战略意义的地缘地区发生的冲突。次要利益包括平衡双边贸易赤字;在世界其他地区扩展民主进程;维护领土完整和别国的特殊的宪政制度。

2000 年 7 月,该委员会发表世纪之交的《美国国家利益》研究报告。报告认为,美国至关重要的国家利益表现在:第一,防止、遏制和降低美国或其驻外部队受到的核武器和生化武器的威胁;第二,确保美国盟国的生存,确保盟国和美国积极合作,共同塑造对彼此有利的国际系统;第三,防止美国邻国发展成为敌对力量或政权解体;第四,确保贸易、金融市场、能源供给和环境等重要国际系统的生存性和稳定性;第五,在符合美国国家利益的情况下,与中国和俄罗斯这两个潜在的战略敌对力量的国家建立卓有成效的关系。

这种对国家利益用层次分析的办法进行研究的好处在于:

第一,它可以避免以前在国家利益分析上的缺陷,即对国家利益的分析要么是太粗,粗到把国家利益的概念变得很抽象;要么几乎把一切有关国家安全的内容都放到国家利益的内容当中,国家利益变成了一个大杂烩;要么国家利益在同一时间、同一国家内出现矛盾的解释,看起来都很重要,谁先谁后的问题却难以解决。

第二,对国家利益进行层次的分析可以在国家决策的过程中有前后选择。应当注意的是,在一般的情况下,非根本性的国家利益在国际交往中出现的频率比根本的国家利益矛盾出现的频率要多。在分清了不同层次的国家利益之后,决策者将会避免在决策中出现对国家利益轻重缓急上的失误和思想上的混乱。

第三,这样的层次分析还具有它自身的灵活性。当国际形势发生变化的时候,当一个国家某一层次的国家利益发生变化的时候,决策者可以就变化的国际形势对这一个层次的国家利益进行调整,而不影响到整个、各个层次的国家利益内涵的变化。例如,在一般的情况下一个国家的根本利益是不会发生大的变化的,但是,在其他层次上的国家利益就经常有可能发生变化,在这样的情况下,国家就可以根据变化的国家利益内涵进行调整。

2. 国家利益代表的是什么人的利益。在这个问题上,西方国际关系理论界有不同的解释。

第一派认为国家利益就是指全体人民的利益,即国家利益是国内利益的总和。提出这种观点的美国学者认为,在美国存在着不同的利益集团,这些利益集团都有着自己的利益,因此,国家利益的概念是一个内容广泛的概念。那么,在美国存在这么多利益集团的情况下,如何确定美国的国家利益呢? 这些人的回答非常简单:美国是三权分立的国家,在这个国家内存在着互相监督的机制,同时,美国的民主选举可以表达选民的意志,在竞选和民主的情况下,政府就可以确定美国的国家利益是什么。于是,在这样的逻辑推理下,美国宗教团体可以表达它们的利益,各种民族团体可以表达它们的利益,各种制造商团体可以表达它们的利益,农业团体可以表达它们的利益……但是,让人们不解的是,这样决定国家利益的方法是不是能够充分代表所有人的利益? 这一派学者的回答是不能,但是,不同的利益集团在不同的情况下会对美国政府给予不同的支持,这样美国的国家安全就可以得到保障。于是,又有一些学者对这一派人的观点提出了疑问。

第二派的观点认为,国家利益可分为:根本利益、次要利益、长远利益、可变利益、一般利益、特殊利益、一致利益、协调利益、冲突利益。前六项是国内利益,后三项属国际利益。一国的国家利益则是全部国内利益和部分国际利益的总和。他们认为,目前世界是一个由各个独立国家组成的国际社会。因此,一个国家的国家利益是世界利益的一部分。在这个观点支撑下,美国的一些学者认为,美国的外交政策不能只是对美国的国家利益有利,还要对世界利益有利。在当今的国际关系中,保护环境、维护生态平衡等思想被提出就和这个观点有关。

第三派的观点认为,国家利益如果像一个篮子里的鸡蛋那样简单是根本不符合事实的。尽管在一个国家内有不同的国家利益,但是国家利益实质上是具有政治含义的。这种政治含义就是在公众对国家利益的内涵发生争执的时候,最终的发言权不是属于公众,而是属于决策者。而要使决策符合国家利益和公众的心理又与决策者的舆论宣传有密切的关系。因此,国家利益代表的是一个国家内一部分人的利益,是统治者的利益。

　　总之,关于如何决定一个国家的国家利益仍存在着争执。美国学者弗雷德·桑德曼建议决策者、观察家和公众应该具备三种素质:谦逊、克制和善于应变。谦逊可以使人们了解别人最大的利益,同时,也能了解自己最大的利益。克制可以参照他人的利益来确定自己最大的利益。善于应变有两层含义,一是可以实事求是地解释国家的自我利益,而不把它作为一种准则;二是愿意接受其他形式的国家利益和国家政策。

　　3. 如果国家利益是由统治者们决定的,那么国家利益的内涵是由什么因素来决定的呢? 摩根索认为,确定一个国家的国家利益是由这个国家的权力来决定的。国家利益的概念是权力政治的精髓。摩根索的这一以“权力-利益”为轴心的原则把权力政治论推向一个新高度。他指出,“用权力界定的利益概念是帮助现实主义找到穿越国际政治领域的道路的主要路标。”而权力如何用来解释国家的利益呢? 国家利益在不同的国家目标下可以有不同的内容,而这个内容是由权力所限定、所确定的。也就是说,国家的权力大,国家的利益就可能大;国家的权力小,国家的利益就只能小。摩根索认为,我们只要根据这一路标来探讨国际政治,许多令人迷惑不解的国际政治问题都可以找到答案。“我们设想,政治家的思想和行动从被界定为权力的利益出发,而历史事实证明了这一假定。这一假定使我们能够回顾和预言过去、现在或未来的政治家在政治舞台上已经迈出或将迈出的步伐。当他发出指示时,我们站在他背后看;当他与其他政治家谈话时,我们在一旁听;我们观察并预料他的真实思想。从被界定为权力的利益角度思考,我们就能够像他那样思考,而且作为利益与己无关的旁观者,我们对他的思想和活动的理解,也许比他这个政治舞台上的活动家的理解更为透彻”。^① 由此可见,一个国家外交政策的制定不是由政治家的动机所决定的,“良好的动机可以保证避免有意制定坏政策;但它们不能保证它们促成的政策在道义上是善的,在政治上是成功的”。^② 同时,一个国家外交政策的制定也不像理想主义者所想象的那样是由他们的哲学或政治倾向所决定的。总之,一个

---

① 汉斯·摩根索:《国家间政治——寻求权力与和平的斗争》,徐昕等译,中国人民公安大学出版社,1990年,第6页。
② 同上书,第6页。

国家国家利益的制定说到底不是主观臆想的产物,而是由客观存在决定的,而这个客观存在物就是一个国家的实力。

在国家利益问题上,西方学者认为,关系到国家主权、独立、生存、安全、威望的利益必须始终坚持,而其他利益则可作不同程度的妥协,以获取一国在国际事务中更大的主动权。美国前兰德公司研究员、卡内基国际和平基金会美苏关系研究会主席塞耶姆·布朗曾直言不讳地提出,美国的国家利益具体表现为:(1)遏制共产主义扩展它的势力范围;(2)将非共产主义盟国置于美国的控制之下;(3)确保重要战略原料的来源;(4)维持美国在太平洋、大西洋、地中海和印度洋的海上优势。[①] 这段话为美国的强权政治的实质作了有力的佐证。

4. 国家利益在一个国家的决策中起多大的作用。在我们平日所见的国家关系中,一个国家外交政策的制定往往既是国家利益的产物,同时又是意识形态的产物。那么,国家利益在政府决策中的作用到底有多大,这个问题在经历冷战的教训之后,今天似乎是明确多了,即国家利益在一个国家的外交政策中起到决定性的作用,是"世界政治的主要推动力"(摩根索语)。在第二次世界大战爆发之前,卡尔在他的《二十年危机》一书中首先明确提出了国家利益在国际政治中的重要作用,同时,他对理想主义只讲道德、不讲国家利益的外交政策进行了批判。从此,人们对国家利益在国际关系中的作用开始重视起来。但是,卡尔并没有在他的书中把国家利益和外交政策的制定联系起来。在摩根索之前,许多外交家和理论家都对一国如何制定外交政策提出过种种建议,但是,他们都没能清楚认定国家外交政策的关键因素究竟是什么。而摩根索明确地指出,一国外交政策的制定是由这个国家的国家利益所决定的。他认为,国际政治的实质内容之一就是国家利益。国家利益是衡量一个国家外交政策的最高的标准。摩根索说:"所有当代成功的政治家都把国家利益作为他们政策的最高标准,在国际事务中没有一个伟大的道德家达到过他们的目标。"[②]摩根索还认为,他所提出的权力政治理论强调的是国家政治行为理性化,这种理性化的实质就是,国家的外交政策是由权力限制的国家利益所决定的。摩根索的权力和国家利益理论的提出,是对国际政治理论的一个重要贡献。在今天,决策者在制定一个国家的

① 引自 Thomas Robinson,"National Interest",in James Rosenau (ed.) *International Politics and Foreign Policy*,The Free Press,1962,pp.184—185。

② Hans Morgenthau,*In Defense of the National Interests*,p.34。

外交政策时,考虑的是国家利益和意识形态两方面的因素,但是,国际关系的实践已经告诉人们,只讲意识形态,外交政策的结果往往是不成功的。而以国家利益决定一个国家的外交政策的结果往往是成功的。因此,我们似乎可以从西方的国际关系理论中得出这样一个结论,即国家利益在一个国家的外交决策中起着关键的作用,任何其他因素在外交决策中都无法取代它。

三、关于国家利益问题的新探索

哈佛大学两位著名教授塞缪尔·亨廷顿和约瑟夫·奈 1997 年和 1999 年分别在《外交季刊》上先后发表文章,以新的视角对国家利益问题作了新的探索。

亨廷顿在题为《美国国家利益的消衰》文章里提出以下主要观点：①

1. 国家利益源于国家认同,而认同又包括文化和信仰两个组成部分,或由两个"C"构成：Culture(文化),Creed(信仰)。这里"文化"意指"价值和机构"；"信仰"则指"普遍的意会和原则",如自由、平等、民主、宪政、有限政府和私人企业等。"信仰是文化的产物",但两者应是相互联系的。

2. 第二次世界大战后,美国成为西方世界的领导,以遏制苏联和共产主义为目标。冷战帮助美国政府和人民之间形成这种认同。然而,冷战的结束改变了国际形势,美国原有的敌人和对手不复存在。原戈尔巴乔夫的顾问阿巴托夫说过："我们做了一件对美国来讲是可怕的事情,我们使你们丧失了一个敌人。"在冷战时期,面临共同威胁和敌人能有助形成认同,维持一致,而一旦共同威胁和敌人消失了,这种认同和一致也会随之削弱。因此,冷战后美国应在"政治意会和普遍价值观"上取得新的认同和一致,进而发展美国新的国家利益观。

3. 对美国人民来说,国家利益体现"公共得益"和对普遍的认同的关注。因此,重大的国家利益就成了人民愿意牺牲生命和财产加以维护的利益。另外,国家利益包括安全及物质利益和道义及伦理利益两个方面,它既需要权力政治,也需要道义伦理。现在更需要的不是寻求权力去实现美国的目

---

① Samuel Huntington,"The Erosion of American National Interests",*Foreign Affairs*, September/October 1997.

的,而是先确定美国的目的,然后决定如何使用权力。

4. 冷战后美国在追求权力和利益过程中常常处于一种"困境"。美国是唯一的超级大国,经济、军事、技术、文化、价值等方面是世界上最强大的,但美国的影响在下降,在削弱,越来越遭到别国的抵制和反对。亨廷顿认为,美国政府是弱的,问题的症结在于,"一个强的国家和一个弱的政府"是导致出现了美国实力的强势和美国影响的弱势的矛盾现象。今后,美国应针对新的安全威胁和道义挑战,根据新的认同观,调整美国的国家利益,并"调动新的资源以维护美国的国家利益"。

奈在《新的国家利益观》一文中首先指出,国家利益是一个难以把握的概念(a slippery concept),它既可用来描述对外政策,又可用来制定对外政策,它常常会引发热烈的讨论。他开门见山地提出:"目前,美国应如何界定其国家利益呢?"①

1. 奈认为,1996年美国国家利益委员会发表的《美国国家利益》研究报告,可作为一个基础。战略利益、地缘政治利益、经济利益、人道主义利益、民主利益等都是讨论国家对外政策的"根本内容和依据"。

2. 冷战后,权力的概念及内涵扩大了,软权力的凸显给权力和利益问题的研究带来"变革性的影响"。价值成为权力的重要源泉,民主因素成为国家利益的重要组成部分。奈在文章里提出"国家利益的民主化界定",正是反映了这一变化趋势。

3. 奈把美国国家利益的威胁分为三类:A类是威胁国家生存的,如前苏联在冷战时期对美国安全的威胁;B类是不威胁国家生存,但对美国国家利益有直接损害,如伊拉克和朝鲜;C类是间接影响美国国家安全利益的,如科索沃、索马里等。如今,一个奇怪的现象是C类问题反而在对外政策议程上占了支配地位。奈认为,原因主要是,一方面,A类威胁随着苏联解体而消失;另一方面,舆论对C类威胁的渲染和炒作。

4. C类威胁实际上涉及国家利益中的人权问题。奈认为,人权政策本身不是对外政策,而只是对外政策的一个组成部分。"人道主义问题占据舆论的支配地位常常是以把注意力从A类战略问题转移开来为代价的"。

西方学者一般是主张人权高于主权的,和我们的主权大于人权,没有主权就没有人权可言的观点不同。奈能提出比较客观的看法,已属不易。

---

① Joseph Nye,"The New National Interest",*Foreign Affairs*, July/August 1999.

亨廷顿和奈对冷战后国家利益（特别是美国国家利益）所作的分析有一定的新意，但他们基本上还是从保持美国的世界领导地位、维护美国的国家根本利益出发，进行国家利益问题的新探索，他们提出的主张仍摆脱不了"世界问题美国化、美国利益全球化"的模式，实质上代表的是体现西方文化、认同和价值的国家利益观。

冷战后世界进入全球化时代，国家利益从形式上看仍由主权国家决定，但其内涵和外延都发生了变化。它超越传统的认知框架，开始具有更加广阔的视野，成为更加复杂的动态系统。它既有普遍性，又有特殊性，各主权国家仍坚守各自的国家利益，特别是核心或根本国家利益。然而，它正在取代意识形态成为国际关系的主导因素，其中经济利益在国家利益中地位上升，文化利益在国家利益中作用突显，经济利益与政治利益交织，安全利益与发展利益交叉，国家利益仍是当前国际关系研究的最重要的课题。

第二节　权　力　论

一、国内政治中的权力理论研究

权力的概念首先出现在国内政治中。马克斯·韦伯从社会学的角度认为："权力是把一个人的意志强加在其他人的行为之上的能力。"[1]马克斯·韦伯的这个观点代表对权力的最普通的看法。这个看法的核心就是权力对其他人的强加能力，这种能力对于接受者来说可以是情愿的，也可以是不情愿的，甚至是反对的。

西方一些学者认为，权力在国内政治中主要有三种表现形式：应得惩罚的权力（condign power）、报偿的权力（compensentory power）和制约的权力（conditioned power）。所谓应得惩罚的权力，是指通过适当的办法压制和威胁对方使对方达到服从的权力。所谓报偿的权力是和应得的惩罚的权力相反的权力，这种权力是在对方服从的情况下，赞赏对方的能力。所谓制约的权力，是通过适当的正确的劝导、教育和一定的社会约束使对方服从的

---

[1]　《马克斯·韦伯论经济和社会规律》（英文版），剑桥大学出版社，1954年，第323页。

能力。这种服从通常不是爱好的过程、自然的过程和自愿的过程。在一般的情况下,制约的权力比前两种权力的影响在国内的政治中表现得要活跃得多。在我们研究西方资本主义的政治制度时,我们经常可以看到权力制衡的现象。这种现象就是制约的权力的典型表现。

西方学者还认为,在国内政治中,权力的来源主要有三种:人格、财产和组织。所谓人格包括人的体格特征、思维、语言、道德、信仰等。在原始社会中,人的人格主要表现在人的体格和力量上,在现代社会中,人的人格权力主要表现在人的道德等方面,人格的力量是靠说服和培养信念而形成的。所谓财产带来的权力,在资本主义社会中是最明显的。这种权力的明显特征是通过对别人的报偿来实现自己的权力。在美国的总统选举中,美国的大垄断财团可以通过对候选人的财政支持,最终从当选人的政策中获利。组织是国内政治中最重要的权力来源。在国内的组织中,可以对国内的民众规定各种服从和报偿。因此组织是国内权力的最高标志。

我们在这里讨论国内的权力,目的是要研究国际关系中的权力理论。在国际关系上对权力的研究,我们应当注意两个问题:

一是国际关系中对权力的研究比在国内政治中对权力的研究要持久和深入得多。这是因为国际社会的无政府状态,使得国际社会的矛盾和冲突更加突出。在这种矛盾突出的国际环境中,权力研究就显得特别地重要。

二是国际关系中对权力的研究都是从对国内的权力和一般的权力研究发展而来的。这里最典型的例子是汉斯·摩根索对权力的研究。汉斯·摩根索是当代权力政治理论的代表性人物,他在研究权力问题时是从国内权力到国际权力,从普通意义上的权力到政治的权力。在他的名著《国家间政治——寻求权力与和平的斗争》一书中,他的论述过程就是以这样的方式进行的。他说:"此书讲到权力时,不是指人驾驭自然的力量,或某些艺术手段,诸如语言、讨论、声音、色彩的能力,或支配生产资料或者消费资料的力量,或自我控制力量,我们在讲到权力时,是指人支配他人的意志和行为的力量。"[①]接着,他又对政治权力进行了阐述:"至于政治权力,我们指的是掌握政府权威的人之间以及他们与一般公众之间的相互制约关系"。摩根索同时认为:"政治权力是权力行使者与权力行使对象之间的心理的关系。前者通过影响后者的意志而对某些行动产生支配力量。"摩根索认为,政治权

---

① 汉斯·摩根索:《国家间政治——寻求权力与和平的斗争》,徐昕等译,第37页。

力的影响可以来自三个方面：希望获利、担心不利和对人和机构的崇敬和热爱。①

在论述国内政治之后，摩根索对国际政治中的权力作了精辟的界定："国际政治，像一切政治一样，是追逐权力的斗争。无论国际政治的终极目标是什么，权力总是它的直接目标。"②他认为，在人们的日常生活中，人们的目标可以是多种多样的，为实现目标的手段也可以是各不相同的。但是，只要他们的目标是与国际政治有关，他们实现目标的手段就只能是权力，因此，摩根索认为对权力的追求是国际政治中不可回避的铁的规律。

因此，国际政治对权力的研究来源于对国内政治的研究，但是，又和国内的权力研究有区别。

二、国际关系中权力的含义

权力政治论是现实主义流派的核心学说，是西方国际关系学中影响最大的理论。"不掌握权力概念，就无法进行政治学的研究"。③《不列颠百科全书》在谈到战后初期至 60 年代的国际关系时就写道："占据美国舞台中心的理论是汉斯·摩根索的'现实主义'权力政治论。"

马丁·怀特指出："大国政治表现为权力之争。"他认为应该结合三方的不同观点来阐述国际政治，即马基雅维利关于国际冲突的现实主义、格劳秀斯关于国际合作的理性主义和康德关于人类和谐的理想主义，因此不能简单把大国政治与霸权政治或武力政治相提并论。④

1970 年，丹尼斯·沙列文曾作过一项研究，最后列举出 17 种典型的关于权力的定义。⑤ 可见，"何谓权力"的问题也是仁者见仁，智者见智，众家各异的。

摩根索提出："权力意指人们对他人的思想和行为施以影响和控制的能

---

① 汉斯·摩根索：《国家间政治——寻求权力与和平的斗争》，徐昕等译.第 29 页。

② Hans Morgenthau, *Politics Among Nations*, 1978, p.29.

③ Trevor Taylor, "Power Politics", in Trevor Taylor（ed.）*Approaches and Theories in International Relations*, Longman, 1978, p.124.

④ 马丁·怀特著，赫德利·布尔和卡斯滕·霍尔布莱德编：《权力政治》，宋爱珠译，世界知识出版社，2004 年，序言，第 12 页。

⑤ Dennis Sullivan, "The Perceptions of National Power", *Journal of Conflict Resolution 14*, September 1970.

力。"在国际关系领域,权力即指一国在国际舞台上控制他国、影响国际事件的综合能力。国际政治的一切解释都离不开权力,国际政治的本质是为权力而进行斗争。

尼古拉斯·斯巴克曼认为:权力是一切文明生活最终赖以生存的基础,体现为运用说服、收买、交换和胁迫等手段。在国际政治中就是一个国家对其他国家的控制。

阿诺德·沃尔弗斯认为:权力是一个人驱使或指使他人按照自己的意志采取行动或不采取行动的能力。[1]

约翰·斯帕尼尔认为,权力最一般的解释就是权力是一种能力,这种能力是一个国家影响其他国家按照它自己的目标行为的能力。

戴维·鲍德温基本上也持这一看法,认为"权力是改变人们行为结果分配的能力的表现",他还特别推崇杰弗雷·哈特的定义:"权力是对资源、对行为者、对事件及其结果的控制能力。"[2]

科学行为主义也给予权力分析以很大的关注。卡尔·多伊奇提出,权力是知识、技术和武器的集合体。

有意思的是,英国学者罗伯特·汤普逊为之设计了一个公式:国家实力(权力)=(人力+资源)×意志。

在研究权力时,还应当注意与权力概念相关的问题,即权力和影响力之间的区别是什么。

阿诺德·沃尔弗斯指出,权力是指用威胁或实际造成损失的方法指使他人的能力,而影响力是指用许诺或实际给予好处的方法指使他人的能力。[3]

布鲁斯·拉西特和哈维·斯塔指出,权力是指以一般的方式实现目标,影响力则是指能够让别人自觉地做你想让他们做的事情。如果把基欧汉和奈对权力所下的定义与布鲁斯·拉西特和哈维·斯塔对影响力所下的定义作一比较的话,我们对这两者的区别就会有一个更加清楚的认识。基欧汉和奈指出,权力是行为者的一种能力,这种能力是让其他的人做他们否则就

[1] 詹姆斯·罗尔蒂和罗伯特·法兹格拉夫:《争论中的国际关系理论》,世界知识出版社,1987年,第95页。
[2] David Baldwin, "Power Analysis and World Polities—New Trends vs Old Tendencies", *World Politics*, January 1979.
[3] Ibid.

会不愿意做的事情。① 可见,权力的结果往往是强制性的;而影响力的效应往往是他们自己主动产生的。

除了对权力和影响力进行研究之外,还有一些相关的研究,例如,在克劳斯·诺尔所编的《权力、战略和安全》一书中,西方学者提出要对潜在的权力和现实的权力加以区别。又如,汉斯·摩根索认为,应对权力做四种区分:即权力与影响力、权力与武力、在核时代的可运用的与不可用的权力、合法的与非法的权力(即道德或法律认可的权力)。摩根索强调,在实际运用中,要防止把政治权力贬低为武力。摩根索说:"政治权力必须同武力,即实际使用的暴力相区别……假如暴力在战争中成为现实,政治权力便被军事实力取而代之。实际运用暴力意味着用两个人的身体接触代替他们之间的精神联系;一个人在体力上强壮得足以支配另一人的行动,而精神联系却是政治权力的本质所在。"②

三、国际关系中权力的存在与根源

西方学者认为,权力在国际政治中必然会存在。"长期以来,权力是理解和实践世界政治的核心和关键"。③ 那么,为什么会出现人们对权力的不断追求呢? 从社会学的角度上看,在国内,人们对权力的追求正如西方一些学者所说的,权力的目的就是权力运用本身,对权力的喜爱就是对我们自己的喜爱。人们对权力的追逐不仅是因为权力能满足个人的利益、价值或者社会观念,而且还有权力自身的缘故,因为精神的和物质的报酬存在于权力的拥有和使用之中。但是,在国际问题上,对人们追求权力的原因,学者们没能做出回答,如卡尔。在摩根索以前,人们普遍的解释是,在国际社会无政府的状态下,国家为了保护自己的安全而不断地追求权力。但是,这种解释的逻辑是:由于一个国家的力量过于强大,其他的国家为了自保,也要追求权力,于是在国际关系中就会出现权力困境的状态,即不追求权力,国家不安全;追求了权力,国家还是不安全。因此,仍无法解释国家追求权力的根本动因。

---

① John Rothgeb, Jr, *Defining Power — Influence and Force in the Contemporary International System*, St., Martin's Press, 1992, p.21.

② 汉斯·摩根索:《国家间政治——寻求权力与和平的斗争》,徐昕等译,第38页。

③ Robert Lieber, *Theory and World Polities*, Winthrop Publishers, 1972, p.89.

最系统地回答国家追求权力的动因的人是汉斯·摩根索。

摩根索对国家追求权力的根源的解释是从国家的定义开始的。他说："国家是对许多具有某种共同特征的个人的抽象，并且正是哲学特征使得他们成为同一国家的成员。"他同时还引用了马塞尔·普劳斯特的话："国家的生命在很大的程度上几乎重复其构成单位的生命，那种连决定着个人活动的秘密、反应和规律都不能理解的人，更没有希望能够说出关于国家间斗争的值得重视的东西来。"①在摩根索看来国家就是个人的扩大，个人追求权力，把个人集合起来即为国家，那么国家这样的集合体，因而也就同样具有追求权力的欲望。

在解释为什么一个国家大批的单个的成员对国家外交政策会采取认同的态度时，摩根索指出两个原因：第一是道德上的原因。个人对权力的追求在人们的头脑中由于认为是不道德的，因为对权力的追求必然会影响其他人的利益，由此，社会对权力的追求总是采取一种压抑的政策。第二是机制的原因。为了控制个人的权力冲动，社会规定了各种的法规来削弱对权力的追求，结果大多数人是权力行使的对象，而不是权力的行使者。在这样的情况下，"由于未能在国家的界限内得到权力欲望的彻底满足，人民便将这些未得到满足的欲望发泄到国际舞台上"。②于是就出现了古代罗马人因为自己是罗马人，当代美国人因为自己是美国人而感到特别骄傲的现象。而人类社会关于个人对权力的追求被认为是耻辱的，对个人以国家的名义在国际舞台上对权力的追求则被认为是一种美好的事情。总而言之，在现实主义学者看来，国家对权力追求的根源来自个人对权力的追求。

权力在什么样的情况下，可以对对方发生影响？这就需要人们去研究权力关系存在的条件。西方学者指出，权力存在要有四个条件：

第一，在权力的影响者和被影响者之间存在着价值和利益的冲突。在权力的影响者和被影响者之间如果不存在着价值和利益上的冲突，即使是一方的权力大于另一方，他们之间也不会出现权力的关系。

第二，在权力的关系中，一方最终一定会对另一方的要求有所屈服。尽管在这种关系中由于出现利益的冲突会有发生武力冲突的可能。否则，权力的力量就不可能显示出来。这种权力的显示不是主动发挥权力的一方，

---

① 汉斯·摩根索：《国家间政治——寻求权力与和平的斗争》，徐昕等译，第141—142页。
② 同上书，第143页。

就是被动接受权力的一方。

第三,在权力显示的过程中,权力一方对另一方的服从所花的代价比不服从所花的代价要小。例如,在用和平的方式显示权力的最普通的手段,禁运这一方式中,受到禁运的国家一定会感到禁运对国家经济的压力和国家利益所受到的影响。如果禁运对这个国家的经济没有什么大的影响则说明权力没有在起作用。

第四,在权力的行使者和权力的被行使者之间的差别越大,双方之间发生武装冲突的可能性就越大。

一个国家权力的大小是由什么因素决定的? 权力的根源是什么? 西方学者对此有不同的观点。但是,共同的看法是国家的权力是由国家的实力决定的。他们对国家力量基本要素的分析为人们研究一国的实力提供了最初的理论依据。西方对国家实力的研究可以分为三个学派:

一派是定性分析学派,主要的代表人物是雷蒙·阿隆和汉斯·摩根索。雷蒙把国家的力量归结为三大基本要素:所占据的地理空间、资源(包括人力和物力)、集体行动能力,涉及军事组织、社会结构和质量等。摩根索是最早提出对国家实力分析的学者之一。摩根索认为国家权力的根源主要来自九个方面,它们分别是:地理因素、自然资源、工业能力、军事准备、人口、民族性格、国民士气、外交质量和政府质量。归纳起来,摩根索把国家的权力分为有形的权力和无形的权力两种。[①]

另一派是定量分析学派,又称为行为主义学派。该学派人物用定量分析的方法把国家实力中的各种因素进行分解、量化。其主要的代表人物是卡尔·多伊奇和史蒂文·拉布姆斯。多伊奇在他的《国际关系分析》一书中提出了“权力分量”的观点。他认为,如果在某一时间内,美国在联合国所支持的提案平均有75％可以得到通过,而同时美国不支持的提案只有25％能够通过。这说明美国的支持可使提案获得通过的机会从25％增加到75％,即增加了50％。这50个百分点就可以代表美国此时在联合国大会上的“权力分量”。布拉姆斯依据交往关系对权力的影响力进行了测量。他认为,个人、团体收到并接受访问邀请的次数比发出访问邀请的次数越多,它们对其他实体施加影响的能力就越大。假如两国之间的交往大致相等,两者互为影响的关系则为对称。如果一国收到并接受访问邀请的次数,特别是官方

---

① Hans Morgenthau, *Polities Among Nations*, 1978, pp.117—155.

255

访问的次数大大超过了对方,该国则对对方施加了不对称的影响。

第三派是把定性分析和定量分析结合起来进行研究。其主要的代表人物是前美国乔治敦大学教授克莱茵,此人曾经在美国中央情报局任情报中心副主任和美国国务院情报和研究主任。他在《世界权力的估量》一书中提出了著名的国家综合国力公式,又称"克莱茵"公式:

$P_P = (C+E+M) \times (S+W)$,即:国家力量$=[(人口+领土)+经济能力+军事能力]\times(战略意图+贯彻国家战略的意志)$。

四、权力在国际关系中的作用

在权力研究的早期阶段,许多的西方学者相信只要一个国家的权力大,它实现目标就越容易。但是,事实已经证明,问题并不是那么地简单。否则,就不会出现一个国家在一定的历史时期内在一个国际事件中会是胜利者,但在另一个事件中就会是失败者的情况。可见权力在国际政治中的作用是有限的,特别是军事在权力中的作用是有限的,并不是绝对必胜的。在什么样的情况下国家的权力作用受到限制,归纳西方学者的观点,主要表现在以下的几个方面:

第一,权力的运用必须和国家利益相吻合。在国家利益没有明确或国家利益判断错误的情况下,权力的运用只会更加损害国家利益,而不会对国家利益有益。美国在越南战争中的教训是西方国际关系学者经常列举的例子。

第二,一个国家在国际社会中发挥作用的最重要因素是这个国家权力因素中的外交因素。摩根索认为,在构成国家权力的所有因素中,外交的质量是最重要的因素,尽管它是一个极不稳定的因素。决定国家权力的所有其他因素都好像是制造国家权力的原料。一个国家外交的质量将这些不同因素结合为一个有机的整体,给予它们方向和分量,并通过给予它们一些实际权力而使它们沉睡的潜力苏醒。

第三,国家的权力受到声誉和道德的限制。一个国家的领袖人物在国际上的地位和声誉对这个国家的权力大小也会有影响。在第二次世界大战之前,希特勒德国对东欧小国的不断入侵,就与张伯伦对法西斯的绥靖政策有关。权力的运用还受到国际和国内的社会条件所限制的。当一个国家在对其他的国家进行侵略和干涉的时候,这个国家的权力在暂时的情况下,也许会发挥作用,但是,在长久的时期,必然会遭到失败。这主要是因为国家在道德上的失败。在国际和国内舆论的压力下，国家的权力很难发挥作用。

尼古拉斯·斯巴克曼曾说过，唯有强权才能实现对外政策的目标。事实正是如此。权力政治论对西方的对外政策，特别是美国的对外政策所起的作用最为明显，在外交实践中的运用也最为充分。

近年来，在西方国际关系学者中盛行着这样一种观点，即认为全球性相互依存正成为国际关系主导的普遍的特征，各国利益全面地相互渗透，全球利益正取代国家利益。这一观点低估了权力政治的顽固性，似乎权力政治已被相互依存代替了。这显然是片面的。从杜鲁门主义、艾森豪威尔主义到尼克松主义、卡特主义，从里根主义到克林顿主义，从布什主义到奥巴马主义，虽然形式各异，但权力政治的实质没有根本改变。

第三节　冲　突　论

一、冲突的概念

长期以来，国际冲突一直被视为理解国际政治的又一个核心问题。冲突论与利益论、权力论一起，被称作为国际关系理论（特别是现实主义）的三个核心理论和研究方法。

关于冲突问题的研究首先是从一般意义上的社会学角度开始的，其基本含义包括：

1. 冲突是指某一可确认的人或群体，有意识地反对一个或几个可以确认的人或群体，原因是它们各自在谋求不同的目标。

2. 冲突是人与人之间的相互作用。冲突不包括人与自然的斗争。冲突的表现最初是人和人之间的矛盾和竞争的关系。这种关系并不一定意识到矛盾者和竞争者的存在，只有当矛盾者和竞争者力图阻挠他人目的的实现，或是甚至要消灭竞争对手的时候，矛盾和竞争才有可能转化为冲突。

3. 冲突的形式有暴力的和非暴力的，有显性的和隐性的，有可控制的和不可控制的，有可解决的和不可解决的。暴力的、不可控制的和不可解决的冲突的最后的结果往往是武力或暴力行为。但是，冲突并不一定要引起暴力行为，它可以通过无声无息的心理、经济和政治手段得到解决。最显而易见的冲突种类,从国家层次上划分,包括国际战争和国内战争、革命、政变、恐怖活动、暴乱、示威、制裁等;从个人的层次上划分,包括吵架斗殴、法律争执以及犯罪杀人等。

4. 正如世界上总是充满矛盾的情况一样,冲突存在于宇宙万物之中。无论什么样的社会形态,什么样的社会内部结构,也无论国际体系如何,国家与国家之间的关系如何,冲突都是存在的。人们不能指望消灭冲突,同时也不能没有冲突。

第二次世界大战以后,关于冲突的根源和预防的研究一下子热门起来。这一方面与战后美苏对峙的冷战局面有关,另一方面也与对核武器巨大毁灭力的恐惧有关,实际上就是研究如何在核条件下防止新的世界大战问题。

这时期的现实主义学派十分注重对冲突问题的研究。对现实主义者来说,冲突是自然发生的。冲突与利益的追逐和权力的争斗有关。由于各国追求的利益不同,所产生的"权力冲突"各异,因而导致频繁的国际冲突。权力冲突实质上反映了利益冲突。国际冲突也就是拥有不同程度实力的国家之间为了追求自身利益而发生的诸种错综复杂关系中最突出的表现。摩根索曾经归纳道,国家的对外目标主要表现为"维持权力,增加权力和显示权力",而通常采取的形式是直接对立和相互竞争两种,因而国际间的权力冲突是不可避免的。

二、冲突论研究的历史回顾

关于冲突的研究学者中迄今主要分为两派。一派是社会心理学家、生物学家和决策理论研究家。他们对冲突的研究主要是从微观的角度,从对个人的行为分析来研究冲突的产生。另一派是社会学家、人类学家、政治学家和国际关系理论家。他们主要是从宏观的角度把握冲突。他们研究的集中点主要是在集团、社会阶级、民族国家和国际体系等方面。

人类冲突的极限就是发生战争。对于人类为什么会进行大规模的相互残杀这个问题从人类有史以来就有了不同的研究。

早期的思想家和学者对战争的认识主要来自直接的感性理解。他们一方面视战争为军事和政治问题;另一方面又视战争为宗教和道德问题。但是,早期的西方思想家都对战争持否定的态度,认为战争是人类缺乏道德的结果。

到了中世纪,欧洲的经院哲学家们对于战争的认识有了发展。他们一方面认为战争是不道德的结果，同时，又认为战争是人类不可避免的现象。由此，他们提出了有限战争道德的理论。正义战争的理论便出现了。他们对正义战争的定义是：第一，在战争之前要有一定的仲裁；第二，在不得不使用武力的情况下，使用武力的后果应当是善多于恶。第三，战争的结果应当是正义的秩序能够得到恢复和光大；第四，在进行战争的过程中，应当使用道德的手段，而不能使用不道德的、不人道的手段。然而，由于中世纪的文化和意识形态因素，这一时期内的战争经常是很残酷的。

在17世纪末到18世纪的大部分时间里，欧洲资本主义经济的发展和人们对于欧洲长期宗教战争的厌恶使正义战争的理论受到了挑战。文艺复兴之后，越来越多的人认为战争是万恶之源。许多思想家认为，所谓正义战争不过是帝王和一些野心家为了自身的利益而发动的战争。欧洲一些著名的思想家对战争进行了严厉的批判。

然而，从18世纪下半叶开始到19世纪，欧洲战争迭起。关于战争的研究，出现了两种明显的趋势。一种是反对战争的和平主义，另一种是战争主义。后一派的支持者包括一些著名的思想家和军事家，如黑格尔、尼采和克劳塞维茨。克劳塞维茨的名言"战争是政治的继续"明确地说明战争是人类生活中的一种正常的现象。

20世纪爆发了两次世界大战。据利珀的不完全统计，从1816年到1965年，世界上发生的上规模的战争达93次。[①]战后，人们对战争的根源有了更加深入的研究。理想主义把战争的起因归结于国际社会的不健全、均势的不可靠和统治阶层的秘密外交；而现实主义关于战争根源的解释，是人类的本性和对权力的追求。

在20世纪中叶出现了一种历史上少有的冲突现象，就是冷战。第二次世界大战之后，美国和苏联成为当时最强大的国家，于是"超级大国"一词应运而生。美苏及其盟国之间的关系是一种敌对关系。但有趣的是美国和苏联之间并没有爆发战争，它们之间的冲突以冷战的形式出现。所谓冷战是相对于热战而言的，它是指敌对双方形成对立，但是，又以不触发直接武装冲突为限的敌对状态。"冷战"这个词是由美国的政论家赫伯特·斯沃普1946年初在为美国参议院议员伯内德·巴鲁克起草的一篇演说中首先提出的。但在外交政策上，冷战的开始是以丘吉尔在1946年3月5日在美国

---

① Robert Lieber, *Theory and World Politics*, Winthrop Publishers, 1972, p.115.

的富尔顿的演说为信号，以 1947 年 3 月 12 日杜鲁门发表的国情咨文为起点。之后，"冷战"的概念就开始得到广泛的应用。

战后关于冷战的文章和专著更是浩如烟海，其中有影响的如：华尔特·李普曼、亨利·华莱士和威廉·富布赖特的论文，霍罗维茨的《美国冷战时期的对外政策》，理查德·华尔顿的《冷战与反革命》，路易斯·哈利的《冷战史》，雷蒙·阿隆的《国家间的和平和战争》以及亚瑟·施莱辛格和摩根索合编的《冷战的根源》等。这些学者认为，冷战是战后的一种特殊国际现象，而造成冷战的根本原因，一是由于战后出现两个对抗的阵营，实现真正的和平是"不可能的事"（impossibility）；二是由于核武器的出现又使新的战争成为"不太可能发生的事"（improbability），冷战即是"不可能的"和平和"不太可能的"战争两个特殊的历史因素的产物，而拥有毁灭双方能力的核武器则是重要的条件。在核武器出现之前，国际争端不是通过和平就是通过战争加以解决，但战后情况有了变化，出现了冷战这一特殊的形式。在这样的历史背景下，美苏之间的争霸就不可避免了。

对于冷战起源的分析可以归纳为以下四种：

第一，冷战的出现是由于国家领导人的变化。这种观点企图从国家领导人的个性中寻找冷战的根源。如美国历史学家 D.F.弗莱德明就提出，如果罗斯福在世，美苏之间的冷战是不可能出现的。这派人认为，罗斯福是主张与苏联和平相处的。但是杜鲁门看不到苏联在东欧的利益，所以导致美苏之间出现矛盾。

第二，冷战的出现是由于苏联在东欧的扩张。这被认为是美国学术界的正统观点。他们提出，第二次世界大战后苏联对西方国家抱有敌视态度。苏联在东欧的不断扩张和对雅尔塔体系的破坏是冷战爆发的原因。

第三，冷战的出现是美国在第二次世界大战后对世界扩张的结果。战后，美国成为世界上首屈一指的超级大国。在对外的政策上，美国要求世界上其他国家的意识形态和政治体制与美国的相一致，如果有不一致的地方，美国就会对其进行政治上的孤立、经济上的封锁和军事上的干涉。美国对苏联、对中国和对其他第三世界国家的政策即是明显的例子。在这样的情况下，冷战便出现了。

第四，冷战的出现是由于美国和苏联在处理国家之间的关系上，不是以国家利益而是以意识形态作为出发点，在这样的情况下，美国与苏联意识形态的不相容导致冷战爆发。

持续 40 多年的冷战给人们留下了很多思考。重要的是在核武器出现的今天,人类不再会轻易地发动一场世界战争,然而,局部战争和有限冷战有可能是今后国际冲突的一种重要的方式,无论它出现的原因何在。

三、国际冲突的根源分析:华尔兹的三个概念

一般来说,国际冲突的根源与以下五个方面因素有关:(1)人性中的权欲所致;(2)国家之间误解和隔阂,以及狭隘的民族主义所致;(3)贫困及财富分配不均所致;(4)国家内部危机所致,该国企图挑起外部冲突以转移国内视线;(5)国际体系不健全,缺乏制止冲突和战争的有效机制。其中以肯尼思·华尔兹的"三概念"最为典型。"分析冲突最有用的出发点是华尔兹提出来的"。[①] 华尔兹在《人、国家与战争》(1959 年)一书中提出的"三概念"是:第一概念为"人性与国际冲突",人的私念和权欲是国际冲突的根本原因;第二概念为"国家与国际冲突",国家体制弊端日显,社会矛盾深化,为了加强对国内的控制,统治集团往往从对外冲突或战争寻找出路,这是国际冲突的重要内在原因;第三概念为"国际体系与国际冲突",国际社会处于无政府状态,事端多发,一筹莫展,这是国际冲突和战争发生的外部原因。

在第一概念中,华尔兹指出,人类本性是恶的,恶的本性决定人类必然要发动战争。在如何对待人的恶的本性问题上,存在着两派。一派对人性的看法是乐观的,认为通过教育和社会的和谐,人类最终会避免战争。另一派认为,现实是邪恶的,人类的本性不会改变,战争将会继续下去。因此,这一概念分析的结论是:"人的罪恶或不轨行为将导致战争;人心——世人如都能具善心,就会出现和平,这就是第一概念的简短结论。"[②]利珀认为,单单第一概念还不足以说明战争发生的根源。[③]

在第二概念中,他分析了国家内部的政治制度,认为国家内部政治的缺陷也是战争的一个根源,国家有时会通过国际战争来解决国内的矛盾。因此,避免战争最重要的是要建立"好"的国家。究竟什么是好的国家?大多数人认为,国家应进行改造才能避免战争。在如何对国家进行改造的研究

---

① Robert Lieber, *Theory and World Politics*, Winthrop Publishers, 1972, p.100.
② 转引自倪世雄、金应忠主编:《当代美国国际关系理论流派文选》,学林出版社,1987 年,第 125 页。
③ Robert Lieber, *Theory and World Politics*, Winthrop Publishers, 1972, p.102.

上,华尔兹认为:"马克思和马克思主义标志着第二概念的最成熟的发展阶段。马克思主义关于战争与和平的首要观点是:资本主义国家导致战争,进行革命、摧毁资本主义从而建立社会主义才能实现和平。"①华尔兹认为,马克思对国家进行改造的理论是最具有说服力的理论。同时,他认为,社会主义是和平国家的观点可以成立,但是,他否认那种认为社会主义国家之间的关系就只是和平关系的观点。他指出,不能简单地说,和平与战争分别是好的国家和坏的国家的产物。事实证明,华尔兹关于资本主义是战争的根源和社会主义国家之间并不能完全避免战争的判断是正确的。

如果不能仅仅从人和国家来解释战争的根源,还有哪些因素是战争的根源呢?华尔兹由此引出了他的第三概念:国际的无政府状态是引起战争的根源。所谓无政府状态是指,在国际社会中缺乏维持和平的有效的法律工具和组织机构的状态。华尔兹认为,在国际社会中,各国都有自己的切身利益。为了自己的利益,国家之间难免出现矛盾和冲突。如何解决矛盾?在有秩序的国内政治中,是靠政府的力量来解决,化干戈为玉帛,但在无政府的国际社会中,由于不存在像国内那样的政治权力机构,所以各国只有靠自己的力量来解决问题,一旦矛盾不能通过协商解决,就会出现以实力解决问题的现象。在个人表现为用拳头解决问题,在国家表现为用武力解决问题。国家之间的战争由此而发。华尔兹把建立未来世界和平和避免战争的希望寄托在建立世界政府上。他预言,在世界政府建立之后,国家之间的战争就不会再发生了,但是由于世界政府还不够强大,国内的战争还会出现。这就有疑问了,在世界政府建立之后,国内还会发生战争,那么,在国际上,在世界政府的范围内就不会发生战争吗?

然而,无论华尔兹的理论有何缺陷,他关于冲突的论述至今还是较系统的。利珀认为:"关于国际体系性质的分析反映了当代国际关系理论的基本发展趋势。"②华尔兹在这方面的研究起了推动作用。

在这一时期,值得一提的是鲁道夫·拉梅尔和他带领的一批学者所进行的关于国际冲突的研究,他们对 230 个冲突变数作了比较深入的分析,得出了 11 种冲突因素假设:经济发展层面上的冲突行为、国际沟通程度、国际合作总量、政府专政主义、国家权力、稳定、军事实力、心理动机、民族价值

---

① Kenneth Waltz, *Man, the State and War*, pp.125—126.
② Robert Lieber, *Theory and World Polities*, Winthrop Publishers, 1972, p.105.

观、地理世界，以及上述若干特征的结合。拉梅尔的研究为国际冲突分析提供了实证思路，该研究关于沟通合作与对抗利益从两个不同方面构成冲突的原因的结论，在学术界引起相当的关注。[①]

四、国际冲突的类型分析：康恩的"升级模式"

至于国际冲突的类型，大多数学者倾向于分为以下五类：即一般冲突、国际危机、恐怖活动、内战与革命、国际战争（局部和世界战争）。20 世纪 60 年代以后出现了关于国际冲突模式的研究，学者们设计出各种政治、经济、军事、思想意识和社会心理研究模式。1962 年美国军事战略理论家赫尔曼·康恩针对朝鲜战争和越南战争失利的教训，提出"逐步升级"的国际军事冲突模式。他把冲突、危机和战争的过程分为 16 个阶梯。1965 年，他在《逐步升级战略》一书中进一步将其过程分为 7 个门槛（分歧产生、不要翻船、核武器是不可想象的、不使用核武器、中心避难、核战争、城市目标）和 7 个阶段（潜伏的危机、传统的危机、紧张的危机、离奇的危机、威慑性攻击、攻击军事目标的战争、攻击民用目标的战争）以及从互相报复、禁运封锁到武力威胁、战争讹诈、常规战争到核大战的 44 个阶梯（见下图）。[②] 康恩的"逐步升级"模式被视为西方国际冲突理论方面最引人注目的研究成果。

冲突逐步升级的阶梯

后　果

攻击民用目标
的战争
- 44. 阵发的或残酷无情的战争
- 43. 其他一些类型的有控制的全面战争
- 42. 对民用目标毁灭性攻击
- 41. 扩大的解除武装的攻击
- 40. 瓦解人心的狂轰滥炸
- 39. 进度缓慢的攻击城市的战争

"城市目标"门槛

---

① 鲁道夫·拉梅尔的研究成果主要反映在他的两篇论文里："The Relationship Between National Attributes and Forign Conflict Behavior"和"Dimensions of Foreign and Domestic Conflict Behavior：A Review of Empirical Findings"，转引自 Robert Lieber, *Theory and World Politics*, pp.103—104。

② Herman Kahn, *On Escalation: Metaphors and Scenarios*, Praeger, 1965, p.39.

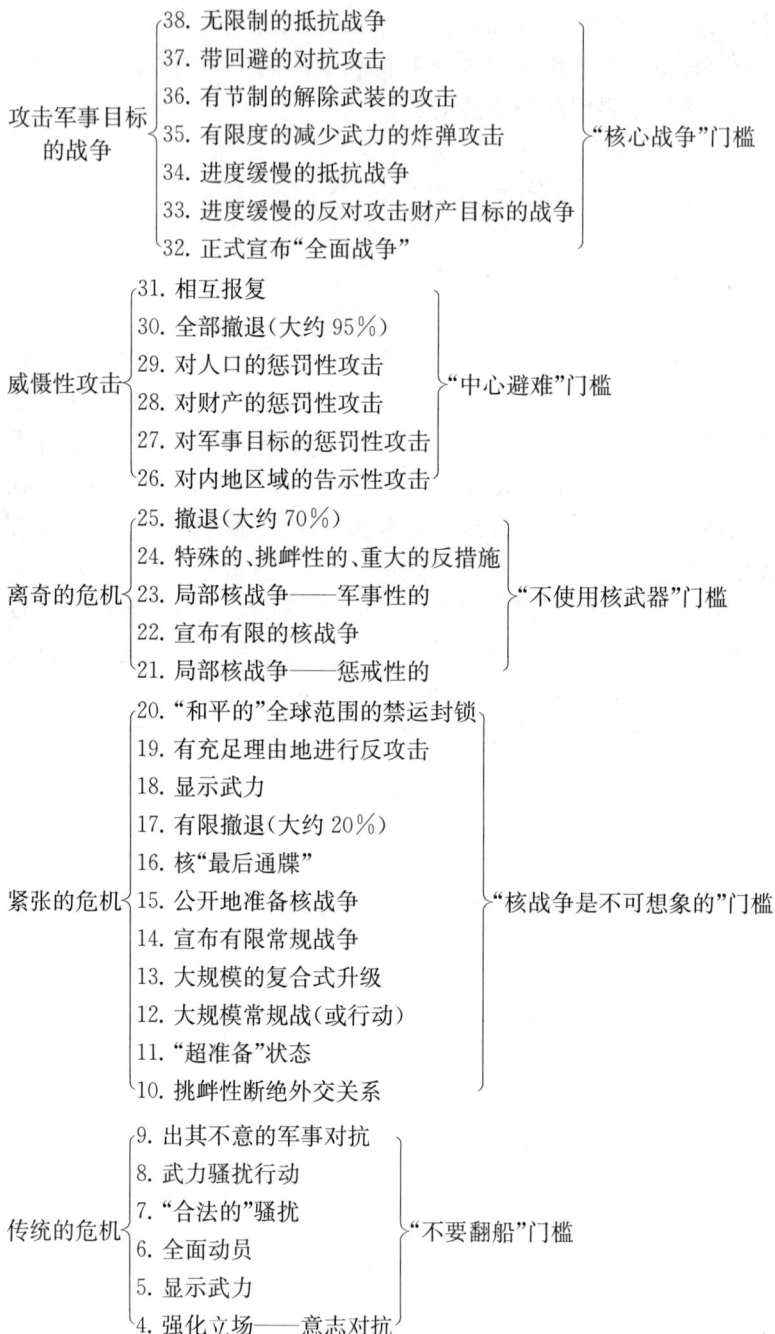

攻击军事目标 {
38. 无限制的抵抗战争
37. 带回避的对抗攻击
36. 有节制的解除武装的攻击
35. 有限度的减少武力的炸弹攻击
34. 进度缓慢的抵抗战争
33. 进度缓慢的反对攻击财产目标的战争
32. 正式宣布"全面战争"
} "核心战争"门槛

威慑性攻击 {
31. 相互报复
30. 全部撤退(大约95%)
29. 对人口的惩罚性攻击
28. 对财产的惩罚性攻击
27. 对军事目标的惩罚性攻击
26. 对内地区域的告示性攻击
} "中心避难"门槛

离奇的危机 {
25. 撤退(大约70%)
24. 特殊的、挑衅性的、重大的反措施
23. 局部核战争——军事性的
22. 宣布有限的核战争
21. 局部核战争——惩戒性的
} "不使用核武器"门槛

紧张的危机 {
20. "和平的"全球范围的禁运封锁
19. 有充足理由地进行反攻击
18. 显示武力
17. 有限撤退(大约20%)
16. 核"最后通牒"
15. 公开地准备核战争
14. 宣布有限常规战争
13. 大规模的复合式升级
12. 大规模常规战(或行动)
11. "超准备"状态
10. 挑衅性断绝外交关系
} "核战争是不可想象的"门槛

传统的危机 {
9. 出其不意的军事对抗
8. 武力骚扰行动
7. "合法的"骚扰
6. 全面动员
5. 显示武力
4. 强化立场——意志对抗
} "不要翻船"门槛

潜在的危机 { 3. 严正的官方的宣示 / 2. 政治、经济和外交的姿态 } "分歧产生"——冷战门槛 / 1. 公开的危机

利珀认为，康恩的阶梯模式虽无多少新的东西，又充斥"想象"，但是却把国际冲突的变化"加以简化"，仍有参考价值。[①]

1993 年，约瑟夫·奈出版了一本关于国际冲突的力作《理解国际冲突：理论与历史》。他认为，国际政治存在着一种冲突的逻辑，一种与国家间政治相随相伴的安全困境。千百年来，结盟、均势、战争和妥协等政策行为选择，一直存在于国际政治之中。该书提供了一组数据：从 1989 年至 20 世纪末，世界上在 74 个地区发生了 111 次武装冲突，其中国家内部冲突 95 次，其余是国家间武装冲突，大约有 80 多个国家行为体和 200 多个非政治组织卷入其中。[②] 奈指出，国际冲突发生的主要根源有二：一是国际政治的无政府状态，二是迅速发生的、不可预测的权力转移，"冷战后时期是一个权力迅速转移的时期"。[③] 奈提出，应该对国际冲突进行"细微和冷静的分析"。[④]

学者们还论及国际冲突的解决途径，主要是：（1）政治解决途径，包括国家之间的谈判、协商、斡旋、调停；（2）法律解决途径，以国际法庭为主进行的调解、仲裁和裁定等；（3）行政解决途径，指联合国等国际组织所作的各种努力。

第四节　均　势　论

一、什么是均势

均势理论是西方国际关系学中影响最大、历史最久的传统理论，在国际

---

① Robert Lieber, *Theory and World Polities*, Winthrop Publishers, 1972, pp.112—113.
② 约瑟夫·奈：《理解国际冲突：理论与历史》（第五版），张小明译，上海人民出版社，2005 年，第 2、182 页。
③ 同上书，第 3 和第 305—306 页。
④ 同上书，序，第 1 页。

关系实践中对西方国家对外政策的影响也最为显著。

华尔兹说:"如果有任何具有特征性的国际政治理论的话,那就是均势论。"①

早在中国的春秋战国时期、古希腊城邦时期以及古印度时期,均势(理论)在国际关系实践中就得到广泛应用,到18—19世纪,均势理论在维持国家间力量均衡和国际局势的稳定中发挥了相当的作用。然而,对于这一概念,不论在语义上还是在实践意义上都存在着许多争议,因为均势不是一种精确的、能够计算和量定的概念。另外,因为均势在不同的时期所起的作用不同,所以学者们对这一理论褒贬不一。

什么是均势? 均势是一种分析概念,反映国际政治中权力均衡和不均衡的各种态势及其权力态势转变的各种结果。如下图所示:

1. A方与B方处于权力均势状态。

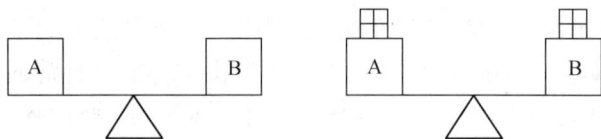

2. A方与B方处于权力关系不均衡的状态,均势有利于A方或B方。

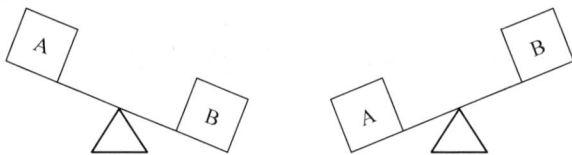

3. 权力态势的转变情况:

(1) 由均衡变为不均衡,均势有利于A方或B方。

---

① Kenneth Waltz,*Theory of International Politics*, p.117.

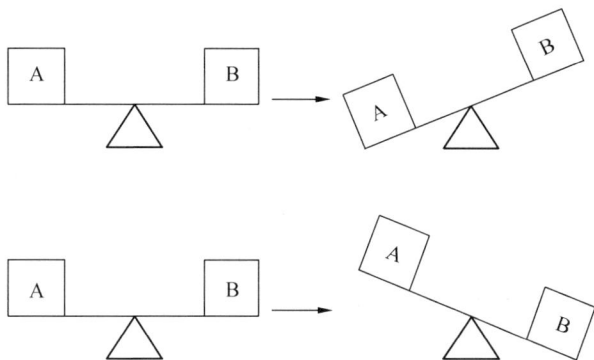

（2）由有利于 A 方的不均衡变为有利于 B 方的新的不均衡状态，或者相反。

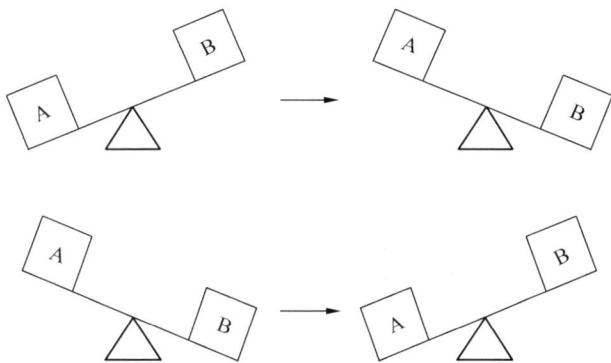

汤因比认为均势是"一种政治动力系统，每当一个社会明确分为若干互相独立的国家时，这一系统便开始发挥作用"。①

英尼斯·克劳德把均势解释为状态、政策和体系三个概念。状态指实力均等还是不均等的状况；政策指对状态所作出的反应；体系指权力分配的机制、工具和规则。② 有的学者在此基础上提出，均势是"国际政治体系的核

---

① A.J. Toynbee，*A Study of History*，Vol.Ⅲ，O.LL.P. London，1934，pp.301—302.
② Inis Claude，*Power and International Relations*，pp.13—24.

心机制"。①

汉斯·摩根索在他的《国家间政治》一书里把均势限定在四种不同的意义之中：（1）针对一定事态的一种政策；（2）一种实际存在的事态；（3）大体均等的实力分配；（4）泛指任何实力分配。②

厄恩斯特·哈斯认为均势最少有八种解释：（1）民族国家间实力均等分布导致的均衡；（2）民族国家间实力不均等分布导致的均衡；（3）一个民族国家占支配地位所导致的均衡；（4）一种维持相对稳定与和平的体系；（5）一种具有不稳定和战争特征的体系；（6）权力政治的另一种表述；（7）历史普遍规律；（8）政策制定者的指南。③

怀特概括了均势的 5 种含义：（1）最基本的含义是权力的均匀分布；（2）具有超凡的活力和多变性；（3）大国力量分布均匀但非长久不变；（4）一个大国具有维持力量均匀分布的特殊作用；（5）表现为无休止的力量变化和组合，但具有一定政治规律。④

约瑟夫·奈则这样简述均势的三种含义：作为权力分布的均势、作为政策的均势和作为多极体系的均势。⑤

不管均势概念的界定有多么大的歧义，在西方学术界和国际关系理论界，大致有以下几种被大多数学者认同的见解：⑥

1. 均势是表示一种力量的均衡。艾·波拉德用天平作比喻，认为均势和天平一样，当天平两端等量，就产生平衡。把这个原理运用于国际关系，就是指"通过变换联盟以及其他手段在国际范围内实现力量的均衡"。西德尼·弗伊则更明确地把均势概括为"表示国家之间权势的一种大体上的均衡"。

2. 均势是国际斗争中一种特殊的稳定状态。乔治·施瓦雷伯格认为，均势不仅是一种力量的均衡，而且是国际上某种程度的稳定状态。汉斯·摩根索赞同这一看法，指出"均势是一种特殊的状态，是由于权势大致上平均地在一些国家之间分配所造成的"。

---

① Fred Halliday，*Rethinking of International Relations*，MacMillan，1994. p.33.
② Hans Morgenthau，*Politics Among Nations*（1985），p.174.
③ Ernst Haas，"The Balance of Power：Preseription，Concept or Propagenda"，*World Politics*，July 1953.
④ 怀特：《权力政治》(中文版)，第 117—123 页。
⑤ 约瑟夫·奈：《理解国际冲突：理论与历史》(中文版)，第 75 页。
⑥ 见倪世雄、王国明：《均势理论纵横谈》，《政治学研究》，1986 年第 3 期。

3. 均势是处理国际关系的一种特殊手段。诺曼·帕尔默和霍华特·珀金斯指出，"均势是利用和使用国家权力的一种特殊手段。"斯坦利·霍夫曼则认为，"均势是一种关于权势的艺术……均势强调用非暴力以保持紧张的国际关系，所以它是显示武力的艺术，而不是运用武力的艺术"。

4. 均势是处理国际关系的一种特殊政策。其代表人物爱德华·莫尔斯提出，均势是维持国家之间权力平衡的一种对外政策，旨在防止一国控制并危害别国的安全，但是，均势是"一种保守的对外政策"，它以维持现状，不改变国际均衡体系和格局为目标。正如怀特所说的，"均势是大多数国家在大多数情况下寻求自我保存的政策"。[①]

二、均势的模式

关于均势有什么样的模式，或者有多少种模式，西方国际关系理论界有着不同的解释。摩根索将其概括为两种模式，其一是"直接对抗式"；其二是"竞争式"。当甲国对乙国实行帝国主义政策时就产生了对抗，乙国为了不受别人的奴役和控制，要么实行维持现状政策，要么采用帝国主义政策对付甲国，这就是一种对抗型的均势。在对抗型的均势中，一国实力的增长必然引起另一国相应地增强自己的实力，直到一方取得或认为取得对另一方的决定性的优势，这样对抗越发激烈，不是弱方屈服于强者，就是最后通过战争解决双方力量对比的差异。摩根索认为，均势只是偶然或只有部分阶段是稳定的，其性质都是不稳定的和变化的。

西方学者认为，当甲国对丙国施行帝国主义政策，丙国要么抗拒要么默认，而乙国可能反对甲国对丙国的控制。如果甲、乙两国为了争夺对丙国的控制权导致两国之间的竞争，就形成了竞争型均势，因为甲方为了统治丙国所必需的实力被乙国实力所平衡，反过来说，乙国想统治丙国的实力也被甲国所平衡。在竞争型的均势中，丙国含有以下四种状态：

1. 甲、乙两国实力均衡，都试图维持丙国的现状，保证丙独立性不受侵犯，这时，丙国的独立性只是两大国关系中的一个变量。

2. 在这种实力关系中，如果对实行帝国主义政策的甲国有利，力量对比发生了决定性转折，丙国的独立受到危害。

---

① 怀特：《权力政治》（中文版），第125页。

3. 如果在力量对比中,想维护现状的乙国占有决定性优势时,丙国的自由会比较有保障。

4. 如果推行帝国主义政策的甲国完全放弃了帝国主义政策或者将这一政策转移到丁国,丙国的自由则会得到永久的保障。

西奥多·考伦毕斯和詹姆斯·沃尔弗在卡普兰的体系论的基础上提出了几种均势的变体。卡普兰认为均势体系中最少要有 5 个主要大国,并且不存在地区或世界性的组织。而考伦毕斯和沃尔弗则认为把大国数量限定在 5 个以上才算是均势体系这一观点过分机械,有个大概的大国数量的上限(如 9 个到 14 个,或者全世界民族国家的 10%)并排除一极(单极)统治世界都可构成均势体系。他们对卡普兰的六种世界体系进行了增减,认为少数大国主宰模式(传统均势模式)、松散两极模式、单位否决模式、集体安全模式、多集团模式、多极模式以及后核战模式都是均势体系的变体。①

埃弗里·戈登斯坦认为,在无政府状态的国际社会中,如果有一国或者一个联盟的实力增大,必定引起"抵消力"的发展以达到制衡的目的,在制衡过程中产生均势,这被视为均势的普遍模式。除了制衡外,戈登斯坦还提出三个假设,也就是从另一个侧面提出均势的三个范式:

1. 在无政府秩序的政治形态中,意识形态和其他政治动机很容易从属于谋求生存的战略需要。如果一国坚持谋求以意识形态所限定的目标,在国际社会中会处于被动的地位,而当一国抛弃意识形态的限制,则会左右逢源,灵活地处理国际关系。在这个模式中,决策是在单位层次上进行的,但这一模式的本身是体系层次运作的结果。

2. 在无政府秩序中,必须把他国当作威胁自身生存的对手,或者至少是潜在对手,然而一国在国际社会中不能谋取绝对利益,只有在与别人合作中取得相对利益,这对政策的制定尤为重要。在不安全的状态中,一国在制定政策时不能只顾强调自身的利益,因为,要求得生存就得与别国在政策上协同。就是作出让步,也只能是与自身安全利益相一致时才能做到。

3. 在无政府秩序中,当联盟内各成员国之间的共同利益实现时,联盟的整体和统一性会减弱,因为共同的任务完成后,各成员国在利益分配中往往会不择手段地得到自己认为是公平的那一份利益。在自助体系中,由于各

---

① Theodore Couloumbis and James Wolfe, *Introduction to International Relations: Power and Justice*, Prentice-Hall, Inc, 1986, pp.48—57.

国试图获得维护自身安全的"必要"利益，"公平"的一份利益内容就被相对扩大，于是，合作伙伴转变为竞争对手，最终导致联盟破裂。接着便是寻求新伙伴，结成新的联盟以获得力量的重新均衡。在均势政治占优势的时期内，战败国不能被彻底消灭，应该把它当作潜在的合作伙伴，这也是均势政治中最重要的策略之一。

此外，戈登斯坦还认为，均势有三个必不可少的条件，其一是无政府结构；其二是最少有两个行为体；其三是各行为体的目标应是维护自身的生存安全。[①]

三、均势论的历史轨迹

从纵向分析来看，均势理论可追溯至古希腊时代。戴维·休谟在《关于均势》一书中，以大量材料证实均势是当时处理底比斯与雅典争霸关系的主要手段和政策，并逐渐成为"国际关系领域中的古典理论"。[②] 但是罗马帝国建立以后，没有任何国家能与其匹敌，均势理论的重要性衰落下来，以致整个中世纪都不为人们所重视。直到中世纪末期，随着欧洲的四分五裂，争霸斗争此起彼伏，均势学说才从消沉衰败中恢复过来，流传开来。据考证，是意大利政治家伯纳多·鲁塞莱（1449—1514 年）第一个系统地运用均势原理分析意大利北部梅迪西、斯图萨斯、维斯康提和邻国的争斗态势。接着，马基雅弗利在《君主论》中记述了意大利城市国家之间的争霸冲突，认为"它们关切的是均衡"。到 16 世纪，均势的范围从意大利北部扩展到整个欧洲，争斗主要在西班牙、英国、法国、普鲁士之间进行。17 世纪是法国称霸欧洲的时期，尤其是经过 1618 年至 1648 年的"三十年战争"，最终缔结了《威斯特伐利亚条约》，使大国领土的调整达到与当时大国的实力大致相等的程度，导致出现一个相对均势的局面。17 世纪下半叶，法、荷、英三强争雄，进一步发展了欧洲均势局面。从那时起，均势概念开始频繁地见诸文章著作和政府文件中。1713 年，参加西班牙王位继承战争的交战国签订的《乌得勒支和约》，第一次把"均势"载入正式条约文件。18、19 世纪，英、法、俄、普、奥匈五强争霸，都把均势作为对外政策的基本原则。从 1648 年（威斯特

---

① Avery Goldenstein，*From Bandwagon to Balance-of-Power Politics*，Stanford University Press，1991，pp.38—41.

② Inis Claude，*Power and International Relations*，p.11.

伐利亚和平)到1789年(巴黎革命)的这一时期被称之为均势理论发展的"黄金时代"。英国凭借其海上优势,时而联俄反法,时而结好德奥,对抗法俄,阻止任何大国独霸欧洲大陆,竭力置身于均势的枢纽中心,执欧洲战略地位之牛耳。

1789年法国革命后,富有冒险精神的拿破仑法国打破了这一稳定的秩序,为了防止霸权的产生,欧洲其他各国结成反法联盟。当法国称霸失败后,欧洲在奥地利首相梅特涅的外交努力下,又恢复了相对均衡的格局。

现实是理论发展的基础,在这时期,均势理论受到重视和发展。18世纪英国哲学家和历史学家戴维·休谟从历史的角度系统地论说了均势,他认为在古希腊城邦时期每个拥有优势的国家必然引起其他国家,甚至是先前的盟友组成新的联盟以抗衡它,均势是这些国家谋求的主要状态,"雅典(还有许多其他共和国)总是将自己放在天平上较轻的一端以维持均势"。① 休谟也认为当时的英国跟雅典一样维持欧陆的均势,但却滥用了均势。

从1815年维也纳体系到1914年第一次世界大战爆发,欧洲的均势持续了一个世纪,历史进入了第二个均势的黄金时期。英国、法国、普鲁士、奥匈帝国以及俄罗斯这几个大国共同支撑着欧洲均势大厦。在这一时期内,战争被减弱至小冲突,各国主要通过外交讨价还价的手段解决各自的分歧。对于欧洲列强来说,圣战、民族解放以及为争取人民主权的战争都可能打破现状。为了维持均势,列强们一致同意,在限制激烈的争斗的基础上才能获得共同利益,所以,国际战争法得到了长足的发展。但到了19世纪70年代初,工业革命导致了力量对比失衡,维也纳体系破裂。民族主义的高涨,超衡军事力量的出现使欧洲列强的利益分化,又打破了均势状态。

均势原理虽早有运用,但起先只限于局部地区。到20世纪初,资本主义进入帝国主义阶段,列强之间的冲突开始扩展到全球范围,均势的规模不再限于欧洲,开始带有世界性。当现状被打破后,强国试图称霸,其他大国及中小国则力图限制强国称霸的野心,于是又开始结盟对抗,并且不惜以战争为代价恢复均势。第二次世界大战后,世界被意识形态划分为两大敌对阵营,两极格局建立,实际上,两极格局也是一种均势状态,这种均势是在

---

① Davis Hume, "Of the Balance of Power", in John Vasquez (ed.) *Classics of Internartional Relations*, Prentice-Hall, Inc., 1990, p.273.

苏、美为首的国家集团之间的均衡。

第二次世界大战刚结束时，由于建立了联合国，人们曾经认为可以通过这个国际组织来调节国家之间的关系，无需乞灵于均势，所以西方均势理论曾出现过短暂的消沉。直到20世纪50年代初，均势理论又重新抬头，而国际关系学的现实主义学派和传统主义学派则将均势理论发展到新的高峰。

纵观西方均势理论历史发展的盛衰起落过程，我们可以看到，西方均势理论的发展是以列强争霸为背景的，特别是当争霸的列强旗鼓相当时，它们更需要求助于均势，以维护自身利益，继而能克敌制胜，攫取霸权。然而，西方学者却把均势视为"支配国际社会里国家关系的自然法则"，把纷繁多变的国际斗争描绘成主观臆想的均衡，把均势的作用加以绝对化。特别是他们将18世纪以来资本主义发展历史和其后进入帝国主义阶段的历史说成一部"均势史"，均势曾给世界，尤其是欧洲带来了"一个世纪的和平"，而两次世界大战的爆发恰恰是因为均势遭到了破坏。在这种描述中，资本主义发展不平衡规律不见了，帝国主义掠夺本性不见了，帝国主义争夺殖民地和半殖民地的勾心斗角也不见了，这显然是违背历史的真实的。根据马克思主义原理，一部资本主义发展史绝不是一部"均势史"，而是一部资本主义由产生、发展到衰亡的历史；战争的根源不是由于均势遭到破坏，而恰恰是因为帝国主义战争是恢复已经被破坏的均势的唯一手段，因为"世界霸权是帝国主义政策的内容，而这种政策的继续便是帝国主义战争"。①

四、四种均势和当代均势理论

从均势原理演变为系统的理论是国际关系学形成后的事。卡尔、斯巴克曼、摩根索、阿隆等现实主义大师都对均势问题进行了大量的基本理论研究。在他们看来，均势反映国际关系中权力平衡与不均衡的各种态势，均势理论是一种研究权力均势转变之特点、规律、原则、手段和形式的分析理论，同时也是一种处理国际关系的特殊政策。均势的目的就是防止霸权的产生，维护稳定和共同安全，防止战争等。而运用均势时所采用的手段不外乎结盟对抗强权、战后领土赔偿、设立缓冲国、建立势力范围、外交干涉和外交谈判、削弱军备和扩大军备等。他们认为，19世纪以来的均势呈现出四种

① 列宁：《论对马克思主义的讽刺和"帝国主义经济主义"》，《列宁全集》第23卷，第26—27页。

主要的类型：（1）欧洲均势（1814—1815 年维也纳会议至第一次世界大战爆发），这一时期被称为欧洲的"和平世纪"，当时的均势不是全球性的，仅局限于欧洲范围；（2）过渡性全球均势（两次大战之间），随着资本主义发展到帝国主义阶段，列强冲突扩展到全球，均势格局开始冲出欧洲，带有全球性的特点；（3）两极均势（第二次世界大战之后至 60 年代中期），反映美苏和东西方之间的冷战态势，影响波及全球；（4）全球多极均势（60 年代中期以后），反映美苏和东西方之间的缓和关系和全球相互依存的发展趋势。

从横向来看，西方均势理论在战后得到进一步的充实和发展，更趋系统化，并在西方国家的外交决策中发挥作用。这一情况在美国尤为显著。

最早推崇均势理论的是现实主义鼻祖汉斯·摩根索。他认为，若干国家为了寻求权势所进行的斗争最后必然会导致一种称为"均势"的格局；均势是维持和平的手段和主权国家之间必不可少的稳定因素。[①] 现实主义学派的另一个代表人物阿诺德·沃尔弗斯则强调提出，均势应是外交政策的一个重要目标，外交的三大目标（自保、自延和自制）中，自保是指维持现状，寻求稳定，集中体现了均势战略。[②]

爱德华·古利克在《欧洲古典均势》一书中全面阐述了欧洲均势的兴衰，同时，他认为，均势的目的在于维持独立和生存安全，维护国家体系，制止任何一国占统治地位，维持和平和现状。他提出维持均势的几种手段包括警惕防范、结盟干涉、灵活行动、相互补偿，以及战争等。[③]

在现实主义学派中最能把均势战略理论贯彻到外交决策过程的当推亨利·基辛格。这位被称为"均势大师"的前美国国务卿，承袭和发挥了前奥地利首相梅特涅和前英国外交大臣卡累斯顿的均势观点，进而提出依靠均势建立一种适合美国霸权需要的"和平结构"的主张。基辛格认为，这种"和平结构"是"外交哲学"的重要目标，而均势政策则是实现这一目标的主要手段。在基辛格看来，原先美苏两极格局已变成"五种力量为中心"（美苏中日和西欧）的多极均势格局，或称作"军事上两极和政治上多极"的局面。基辛格把这种"多极均势"比作"枝形吊灯"，认为它标志着均势理论的新的发展阶段。

---

① Hans Morgenthau, *Politics Among Nations*, 1978, p.118.

② Arnold Wolfers, *Discord and Collaboration*, p.118.

③ Edward Gulick, *Europe's Classical Balance of Power*, Narton and Company, 1967, pp.30—89.

　　值得注意的是,基辛格还对核时代条件下均势特点给予较多的重视。他认为,过去衡量均势的传统标准是看领土,一国靠实力征服别国领土,只要制止这种领土扩张就可以维持均势。现在情况不同了,实力的增强可在一国领土之内实现,如发展核武器所增加的实力和影响要比扩大领土大得多,所以有必要分析核时代的均势理论有哪些新内容。基辛格的看法是:(1)要明确国家利益是什么,这仍是均势理论的出发点;(2)要分析核条件下军事力量的性质,这是实力的基础;(3)要处理好核力量和政治影响的关系;(4)要分析核力量的优势和差距;(5)要注意核武器的运用和发展;(6)要重视核军备战略的研究。1972年,尼克松采纳基辛格的意见,在给国会的正式咨文中把均势政策定为美国的重要国策。无怪乎西方报刊说:"尼克松和基辛格是在用同样的语言——均势语言谈话。""均势是理解尼克松和基辛格的关键。"

　　稍后出现的传统主义学派和现实主义学派一样,也强调均势理论的重要性,认为"各国安危系于均势"。① 英尼斯·克劳德的《权力与国际关系》是一部关于均势理论的力作。克劳德指出,"均势是世界范围内权力分散的体系,充满着角逐和争斗","是一项非常慎重的政策"。② 斯坦利·霍夫曼和克劳德持同一观点,他认为,历史上出现的均势是"简单均势",当代的均势是"复合均势",是由美苏中日和西欧组成的一种"五种体系",其特点是"均势在全球范围内展开;呈现为核竞争和核对峙"。他进而提出维持均势体系的四个条件:(1)要有五至六个实力大致相当的强国并存共处;(2)存在一个中心均势结构,有能力制止大国的扩张行为;(3)强国有着某些共同行为准则,以便能用和平方式处理冲突和危机;(4)建立一个有权威性的国际组织,以稳定国际均势体系。

　　但是,均势理论无力争得由美国独霸世界的目标,也无力挽回霸权衰败的颓势,这就不能不引起怀着同样目标的人们的质疑,促使他们去寻求新的战略。20世纪60年代末、70年代初崛起的科学行为主义学派便是均势理论的修正派,或称反对派。该派代表人物哈佛大学著名教授卡尔·多伊奇认为,在力量不完全均衡的情况下,集体安全比均势更显得重要,前者强调国家只不过是国际关系的行为者之一,反对均势理论视国家为唯一的行为

---

① Kenneth Waltz, *Man, the State and War*, p.221.
② Inis Claude, *Power and International Relations*, pp.88—90.

者;强调联系和沟通,所以该学派亦称沟通学派。在该学派看来,集体安全比均势具有四点优越性:(1)能更有力地对付别国的侵略;(2)可以维护小国的利益,因为在均势条件下,小国很容易成为大国的牺牲品;(3)集体安全是有组织的相对集权的国际体系,而均势是分权的无政府国际体系;(4)在均势情况下,国家之间的冲突是绝对的,合作是相对的,而集体安全的情况恰恰相反,所以均势是竞争性的安全,而集体安全才是合作性的安全。[①]尽管集体安全之说谴责均势把小国作为大国交易的牺牲品,但是小国积近百年之经验,深知参与大国的集体安全体系,自己的利益也会同样受到损害。至于以"合作性安全"取代"竞争性安全"就更属空论。虽然选择的方法各有侧重,但在维护美国霸权地位问题上,均势与集体安全并无二致。莫顿·卡普兰认为均势体系的特征体现为下列几项基本准则:(1)增强实力,但宁愿谈判而不诉诸战争;(2)不能增强实力时则不惜诉诸于战争;(3)诉诸于战争应以不摧毁某一个行为体为限度;(4)反对任何联盟或单一行为体在系统内谋求霸权;(5)约束赞成超国家组织原则的行为体;(6)允许战败的或受到遏制的重要行为体作为伙伴重新加入均势体系,或者设法使一些以前的非主要行为体升级为重要成员。应把每个基本成员都看成是可接收的能起作用的伙伴。[②]然而,经过传统主义学派和科学行为主义学派的论战,均势理论的势头开始减退下来,呈现出一派今不如昔的景象。

20世纪70年代后期的新现实主义学派基本上沿袭了现实主义和传统主义关于均势的观点,认为均势理论仍然适用,均势战略仍是美国处理国际关系的重要决策理论。同时该学派也提出了一些新的见解,认为由于国际社会中各种力量对比的变化,由于科学技术的发展,现在更应强调国际联系,强调各国相互依存;还认为均势只适用于政治和军事方面,而现在国际关系的内容广泛得多了,除了政治和军事问题之外,经济和伦理等问题也越来越突出地放到议事日程上,但是均势无法解释如此广泛的内容。于是,相互依存理论、国际政治经济学等新的理论应运而生。约瑟夫·奈和罗伯特·基欧汉于1978年发表的《权力与相互依存》就主张将现实主义的权力均势论与科学行为主义的相互依存论融合为一种新的理论——"复合相互依存",来解释当今世界错综复杂的国际关系,以弥补均势理论的不足。这

① Karl Deutsch, *The Analysis of International Relations*, pp.211—216.

② Morton Kaplan,"Some Problems of International Systems Research", in John Vasquez (ed.), *Classics of International Relations*, Englewood Cliffs, 1990, pp.277—278.

一努力已引起西方学术界的重视,被看成是对西方国际关系学的新发展。西方学者普遍认为,虽然均势理论的势头已过,但是在建立比联合国更有效的和更有权威的世界政府之前,放弃均势战略是危险的。华尔兹认为,国际上存在着无政府主义形态是导致国际冲突的又一原因,因为缺乏一个能阻止战争的超越国家之上的权威机构,他主张建立一个世界政府,而在实现这一目标之前应尽力维持均势的局面。

冷战后,世界向多极格局发展,也就是说,两极均势状态结束,多极均势格局开始,特别是第三世界力量的壮大,给限制霸权的扩展,稳定国际实力平衡注入了新的力量。当今的世界仍处于无政府状态,联合国还未能有效地和有权威地管理世界事务,放弃均势战略是不可能的。纵观历史,国际社会是在霸权和均势状态交替之中发展起来的,所以均势仍然是稳定国际社会的主要手段之一,均势理论还会起重要的作用。

五、关于均势和均势论的评判

跟其他理论一样,均势理论同样遭到褒贬不一的评判。评判的标准就是均势是否能够或者曾经给人类带来和平。威尔逊认为均势威胁着人类和平,因为,当给力量均衡的天平上轻的一端施加重量时,很容易造成滥用权力政治的现象,一旦权力在国际社会中得到滥用,就无法维持和平的秩序。威尔逊把均势描述成力量、怀疑和恐惧的组合安排,是一张阴谋和暗中监视交结成的复杂网,是令人失望的沼泽,在这个沼泽中,国家间相互争斗、猜疑,争相备战,密谋反对弱者以支持强者。对于威尔逊来说,均势中进攻联盟与防御联盟之间不可能存在和平,并且小国总是受到压迫,实质上,均势破坏了民主、博爱、民族自决以及所有的政治道德标准,均势未能有效地遏制给人类带来巨大灾难的战争,它纯粹是不道德政治的体现,这与威尔逊主义的理想政治背道而驰。威尔逊之所以不相信均势能维护和平,因为他正好身处于大战给整个世界带来的痛苦之中,他认为,均势产生的恶果就是第一次世界大战的爆发,因为和平不是建立在均势基础上的,而是建立在政治道德基础上的。

尼古拉斯·斯巴克曼声称均势理论没有能充分地解释与其相应的实践,在均势中,民族国家与其说谋求力量均衡,不如说谋求力量的不均等,因为每一个国家都试图使自己力量强于别人,使自己在力量的天平上永远处于较重的那一端,所以,安全就不可能存在于各国的实力竞争之中。斯巴克曼说:"跟潜在的敌人实力相等就没有安全可言,只有比敌人略强才会有安全。如果一国的力量被别国的力量完全抵消,就没有行动的可能性,只有在能自由运用相对多出别国的那一部分力量时才有机会作出自信的对外政策。"①从心理上讲,一个国家只有自己占优势时,才会有安全感,所以,在国际社会中,各国试图获得优势,而不是均势。

均势理论是现实主义者推崇的理论之一,也是现实主义权力政治的一个重要组成部分。汉斯·摩根索认为均势政策成功地维护了现代国际体系的稳定和成员国的生存。然而,均势也有它的不足之处,摩根索归纳为不确定性、不现实性和不充足性三点。

不确定性体现在对实力的估量、评判以及比较时没有一个十分可信的方法,首先是对于一国的综合实力的定量就十分困难,有时疆域大不等于实力强;其次是很难判断一国的国民性,即国民士气和政府素质;再次,如果力量天平上一端或者两端是一个联盟,估量双方实力的不确定性则更大。然而,最大的无把握性还在于人们无法弄清谁是自己的盟友以及谁是敌方的盟友。借助于联盟条约的结盟,并不总是等于在实际争战中相互对抗的联盟。

不现实性是指,在国际社会中,每个国家都有最大限度地增强自己实力的欲望,都在力争一个起码的安全保障。事实上,在均势竞争中,各国都不是以力量均衡而是以实力优势为目标,这就使均势具有不现实性。

不充足性意指均势在某些方面的局限性。摩根索认为,现代国际体系的稳定和信心并非来自均势,而是来自一些思想和道德性质的要素,均势和现代国际体系应建立在这些要素的基础上。

从以上对均势涵义的见解中,可以看到均势理论的一些特征:首先,西方均势理论的基本目标是"寻求权势"。为了寻求权势必然要引起矛盾、冲突和战争。当敌对双方无力征服对方时,就需要维持现状,确保稳定,"防止一国控制并危害别国的安全"。所以,均势作为一种手段,是为了对付敌对国家;作为一种政策,是权宜之计,目的是通过暂时的均衡寻求权势。汉斯·摩根索曾说:"列国的权势之争可分为三种类型:维持权势、增强权

---

① Nicholas Spykman, *American Strategy and World Polities*, Harcourt Brace, 1942, pp. 21—22.

势和显示权势。其中维持权势更具有均势的特点。"①其含义是，应在维持权势的基础上增强权势、显示权势，尽管权势之争的类型可能有别，但是寻求权势的目标却是一致的。

其次，实力是均势的基础，所以均势又被称为"实力均势"。特别是在帝国主义时代，利益是按"资本"和"实力"来分配的。尼古拉斯·斯巴克曼曾说："唯有强权才能实现对外政策的目标。"②汉斯·摩根索则认为，即使均势政策也是以实力为基础的，是"实力均势"，因为"只有实力才能限制实力"。③难怪主张均势政策的阿诺德·沃尔弗斯说："均势对美国和它的盟国具有直接的现实意义。"又说："美国应通过均势在国际事务中建立自己的优势。"④所谓"通过均势谋求优势"，是资本主义发展的一般趋势，进入帝国主义时代更是如此。正如列宁指出："资本主义的一般规律是，谁最富最强，谁就发财最多，掠夺最多；谁最弱，谁就被掠夺、蹂躏、压榨和扼杀。"⑤"对于一心谋求优势"的西方大国来说，当它实力还不足以独霸一方乃至全球时，就求助于均势，以维持既得利益，同时努力增强实力，通过均势谋求优势和霸权；而当其实力相对强大，足以独霸一方、称霸于世时，它便抛弃均势政策。以均势阻止别国称霸，但并不排斥自己称霸，相反，视均势为谋求霸权的工具，这就是问题的实质。

再次，随机变换联盟是实施均势的重要手段。英尼斯·克劳德认为，均势要求一国与不同国家结成联盟，以在国际权力分配中取得有利地位，维护自身利益，防止别国称霸。但是，由于有关国家实力的发展是不平衡的，相互间的利害关系也是不断变化的，所以，联盟也要随机发生变化。基辛格在评价俾斯麦纵横捭阖的均势手腕时曾提出过关于联盟变换的四条发人深省的原则：(1) 首先对实力的对比要有正确的估计；(2) 对敌国要绝对残忍无情；(3) 需要有一个容纳这项战略的国内组织机构；(4) 遵循"既没有永久的朋友，也没有永久的敌人"的原则。

此外，西方均势理论学派还认为，形成均势需要一个中心均衡机制，这一均衡机制无疑只有拥有实力的强国来充当。争取均势要靠超级大国，维持均

---

① Hans Morgenthau, *Politics Among Nations*, 1978, p.29.

② Nicholas Spykman, *American Strategy and World Polities*, Harcourt Brace, 1942, pp.21—22.

③ 同注①。

④ Arnold wolfers, *Discord and Collboration*, p.118.

⑤ 列宁：《给美国工人的信》，《列宁选集》第 3 卷，第 587 页。

势也要靠超级大国,中小国家只有依附、听从超级大国才能享有均势带来的"和平与稳定"。这样,均势外交就成了超级大国主宰世界事务的别名而已。这一点连西方学者也直言不讳,诺曼·帕尔默和霍华特·珀金斯在分析战后均势特征时就说过,均势政策是大国玩弄的权术,小国或是旁观者或是受害者。

和考察其他问题一样,我们评判均势论也应采取两点论。上述特征反映了问题的一个方面,从另一方面来看,均势这一政治状态和策略能存在几千年,因为它对稳定国际秩序,维护和平有积极的一面。虽然在平衡实力、维持均势中所付出的代价是沉重的,但它所起的积极作用应该被肯定。均势的目的在于防止战争,一旦均势被打破,战争很难避免,因为地球上自有了人类,几乎就有了战争,从古到今,人类以许多种方式试图消灭战争,但只成功地在某一时段内阻止了战争,均势政策就是这诸多的主要手段之一。但战争只是在某一时段被阻止了,人类至今还未摆脱战争的危险。这也说明了均势手段的有限性和均势论的局限性。

当然,人们通常说的"均势"不同于西方的"均势理论"。均势是某种客观存在,均势形势可为我们所利用,服务于争取和平的斗争,但是西方的均势理论或均势战略则带有明显的阶级性。我们并不一概地反对联盟,我们反对的是谋取私利、干涉别国内政、寻求霸权的联盟。西方某些大国推行均势外交,不过是以"均势"来掩盖争霸,目的是为了攫取"优势"和"世界霸权"。我们则把反对霸权主义、维护世界和平作为自己的重要任务和外交目标。邓小平同志指出:"要争取和平就必须反对霸权主义,反对强权政治。"[①]但是,了解西方均势理论将有助于我们知己知彼,加深对国际形势的认识,进一步开展独立自主的和平合作友好的外交政策。

第五节　体 系 论

一、产生背景

罗伯特·吉尔平把国际体系论、二元经济论和霸权稳定论称为国际关

---

① 邓小平:《建设有中国特色的社会主义》,人民出版社,1984年,第27页。

系方面最有影响力的三大理论。① 巴里·巴赞也指出:"国际体系概念在国际关系学中居于重要的核心地位。"②

国际关系的体系论萌发于20世纪40年代末和50年代初,盛行于60年代以后。这一理论的形成是战后美国国际关系理论的一个重大的突破性进展。罗伯特·利珀于1972年指出:"毫不夸张地说,在过去10年,体系论的研究方法广泛地支配了国际关系理论领域。它帮助国际关系理论研究从强调世界政治的无政府状态转向趋于相互依存的国际体系模式。"③西方学术界普遍认为,自50年代以来,体系论成为国际关系理论的一个研究重点和核心概念,这一方法为国际关系理论的发展提供了可靠的基础。④

肯尼思·华尔兹认为,国际关系理论总体上来说可以分为两大类:简化理论和系统理论。简化理论以相对独立的实体和国家为出发点,考察和分析各种国际行为以及动因和影响;系统理论则超越个别的实体和国家,对国际体系进行宏观的整体研究。与简化理论相比,系统理论(亦称体系理论)的研究内容更广泛,问题更复杂,方法更多样。它的理论意义在于扩大了人们观察国际关系的视野,使原来仅仅涉及单一的关于国家权力-利益关系的国际关系学发展成为以国家关系和国际体系关系为主要研究对象的最有发展前景的综合性社会科学学科之一。

体系理论的崛起源于战后国际关系出现的一系列新变化。

首先,根据雅尔塔会议的决定,1945年4月25日在美国旧金山召开了联合国宪章制宪会议。6月26日,与会代表签署《联合国宪章》。10月24日,联合国正式成立。此后,各种国际组织像雨后春笋般地出现。1945年10月之前,世界上只有极少几个重要的国际组织,但到1980年,据不完全的统计,已有政府间国际组织620多个,非政府间国际组织4 500多个。与此客观形势发展相适应,以国际组织为主要研究对象的体系理论也就同步形成了。

其次,国际组织的普遍出现及其在国际事务中的作用的日益显著,使得国际社会角色也发生了变化,这一变化直接促成了体系理论的产生。战前

---

① 王正毅:《国际政治经济学通论》,北京大学出版社,2010年,第250页。
② 巴里·巴赞和理查德·利特尔:《世界历史中的国际体系——国际关系研究的再构建》,刘德斌译,高等教育出版社,2004年,第30页。
③ Robert Lieber, *Theory and World Politics*, p.120.
④ Richard Little, "The Systems Approach", in Steve Smith(ed.), *International Relations—British and American Perspectives*, Basil Blackwell, Ltd., 1985, p.74.

的传统观点认为，国家是唯一角色，国际关系理论实际上只是一种关于国家政策的研究。这种看法局限于主权国家而忽视了国际环境。战后，不少学者打破了这一传统观点，提出"国际社会多个角色"的新观点，其代表人物是阿诺德·沃尔弗斯。他在《争斗与合作》一书里对坚持"国家是唯一角色"的观点进行批评，提出决策者（人），国家和超国家的国际组织等也应视为国际社会角色。他指出："与国家是唯一角色的传统观点相反，一种新的研究理论——体系论在战后迅猛地发展起来。这种新的理论把决策者置于政治舞台的中心，取代过去的民族国家的位置；强调与国家并列的其他角色（特别是国际组织）在国际事务中起的重要作用。"①以沃尔弗斯为代表的"国际社会多个角色"之说为体系理论的问世和发展提供了分析基础。

再次，就方法论而言，体系理论很大程度上得益于自然科学中的系统论。系统论的创立者是奥地利科学家贝塔朗菲。他在代表作《普通系统论的历史和现状》中提出蜚声于世的"类比型系统论"，认为系统论中最重要的特点是整体性，研究目的是"寻求存在于系统和子系统整体内的模式、原则和规律。"在这以后，比利时物理学家普里高津提出关于系统开放性的耗散结构论，认为由于系统与外界不断地进行信息交换，使之不断地形成新的稳定有序的状态。联邦德国科学家哈肯则从另一个角度提出协同论，强调系统的协同作用或协同效应，认为这种协同性在一定条件下会使系统产生由无序到有序的激变，从而达到系统整体性的目标。上述关于系统的概念、特点和规律的原则为国际关系学的体系理论提供了方法论方面的依据。

二、定义与特点

那么，体系是什么？罗伯特·利珀将体系定义为"一组以某种方式发生互动的单位或构成部分"，并称体系论为国际关系研究的一种特定的"科学框架"。②

查尔斯·麦克莱兰则将体系定义为"部分或分体系的集合体"，任何体系均能"从一个状态变为另一个状态"，"任何体系都呈现为一种结构，其组成部分处于互动关系之中"。③ 体系论是一种"抽象的、描述的和理论的概

---

① Arnold Wolfers，*Discord and Collaboration*，pp.3—4.

② Robert Lieber，*Theory and World Politics*，p.121.

③ Charles McClelland，*Theory and the International System*，The MacMillan Company，1966，p.20.

念",它提供一种广泛的"分析观点"。①

约瑟夫·奈认为,国际体系不仅包括国家,而且包括其他国际关系行为体。体系论关于国际行为体之间关系的格局,特别是关于国家间关系的模式,是一种研究国际关系结构、过程、手段、目的和趋势的多层次的概念工具。②

体系理论在其发展过程中逐步显示出五个主要特点:第一,整体性。体系理论学者把体系界定为"在特定环境下相互作用的由若干组织和实体组成的整体",但这种整体并非是其组成部分的简单相加,而是拥有组成部分在孤立状态时所不具备的新的整体功能。通俗地说,就是$1+1>2$,国际社会中各组成部分的这种$1+1>2$的整体效应构成了体系理论的基本内容。第二,层次性。国际社会呈现出多层次,除了主权国家之外,还有利益集团、跨国公司、宗教组织、一体化机构、国际组织等,体系理论的研究对象因而也是多层次的。第三,联系性。体系协调的相互联系、相互依存和相互制约的状态转化,这构成了体系理论的研究重点。第四,稳定性。与现实主义的权力冲突理论不同,体系理论强调冲突与合作并存,认为发展国际体系是确保国际社会趋于稳定的决定因素。第五,功能性。体系的主要功能是维持体系的特定模式、适应环境的能力、达到目的的协调能力和促使体系的一体化过程。

三、主要研究成果

战后40多年来,国际关系的体系理论的研究不断地向纵深发展,研究领域也不断扩展。主要的研究成果有:

盖布里尔·阿尔蒙德的"系统环境论"。他认为,每个国家都处于特定的国内和国际环境之中,国际环境对一国产生影响,反过来,一国对外政策也影响着国际环境。他提出用输入(input)和输出(output)③来表达上述两者的相互影响,并进而认为各种政治体系的输入和输出是可以比较的,这一

---

① Charles McClelland,*Theory and the International System*,The MacMillan Company,1966,p.90.
② 约瑟夫·奈:《理解国际冲突:理论与历史》,第40页。
③ Robert Lieber,*Theory and World Politics*. p.125."输入"指政治社会化、利益界定、政治沟通;"输出"指规则制定、规则应用、规则调整。

比较研究构成比较政治学的重要方面。

理查德·罗斯克莱斯的"国际体系行为结果模式"。罗斯克兰斯曾对1740年到1960年期间出现的9种国际体系作了比较研究。在这基础上提出的该模式突出体系的自我适应性和调节能力,强调四个因素:(1)行为者对体系的干涉;(2)环境对体系的限制;(3)体系行为结果的分析;(4)体系的自我调节。

莫顿·卡普兰的"国际体系六模式"。卡普兰在其名著《国际政治的系统和过程》中运用大系统的基本原理提出了国际体系六个模式:(1)均势体系,指18世纪至20世纪初的均势格局;(2)松弛的两极体系,指战后初期的两极格局;(3)紧张的两极体系,指20世纪50年代和60年代的冷战对峙;(4)环球体系,指20世纪60年代末至今的世界多极趋势;(5)等级体系,指大国称霸的局势;(6)单位否决体系,指出现一国的威慑力量足以影响和阻止别国行为的情势。此外,他还为每个体系模式设计了五套可用于计量和测定的内容:基本规则、变换准则、角色变素、实力测量和信息因素,这些内容为体系理论提供了最优的选择标准和依据。卡普兰曾说,"从严格意义上,我的模式不是理论。"[1]然而,学术界仍给予很高的评价。利珀认为,卡普兰"创造了一组国际政治的宏观模式","提供了最早、最全面、最有影响的分析框架"。[2] 尽管后来体系六模式受到不少批评,卡普兰仍坚持这些模式的"有效性",是"考察现实的手段"。[3]

查尔斯·麦克莱兰的"国际复合体系论"。麦克莱兰认为,国际体系"包含国际社会中各组成部分或单位之间所有的互动关系",[4]从某种意义上来说,"国际关系研究的就是关于国际体系的互动问题"。[5] 而国际分体系(international subsystem)则是总的国际体系的各个组成部分,并构成了国际复合体系的研究对象和内容。与一般国际体系相比,国际复合体系在"从一种状态转变为另一种状态的过程中呈现出更多的形态"。[6] 其特点是:(1)复合体系倾向于自我组织、自我调节;(2)复合体系包容特定功能的分

---

① Morton Kaplan, *System and Process of International Politics*, p.xi.
② Robert Lieber, *Theory and World Politics*. pp.132—133.
③ Ibid., p.137.
④ Charles McClelland, *Theory and the International System*, The MacMillan Company, 1966, p.21.
⑤ Ibid., p.27.
⑥ Ibid., p.20.

体系;(3)分体系的安排及之间的关系对复合体系的运作具有决定性影响;(4)复合体系和分体系有着自己的运作范围;(5)复合体系注重最大限度地发挥分体系的能力;(6)分体系拥有的人口越多,分体系指导、支配、协调和信息处理的作用强化趋势也越大;(7)分体系在与别的分体系和体系之间建立起交流的边界,将特定的分体系的一些活动限制在这一边界之内;(8)在运作过程中,复合体系并不限制于分体系之间的单一关系模式;(9)体系的结构或过程的基本变化将会带来分体系结构、过程的关系的变化;(10)分体系的基本变化也会给别的分体系和整个体系带来变化。

斯坦利·霍夫曼的"世界政治体系论"。他认为,国际体系是由世界政治基本单位组成的重要体系模式,该模式由不同的结构决定。大致上可分为变革型体系和温和型体系两大类:两极导致变革型体系;多极导致温和型体系。他还认为,最理想的是均势所造成的稳定体系——温和型体系的最高体现,而最重要的途径是发展国际组织。他提出,从变革型国际体系转向温和型体系必须具备三个条件:(1)体系能避免危机冲突;(2)体系能约束超级大国的军备竞赛和扩张行为,推动裁军和维和;(3)体系能逐步消除世界政治所存在的"隔离状态"(quarantines),增进各国的交流、沟通和合作。[①]霍夫曼在分析世界政治体系的演变时,特别指出国内政治与国际政治之间的相互渗透和跨国社会与世界政治之间的相互渗透的两方面趋势,并认为是研究世界政治体系的重要理论切入点。这值得我们予以重视。

伊曼纽尔·沃勒斯坦的"世界体系论"。从70年代末到80年代,体系论研究达到一个新的高度,"沃勒斯坦的理论为不断发展中的国际关系学提供了新的基础,被视为20世纪末一个重大的学术成就"。[②]沃勒斯坦的体系理论也因此被称为"沃勒斯坦世界体系学派"。[③]

沃勒斯坦是一位著名的社会学家,但他在政治学、历史学、经济学方面也相当专长。1976年起长期任教于纽约州立大学宾汉姆顿分校社会学系,后在耶鲁大学担任资源研究员。他勤奋多产,发表了不少有影响的专著和论文,如《现代世界体系》(四卷本,1974—1988)、《资本主义世界经济》

① Stanley Hoffmann, *Janus and Minerva*, pp.308—314.
② AJR Groom and Margot Light, *Contemporary International Relations*: A Guide to Theory, Pinter Publishers, 1994, p.14.
③ Huge Dyer and Leon Maugasarian, *The Study of International Relations*, Martin's Press, 1989, p.124.

(1979)、《世界体系分析：理论与方法论》(1984)、《来自世界体系》(1986)、《地缘政治和地缘文化》(1991)、《自由主义之后》(1996)、《现代世界体系中的国家间结构》(1996)等。以上所列的重要著作集中地反映了沃勒斯坦"世界体系论"的主要观点。

1. 沃勒斯坦认为，随着几个世纪国际关系的变化，一个世界体系已经出现。要认识现代世界，就需要一种包含政治、经济因素的结构分析模式。沃勒斯坦称之为"世界体系分析"，简称 WSA。①

2. 世界体系是一种社会体系，它包括成员国、分界线、结构原则、合法原则和协调机制，它内部存在着广泛的劳动分工，这种分工不仅是功能性的和专业性的，而且是地缘性的。它的生命力在于自我制约，它的发展动力在于内部互动。②

3. 世界体系论研究重点是资本主义的发展及其永不停止的资本积累。沃勒斯坦视资本主义为一个完整的全球现象，一个实现过历史扩张、相互整合、跨国界的体系。他还强调，与依附论不同，世界体系论研究的资本主义体系是全球性的。世界体系论重视世界上各个区域的政治、经济和社会的发展，特别关心第三世界的欠发展情况。

4. 沃勒斯坦提出"中心－半边缘－边缘"的分析模式，即"核心－边缘说"(Coreness-and-Peripherality)。沃勒斯坦认为，世界经济分为中心国家和边缘地区，两者之间是半边缘地区，它们过去曾经是中心或边缘地区，是世界经济结构不可缺少的区域。这一"中心－边缘"关系实质上是资本主义垄断化生产部门与其他竞争部门之间的关系，是高利润生产活动与低利润生产活动之间的关系，是世界资本与世界劳动之间的关系，也是强资本主义与弱资本主义之间的关系。事实是中心区域相对强、富，边缘区域相对弱、穷。因此，中心与边缘经过半边缘区域所进行的经济活动往往是剩余价值从边缘向中心的转移，这种转移不仅从工人到雇主，而且也从边缘地区的雇主到中心地区的雇主。③

5. 沃勒斯坦认为，世界体系有三种主要形式：世界帝国、世界经济和社

---

① Margot Light and AJR Groom，*International Relations—A Handbook of Current Theory*，1985，p.83.

② Immanuel Wallerstein，"From the Modern World System"，in John Vasqueg (ed.)，*Classics of International Relations*，Englewood Cliffs：Prentice Hall，1986，p.264.

③ Ibid.

会主义世界政府。^① 世界帝国是指只存在控制世界各国的单一的政治制度；世界经济则指不存在单一这样的单一政治制度的世界体系；社会主义世界政府目前尚不存在。世界帝国靠的是政治权力，世界经济靠的是资本转移。这两种形式既是历史，也是现实。

6. 沃勒斯坦指出，边缘地区国家面临的选择是：反对资本主义世界体系或在该体系内部由边缘地位上升为中心地位。前者为"反体系"，后者为"追赶式"。沃勒斯坦认为这两种选择各有利弊，但他较为倾向于前者，这反映了他对反资本主义世界体系将成为民族解放运动和社会主义运动的发展趋势的关注的忧虑。

7. 沃勒斯坦列举了世界体系论涉及的三种思潮：自由主义、保守主义和民主主义。1848 年资本主义革命是一历史转折点，标志着这三种思潮全面影响世界体系。^② 以后，这些思潮特别是自由主义随之成为世界体系的地缘文化（geo-culture）的支柱。

8. 世界体系特点与霸权周期规律是一致的，沃勒斯坦认为，世界体系的结构变化也受长周期过程的影响和支配。在资本主义世界体系与霸权世界政治关系上，有三个问题应予以探讨：（1）一个国家取得怎样的世界地位才称得上是霸权？（2）霸权国应采取什么明智的政策？（3）为什么霸权国会丧失霸权？^③沃勒斯坦没有回答这些问题，但他的倾向性是明显的。

9. 沃勒斯坦提出当代世界体系得以维持的三个依靠：依靠高利润的世界生产体系；依靠主权国家（特别是处于中心地带的主权国家）的社会内聚力；依靠相对稳定的国家之间的关系。^④ 这也许是沃勒斯坦为资本主义开出的一贴"治病药方"。

10. 世界体系的主要发展趋势：（1）资本主义发展过程是一极化过程；（2）自由主义的"发展主义学说"的幻想已破灭，最后的鼎盛期是美国霸权（1945—1970）；（3）伴随着自由主义的"发展主义学说"幻想的破灭，将会出现"反体系运动"；（4）要求重建民主和加强福利的呼声将日益高涨；（5）构

① Immanuel Wallerstein, "From the Modern World System", in John Vasqueg (ed.), *Classics of International Relations*, Englewood Cliffs：Prentice Hall, 1986, p.265.
② Immanuel Wallerstein, "The Inter-state Structure of the Modern World System", in Steve Smith, Kenneth Booth and M. Zalewicki (eds.), *International Theory—Positivism and Beyond*, Cambridge University Press, 1996, p.94.
③ Ibid., p.98.
④ Ibid., pp.102—103.

建地缘文化的支柱不是一件易事。①

沃勒斯坦的"世界体系论"涉及 10 个主要问题：周期与趋势、商品链、霸权与竞争、地区性与半边缘性、融入与边缘化、反体系运动、家庭、种族主义和性别歧视、科学与知识、地缘化与文化。② 该理论在传统的体系论基础上，以资本主义世界体系为研究对象，以"中心-半边缘-边缘"为分析模式，对传统的经济发展理论和依附论的"中心-边缘"结构作了重要补充，开拓了体系论研究的新视角。西方学术界普遍认为，世界体系论关于发达地区与不发达地区关系的分析也有可取之处，是多种体系论中的佼佼者。③ 但是，我们在考量这一理论时，也清楚地看到它的局限性。沃勒斯坦强调，自资本主义出现以来，世界上只有一个体系，即资本主义世界体系，其他形态的政治体系都是资本主义大体系的组成部分。他错误地把社会主义体系纳入资本主义世界体系的范畴。这是我们不能接受的。诚然，马克思和列宁也认可世界体系。马克思指出，民族国家在经济上"处在世界市场范畴内"，而在政治上则"处在国家体系范畴内"。④ 列宁说："我们不仅生活在个别的国家中，而且生活在一定的国家体系中。"⑤但是，沃勒斯坦的世界体系却否定了这样一个十分明显的事实：社会主义作为一种崭新的制度，在世界政治经济舞台上勃然诞生，不断在曲折中发展，而"资本主义已成为极少数'先进国'对地球上大多数居民施行殖民压迫和财政扼制的世界体系"。⑥

第六节　博　弈　论

一、研究"合理行为"的策略和方法

博弈论是科学行为主义学派极为推崇的一种理论框架，它包含研究"合

---

① Immanuel Wallerstein, "The Inter-state Structure of the Modern World System", in Steve Smith, Kenneth Booth and M. Zalewicki (eds.), *International Theory —Positivism and Beyond* , Cambridge University Press, 1996, pp.103—105.

② 王正毅：《国际政治经济学通论》，第 234 页。

③ William Thompson, *Contending Approaches to World System Analysis* , 1983, pp.11—18.

④ 《马克思恩格斯选集》第 3 卷，第 15 页。

⑤ 《列宁全集》第 35 卷，第 263 页。

⑥ 《列宁全集》第 22 卷，第 183 页。

理行为"的策略和方法,是游戏规则和策略选择的统一。

什么样的行动最为合理?如何抉择才能获胜?对这些问题的研究古已有之,它们也是博弈论试图解决的问题。博弈论萌芽于18世纪初,但其真正的发展还在20世纪。"博弈"原是数学中运筹学的一个重要概念,后成为经济学的一个分支概念。20世纪20年代,法国数学家布莱尔用最佳策略法研究弈棋和其他具体的决策问题,并从数学角度作了尝试性的分析。第二次世界大战期间,博弈论的思想方法、研究手段被运用到军事领域和战时的其他活动中,显示了它的重要作用。1944年约翰·纽曼和摩根斯坦合著的《博弈论与经济行为》一书的出版标志着博弈理论的初步形成。纽曼和摩根斯坦认为,博弈论是关于运用数学方法研究处于利益冲突的双方在竞争性活动中制定最优化的胜利策略的理论,博弈方法即根据游戏规则选择处理竞争、冲突或危机的最佳方案。

博弈论涉及复杂的数学分析和逻辑推理,但对博弈的理解既可"深入"也可"浅出"。事实上,我们在日常生活中经常需要先分析他人的意图从而作出合理的行为选择,而所谓博弈就是行为者在一定的环境条件和规则下,选择一定的行为或策略加以实施并取得相应结果的过程。博弈论的目的就在于向行为者表明:在所有理性参与者都想获胜或使收益最大化的情况下,他们可以根据博弈论的计算方法找到一种最有利的途径。因此博弈论也被称为"对策理论"或"游戏理论",它是基于数理分析和逻辑推理基础上的一种合理决策理论。

20世纪50年代以后,国际关系理论学者在运筹学的博弈概念基础上综合运用心理学、统计学、社会学和策略学等原理,逐步形成国际关系学的博弈论。其主要代表著作有:托马斯·谢林的《博弈:冲突策略》、约翰·哈森尼的《博弈论与国际冲突分析》、马丁·舒比克的《博弈论的应用》、邓肯·卢斯和霍华德·雷法合著的《博弈与决策》、P.C.奥迪斯霍克的《博弈论与政治学》、阿纳托尔·拉波波特的《囚徒的困境》等,特别要提及的是卡尔·多伊奇的《国际关系分析》和莫顿·卡普兰的《国际政治的系统和过程》两本名著。学者们从不同角度阐明和丰富了博弈论的内容。他们强调指出:博弈论既是研究国际冲突的策略理论,又是处理国际关系的实际手段,其目的是为行为者在面临冲突和危机时设计各种合理选择和理性行为。由于在博弈论研究方面的卓越成就,该领域的学者曾两次问鼎诺贝尔奖;1994年,约翰·纳什获得诺贝尔奖,他的体现博弈新思路的"纳什均衡"威名远扬;2005

年,诺贝尔奖再次钟情于专心致力于博弈论研究的托马斯·谢林和以色列裔美籍经济学家罗伯特·奥曼。[①]

西方学者曾从各种不同的角度对博弈论下过定义,但无论他们的观点存在什么差别,一般来说,博弈体现了行为体决策过程的互动关系,目的是寻求最佳的决策和组合。博弈包括下列几个要素:(1)弈者(参与者或行为者),每场博弈都有两个以上弈者组成;(2)收益,由于行为者的价值体系不同,收益也不同;(3)规则,只有遵守规则才能使博弈正常进行;(4)信息条件,它决定每一行为者对博弈环境以及其他行为者的选择所掌握的信息数量和质量;(5)每一行为者用来达到目的的战略;(6)进行博弈的整体环境,不论行为者是否对此有充分的认识;(7)动态的相互作用,在这个过程中,一方的选择可能促使对方改变选择。[②]

在上述要素中,策略选择是中心环节。而选择最佳战略需要有充分的信息,关于环境、条件等方面的信息是重要的决策依据和决定博弈结构的重要因素。但博弈者得到的信息往往是有限的,一般很难确切知道对方的实力、意图和战略战术,在这种条件下,博弈者可以根据博弈论的原理找到一个最佳的策略或策略组合,有的也可以在动态或多次重复的博弈过程中使决策合理化。一些西方学者认为,在风云变幻的国际舞台上,不合理行为俯拾即是,而合理行动的条件却难以寻觅。另一些学者不同意上述观点,他们的理由是:虽然一国的基本政策目标会发生变化,一国的具体政策不可能分毫不差地同既定目标保持一致,但是从长期来看,一国的政策目标是相当稳定的,其变化一般非常缓慢。此外,很多外交决策是在仔细权衡了利弊得失之后作出的,这正符合"合理行为"的分析模式。

二、"博弈模式":"谁是懦夫"与"囚徒困境"

博弈的形式多样又多变,但基本的形式有零和博弈和变数博弈两种,一般又分为两方零和博弈、多方零和博弈、两方变数博弈和多方变数博弈。零和博弈又称为"谁是懦夫"博弈,指一方所失即他方所得,$(-1)+(+1)=0$;变数博弈又称为"囚徒困境"博弈,指双方或各方得失不等。在西方,这两大

---

① 郑红、马海邻:《博弈论的集大成者奥曼》,《解放日报》2005 年 10 月 15 日,第 9 版。

② James E. Dougherty and Robert L. Pfaltzgraff, Jr., *Contending Theories of International Relations*, Wesley Educational Publishers, Inc., 1997, pp.503—504.

类博弈现已频繁地应用于外交决策、军备竞争、合作与冲突、和平与战争等重大国际问题的研究。

"谁是懦夫"博弈

假设 A 和 B 两个人驾车在只有一个车道的公路上相对行驶，谁都不让路双方可能车毁人亡，但谁让路就成了"懦夫"。这样 A 和 B 就面临着四种行为选择：a_1b_1、a_1b_2、a_2b_1、a_2b_2。当然，对 A 来说，a_2b_1 为最佳选择，可得 +10；对 B 来说，则 a_1b_2 最佳，可得 +10。但是双方都不能保证对方一定会让路，若自己不让路，对方也不让路，结果就是同归于尽。因此，对双方来说，最保险和最可靠的选择是 a_1b_1，即双方让路，避免冲突。

冷战时期的美苏争夺格局就属此博弈规则。在大多数情况下，美苏强硬到一定程度后双方还是作出让步，避免正面的直接的军事冲突，选择 a_1b_1 为最佳方案，以求得危机的最后解决。但实际上美处攻势苏处劣势或相反的情况也屡屡发生，如 1962 年的古巴导弹危机，美苏之间在加勒比海形成严重的核对峙，双方剑拔弩张，达到一触即发的程度。由于当时美国拥有核优势，处于攻势，肯尼迪总统采取强硬立场，命令对古巴实行封锁，对苏联进行核讹诈，迫使赫鲁晓夫作出让步，从古巴撤回全部苏联导弹及有关设施，危机才随之解决。古巴导弹事件促使克里姆林宫下决心大力发展核武器，改变劣势，洗刷当"懦夫"的耻辱。果真到 60 年代末苏联就赶上了美国，使苏联在全球争夺中逐步地转为攻势。

在国际政治实践中，零和博弈强调冲突的可能性以及解决冲突的机制，诸如通过战备来防止敌国的入侵、组成同盟、核威慑等，由此给我们带来了一种错误的观念,即双方毫无共同利益可言,冲突是必然的,合作则少有可能。但事实表明,即使是在美苏严重对峙的情况下,双方也达成了外层空间条约(1967)、核不扩散条约(1968)等项协定。所以,英切里哥特指出,零和博弈只在特定的简单情况下才适用,如国际关系中的领土或资产纠纷,而一般来说,国际关系涉及的问题较为复杂,它们本质上属于非零和博弈,博弈各方互有得失的可能。[①] 在非零和博弈中,各方收益的总和不等于零,参与者既存在着共同利益,又是一种竞争关系,它们既可能采取合作策略,也可能放弃合作。

"囚徒困境"博弈

	B	
	b₁(拒绝交代)	b₂(交代)
a₁ (拒绝交代)	-10 (关押 1 年) a₁b₁ (双方拒绝交代) (关押 1 年) -10	$+50$ (关押 3 个月) a₁b₂ (A 不交代 B 交代) (关押 10 年) -100
a₂ (交代)	-100 (关押 10 年) a₂b₁ (A 交代 B 不交代) (关押 3 个月) $+50$	-50 (关押 5 年) a₂b₂ (双方都交代) (关押 5 年) -50

如上图所示,假设抓获了 A 和 B 两个嫌疑犯,将他俩分别关押、审讯,这样 A 和 B 就面临着四种选择和结局:a₁b₁、a₁b₂、a₂b₁、a₂b₂。当然,对 A 来说,a₂b₁ 为最佳选择,因为交代了只须关押 3 个月;对 B 来说,a₁b₂ 最佳,交代了也只须关押 3 个月。尽管对双方来说,a₁b₁ 选择最佳,各只判 1 年,但是太冒险,双方不能订攻守同盟,万一对方交代了,自己就要关押 10 年。因此,经过权衡,最后往往还是选择 a₂b₂,即双方交代,这样较为保险。

长期以来美苏之间军备竞争的策略运用就体现了"囚徒困境"博弈原则。由于美苏双方缺乏信任,唯恐对方加强军备,使自己受挫,在国际舞台上的角逐中处于被动地位,所以权衡利弊后,双方自然会作出 a₂b₂ 的战略

---

① Michael D. Intriligator, *Cooperative Models in International Relations Research*, Kluwer Academic Publishers, 1994, p.49.

抉择，发展军备，使裁军谈判成为步履艰辛的过程。

上述博弈的一个特点就是在对方采取不合作策略的情况下，一方的合作只会减少自己的收益，具有这种特点的博弈往往会产生对双方都不利的结局，或者说"合理的行动"却会产生"不利"的结果。那么，当这种博弈重复进行时，结果又会有什么变化呢？研究显示，在多次博弈的情况下，参与者可以通过观察对方所采取的策略和博弈的结果而获得某种信息，随着信息的传递，合作的可能性会增大。在一次性博弈中，由于各博弈方决策时只需考虑眼前利益，根据博弈中理性行为者利益最大化的原则，通常不能期望博弈方会考虑对方的利益得失，只要能实现自身的最大利益，博弈方是不惜相互"欺骗"乃至"伤害"的。在重复博弈中，各方关心的不是某一次博弈的结果或收益，而是博弈重复进行后的总体效果或平均收益，并且各次重复之间存在着相互影响和制约，所以要将它们作为一个完整的过程和整体来进行分析，要用动态博弈的方法加以研究。

但是，能够传达信息并不一定能保证实现合作。博弈方总是处在相互竞争的状态中，它们总想比别人赢得多而损失得少，即使采取合作也是为了更好地竞争。正如囚徒困境所表明的那样，违规者总是占尽便宜，真诚的合作似乎并不可取。为此，罗伯特·奥克塞罗德专门用计算机竞赛的方式对各项策略进行了测试，结果表明，胜利者的对策很简单的，即针锋相对（tit for tat）。[1] 具体的办法是：（1）在开始几轮中采取合作；（2）只要对方善意相报，就坚持运用合作策略；（3）倘若对方采取不合作策略，就坚决予以回敬；（4）报复之后，不时作出一两次合作姿态，以给对方实行合作策略的机会。其中，行为者要有明确的目的，行为前后一致，从而使对方适应你的行为方式。当然，为了确保合作的顺利进行，双方必须签订具有约束力的协定，任何一方如有违约行为，就将受到严厉的处罚。处罚须大于违约所能得到的好处，否则，双方仍会时常采取不合作策略。

再来看一下多方的非零和博弈问题。这种博弈都有三个以上的参与者，其基本特征与两方博弈相似，博弈方都会根据对方的情况而寻求自身利益的最大化。不过由于独立决策者的增多，策略的相互依存关系也就更为复杂，策略的数目将按几何级数上升（2^n）。三方博弈还可以用两个或多个矩阵来表示收益情况，但多于三方的博弈一般无法用矩阵形式表示。

---

[1]　Robert Axelrod，*The Evolution of Cooperation*，Basic Book，Inc.，1984，pp.20—24.

此外,与两方博弈有根本不同的是多方博弈中可能出现"破坏者",所谓破坏者是指自身的策略选择对其利益没有什么影响或影响不大,但却会影响其他博弈方的收益,有时这种影响甚至有决定性的作用。实际上,当一场博弈有若干参与者时,很自然会出现两个以上参与者结成联盟去反对其他方的情况,当然其中有些联盟者只是处于附属地位,他们单独的影响可能不大,但却有助于联盟实力的增强。这种情况进而会促使其他参与者起而仿效,以便确保他们的生存并获得最大限度的收益。有时,规则可能鼓励参与者在博弈开始前就组成联盟;有时他们只在对局开始后才暗中或公开地组成联盟。如果出现两个联合体,迫使所有的参与者投靠一方或另一方,那么这场博弈实际上就变成了一场两方零和博弈。然而可以想象,当博弈进行到某一阶段,也许会出现三个联合体,而且其中一个联合体最终会感到一种压力,必须同其他两个联盟中的一个结合。看来关键的问题在于怎样才能合理地分配战利品,使所有盟友感到满意。

三、国际关系中的"博弈"

正如一些学者认为的那样,国际关系的格局和过程表现出某种类似博弈的特点。将博弈理论及其模型运用到国际关系领域不仅为国际关系这门传统的学科注入了活力,也加深了我们对国际问题的理解。

在国际关系领域,很多从事国际合作、武器控制或冲突研究的学者都言必称"囚徒困境"和"谁是懦夫",对此,本节已有介绍。在《战略与良知》一书中,拉波波特把"囚徒困境"模式应用于国际裁军问题上,他发现尽管双方都希望通过裁军获得经济上的好处,但彼此都不能肯定对方的长期打算是什么,所以都宁愿奉行更为谨慎的方针,维持一种耗资巨大的军备平衡。而哈佛大学的谢林则认为,冷战期间两个核超级大国之间的严重冲突,例如古巴导弹危机,常常类似于"谁是懦夫"。当然,谢林也承认,在现实的国际生活中,很难断定发生的危机属于哪一种模型。有些时候,合作来自惧怕而产生的妥协;有些时候,合作来自相互的信任;还有些时候,合作既产生于心理的压力,也是由于对未来的考虑,所以需要结合不同的博弈模型或者跳出博弈的框架来对国家的行为和目的加以剖析。

在谢林的一系列著作中,他把社会心理学与逻辑—策略方法结合起来研究人类冲突,他不认为这种冲突是敌对力量的对抗,而是对抗与合作的较为复杂的现象。他努力将组织和沟通理论以及理性选择和集体决策理论应用到他的理论中去。谢林主要关注诸如从事谈判、维持可靠威慑、进行威胁或承诺、欺诈、进行有限冲突以及正式或暗中军备控制的政策等问题。他的研究表明，在大多数国际战略形势中，零和博弈的概念完全不符合实际。在他看来，冷战中的两个超级大国不可能理性地将自己想象为在从事着一场零和博弈，并最终将演变成全面核战争的悲惨结局。

谢林对所谓的"有限敌对关系"（limited adversary relationship）问题特别重视，他把这种关系称为"不确定的伙伴关系"。它是指这样一种情况，尽管冲突方的战略相互对立，但他们都认识到了某种最低的共同利益，即使这种共同利益只能使他们避免相互毁灭。当然，有时当事者不能进行直接或公开的联系，但他们仍然能够抓住双方共同利益和一致期望的要点，并默默地协调各自的政策。谢林坚持认为，对冲突进行限制不仅在理论上是可行的，而且在历史上也是有先例的。他重申，讨价还价的主要目的是要每个当事人使对方认识到自己的承诺、威胁和保证是可靠的，从而使任何一方都不认为对方是在进行恐吓。

虽然博弈理论在国际关系领域得到了广泛的应用，但不少学者认为，在复杂的国际环境中，博弈论模型显得过于简单、刻板，他们不断对其适用性提出质疑。詹姆斯·多尔蒂也认为："国际关系或国际体系运作的来龙去脉——即国际体系的活动形式不能简单地用博弈论分析的框架来进行理解。"他总结道：不论是人脑还是世界上最大的计算机，都很难——也不可能——理解国际政治博弈的极端复杂性。在一个三方室内博弈中，各方只能采取有限而简单的行动和对策，这也许能用数学方法进行分析。但是冷战期间美国、苏联和中国的三角关系却不能与这种室内博弈相提并论。虽然它可以用物理学中的"三体"问题来比拟，但至今仍没有一个精确的数学公式能解决这个问题。我们也不可能想象出一个纯三角关系使这三个大国之间的相互作用不受他们与西欧、东欧、日本和舞台上其他行为者相互作用的影响。

哈里森·瓦格纳指出，囚徒困境的假设不能准确模拟国际关系。在国际关系中，一国通常根据另一国的行动来采取对策，或者可以通过第三方了解到对方的某些意图。而囚徒困境的重复博弈与现实世界并不一致，现实世界并不具有完全的可重复性，因此，即使是可重复的博弈模型也不能概括国际事务。此外，瓦格纳还认为，建立在囚徒困境模型基础上的安全困境理论会导致政府过度悲观的倾向。瓦格纳认为,国家对国际货币或贸易协定破坏的反应能力较为迅速有效,所以相对军备控制协定而言,前者较容易进行合作。[①]

一般的看法是,只有博弈中包含了所有可能的对策,博弈矩阵才可以准确地反映具体情况。因为对策不仅与行为者的选择有关,而且与它们的选择结果以及选择过程中获得的信息有关,所以只有非常简单的情况才能用 2×2 的博弈模型来表示。

不过博弈论是提出假设的有效方法,这种假设对外交政策决策者所面临的战略选择作出了解释。肯尼斯·奥伊研究了国家采取什么策略才能促进合作这一问题。他从论述收益如何影响合作的可能性入手,发现在一个既定博弈中,收益结构——合作收益以及单方面背叛的收益——对安全和经济领域的国际合作是重要的。奥伊用"囚徒困境""围鹿游戏"(stag hunt)和"谁是懦夫"等博弈模型进行分析。他告诫说,合作并不是各方增进相互利益所必不可少的,"在以和谐占优势的地方,不必以合作来实现彼此利益;在僵局存在的地方……冲突是不可避免的……在观察冲突之时,你会先对不能实现共同利益的原因感到困惑,然后才会考虑到僵局。在观察合作之时,你会先对国家如何战胜背叛的诱惑感到困解,然后会考虑和谐的收益。因此,收益结构就显得特别重要"。[②]

就其主张行为者是为了追求利益目标而行动这一点而言,博弈论与现实主义理论有相似性。然而,博弈论并不坚持认为,国家必然是主要的行为者,而且必然是在为权力最大化而斗争。不过,博弈论可以用来检验形成现实主义的主要论点,在现实主义理论所描述的国际体系中,两个行为者可以像囚徒困境的博弈中那样,作出彼此相互合作或拒绝合作(背叛)的选择。用博弈理论对无政府和安全困境状态下的国家行为进行研究时,就会碰到几个主要问题,例如,在国家竭力隐藏其意图的情况下,我们可以从其行为中对其偏好了解多少? 决策者在何时又是为什么会期待合作而不是冲突? 各种意识形态如何影响建立在行为者战略基础上的不同结果?

博弈论关注的是行为者在特定时间的偏好,那么,当一组决策者代替另

---

① Harrison Wagner, "The Theory of Game and the Problem of International Cooperation", *The American Political Science Review*, Vol.7, 1983.

② James E. Dougherty and Robert L. Pfaltzgraff, Jr., *Contending Theories of International Relations*, Wesley Educational Publishers, Inc., 1997, pp.503—504.

一组时,我们如何才能解释偏好的变化呢? 根据现实主义理论,偏好发生转变的过程包括国际体系中国家的定位,大国是根据与小国截然不同的利益来采取战略并树立目标的。偏好也可能通过国家间相互作用的过程来形成,例如,一国对另一个国家的行动可以有正反两种解释,它可能导致其他行为者善意的回报或者表示漠视。因此,针对一方的合作战略既可能产生合作也可能产生竞争。对博弈论和国际关系理论来说,产生不同反应的条件是研究的重要问题。

在一个无政府的国际体系中,事实证明了用博弈论来研究行为者之间合作的复杂性。罗伯特·杰维斯认为一些政策同时显示了合作与背叛的本质。如果要求不能得到满足,国家可以用放弃贸易谈判或军控对话相威胁。同样,价值和信仰又如何影响行为者之间的合作呢? 杰维斯的结论是: 博弈论有助于对国际相互影响作出分析。博弈论模型不仅能够说明现实主义理论所强调的无政府和冲突,而且除了自身利益或国家利益外,博弈论的假设促进了我们对行为者行为和动机的理解。

新自由制度主义理论和结构现实主义理论两者都是建立在冲突与合作基础上的,而博弈论也正适用于此。结构现实主义理论强调国际结构中冲突的可能性,认为国际结构中的国家为了获取自己的相对收益,常常是以牺牲别国为代价的(零和博弈)。根据结构现实主义理论,在一个自助的体系中,国家所关心的不仅仅是它们自己(绝对收益),而且更关心自己的收益与别国相比的情况如何(相对收益),一国的收益太小或太大都有可能威胁到别国的安全并因此在无政府的国际体系中造成不稳定。相对而言,新自由制度主义理论坚持认为,通过合作作为双方产生绝对收益既是可行的也是可能的(非零和博弈)。

罗伯特·鲍威尔用博弈论表明,结构现实主义和新自由制度主义可以在国际体系的模式中得到检验,其中合作的可行性并不是与对国家偏好的不同假设有关,而是与国家在限制中发生的变化有关。鲍威尔认为,如果强调限制而不是偏好,那么结构现实主义与新自由制度主义理论之间就可能出现较大的共同之处。在博弈模型中,国家在无政府国际体系的限制内努力使它们的经济福利最大化。如果国家觉得使用武力来达到目标的成本是低的,那么合作就是不太可能。如果军事力量及其行动变得很昂贵,合作的要求反而会加强。因此,鲍威尔将结构现实主义与新自由制度主义间的争论转而集中到了国家可以作出的选择上。在鲍威尔的模型中,提出了新现实主义使用武力的选择,也表明了新自由制度主义理论导致合作的可能性,这就像囚徒困境那样。这种模型用来解释为什么无政府状态的存在并不一定意味着缺乏合作,换言之,无政府状态强加给国家的限制可能会妨碍合作,或者加强合作。

邓肯·斯奈德试图用博弈论来完善相对收益的假设。他认为,一个国家可能像"胆量游戏"中那样迫使对方作出最大的妥协,或者双方可能认识到协调对它们最为有利,但它们仍可能在争取均衡的策略上存在不同。斯奈德提出,相对收益的考虑并不一定会阻碍无政府状态下两国间的合作。他反对认为国家是追求相对收益的排他性行为者并在不断从事零和或冲突的竞争性博弈的观点。相反,他发现存在着将相对收益和绝对收益结合起来考虑的情况。他进一步提出,与两极相比,多极世界中合作的可能性更大。但对斯奈德来说,后冷战时期加强的多极化倾向是否真正能促进国际合作仍是一个未知数。尽管多极化将增进合作这种观点并不成熟,博弈论表明,增加行为者的数量并不必然减少各方增加合作的可能性。

四、多极化世界中的博弈

多极化世界中的国际安全或冲突与合作问题是 20 世纪 80 年代以来博弈理论研究的新课题。加利福尼亚大学的米歇尔·英切里哥特对此作了专门的研究。他认为,博弈论也适用于相互影响条件下的合作与冲突,其中两个或更多的参与者作决定可以影响其他方的收益。他指出,多数用博弈方法研究国际关系的学者并没有超出最简单的零和博弈框架,他们反复关注诸如囚徒困境、胆量游戏、围鹿等名称形象、内容生动的博弈形式。但遗憾的是,每种博弈都认为其收益结构决定了合作是困难的或不可能的。他们注重的是冲突而不是合作。然而,现实世界是冲突与合作的混合体,英切里哥特用生存博弈来说明在危急时刻,双方为了求得生存将会采取一致的行动,在这种一次性博弈中,合作是必然的。

在国际关系领域,特别是国际安全的研究中,两个以上参与者各有两种以上策略选择的博弈可能是最为普遍的。随着多极化格局的发展,国家的相互影响得到了加强,这对冲突与合作的研究就显得尤其重要。那么,这种研究如何进行呢?英切里哥特认为对多方参与的博弈来说,联盟这种形式是重要的机制。

以合作性博弈为例,这种博弈形式通过考虑总收益在每一联盟中的分配说明了形成联盟的可能性。在可以外加收益的条件下,三个或更多的参与者形成大联盟,其收益也不断增加。这表明联盟的收益会大于或等于单个参与者或较小联盟收益的总和。如果形成联盟能获得相当多的收益,那么这样的联盟就有可能出现,这就与生存博弈相类似了。

考虑到国际安全问题从两极世界的零和关系转变到了多极世界的非零和关系,进行联盟合作就显得很重要。这种合作可以用定性特征函数(qualitative characteristic function)的形式来说明,这种研究为国际安全合作提供了分析的可能。

定性特征函数首先将确定博弈的参与者,然后将这些参与者可能存在的所有联盟都包括在内,并进而分析各个联盟中的合作情况。最后为这些联盟进行合作提供新的可能性。这一研究可以通过对个体参与者和联盟的大量收益分析来进行更多的量化。

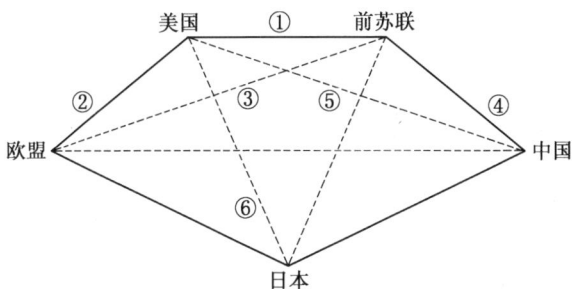

英切里哥特认为,大约自 1975 年以来,历史发展的结果是五方面全球性力量主导着世界,这些国家在军事、政治和经济上有着重要的世界性影响。上图表示了五方面力量形成的五边形世界和十个双边的关系。十个双边关系中最重要的六个用数字进行了排列,这种主观评价是根据它们在国际安全中的影响作出的。

最重要的双边关系是美国与前苏联的关系,考虑的是它们在全球性大国中的军事水平,特别是战略武器、在各自联盟中的领导地位以及它们的冲突与合作。其次是美国与欧盟的关系,考虑的是北约的作用、对欧洲可能爆发战争的关注以及历史上欧洲对国际安全的重要性。其他双边关系的重要性依次为前苏联与欧盟、前苏联与中国、美中关系与美日关系。

接着,英切里哥特又对五大力量中的三方联盟以及取得或有可能取得的合作作了定性分析。这些分析为多极化世界中的国际安全合作的现实和可能提供了有益的资料,它表明国际安全合作虽然并不是一种新的思想,但对将来会发挥重要的影响。

国际关系中确实存在着多个国家由于各种原因而形成相对的两个联盟的情况,也正是在此基础上,两者博弈的形式在国际关系领域得到了广泛的运用。但是,联盟的形成并不表明其是一个统一而稳定的组织,联盟之间的关系也会分化组合,战后半个多世纪以来的国家间关系就是最好的证明。此外,当今世界各国都面临着全球性问题带来的日益严重的挑战,国际安全、环境问题、移民、恐怖组织等问题使国家在进行"博弈"时需要用一种多方、多种策略选择的"博弈"观来进行决策,或者说需要有一种综合性、全方位的理性思维方式。

在博弈论研究得到进展和应用的同时,一些反对博弈论的学者认为,博弈论是用数学模式将复杂的国际事件简单化,使生动的国际关系发展趋于僵化,因此并不可取。但仍然有不少学者持支持态度,称博弈论是国际关系和外交决策研究的"思想发动机",有助于一国实现最佳的策略选择,有助于认识国际冲突的性质、动力和结果,对国际关系和对外政策实践均产生一定的影响,仍不失为一种具有实用价值的关于对策的研究方法。

美国权威性刊物《世界政治》等曾出专辑讨论这个问题,学者们认为,在目前处于无政府状态的世界上,各国的任务应是尽力寻找加强"无政府状态下国际合作"的新途径和新形式。方法之一就是改造博弈论,使之成为在相互依存的国际体系中寻求共同策略和行为的理论。改造后的博弈论与过去的博弈论相比,有两点明显的区别:第一,它不像以前那样强调数学方法和类比模式,而是强调理性分析和统计模式;第二,从过去运用于军事策略分析转到运用于国际政治经济关系的研究,将现实主义的权力政治论与新现实主义的相互依存论置于同一个分析架构之中。对此新动向,西方学术界的看法迥异。赞成者期待通过这一改造带来博弈论的理论突破,反对者则认为这样将会更深地陷入"理论死胡同"。

第七章　国际关系基础理论（Ⅱ）

实践家们总以为自己的行动可以不受任何理论思维的束缚，但他们怎么也想不到，自己往往正在成为过去时代中这个或那个蹩脚的经济理论的奴隶。

——约翰·梅纳德·凯恩斯：《就业、利息与货币通论》

理论的作用之一是区分世界事务中的本质因素和偶然因素。

——斯坦利·霍夫曼：《当代国际关系理论》

第一节　相互依存论

一、形成与发展

相互依存理论是西方国际关系学的重要理论之一。尽管相互依存现象存在已久，但是作为一种较为系统的理论，相互依存论最早见诸于理查德·库珀的《相互依存经济学——大西洋社会的经济政策》(1968 年)。库珀在书中明确指出，相互依存是 20 世纪 60 年代出现在工业化国家中间的一个强劲趋势，它的出现和发展是战后国际关系的一个突出变化，其特征表示为国家间增长的对外经济发展的敏感性。他强调说，研究国家间关系，特别是国家间经济关系的关键是了解一国经济发展与国际经济发展之间的敏感反应关系。

斯坦利·霍夫曼认为，战后国际关系理论的发展曾出现过"三个浪头"：20 世纪 40 年代末到 50 年代初的第一个浪头，重点是研究外交史、战争与和平问题；50 年代到 60 年代的第二个浪头，研究核时代的均势、威慑、决策理论；从 70 年代开始出现第三个浪头，国际政治与经济关系和国际社会行为者之间相互依存成了研究的重点和热点问题。这第三个浪头把研究国际社会行为者之间的互动关系的载体——相互依存论推上了当代西方国际关系理论的舞台。

相互依存论形成于 60 年代后期，整个 70 年代是其发展的兴盛期。西方国际关系理论学者言必称相互依存。其背景是：第一，美苏两极格局开始松动，两大阵营之间的交流和合作不断增加，冷战对抗与美苏缓和同时存在。第二，在西方，美国的经济霸主地位发生动摇，西欧、日本在经济上的崛起使世界经济的"从属性一致"开始瓦解，并被"相互依存论的不一致"所取代。第三，全球范围内的各国经济联系不断加强。第四，新技术革命势头迅猛，推动了相互依存趋势的发展。第五，跨国公司、国际组织、国际制度发展迅速，以非国家角色的积极姿态登上国际舞台。最早在 60 年代末敏锐地看到这一变化，并作出理论思考和分析的除了理查德·库珀之外，还有卡尔·多伊奇。多伊奇在《国际关系分析》中指出，研究国际关系不能仅仅以国家为中心,要重视国家间相互联系和相互依存。这一时期,有关相互依存的著作和文章可谓汗牛充栋。主要有:约瑟夫·奈和罗伯特·基欧汉的《跨国关系与世界政治》和《权力与相互依存——转变中的世界政治》、约翰·斯帕尼尔的《国家运用的策略——分析国际政治》、塞约姆·布朗的《世界政治的新势力》、格哈特·马利的《相互依存——全球环境下的美欧关系》和米里亚姆·坎普斯的《相互依存的管理》;理查德·罗斯克兰斯和亚瑟·斯坦恩的《相互依存——神话还是现实》、肯尼思·华尔兹的《相互依存的神话》、爱德华·莫斯的《相互依存的政治学》和《现代化与国际关系的变革》等。其中以《权力与相互依存》(1977 年)为最具代表性。该书的第一句话就是:"我们生活在一个相互依存的时代。"作者从理论上及时地总结了相互依存的两个明显发展趋势:一是从单一型到复合型,即从研究经济上的单一相互依存到研究包括政治、经济、军事和外交在内的复合相互依存;二是从区域型到全球型,即从研究仅限于发达资本主义国家范围内的相互依存到研究包括发展中国家在内的全球范围的相互依存。这两种发展趋势标志美国国际关系理论的研究进入了一个新的重要时期。

进入 20 世纪 80 年代以后,相互依存论的研究在国际政治与经济的结合上,在国际安全与国际制度关系上又有了新的发展。

二、定义与内容

相互依存被视为"现代国际体系的根本特征";[1]相互依存理论则被推崇为国际关系的重要原则。

基欧汉和奈把相互依存定义为"彼此之间的依赖",并认为相互依存意指"敏感性"(sensitivity)和"脆弱性"(vulnerability)。基欧汉和奈认为,相互依存是指国际社会中不同角色之间互动的影响和制约关系,这种互动的影响和制约关系可以是对称的或不对称的,其程度取决于角色对外部的"敏感性"和"脆弱性"的大小。如,A 方对 B 方的原料,B 方对 A 方的制成品,可能表现出相互依赖的关系。双方都对对方的有关政策表现出某种敏感性,但由于双方依赖程度可能不同,各自的敏感程度也有异。A 方的有关政策若不利 B 方,B 方就会暴露其脆弱性。又由于双方的应变能力不一,

---

① 　K.J.Holsti, *International Politics—A Framework for Analysis*, Prentice Hall, 1984, p.158.

它们表现出的脆弱性也有差异。如果双方敏感性和脆弱性相同或接近，那么它们之间的相互依存关系呈对称情况，否则即呈不对称情况。因此，罗伯特·基欧汉和约瑟夫·奈强调"敏感性"和"脆弱性"是相互依存的根本特点。他俩还认为，战后国际社会中国家间和超国家关系的发展促使人们更加注重研究对国际层次的诸角色的研究，注重对超越国界的国际组织相互联系和相互依存的研究。相互依存理论即是以国家间关系、以世界政治经济关系的相互影响和相互制约为研究对象。此外，罗伯特·基欧汉和约瑟夫·奈还将现实主义学派的权力政治理论和行为主义学派较早提出的相互依存论有机地结合起来进行考察，进一步剖析两者之间的内在联系。

霍夫曼认为，相互依存意指"社会的相互渗透"，"世界经济中不同国家政策的相互联系"。[①] 相互依存既是"一种条件"，也是"一个过程"，它不是目标，但它凸显了"国内政治在国际关系中的重要性"，它"对国家的利益和目标既提供了限制，又提供了机遇"。[②]

格哈特·马利则把相互依存定义为"一种复杂的跨国现象，它包含国家之间多层次、多方面的互动模式，并产生明显的相互敏感性和脆弱性"。[③] 这里，"多层次"指全球、半球、区域、大洲的层次，"多方面"指政治、经济、环境、技术、社会文化等方面。马利还指出，相互依存是一个妥协的概念，它置于孤立主义（isolationism）和超国家主义（supranationalism）之间。他还把相互依存分为四大类：安全相互依存、生态相互依存、经济相互依存和政治组织相互依存，前两大类关系叫人类的生存，后两大类的重点是国家的福利和政治的互动。

综合以上所述，相互依存论的基本内容可归纳为十个方面：（1）强调国家之间的相互脆弱性和敏感性。虽然美苏是世界上最强的国家，但是在军事上它们却是最脆弱的，在核时代条件下互为"人质"；（2）国家所面临的许多问题趋于全球化，即类似能源、人口、环境、粮食、裁军、发展等问题已成为"全球性问题"，单靠个别国家的努力已无法解决；（3）"高级政治"（指国家利益、国家安全、军事战略等）逐步向"低级政治"（指经济发展、人口与粮食

① Stanley Hoffmann, *Janus and Minerva*, pp.268.

② Ibid., pp.269—272.

③ Gerherd Mally, *Interdependence—the European-American Connection in the Global Context*, published for the Atlantic Conncil of the United States, 1976, p.5.

问题、社会福利等)过渡;(4)各国再也不能闭关锁国,越来越多的国家实行对外开放政策,缓和与开放占据国际关系的主导地位;(5)随着缓和形势的发展,国际合作的趋势逐步超过国际冲突的趋势;(6)武力在解决国际争端上的作用日益减弱;(7)谈判逐步取代冷战,均势逐步取代遏制;(8)研究对象从第一世界和第二世界国家转向第一世界和第三世界国家以及跨国组织;(9)主张在国际体系中以平等关系取代等级制;(10)相互依存的趋势将对国家主权和民族利益起溶解作用,推动全人类利益的形成,最终将成为通向未来没有国界的世界国家的"中途站"。

与早先强调国际冲突和军事安全的现实主义权力政治理论相比,相互依存论在研究的主要问题、研究对象、国家关系、行为法则与形式、武力与权力的作用以及前景等方面都与之有着很大的区别,如下表所示:

	权　力　政　治	相　互　依　存
问　　题	高级政治:安全;均势;势力范围	初级政治:自然资源、能源、粮食和人口、环境
行　为　者	国家(主要是第一和第二世界)	国家(主要是第一和第三世界)、跨国公司
国家关系	冲突的"国家利益"	相互依存、共同利益和国际合作
法　　则	冲突:"你得到的,就是我失去的"(均势)	合作:"一荣俱荣,一损俱损"(建立共同体)
管　　理	双边	多边
权力的作用	强制	报偿
武力的作用	高	低
组织方式	等级制(两极或多极)	更接近于平等主义
前　　景	基本不变	根本变化

三、四个流派

自从理查德·库珀于1968年出版《相互依存经济学》之后,西方国际关系的相互依存的研究一直呈现活跃的局面。根据罗伯特·利珀的归纳,西方学者大致有四种相互依存流派或观点。[①]

以相互依存为其安身立命之所的是全球主义或制度主义学派。该学派的主要观点是，由于经济因素上升到首要地位，国际关系不再是权力政治纵横捭阖的舞台，而逐渐变成各国国内经济、社会、文化的延伸。全球正在走向共享的社会发展目标，如现代化、工业化、大众消费、通讯革命，以及共同的人类文化价值观。在此基础上，人类对经济利益的共同渴求使国际制度、国际规则具有举足轻重的地位。甚至有学者提出，1648 年以来以领土国家为核心要素的国际关系体系（或称威斯特伐里亚体系）正在崩解，人类正在迈入"后国际政治时代"的门槛。[②]

对相互依存改变国际秩序的能力持保留态度的是修正学派。该学派实际上是想在相互依存的新背景下使现实主义有关国际关系中权力格局的分析获得新的生命力，因此，它难免带有强烈的折衷主义色彩，即在传统的现实主义和时兴的全球主义之间进行调和。罗伯特·基欧汉和约瑟夫·奈的《权力与相互依存》一书是这一学派的经典论述。

关于相互依存的第三种观点是新现实主义或结构现实主义。肯尼思·华尔兹在用一套科学化的概念改造了传统现实主义之后，明确地指出，只要国际无政府状态继续存在下去，国家间的安全竞争压力和顾虑就不可能使国际关系变成真正的相互依存。真正的相互依存意味着社会分工在世界范围内彻底展开，但现状却告诉我们，这样的相互依存只是在各国国内进行着。国际关系因而是由功能相近而非功能互补的国家构成的。这样一种不彻底的相互依存显然是国际无政府状态造成的。

第四种观点是新马克思主义的依附论。这一流派以阿明、弗兰克和多斯桑托斯等人为代表。他们着重批判现有的不公正的国际经济旧秩序，指出国际关系不是对等的相互依存，而是一方（发展中国家）对另一方（发达国家）的依附。他们以对资本主义生产方式的马克思主义分析为出发点，强调资本主义在全球的扩张导致的是一种国际经济领域中的中心-边缘格局。处于中心地位的发达国家利用初级产品和加工产品的不平等贸易交换，把处于边缘地位的发展中国家变为自己的原料产地和工业品市场，从而保证了自身经济的高度繁荣。而发展中国家则在这样的中心-边缘体系中遭受

---

① Robert Lieber, *No Common Power —Understanding International Relations*, Harpa Collins College Publishers, 1995, pp.343—346.

② 见 James Rosenau, *Turbulence in World Politics*, Princeton University Press, 1990.

剥削,经济发展受到抑制。

上述关于相互依存论的四个流派中影响最大的要推以基欧汉和奈为代表的修正学派。在《权力与相互依存》中,基欧汉和奈力图创制出一个新型的理论框架,以调和被他们称为"传统派"和"现代派"的两大思想体系。所谓传统派,在他们看来,就是仅仅关注国际关系中政治和安全领域的国家间权力斗争的学派。在新的经济、生态相互依存形势下,这种思路的局限性是显而易见的。但现代派走的却是另一个极端,他们过于强调国际关系中的经济社会因素,忽视了传统的权力政治在一定意义上的延续性。于是,基欧汉和奈便以"权力与相互依存"为题,试图取两者之长,避两者之短,提出自己的综合性分析。

基欧汉和奈总结出相互依存不只是相互交往、相互依存不只是互利、相互依存不一定导致合作三大结论。关于相互依存不只是相互交往,他们认为,把相互依存等同于密切的相互交往,在理论分析上并不具备可操作性,因而唯有对这一宽泛的定义进行限定才能达到分析的目的。换言之,需有重大利害关系涉足其中,才能称得上是相互依存。关于相互依存并不只是互利,两位作者强调指出,安全领域中敌对双方的相互毁灭性威慑也称得上是一种相互依存,冷战中的美苏战略关系即是一例。这种战略相互依存的情形显然不是以互利为目的和结果的。此外,发达国家与发展中国家的不对称相互依存关系也无法用"互利"二字加以概括。关于相互依存不一定导致合作,基欧汉和奈特别提醒分析家要看到由分配问题衍生出来的冲突对国际合作的冲击。当潜在的合作方在如何分配可能产生的收益问题上无法达成一致意见时,合作未必会成为现实。相互依存成为主流时,并不意味冲突消失,恰恰相反,冲突将会采取新的形式。他们认为,由于有冲突,才显得合作的必需性和重要性,才显示出相互依存的作用。

在澄清了相互依存的基本定义、特征和影响之后,基欧汉和奈详细论述了权力与相互依存的复杂关系。他们两人将不对称相互依存视为权力的一种来源,并创造了敏感性相互依存和脆弱性相互依存这两个概念来解释权力是如何产生于不对称相互依存的。敏感性相互依存是指一国的变化导致另一国变化的敏感程度。两位作者举欧佩克提升油价对美国和日本造成的不同影响为例,揭示出美国和日本对油价上升的敏感程度存在差别。由于日本石油进口量占其石油总需求的比例比美国要大,因而日本对油价上涨更为敏感。当然,这一例子只是阐释何为"敏感"。要想从敏感性相互依存中理解权力的存在,必须以某一相互依存情形中的双方为例。假使欧佩克提升油价导致自己出产的石油销路不畅、收入剧减,那么这一提价行为不仅会使日本发生极为敏感的变化,而且也会暴露出欧佩克自身的敏感程度。在这种情况下,欧佩克和日本谁对石油提价更为敏感,谁就有可能在这一场价格斗争中受制于人。也就是说,敏感一方的权力小于另外一方。

但是,仅仅看到敏感性相互依存对国家间权力关系的影响是不够的。基欧汉和奈提出,要特别注重脆弱性相互依存的概念及其与敏感性相互依存的关系,才能完整地理解权力。他们把脆弱性相互依存界定为相互依存双方为抵御变化而采取的替代性选择所需付出的相对成本。还是回到上面举过的两个例子。欧佩克提升油价的行为暴露出日本相比美国而言在这一方面更为敏感。但这并不意味着日本就必定会比美国脆弱。日本到底是否比美国更为脆弱要看日本应付这一变化的替代性措施是否比美国的措施承担更多的成本。由于日本国内石油资源匮乏,而美国则比较充裕,因此日本无法像美国那样通过发掘额外的石油资源来抵消或减弱这种变化。于是日本要比美国脆弱。

上述的例子只是就一个问题领域或一种行为阐释敏感性相互依存和脆弱性相互依存对国家间权力关系的具体影响。基欧汉和奈并未就某两个国家之间的所有方面的相互依存关系展开权力分析。他们给出的只是一般原理和若干局部性的例证。但我们可以据此而透视一对相互依存的国家之间的总体关系。

四、复合相互依存

比较有意思的是,在《权力与相互依存》这部经典著作中,基欧汉和奈不仅剖析了权力和相互依存的关系,还提出了"复合相互依存"的分析模式。斯坦利·霍夫曼对此曾给予很高评价,认为权力与相互依存的结合,复合相互依存的提出,是西方国际关系理论在70年代末的最突出的新发展。

根据基欧汉和奈自己的陈述,他们所设计的复合相互依存模式是对现实主义三假设的颠倒。他们认为,现实主义建立在如下三个前提之上:(1)作为单一行为体的国家是国际关系中最主要的行为体;(2)武力是一种可以使用的、有效的政策工具;(3)世界政治中的问题有等级之分,军事安全是首要问题。鉴于国际相互依存趋势的发展,基欧汉和奈意欲构建出与现实主义截然相反的新假设模式，以取得双参照系分析国际关系现实的奇效。照着现实主义的"葫芦"，他们画出了复合相互依存的"瓢"。

他们提出的复合相互依存强调三个基本概念：第一，多渠道的社会联系（意指政府间的非正式或正式的官方联系、非政府人士之间的非正式联系以及跨国组织的内部之间联系）日益发展。在目前，无论哪一种渠道，都使国际间联系和依赖大大地加强起来。第二，军事安全问题不再始终居于国际关系议事日程的首位。问题是国内与国外界限越来越难以划清，许多过去被视为纯属国内的事务，现在也进入国际关系议事日程。第三，军事力量的作用大为减弱。在相互依存占优势的某些地区和问题上，一国政府再也不能随意地对其他国家使用军事力量，但是这并不排斥在别的地区和问题上仍把军事力量当作推行对外政策的主要手段。关于复合相互依存的以上三个基本概念，是在"敏感性"和"脆弱性"两大特点基础上对相互依存理论所作的重要补充，同时也标志了相互依存理论在 70 年代末和 80 年代初所取得的新的进展。

10 年之后基欧汉和奈在其重评文章中指出，他们所建构的复合相互依存模式极易被人们误解为一种经验理论。[①] 其实，用他们自己的话说，他们只是视其为一种"范型"，即一种理想状态。他们并不宣称目前国际关系已经达到了复合相互依存的标准，也不断言它必然朝这个方向发展。他们只是想指出，国际关系的各种现实往往介于现实主义和他们构建的复合相互依存模式之间。根据不同的情况，两者会显示出不同的解释力。虽然基欧汉和奈在重评文章中承认，一些对复合相互依存模式的误解是由于他们自己未能从理论上对该模式进行系统的发展，但两人对这一模式的价值基本上是持肯定态度的。

然而，复合相互依存模式在其运用和发展过程中也暴露出了严重缺陷。首先，如果基欧汉和奈关于权力与相互依存的折衷主义论述充满着分析价值和现实指导意义的话，反其道而行之的复合相互依存模式在分析国际关系这同一个研究对象时仍未能提供真知灼见。前面已经提及，权力与相互依存的理论保留了现实主义这个"体"而辅之以相互依存过程这一"用"，本质上是对现实主义的完善与发展，试图用现实的模式去实现不现实的理想。

---

① 见 Robert Keohane and Joseph Nye, "Power and Interdependence Revisited", *International Organization* 41（4）, 1987。这篇文章系该书于 1987 年重印时的序言。

尽管基欧汉和奈再三强调,人们不应误解复合相互依存模式作为一种"范式"的特定含义,可屡屡被误解的事实本身是否也说明该模式蕴意的含混不清呢? 更何况在具体的行文中,两位作者有时忽视"范式"和现实的差别,直接把复合相互依存作为现实原则加以运用。其实,"范式"是无法指导现实分析的,一旦介入现实的分析,原本被称作"范式"的也就不再是什么范式了。

为了表明复合相互依存模式与现实主义的权力与相互依存分析的差别,以达到同时保全两者的目标,基欧汉和奈强调,复合相互依存模式针对的是世界的总体剖析,而现实主义的权力与相互依存的分析则针对两个国家之间的特定关系。这里,两位作者提出的应用范围划分显然不能成立。原因很简单,既然现实主义可以作为一种世界政治的总体分析模式,也可作为两个国家之间相互依存关系的分析思路而存在,那么,复合相互依存就没有理由把自己局限在所谓的世界总体分析的框架之内。

其次,复合相互依存模式的三个特征不仅没有使读者弄清楚所谓的"复合"相互依存与一般的经济、生态相互依存有何区别,而且三个特征之间的逻辑联系也存在问题。从作者的本意看,"复合"相互依存之为"复合",关键在于连接不同社会的渠道是多种多样的,不仅有政府间关系,还有诸多其他形式。可是,这样的"复合"相互依存与一般的经济、生态相互依存又有什么区别? 在资本主义私人占有制和市场经济制度下,经济相互依存本身就是通过社会之间的渠道多样化来实现的。而权力分析法既然可以运用于相互依存,就断无道理把它同"复合"相互依存隔绝开来——两种"相互依存"其实是一回事。再深入看下去,基欧汉和奈精心布置的复合相互依存三个特征之间也无必然的逻辑联系。一方面,社会间的多渠道联系并不必然推导出议题的平等。除非指明这些多种多样的渠道本身也是相互平等的。另一方面,议题的平等并不必然推导出武力的无效。因为安全也是议题之一。

再次,复合相互依存模式本身似乎超出了国际关系的研究范围。照该模式的三个特性(假定其内部逻辑联系一贯),享有主权的民族国家以及代表其行使主权的中央政府已经不复存在,因为基欧汉和奈所说的由多种渠道联结的社会实质上要么是无政府状态(国内意义上)下的不同地理区域,要么是世界政府主导下的各个地方行政区域。国际关系再怎么变,只要它还是国际关系,就不可能存在于国际关系领域之外的复合相互依存的模式里。

五、对相互依存论的评价

毋庸置疑,相互依存论反映了战后出现的国际体系的新格局,触及到当代国际社会中国家关系的相互作用和相互影响日益增强这一全局性变革的特点,为国际关系理论注入了新的内容。其理论贡献主要表现在:(1)把非国家因素引入国际关系,使之系统化。(2)把权力与相互依存结合起来,拓宽了国际关系研究视角。(3)把权力与国际机制结合起来,为国际机制论和自由制度主义奠定了基础。[①] 但是,作为一种理论框架,它的局限性也是不难看出的,主要有三:第一,虽然原则上也说均等关系,但实际上还是讲实力,认为"美国至高无上",相互依存犹如"同船航行关系",各国维系于一船,"美国仍是船老大"。[②] 第二,虽然提出要注意第三世界国家的作用,强调相互依存,但实际上仍坚持依附关系,认为第三世界国家仍需依附强国、富国。武力的作用虽然减弱了,但在处理与第三世界的关系时仍不失为重要手段之一。第三,虽然也提出全球性问题和建立世界秩序的任务,但实际上主张在不改变国际关系旧秩序的前提下,解决共同面临的全球性问题。笔者曾与一位在美国任教的印度学者就相互依存问题进行过交谈。他给了我一篇他的论文稿子,题为《相互依存:第三世界的观点》。他认为,相互依存概念是"一把双刃剑",第三世界并不排斥相互依存论,并相信相互依存趋势将会继续发展,但很明显,西方学者推崇的以发达国家为主的相互依存绝不是第三世界发展国家所希望接受的。

相互依存理论的发展在美国有过两次高潮。第一次是在 20 世纪 60 年代初,当时西欧盟国对美国离心倾向日趋明显,美国的霸主地位受到挑战。肯尼迪总统强调大西洋联盟内部的相互依存关系,声称这对大西洋和拉美地区是至关重要的。第二次高潮形成于 70 年代中期,特别是在 1973 年石油危机后,面临第三世界国家的联合行为,美国以建立三边委员会为标志,企图把相互依存的适用范围扩大到全球。基辛格在 1974 年曾指出:"世界上通货膨胀、饥荒、失业、能源危机等问题都向我们提出了挑战,只有通过新的相互依存体系才能解决这些问题。"1975 年他又进而提出,相互依存理论

---

① 王正毅:《国际政治经济学通论》,北京大学出版社,2010 年,第 127—128 页。

② Stanley Hoffmann, *Primacy or World Order—American Forign Policy Since the Cold War*, McGraw-Hill Book Company, 1978, pp.321—322.

已成为"美国外交的核心"。^① 从相互依存在美国的两次高潮的演变可以看出,该理论的出现一方面是世界力量对比发生变化的产物;另一方面是美国等少数发达国家企图让世界上大多数国家继续依附于它们,坚持在世界政治经济体系里起支配作用仍是以美国为首的西方发达国家。因此,从相当程度上来说,美国国际关系学的相互依存理论并未根本地改变西方传统国家的"依附论"。目前的世界现状告诉人们,第三世界国家与资本主义国家在相互依存问题上仍缺乏共同基础,条件尚未成熟,因此,尽管一些美国学者关于相互依存的观点不乏其真知灼见,但是,过分地强调相互依存的作用显然是不恰当的,甚至是有害的。

一些西方学者宣传"相互依存"会给世界带来"和平、和谐和合作",并把相互依存论奉为圭臬,称之为"玫瑰理论"(依附论是"黑色理论")。^② 果真如此吗?其实不然。就连他们中间的某些人也对此持有异议。罗伯特·基欧汉和约瑟夫·奈在《权力与相互依存》发表 10 年后重印时写的新"前言"中,对相互依存论作了重要的修正,强调相互依存并不必然导致合作,在一定的国内和国际条件下,它也可能产生冲突。在大多数西方学者眼里,相互依存仍是以西方为轴心,仍是穷国弱国对富国强国的依附,仍是少数几个大国支配世界政治经济,仍是维持旧的国际秩序。

当然,我们并不笼统地反对"相互依存"的提法。据说,"相互依存"这个词是 18 世纪法国重商主义学者最早引入国际关系分析的。早在 100 多年前,马克思和恩格斯就多次使用"相互依存"来表述资本主义市场的世界性和国际化。恩格斯指出:"大工业建立了世界市场这一点,就把全球各国人民,尤其是各个文明国家的人民,彼此紧紧地联系起来,即使每一个国家的人民都受着另一国家的事业的影响。"^③马克思和恩格斯在《共产党宣言》里说:"过去那种地方的和民族的自给自足和闭关自守状态,被各方面的互相往来和各方面的相互依存所代替了。物质的生活是如此,精神的生产也是如此。"^④世界是一个大市场,整个世界应是相互依存的。"世界经济是一个相互依存的整体"。^⑤ 当今世界各国在经济方面的相互合作、相互依存和相

---

① 基辛格在美国威斯康星大学对外关系研究所的讲话,见 1975 年 7 月 23 日美国国务院简报,第 844 页。

② Stanley Hoffmann, *Janus and Minerva*, pp.113—114.

③ 《马克思恩格斯全集》第 4 卷,第 368 页。

④ 《马克思恩格斯选集》第 1 卷,第 255 页。

⑤ 李先念在埃及人民议会和协商会议联席会议上的讲话,《人民日报》1986 年 3 月 20 日。

互竞争日益增强。但问题的关键在于,我们主张的是尊重各国主权、平等互利、和平共处的相互依存,是根除不平等的国际旧秩序,改变带有帝国主义和殖民主义劣迹的相互依存,是建立在新的国际政治经济体系之上的相互依存。近年来,颇多的美国国际关系理论学者一再宣扬,全球性相互依存正在或已经成为国际关系主导的普遍特征,各国的国家利益全面地相互渗透,全球利益正取代国家利益。这种观点低估或抹煞了超级大国争夺霸权的严重性和权力政治的顽固性,似乎权力政治已完全被相互依存所取代。这显然也是片面的和错误的。

第二节　国际政治经济学

一、历史回顾

国际政治经济学(IPE)又称世界政治经济学、全球政治经济学、相互依存政治经济学,是20世纪70年代以来西方国际关系理论研究崛起的一个新的领域。正如有的学者指出的那样,国际关系理论在过去十多年里的“一个重要发展就是国际政治经济学研究的成长,IPE已发展成为一个国际关系学的重要分支学科”。①

稍微回顾一下历史就可看出,关于世界政治和世界经济的关系问题并不是国际关系理论的一个新问题。早在15世纪至18世纪重商主义时代,就有不少学者致力这方面的研究。当时,民族国家得到了进一步发展,英国、西班牙、法国、普鲁士、俄国出现新的中央集权的政治体制,对经济结构产生深刻影响,经济领域成为政治冲突的主要舞台,各国的实力追求主要通过国家经济力量的增长来实现,政治冲突往往表现为经济竞争,各国根据政治需要调节经济关系,政治和经济的关系密切。然而,从20世纪开始,两者关系逐渐被人忽视,被分割开来,经济关系被人为地孤立于国际关系研究范围之外。造成这一情况的主要原因,是处支配地位的自由主义思潮摈弃重

---

① Roger Tooze,“IPE”,in Store Smith (ed.),*International Relations—A Handbook of the Current Theory*,1985,p.108.

商时代的认为政治和经济同存一个统一体的传统观点,提出政治和经济应属两个彼此独立的学科:经济关系的基础是生产和分配等因素,受自然规则制约,其中存在某种自然和谐,只有在不受政治干预的情况下,才能保持自然和谐;而政治关系是由权力和影响构成,不受自然法则制约,政治关系中极难存在自然和谐。结果,世界政治和经济关系研究被分为彼此孤立的国际政治学和国际经济学。

战后,这一情况起了变化。特别重要的事件是布雷顿森林体系的形成。1944 年 7 月布雷顿森林会议通过了《国际货币基金协定》和《国际复兴开发银行协定》,随之于 1945 年 12 月 7 日同时成立了国际货币基金组织和国际复兴开发银行(即世界银行)。1947 年 10 月 30 日,联合国在日内瓦签订了《关税及贸易总协定》。至此,战后的"关税及贸易总协定——国际货币基金组织体制"正式形成,在世界范围内开始出现国际经济相互依存的趋势。此外,苏联与东欧国家也感到,闭关锁国政策对经济发展是一妨碍,在经济技术方面逐渐对外开放(当然是极有限的);新兴的第三世界国家带着新的经济问题和要求——建立国际经济新秩序开始走上世界舞台,它们所关注的主要政治问题也都带有经济性质,如贸易、经援、发展、对外投资和经济独立;经济发展普遍成为各国的首要目标。这样,战后国际关系格局中就出现了政治冲突和经济合作并存的奇特现象,即低级政治(经济发展)和高级政治(国际安全)开始相互靠拢,国际经济关系重新成为国际关系的一个焦点,成为影响国际政治的重要因素。特别是到 60 年代末、70 年代初,由于东西方缓和取代冷战,旷日持久的越战宣告结束,国际经济合作进一步得到发展,从权力政治向相互依存过渡的趋势加快了,吸引着更多的学者研究国际政治与国际经济的关系问题。

在这一背景下,反映国际政治与国际经济相结合的新理论——国际政治经济学应运而生。有人提出,IPE 诞生日是 1971 年 8 月 15 日,那天,美国决定布雷顿森林体系解体。[①] 它的问世标志是 20 世纪 70 年代以来对现实主义权力政治论进行革故鼎新所取得的引人瞩目的进展。用琼·斯佩罗的话来说,就是"国际政治经济学在世界政治与世界经济之间的鸿沟上架起

---

① Iver Neumann and Ole Wæver (eds.), *The Future of International Relations—Masters in the Making*, Routldege, 1997, p.121.

了一座桥梁"。[①] 70 年代反映国际政治经济学形成时期的标志性著作包括：查尔斯·金德尔伯格的《权力与货币：国际政治的经济学和国际经济的政治学》(1970 年)、克劳斯·诺尔的《国家的权力：国际关系的政治经济学》(1975 年)、琼·斯佩罗的《国际经济关系的政治学》(1977 年)和丹尼斯·皮雷奇斯的《全球经济政治学：国际关系的新内容》(1978 年)等。

　　自 20 世纪 80 年代初以来，国际政治经济学在美国和其他一些西方国家发展得迅猛异常，就像在 40 年代和 50 年代言必称国家权力和国家利益，在 60 年代和 70 年代言必称世界体系和相互依存一样，80 年代则言必称国际政治经济学。在西方学术界流行这样一个说法："要成为一位国际关系学者，就要求首先是一位 IPE 学者。"[②]大学里已普遍开设了国际政治经济学的课程(包括硕士和博士课程)，这方面的研究队伍已具规模。仅 80 年代就有一批专著问世，其中被公认为代表作的有：约翰·拉吉的《相互依存的自相矛盾》(1983 年)、罗伯特·基欧汉的《霸权之后——世界政治经济的合作与纷争》(1984 年)、苏珊·斯特兰奇的《通向国际政治经济学的道路》(1984 年)、戴维·鲍温德的《国家的经济手段》(1985 年)、斯蒂芬·克拉斯纳的《结构冲突》(1985 年)、拉德·霍立斯特和拉蒙德·塔利斯所编的《国际政治经济学：回顾与展望》(1985 年)、理查德·罗斯克兰斯的《贸易国的兴起》(1986 年)、罗伯特·吉尔平的《国际关系政治经济学》(1987 年)和乔治·莫德尔斯基的《长波理论探索》(1987 年)等。笔者曾收集了好几份美国大学开设的 IPE 的研究生课程大纲，一份大纲的内容包括：(1) 作为一门学科的 IPE 的演变；(2) IPE 的学术渊源：自由主义传统、重商主义、传统的马克思主义和新马克思主义；(3) 主要观念和研究方法：霸权稳定论、理性选择与博弈论、长波理论、相互依存理论、国际机制研究、依附理论、宏观管理与政策研究，以及新制度主义分析。另一份大纲则列举了十五个 IPE 的基本问题：(1) 什么是 IPE? (2) IPE 的不同流派及其观点；(3) IPE 的优点与弱点；(4) 国内结构与国际制度；(5) 国际机制的动力；(6) 国际货币体系的历史演变；(7) 国际金融政治学；(8) 第三世界的债务危机；(9) 世界经济危机的管理；(10) 国际贸易环境；(11) 保护主义是否对国际贸易形成威

---

① Joan Spero, *The Politics of International Economic Relations*, St.Martin's Press, 1985, Third Edition, Prepace.

② Iver Neumann and Ole Wæver (eds.), *The Future of International Relations—Masters in the Making*, Routldege, 1997, p.126.

胁？（12）对外直接投资的政治经济问题；（13）IPE 的南北关系问题；（14）IPE 的东西关系与经济改革；（15）IPE 面临的新问题。这些教学大纲所列出的参考书目大同小异，除了上述重要著作之外，80 年代主要的 IPE 教科书有：戴维·布莱克和罗伯特·沃尔特斯的《全球经济关系的政治学》（1983 年）、琼·斯佩罗的《国际经济关系的政治学》（1983 年，第三版）、布鲁诺·弗雷德的《国际政治经济学》（1985 年）、杰弗雷·弗里登和戴维·莱克的《国际政治经济学——关于全球权力与财富》（1987 年）。

在过去的 30 年里，国际政治经济学走过了这样的轨迹：最早是以研究国家与市场关联性的初创阶段，接着是以研究霸权与国际制度为主线的发展阶段，最近是以研究全球化与国际政治经济学为重点的深化阶段。

二、两条脉络

从上述历史回顾可以看出，贯穿国际政治经济学的有两条清晰的发展脉络。第一条脉络是关于国际体系层次上政治因素与经济因素的相互关系。60 年代末，一些经济学家指出，国际经济相互依存正在改变国际关系的性质。代表人物是被苏珊·斯特兰奇称为"IPE 最早的开拓者"的哈佛大学教授理德·库珀，代表作是他于 1968 年出版的《相互依存经济学》。作为响应，1971 年《国际组织》杂志编辑了一期题为"跨国关系与世界政治"的专刊。① 该专刊把跨国主义研究附属于自由主义的研究范式，在当时的背景下对现实主义范式提出严厉挑战。一批现实主义者立即作出有力的回应，指出国际经济相互依存不可能离开国家间的权力关系而单独运行。其代表性著述是罗伯特·吉尔平在该专刊中发表的《跨国经济关系的政治学》一文以及他于 1975 年出版的《美国权力与跨国公司》一书。与吉尔平遥相呼应的是另一位著名学者斯蒂芬·克拉斯纳，他于 1976 年在《世界政治》杂志上发表的《国家权力和国际贸易的结构》一文，是在贸易领域补充吉尔平在投资领域的现实主义理论的重要尝试。

吉尔平和克拉斯纳倡导的现实主义国际政治经济学催发了国际政治经济学迄今为止最具争议的理论形式——霸权稳定论。同时，也进一步把国

---

① 《国际组织》被誉为 IPE 的催生婆，作为国际关系理论的分支学科，IPE 与《国际组织》有着密切关系，这一密切关系已有 30 年的历史。为此，《国际组织》于 1998 年秋季出了纪念专刊。

际政治经济学的理论研究引向深入。1977年罗伯特·基欧汉和约瑟夫·奈合著的《权力与相互依存》则是一部试图在自由主义和现实主义之间进行调和的著作。值得特别指出的是,这部著作的出版开始把人们的注意力从跨国主义的自由主义身上移开,投向后来被称作新自由制度主义的自由主义类型。另外,这部著作中大量阐述的"国际机制"问题也为80年代的新自由制度主义之辩提供了全新的舞台。

1982年,《国际组织》又编辑了一期特刊,集中讨论"国际机制"的研究路径问题。以克拉斯纳为代表的现实主义与以基欧汉为代表的自由主义展开了一场热烈的争论。现实主义一派强调,国际机制的起源和演变主要以国家间权力关系的格局和变化为转移,自由主义则主要强调国家间的互惠合作关系。1984年,基欧汉出版了《霸权之后——世界政治经济中的合作与纷争》,讨论霸权缺失状态下国际合作的起源与价值,系统地奠定了新自由制度主义国际政治经济学的理论基础。自此以后,现实主义和自由主义围绕着国际合作中的权力与利益的关系问题还有多次交锋,直到目前也不见结束的迹象。

国际政治经济学的第二条发展脉络涉及的是国际政治经济体系与国内政治经济体系的互动关系。由于国际政治经济学对国际关系的改造作用主要在于引入了国际经济因素,且又对政治与经济的互动关系多有强调,这第二条发展脉络实际上是以国内政治体系和国际经济体系的相互作用为轴线的。在这条轴线之下,我们又可以划分出两条研究线索:一条是国际经济对国内政治的影响;另外一条是国内政治对国际经济的影响。由于国内政治对国际经济的正规影响渠道一般经由对外经济政策这一环节,故而可把这后一条线索简化为国内政治对一国对外经济政策的影响。

循着前一条线索,西方国际关系学者大致在70年代末开始了系统的研究。1978年,彼得·戈维奇在《国际组织》上发表题为《逆转第二种图景:国内政治的国际根源》的文章,强调研究国际体系对国内体系作用的重要性。一年后,戴维·加姆隆在《美国政治学评论》上撰文指出,开放经济条件下政府的公共开支有扩张的趋向。这篇题为《公共经济的扩张》的文章标志着西方学者研究国际经济对国民政治经济体系作用的开端。这一研究课题一经确立,立即生成了丰富的成果。1982年,约翰·拉吉在《国际组织》特刊号上发表了一篇题为《战后经济秩序中的嵌入式自由主义》的文章,首次鲜明地用一个概念浓缩了该研究课题中最具实力的理论阐释。随后,彼得·卡赞斯坦又在 1985 年出版的《世界市场中的小国》一书中以具体的例证完善了"嵌入式自由主义"的理论。

国际经济对国内政治的作用还可以通过考察国内政治过程中利益集团关系的变化得以把握。在这一方面,罗纳德·罗戈斯基和杰弗里·弗里丹有所建树。前者在 1989 年出版的《贸易与联盟》一书中指出,开放贸易格局会削弱国内经济中非比较优势的要素持有者的经济利益和政治地位,而有利于巩固和提升居于比较优势地位的要素持有者的经济利益和政治地位。后者则从产业部门入手,在 1991 年《国际组织》上的《投资者利益:全球金融时代国民经济政策的政治学》一文中指出,在开放经济条件下,具备国际竞争力的产业中的劳资双方将受益,而持有可跨国流动的资产的阶层和个人将得到最丰厚的经济和政治回报。

循着第二条线索,西方学者着重探讨了国内政治制度和过程对一国对外经济政策的影响。1985 年,由彼得·埃文斯主编的《把国家请回来》一书根据中央决策机构独立于社会势力的程度,把不同的国家划分为强国家和弱国家两大类。其中,强国家意味着一国的中央决策机构有能力自主做出内外经济政策并取得国内民众的支持。在西方学者眼中,战后的日本所成功推行的产业政策证明日本是一个强国家。另一个角度是从国内政治过程入手。在这方面,海伦·米尔纳 1988 年出版的《阻挡保护主义》一书是个范例。米尔纳在书中总结出若干一般原则,其中包括:具有国际竞争力的产业部门和要素持有者倾向于支持经济开放,而进口竞争型产业则支持闭关自守;跨国公司偏好经济自由化,而劳动密集型产业则要求保护自身的利益不受国外廉价劳动力的冲击。

三、两个趋势

关于国际政治经济学,罗伯特·基欧汉的概括是:"简而言之,国际政治经济学是研究国际关系行为者追求财富和追求权力的互动作用。基本原则是:第一,权力分配影响财富分配,生产力及财富的变化也反过来影响权力关系;第二,权力、财富本身经常处于变化状态,两者关系变化趋于剧烈化。"[①]苏珊·斯特兰奇指出,国际政治经济学是研究影响全球生产、交换和

---

① Robert Keohane, *After Hegemony*, p.18, p.21.

分配体系以及价值观念的社会、政治和经济安排。① 罗伯特·利珀认为,国际政治经济学涉及的主题是政治因素和经济因素通过互动在国际层面上形成特定的关系。② 斯蒂芬·克拉斯纳把国际政治经济学定义为研究"国际经济关系的政治要素"。③ 戴维·鲍德温则强调,国际政治经济学是关于国家间关系中财富和权力的作用问题。④ 罗伯特·吉尔平也从当代世界体系论的角度指出,世界实际上是一个"大体系",其组成国家有机地联系在一起,并按照一定的经济规律行事,国际政治经济学的任务就是研究这一体系的政治经济关系的性质、结构、功能、动力以及规律。"国际政治经济学是当代政治学和经济学相互作用的集中体现,……至关重要的是它们之间的相互作用、相互关系和周而复始的变化"。⑤ 这些定义说明,国际政治经济学是一种总体的综合分析理论,反映了世界政治和世界经济的总和与相互关系。这里的世界政治是指国际政治力量对比和权力分配,由于无政府状态的存在,世界长期呈现纷繁的竞争、均势和战争的格局;世界经济则指国际经济实力对比和财富分配,主要国际经济力量中心的存在、国际贸易和货币机制的运转以及世界经济秩序的改造,构成了一个时代的国际经济体系。

从定义的分析自然地引出了 IPE 的两个趋势:国际政治关系的经济化和国际经济关系的政治化,即重点转为研究经济化的国际政治关系和政治化的国际经济关系。

关于国际经济关系政治化趋势的观点主要见诸于琼·斯佩罗的《国际经济关系的政治学》。斯佩罗在这部专著中提出"政治因素导致经济后果"的三个原则:⑥

第一,政治体系影响经济体系。国际经济的结构和活动在很大程度上决定于国际政治体系的结构和活动。战后两个超级大国对立的冷战格局决

---

① 苏珊·斯特兰奇:《国家与市场》,杨宇光译,上海人民出版社,2006 年,第 13 页。

② Robert Lieber, *No Common Power—Understanding International Relations*, Harpa Collins College Publishers,1995,pp.326—327.

③ Stephen Krasner, "The Accomplishments of IPE", in Steve Smith (ed.), *International Theory—Positivism and Beyond*, p.108.

④ David Baldwin (ed.), *Key Concepts in IPE*, Vol.1,Edward Elgar Publishing Company, 1993, p.ix.

⑤ 罗伯特·吉尔平:《国际关系政治经济学》,杨宇光译,上海人民出版社,1989 年,第 6—7 页。

⑥ Joan Spero, *The Politics of International Economic Relations*, St.Martin's Press, 1985, Third Edition, Prepace,pp.1—19.

定了国际经济体系的三重性：西方基于自由贸易和资本自由流通的相互依存(interdependence)，美国处于支配地位，其政治、经济和军事实力均凌驾于西欧、日本之上；东方苏联、东欧实行社会主义经济体制，虽然与西方有贸易来往、技术交流，但是基本上是独立(independence)于西方体系；第三世界的大部分国家仍保持对西方体系的依赖关系(dependence)，特别是在贸易、货币和投资方面。20 世纪 60 年代后，随着多极世界趋向的出现，区域性相互依存的经济关系逐步演变为全球性相互依存的经济关系。

第二，政治因素影响经济政策的制定。尤其是重大的经济决策通常由压倒一切的政治利益来决定。经济政策是政治斗争的产物。如，赞成低关税政策和提倡贸易保护主义均是一定政治斗争的需要；禁运成了政治斗争的经济手段，与外交手段相辅相成；阿拉伯石油战争实质上是一场政治战争；外援更是成了服务战略目标、外交利益的常用的经济手段。

第三，国际经济关系本身体现国际政治关系。财富是国际政治中敌对国家和集团力求获取的重要目标，获取财富的争斗包括争夺市场、原料等生产资料的角逐，而这一角斗与争夺权力和势力范围的冲突密切有关。如，石油输出国与输入国关于油价的冲突，第三世界抵制多国公司的渗透均反映了这一过程。从历史上看，17—18 世纪的重商主义、19 世纪的自由贸易、20 世纪的帝国主义经济分别代表了国际经济关系影响国际政治关系的三个不同发展阶段。历史的结论是，"经济实力是国际政治权力的最重要的源泉。"

国际政治经济学的另一发展趋势最早见诸于丹尼斯·皮雷奇斯的《全球经济政治学：国际关系的新内容》。皮雷奇斯声称，"世界经济政治学"这一新概念是"随着新技术革命出现的一门新的综合性社会科学学科"。[1] 其主要观点是：

第一，世界经济政治学的内容渊源于新技术革命的起因、发展和结果，重点是研究新技术革命对国际政治关系和经济关系的影响，以及给国际社会带来的一系列新概念、新准则和新规律。

第二，具体来说，世界经济政治学的研究对象是"世界经济、生态、技术、伦理等问题"，包括：人口政治学、环境政治学、粮食政治学、能源政治学、矿产政治学、技术政治学、发展政治学和国际经济新秩序。这无非是强调，世

① 见 Dennis Pirages, *Global Ecopolitics—The New Context for International Relations*，Duxbury Press，1978.

界粮食、能源等供需问题、财富分配等问题和经济发展问题已成了国际关系中迫在眉睫的问题,"决定着世界经济政治学的性质";上述八个方面的要素已成了"目前国际政治权力的新源泉"。

第三,从强权政治转变为经济政治学的主要标志是"国际政治冲突的重心从东西方关系转向南北关系"和"全球相互依存趋势的不断发展"。从20世纪70年代开始,美国的霸主地位明显衰落,西欧的独立自主倾向进一步发展,第三世界团结反霸出现新的政治觉醒,国际经济关系中从战后一国主导到多国调节的过程和国际政治关系中从两极走向多极的发展过程同时加速了。而集中体现这一加速过程的是"全球相互依存"。

从有关学者向笔者介绍的情况来看,国际政治经济学作为国际关系理论在70年代后的一种新思潮,具有以下四个特点:

1. 更注重经济取向,注重国际政治关系与国际经济关系的结合。著名的国际政治经济学教授理查德·纳尔森甚至提出,国际政治经济学显示出"单行道"的趋势,就是说,国际政治学吸取国际经济学的原理,而不是相反。新时期的学者们试图通过国际政治与国际经济的结合形成一个新学派,以促进社会科学领域这一交叉学科的发展。

2. 为国内政治取向。国际政治经济学的学者们有的是从国际机制研究转向国内机制研究,有的是从国际体系研究转向国家层次研究,这样就逐步形成了国际政治经济学国内政治取向的这一特点。

3. 更加注重比较研究,如国际政治经济学与相互依存论的比较,与国际机制论的比较,以及与世界秩序论的比较。

4. 在研究内容上更具体细致,特别是在国际环境对国内政治经济的影响及其结果以及国内因素如何影响一国的对外政策。具体的研究内容涉及面越来越广,包括霸权稳定理论、霸权后合作理论、长波理论、贸易世界理论、理性选择论、相互依存论、国际机制论、依附论、微观管理与政策分析、国家经济手段分析、新结构分析等等。

四、IPE 流派

在讨论国际政治经济学的流派之前,有必要提及它的理论渊源。戴维·鲍德温指出,国际政治经济学思想不仅可追溯至近代早期的重商主义,甚至可以一直上溯到古希腊学者柏拉图和亚里士多德那里,因为两人都十分忧虑对外贸易对城邦的腐蚀作用。在西方学者中对国际政治经济学思想史较为看重的当属自成一体的英国学者。享有盛誉的伦敦经济学院国际关系系就为硕士研究生专门开设"国际政治经济学思想史"一课。该课程采用宏大的历史和跨学科视角,把国际政治经济学思想史视为政治经济学思想史的一个有机组成部分。课程系统地涉及亚当·斯密的重商主义、苏格兰古典政治经济学、英格兰古典政治经济学、马克思主义、奥地利自由主义经济学、凯恩斯主义、德国新自由主义、后凯恩斯新古典主义、民主社会主义、公共选择、新制度主义经济学、新自由制度主义、宪政经济学、卡尔·波拉尼政治经济学等思想流派。可以说,这样的一门课程是拓宽国际政治经济学研究视角、挖掘其思想深度的一种颇有价值的尝试。

国际政治经济学的崛起还激发了西方国际关系学者重新看待国际关系史的反思热潮。由于以往的国际关系史研究多侧重大国外交、战争、国际政治秩序安排等政治类事务的探讨,注入国际经济因素的新型国际关系史研究立刻呈现出非同寻常的面貌。目前比较典型的研究专题包括近代以来国际经济依赖与主权制度的互动史、19世纪后期英国对自由主义国际经济秩序的作用、两次世界大战之间的国际政治经济秩序、纳粹德国的国际政治经济政策、二战后国际政治经济秩序转型的历史原因与过程等。可以预料的是,待各个时期的国际政治经济关系史的研究都积累到一定规模的时候,一部整体感更强的国际关系史教材会呈现在高校学生的面前。

西方学者认为,国际政治经济学的主要研究范式包括自由主义、现实主义和马克思主义,但一与具体的研究范畴和研究倾向相结合,每个范式内部就又会衍生出许多具体的研究路径来,如自由主义内部的跨国主义、多元主义,现实主义内部的重商主义、国家主义,马克思主义内部的世界体系论、依附论、阶级论国际主义等。从这些范式可以看政治学、经济学、国际关系三门学科对国际政治经济学的重要影响,也不难发现自由主义、现实主义和马克思主义三大范式留下的印痕。国际政治经济学在西方的主要研究阵地,除了各大高校有关政治学和国际关系的院系研究中心之外,还包括一些著名的思想库如布鲁金斯学会,一些顶尖的学术类杂志如《国际组织》《国际政治经济学年鉴》,一批高层次的丛书如"康奈尔政治经济学研究丛书"等等。

综合西方学者的有关论述,他们比较一致的看法是:国际政治经济学领域有三个主要流派:自由主义、马克思主义和现实主义。① 他们认为:自由主义流派继承了亚当·斯密和大卫·李嘉图的理论,认为在政治经济社会活动和分析单位中,个人是主要行为者;而个人是理性的功利主义者;个人实现其特定的功利靠的是自由贸易。该流派所得出的最重要结论是:(1)强调政府在政治经济活动中的作用是有限的,其主要职能是为市场提供必要的保障和基础;(2)主张通过建立国际机制来促进国际经济的发展。

马克思主义流派坚信社会主义必然会代替资本主义。其基本观点是:在政治经济社会活动中,阶级是主要行为者;坚持阶级分析法,不同的阶级都为自身的经济物质利益而行动和斗争;资本主义经济的基础是通过资本对劳工的剥削,这决定了资本主义的剥削性。该流派所得出的最重要结论是:(1)强调现代社会存在着劳资的对立和对抗,存在着不可调和的东西矛盾和南北矛盾;(2)资本主义经济危机不可避免,资本主义制度的消亡也不可避免。

现实主义流派则仍坚持摩根索为代表的政治现实主义的基本观点:民族国家是政治经济社会活动主要的甚至唯一的行为者;民族国家是理性的国际关系角色;民族国家在对外关系中最大限度地追求政治权力和经济利益。该流派所得出的最重要结论是:(1)权力表现为对资源、对角色、对事件的影响力和控制力,追求有利于自身的财富和权力的再分配是国际关系的核心;(2)民族国家应重视国际政治与国际经济的关系,通过冲突、竞争、合作等多种形式来实现其对外目标。

下表是西方学者对上述三个流派进行的简略比较:

	自由主义	马克思主义	现实主义
政治经济社会活动中的主要行为者	个人	阶级	民族国家
政治与经济之间是什么关系	分属于两个分离的领域	经济是基础,经济决定政治,变革源于经济	政治决定经济,政治体制影响经济体制

---

① 这部分内容可参阅:Jeffrey Frieden and David Lake,*IPE—Perspectives on Global Power and Wealth*,St.Martin's Press,1987;Gearge Crane and Abla Amawi,*The Theoretical Evolution of IPE*,Oxford University Press,1991;William Olson,*The Theory and Practice of International Relations*,Englewood Cliffs:Prentice Hall,1994。

（续表）

	自由主义	马克思主义	现实主义
政治与经济关系处于什么状态	和谐状态	对抗状态	冲突状态
最终的目标或目的是什么	追求福利	追求解放	追求权力

五、几点评论

1. 国际政治经济学是西方国际关系理论的一个重要分支学科,形成于20世纪70年代石油危机后,80年代得到迅速的发展。"该领域不仅涉及政治经济学,而且还涵盖了比较政治学和国际政治。冷战结束后,人们的注意力转向该领域的核心问题:市场和国家如何互动"。[①] 90年代初起,爱德华·埃尔加出版公司出版了一套关于IPE的丛书,包括戴维·鲍德温主编的《国际政治经济学的主要概念》(1993)、约瑟夫·葛里可主编的《国际体系与国际政治经济学》(1993)和奥伦·扬主编的《国际政治经济学与国际制度》(1996)等。如今,IPE研究的面已大大拓展,所涉及的概念和研究领域有19个:权力、相互依存、依附、交换、比较收益、剥削、互惠、合作、经济治国方策、资本主义、发展、重商主义、帝国主义、保护主义、一体化、霸权、自由主义、无政府状态、机制。随着国际关系进入冷战后时代,在全球化大趋势的推动下,IPE的影响渐强。这是一个充满生机和思路的领域,这是一个我们在研究西方国际关系理论时不可忽视的领域。

从学术研究的方法论角度看,国际政治经济学是从政治经济学的思路研究国际关系的问题,因而不同于从社会学、人类学等路径考察国际关系的知识体系。斯蒂芬·克拉斯纳把国际政治经济学的这种特定方法论总结为"理性主义",并认为这种方法论在促进科学知识的积累方面绝对优于其他的方法论。克拉斯纳的这一论断是否正确,部分地可以通过目前正在进行的"理性主义"与"建构主义"、"后现代主义"的论战得到验证。而国际政治经济学的发展前景在很大程度上也要取决于它的"理性主义"基石的牢

---

① H.Milner, "IPE: After the Phase of Hegemonic Stability", *Foreign Policy*, Spring 1998.

靠程度。

然而，任何一种理论都不是置于真空之中的。如果权力与利益论是"冷战理论"的话，那么，国际政治经济学可称为"后冷战理论"。它不仅是挑战现实主义的有力武器，而且还是新时期的"遏制经济学"。

2. 关于国际政治与国际经济的关系问题。在考察世界政治与世界经济的关系时，是前者决定后者，还是后者决定前者？两者的内在联系如何？从马列主义的观点来看，经济是基础，政治是经济的集中表现。恩格斯说："每一个历史时代的经济生产以及必然由此产生的社会结构，是该时代政治的和精神的历史基础。"①这是我们分析国际政治经济关系的指导原则。

运用马列主义上述原则来衡量，国际政治经济学的两种趋势均是不同程度上割裂了世界政治与世界经济的辩证关系。政治关系的经济化，把经济对政治的影响强调到不适应的程度，以"共同经济利益"掩饰霸权主义的扩张；经济关系的政治化，则过分地强调政治因素，视世界政治为决定因素，"霸权稳定理论"盖出于此。

罗伯特·基欧汉认为，战后基本上是两个学派的分歧构成国际政治经济学的主要内容：其一是现实主义学派，强调世界政治处于无政府状态，各国的权力分配和冲突决定国际关系的性质，拒绝对世界经济基础进行分析；第二是结构主义学派，强调经济相互依存是国际关系结构的基本决定因素，突出共同经济利益的重要性。这两派的共同缺陷正好是从相反角度孤立和割裂了世界政治与世界经济的内在相关性。

3. 关于国际政治经济学与新技术革命的关系问题。西方学者普遍认为，国际政治经济学是新技术革命的直接产物，是在新形势下的重大发展。我们应该如何看待呢？

诚然，新技术革命作为生产力的又一次飞跃发展，必然会带来生产的国际关系的显著变革。历史上第一次技术革命促使世界市场和国际贸易的形成，扩大宗主国和殖民地之间的矛盾；第二次技术革命后，资本主义进入帝国主义阶段，发达国家进一步加强对经济落后国家的掠夺和压榨，在生产的国际关系中，资本的输出与输入较之原有的商品交换关系占据更重要的地位，垄断代替了竞争；第三次技术革命促进跨国公司的发展，形成多层次的网络型的横向联系，国家垄断资本主义的国际联合也将得到加强，民族国家

---

① 恩格斯：《共产党宣言》1883年德文版序言，《马克思恩格斯选集》第1卷，第232页。

(特别是第三世界国家)与跨国公司和发达国家的矛盾也将加剧。发达国家在"全球相互依存"的口号掩护之下,企图以跨国公司和安全援助的形式继续维持经济优势。这一形势当然是不利于第三世界国家的经济发展的,为了扭转逆势,迎接挑战,第三世界国家应当制定积极的发展战略。

另一方面,以托夫勒为代表的西方学者认为,马列主义是在第二次浪潮的工业社会里出现的,第三次浪潮,即新技术革命,将形成信息社会,信息关系压倒一切,经济合作成为生存原则,霸权自动消失,马列主义的基本原理不灵了,过时了。十分明显,"世界经济政治学"、"霸权后合作理论"等,正是西方资产阶级学者用来削弱或取代马列主义政治经济学的一种新企图。它给了我们一个启示:在研究新技术革命的同时不要忽视在"第三次浪潮"中泛起的西方国际关系学的种种新理论。我们应该重视和加强对这些新理论的研究,这是在国际关系学领域坚持马列主义基本原则的一项重要任务。

4. 为培养新一代国际政治经济学学者而努力。不少美国学者认为,为了发展国际关系理论这门交叉的新兴学科,培养新一代的国际政治经济学者是一个十分迫切、十分重要的任务。美国目前一代有影响的国际政治经济学学者,不是从政治学转向经济学(如吉尔平、基欧汉、鲍德温等),就是从经济学转向政治学(如库珀、纳尔森等),因此,在他们的国际政治经济学论著中存在某些缺陷(前者身上的这种缺陷更为明显)是不足为怪的。纳尔森曾说过,今后的新一代国际政治经济学学者将既懂政治学又懂经济学,"在他们头脑里应两者兼而有之。"实现这一任务的进程在美国业已开始。这使我们联想起我国建立自己的国际关系理论的重任,而要使之成为现实,关键之一是培养掌握马列主义基本原理,坚持社会主义方向,熟知政治学、经济学、法学、历史学以及其他有关学科的新一代理论学者。这是当务之急,又是百年大计。在这方面,我们不仅应该而且能够比西方国家做得更多,做得更好。

第三节　霸权稳定论

一、概念及其内涵

霸权(Hegemony)一词出自于希腊语 Hegemonia,朗曼词典释义为"一国对于其他众多国家的领导",牛津词典解释得更为详细,霸权就是"领导、支配、优势,特别指联盟中一国对其他国家的支配"。基欧汉解说为一个单一的支配世界的力量,确切地说,霸权指一国有足够的军事与经济力量,并能够在很大程度上影响其他国家和非国家行为体的行为,并操纵国际体系的运作。在经济领域里,"霸权意味着对物质资源的控制"。① 沃伦斯坦界定为:"在国家体系中的霸权指这样一种状态(情况),所谓的大国之间连续不断的抗衡是那样的不平衡以致其中一个大国真正的处于'长者的地位',也就是说,一国能在很大程度上将自己的规则以及自己的愿望(至少是以有效否决权的方式)施加于经济、政治、军事、外交甚至于文化领域中去。"②沃勒斯坦与基欧汉一样,认为霸权是强者对弱者领导与支配,强国制订和维持国际规则,并且安排着国际进程的轨迹和方向。对于吉尔平来说,霸权体系是一种稳定系统内秩序的稳衡系统,霸权国的实力为系统的稳定提供了保证,并且为弱小国家提供了安全和财产保护,霸权的成功"一部分在于霸权国将自己的意愿施加给弱小国家,一部分在于其他国家从中获益并接受霸权国的领导"。③ 跟基欧汉一样,吉尔平认为霸权就是"一个单一强国控制和支配着国际体系内的弱国家",但这种控制只是相对控制,"没有一个国家曾经完全控制了国际体系"。④

霸权意味着一个单一的具有超强的政治、经济、军事实力的国家支配着国际体系,而霸权稳定则是指在"国际社会中某个霸权国的存在,对稳定国际经济秩序,发展国际公益是必要的"。⑤ "它重点研究权力的分配与国际经济行为的特点之间的关系"。⑥

霸权稳定论这一术语由基奥恩最早提出,特指 20 世纪 70 年代西方国际政治经济学的主流派观点。但真正把这术语上升为理论概念的是经济学家麻省理工学院教授查尔斯·金德尔伯格,1973 年金德尔伯格出版专著《1929—1939 年的世界经济萧条》,全面阐述了霸权稳定论的基本观点,为

①　Robert Keohane,*After Hegemony*, p.32.

②　Immanuel Wallerstein,*The Politics of the World Economy: The States*,*the Movement and the Civilizations*,Cambridge University Press,1984, p.38.

③　Robert Gilpin,*War and Change in World Politics*,Cambridge University Press,1981, p.144.

④　Ibid., p.28,29.

⑤　Stefano Guzzini,"Robert Keohane:The Realist Quest",in Iver Neumann and Ole Wæver(eds.) *The Future of International Relations—Masters in the Making*, p.134.

⑥　Katzenstein,Keohane and Krasner,*Exploration and Contestation*,The MIT Press,1999, p.21.

该理论奠定了基础。霸权稳定论形成之后，经历了10多年的发展，相继出现4位学者以4本著作使该理论日趋充实完善：斯蒂芬·克拉斯纳的《国家权力和国际贸易结构》(1976)、罗伯特·吉尔平的《世界政治中的战争与变革》(1981)、罗伯特·基欧汉的《霸权之后——世界政治经济中的合作与纷争》(1987)和乔治·莫德尔斯基的《世界政治的长波理论》(1987)。从70年代后期起，克拉斯纳、吉尔平、基欧汉和莫德尔斯基将该理论扩展到军事、安全等领域，强调霸权国的存在有利于国际体系的稳定。在这些学者中，吉尔平对霸权国实力和稳定的国际秩序之间的关系作了最系统的理论分析和阐述。

霸权稳定论是西方国际关系理论中很有影响的流派之一，它被广泛地应用于解释在某些情况下国际体系为何能成功地运作，而在另一些情况下国际合作却未能成功地实现。该理论认为，国际霸权体系与国际秩序稳定之间存在着一种因果关系，一个强大并且具有霸权实力的行为体有利于国际体系的稳定和公益的实现，相反，在不存在霸权国的情况下，国际秩序将会是混乱无序的和不稳定的。霸权国不但可以稳定国际政治秩序，还可以营造一个稳定发展的国际经济秩序。霸权国实力越强，国际社会在政治和经济层面上越是稳定，随着霸权国实力的衰退，全球秩序趋于动荡不安，已有的国际制度也开始失去其应有的效用。然而，霸权稳定论不论从其现实意义上还是历史的范例中遭到了诸多的批判和否定，我们将在本节结尾时作详细分析。

二、内容及其实质

霸权稳定论的主要内容，是首先承认国际关系具有激烈竞争的性质，现代民族国家是一部战争机器，国家安全和政治利益是第一位的。如果没有霸权国提供有利的政治和经济环境就很难有一个安定的国际秩序，所以霸权的存在就意味着稳定的国际政治与经济秩序的存在；无霸权的存在国际社会处于无规则的混乱状态，在这种状态中，大规模的战争很容易爆发，国际经济体系将会解体，造成全球政治混乱，经济倒退。对于金德尔伯格来说，开放和自由的世界经济需要有一个居霸权和支配地位的强国来维持秩序，这一强国所起的作用是一种"稳定器"的作用，作为"稳定器"的国家有责任向国际社会提供"集体利益"或"公益"（"集体产品"或"公共产品"），如建立在最惠国待遇基础上的平等原则和无条件互惠原则之上的自由形式开放贸易体制和稳定的国际货币以及国际安全等。霸权国承担这些责任是因为它从中可以得到利益,也同时为其他国家或者国际社会提供利益。霸权国的经济对世界经济的运行至关重要,它以自己强大的经济实力影响着全球经济发展的轨迹,建立起全球经济所遵循的原则、规章制度以及决策程序。19世纪的金本位制和第二次世界大战后的布雷顿森林体系体现了霸权国在维持世界经济体系中的作用。金德尔格伯强调,霸权国要能为亏本的商品提供市场,让资本稳定地(非逆循环地)流动,而且当货币制度呆滞陷入困境时,作为"稳定器"的霸主能提供清偿能力,建立某种再贴现的机制,并能在汇率浮动和资本市场一体化的金融体系中"在某种程度上管理汇率结构,并对各国国内货币政策作出一定程度的协调"。[①] 此外,霸权国进口的增加会引起其他国家经济增长,它的对外投资为发展中国家提供了经济发展所必要的资金,以技术转让的手段,它又能给发展中国家提供技术和专门知识。霸权国实力越强,就能创造更多的公益,国际经济和政治秩序就越是稳定。

霸权国在国际体系中并不是随心所欲地实现自己的愿望,它既然要求他国遵守有关国际规则,它自己就应更有自我约束性。它所拥有的霸主地位或领导权是建立在其他国家对它的合法性普遍依赖的基础上的,同时为了维护其霸权的需要,霸权国同样也要受到制约。在国际社会中,其他国家接受霸权的领导,不但是因为霸权国具有占支配地位的经济、政治及军事实力,更因为是它享有一定的威望,这种威望是靠霸权国公平地处理国际社会中事务而赢得的。如果别国认为霸权国违背公共意愿,损害公益以谋私利,那么,以霸权国为主导的霸权体系将会被极大削弱。另一方面,当霸权国(特别是该国公民)认为维持霸主地位所付出的代价开始超过预期的利益时,霸权体系也会逐渐削弱。

霸权国的地位只有在国际规则的基础上既制约别人又制约自己的情况下才能得以维持。金德尔伯格与吉尔平都认为,历史上既有利于霸权国领导,又利于世界自由经济兴起的国际霸权体系曾有两次。第一次是从拿破仑战争结束到第一次世界大战的爆发,这一时期是所谓的英国统

---

① Charles Kindleberger,"Dominance and Leadership in the International Economy: Exploitation, Public Goods and Free Rides", *International Studies Quarterly*, June 1981.

治下的和平。第二次是所谓的美国统治下的和平,二战后,美国与其同盟国建立起自由经济秩序,如"关税及贸易总协定"和"国际货币基金组织"。在帮助西欧(特别是德国)以及日本的经济恢复方面,美国起了决定性的作用。

在霸权体系中,除靠霸权国的威慑力来维持秩序外,更主要的是依靠国际规则来管理世界事务。霸权国以及其他大国既是规则的制定者又是规则的维持和执行者。"国际规则就是各国政府在会议上达成的统一协定……是指导国家以及其他重要角色行为的常规,规则以及过程步骤"。① 根据基欧汉的理论,霸权的实力主要来源于两种资源:其一是有形资源,如国内生产总值,石油进口依赖性的大小,国际货币的储存以及世界贸易所占份额的大小;其二是无形的资源,如一国对于自己国力和货币的自信程度以及相对于其他国家所享有的政治地位等。所以,霸权国力量强弱的变化就意味着其力量资源的变化,力量资源的变化最能解释国际规则的变化。一国霸权的力量结构有利于国际规则的强势的发展,而霸权的力量结构削弱则导致相应的国际经济规则力量的减弱,也就是说当有形资源,特别是经济资源的分布趋于平衡时,国际规则的作用被削弱,其中一个原因就是当霸权国实力衰落时,就不会有足够的力量去强行维持国际规则以反对"不情愿的参与者",也没有足够的资源去"诱导"其他国家遵守国际规则的限制,此外,当霸权国实力下降时,维持国际规则所付出的代价就相对提高,在这种情况下霸权国谋求将额外的负担转嫁给它的盟国,与此同时,原来属于二等地位国家的兴趣也发生了转变,他们开始积极地支持国际规则,并试图超越其他国家,重新制定对于自己有利的国际规则。在这个意义上,"霸权稳定理论就成了'资源是力量的理论',该理论试图将有形的国家能力(概念化为'实力资源')与国家行为联系起来"。② 霸权与国际制度力量成正比,国际制度的变化又反映了国际体系力量分配的变化。

克拉斯纳认为"潜在的经济实力"是维护国际规则,特别是国际经济规则的主要因素,军事力量不是改变其他国家经济政策的有效工具,也"不能

---

① Robert Keohane, "The Theory of Hegemonic Stability and Changes in International Economic Regimes, 1967—1977", in Benjamin Cohen (ed.), *The International System and the International Political Economy*, Edward Elgar Publishing Company, 1993, p.200.

② Robert Keohane, "The Theory of Hegemonic Stability and Changes in International Economic Regimes, 1967—1977", in Benjamin Cohen (ed.), *The International System and the International Political Economy*, Edward Elgar Publishing Company, 1993, p.205.

有效地运用于对付中等国家"。① 军事力量能成功地运用于对付欠发展的国家,而经济力量则可用来对付较大的而且更重要的国家。

霸权稳定论的提倡者还提出一个"搭便车"的论据。在霸权体系中,霸权国为世界提供了稳定自由经济机制,也就是说,在许多问题领域内带头制定了行为规则。霸权国在它所带头创造的国际机制中当然享受到许多利益,因为它提供公益的目的在于维持现状和获得更多的利益。邓肯・斯奈德认为霸权稳定论有两个重要假设:一是霸权国为稳定的自由贸易国际体系提供领导角色;二是虽然主导国家获益,但小国也获益,国际公益使小国能获取更多好处,这是"霸权稳定论的实质"。② 另外,霸权国市场规模很大,其他国家从中获益较为方便。

吉尔平提出以明确和加强财产权的方式维护公益,克服"搭便车"所造成的问题。在一个国家内部,政府实施产权法目的在于反对和限制侵犯他人财产的行为,在国际社会中,产权法的明确界定和加强实施有利对国际社会公益及各国资源的保护。吉尔平强调霸权和效率是维持相互依存市场经济的两个必要的先决条件。"一个社会进入广泛的市场关系之中也有两个条件,一是该社会所获得的多于所付出的时候;二是另一个强大的社会强加给这一种市场关系时。所以,维系相互依存的世界市场经济的任务就落在了政治上最强大的,经济上最有效率的国家身上"。③ 没有效率的霸权很容易走上帝国型经济,如前苏联集团。然而,如果经济效率很高的国家没有强大的政治军事力量作后盾,它则很难让其他国家承担维持市场体系的费用,比如说日本一直担心关税壁垒将自己与外国市场分离,虽说日本经济实力显得十分强大,但缺乏政治力量作担保,所以,日本人的顾虑是难免的。吉尔平认为,成功维持了世界政治及经济体系稳定的国家当属 19 世纪的英国和 20 世纪的美国,这两个国家在不同时期都拥有霸权和效率这两个因素,也就是说,都具有强大的经济和政治与军事实力。

霸权国是以其压倒一切的实力维持霸权体系的,霸权的实力就是政治、

---

① Stephen Krasner, "State Power and the Structure of International Trade", *World Politics*, April 1976.
② Duncan Snidal, "The Limits of Hegemonic Stability Theory", *International Organization*, Autumn 1985.
③ Ibid.

军事、经济力量,而经济力量是霸权实力的最基本源泉。基欧汉认为,从世界政治经济的角度看,霸权稳定论的一个重要含义就是把霸权概念界定为物质资源的优势,即指一国能自由地利用和控制关键资源,以维持在进口市场的高附加值岗位上拥有优势。[①] 以实力为基础的霸权有它的产生、发展和强盛阶段,也有它的衰落时期。霸权衰落就是霸权国实力的衰退,也就是国际社会中力量分布发生了变化。所以,霸权衰落可以归纳为两种,其一是霸权的"绝对衰落",指霸权国由于内部管理不善及力量分化造成自身经济、军事以及政治实力的下降,如 16 世纪末期的西班牙霸权的衰落;其二是霸权的相对衰落,指二等国家的力量发展壮大并且赶上了一等国家,虽说旧霸主的绝对实力也在增强,但面对正在崛起的国家,它的势力相对下降。目前关于美国霸权衰落的讨论便是一个真实的案例。

三、关于霸权稳定论的评判

根据基欧汉和吉尔平的界定,霸权是由"一个单一国家"统治国际体系的结构,当他们在评价霸权的历史范例时,都以英国和美国霸权为依据。然而,将霸权限定在一国统治全球就具有很大的片面性。

当然在谈到霸权时,不可能很精确地断定一国占有世界力量的多少份额才算是拥有了霸权的资格,但是,"至少应该尽量弄明白与霸权、准霸权和非霸权相关的力量分布"。[②] 迈克考恩认为,克拉斯纳和吉尔平等人对英国霸权的时间划分不够精确。吉尔平认为,如果把法国的失败、维也纳协调以及无可比拟的英国海军力量看成是英国霸权建立的主要因素的话,英国霸权之巅始于 1849 年。克拉斯纳认为,19 世纪 60 年代的英国虽说维护了开放的贸易体系,但还没到达其霸权的鼎盛时期,英国仍处于准霸权时期,那么又怎么解释 19 世纪 60 年代的准霸权国英国成功地维持了开放体系,而在 19 世纪 80 年代,作为霸权国的英国却未能有效地维系这一开放体系呢?所以,霸权稳定论的提倡者没有在这一概念上提出令人

---

① 罗伯特·基欧汉:《霸权之后——世界政治经济中的合作与纷争》中文版,2006 年,第 31—32 页。

② Timothy Mckeown, "Hegemonic Stability Theory and the 19th Century Tariff Level in Europe", in Benjamin Cohen (ed.), *The International System and the International Political Economy*, p.86.

信服的解说。

霸权稳定论没有把非霸权国的动机和力量考虑进去。如果一个非霸权国的实力与霸权国相差无几并且表现出很强维系现在开放体系的意愿时,国际冲突的可能性则小;但当这个非霸权国认为维持现状不能满足自己利益需求时,它就会反对霸权国及其政策。第一种情况表明维持霸权力量很强,非霸权国家联合支持霸权体系以及相应的国际制度。而第二种情况则说明没有充分的力量维持霸权体系,非霸权国家则联合起来加速霸权国的衰亡进程。

霸权稳定论实质上是一种强权说,也就是列宁所指出的帝国主义政策。"公益"和"搭便车"说掩盖了大国剥削弱国和小国的实质。假如霸权有利于弱小国家对公益的充分享受,那为什么会出现弱小国家越来越落后,而霸权国越来越强盛?霸权体系只能适应于"西方俱乐部"各成员国,霸权地位只能是在强国和大国之间更替,所以,该理论存在严重的缺陷。

邓肯·斯奈德认为公益有三个特性:其一是"共享性"(jointness)。广义上讲,它意味着国际体系中所有成员能同时从公共物品中获得利益。然而,一国所得是另一国的所失,一国获益妨碍他国的利益所得,所以,霸权机制只有剥削性和不能满足"共同享有"的特性,因为,利益并不是所有成员共享的,而是从一个国家重新分配到另一个国家。在利益分析中,强国和大国总是利益的分享者。再者,在霸权体系中,一些附属国往往认为搭便车是它们所享受到的公益,但是,霸权国则会制定规则并鼓励其他国家负担义务和责任。在这种"强迫型"的霸权体系中,霸权国会强迫其他国家为霸权体系服务,当然强迫的就不会是公益了。

其二是"非排除性"(nonexclusion)意指各国无力防止"搭便车"的现象。在霸权体系中,只有选择地提供"公益"才有可能避免无功享禄,然而,这种"公益"却不是实质的公益,在"强迫型"的模式中,霸权国可以迫使其他国家也提供公共物品,并设计出许多方法将公益的享有限制在作出贡献的国家,如只给互惠国减免关税和无害通过权等。

其三是"集体行动是不可能的"。这一假设悲观地断定,不论同盟关系有多紧密,同盟国之间的集体行动是离心离德的。如果集体行动是不可能的,国际合作则不可行,公益就无法实现,这样就需要一个霸权国单方面或者强迫其他国家提供公益。斯奈德认为"集体行动不可能"之说源于对现实主义理论的曲解。现实主义的一个主要观点是国家在国际社会中谋求自己的国家利益,为了达到这一目的,可不惜损害他国的利益,但现实主义这一理论并没有否定一国在与他国的合作中取得自己的最大利益,相反,现实主义强调,国际社会是无政府的,缺少一个具有中央集权的权威机构,所以合作显得十分必要,特别是战后,越来越多的国家进一步认识到在国际合作与相互依存中取得了越来越多的利益。所以,如果集体行动是可能的,那么霸权稳定理论则是不正确的。然而,一些霸权稳定论者如金德尔伯格、吉尔平以及克拉斯纳等也承认,霸权国的行为不是利他主义的,而是为了自身的利益。

霸权稳定论断定霸权国实力越强,国际体系就越稳定;当霸权国实力开始下降,国际社会的稳衡状态就会开始向非稳衡状态发展并随着霸权体系的解体而失衡,最终出现无秩序的局面。换句话说,霸权国越是强大,国际冲突就越少,霸权国越衰弱,国际冲突则越多。然而,事实并不能支持这一观点。二战后,美国开始处于霸权国地位。特别是 1946—1955 年间,美国国力处于相对最强盛时期,可是国际冲突并没有下降。在美国领导的霸权体系中,虽说没有爆发全球的大战,但国际冲突仍是此起彼伏,"长期和平"倒成了长期战争时期,在过去的四十年里,共发生了 269 次国际冲突,2 180 万人死于战乱中。[①]

霸权稳定论有一些假设并不正确,只是以点代面,特殊性取代普遍性。历史上存在过许多霸权国,在新老霸权交替时,人类付出了巨大的甚至灾难性的代价。相对稳定的局面并不是美国霸权的结果,而是均势成功运用的成果。

邓肯·斯奈德曾提出,霸权稳定论是"一种特殊的案例,运用时应特别谨慎小心"。他也承认,第三世界国家认为美国的领导更多地是为了建立"一个私人俱乐部",而不是为小国、穷国、弱国提供"公益"。"80 年代中期开始,霸权稳定论呈现预势",其局限性可以从反面使人们"更好地懂得国际合作基础"的重要性。[②] 这一评论言之有理。

---

① Charles Kegley and Gregory Raymond, *A Mulipolar Peace?*, St. Martin's Press, 1994, p.25.
② Duncan Snidal, "The Limits of Hegemonic Stability Theory", *International Organigation*, Autumn 1985.

四、霸权稳定论与领导长周期论

20世纪中叶以来,西方学者相继提出了国际政治周期性规律问题。[①] 这些理论的提出是与当时美国下降的国际地位和领导作用分不开的。在60年代末和70年代初,美国由于和苏联争夺世界霸权,军事上陷入越南战争不能自拔,政治上受到第三世界发展中国家的挑战和孤立,石油危机带来的连锁反应使美国国内经济面临严重困难,1973年以美元为中心的"布雷顿森林体系"宣告解体。美国内外交困的形势为学者们提供了反思美国对外战略的历史契机,并由此展开了对国际政治进程规律性的大讨论。

吉尔平的霸权稳定论探讨的是霸权国家兴衰与国际冲突的关系。在他看来,霸权国家的此兴彼伏是国际政治生活中的中心内容,全球战争是霸权建立所依赖的手段,国际政治是体系变革的决定因素。新的世界霸权的产生带来了一段稳定和平时期,但随着时间的推移,霸权的实力必然下降,霸权地位受到动摇,国际体系重新回到无序的初序状态中,直到大规模战争带来新的霸权产生。这里,吉尔平没有列出霸权周期的具体时间表,但我们可以从他的著作中看出,国际政治体系中曾有两个霸权国家,一个是英国(1815—1873),另一个是美国(1945—1967)。在国际政治体系动荡不定的情况下,霸权也很难建立起来。

莫德尔斯基的"长波论"和吉尔平的"霸权稳定论"本质上没有太大的区别。莫德尔斯基认为,战争既是世界霸权兴衰不断循环所依赖的必要条件,同时也是这种周期性转变的结果。他按照大国间力量的强弱,尤其是一国的海军力量是否大于其他大国的海军力量的总和来确定霸权国家,并据此把500年来的国际政治划分为五个世纪性周期(1495—2030年),每个周期

---

① 除吉尔平和莫德尔斯基外,美国著名学者沃勒斯坦也提出了霸权周期论(cycle of hegemony),这种理论强调世界经济在国际体系中的作用,认为世界经济的持续膨胀、经济增长点的扩大以及地理上的扩展是国家建设、霸权兴起和大国战争的主要推动力。沃勒斯坦依据一国在生产总量、商业和金融三方面所处的国际地位把霸权周期分为四个不同的阶段:(1)霸权全胜期(victory)、(2)霸权成熟期(maturity)、(3)霸权衰落期(decline)和(4)霸权上升期(ascent)。他把霸权周期理论与国际冲突结合起来,认为在霸权的全胜期和成熟期,国际体系井然有序,大国间冲突最少,而在霸权的衰落期和上升期,由于新的挑战国家不断出现,国家间竞争激烈,大国间冲突最多和最强。由于经济是决定霸权兴衰的主要因素,因此,沃勒斯坦认为,战争是霸权国家保持经济优势地位的最终手段。详见 Immanuel Wallerstein, Three Instances of Hegemony in the History of the World Economy, *International Journal of Comparative Sociology 24* ,1983。

又分为世界国家、非正统性、非集中性和全球战争四个阶段。在每一个周期中都有一个霸权国家,它们依次是 16 世纪的葡萄牙、17 世纪的荷兰、18 和 19 世纪的英国、20 世纪的美国。在(1)和(3)两个阶段中,由于国际体系比较稳定,国际政治中的冲突较少,而在(2)和(4)阶段中,因新的挑战因素不断涌现,国家间的竞争和对抗加剧,大国冲突更多和更强,最终发生全球战争。战争的结果是世界国家的产生和国际政治体系的稳定。根据莫德尔斯基的划分标准和其列出的时间表可以推断,目前的国际政治体系正处于第五个周期中的第三个阶段,即非集中阶段。

吉尔平和莫德尔斯基两人的霸权周期理论的共同点是:第一,霸权国家和挑战国家的交替出现和相互间的冲突是国际政治体系变动的必然结果,也是国际政治体系变动的内在动力。国际政治周期性演变是不依人们意志为转移的客观规律,当一国霸权建立之后,其实力远远大于其他国家,国际体系由此而处于稳定时期。在经过相当长的时间后,随着各国实力的消长,挑战国家开始出现,领导者的地位相对下降,在某一周期结束时,这些新兴国家对现在国际秩序的不满和叫阵越来越强,双方争夺霸权的战争不可避免,国际政治体系重新回到无序和混乱的局面,在经过长期而反复的拉锯战后,挑战国家代替旧的霸权国家开始主导国际政治体系,世界又一次回到稳定时期,国际政治进程完成一次大的循环。

第二,低强度冲突和高强度冲突交替产生。这种现象与国际体系的有序或混乱以及霸权国家或挑战国家是否出现有着密切的关系。一般情况下,当新的霸权国家即将出现之时,国际冲突的强度就相应增加,大国战争或世界大战的可能性就会更大;在霸权国家巩固其霸主地位之后,挑战国家还没有出现,国际体系相对稳定,国际冲突较少,强度较低。

第三,世界经济对国际政治进程周期性规律的影响是有限的。世界经济的膨胀与停滞仅仅是霸权国家兴衰的一种表现形式。尽管世界经济的某种规律性与国际政治的霸权周期性有相对应之处,国际政治可能受到世界经济变化的影响,但国际政治进程并不决定于经济,国际政治仍是国际体系变革的主要推动力。

20 世纪后半叶,世纪性周期的转变到了紧要关头。两个超级大国的全球对抗并不是以战争的形式带来国际政治体系的变化,相反,国际政治中除了地区性冲突和国内战争发生的次数增加外,大国战争或世界大战的可能性几乎等于零,同时国际政治体系在向多极化发展,相对于冷战这一具有高强度军事对抗性质的周期性阶段来说,冷战后时期总体上反而稳定得多。这种现象与上述霸权周期理论的分析很不相符,究其原因,主要有四条:

第一,这次阶段性转变是一次最难预测的转变,它不仅不符合上述国际政治周期性规律,而且完全出乎各国政治家和战略家的意料之外。这次转变并没有伴随着大国间冲突的发生,更没有大国间关于如何结束战争和战争后划分势力范围的情况。

第二,大国的兴衰变化迅速。苏联和俄罗斯的衰落之快和中国崛起之快没有人料到;日本和德国也没有像几年前有人预料的那样成为羽毛丰满的超级大国;美国仍然是唯一的超级大国,这一全球均势中的重要现实没有改变。

第三,冷战期间大国冲突的主要根源是意识形态因素,而冷战后时期,国家间冲突的根源分散化,冲突的性质发生了很大的变化。

第四,科学技术大发展和经济一体化是影响冷战后国际政治进程的重要因素。冷战后国际体系的相对稳定在很大程度上要归功于世界经济的相互依存和一体化。大国关系虽说仍在调整之中,大国间政治和军事关系走向不明,但经济关系中你中有我、我中有你的现实对大国之间的冲突和摩擦的发生起到了很大的抑制作用。

针对国际政治周期性规律中出现的新情况,在评估冷战后国际政治体系的发展前景时,有几个问题需要回答。(1)冷战后的国际政治体系中是否存在一国霸权或集团霸权?(2)新兴国家是否就是挑战国家?挑战国家是否可以不通过战争成为新的霸权国家?(3)经济一体化是否可能制约大国战争和世界战争的发生?

世界经济一体化尤其是资本主义国家的经济一体化使它们之间的命运彼此息息相关,一荣俱荣,一损俱损。目前,西方资本主义国家已改变早期靠对外侵略、占领他国领土和剥削他国资源的方法,更加重视用经济和软实力(高科技、信息和文化)来控制别国,西方国家在对外战略的目标以及如何实施问题上存在共识,这就需要它们联合起来共同剥削和控制发展中国家。这种现象是冷战后国际政治的新特点,同时也是国际政治周期性规律发展过程中所特有的现象。所谓"集团霸权主义"情况只是暂时的,"只有群体或国家认为这种变革(指国际体系的变革)有利可图时,它才会谋求变革这种体系"。[①] 在各

---

① 戴维斯和诺斯:《国际变革与美国的经济增长》,剑桥大学出版社,1974年,第6页。转引自罗伯特·吉尔平著:《世界政治中的战争与变革》(中译本),中国人民大学出版社,1994年,第50页。

国实力对比发生质变后,一些国家"独霸"的愿望和意图就会出现,这时,国际体系就将发生根本性的变化。"集团霸权主义"只是冷战后国际政治体系变革的一种现象和趋势而已,一旦这次变革结束,它也会随之消失,因为它并不是世纪性周期规律的一部分。

在每一轮周期中都会出现许多新兴国家,一般情况下,新兴国家可以和挑战国家划等号,它们都希望改变现行的国际政治经济体系,使之有利于自己的发展。挑战国家通常不止一个,有时有许多个。争夺霸权的斗争并不仅仅是在衰落的霸权国家和挑战国家之间进行,更多的是在挑战国家之间进行,霸权国家的某些合作者其实也是争夺霸权的国家之一。五个世纪以来的霸主几乎都是如此产生的,如20世纪霸权地位的争夺战就主要是在美国和苏联两个新兴国家之间进行的。未来的国际冲突更可能在挑战国家之间发生。因此,我们更应该关注新兴国家或称挑战国家之间的冲突,它们之间关系的好坏才真正决定国际政治经济体系的未来。

有一点需要强调指出,新兴国家或曰挑战国家的出现是国际政治体系变迁的必然结果,只要大国间实力对比在不断消长,国际体系在发生着量变和质变,新兴国家就会以"挑战者"的面目出现。一国兴起使其不能不成为挑战国家,但挑战国家可以不做"霸权国家"。前者决定于客观事实,后者决定于主观意图。

从上述我们可能对冷战后国际政治体系的变革以及大国关系的调整作如下结论:(1)新兴国家或者挑战国家不能不积极参与到这次世纪性大变革中去,否则就会在大国竞争中落伍。(2)既然卷入进去,就避免不了和其他大国发生矛盾和冲突,这很正常。但挑战国家之间合作大于冲突,协调大于对抗的趋势也是很明显的。(3)在旧的霸权向新的霸权转换之时,挑战国家面对的困难更大更多,但挑战国家可以不通过战争(或通过低强度战争)成为新的霸权国家(它也可能不愿称霸)。

任何一种社会发展规律也是在不断变化和发展的,随着时间和空间的改变,它需要人们对它重新认识并进行补充和修正。国际政治周期性规律同样如此。一方面,霸权的世纪性轮回悄悄地对国际政治进程发挥着作用,国际体系不断经历着混乱与稳定的过程;另一方面,这种规律内部也在发生根本性的变化。莫德尔斯基等人的霸权周期理论的不足之处在于把国际政治周期性规律看成是一成不变的东西。从他们的观点中可以引申出,无论国际体系如何变化,国际社会如何发展,每个国家都难以摆脱霸权国家和挑战国家轮番上台表演、有序与无序交替变化的规律的束缚。500 年来的"挑战者"之所以统统没有逃脱失败的命运,霸权国家的"合作者"之所以能够成为新的霸权,①仍可归因于这一规律的作用。他们把国际政治和世界经济割裂开来,漠视世界经济相互依存和一体化的作用。因此,我们在分析和运用国际政治周期性规律的时候,首先要用发展和动态的眼光而不是停滞和静止的眼光看待这一规律,只有采取这种态度,我们才能从本质上抓住当前国际政治体系变迁的规律。

第四节 合 作 论

一、时代的折射

早期的政治现实主义学派认为,虽然国际关系本身包含冲突与合作两个方面,但冲突大于合作,冲突是绝对的;即使有国际合作,那也仅仅是对冲突所作出的反应和协调。国际冲突论正是反映了这一思想认识。世界进入20 世纪 70 年代后,国际关系格局发生了重大变化:美国霸主地位明显衰落,美苏关系从冷战转为缓和,欧洲出现经济复苏和政治联合,日本实现经济起飞,直到苏联解体、冷战结束,国际经济关系中从战后一国主导到多国调节的过程和国际政治关系中从两极走向多极的发展过程同时得到加速。这一时代背景促使国际合作成为当今世界的主潮流。

国际关系的合作理论正是对这一时代根本特征的折射。20 世纪 80 年代中期,合作论的研究出现一个高潮:1984 年,罗伯特·基欧汉出版《霸权之后——世界政治经济中的合作与纷争》,同年罗伯特·奥克塞罗德的《合作的演变》问世。1985 年 10 月,《世界政治》杂志发表一组关于合作问题的文章,次年肯尼思·奥伊主编出版了颇有影响的《无政府状态下的合作》,将上述一组文章全部收入其中,成为合作论研究的集大成。奥伊认为,世界无政府状态难以改变,国家应通过无政府状态下的合作实现共同的发展目标。为此,他提出两个问题:(1)什么是无政府状态下合作产生的有利环境?

① 时殷弘:《国际政治世纪性规律及其对中国的启示》,《战略与管理》,1995 年第 5 期,第 1—3 页。

(2)什么是加强这一合作的有效策略?这两个重要问题把当前正在开展的关于合作的讨论引向深入。

二、基欧汉的"霸权后合作论"

该理论由罗伯特·基欧汉在《霸权之后——世界政治经济中的合作与纷争》中提出。针对美国昔日霸主地位的丧失和现实政策与战略的调整,基欧汉强调说:"最关键的问题是组织好在霸权不复存在条件下的合作,即霸权后合作。"[1]基欧汉承认,在政治学研究方面,最难写作的是国际合作问题。[2]"合作是一个很困难的研究课题"。[3]不仅界定和涵义不易把握,而且合作的背景、原因、规则及其特点牵涉面广,又相互缠绕在一起。他称,他写《霸权之后》这本书就是为了"寻求对合作问题的更深入的理解"。[4]"霸权后合作"即是该书的主题。[5]基欧汉在该书新版(2000年10月)的前言里更明确地指出:"在一个急剧发展的相互依存的世界里,合作如何得以培育?秩序如何得以维持?此书提供了一种以制度经济学为基础的新的理论视角。"

基欧汉在书中对合作问题进行了多角度、多层面的研究,其主要观点如下:

1. 合作与利益。基欧汉认为,利益问题是研究合作的重要出发点。"在一定条件下合作能在利益互补的基础上发展起来"。[6]而"国家间的共同利益只有通过合作才能实现"。[7]

2. 手段与目的。决策者应把握的是,合作是实现国家目标的手段,而本身不是目的。

3. 合作与相互依存。合作是相互依存的必需,而相互依存能带来合作的利益。

4. 合作与权力、财力。权力是财力的必需条件,财力则是权力的主要手

---

① Robert Keohane, *After Hegemony*, p.10.
② Ibid., p.5.
③ Ibid., p.10.
④ Ibid.
⑤ Ibid., p.49.
⑥ Ibid., p.9.
⑦ Ibid., p.6.

段,两者互补,为合作提供基础。

5. 合作与国家行为。基欧汉认为,国际合作与国家行为密切相关。国家行为常见的形式有两种:在单位层面上发生的国家行为是"由里往外"(inside-out),在体系层面上发生的国家行为则相反,是"由外向里"(outside-in)。基欧汉自称他是"由外向里"派,与结构现实主义的"由里往外"观不同,他强调国际制度及其实践对国家行为的影响。[①]

6. 合作与机制。在基欧汉看来,从二战后20年的霸权合作时代过渡到充满纷争的霸权后合作时代,是合作还是纷争占优势,基本上取决于政府如何更好地利用已有的机制来建立新的协议,并同时确保遵守旧的机制。此外,基欧汉强调,合作机制与霸权机制并不相悖。霸权机制依赖的是一种"非对称的合作",随着美国霸权的衰弱,霸权后合作是可能的,因为互补利益的存在可导致非霸权机制的建立,霸权后合作将是一种"对称的合作"。[②]

7. 合作与和谐、争斗。基欧汉在书中概述了霸权后合作的三种基本形式:合作、和谐和争斗。见本页图示;[③]第一种形式是和谐,意指国际关系角色无须进行政策调整就自然而然地促成对方达到预定的目标,因为双方利益一致,处于和谐状态;第二种形式是合作,意指原来不和谐的国家或集团必须通过"政策调整"和谈判协商,才能实现合作,采取一致行动。这种合作意味着存在利益矛盾和冲突;第三种形式是争斗,它与合作形式恰恰相反,意指处于不和谐状态的双方,经过"政策调整"后仍不能求同存异,观点和行动有严重分歧。

基欧汉认为,在处理和谐、合作和争斗的三种形式时,有两个注意点:第一,必须区分合作与和谐。合作与和谐是不同的概念,不应混淆,合作可促进和谐,但合作不等于和谐。"实现和谐,就无需合作"。[④] 和谐呈现非政治性,而合作则相反,呈现明显的政治性。第二,合作并不意味没有冲突,相反,它可包含冲突,在相当的程度上,它反映克服冲突的努力和成功。不应视合作为无冲突。合作只会在行为者认为处于冲突的情况下而不是处于和谐情况下才发生。"从一定的意义上来说,没有冲突就没有合作"。[⑤]

---

① Robert Keohane, *After Hegemony*, pp.25—26.

② Ibid., p.49—50.

③ Robert Keohane, *After Hegemony*, p.53.

④ Ibid., p.51.

⑤ Ibid., pp.53—54.

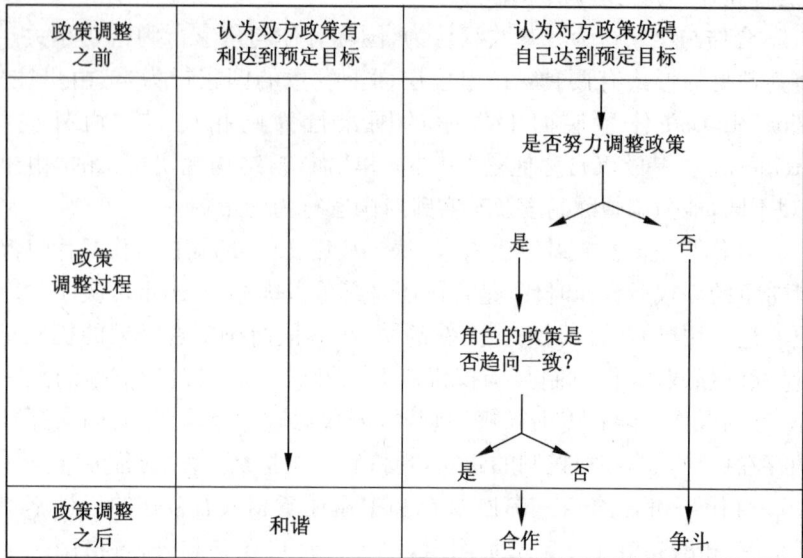

政策调整之前	认为双方政策有利达到预定目标	认为对方政策妨碍自己达到预定目标
政策调整过程		是否努力调整政策 是 / 否 角色的政策是否趋向一致? 是 / 否
政策调整之后	和谐	合作 / 争斗

基欧汉预测,在未来的国际政治经济格局中,霸权后的合作将成为主要形式,它将对解决各国面临着的全球问题起关键的作用。他强调,合作并不表明不存在利益冲突,而是要通过政策调整积极处理冲突,实现合作。政策调整成了合作形成和维持的关键。这里的要害仍然是,政策调整意指以美国的政策为主,解决冲突、进行合作应有利于美国的战略利益。

三、奥伊等人的"无政府状态下的合作论"

该理论主要反映在肯尼思·奥伊主编的《无政府状态下的合作》一书中,作者从不同侧面讨论了有关无政府状态下合作的理论、策略和机制问题。他们指出,战后国际关系虽发生了很大的变化,但世界范围的无政府状态的实质仍未改变。国际社会处于令人不满的但又无可奈何的无政府状态中,因此,当务之急是寻找在无政府状态下国际合作的新途径和新形式。他们认为,无政府状态下合作实际上是霸权后合作论的重要补充和发展,而霸权后合作实质上是一种新的无政府状态下的合作。

1. 在理论上,是要改造博弈论,强调多层次的博弈(multi-level game),主张以"问题联系"(issue-linkage)的方式促进各方的联系,打下合作的基础。①

2. 在策略上,是要进行"反霸权战争",这是实现国际合作的先决条件,未来的国际关系将以相互影响、相互依存、相互竞争为主要特征,"反霸权战争"有望成为确保国际合作的重要途径。

3. 在机制上,是要使国际合作制度化,使之有助于加强国家间的交互作用,指出世界处于无政府状态并不意味着国家间完全缺乏联系、组织和合作,而是说目前的国际合作过于松散。要改变这一情况,就必须抓好三个有关环节:利益的一致性、预测的共同性和参与者数目的调整。② 只有这 3 个环节环环入扣,初见成效,才有望实现无政府状态下的合作。为此,《无政府状态下的合作》的作者们提出了"互惠概念"(the concept of reciprocity)以及五个目标(为合作提供动因、监督合作行为、奖励合作者、有效地进行联系和完善多层次博弈)。他们强调,以"互惠"原则开展"有条件的合作"才是最佳的选择。③ 他们还指出,国际机制不是取代"互惠"原则,而是强化"互惠"原则,并使之制度化。④

在谈到合作理论时,霍夫曼和杰维斯都特别地提及,它是对现实主义权力论的修正。现实主义强调,争夺权力是国际关系的基本内容,冲突是其主要形式。而合作理论则强调健全国际机制,协调冲突,使合作成为国际关系的主要形式,与现实主义的冲突理论迥然不同。"当国家对国际上无政府状态普遍感到不满的时候,学者们应该努力去探究其过程,这样,不管无政府状态的现实如何,国际合作的有效形式也能够得以推进和发展"。⑤ 合作理论流派的这一强烈呼吁在学术界和决策层已经和正在引起积极的回响。

四、奥克塞罗德的"合作模式论"

密执安大学政治学教授罗伯特·奥克塞罗德以研究国际合作及其规则著称,在博弈论和合作论方面取得突破性成果。他于 1984 年出版的《合作的演变》是一部关于合作论的力作,被译成八种文字。在前言中,作者指出,

---

① Kenneth Oye, *Cooperation Under Anarchy*, Princeton University Press, 1986, p.239.

② Ibid., pp.227-228.

③ Ibid., p.249.

④ Ibid., p.250.

⑤ Ibid., p.254.

该书的目的是研究"如何在没有中央权威的情况下,在追逐私利的角色之间建立和进行合作"。① 作者运用博弈论中"囚犯的困境"手段对个人行为者和国际关系单位之间的合作问题作了"策略性"的探讨。当时,阿克塞尔罗德所得出的初步结论包括:

1. 在国际关系中,各个角色的利益并不总是完全对抗的,关键的问题是如何使不同角色相信,他们能从合作中达到互利目的。

2. 友谊并不是发展合作之必须。在一定条件下,建立在互惠基础上的合作甚至在敌对者之间也是可能的,这称为"我活也让别人活"(live and let live)模式。②

3. 使"我活也让别人活"模式得以运作的基本博弈规则是:第一,对别人的成功不嫉妒;第二,不首先放弃合作机会;第三,对别人的合作或不合作均持对等态度;第四,不要自作聪明。③

4. 在进行合作时,采取对应政策是必须的,第一步称试图合作,第二步再根据对方的反应决定如何行动。对应政策成功的秘诀是学习(learning)、效仿(imitating)和抉择(selection)。

5. 一般来说,合作应经过三个阶段:第一,在对双方共同利益的认定和追求的前提开始启动合作;第二,在互惠基础上制定相应的策略和措施;第三,巩固在互惠基础上的合作,防止任何一方不合作带来的侵害。

6. 关于改进合作博弈模式的五点建议:第一,未来比现在更重要,相互合作有利于稳定将来的关系;第二,改变互动激励机制,互动机制越持久,合作就越顺利;第三,教育人们应相互关心;第四,强调互惠的重要性,互惠不仅帮助别人,事实上也帮助自己;第五,改进"互认"能力,在互动过程中逐渐认可对方所发挥的作用,"持久合作"正是依赖这一能力。④

1986 年,阿克塞尔罗德兼任美国全国科学院研究员,负责一个国际安全合作研究项目,参加该项目的苏联合作者中就有戈尔巴乔夫。为此,奥克塞罗德曾多次访问苏联和东欧。在 1986 年到 1996 年 10 年的研究成果基础上,1997 年,他的又一部力作《合作的复合性——以作用者为基础的竞争与合作模式》发表。该书收集了作者的七篇论文,可谓"十年磨一剑"。奥克

---

① Robert Axelrod, *The Evolution of Cooperation*, Basic Books, 1984, Preface.
② Ibid., pp.21-22.
③ Ibid., pp.22-23.
④ Ibid., pp.126-141.

塞罗德在该书的前言里写道：这 10 年是发生深刻变化的 10 年,我有机会先后考察了美国、苏联和前南斯拉夫冲突各方,参与了不少旨在推动合作的国际活动。这本书正是这 10 年观察、思考的结果。①

作者自称,《合作的复合性》一书是 1984 年《合作的演变》的续篇。《合作的演变》是在冷战时期写成的,该书所运用的模式是博弈论中的“两人囚犯困境”模式。该书的主题是认为,只要存在长期的互动,基于互惠的合作就能维持和发展。目的是“帮助两极世界中美苏双方开展合作”。而《合作的复合性》则是在世界进入冷战后时期写成。作者认为,冷战时期的两极格局消失,对原来的“两人囚犯困境”模式形成很大的冲击。这本书超越了“两人囚犯困境”的基本模式,提出冷战后的复合型合作模式。作者提出,复合型合作包涵四个要素：(1) 完善强化合作行为的准则；(2) 确定有关标准；(3) 建立必要的合作组织；(4) 构建相互影响的共同文化。作者指出,他在分析以上要素时所使用的方法,是“将社会影响模式化,以帮助人们在互动的过程中实现互变”。② 其目的是加强对复杂世界的冲突与合作的了解和把握。

《合作的复合性》一书反映了阿克塞尔罗德关于合作论研究的最新成果。理论创新在于两个方面：

第一,运用“复合理论”(complexity theory)在“两人囚犯困境”的合作模式基础上,加入了“复合性”概念。他说：“我早就想超越‘两人囚犯困境’模式,研究人们在群体中间而不是两人之间时如何进行合作的问题。”③“因而,我提出新的‘多人博弈模式’……以新的游戏准则和选择来惩罚那些不合作的人。”④

第二,提出研究合作问题的三种科学方法,即归纳(induction)、推理(deduction)和作用者为基础的模式(agent-based modeling,下称作用者模式)。作用者模式与归纳不同之处在于,它强调数据应来自严格的特定的准则和规则；作用者模式与推理的不同规则是,它不像推理那样强调原理的论证,作用者模式有利于获取推断的科学结果,有利于完善数据处理模式,因

---

①　Robert Axelrod，*The Complexity of Cooperation—Agent-based Models of Competition and Cooperation*，Princeton University Press,1997.

②　Ibid.，p.145.

③　Ibid.，p.7.

④　Ibid.，pp.40-41.

而是最佳的选择。①

然而,阿克塞尔罗德的合作模式尽管有些新意,但仍未能说明时代的变化对国际合作的影响,未能揭示合作与利益、秩序、机制等关系,与世界现实严重脱离。

五、海伦·米尔纳的"国家间合作理论"

1992 年 4 月的《世界政治》发表了一篇颇有影响的书评,题为《国家间合作的国际关系理论——优点与弱点》,作者是海伦·米尔纳。这篇书评可以说是对过去 10 年关于合作问题的一个理论性小结,因而受到学术界的重视。

米尔纳指出,在过去 10 年里,国家间合作已成为国际关系领域的一个研究重点,在体系分析层次和合作行为分析两个方面取得进展。米尔纳认为,合作论者"在合作的定义上现在已取得一致意见",合作意指"行为者通过政策调整过程,调整自身行为以适应别人目前的和以后的需求",这里,政策调整的重点是各国调整政策以减少对别国的消极后果。②

米尔纳在书评中总结了六方面对国家间合作产生影响的"假设性因素":③

1. 绝对收益、相对收益和互惠互动因素。基本观点是:当国家采取互动互惠政策时,合作行动将更为可能,国家间进行合作是为了实现绝对收益,但在一定条件下,国家也追求相对收益。

2. 行为者的数目因素。奥伊认为,行为者越多,合作就越困难。米尔纳据此提出,两个行为者是合作的最佳数目,即双边合作最为可行。有的学者不同意"行为者越多,合作越困难"的观点,认为在国家追求相对收益的条件下,行为者数目的增加会使合作的可能更大。

3. 博弈论中"囚犯困境"模式的运用因素。如行为者能把重点放在未来的期待上,合作就更有可能。

---

① Robert Axelrod, *The Complexity of Cooperation—Agent-based Models of Competition and Cooperation*, Princeton University Press,1997, pp.3-4.

② Helen Milner, "International Relations of Cooperation Among Nations—Strengthes and Weaknesses", *World Politics*, April 1992.

③ Ibid.

4.国际机制因素。国际机制所强调的准则、原则和规则对合作的形成具有重要作用,国家间合作与国际机制密切有关。

5.认知一致因素。要实现合作,合作者必须形成认知的一致,特别是共同的利益和价值取向,对问题和解决方法的一致认识。

6.权力的非对称因素。米尔纳认为,权力的非对称等级有利于合作的实现。米尔纳的这一点与本章已提及的霸权稳定论别无二致,其主张在合作形式下推行强权政治的目的不言自明。

在列举影响国家间合作的方面因素的基础上,米尔纳还提出两点值得注意的理论思考:

第一,关于代价的问题。米尔纳认为,如果行为者发生冲突所付出的代价低,则合作的可能性就小;如果代价高,合作反而可能,甚至在无政府状态下也是这样。

第二,关于国内政治问题。米尔纳强调,国内政治对国际合作十分重要,这是因为国内政治制度、利益集团和公共舆论对国家在国际上采取什么战略和政策起决定性作用,只有国内一致,一国的国际合作协议才能得以批准和实施。在涉及国内政治与国际合作的关系上,多元理论、精英政治理论、国家制度理论和马克思主义政治学理论对国际合作研究更具有重要意义,是国际合作的四个核心理论。①

第五节 国际机制论

一、定义与沿革

机制(regime)一词源于拉丁文 regimen,意指"规则、指导、指挥、管辖"。法语中的 régime 是"合法的规则和原则体系"的意思。《牛津英语词典》中"机制"一词的释义为"方式、方法或规则、管理,或指具有影响力和权威性的体系或机构"。联合国国际法庭在 1980 年曾宣布,"机制"是"具有自制力的

---

① Helen Milner, "International Relations of Cooperation Among Nations—Strengthes and Weaknesses", *World Politics*, April 1992.

外交法律规则"以及"法规和规则系统"。

目前,西方国际关系理论学者对国际机制①提出了多种定义,但最典型、被引用得最多的是以下三种:

1. 斯蒂芬·克拉斯纳认为,国际机制是指"在某一特定问题领域里组织和协调国际关系的原则、准则、规则和决策程序"。②

2. 唐纳德·柏契拉和雷蒙·霍普金斯认为,国际机制是一种国际行为的特定模式,存在于国际关系中每一个带实质性问题的领域,任何一种共同的国际行为模式都伴随着相应的"原则、准则和规则"。简言之,国际机制就是"国际行为的机制化"。③

3. 奥伦·扬等人则提出,国际机制是指国家间的多边协议,旨在协调某一问题领域的国际行为。

从这三种典型的定义可归纳出国际机制的三个要素:共同的国际行为模式,协调国际间关系的原则、准则、规则和决策程序,以及限制在某一特定的问题领域。其中的核心是"原则、准则、规则和决策程序":原则是指"对事物的信念,因果关联和忠诚的行为";准则是指"行为的标准、权利与义务";规则是指"行为的具体的准绳";决策程序是指"作出和贯彻集体决定的主导实践"。

斯蒂芬·克拉斯纳曾对原则和准则、规则和决策程序两组概念的区别作了分析:首先,原则和准则体现机制的基本特征,同样的原则和准则可能会有许多与之相一致的规则和决策程序。规则和决策程序的变化只是在机制内部的变化,不会带来机制性质的改变;而原则和准则的变化却是机制本身的变化,会导致该机制性质的改变。当旧的原则和准则消失时,一般会出现两种情况:旧机制从某一特定领域消亡或者代之以一个新的机制。冷战后,新的国际关系格局正在逐步代替旧的国际关系格局,就是这一规律的反映。其次,一旦出现关于国际问题的重大政治论争,一般是更多地关系到机制的原则和准则,而较少涉及规则和决策程序。如第三世界国家要求改造国际经济秩序,使之建立在真正平等互利的基础上,它们希望的是国际经济

① 关于"international regimes"的译法,目前学术界有不同意见,如有的学者把它译成"国际制度",有的译成"国际体制",有的译成"国际机制"。笔者仍沿用原来的译法"国际机制"。

② Stephen Krasner (ed.), *International Regimes*, Cornell University Press, 1983.p.1.

③ Stephen Haggard and Beth Simmons, "Theories of International Regimes", *International Organization*, Summer 1987.

机制的原则和准则起根本变化,而规则和决策程序的变化是次要的。第三,必须把机制的变化与机制内部或基于机制之间的变化区别开来。机制的变化是原则和准则的变化,机制内部的变化是规则和决策程序的变化,机制之间的变化表明原则和准则或者准则和决策的不一致,而如果某一机制削弱了,则说明这一机制与其实践行为不相协调,就需要加以调整。

　　国际机制的概念于 1970 年始用于政治经济分析。整个 70 年代西方国际关系理论领域的情况是,以国家为中心的研究方向受到了挑战。首先是格雷厄姆·艾利森的《决策的实质》问世,提出深入到政府决策层次来研究对外政策,他的"合理行为者,组织过程和政府政治"三模式,突破了以国家为中心的传统模式。接着,在 1975 年,约翰·鲁杰率先将国际机制概念用于分析国际组织,并提出三种制度化层次的观点:一种是观点上的,被鲁杰称之为认知共同体;第二种是国际机制,指的是各国共同承认的一些规则和约束性制度,国家间的组织活动和财务投入都是依照国际机制进行的;第三种就是正式的国际组织。[①] 鲁杰与其他学者一起,把研究的注意力转向国际体系中的跨国组织和政府间行为者,以国家为中心的研究方法在国际关系理论领域所占据的支配地位开始动摇了。原先热心于国家权力、国家利益、军事冲突、国家安全等"高级政治"的学者也转向"低级政治",即国际合作和经济发展,以适应国际形势的变化:美苏缓和、越战结束、世界经济恶化、第三世界要求建立国际经济新秩序等,现实主义的"权力-利益-冲突"论已无力解释现实,国际机制论正是在这种背景下与相互依存论等应运而生的。

　　自鲁杰之后,国际机制的概念和思想在西方国际关系理论界地位不断上升。1977 年,约瑟夫·奈和罗伯特·基欧汉出版的《权力与相互依存》以较大的篇幅初步探讨了国际机制的理论问题和案例分析。1983 年,斯坦福大学国际经济学教授斯蒂芬·克拉斯纳主编出版的《国际机制》一书,全面系统地反映了国际机制的主要内容、基本特点和不同流派的观点,是集 70 年代至 80 年代初这方面研究成果之大成。它强调国际机制旨在:(1) 改变国际利益的狭隘观念,主张以合作互利的长远利益代替争夺权力的眼前利益;(2) 国际机制并不意味主权的转移或放弃,而只强调各国的共同责任和采取一致行动;(3) 国际机制为国际关系角色同时提供机遇和限制。1988

---

① John Ruggie, "International Response to Technology", *International Organization 28*(3), 1975.

年,基欧汉发表题为"研究国际制度的两种方法"一文,他概括的两种方法,一是理性主义研究,依据制度经济学基本原理进行分析;二是反思主义研究,强调价值、规范、惯例因文化不同而反映出差异,从而影响制度安排的有效性。[①]

近 30 年来,国际机制的研究课题经历了四次转移:从最初国家对外目标的扩大到全球相互依存的发展;从非国家和国际组织的行为者的增多到国际合作形式的变化;从新自由主义发展为新自由制度主义,故又称为"国际制度理论";[②]其研究范围也从区域性扩大到全球性,包括经济、政治、国际组织、人权问题、环境保护和军事安全等特定问题领域。有的学者指出:"国际机制应用于安全问题领域具有特殊的重要性。"[③]

二、基本特点

西方学者对国际机制的研究目前集中于两个方面:一般理论的研究和具体实例的研究。前者主要围绕两个问题:其一是机制与其他因素的关联;其二是机制的维持、变化的动力和规律。后者研究特定问题领域的国际机制,如核安全机制、国际人权机制、贸易机制、金融机制、能源机制、环境机制等。

根据西方学者的论述,大致可把国际机制的基本特点归纳为以下几个方面:

1. 战后,随着国际组织的发展,国际社会机制化(或叫国际组织化)日趋明显。机制化要求国际社会成员国的行为受制于被普遍接受的准则、规则和惯例。基欧汉认为,国际机制正是这一趋势的产物。国际机制并不是说国家自始至终在一切领域高度地受制于国际组织化安排,也不意味着国家可以忽视自身行为对别国产生的影响,国际机制只是强调,国家行为应在很大程度上取决于国际社会的主导原则和准则。除了国际政府间组织和跨国非政府组织的作用之外,国际机制还十分重视国际惯例的制约力量。国际惯例是"原则、准则、规则和决策程序"的重要补充,"机制"是明确的准则或

① 转引自王逸舟编:《全球政治与国际关系经典导读》,北京大学出版社,2009 年,第 120 页。
② Volker Rittberger (ed.), *Regime Theory and International Relations*, Clarendon Press, 1993, p.398.
③ Stanley Hoffmann, *Janus and Minerva*, p.144.

组织化,"惯例"则是国家间约定俗成的规矩,没有规矩,不成方圆。"没有惯例,国家之间的和平磋商和相互理解是困难的"。[①]

2. 和罗伯特·基欧汉一样,斯坦利·霍夫曼也认为"国际机制反映了国际关系学领域的新自由主义思潮,是一种理想化的世界模式"。[②] 霍夫曼称"新自由主义机制化"为"变革派的自由主义策略",旨在"把国际体系发展为全球机制"。[③] 其基本要素是:

——透明度。国际机制应为各个国家提供更多的沟通渠道,使国际体系更加"公开化",如联合国的多功能作用就是实例。另外,扩大跨国接触和国际交流也是增加国际机制透明的重要的途径。

——可靠性。这一原则要求出现更多的能限制国际上非道义的侵权行为的国际机制安排,可靠性来源于合法性,如联合国等组织应被赋予更大的执法权力。

——责任性。应建立强有力的集体机制,扶善抑恶。侵略者必受惩罚。国际机制应有利于国际社会采取集体行动反对侵略,打击恐怖主义,制止种族灭绝政策。

——一致性。国际机制的形成和发展是基于各国这样的共识:无论各国在对外目标和国际义务上有多少差异,它们都应承担超越国界的道义上的责任,在主持正义、消除贫穷、制止侵略、共同发展等方面采取一致的行动。

——非武力。国际机制反对单纯为了一国的利益而使用武力(大多数国家所同意的为了共同目标的合法使用除外)。在全球冷战时代,使用武力的问题留下了令人担忧的记录。如今,国际机制应把重点放在解决使用武力的问题上,特别是建立核军备控制和核非扩散机制。

3. 国际机制的另一个重要问题是,国际机制不是自然地形成的,也不是自然地得到发展的,它的形成和发展必须具备一些特定的条件。霍夫曼认为,首先,必须有一个在国际社会占支配地位的大国,其机制的原则和准则也许不是最佳的选择,但是由于其全球影响力,这些原则和准则往往自觉地或被迫地被大家所公认;其次,有关的国际关系实体(国家、国家集团或国际组织等)之间存在着一个共同的目标——安全和发展;第三,有关各方同意

---

①　Robert Keohane, *International Institutions and State Power*, p.2.

②　Stanley Hoffmann, *Janus and Minerva*, p.144.

③　Ibid., p.411.

"得大于失"的谈判和协商手段是解决国际危机的最好途径。

罗伯特·基欧汉从新自由主义角度提出了国际机制形成和发展的两个基本前提:一是国际社会行为者必须具有某些相同的利益,说明双方均可从合作得到好处。没有共同的利益,仍会有国际惯例,但不可能形成国际机制,如国际安全机制,国际贸易机制。另一个前提是,国际社会组织化程度的变化要对国际行为带来实质性的影响。如果世界政治的机构和机制是固定不变的,那么,强调国际社会组织化的变化与国家行为的变化就毫无意义。因此,变化是绝对的,静止是相对的。国际机制与上述两个前提的关系图示如下:①

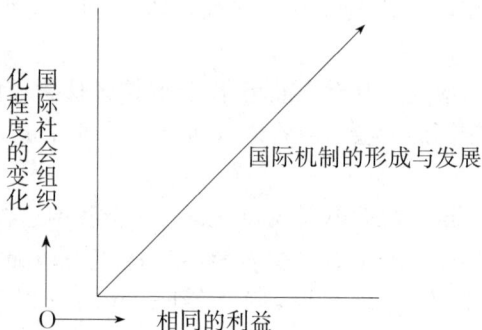

4. 国际机制的最大功能是"制约和调节国际社会角色的行为",②包含世界政治中不少调节性因素。它的功能性特征包括:首先,国际机制是一种主观现象,是主观的产物,它反映国际机制参与者对合法、合适、合理的道义行为的理解、期望和信念。在既具地缘又具功能性质的国际组织中国际机制最易形成。

其次,任何一种国际机制都包括决策程序的有关准则。因此在分析一种国际机制时,不仅要把握其主要的原则和准则,还要了解其决定具体政策和规则的一般准则。具体来说,就是不仅要知道谁参加该机制,什么利益占主导地位,而且还要了解进行决策、维护决策的细则和规定。

再次,任何一种国际机制还包括体现正统的思想和预测行为变化的主

---

① Robert Keohane, *International Institutions and State Power*, p.3.

② Stephen Krasner (ed.), *International Regimes*, Cornell University Press, 1983, p.62.

要原则。因为这些主要原则关系到国际机制参与者的等级安排、准则的实施情况和机制的潜在变化。

第四,每种国际机制都拥有一批精英分子或集团,他(它)们是机制内的实际行为者。一般来说,各国政府是大多数国际机制的官方参与者,而政府代表又基本上都是各国的重要决策者,即精英,这些精英对国际机制的原则、准则、规则和决策程序的理解、共识,对形成和维系国际机制起着不可替代的重要作用。

最后,国际机制存在于国际关系的每一个问题领域。哪里有行为发生,哪里就有机制;哪里需要调节集团或国家行为,哪里就有国际机制。经济领域最易形成国际机制,但最重要的还是国际安全领域。

5. 就其不同的性质和功能,国际机制的类别可以分为三组六种:

第一组是特定机制与一般机制。美国国际机制学者唐纳德·柏契拉和雷蒙·霍普金斯认为,任何单一的国际机制都无法囊括全球问题,但各问题领域的相互渗透、相互影响与日俱增。因此,目前国际机制出现的一个趋势是,"特定机制往往被包容在一般机制中",如美苏战略核武器谈判机制与大国合作机制的关系。特定机制的原则和准则等体现了国际社会的"基础建筑",一般机制的原则和准则等反映了国际社会的"上层建筑"。[①] 因此,第一组两种机制的关系实际上是处理国际机制的"基础建筑"与"上层建筑"的关系。

第二组是正式机制与非正式机制。一些国际机制是由国际组织或机构正式认可并监督实施的,它们就是正式机制,如欧洲货币体系和国际红十字会。相反地,更多的国际机制是非正式机制,它们只是参与者之间的"君子协定",为了各自的利益达成某些联系,如70年代美苏缓和,就是双方为了控制冲突,避免核升级而建立的一种松散的机制,当然也伴随着一些监督实施手段,如热线电话和赫尔辛基协定。

第三组是进化机制和变革机制。机制的变化主要有两种形式:一是改变原则,但准则不变;二是推翻准则,以导致原则的改变。前者的变化,是在机制的程序准则之内发生,这种机制就叫作"进化机制",这种进化现象并不带来参与者权力分配方面的变化,不影响机制的权力结构和"博弈规则"。而"变革机制"是指机制的权力机构和利益分配起了变化,本来的原则和准

---

① Stephen Krasner (ed.), *International Regimes*, Cornell University Press, 1983.p.64.

则也随着变化,机制内原处于劣势的参与者上升为优势者,重新确定有利于自身的新的准则和规则,这样,就开始了机制变化的新的周期。

6. 秩序是机制的结果,按照不同的秩序结果,机制又可分为自然秩序机制、协调秩序机制和强加秩序机制。

自然秩序机制,顾名思义,是指自然形成的机制,它不需要机制参与者的有意识的合作和人为的契合,这种机制几乎完全建筑在自然秩序(不同于自然状态)的基础上,如自然形成的市场机制,以及在国际层次上形成的均势格局。它的特点是结构松散,变化迅速。

协商秩序机制具有与自然程序机制不同的特点,它以参与者有意识的赞同和支持,以及参与者经过协商均接受的原则和准则为前提。南极协议和中东和平方案均属此例。协商秩序机制又可分为全面的协商秩序机制和部分协商秩序机制。前者(如海洋公约和核裁军机制)需经过长期的、有序的、全面的谈判才能形成,后者则在国际关系领域最为普遍,主要基于实例和先例,通过讨价还价的谈判即可部分地形成和运转。

强加秩序机制的根本特点是,它是由占支配地位的参与者有意识有目的地建立的,核心问题是权力,谁强谁就有资格这样做,强者的意识强加于弱者。典型的实例是霸权机制,古代封建帝国,19世纪英国的海权机制和第二次世界大战后美国的世界领导机制均是具体的表现。

7. 讨论国际机制的基本特点时,还不能不涉及国际关系的另外三个重要概念:国家利益、国家主权和国际限制。

霍夫曼关于这方面的论述应该是最典型、最权威的了。他认为,利益、主权、限制等问题是国际机制的重要因素,但用旧时政治现实主义的原理也无法解释,需要用新的思路来加以研究。他说,对利益、主权和限制的新认识正反映了国际机制的"博弈原则"。[①]

第一,国际机制强调,国家行为所遵循的"原则、准则、规则和决策程序"必须符合总体上的国家利益,但它反对狭隘的国家利益观念,主张以合作互利的长远利益代替争夺权力的眼前利益。

第二,国际机制并不意味着国家主权的转移或放弃,而是主张国家主权的"国际汇合";它并不要求国家单方面的责任和行为,而是强调各国应担负

---

① Stanley Hoffmann,"The Rules of Games",in Ethics and International Affairs by Carnegie,1987,pp.41-42.

共同责任和采取一致的行动。

第三,国际机制所包括的准则和规则为国际关系行为者同时提供机遇和限制,而且侧重点是在"道义上的限制"。一方面,国际机制提供解决国际争端、实现稳定与和平的有效手段;另一方面,它对国际机制参与者所提出的限制不应影响发展,而是要创造有利于各国发展的"良性国际环境",所以,认为国际机制只有限制没有发展的看法是片面的。

8. 国际机制的另一个重要特点是,国际机制是变数,不是常数。斯蒂芬·克拉斯纳认为,影响机制变化的因素包括"利己利益、政治权力、准则与原则,习惯与惯例和信息与知识"。[①]

——利己利益。利己利益指一方最大限度地追求自身利益而不顾他方利益的强烈欲望。在目前国际社会里,无政府状态尚未改变,国家追求自身利益是"天经地义"的,而国际社会强调的是"合作互利的共同利益",这就造成了国际机制的"共同利益困境"。能否克服这一困境,能否让各方变"利己利益"为理性的"合作利益",是直接影响机制的维持和发展的一个"决定因素"。

——政治权力。权力或实力是实现利益的保证。为实现个别利益的权力叫"特定权力",为促进共同利益的权力叫"共同权力"。提高"共同权力"意识是国际机制发展的一个关键。美国学者以国际贸易机制为例,说明政治权力在实现"共同利益"中的作用:(1)保护贸易体制的行为者不受武力的威胁;(2)在处理进出口贸易关系的不利情况方面起缓冲和调整作用;(3)确定贸易产品的标准;(4)确定货币兑换制度;(5)帮助建立标准化的公共设施,如码头和国内交通运输系统等。

——准则与原则。准则与原则体现了国际机制的最根本的特征。这里要特别指出的是,不仅与某一特定问题领域直接有关的准则和原则,而且那些间接对某一特定问题领域有影响的准则和原则,也同样是机制形成、发展或者消亡的重要因素。斯蒂芬·克拉斯纳认为,主权仍是目前国际机制的最基本原则,但在有不同的机制等级里,主权的强调度有所不同,"如果主权原则有所变化,就很难想象任何国际机制会仍旧一成不变"。[②]

——习惯与惯例。前三个因素是影响机制变化的主要因素,习惯与惯

---

① Stephen Krasner (ed.), *International Regimes*, Cornell University Press, 1983.pp.11—20.

② Ibid., p.18.

例和信息与知识则是影响机制变化的辅助因素。这里的"习惯"是指基于现时实践的行为常规模式,"惯例"则指基于长期实践的行为模式。机制的变化当然取决于类似权力或利益这些原则考虑的变化,但习惯与惯例的变化也是不可忽视的因素。

——信息与知识。作为辅助因素,信息和知识也对机制的变化起一定的作用。厄恩斯特·哈斯把此定义为"作为公共政策指导的技术信息的总和"。① 它往往会被决策者广泛采用或参考,以提供实践合作协议的基础。罗伯特·杰维斯提出一个重要观点:如果没有共识,信息与知识就不会在一个由主权国家组成的世界里对机制的发展有多大影响。因此,信息与知识主要应促进机制参与者之间的共识。

9. 许多国际机制论学者提出,机制的核心是作为机制基础的准则。机制准则的特征是:(1)准则决定机制的规则和决策程序及手段;(2)机制准则随时间的推移而发生变化,其变化当然与机制参与者(特别是最强有力的机制成员)的权力地位和对外目标的变化密切相关;(3)机制准则不是孤立地存在的,许多机制的准则相辅相成,有的也相互矛盾。规则的确定和决策的形成往往是机制准则之间"辩证的斗争"的结果。在目前国际社会的发展阶段,机制准则主要分为主权准则和相互依存准则,两者有交叉,有斗争,有汇合,有渗透,形成机制变化和发展的动力。以关税贸易总协定为例。其相互依存的趋势,在 20 世纪 50—60 年代较弱,到 70 年代较强。

以上从 9 个方面简述了国际机制的基本特点,这些基本特点大致可以概括为这样几句话:国际机制是国际社会机制化趋势的产物,体现了新自由主义理想化的模式;国际机制的要素是具有共同的利益——安全与发展和通过机制对参与者实施道义限制;机制是变化发展的,变化规律的核心是机制基本准则的变化。

三、主要流派和理论取向

分析学派或流派常常是一个复杂而困难的事情,有的学派尚处雏形,有的只是分支学派,有的甚至只是流派观点和研究方法的不同;有的学者同属两个

---

① Ernst Haas, "'Why Collaborate?'—Issue-Linkage and International Regimes", *World Politics*, April 1980.

学派,有的则变换学派或流派。观察国际机制的流派,也会碰到类似的情况。

在西方国际关系理论领域,围绕国际机制问题出现了三个主要流派:

第一个流派以雷蒙·霍普金斯、唐纳德·柏契拉和奥伦·扬为代表。他们基本上坚持了格劳秀斯主义的传统,故称为格劳秀斯派。首先,他们认为:国际机制无处不在,是国际体系发展的一个新现象。他们指出:"机制存在于国际关系的所有领域,甚至存在于那些传统上被视为完全无政府状态的领域,如大国争夺。因为政治家几乎总是认为他们的行为是受到原则、准则和规则的限制的。"①正如相互依存不仅会导致合作,在一定条件下也可能导致冲突一样,国际机制不仅存在于合作的特定问题领域,也存在于易产生冲突的领域。国际行为一旦成为惯例,就会对外交实践形成道义限制。"惯例的行为产生公认的准则"。②

其次,该派不同意认为由主权国家组成国际体系仅受均势限制的观点。他们指出,代表国家的领导集团才是国际关系的实际行为者。领导集团有着广泛的国家和国际联系,它们在国际关系硕大的网络中行事,必然受到超越国家的原则、准则和规则的制约。国家支配超越国界的行为和维持对国际体系各方面控制的能力是有限的。安全和国家生存并非是唯一的对外目标,武力在国际政治中并不起单一的重要作用,日益发展的相互依存趋势是比均势更重要的限制因素。

第三,该派展示了一种新的视野,认为国际机制是"一种理想主义的未来世界模式",它的起步是将理想主义与现实主义结合起来。国际机制虽不能马上成为现实,但它对今后世界秩序的建立、调整和加强将起积极的作用。

第二个流派是以罗伯特·基欧汉和亚瑟·斯坦恩为代表的国际机制修正结构主义派。他们赞成"修正机制结构"的主张,因而得名。首先,他们认为,国际机制并不是无处不在的,强调在各主权国家都最大限度地追求权力和利益的世界里,机制只能在某些利益可妥协的领域产生,"机制的作用是协调国家行为,以在特定的问题领域获得预想的结果"。③

其次,该流派认为,可产生机制的特定问题领域是很有限的,而且形成的时间也较长。他们强调,如果国际社会真的出现了复合相互依存的势头,国际

①　Stephen Krasner (ed.), *International Regimes*, Cornell University Press, 1983, p.8.
②　Ibid., p.9.
③　Ibid., p.7.

机制赖以产生的特定领域才会增加。然而,这一过程是极其缓慢困难的。

再次,该流派还认为,国际机制的发展不会根本改变"国际体系的组织原则",国际社会的无政府状态和国家主权亦不会因此而废止,但现存的无政府状态和国家主权的内涵将随着国际机制的逐步建立和运转而发生变化,为世界从无序到有序的过渡创造有利条件。

大多数西方国际关系学者对国际机制持较为现实的修正派观点,除了基欧汉和斯坦恩之外,斯蒂芬·克拉斯纳、厄恩斯特·哈斯、罗伯特·杰维斯等也基本上是支持这一观点的。

第三个流派叫传统结构主义。这一派以英国学者苏珊·斯特兰奇为代表,她对国际机制这一概念的价值抱极大的保留态度,认为"是一个引人误入歧途的概念","国际机制对国家行为的影响极微"。[①] 这一派对国际机制分析提出尖锐的批评:(1)国际机制概念是一种昙花一现的"学术时髦",充满着人的"主观臆测";(2)国际机制所用的术语不精确,易混淆政治与经济关系;(3)国际机制具有"价值观念上的偏见",强调最强有力的机制参与者的作用,实际上是以美国为中心,是一种"非领土扩张的帝国主义理论";(4)过于强调静态分析,忽视国际关系变化的动态分析。苏珊·斯特兰奇指出,重要的不在于以一个新的国际关系术语或概念去代替旧的术语或概念,而在于国际关系本身的改造,目的是"实现秩序与稳定、正义与自由、发展与进步,以消除贫困与剥削、不公与压抑、危机与战争"。[②] 然而,如何实现这一切呢? 苏珊·斯特兰奇也显得束手无策。

斯蒂芬·克拉斯纳曾依据基本的因果变数与机制的关系,对上述三个流派的关联和区别作了图解:[③]

图解一:传统结构主义

```
基本的动因变数 ─────→ (机制) ─────→ 有关行为和结果

(权力与利益)
```

① Stephen Krasner (ed.), *International Regimes*, Cornell University Press, 1983.p.6.
② Ibid., pp.337-354.
③ Ibid., p.5、p.8、p.9.

机制作为中介因素,作用不大。机制本身只是手段,不是目的。有的学者甚至认为,机制是无用的概念,动因与结果直接发生关系。

图解二：修正结构主义

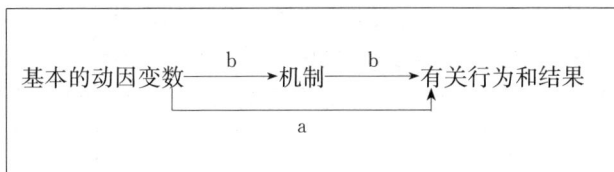

在大多数情况下,基本动因变数与有关行为和结果之间存在直接联系(a),仅在非冲突的条件下,机制才是有意义的。因此,这一流派强调,只是在有限制的条件下和范围内机制才可以起些作用。

图解三：格劳秀斯派

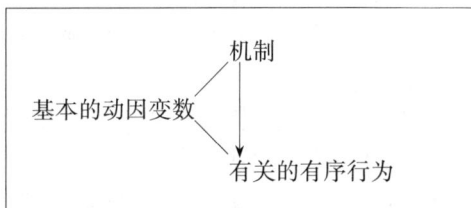

这一派突出机制的重要性,认为机制是有序的国际相互关系(包括国际体系内的有序行为)的重要组成部分。此外,该派还强调机制与有序行为的互动关系,有序行为导致机制的形成,机制反过来促进有序行为。

在传统结构主义、修正结构主义和格劳秀斯派中,传统结构主义是国际机制的反对派,修正结构主义和格劳秀斯派是赞成派,只是赞成的态度、主张、立场在层次和程序上有所区别罢了。

持赞成态度的学者,研究国际机制的特点过程中,先后提出若干重要的理论取向。最具代表性的是厄恩斯特·哈斯和斯蒂芬·赫格德和贝兹·西门斯的观点。

厄恩斯特·哈斯强调了六个国际机制理论取向：生态进化、生态变革、平等主义、自由主义、重商主义和"主流派"。

1. 生态进化理论取向。哈斯认为,生态不单是自然科学的一个概念,它也是反映国际社会发展的一条重要原则。生态进化主要涉及解决"人类的困境、人类的危机和人类的生存"等根本问题。生态进化与国际机制有关,它不仅涉及"社会代价"、"生存代价"等重要概念,而且在一定程度上反映了国际机制的变化结构。其特点是研究"进化合作的范式"。它并不重视国家利益、国际结盟,危机处置等问题,强调变化主要在如遗传、物理、文化人类学等自然科学,而不是政治经济领域,但是却认为道德学和伦理学对国际政治影响甚大。

2. 生态变革理论取向。国际机制与生态变革密切相关。这一理论取向赞成"世界体系及其分体学"的观点,不仅认为世界体系充斥着国际机制要解决的问题——危机、战争、饥荒、污染、第一世界对第三世界的剥削,而且强调这些问题的因果关系,寻找变革途径。

生态变革理论取向赞同生态进化关于"社会代价与得益"和"集体利益"的观点,但两者的差异也十分明显。一是生态进化理论取向强调"人类困境"、"生存代价",而生态变革则强调"世界体系",主张用变革的方法解决世界体系存在的问题;二是生态进化基本上属于自然科学的范畴,而生态变革则属于社会科学的范畴。

3. 平等主义理论取向。该取向最重要的价值标准是平等,即财富、权力、发展经济和改善生活的平等。它认为,国际社会的问题应依靠"新的伦理道德"来解决。当然,生态进化的手段也不完全无用,但是,重要的还是应发挥道义的力量。是政治,而不是生物、遗传或经济,被赋予实施伦理道义的权力,国际机制的政治任务是破坏或替代现存的不平等体系。因此,平等主义理论取向标志着国际机制走向更高水准的伦理道德。

平等主义理论取向对现存国际体系持批评态度。它特别指出,目前富国正在把它们之间的矛盾转移到穷国,从北到南,南方国家不愿受到新的剥削和奴役,南北矛盾趋于激化。因此,平等主义主张的目的是为改善第三世界国家地位提供"适当的政策工具"。

哈斯指出,平等主义是一美好的词语,代表人类向往的道德理想。但是仅仅提出要平等是不够的,是谁对谁平等?仅仅要求建立新的国际经济秩序也是不够的,如何打破不合理的等级体系?如何在国际机制参与者——发达国家、新兴工业国家、第三世界国家、第四世界的穷国中间取得关于平等的一致立场?可见,如何实现平等不是一件易事,平等主义理论取向并没有提出具体的解决办法。

4. 自由主义理论取向。这一理论取向也称新古典经济学取向,它认为亚当·斯密的"无形的手"仍起作用,强调机制的"效应、稳定和等级制"。基本主张是,国际关系应该建立在劳动分工的基础上,旨在有效地提高所有成员的福利;国际生活应该趋于稳定,第三世界对现存国际秩序不满是与稳定相悖的;等级制是一客观的现实,难以改变;因此,自由主义希望建立强有力的"国际机制"来组织和协调不同问题领域的稳定和等级的准则,布雷顿森林体系瓦解后,要求建立这一机制的迫切性更突出了。

5. 重商主义理论取向。与自由主义一样,重商主义也赞成国际关系应建立在国际劳动分工的基础上。但两者的差别在于,重商主义认为效应不是、也不应是秩序的唯一决定因素;经济不应视为仅仅是为了提高福利水平,而应视为服务于国家的生存权力;在具体政策上,重商主义不把国际贸易和投资作为"准则"来顶礼膜拜。此外,重商主义强调,利益均势对机制是十分必要的,国家的生存利益与国际的稳定利益同样是机制形成和维持的重要因素。

6. 主流派理论取向。根据哈斯的分析,主流派理论取向是介于自由主义与重商主义之间,它吸收了两者的有用之处,又纠正了两者的偏颇之见。主流派强调机制参与者利益的"认同过程",认为这一认同会产生机制所需要的新的原则、准则、规则和程序。而提供"认同过程"的最好途径是"复合相互依存",即多渠道的合作形式,武力作用居次要地位,全球问题被提上议事日程。

斯蒂芬·赫格德和贝兹·西门斯的观点集中反映在他俩合作撰写的"国际机制理论"一文里。[①] 他俩从另外一个角度提出了关于机制发展和变化的四个理论取向:结构、博弈、功能和认识。

这四个理论取向并不相互排斥,而是相互关联。结构、博弈和功能取向都是以国家为中心,视国家为统一的理性行为者。结构理论取向包括霸权稳定理论,主要说明国家之间发生关系的结构环境和国际合作的必要条件;博弈取向分析国际机制的内外变数对机制发展的影响,强调行为者主要是受限于国家之间的博弈规则;功能取向以各特定问题领域形成机制的不同特点和功能为研究重点,它依据"效果"来衡量国家行为或国际组织的作用,

---

① 见"The Theory of International Regime", *International Organization*,Autumn 1987.

认为机制的功能因问题领域不同而异;认识取向与前三种取向的区别在于,前三种取向强调国家利益或国际体系的决定因素,而认识取向则强调"意识形态对机制的制约作用",内容包括"行为者的价值标准,实现特定目标的信念和伦理道义"。有的学者,如约翰·拉吉甚至认为,"机制不仅是权力的组合,而且是占主导地位的社会信念和伦理标准的组织。"斯蒂芬·赫格德和贝兹·西门斯指出,由于国际机制论过于拘泥于体系理论,在很大程度上忽视了国内政治过程的因素。为了克服这一缺陷,两位学者建议给予两种研究方法以同样的重视:一是始于国内政治与经济层次,为国际合作创造有利条件;二是研究跨国的国际联系,这一联系可以是区域性的,如欧洲共同体。他们认为,应视国际合作不仅是国家间关系发展的产物,而且也是国内与国际机制相互影响的结果。

四、几点评论

自 20 世纪 80 年代以来,国际机制论发展得十分迅速,已经成为西方国际关系理论领域的一个热门话题。就像美国国际关系学界 40—50 年代言必称国家权力和国家利益,60—70 年代言必称国际体系和相互依存一样,80 年代言必称国际机制。应该说,国际机制论关于国际社会秩序、稳定的观点,关于加强第三世界国家的国际地位,缓解南北矛盾的看法,以及关于实施国际关系平等原则的主张,都有一定的积极意义。因此,问题不在于国际关系的概念上的变换,况且,"国际机制"本身并不是一个坏字眼。问题的要害是国际机制如何建立,建立后为谁服务。

唐纳德·柏契拉和雷蒙·霍普金斯在对国际机制进行初步的研究后曾得出了六点结论:①

1. 国际机制存在于国际关系的一切领域。

2. 国际机制是介于目标、利益、目标与行为之间的联系机制,构成机制的原则、准则与规则应符合国际道德或国际法的要求。

3. 国际机制的性质在一定程度上取决于机制管理体制的性质。

4. 国际机制有正式机制和非正式机制之分,非正式机制构成主体。

5. 机制的有效性取决于参与者是否一致接受并遵守机制准则的程度。

___

① Stephen Krasner (ed.), *International Regimes*, Cornell University Press, 1983.pp.86-91.

6. 机制的变化和两个基本的政治概念——权力与利益密切相关。大多数国际机制的变化源于国际权力结构和各国利益关系的变化。反过来,机制不仅能改变不同行为者拥有权力的程度,而且也能改变行为者最大限度实现自身利益的认识和手段。

这两位学者所得出的第二和最后一点结论,值得我们特别注意。

不少西方学者反复强调,一方面,以共有准则为前提的国际机制与追求国家利益是一致的,它使国际关系行为者"在集体的名义下更容易实现它们的利益"。

另一方面,机制内占支配地位的强国总是最有发言权,"国际机制的基本准则首先要与强国的价值标准、原则、目标、决策程序相一致"。一是利益相符,二是强国意志,这十分明显地暴露了西方国际机制论的实质,即强调以美国为中心,强调以符合美国及其盟国的利益为原则和强调以西方价值标准为准绳,这三个强调意味着什么是不言自明的:它充分地说明,国际机制论也是为"美国利益全球化"的战略目标服务的。难怪美国政府领导人在不同场合多次提及要使美苏的合作关系"机制化""以美国道德价值观念为指导来改变世界"。① 在很大程度上,国际机制论为美国的战略决策提供了理论依据。

从方法论的角度来看,关于国际机制的研究可分为两大类,一类是结构研究,另一类是过程研究。所谓结构研究,注重的是国际关系行为体的交往过程在权力(政治的、经济的、军事的、文化的)关系格局的影响下受到的外在限制,而过程研究注重的则是国际关系行为体交往过程本身对国际后果的影响。从这样的区别出发来判断,新自由制度主义的国际机制属于典型的过程研究。但是,国际关系中的结构性因素对国际制度的外在限制恰恰是不容忽视的,在很多情况下,唯有综合结构分析和过程分析两者才能把握国际机制的全貌。在这里,斯特兰奇曾经向国际机制研究发出的警告仍然不算过时。

此外,新自由制度主义的国际机制论还明显地存在重形式而轻内容、偏实证而轻规范的缺陷。连基欧汉也承认:反对机制论的论调"一直不绝于耳",批评意见认为国际机制无实质性内容和意义,只有国家才是世界政治

---

① 美国前国务卿贝克在华盛顿美国报纸主编协会发表的演讲:"美国的对外政策:促进自由的力量",1989 年 4 月 14 日。

唯一真实的实体。① 在肯定国际机制论的作用和影响的同时,我们也不应该忽视它在理论上的这一缺陷。

第六节 集体安全论

一、概念与条件

集体安全是一个涉及国际关系中诸多理论和现实问题的概念,它关注当今,更重视未来,是把现实和未来相结合的一个理论问题。虽说严格意义上的集体安全并不存在,但是有许多国际现象说明集体安全思想正在影响国家的对外政策和思维方式,一些多边的、多方面的合作形式和合作思维都可以从集体安全中找到源头。

集体安全“必须包含集体的责任”,②是国际社会设想的以集体力量威慑或制止其内部可能出现的侵略者和侵略行为的办法来保护每一个国家的国家安全的一种安全保障体系。“一国为大家,大家为一国”(One for all, and all for one)是集体安全的口号。集体安全的假想是所有国家保证所有国家的安全,所有国家对付一个国家(all for all, all aganist one)。保护一国安全就是保护大家的安全,即安全共享;当一个国家受到安全威胁或侵略时,其他所有国家应像保护自己一样反对侵略者,形成“老鼠过街,人人喊打”的局面,即风险共担。集体安全强调的是安全和风险的普遍性。

在国际关系研究的文献和政治家的言论中,把集体安全与结盟混为一谈的情况很是普遍。有些人仅仅从其有“集体”的性质和防御性目的来界定集体安全,把它看成是两个或两个以上的国家之间的联合,也有的军事同盟自称是集体安全组织。在北约建立之初,有人干脆把它叫作“集体安全联盟”。20 世纪 90 年代,北约并没有随着冷战的结束而解体,相反,它在地区安全中的作用有所增强;美日安全保障条约也得到重新界定,有些人就此认为,这是集体安全的成功,欧洲和东亚地区的安全与稳定有赖于北约和美日

---

① Robert Keohane, “International Institutions: Can Interdependence work?”, *Foreign Policy*, Spring 1998.
② 约瑟夫·奈:《理解国际冲突》,第 104 页。

同盟这样的集体安全组织。很明显,这是对集体安全概念的曲解。

是否属于集体安全要看是否具有三大要素。第一,集体安全组织的成员来源具有普遍性,不管这个组织是地区性的还是全球性的。历史上公认的集体安全组织是国际联盟和联合国。虽然国际联盟自 1919 年成立到 1946 年解散从来没有在同一时刻将世界上的所有国家包括进去,但它毕竟包括了世界上大多数国家,成员国来自四大洲,具有一定的广泛性和普遍性。[①] 联合国是全球性的国际组织,迄今为止,共有来自四大洲 185 个国家加入了这个国际组织。但因特殊情况,也有个别国家不是其成员国,[②]但这并不能就此抹杀联合国具有普遍性。

虽然这两次集体安全的尝试带有一定的全球性,但不能在理论和实践上否认地区性集体安全的存在。集体安全也不一定必须具有全球性,只要世界上大多数国家或一个地区的所有国家参加,也可以是集体安全组织。它强调的是成员国参与集体安全行动的普遍性,达到全球性就可以实现普遍性,而普遍性既适用于全球范围的国际组织,也适用于地区范围的国际组织。成员国不具有普遍性的国际安全组织就称不上是集体安全组织。因此,理论上的地区性集体安全是存在的。

成员国参加集体行动的普遍性的另一个目标是加强集体的力量,参加集体制裁的国家越多,集体的力量就越壮大。"多打一"取代"单打一",而且"多一定胜过一"。集体的绝对优势力量使侵略者相信侵略不仅要付出巨大的代价,而且必定遭到失败。集体安全客观要求的非均势局面有利于世界秩序的维护。

第二,集体安全要求建立一套合法有效的防止侵略的安全机制,这是集体安全是否成功的关键。集体安全组织有权力判断战争的性质,并决定在什么时候对什么国家采取什么样的制裁手段,有权力在什么程度上领导集体行动。集体安全体系的重要性在于,只有依靠这种权力才能毫无困难地

---

① 国际联盟的成员国最高累计数字曾达到 63 个,但在同一时期内的成员国最多也只有 1937 年的 58 个。最初,国联把苏联排斥在外,战败的德国未加入。1934 年,在德、日两国已通知国联正式退出这一国际组织、发动世界大战之际,苏联应邀参加了国联,但在 1937 年又被国联开除。虽然美国是国际联盟的积极倡导者,并在一开始就被列为国联创始国,但它没有得到议会的批准,因此自始至终没有加入国际联盟。

② 其中瑞士从来没有申请过联合国成员国的资格,一些"迷你"小国、依附或托管国也不是成员国,一些有效实施政权控制并得到国际社会一定承认的政体如北塞浦路斯、西撒哈拉、巴勒斯坦也不是联合国成员国。联合国半个世纪的历史中,也曾出现个别国家因国内原因而被暂时剥夺了成员国资格或长期派不出驻联合国代表使其资格名存实亡的情况。

发挥它的主要功能。

国际联盟最终没有防止世界大战的爆发，没有能力维持国际体系的现状，其失败原因之一就是缺乏合法和有效的安全机制，缺少必要的"牙齿"。国际联盟盟约对战争本身的性质没有明确规定，它要成员国承担在解决国际争端时不诉诸武力的义务，但又不完全禁止诉诸战争，不从事战争只能是成员国自愿的承诺，使侵略国家借口"自卫"而逃避战争责任。联合国宪章在这一问题上有明显的进步，它废弃了成员国发动战争的权利，并且废弃了诉诸战争的权利。这种战争之正义与非正义的划分给联合国行动披上了"合法"的外衣。① 依据宪章规定只有下述两种情况使用武力才是合法的，一是单独或集体自卫；二是安理会授权或采取的行动。在战争的性质明确以后，更重要的是集体安全组织有权力召集成员国对争端之解决进行协商，对侵略国家采取什么制裁措施，以期达到制裁的效果。

第三，集体安全的目的是为了防止内部成员国发生的侵略行为。它不同于国家间结盟式的军事组织，虽说都是为了应付国家间战争的发生，但集体安全是内向型的，目的是为了实现其内部和平，它的对象是抽象的侵略者，可能是内部任何一个国家。它是一个地区性或全球性联盟，而且假定这个联盟的力量永远大于侵略者的力量，这是集体安全发挥有效作用的一个必要条件。如果它显然成为抵御外部侵略的国际组织时，它也就失去了集体安全的性质，沦落为地区性军事集团。

总之，集体安全组织必须具备上述三个基本条件，没有第一个条件，集体安全可能成为个别国家谋取私利的工具；没有第二个条件，集体安全就会沦为一种"摆设"，成为大国均势的牺牲品和大国外交的"玩偶"；没有第三个条件，集体安全无异于权力均势。这三个基本条件缺一不可。至于集体安全不能成功运作，那不是集体安全体系本身的问题，而是因为现存的国际体系仍在起作用，影响集体安全效力的发挥。

在集体安全实践中经常会出现这样的困境：集体安全无力对大国实行有效的制裁措施，也无法对付有盟国或大国支持的国家，面对侵略国家和侵

---

① 关于侵略的一般可接受的和可应用的定义一直没有产生。苏联更为强调"直接"侵略，即在没有得到邀请的情况下派遣军队到他国去打仗。美国则强调"间接"侵略，如煽动性宣传、经济战、颠覆、支持外国游击队、派遣志愿人员进行渗透等等。1974 年 4 月，"联合国侵略定义问题特别委员会"一致通过相关定义：武力侵犯另一个国家的主权、领土完整或政治独立，或以与联合国宪章不符的任何其他方式使用武力……这一定义似乎更为接近苏联所持的"直接"侵略，并且对该定义的多种解释敞开了大门。

略行为,成员国就是否干预或怎样干预不能达成一致意见等。那么,一个成功有效的集体安全该是怎样的? 它应该具备什么条件?

集体安全的前提条件可以划分主观和客观两种。主观条件指的是成员国对集体安全的一般接受能力,如绝大多数成员国积极为世界和平作贡献,反对使战争地区化的孤立主义思想;要求成员国认识到国家安全是相互依存的,对国际社会保持忠诚;即使国家利益受到暂时的损害,也要随时随地为集体安全作出牺牲;成员国对战争的性质要有一致的看法,并明确宣布参与制止侵略行为的集体行动,它并不限制成员国的自卫权利,但在使用强制手段的所有情况下应服从国际权威;成员国愿意为维持国际体系的现状而战,对参与者无歧视性。国家参与集体行动不仅具有普遍性,还具有自动性,即自动卷入集体强制行动。总的说来,集体安全要求所有国家自愿把自己的命运交给集体安全,要绝对信任集体安全。

克劳德认为,集体安全成功的客观条件指的是全球形势应适合集体安全的运作。如集体安全中的力量配置状况应是分散的,大国的力量大致平衡对集体安全至关重要,同时成员国的普遍性也可以在某种程度上防止出现大国控制集体安全的局面,因为力量的均衡分布可能在集体安全内部造成一种非均衡的可能性,任何一个国家的力量都不会超过集体的力量。如,侵略国家往往把经济制裁看作是进攻时面对的第一道防线,而且因代价高昂就可能不会轻举妄动,而反侵略国家则可能不通过战争就使侵略者受到惩罚;集体安全还要求建立一个能够表现其基本原则的合法机构,包括建立判定侵略行为的法律体系,要求成员国在反侵略行动中的竭诚合作,赋予国际组织决定何时针对何国的制裁权力等。[①]

一个成功的集体安全体系必须具备这些主客观条件,为什么国际联盟和联合国不能成为有效的集体安全组织,原因就在于并不完全具备这些条件,要符合克劳德所列举的每一个条件是很难的。

二、历史实践与历史分析

集体安全并不是空穴来风,凭空设想出来的,它最初是基于对数百年欧

---

① Inis Claude, *Swords into Plowshares: The Problems and Progress of International Organization*, Random House,1971, pp.257-269.

洲国际关系的残酷现实的失望和反思而产生的。

自 17 世纪中叶以来,权力政治这一现实主义理论一直主导着欧洲政治,这种理论曾经有过维护欧洲和平近 100 年的光辉历史。可是,无论是威斯特伐利亚体系还是维也纳体系都未能防止小规模的地区战争,更不用说欧洲大国战争乃至世界大战。一批哲学家和政治思想家逐渐将战争与和平问题作为他们关注和研究的课题。不管他们的和平思想是以全球和平为目的还是以欧洲地区和平为目标,他们都是试图摆脱权力政治的阴影,一劳永逸地实现"永久和平"。如 17 世纪的威廉·佩恩,18 世纪的圣·皮埃尔、卢梭、康德、边沁,19 世纪的圣西门以及 20 世纪初的美国总统伍德罗·威尔逊等人都设计过不同的和平蓝图。尽管这些人中大部分被扣上了"理想主义者"或"乌托邦分子"等贬义的帽子,但他们的许多和平主张在 20 世纪的集体安全尝试中逐渐得到采纳。

集体安全思想的第一次尝试是在第一次世界大战结束后,以创建国际联盟为标志。这次尝试意义深远,它不仅表明了集体安全思想的发展进入了新时期,而且更为重要的是,它在国际政治发展史中是第一个为和平目的而设计的国际体系。

国际联盟是根据 1919 年 4 月 28 日巴黎和会通过的《国联盟约》而成立的。作为一个国际组织,国联并不是一个超国家,也不是一个战胜国组成的联盟,而是一个对任何一个国家都开放的"合作的工具",类似于邦联的组织模式。① 国际联盟虽然提出了一些实现集体安全体系的手段,但在强制执行集体安全措施的问题上,它与威尔逊的理想相反,它没有"牙齿"强制和平,没有明确成员国参与军事制裁的义务。

均势体系没有防止第一次世界大战,为什么取而代之的集体安全体系也未能制止再一次发生国际战争呢?答案在于一战后国际关系尤其是大国关系的变化。一战结束后,旧的均势体系崩溃了,而新的国际秩序尚未建立

---

① Alfred Zimmern, *The League of Nations and the Rule of Law*, 1918—1935, Russell and Russell,1969, p. 289.作者在该书中批评"The League of Nations"用词不当。"League"和"Nations"含义不明,令人费解。他指出,"League"由慈善和人道主义协会组成,指的是参与者反对其他人或团体的共同行动,有着特殊的原则和宗旨,有一定的排他性(exclusiveness)。但国际联盟本身却具有包容性(inclusiveness),指的是成员国资格的普遍性。同时"Nations"一词也用错了,"The League of Nations"这个标题误解了其成员国的资格。成员国应是"states"而不是"nations",成员国资格与"民族"和"民族地位"没有关系,它仅仅与政治概念"国家资格"(statehood)有关。出现这种错误的原因在于盟约起草委员会中的大多数人受民族自决论的影响,这些人认为每个"nation"都有获得政治独立的权利。参阅该书第 3—4 页。

起来,国际关系因各国实力的变化而不断调整和重组。在 20 世纪 30 年代,为摆脱经济危机和重新划分势力范围,德意日三国走上了对外扩张的道路,并建立起法西斯同盟。大国均势体系重新恢复和发挥作用。虽然大国均势体系形成了,但却动摇不定,到了 30 年代末,这种均势体系随着战争的爆发又彻底崩溃了。

国际联盟之所以由盛转衰,是因为均势体系由衰至盛。国际联盟不能防止战争、面对大国的侵略过于软弱的情况都是事实,然而战争的发生不是集体安全思想的错误,而是均势体系再次解体的结果。人们建立国际联盟的本意是为了找出处理国家间关系的好的方法,防止 1914 年战争灾难重演。这是认识和评价国际联盟的关键。实际上,人们找到了实现和平的"金钥匙",却发现它要开启的是一把"生锈的旧锁"。人们对集体安全期望值过高,往往忽视了均势外交仍在起消极作用。如果将战争的罪责归结到集体安全"头上",那只是找到了"替罪羊"。试问,如果第一次世界大战后根本不存在国际联盟,战争原因又会归结到谁的"头上"? 世界战争的发生说明了集体安全太软弱,而权力均势又过于强大。因此,第二次世界大战后人们很快建立起一个比国际联盟要强大的集体安全组织。

鉴于国际联盟缺乏强制力而未能制止世界战争的教训,联合国的创立者格外强调新的集体安全组织的有效性。联合国设立的六个主要机构中负责和平解决争端的有四个：大会、安全理事会、国际法院和秘书长,其中安理会的权力最大。

联合国在冷战期间的实践表明,许多重大问题难以解决,如安理会中的大国一致原则所表现出的大国均势问题、怎样判断侵略者的问题等等。集体安全的挫折与停滞再次表明,它的产生和发展是与冷战时期的大国均势关系分不开的。美苏全球对抗是联合国作为国际集体安全的保护者显得软弱无力的主要原因。不管侵略行为对哪方有利,美苏在安理会都达不成共识,尤其在其中一个超级大国直接参与侵略时。在联合国框架之外,北约和华约两大军事集团对国际政治的操纵进一步导致了集体安全体系的失败。

总之,集体安全的发展史就是一部兴衰史。它不仅与国际局势的稳定或动荡有关,而且与均势体系有着此起彼伏的关系。第一次世界大战结束前后,伴随着人们对权力均势前所未有的指责,集体安全思想倍受政治家的推崇,因此才有了国际联盟的诞生,这是集体安全的第一个高潮期。然而,随着大国关系暂时稳定下来,权力均势似乎在各国的外交政策中又占了上风；集体安全在20世纪30年代的实践中无"用武之地"，它的信誉很快一落千丈，进入了低潮期。国际联盟最终在第二次世界大战的炮声和人们的抱怨中解体。令人欣慰的是，战争给了集体安全思想带来了第二个高潮期。国际社会在国际联盟的基础上又一次建立了集体安全组织——联合国，可是，人们又一次失望了。在冷战期间，两极均势体系在国际关系中发挥着至关重要的作用，而联合国几乎成了外交家们"舌战"的场所。集体安全的又一个低潮期贯穿了整个冷战时期。

三、理论分析

当今国际政治格局主要由拥有独立主权的现代民族国家行为体组成，集体安全作为确保国家安全的一种安全模式，其表现形式因国际政治关系的变化和国家实力的差异而有所不同。

第一，集体安全表现为一种国际安全体系，它是一种有组织的国际政治关系，成员国之间建立的"相互保险制度"成为国家间安全关系的"游戏规则"。成员国不能期望从集体的"水池"中汲取的"水"比它和其他成员国注入的"水"更多。除非它全力支持集体的工作，否则就不要期望它想得到的"红利"。

集体安全体系的一个明显特点是整体上的稳定性和内部行为体关系的不稳定性。如果集体安全体系运转得当，它就可以转化为直接作用于各个行为体之间的体系，加强内聚力和稳定性，从而在很长一段时间内处于稳定状态。另一方面，体系内部中国家实力的消长，必然带来国家间不同形式的冲突，甚至引起世界大战，使局部地区乃至整个体系处于不稳定状态。集体安全体系整体上的稳定性和局部关系的混乱并存，两种情况相辅相成，前者更依赖局部关系的稳定与和平，而后者应受到制约，需要加强整个体系维护和平的功能。

第二，集体安全表现为一种安全保障机制。建立一种行之有效的集体安全体系的核心问题是它必须拥有一套强制性安全机制，这也是集体安全的要素之一。集体安全之所以能够给成员国带来安全感，主要是因为它针对侵略行为和侵略者所制定的强制手段及其具有的军事威慑作用。集体安全是一种有共识或契约的机制，这种机制对建立集体安全组织的目的、国际关系的基本原则、解决国际争端以及决策机制有一定的界定和安排。

第三,集体安全表现为一种保护国家安全的手段。集体安全作为国家安全的一种保护手段是国际政治历史发展的必然。一个国家无论采取"自助"手段还是"结盟"手段,都难以摆脱"安全困境",它被迫寻找一种风险相对较小而较为可靠的解决国家安全问题的第三条途径,即集体安全保障形式。集体安全可以解决"安全困境",在国家与国家之间、国家与联盟之间、联盟与联盟之间建立信任和妥协的措施,架设合作安全的桥梁。

集体安全作为保护国家安全的手段,必然具有一定的局限性,大致可以分为以下几种情况:一是"出事地点"与一些成员国在地理上相距较远,使这些国家产生安全上"事不关己,高高挂起"的想法。二是在"城门失火"而不"殃及池鱼"的情况下,一些国家也会在集体行动上显得"羞羞答答"。三是个别国家为了保护其国家利益或长远利益,可能利用集体安全体系打击"侵略国家",甚至不顾国际法,损害"被惩罚国家"的权利。以上三种情况会大大削弱集体安全的有效性和正义性,也说明了权力政治在起作用。

把集体安全作为对外政策手段和目标的国家只能是世界性的强国。一方面,它有足够的实力保护自己的安全,需要集体安全来加强和巩固自己的安全程度,即达到绝对安全;另一方面,集体安全需要其他大国的协作,只有大国间的协调才能确保集体安全的效果。世界强国既可以减轻自己的军事负担,又能增加集体安全的凝聚力。冷战后美国的联合国政策是最好的注解,当集体安全有利于它的国家安全,同时可以使其他国家分担集体行动的代价时,它才会积极倡导集体安全,以免被指责为"单边的干预"。一旦集体安全不符合其国家利益时,它照样会将其置于脑后。对于绝大多数国家,尤其是弱小国家来说,依靠集体安全犹如"画饼充饥",是保证不了国家安全的。

四、困境与出路

集体安全体系是为了改变均势体系下国际政治无政府状态而设计出来的,无论是理论上还是实践上都难以避免"过于理想化"。

第一,集体安全与国家安全的矛盾。前者作为后者的一种保护形式,与后者存在着密切的联系和本质上的区别。前者是一种手段,后者是目的,前者是为了后者而建立,前者是后者的集中与统一;后者是前者的重要组成部分。没有后者，就没有前者，没有前者，国家安全困境就永远得不到解决。①

国家安全具有三个明显的特点。首先，国家安全具有相对性，进一步说，又具有暂时性。没有绝对的国家安全，只有相对的国家安全。当一个国家认为自己安全时，那只是暂时的安全。其次，国家安全是双向的，也是互动的。其三，国家安全具有竞争性和危险性。国家追求和希望得到绝对的国家安全，但事实上，它最终得到的是暂时和相对的国家安全。每个国家都是如此，结果，追求国家安全的行为反而给国家安全带来了竞争性和危险性。

与国家安全相比，集体安全就具有一些不同的特点。其一，在集体安全中，国家安全是绝对的，集体安全可以解决"安全困境"。国家安全不再是相对的和暂时的，而是绝对的永久的。它拥有绝对优势保护成员国的安全，并将保护任何一个国家的任务和责任转嫁到了每一个国家的头上。在集体安全中，国家关注的是别国的意图，而不再用力量大小的标准来衡量国家安全的程度。这样，通过集体安全，一国的安全即为别国的不安全的恶性循环就被打破，国家安全的相对性就转变为绝对性。其二，在集体安全中，国家安全也是双向的，你之安全即是我之安全，反之亦然。与权力均势中的"你之安全即为我之威胁"的安全困境形成了鲜明的对照。其三，在集体安全中，国家安全并不是竞争性的，而是合作性的。国家安全从相互孤立、赤裸裸的"你失即我得，你得即我失"的"零和关系"转变为相互依赖的、"你得即我得，你失即我失"的"双赢关系"。国家间不再为彼此力量的均势而展开军备竞赛，而是通过共同维持整个秩序的和平和稳定来实现自身的安全。冲突和威胁在集体安全中可以通过国家安全的合作和集中得到制止。

实现集体安全面临着强大的阻力，原因之一就在于"国家安全困境"仍在起作用。一方面，国家安全的相对性和集体安全所要求的绝对性之间存在矛盾。由于各国对集体安全的有效性存在疑虑，在支持集体安全的同时，时刻通过各种手段保护和加强自己的国家安全，这不免挖了集体安全的"墙角"，更加剧了集体安全的不可靠性。另一方面，国家安全的竞争性与集体

---

① 在国际政治处于无政府状态下，A国总是设置"假想敌"以此作为增强军事力量的"参照物"，当其感到国家安全得到保障时，其"假想敌"或非"假想敌"（尤其是邻国）就会感到军事上的压力和国家的不安全感。这些国家的反应是使用同样的、通过加强军事力量的手段来保护国家安全，这反过来对A国的安全构成压力和威胁。一种安全与不安全的恶性循环形成了国际政治中难以克服的"安全困境"。

安全所要求的合作性之间也存在矛盾。在国际政治现实生活中,美国与利比亚、伊朗、伊拉克等国的国家安全显然具有竞争性,这与集体安全的要求是向背的。联合国组织中各成员国之间的国家安全既具有竞争性,又具有合作性,从而给联合国的有效运作带来了困难。

第二,国家主权与集体安全的矛盾。集体安全是一种具有普遍性的国际组织形态,由主权国家所组成。集体安全在实践过程中不可避免地限制和约束成员国的主权,而国家主权同时赋予了国家支持或破坏集体安全的权力和实力,国家主权与集体安全之间存在着不可调和的内在矛盾。集体安全试图集中保护成员国的国家安全,为此就不得不将保护国家安全的最高权威集中起来。与其说集中的是一国的对外权力,不如说集中的是国家主权,简单来讲,就是要各国将主权交出一部分由集体安全组织"分享",这必然与国家主权的本性发生冲突。

国际政治的发展存在着一种悖论:一方面,国家间相互依存不断加强;另一方面,国家机构和决策系统日益集中化。国家权力的集中化与政治经济行为的国际化并行发展。

那么,这种矛盾就没有解决的办法吗?看来,唯一的办法就是通过集体安全尽量减小这种矛盾,削弱两者之间的冲突。集体安全就是想让各国认识到,和平的代价可能是部分主权而不是整个主权,只要民族国家愿意与集体安全组织"分割"主权,就可以减小战争的可能性,和平与国家主权兼得。然而,事实证明,没有必要有意识地靠削弱国家的主权地位来建立新的国际秩序。只有首先承认国家在现代国际关系中的主导作用和地位,在尊重国家主权的前提下,才能更好地处理国家间关系。

第三,国家安全与大国一致性原则之间的内在矛盾。一致性原则指的是国际机构中的投票程序,它要求任何决定必须经过各国同意,如果不经某个国家的同意,任何决定对它都不具有约束力。尽管一些组织的机构同意持不同意见的国家可以接受大多数国家的决定,也可以退出它所在的组织,但一致性原则一般都涉及"平等否决权",即每一个国家只要投票反对一个提案,都可以使之无效。然而,一致性原则在当今国家政治中存在难以克服的内在矛盾。

一方面,国际组织中的一致性原则是国家无论大小一律平等的具体体现,集体安全组织也不例外。另一方面,虽说一致性原则体现了一定的国际关系的平等性质,但它也削弱了集体安全组织的作用。国际联盟由于普遍否决权而缺少采取强制措施的"牙齿",而联合国有了安理会这颗"牙齿",又不得不因任何一个常任理事国的反对而"拔下"。不管是全体成员国一致原则还是大国一致原则,都会因国家自身利益的矛盾与冲突使集体安全组织不能正常运作,国际社会希望这种组织长有"牙齿",但又希望这颗"牙齿"不会咬了自己。

不管集体安全的设计者的动机如何,一致性原则具有两面性,一方面,它希望成员国尤其是大国担负起维持国际和平与安全的责任,是必要和积极的;另一方面,却破坏了成员国投票的平等关系,尤其使大国获得了免受该组织制裁的特权,在一定程度上阻碍了集体安全组织的正常运作和其作用的有效发挥。进一步说,一致性原则既表明了成员国平等与成员国利益冲突之间的矛盾,又表明了大国的和平责任和义务与大国均势关系之间的矛盾。

五、集体安全体系与权力均势体系之异同

自 20 世纪初集体安全理念得到实践以来,它和权力均势在国际政治中的矛盾和冲突就一直存在,在国际格局发生大的转换时期更显得突出。冷战期间,大国权力均势状态与联合国集体安全形式并存的现象和联合国成为大国均势斗争的场所的事实,说明均势体系仍占据着国际关系的主导地位。冷战的结束,给集体安全体系的复兴带来了曙光。然而,集体安全和权力均势之间的冲突远没有结束,这场冲突将是一个长期的历史过程。为了全面认识两种体系之间的关系,判断国际安全体系的发展趋势,有必要弄清楚两者之间有什么共同点和不同点(见下表)。

权力均势与集体安全比较

	权 力 均 势	集 体 安 全
目 的	保护国家安全或成员国安全	保护成员国安全
形 成	自发的、自动的	人为的、有组织的
形成原因	不信任他国的力量,采取平衡力量的政策	不信任他国的政策和意图,要改变他国的政策
性 质	竞争性、对抗性	合作性、协调性

（续表）

	权 力 均 势	集 体 安 全
对　　象	防御外来威胁(假想敌)，是外向型的国家间联盟	防止内部发生战争或冲突，属内向型的国家间联盟(无假想敌)
表现形式	国家或国家集团对抗另一个国家或国家集团，国家间结盟的现象很普遍	全球性联盟对付个别国家，以整体的安全确保成员国的国家安全，反对国家间结盟
手　　段	军事威慑甚至使用武力	军事威慑甚至使用武力
国家地位	小国、弱国受制于大国、强国，国家安全关系是不平等的	小国、大国、弱国、强国是平等的，尤其是安全关系
背　　景	对国际政治无政府状态无能为力	试图改变国际政治无政府状态

第一，维护国家安全是两种体系存在的根源和目标。不论是两极均势还是多极均势，国家安全是第一位的。集体安全同样如此。在集体安全体系中，各国仍将国家安全考虑放在其联合国政策的首位，维护国家安全是权力均势和集体安全的共同点。

第二，自发的还是人为的？长期以来，现实主义者、新现实主义者以及新自由主义者都一致认为国际政治始终处于无政府状态——即缺少中央集权制政治体制在国际关系中制定和实施法律的状态，而不是出现了骚动和混乱。权力均势和集体安全都摆脱不了这种残酷的现实。所不同的是，前者只能被动的适应这种无政府状态，而后者则试图通过国家安全的合作改变国家面对国际政治自助体系无能为力的被动局面。集体安全本来就是针对权力均势的危险性及历次残酷的战争后果而设计出来的。人们设计和实践集体安全的意义在于，它把弱小国家在权力均势的危险境地中解放出来，是为了改变国际政治"适者生存"的情况，同一国政府要保护"老弱病残孕"的政策一样，保证弱小国家和强国享有同等的基本利益和权利，将它们的国家安全置于和大国的安全同等重要的地位。

第三，两种体系中的集体问题及其对策。均势和集体安全都存在着一个对某一个国家的不信任问题。前者强调对国家实力的不信任，后者则强调对国家对外政策和意图的不信任。权力均势强调平衡政策，集体安全强调改变他国政策的政策。两者的对策虽然不同，但目的是一样的，可谓"殊途"而"同归"。

第四,竞争型还是合作型?在均势体系下,各国的安全利益是相互竞争和相互对抗的。集体安全体系则不同,它认为国家安全是相互依存的,一个国家应加入到任何别国的反侵略战争中去,安全合作是第一位的。均势认为,只有自己的安全面临危险时,一国才加入反对侵略者的行列;集体安全认为,对于任何一个国家来说,任何地区的侵略都在威胁它的安全。在均势体系下,主权国家对于是否支持受害者应有选择的自由;在集体安全体系下,各国应全盘反对战争,并应毫无保留地支持战争的受害者,集体安全是合作性的、协调性的,在本质上与均势体系是不同的。

第五,结盟有没有对象?在均势体系下,由于国家安全的竞争性和对抗性,国际关系充满了冲突与动荡。一个国家除了利用自助手段保护国家安全外,结盟的现象也很普遍,而且是多变的。在一个国家的安全威胁减小或消失时,它可能认为自己有足够的实力自保;而在面临更大的安全威胁时,它可能抛弃原来的联盟而加入到另一个联盟中去。联盟所针对的对象是清楚的,有共同的危险和敌人是联盟建立和存在的前提条件,没有目标的结盟行为是不存在的,也是不能持久的。与权力均势体系的结盟观截然相反,集体安全体系认为,国家不能与他国结盟或结盟对抗另一国。均势体系中有"许多"世界,而集体安全中只有"一个"世界,它包括所有国家,"世界不是分成我们这个集团和他们这个集团",威胁来自"我们这个集团中的一个",它需要"我们所有其他国家共同对付"。[①]

约瑟夫·奈则简练地概括出集体安全和均势的三点区别:第一,在集体安全体系中,人们关注的是国家的侵略政策和侵略行为,而不是国家的能力和影响;在均势体系中,情况正好相反。第二,在集体安全体系中,结盟不是预先建立的,均势情况则相反。第三,集体安全体系具有普遍性,无中立国或免费搭车者;而均势体系却不同,其并不要求普遍性,常出现中立者或搭便车者。[②]

均势体系和集体安全体系有一个共同的特点是,两者都是通过使用军事威慑和诉诸武力这一最后的手段达到目的的。在均势体系下,使用军事威慑手段是非常平常的事,具体表现为提高军事装备的质量,增强军事人员的作战能力,最终表现为增强军事实力,达到威慑目的。集体安全提高绝对

---

① Inis Claude, *Power and International Relations*, p.114.
② 约瑟夫·奈:《理解国际冲突》,第 104 页。

优势的集体力量达到威慑可能的侵略者的目的,所不同的是,它具体不是表现为增强各成员国的军事实力,而是聚集更多的国家,成员国越多,集体力量就越强大,它假设所有国家的军事力量之和大于其中任何一个国家。

六、集体安全的未来和冷战后的世界秩序

在冷战后时代,随着国际关系的性质和内容、国家安全观的变迁,许多国际性安全组织也不得不面对新的情况和新的问题,制定出新的对策和发展计划。令人感兴趣的是,集体安全思想在冷战结束初期一度重新兴起,成为国际关系中的热门话题,显然是与联合国在海湾战争和冷战后的维和行动中作用的上升密切相关。

在一定程度上,冷战结束是联合国集体安全实践的分水岭。在第二次世界大战以后的四十多年间,联合国因受制于两极均势体系而无所作为,尤其是安理会五个常任理事国之间形成的大国均势使集体安全体系中的大国一致原则成为一纸空文。随着美苏关系的缓和与两极体系的结束,大国之间的国际合作势头有增无减。在后冷战时代,新的均势逐步形成并顺利运作,在这种形势下,集体安全能否发挥更大的作用关键要看大国关系如何演变。

第一,海湾战争以来的大国安全合作与美国的强权政治。海湾战争是集体安全体系中大国合作的一个典型范例。但是,这种大国合作也具有偶然性,苏联解体后,联合国五个常任理事国中,俄罗斯的地位在下降。冷战结束以来的安理会实际上处于非均势的大国关系中,西方国家仍极力要把联合国变成推行自己的外交政策的工具。看来,大国合作很容易成为权力均势的“副产品”,而不是集体安全的实际行动。

第二,冷战后大国关系走向与世界新秩序。从近些年来国际关系的发展来看,新的国际秩序有以下几个明显的特点:(1)大国关系的调整是在总体国际形势稳定与和平的情况下进行的;(2)在大国关系调整过程中,合作大于冲突,大国在国际安全问题上的利益共同点突出,20世纪末的大国关系从冷战刚刚结束时的大幅波动和动荡式调整转变为和缓、稳步、深化式调整;(3)大国关系调整仍在进行当中,并要经过很长一段时期才能完成,因为国家间的实力对比兴衰要经过很长时间才能稳定下来,只有大国关系框架形成和稳定下来后,新的国际格局才能建立。

总之,大国关系与世界秩序是密切相关的、相辅相成的。在很大程度上,大国关系的好与坏决定着世界秩序的和平与动荡;反过来讲,世界秩序稳定了,大国关系也会好转,如果世界秩序遭到破坏,大国关系也会因此出现波折。目前看来,冷战后的大国之间双边和多边关系进一步改善,安全合作趋势进一步加强。这种国际形势为国际安全组织的发展创造了条件。

第三,集体安全的下一个低潮期? 自从集体安全思想得到尝试以来,它在国际关系中的影响越来越大。各国之间的共识和合作的加强是集体安全思想不断受到支持和扩大的主观条件。与此同时,国家间政治经济相互依存程度的加深和全球化的发展,为集体安全思想的实践提供了客观历史条件。

冷战后集体安全思想的复兴与以往有所不同,它是在无世界大战发生的情况下兴起的,而且复兴持续时间长,实践上也取得了一些成功,这主要是因为大国关系持续稳定和国际形势持续缓和。不过,在未来的国际关系中,由于大国关系仍是决定因素,权力均势的作用有可能增强,集体安全能否受到削弱,要看这种均势的消极作用有多大。联合国作用的上升取决于集体安全与权力均势两种形式的政策和手段能否持续协调,两者之间的冲突是否会严重影响各国尤其是大国的国家安全。只要大国关系保持良好的发展势头,合作就会大于冲突,协调多于摩擦,从而为联合国集体安全机制发挥有效作用创造了有利的国际环境。相反,如果21世纪的大国关系的缓和势头出现逆转,大国之间的矛盾和冲突增多,那么,联合国的集体安全作用将会再次受挫。

第八章　冷战后国际关系理论的新发展（Ⅰ）

理论是灰色的，生命之树常青。

——歌德：《浮士德》

科学的方法是批判的方法，批判是任何理智发展的主要动力。

——卡尔·波普：《猜想与反驳》

认识是人对自然界的反映，但是，这并不是简单的、直接的、完全的反映，而是一系列的抽象过程，即概念、规律等等的构成、形成过程。

——列宁：《黑格尔〈逻辑学〉一书摘要》

第一节　软　权　力　论

权力论一直是西方国际关系学的一个核心理论。冷战结束后国际关系发生的深刻变化，给权力论注入了新的内容。20 世纪 90 年代初出现的软权力概念正是这一变化的反映。

一、"软权力"概念的提出

1990 年，约瑟夫·奈发表两篇文章和一本专著：（"世界权力的变革""软权力"和《必定要领导——正在变化着的美国权力的性质》），[1]最早在学术界较系统地提出和阐述了软权力概念，其基本内容是：

1. 冷战后各国面临着更为复杂的世界，国际政治的变化主要表现在"世界权力的变革"和"权力性质的变化"。"过去，对一个大国的考验是其在战争中的实力，而今天，实力的界定不再强调军事力量和征服。技术、教育和经济增长等因素在国际权力中正变得日益重要"。[2] 在冷战时期，东西方对抗的轴心是硬权力（军事机器、核威慑力等），特别是大国使用军事力量来平衡国际体系的实力地位。现实主义强调的也是硬权力的作用。而现在，随着两个超级大国全球军事对抗的消失，经济、文化因素在国际关系中的作用越来越突出，在世界变革的情况下，"所有国家，包括美国，要学会通过新的权力源泉来实现其目标：操作全球相互依存、管理国际体系结构、共享人类文化价值"。[3] 而这种新的权力源泉就叫作"软权力"。"软权力的新形式正在出现，特别是在文化、教育、大众媒介等方面，软权力的性质是无法用传统

---

[1]　Joseph Nye, "The Transformation of World Power", *Dialogue*, No.4, 1990; "Soft Power", *Foreign Policy*, Fall 1990; *Bound to Lead: the Changing Nature of American Power*, Basic Books-Harper Collins Publishers, 1990.2017 年 1 月 4 日，约瑟夫·奈应邀在清华大学苏世民书院做"软实力"的专题讲座，他回忆道，1990 年开始，他越来越感觉肯尼迪的《大国的兴衰》强调美国实力衰败有所偏颇，"总有些不对头，有必要从新的角度作一回应"，于是他吸取了新现实主义观点，用新自由制度主义的结构分析方法，提出"软权力"的概念，试图说明美国的权力削弱可以管控。笔者当时在场，以上内容引自课堂笔记。

[2]　Joseph Nye, "Soft Power".

[3]　Joseph Nye, "The Transformation of World Power".

的地缘政治学来解释和评估的"。①

2. 什么是软权力？软权力一般被界定为包括三方面的要素：价值标准，尤其指西方的自由、民主和人权；市场经济，特别是自由市场经济体制及其运行体制；西方文明，指文化、宗教等影响。约瑟夫·奈在"软权力"一文中说："国际政治性质的变化使那些无形的权力更显重要。国家的凝聚力、世界性文化和国际机构的重要性进一步增强了。"他还指出："另一种无形权力是相互依存。"②他从一个新的视角提出，软权力的重点在社会的相互沟通和文化思想的交互作用，强调"社会联系、经济相互依存和国际组织机制对国家的影响"。③

3. 约瑟夫·奈进一步指出："今天的经济和生态问题涉及许多互利成分，只能通过合作才能解决。"④因此，软权力是一种"合作型"权力，而硬权力是一种"对抗型"权力。目前，"软合作权力"（soft cooperative power）和"硬强制权力"（hard command power）并存，两种权力同样重要。⑤ 奈认为，软权力的来源主要有二：文化和经济。他站在维持美国利益的立场上强调说，一方面，美国的文化和"民主榜样"为软权力提供了低代价、高效益的源泉；另一方面，以跨国公司迅速发展为特征的世界经济也给软权力倾注了无穷的源泉。奈认为："美国比任何其他国家拥有更多传统的硬权力资源，并拥有意识形态和制度上软权力的资源，借此维持它在国家间相互依存新领域中的领导地位。"⑥

4. 约瑟夫·奈一再声称，从学派的角度来看，现实主义主张硬权力，自由主义倾向软权力。但是，软权力是硬权力的延伸和补充，不应过分强调两者的分歧，"两者可以互补"。他说："互补性是软权力和硬权力最显著的特征，它们是一个问题的相辅相成的两方面。"⑦这一软硬结合的权力观更有助

---

① Joseph Nye，"Soft Power"．

② Ibid.

③ Joseph Nye，"The Transformation of world Power"．关于文化与软权力的关系，王沪宁教授曾作过精辟的分析。他强调："文化不仅是一个国家政策的背景，而且是一种权力，或者一种实力，可以影响他国的行为。"接着，他以"政治系统和政治领导""民族士气和民族精神""社会的国际形象""国家的对外战略""确定国际体制的能力"以及"科学技术的发展"等六个方面说明了构成国家实力的基础。见王沪宁：《作为国家实力的文化：软权力》，《复旦学报》（社科版），1993年第3期。

④ Joseph Nye，"Soft Power"．

⑤ Joseph Nye，Bound to Lead，p.32.

⑥ Joseph Nye，"Soft Power"；*Bound to Lead*，p.xi.

⑦ Joseph Nye，"The Transformation of World Power"．

于反映和考察冷战后国际关系变化的现实。

二、"软权力"概念的发展

1996年之后,在信息革命浪潮的冲击和全球化潮流的推动下,"软权力"概念得到长足的发展。其研究重点转为信息化和全球化时代的软权力的性质和特征。尽管在1990年奈曾提出"权力已超越'资本密集'阶段进入'信息密集'阶段",[1]但当时他未能对这一变化作进一步研究。这一情况在1996年以后有了明显的改观。

1996年,约瑟夫·奈和威廉·欧文斯在《外交季刊》上发表题为《美国的信息优势》的文章,提出"信息权力"的概念。之后,奈等人又陆续发表一些影响颇大的文章和专著,推动"软权力"概念的扩散和发展。[2] 其主要新观点是:

1. 信息革命和全球化克服了"传统的成见","视信息为权力"的观念迅速传播开来,"权力逐步渗透到政治、经济、文化、社会各个领域",在权力分析上的传统束缚正在被冲破。[3] 到21世纪,信息技术可能会成为权力最重要的源泉。[4]

2. 奈认为,在科学技术飞速发展的世界,由于经济全球化的影响,信息成为国际关系的核心权力,信息权力作为软权力的核心正日益影响国际事务的变革。[5] 硬权力和软权力将同时存在,但在全球化时代,软权力的作用和影响会明显增强。[6] 全球化时代的软权力更具普世性、特效性和持久性。

3. 权力就其来源来说可以分为资源权力(resource power)和行为权力

---

[1] Joseph Nye, "The Transformation of World Power".

[2] 1996年以后关于"软权力"的主要文章有:Joseph Nye and William Owens, "America's Information Edge"(1996); Robert Keohane and Joseph Nye, "Power and Interdependence in the Information Age"(1998); Joseph Nye, "The National Interest in the Information Age" (1999); Joseph Nye, "Hard Power, Soft Power"(1999). 主要专著有:Joseph Nye, *The Paradox of American Power: Why the World's Only Superpower Can't Go It Alone?* (2002); ——, *The Power Game: A Washington Novel* (2004); ——, *Power in the Global Information Age: From Realism to Globalization* (2004); ——, *The Power to Lead* (2008); ——, *The Future of Power* (2011); ——, *Is the American Century Over?* (2015). 此外,奈还在国际上许多报刊上发表其他大量关于软权力的文章和访谈。

[3] Nye and Owens, "America's Information Edge", *Foreign Affairs*, March-April 1996.

[4] Keohane and Nye, "Power and Interdependence in the Information Age", *Foreign Affairs*, September-October 1998.

[5] 同注③。

[6] Nye, "The National Interest in the Information Age", *Foreign Affairs*, July-August 1999.

(behavioral power),传统的鉴别办法是重资源权力,轻行为权力,"信息革命正影响着这一权力结构"。① 资源权力中的"文化、价值和政策"因素影响行为权力,甚至左右行为权力,使别人或别国同意或接受我方的价值取向和制度安排,以产生我方希望的行为,软权力就成功了。②

4. 在信息时代的条件下,软权力强调的是吸引力(attraction),而不是强制力(coercion)。吸引力意指"文化和意识形态的无形力量"。③ 软权力不等于影响力,因为影响力还可以通过硬手段产生。软权力来源于一个国家的文明沉淀、政治理念和内外政策。"软权力是一种吸引人的力量"。④ 软权力追求的是"正和"(positive-sum)竞争,而不是"零和"(zero-sum)博弈。因此,从严格意义上说,软权力应界定为"在信息时代,一国通过自身的吸引力,而不是强制力在国际事务中实现预想目标的能力"。⑤

5. 奈等人断言,谁拥有信息权力的优势,并引领全球化,谁的软实力就强过别人,并在未来世界格局中据主导地位。他们自傲地说,这个国家就是美国。美国拥有强大的军事力量和经济实力,同时也占有软实力的优势,美国在软实力上的优势服务于四方面任务:(1)帮助共产主义国家实现民主转型;(2)防止新的但较弱的民主国家出现解体;(3)预防和解决地区冲突;(4)对付国际恐怖、国际犯罪和环境污染,以及防止具有大规模毁灭力武器的扩散⑥。这些话说得比较坦率,道出美国关于软权力概念和理论的性质、特点和真实意图,对我们研究和认识软权力不无裨益。

	行　为	主　要　手　段	政　府　策　略
军事实力	胁迫、阻碍、保护	威胁、武力	强制性外交、战争、结盟
经济实力	引诱、胁迫	交易、制裁	援助、贿赂、制裁
软实力	吸引、议程设置	价值观、文化、政策、制度	公共外交、双边或多边外交

资料来源:约瑟夫·奈:《软实力》,原书2004年出版,马娟娟译,中信出版社,2013年,第41页。

---

① Keohane and Nye, "Power and Interdependence in the Information Age", *Foreign Affairs*, September-October 1998.
② Ibid.
③ Nye, "Hard Power and Soft Power", *The Boston Globe*, August 6,1999.
④ 约瑟夫·奈:《软实力》,原书2004年出版,马娟娟译,中信出版社,2013年,第10页。
⑤ Nye and Owens, "America's Information Edge", *Foreign Affairs*, March-April 1996.
⑥ Ibid.

三、简短的评论

1. 软权力概念的产生是国际关系深刻变动的结果，也是权力性质与范围随着形势变化而不断拓展深化的结果。20世纪90年代初以来，人们在研究权力这一变化和拓展的过程中，逐步形成和完善关于软权力的理论观点。"软权力"丰富了权力论的内涵，成为国际关系研究的一个新的生长点。作为一个新出现的国际关系分支理论，虽然尚不成熟，最常见的是"三段论"：硬权力和软权力都很重要；在信息化和全球化时代，软权力显得更加重要；现实和未来趋势是，硬权力和软权力的互补和结果，即巧权力或巧实力的产生和运用。然而，软权力研究代表了一种发展趋势，有望在21世纪成为国际关系理论学的一个支柱理论。

2. 必须厘清或澄清几个判断：（1）软权力是不是一种战略？软权力当然重要，但是它难以成为国家战略，因为国家不能完全控制由文化、价值和政策产生的软权力，国家能影响但不能控制，所以软权力要成为国家战略是很困难的。（2）硬权力不好，软权力好吗？这一说法不成立，有片面性。硬权力和软权力之间，哪种好哪种不好，要看效果，要看可信度（creditability），不能绝对化。（3）软权力是万能的吗？当然不是。软权力也有局限性，受限于硬权力。软权力无法解决所有问题，它要和硬权力结合起来互动运用，才能显示其特别的功能。（4）软权力是政府政党行为所致的吗？当然也有关系，但软权力更多来自公民社会，而不是政府和政党。①

3. 在西方学者中，最青睐软权力的是美国学者。他们直言坦承，美国主张软权力的目的是：

（1）维护美国的领导地位。他们强调，美国面临的问题不是权力衰落或另一个新的霸权替代美国，而是如何适应变化着的世界权力。奈认为："美国必须对软权力进行'投资'，发展软权力。只有这样，美国才能在进入新世纪时，实行必要的世界领导。"②

软权力果然像一些西方学者说的那样，是一种"合作型"的权力吗？奈曾说过，冷战后美国面临的重大问题是现实地认识权力的变革及其

---

① 约瑟夫·奈2006年4月26日在复旦大学美国研究中心做关于软权力的讲座，以上内容引自笔者当时的笔记。
② Nye, "The Transformation of World Power", *Dialogue*, No.4.1990.

如何拥有软权力的"优势"。可见，以合作为名，求优势之实，才是本质所在。

（2）推动美国对外政策的调整，他们毫不掩饰地表示：软权力旨在向世界展示美国的民主政治制度和自由市场经济。他们提出，应通过增强全球开放意识，扩展美国的意识形态和价值标准。他们还强调："美国必须调整防务、外交等政策，以反映美国在信息资源方面的优势。"他们相信，美国能利用以信息资源为主体的软权力，"接触中国和俄罗斯，防止它们成为敌对国家"，[①]进而对它们产生影响。

（3）挽救软实力的衰弱，加强美国的巧实力。美国自称拥有世界上最强的硬实力和软实力，但从海湾战争到伊拉克战争，从中东危机到朝鲜半岛危机，美国都不能如愿取胜，结果反而丧失了很多软实力。在欧洲，美国的软实力影响度下降了 30%；在亚太，美国软实力的支持度从 75% 下跌到 15%。根据英国和美国有关机构的软实力指数报告，美国在全球软实力 2017 年年度排名中，已从 2011 年的第 1 名降为第 3 名，位居法英之后。针对这一情况，美国意在重启巧实力外交。2007 年，美国前国务卿理查德·阿米塔奇和约瑟夫·奈联手以国际与战略研究中心的名义，发表"巧实力委员会报告"，正式提出，"巧实力"是硬实力和软实力的巧妙结合，在这一结合的基础上，加强军事力量和结盟关系，促进伙伴关系和机制建设，扩大文化和价值的影响。[②] 然而，事实证明，这"巧实力"也并非那么神奇，并非灵丹妙药。

4. 我国学者早在 20 世纪 90 年代初就开始关注软权力的研究。王沪宁教授在《复旦学报》1993 年第三期发表的《作为国家实力的文化：软权力》是最早的介评软权力的文章，之后的有庞中英的《国际关系中的软力量及其他》（《战略与管理》1997 年第二期）和张骥、桑红的《文化：国际政治中的软权力》（《社会主义研究》1999 年第三期）等。随着国际社会进入信息时代，人们越来越多地结合全球化和信息权力对软权力进行分析和研究。随着中国改革开放的深入发展，中国的和平崛起举世瞩目，中国的软实力也不断得以提升和加强。

---

① Nye and Owens，"America's Information Edge"，*Foreign Affairs*，March-April 1996.

② Richard Armitage and Joseph Nye，*CSIS Commission on Smart Power*，2007，preface.

第二节　地缘经济学

在世纪之交,世界上仍然存在着旧的冲突模式,因领土争端所引发的战争在某些地区时有发生。在这些地区冲突中,军事实力因素仍旧非常重要,外交上也沿袭着传统的方式,靠加强自我保护或与他国结盟仍是军事力量转变为权力和影响的有效保证。可是,一种新的情况出现了:经济因素在国际关系领域里的作用大大超过人们的估价,全球经济相互依存的趋势明显加强,安全合作与经济竞争在国际关系中成为两个并行不悖的特点,在这一背景下,地缘经济现象悄悄地来到了我们面前。

一、从经济/生态政治学谈起

经济/生态政治学的英文是 eco-politics,"eco"正好取了 economy(经济)和 ecology(生态)的前三个字母。数年前笔者访问麻省理工学院时,偶读海沃德·奥尔克教授的论文《全球经济/生态政治学》,并与作者进行了叙谈。所得的印象是,经济/生态政治学已成为冷战后国际关系领域的一个新发展趋势。

经济/生态政治学正是根据冷战后国际形势的变化,依托国际政治经济学(IPE)而产生的。

在重访哈佛大学时,斯坦利·霍夫曼教授向笔者力荐乔治·华盛顿大学亨利·诺教授的《美国衰退的神话》一书。他认为,这是近年来继保罗·肯尼迪的《大国的兴衰》后一部关于经济政治学的力作。该书主要是剖析美国在世界经济中的作用及其经济政策,有几个关于全球政治学的观点特别引人注目:首先,亨利·诺自诩该书为 20 多年理论研究和政策实践的结晶,其观点不同于新现实主义和新自由主义,他强调"政治自由和竞争性市场的汇合"。其次,美国经济实力虽有所减弱,但对世界政治经济的影响力、竞争力和控制力仍最强,若以美国实力衰退为由,放弃全球政治、经济、自由贸易的领导权,那将是灾难性的错误,再次,美国应充分运用自身的经济实力,推动世界经济的发展,其成果不仅与西方国家,而且可与发展中国家,包括社会主义国家分享,但主动权应掌握在美国手里。

经济/生态政治学的基本观点是：

1. 国际关系从地缘政治学转向经济/生态政治学，原有的冷战机制已不适用，目前迫切的任务是改革国际经济体制，调整国际经济关系，以适应冷战后经济和生态政治因素增长的需要。

2. 冷战后，军事威胁减弱了，但威胁可能来自其他方面。战争不可取，实力不可无，经济与生态将成为实力的主要构成部分。

3. 随着苏联解体，原来意义上的东西方意识形态对抗也相对削弱，今后的趋势是影响大于对抗，控制取代遏制。经济/生态政治学主张以影响促进变化，即以经济和生态的优势促使其他地区的演变。从某种程度上来说，谁掌握国际经济和生态的优势，谁就在国际事务中拥有最大的发言权。

4. 冷战的结束带来了"安全"概念内涵的扩大。经济/生态政治学认为，冷战后时期使"发展"成为国际关系中突出和活跃的主题，与发展有密切关系的环境问题和经济因素自然地在更深层次上引起国际社会的普遍关注。影响国际安全的因素，不仅有政治的和军事的，更包括经济的和生态的。据预测，以维护全球生态安全、保护生态环境为核心的安全体制是 20 世纪末到 21 世纪国际新秩序的主要内容。在联合国的倡导下，1992 年 6 月在巴西里约热内卢举行的全球环境与发展大会，通过了《环境与发展宣言》（又称"地球宪章"）正是体现经济/生态政治学兴起的历史性重要文件。

经济/生态经济学为地缘经济学的出现准备了条件，地缘经济学是经济/生态经济学的发展。

二、什么是地缘经济学？

地缘经济学（geo-economics）是在冷战结束后出现的颇有新意的国际关系理论。这一理论的主要代表人物是前美国华盛顿战略和国际关系研究中心地缘经济学项目主任爱德华·卢特沃克（Edward N. Luttwak）。[①] 卢特

---

① 爱德华·卢特沃克是美国著名国际问题专家，生于 1942 年，毕业于伦敦经济学院，在约翰·霍普金斯大学获得政治学博士学位。曾任教于乔治敦大学、约翰·霍普金斯大学、耶鲁大学和加州大学伯克莱分校。他的著作包括：《现代战争辞典》(1971)、《罗马帝国的大战略》(1976)、《苏联的大战略》(1983)、《战略：战争与和平的逻辑》(1987)、《面临危险的美国之梦》(1993)和《加速资本主义》(1997)等。他曾经是美国国家安全委员会、国务院、国防部以及财政和金融机构的顾问，同时任美国和欧洲一些大公司的顾问，日本大藏省的财政和金融政策顾问。近年来，笔者曾与卢特沃克见过几次面，他如今仍活跃在商务咨询、战略研究和学术交流等活动中。

沃克以研究美国战略著称,不仅在美国学术界享有盛名,并且在美国外交决策中起过一定的作用。他多次在美国国会听证会上阐述他的思想。他第一次提出地缘经济学的理论,是在海湾战争之前的一次美国国会听证会上,这次听证会由美国新闻媒体向全世界转播,可见地缘经济学在西方的影响已经有一段时间了。

笔者曾与卢特沃克教授有几次接触和长谈,就地缘经济学问题与他进行了有益的探讨。卢特沃克教授认为,冷战结束后,世界进入了地缘经济时代,标志着国际关系从地缘政治学向地缘经济学发展,是"发展",而不是"取代",是拓展,不是断层,故有人称之为"后地缘政治学"。他强调,地缘经济学是一种战略,对军事对抗起"缓冲作用"。其理论主张是:(1)意识形态的差异已不如以前那样重要;(2)按地缘政治标准划定的对手或敌手,在地缘经济时代可能同时是贸易伙伴;(3)传统的地缘政治目标是占领和扩大领土,地缘经济的目标是控制和保持一国在世界经济中的地位和优势;(4)对全球的最大威胁已从核战争危险转向经济危机和生态破坏,国际关系中"低级政治"(经济、社会、生态等问题)的紧迫性和重要性第一次明显地超过"高级政治"(军事对抗和核威慑)。这一转向"开拓了超越国界的、竞争与合作并存的新时代"。

关于地缘经济学,卢特沃克还作过一个生动的叙述:根据地缘经济学,由国家提供或引导的产业投资资本等同于传统战争的要素,"军火";国家支持的产品开发等同于"武器"的变革;国家支持的市场干预取代了在国外军事基地的"外交影响"。具体来说,私营企业每天都在为纯粹的商业利益在做一样的事情,如投资、市场研究和产品开发、开拓市场,但是,当国家出面支持或指导这些相同的经济行为时,它已经不再是纯粹的经济行为,而是地缘经济学。[①]

由此看来,地缘经济学是在全球化和经济一体化不断深化的国际背景下产生的,它的一个核心观点,就是认为世界正在逐步发展成为三个相互竞争的经济集团:(1)日本率领的环太平洋经济区;(2)美国领导的西半球经济区;(3)以德国为中心的欧洲经济区。它还强调:"在未来的竞赛中,三个经济霸权中的每一个都倾向于超过其他两个。无论哪一个实现了这种超

---

① Edward Luttwak,"The Theory and Practice of Geo-Economics", in Armand Clesse, *et al* (ed.), *The International System after the Collapse of the East-West Order*, Martine Nijhoff Publishers,1994.

越,都会位居领先,都会像英国主导 19 世纪,美国主导 20 世纪那样,主导 21 世纪。"①

　　1999 年,两位初展锋芒的学者乔治·邓姆柯和威廉·沃特出版关于地缘政治的专著《重新布局世界——21 世纪的地缘观》,首次创新了一个概念"地缘政治经济学"(Geopolinomics),他俩指出,在全球化的新形势下,地缘政治正向国际经济方向延续和发展,"地缘政治经济"是世界政治与国际经济的互动产儿。②"地缘政治经济学"概念的出现把该领域的探讨和研究引向深入。

　　地缘经济学的内容主要是:

　　1. 冷战结束后,国家间的竞争关系以一种新的方式出现了。对这种新的国际竞争方式进行研究,就是地缘经济学的任务。正如卢特沃克所说:"这种国家竞争的新形式,我就称之为地缘经济学。"他还说:"所有官僚机构发现的地缘经济作用的结果和由利益集团控制的地缘经济的结果,在不同的国家和不同的案例中虽然各式各样,但是,从根本上讲,国家将按地缘经济的方式行事。"③

　　2. 国家要想尽办法维护本国的经济利益,由此自然会损害对方国的经济发展。这种由国家和政府参与的、为了"我们"的国家利益而不顾"他们"的国家利益的经济竞争行为,即是地缘经济学家研究的对象。

　　3. 地缘经济学家承认,地缘经济学研究的范围是经济战场,而不是军事战场。从近代以来,国家间早就存在着商业战争。但是,过去的商业战争与冷战后商业竞争的根本区别就在于:重商主义的商业战争,除了商业目的之外,还具有政治目的,即企图通过经济手段在政治上打败对手。而今天在发达国家之间出现的经济较量,尽管竞争经常会激烈到极点,但其最终结果总是政治家出面,使各方最终达成妥协。即便在政治家不参与的情况下,经济竞争只可能造成纯经济上的后果,但不会有政治上的后果。此外,重商主义的特点只是重视出口,反对进口,在这一点上与今天国家之间的经济合作和竞争也完全不同。地缘经济学家认为,在重商主义下,各国之间经济竞争

① Lester Thurow, Head to Head: *The Coming Economic Battle Among Japan, Europe and America*, Morrow Publishers, 1992, p.246.

② George Demko and William Wood, *Reordering the World — Geographical Perspectives on the 21st Century*, 1999, p.14.

③ Edward Luttwak, *The Endangered American Dream*, Simon & Schuster, 1993, p.35 and p.314.

经常会引起战争,但是,如今的地缘经济则成了一种游戏。因此,在地缘经济学家看来,地缘经济既是冷战后国家之间进行交往的一种状态,同时,也可以是一种政策,在地缘经济下,发达国家之间可以进行激烈但又平等的经济竞争。他们还特别指出,并不是所有国家都有能力实行这种政策,发展中国家就没有条件、也没有能力推行地缘经济政策。

从以上的观点可以推断出地缘经济学的以下特点:

第一,地缘经济学吸引人的地方是在它的"地缘"二字上,但是,如果认真研究这一理论,就会发现它与我们传统意义上认识的地缘概念并不完全吻合。最常规的地缘概念出现在地缘政治里面。地缘政治理论家研究的是一个国家的地理情况,包括人口、资源和气候等情况对国际关系的影响。即便在沃勒斯坦的世界体系论中,地缘经济的概念也是从一个地区在整个世界中的地理位置来把握国家之间关系的。地缘经济学与传统的地缘理论完全不同,在这一理论里,地缘的概念其实是指民族国家以国家领土作为地理含义上的竞争单位。地缘经济学家研究的是,如何从地理的角度出发,在国际竞争中,保护国家的自身利益。其最本质的内容仍然是在冷战后新的国际环境下,国家之间是怎样的一种竞争关系。因此,是否可以说,地缘政治学家研究的是宏观地理概念上的国际关系,而地缘经济学家研究的是微观地理概念上的国际关系。

第二,地缘经济学表面上看起来与传统现实主义理论有着很大的区别,因为,传统现实主义在研究国际关系时是以国家的政治、军事和外交为主要内容的,它把对国家经济关系的研究完全放在从属于政治的位置上;而地缘经济学则把研究的重点放在国家之间的经济竞争和较量上。但是,从本质上讲,地缘经济学与传统现实主义有着诸多的相似之处:

1. 地缘经济学和传统现实主义一样,仍然把主权国家作为研究冷战后国际关系的主要对象。正是由于国家的地域经济活动才使得冷战后的国际关系有了新的内容。因此,在地缘经济学家看来,今天国际关系中的主要行为体仍然应当是国家。

2. 地缘经济学家和传统现实主义者一样,认为国家之间的关系在冷战后仍然主要是竞争和对立的关系。只是地缘经济学家强调这种竞争和对立关系,主要是经济上的竞争与对抗。

3. 地缘经济学和传统现实主义一样,也强调权力。传统现实主义强调的是国家的政治权力和国家的军事安全;地缘经济学家强调的是国家的经济权力和国家的经济安全。亨利·诺发明了一个词"powernomics"(权力经济学)。其含义是指,为了本国的利益,国家要追求财富、权力、市场和工作机会。任何对美国国际经济地位进行挑战的国家对美国的国家安全都是威胁,美国都应当对它们进行研究。这不禁让人联想到汉斯·摩根索的名著《国家间政治》一书,按照地缘经济学的观点,其书名岂不应改成《国家间经济——寻求经济权力与和平的斗争》。

4. 国家利益的概念最早是由传统现实主义理论家提出来的。地缘经济学家完全继承了传统现实主义的观点,认为国家所有的经济较量都是由国家利益驱动的。传统现实主义所重视的国家利益是政治上的国家利益;而地缘经济学家的国家利益是经济上的国家利益。在地缘经济学家看来,国家利益的实现表现在就业人口扩大、市场的扩张和产品的出新上面。

因此,从一定意义上讲,地缘经济学是传统现实主义在冷战后的翻版。

5. 在冷战后时期,地缘政治仍然有用,其重点在于大国冲突的外部环境研究,而地缘经济则强调大国合作的外部环境。两者不应相互排斥,应该互补。

第三,地缘经济学主要研究的是发达国家之间的经济关系,而不是发展中国家之间或发展中国家与发达国家之间的经济关系。卢特沃克等人提出地缘经济学的背景是在美苏以意识形态为中心的政治较量结束后,美国担心在世界经济的较量中会处于被动的地位。因此,地缘经济学家在他们的理论中考虑得更多的是发达国家的地缘经济竞争。卢特沃克等人的头脑中,自觉不自觉地存在着一种优越感。这种优越感来自两个方面:一方面,是受到"民主和平论"思想的影响,认为在发达国家之间将不会再出现战争,因此,经济问题在这些国家内已经取代了战争问题;另一方面,是相信在发达国家之间才会出现地缘经济问题,或才会有能力实行地缘经济的政策,因为经济实力的较量是地缘经济政策实现的基础。这正好说明,地缘经济学就其本质来说,是发达国家的国际关系理论。

三、地缘经济学的未来

在传统的国际政治时代,商业或工业上的目标与战争和外交目标相比通常是第二位的,国家安全与生存才是第一位的。贸易对手之间发生战争时,随着双方互惠贸易关系的中断,经济利益就完全处于从属地位。如果安全上需要和其他贸易国家结盟来对付一个共同的敌人时,盟友之间经济利益竞争也就变成了次要的因素。相比之下,维护联盟是绝对第一位的,因为联盟的目的是生存而不仅仅是经济繁荣。

按照这种逻辑,就不难理解冷战时期美国与西欧国家之间的商业纠纷(如冷冻鸡肉、微锌片、牛肉或其他问题),以及美国和日本之间自20世纪60年代的纺织品至90年代的超级计算机的所有商业摩擦为什么得以压制下来。

可是,冷战结束以后,军事威胁和军事联盟的重要性在逐渐削弱,地缘经济的地位相应得到提高。过去20多年,地缘经济因素的影响已大于地缘政治因素的影响。各国最担心的是贸易争执所引起的单纯经济后果,而不是政治和军事后果。"如果国家之间内聚力必须要由单一的外来威胁来维持时,那么这种威胁现在一定是经济的,或者更确切地说是地缘经济"。①

世界或者说一些发达国家和新兴工业国家是不是已经走向了一个新的"重商主义"时代? 这个问题是认识当今国际政治的关键之一。传统的重商主义思想的目的是获取外汇储备(黄金),有了黄金就可以用它支持战争,并获得胜利;没有它就可能会遭到失败。黄金是重要的军事力量之一。因此,重商主义的目的非常有害:如果只出口不进口,所有的贸易链最终都将遭到破坏而中断,同时黄金也积聚在某些势力手中。重商主义是一种经济行为,但它的目的却是政治性的。传统重商主义思想的最大弱点就是它总是摆脱不了战争的阴影。

相反,地缘经济学的最终目的是实现其本身的社会性和经济性,比如如何扩大产业服务中就业的最大化。从国家内部讲,任何收益都不会加强统治者的力量,而是促进就业;从对外影响讲,追求地缘经济并不靠进口限制或高关税等政策。

在新重商主义时代,竞争的根源和手段在严格意义上都是经济性的。如果商业争执的确导致了政治冲突,它将表现为使用商业手段来解决问题,如或多或少地限制进口或暗中实行出口补贴、资助有竞争力的技术项目、提供竞争性的基础设施等等。并不是所有的国家都有能力或愿意推行地缘经济政策。一些私人企业通常需要寻求官僚机构、政治家、甚至公共舆论的支

① Edward Luttwak, "The Theory and Practice of Geo-Economics", in Armand Clesse, *et al* (ed.), *The International System after the Collapse of the East-West Order*, Martine Nijhoff Publishers, 1994.

持。过去，他们可能要求政府进行关税保护，避免市场损失或失业，而现在不管他们是航空、电讯或生物技术等产业方面的领先企业，也不管他们是否有经济麻烦，它们都在使用地缘经济手段达到目的，如提供国家研究基金、共同投资或信贷融资等，官僚机构和个别政治家可能操纵大的私人企业实现他们自己的地缘经济目标，甚至选择一个特殊企业控制某个产业。

现在，大多数发达国家的政府与外国企业之间的冲突越来越突出。在地缘经济比较活跃的国家，发展民族产业就必须反对国外私人企业，如美国政府必须反对空中巴士公司，以保护美国的飞机制造业。一个地缘经济竞争激烈的时代必然是一个对私人企业，至少在高技术工业部门的企业带来前所未有的风险的时代。当它们投入大量研发资金，希望通过开发新产品实现主要产业突破时，却突然发现被另一个国家的"技术项目"所击败。

许多人认为，未来的全球市场将更加开放，甚至没有贸易壁垒，没有竞争性贸易集团，诸如美欧、美日、欧盟与日本之间的贸易纠纷可能导致集团间贸易壁垒的可能性似乎不大。实际上，除了农产品贸易纠纷外，欧盟和美加墨之间没有难以调和的经济矛盾，到目前为止，还不能在严格意义上讲贸易集团，更不用说竞争性的贸易集团。

关贸总协定（GATT）在 1948 年 1 月 1 日成立时，要求成员国一步步削减或取消所有贸易壁垒，GATT 在国际贸易中引入了"最惠国待遇原则"，即任何成员国之间达成的任何削减贸易壁垒的协议都将自动适用于其他所有成员国。与此同时，违背 GATT 这一原则的单边贸易措施却一直在成员国中扩散，甚至在许多国家中，非关税贸易壁垒在日益增加，而不是在逐渐减少。当美国国会实施 1974 年贸易法案中的"301 条款"时，它的起草人还非常谨慎，以保证它的语言和目的和 GATT 规则相一致。在 301 条款下，美国总统被授权对外国限制进口的壁垒采取行动，首先，美国贸易代表被授权调查受到怀疑的、不公正的外国贸易行为，如果事实存在，他们将受到美国政府的贸易制裁。在这点上，总统必须提醒外国政府，在某一天，美国将对其采取具体的报复措施，除非它取消壁垒，没有公开的宣布或威胁，一切都是在平静的外交中进行的。可是，当美国国会在 1988 年通过"特殊 301 条款"的立法后，这种忍耐就没有了。美国贸易代表必须每年公开有非正当贸易壁垒行为的国家名单，并指出"主要的"贸易壁垒及主要国家；它为这些国家设定补救办法和固定的时间表，如果不取消壁垒就要采取报复手段。这样，总统不再是谨慎行事，而必须提出公开的贸易威胁，也不再是悄悄地收回成命。美国特朗普政府对中国进行"301 条款"调查,正是一个实例。

这种情况在当今的国际贸易中并不少见,各国在国际经济交往中的担心正是来自对"地缘经济"的考虑。日益加深的全球经济一体化趋势使国家的经济政策更具竞争性,特别是在发达的资本主义经济之间。如何管理这些相互竞争的国内政策将不仅对国际经济而且对国际安全和政治关系都具有深刻的意义。①

美国、欧洲和日本之间争夺高技术产业领先地位的地缘经济斗争正在影响到它们之间的政治关系,也影响到它们与其他重要贸易国家之间的关系。在经济全球化和相互依存强度不断加深的情况下,要遏制贸易战,最可靠的办法是要各方关注自己的政治和经济代价及其对世界经济的影响。具体来说,各国政府是否服从"以经济利益为代价获得相互收益和以政治力量为代价寻求相对得益"的大势,或者他们能否设计规则制度,用一种机构的适当力量来稀释经济冲突加剧的潜力,这是一个关键的问题。如果发动贸易战的政治和经济代价高于收益的话,贸易战是不大可能发生的。但是,如果在经济联盟中缺少一个共同的敌人时,贸易战也可能表现为个别国家的地缘经济行为,到那时,惩罚者和被惩罚者都会付出很大的代价。

西方学者认为,在冷战后时代,随着苏联威胁的消失,国际关系中的根本特征由两种不同制度间的冲突转变为工业化国家之间的经济发展战略分歧。这种"地缘经济"威胁表现为国家间的产业优势竞争。在世纪之交和 21 世纪,面临日益复杂的国内经济问题和全球经济一体化的趋势,主要的经济现代化国家如何管理他们之间的经济关系将对世界经济产生巨大的影响。在进入政府间争夺全球市场的"现实经济(realeconomic)"中,面对未来的国内和国际挑战,政府的经济战略应变能力如果不稳定,这种趋势将威胁到国家间政治和经济关系的融合,那时,地缘经济也将进入了转折、困难和复杂的发展时期。

四、由地缘经济学引起的思考

虽然地缘经济学把研究重点放在发达国家之间的经济斗争上,它为本

---

① Erik Peterson, "Looming Collision of Capitalisms", in Brad Roberts(ed.), *Order and Disorder after the Cold War*, The MIT Press, 1995, p.227.

国经济地位所表现出来的担忧，并不是在发展中国家就不存在。尽管目前国际经济斗争最激烈的地方是在发达国家之间，但是，其中的问题对我们也有一定的借鉴意义，并且还可以引起我们的一些思考：

第一，冷战后的国际关系斗争将主要是经济方面的斗争，虽然这场斗争最直接的表现是跨国公司、企业和个人在国际经济上的斗争，但是，其实质是国家和国家之间、政府和政府之间、政策水平和政策水平之间的较量，斗争主要表现为以进攻型为主、防守型为辅的形式。在进攻型斗争中，政府通过财政政策和货币政策对本国企业进行支持和帮助；在防守型斗争中，政府利用关税等办法把外国的商品挡在国门之外。在这种一出一进中，发达国家政府干预的作用绝不可低估。中国今天虽然正在从计划经济转向市场经济，并且鼓励中国企业在国际市场中去摸爬滚打，但是，如果一味地忽视政府在国际经济斗争中的作用，仅仅让中国的企业自己去闯，去锻炼，则会使中国企业的奋斗进程相当困难。问题的关键不在于政府对企业是放手，还是捆住，而在于政府在参与企业经济活动中对"度"的把握。冷战结束后，国家之间政治斗争仍然存在，而国家之间的经济斗争变得更加尖锐。国家之间经济斗争的终极结果往往不是一目了然的，斗争的形式也不是那样的刀光剑影，这种斗争充分体现的是一国的经济政策水平和政府维护国家利益的能力。

第二，冷战后国际经济斗争的目标再不是争夺领土，而是抢夺在世界经济中的主导地位，这种争夺国际经济主导地位成功的希望则是在高科技领域。如果一个国家在新的世纪中在生物工程、电子计算机、电子通讯和新材料等领域中领先，它就会首先控制其产品的专利权。这种专利权将使它一定程度上能够操纵和控制其他国家的经济，而又不会受限于传统工业产品经常为之苦恼的关税壁垒。在这场争夺主导权的斗争中，并不一定大国就必定胜利，具有很高国民素质的小国，如果能够在新兴工业中取得科技成功，也有可能主导世界经济。因此，这里最关键的因素是人的因素——发明高科技专利的科学家是属于哪些国家的。

与此相关的问题是，今天用来衡量一个国家实力的克莱茵公式应当加以修改，改变的内容主要是在人和科技方面，新的公式应当是：

国家实力＝（领土＋工农业＋军事＋政府质量）×人的素质×科技水平

第三，在以前的国际关系中，主要是主权国家在前台扮演主角；在现在的国际关系中,企业和大公司承担了过去主权国家前台角色的相当部分。现在的国际关系,再不纯粹表现为国家和国家之间的关系,而经常表现为跨国公司和跨国公司、企业和企业、跨国公司和企业、跨国公司和国家,甚至个人和国家之间的关系。这种国际关系交叉发展的结果,在地缘经济的环境下,就使得企业在经济竞争中的发展比以前任何时候都要困难得多。当一个国家在选择某一生产领域作为国家发展的主导领域时,其他国家相关领域的企业在没有本国政府的支持下就将面临生死存亡的挑战。一些企业会发现,在他们投入巨大资金开发高科技新产品时,他们的竞争对手是另一个国家的科技攻关项目。然而,在这里,却让我们有了新的思考。如果我国在21世纪中,在高科技产出的领域中,哪怕只在一个或几个方面占有主导权,带来的成果则可以用滚动发展的办法推动新一轮的科技攻关,从而使中国经济不仅逐步走向繁荣,而且达到世界领先。

第四,地缘经济学家指出,经济的发展,国际贸易的不断增长,并不意味着国际合作自然会加强,国际市场将越来越开放。他们一方面认为,在发达国家之间将不会再有战争;但是,另一方面,他们又对当代国际关系理论界流行的世界经济相互依存,战争将不可能打起来的观点提出质疑。他们指出,今后世界将很难说不会因经济问题引起战争。这里我们暂且不谈论他们的观点是否互相矛盾,本书认为最重要的是,在冷战后时代,战争的概念恐怕应当重新定义。

从传统意义上讲,国际战争最重要的内容是国家和国家之间进行的武装斗争。它是政治的继续。在人类以前的战争中,包括冷战时期,国家之间进行战争的方式都是热兵器的战争。但是,在今天的战争中,武装斗争再不是进行战争的唯一方式。因此,我们认为:战争的定义应当是,在国家之间进行的比一般竞争和冲突要激烈得多的斗争,它既包括武装斗争,也包括非武装斗争,过去人们经常说,战争是政治的继续。政治斗争的根本内容是竞争对其他人和事务的控制权。政治斗争之所以会出现主要是因为经济利益的追求。因此,马克思主义认为,政治斗争是经济斗争的集中表现。冷战结束后,过去因经济利益而引起的斗争,在高科技时代,已经不再完全需要通过政治斗争乃至战争的形式表现出来了。一国对另一国的控制不再是对领土和政府机构的控制,而可以用直接的经济手段达到目的。因此,在经济利益、政治斗争和战争三者的关系上,过去的公式是:经济利益——政治斗争——战争(武装斗争);今天的公式可以在一定程度上描绘为:经济利益——战争(非武装斗争)。今天,虽然没有政治上的军备竞赛,却有经济上的"军备竞赛"——高科技产品的发明。没有战场但有市场,没有武装士兵却有高科技专家。人们应当记住的是,只要有战争就会有输赢。以前在战争中失败后,一国在经过 3—5 年恢复期后,仍然可发展繁荣;今天在战争中失败后,一国要重建繁荣就困难得多了。因此,我们应当高度重视如何避免这场"后冷战的战争"。

第三节　两枝世界政治论

冷战的结束向西方国际关系理论提出了新的挑战。国际关系将向怎样的方向发展? 冷战后时代国际关系的基本特征是什么? 国际关系学现有的理论范式有没有过时? 像这样的问题还有很多。一部分西方国际关系学者以此为机遇,紧紧把握时代脉搏,独辟蹊径地对冷战后时代国际关系理论进行新的探索,有的学者甚至系统地提出旨在替代目前国际关系研究主流范式的新世界观。詹姆斯·罗斯诺就是其中的一位,他在 20 世纪 90 年代初提出的两枝世界政治论是西方国际关系理论探索中一个十分耀眼的成果。

两枝世界政治论最早见诸罗斯诺教授 1990 年出版的《世界政治大变动:关于变化性和连续性的理论》,之后他又在卡内基伦理与国际事务委员会 1992 年专辑第六卷里进一步阐述了他的两枝世界政治观。

一、"后国际政治"观

对于许多新现实主义者来说,冷战后时代仍然是"极"的世界、冲突的世界,它与冷战时代所不同的仅仅是过去的两极格局消失了,代之而起的是一极格局或多极格局。新现实主义认为,冷战后时代是国家中心的时代,只是国家间冲突的背景和方式发生了重大变化而已。

与新现实主义式的思路不同,在新自由制度主义影响下的其他学者把冷战后时代的世界谱写成相互依赖和全球化趋势日趋加强、国际关系稳步迈向合作、和平与开放的乐观图景。民主和平论、国际制度论和跨国开放论在冷战后时代赢得了更多的拥护和支持者，他们相信，冷战结束之后的世界，也就是民主制度在全球得到普及、国际制度加速发展、跨国相互依赖日益稳固的"意识形态终结"了的世界。

着眼于世界经济领域的学者却有着另一番看法。他们侧重的是经济全球化浪潮对国际经济的影响。在他们眼里，冷战后时代的世界经济主要呈现出区域经济集团和全球一体化的双重趋势，与此同时，传统的经济国界不断萎缩。在经济全球化浪潮急速发展的形势下，一些从经济学角度研究冷战后时代国际关系的学者否认新现实主义和新自由制度主义者坚持的国家中心论，认为传统的国际关系和国家的分别对于世界经济的运作不再具有实质意义。

罗斯诺是不同于以上新现实主义、新自由制度主义和经济全球化论者的第四种学者。他既不同意新现实主义和新自由制度主义的国家中心论，也不赞同经济全球化论者忽视国际关系中政治要素的做法。罗斯诺以"后国际政治"(post-international politics)来表示冷战后时代国际政治的本质特征。① 所谓"后国际政治"，主要表达三方面的意思。第一，它要说明，随着冷战后时代中跨国家行为体和次国家行为体的兴起，以往界限较为明确的国内事务和国外事务如今不再泾渭分明，而是日渐让位于不断扩张的"国内—国外边界"(the domestic-foreign frontier)。因此，国际政治的时代正在被后国际政治的时代所取代。第二，后国际政治仍然强调政治在国际关系中的作用，并以探讨新条件下世界政治权威结构的变动为己任。第三，后国际政治理论的核心，是强调三个基本政治范畴(个人、集体和全球事务的整体结构)正经历重大变革。1999 年 2 月 10 日，罗斯诺在会见笔者时说，现实主义与自由主义理论已不够用了，形势发生了深刻变化，应该寻求新的途径，以新的理论思路去反映变革的时代。两枝理论就是这样一种新思路。他还告诉笔者，他已出版了近 60 本书，但他认为最好的是体现"两枝世界政治"论的《世界政治大变动》。

二、"分合论"世界观

从国际政治向后国际政治的转变促使罗斯诺提出一套系统的新世界观

① James Rosenau, *Turbulence in World Politics: A Theory of Change and Continuity*, Princeton University Press, 1990, p.3.

以取代他认为不再合乎时宜的现实主义和自由主义旧世界观。

罗斯诺称这一新世界观为分合论（fragmegration）。"分合论"是两枝世界政治的重要理论依据，因此，在讨论正题之前有必要对它作个简介。

在罗斯诺看来，全球化冲击下的后国际政治同时产生了分散化（fragmentation）和一体化（integration）两种矛盾而统一的趋势。分散化主要受次国家行为体的推动，而一体化则受跨国家行为体的推动。所谓"分合"，其英语单词即是把与分散化 fragmentation 中的前半部分"fragme-"和与一体化 integration 中的后半部分"-gration"拼合而成的。

罗斯诺笔下的世界观指的是一套拥有自己的本体论（ontology）、范式（paradigm）和理论（theory）的系统思维框架。罗斯诺依据本体论、范式和理论三项指标，对属于旧世界观的现实主义、自由主义和自己创造的新世界观分合论进行了对比。这里列简表如下：

现实主义、自由主义和分合论对照表①

世 界 观	本体论		范　式	理　论
	主要行为体	行为体边界		
现实主义	国　家	坚　固	冲　突	均　势
自由主义	国　家	坚　固	合　作	国际制度
分 合 论	多　元	易　渗	分　合	动　荡

从表中可以看出，作为占主流地位的两种世界观，现实主义和自由主义既有共同点，也有分歧之处。就本体论而言，两者都认为国家是国际政治的主要行为体，而且国家间的边界是坚固而不可渗透的。这一点，反映出现实主义和自由主义的共同基础——国家中心论。但在范式上，现实主义强调国家间关系中冲突的一面，自由主义则强调国家间关系中合作的一面。于是，现实主义和自由主义最终阐发的理论反映出了这种范式上的差别。现实主义关注国家间在安全问题上的权力斗争，并进一步将其延伸到国际合作领域上的相对收益问题上，因此孕育了均势理论。自由主义则关注经济领域上的国际合作可能产生的绝对收益，因此揭示出国际制度合作的潜力，

---

① James Rosenau, *Along the Domestic-Foreign*, Cambridge University Press, 1997, pp.25-44.

提出系统的国际制度理论。

罗斯诺的分合论首先从本体论上针锋相对地驳斥现实主义和自由主义的国家中心论和国家边界不可渗透论,指出各式各样的跨国家和次国家行为体的涌现已经撼动了往日铁板一块的主权制度。进而,在范式上,分合论强调国际关系中冲突与合作、分散化与一体化因素同时存在和不可分离,单单强调其中的任何一个都是不够的。最后,归结到理论上,分合论系统阐述了动荡理论。

从分合论与现实主义和自由主义的对比关系上,我们发现,分合论的一大特点是,具有极强的包容力和综合性。它既在本体论上兼顾国家和非国家两类行为体,又在范式上融合冲突与合作两种趋势。如果建立一个范式与本体论的 2×2 模式表,分合论的坐标就可以被非常形象地反映出来(见下表)。

分合论坐标①

本体论 \ 范式	冲　突	合　作
国家行为体中心	单边主义	多边主义
非国家行为体中心	次团主义	跨国主义

(表中央标注:分合论)

在上面的模式图中,现实主义的核心理论形态单边主义处于国家行为体中心——冲突区,自由主义的核心理论形态多边主义处于国家行为体中心——合作区,分合论则兼跨图中的四个区位,与单边主义、次团体主义、多边主义和跨国主义都有交叉。

三、两枝世界政治及其主要观点

罗斯诺认为,冷战的结束使世界进入一个充满动荡和变革的时代,较突

---

① James Rosenau, *Along the Domestic-Foreign Frontier*, pp.47-52; James Rosenau, "Imposing Global Orders", in Stephen Gill and James Mittelman (ed.), *Innovation and Transformation in International Studies*, Cambridge University Press, 1997, pp.220-235.

出的有三种基本矛盾和冲突：一体化与分散化,地区主义与全球主义,继承与变革。其特点是下列国际现象同时存在：“分散化的主义国家、处于危机的资本主义经济、脆弱的国际政治关系和骚动不安的民众”。据此,他提出冷战后世界秩序的“三层面、三参数的分析”,即微观层面上的个人行为分析、宏微观(中观)层面上的国家机构和国际组织的分析以及宏观层面上的国际体系分析,重点在第三层面。罗斯诺强调,冷战后世界已出现从“民族国家”为基本单位的无政府体系向这一无政府体系与多中心国际体系相结合的“两枝”世界政治过渡。

微观参数是公民技能。罗斯诺指出,在全球化的条件下,信息技术革命、跨国社会交往和相互依赖生活的复杂性正在日益造就出一大批政治上更为敏感、情感上更为自主的公民。于是,民众将更为熟练地对影响到他的自身的公共政策、对他的自身在世界上所处的位置、对他们的个人行为汇总为社会后果的过程等政治性的事务进行理性的分析和评价。这些导致了一场公民技能的革命。罗斯诺主持了一项公民个人技能变化的研究,他通过对一些社会“精英”(国会议员、国会听证会证人和大报的撰稿人)关于三个公共政策领域(国际贸易、对外政策和人权)言论记录的分析,发现被分析者的政治技能在相隔较远的一段时间内增长了9％到14％。他还对公民政治技能革命的意义作了总结：“人们将更易于参与集体行动,向公共制度和公共组织施压,以满足私人的要求。”①

冷战后时代公民技能革命的现实对人们的固有意识发起了挑战。从此,学者们再也不能假定公民技能是一个常量,进而,许多社会理论(包括国际政治理论)都需要加以修正。但是,公民技能革命并不意味着不同的公民群体拥有的技能水平将实现均衡。实际上,“精英”和大众在政治技能上的差距将继续存在下去,社会“精英”将继续比普通百姓拥有更强的政治分析能力。不过,在技能革命的影响下,“精英”和大众政治技能水平的差距却有可能缩小,因而尽管“精英”们将继续控制社会资源、通讯手段和决策过程,但他们为得到政治技能不断上升的公众的支持,不得不接受他们的限制和监督。②

---

① James Rosenau and Michael Fagen,“A New Dynamism in World Politics”, *International Studies Quarterly*, 41(1),1997.

② James Rosenau,“Normative Challenges in a Turbulent World”, *Ethics and International Affairs*, Vol.6,1992.

中观参数指的是权威结构。罗斯诺指出,公民技能的革命对政治权威体系施加了比以往任何时期都更巨大、都更持久的政治压力,乃至导致权威危机的出现。在过去,权威的合法性可以来自宪政制度,公民也倾向于与他们选出的政府合作,服从政府官员的指令。但公民技能革命的出现改变这一切。政府和其他类型的社会权威越来越需要满足公民提出的要求,这也就是说,政府的合法性越来越建立在绩效标准的基础上。社会权威依然可以维持一定的公共秩序,但他们在挑剔的公众面前解决实质性问题的能力的确是下降了,因为他们随时都面临失去公众支持和合作的危险。

值得格外注意的是,公民的技能革命以及群众向政府施加的绩效合法性标准并不意味着权威结构向着某一个特定的方向发展。实际上,权威结构既有可能向上重组,也有可能向下重组。所谓向上重组,指的是公民唯有通过建立在更广阔地域范围上的权威才能实现他们的绩效要求。也就是说,公民觉得,原来较小的集体只有团结为更大的集体,才能满足他们对经济发展、环境保护等方面的要求。在现实中,欧盟是一个典型的例子。所谓向下重组,指的正好相反。它源于公民的解体性要求。也就是说,当公民觉得只有更小一些的共同体才能使他们得到更高一些的政府绩效的话,权威结构将向分散化方向发展。苏联的解体、魁北克要求独立就是比较典型的例子。从权威危机的逻辑中可以很清楚地看出,近代以来发展成形的民族国家主权制度面临着根本转型的挑战。这就是权威重组对于后冷战时代国际关系的本质意义所在。

宏观参数是指世界政治的两枝结构(bifurcated structure of world politics)。由于全球化的冲击,世界政治领域发生了公民技能革命和权威结构重组。两者进而导致整个世界政治的根本结构向两枝化方向发展。所谓两枝化,指的是以国家为中心的世界(state-centric world)和多中心的世界(multi-centric world)逐渐从过去以国家为中心的单一世界中分化出来的过程,即从"两超"到"两枝"的演变(见下图)。

20世纪40年代后期至70年代期间,世界政治基本上是国家为中心,先是两极对立,美苏及其北约和华约对抗,后中苏分裂,德日崛起,世界政治呈现多元化趋势,主要角色为美国及其盟国、苏东、第三世界国家和国际组织等。80年代后,随着国际关系格局的变化、国际相互依存的发展直至德国统一、苏联解体,世界政治多中心的格局逐步形成,与国家为中心格局并存,

从"国家为中心的世界"到"两枝世界政治"的格局①

──→1945 年──→50 年代──→60 年代和 70 年代──→目前────────→未来

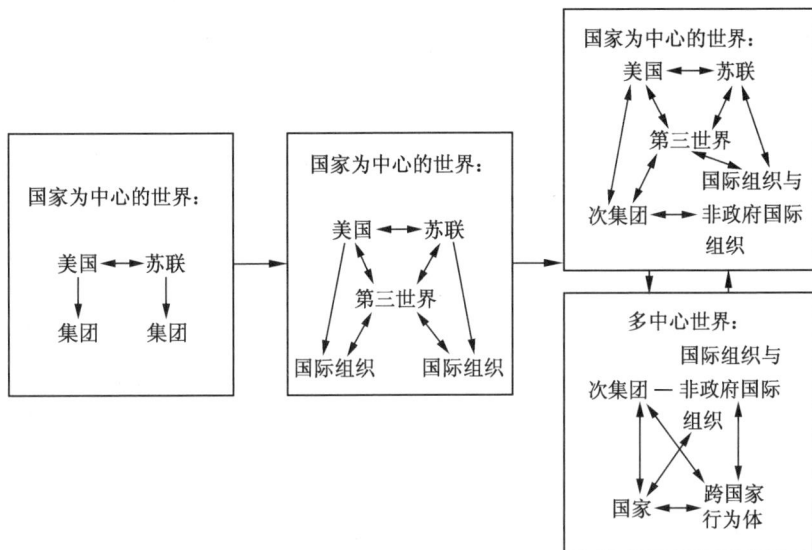

国家为中心的世界：

美国 ←→ 苏联

集团　　　集团

国家为中心的世界：

美国 ←→ 苏联

第三世界

国际组织　　国际组织

国家为中心的世界：

美国 ←→ 苏联

第三世界

国际组织与
次集团 ←→ 非政府国际
组织

多中心世界：

国际组织与
次集团 — 非政府国际
组织

国家 ←→ 跨国家
行为体

构筑起冷战后时期的两枝世界政治。罗斯诺说："国家为中心世界里的行为者与多中心世界的对等行为者（各种各样的跨国和次国家行为者）发生竞争、合作、互动或共存的关系，我称这两种政治的世界为两枝全球体系。"②

国家为中心的世界与多中心的世界是相辅相成的关系，两者的区别可列表如下：③

	国家为中心的世界	多中心的世界
主要行为者的数目	200 不到	成百上千
行为者的主要困境	安全	自治

---

① James Rosenau, *Global Changes and Theoretical Challenges: Toward a Post-international Politics for 1990*, Lexington Books, 1989.

② James Rosenau, "The Relocation of Authority in a Shrinking World", *Comparative Politics*, April 1992.

③ James Rosenau, *Turbulence in World Politics: A Theory of Change and Continuity*, Princeton University Press, 1990, p.250.

（续表）

	国家为中心的世界	多中心的世界
行为者的首要目标	维护领土完整和国家安全	增加世界市场的份额、维护次体系的一体化
实现目标的最后手段	武力	终止合作和妥协
优先考虑	过程,特别是维护主权和法治	结果,特别是发展人权、正义和财富
合作模式	正式联盟	暂时结盟
议程范围	有限制	无限制
行为者之间权力的分配	根据权力大小形成的等级制	相对的平等
行为者之间互动模式	对称型	非对称型

　　罗斯诺认为,在后国际政治时代,种种跨国家行为体和次国家行为体组成的多中心世界正在削弱着国家中心的世界拥有的支配地位。罗斯诺为这些非国家行为体(包括跨国公司、次国家政府与官僚机构、职业社团、跨国组织、政党等等)起名"不受主权束缚的行为体"(sovereignty-free actors),而把国家命名为"受主权束缚的行为体"(sovereignty-bound actors),可见世界政治两枝化趋势对主权制度的直接影响。

　　罗斯诺指出,尽管世界政治两枝化趋势并没有把主权国家推向世界政治舞台的边缘,但它们已不再是唯一的主要行为体了。在后国际政治时代里,各国既要考虑如何对付与它们同处在一个世界中的对手(即国家中心世界中的其他主权国家),还要考虑如何处理与另外一个世界中的行为体(即多中心世界中的非国家行为体)的关系。

　　罗斯诺动荡理论的微观、中观与宏观三个参数之间的关系是平等互动的。从哲学的起源论角度看,似乎微观参数决定着中观参数,再进而决定宏观参数。但对社会科学的经验研究而言,三种参数一旦全部生成,它们之间的关系就很难再以谁决定谁的词句来加以界定了。在全球化的现实中,情况也是一样的。三种参数相互作用,共同影响着后国际政治时代世界的转型。

四、"国际治理观"与"两枝世界政治论"

罗斯诺指出,世界政治走向两枝化,使国内事务与国外事务的关系发生了很大的变化。原来分属各个主权国家独自加以管辖的一些事务如今在国内—国外边界上不再十分明确,同时,国际治理(international governance)概念开始受到重视。

国内—国外边界上的国际治理模式如果不是主权管辖的话,又会是什么呢?罗斯诺创造了"权威领域"(spheres of authority)一词,意在表明,原来可以划归不同领土进行管辖的事务现在要在权威领域中进行处理了。权威领域不仅不具有领土性,它甚至也不是跨国性质的,因为它不必考虑任何国家的因素。国家,如同其他非国家行为体一样,都要在权威领域中争得属于它自己的那一份权力和责任。

罗斯诺列举了十种他认为已被国际关系文献广泛接受的权威领域:非政府间国际组织、非国家行为体、不受主体约束的行为体、问题网络、政策网络、社会运动、全球市民社会、跨国联盟、跨国游说集团和认知共同体。罗斯诺强调,许多国际治理的问题都需要我们实现从主权管辖到权威领域的观念转换。不同的行为体在不同的权威领域可能具有不等的权力,因此一种行为体在一种权威领域可以获得其他行为体的服从,并不意味着在其他的权威领域上它依然享有至高无上的影响力。于是,当发现国家在某一权威领域中超乎其他行为体之上时,我们不能说这是国家的主权管辖职责在起作用,我们只能认为这是该权威领域上的具体治理情况使然。①

理想状态的理论分析可以把权威领域上的国际治理模式说得井井有条,但面临全球化冲击的人们却往往会在一体化与分散化的两难处境中手足无措。尤其是次国家主义或次团体主义给世界和平与人类团结协作带来的负面效应,迫切需要人们正确地进行规范选择。罗斯诺认为,有四点原因可以使我们对全球化冲击下人类的规范选择持乐观态度。

首先,人类在很多方面仍然倡导整体性的价值观。比如,人们对普遍人权标准的认同,对全球性问题如环境污染、艾滋病传播、金融危机和恐怖主义的关注都说明全人类共处一体的价值观并没有过时。其次,世界的相互

---

① James Rosenau, *Along the Domestic-Foreign*, Cambridge University Press, 1997, pp.39-41.

依赖趋势其实也在把每个人的日常经历联系在了一起,并且使个人事务、国家事务和世界事务也紧密相连。于是,个人对其自身在影响宏观结果的社会政治过程中的作用不断加深认识,个人的社会责任感也在加强。再次,目前次团体主义泛滥的形势,与许多领导人误以为集体价值观念不需要灌输普通大众就自然会认识到的想法和做法有关,当领导人充分注意到宣传整体性价值观的必要性时,分散化与一体化的趋势会重现积极的平衡。最后,出于某种周期循环律,当人们发现次团体主义给他们带来的很多实际恶果时,人们价值偏好的钟摆自然又会重新倾向积极的整体性价值观。

五、几点评论

在《国内—国外边界上》一书中,罗斯诺总结出了人们面对国际关系重大变化时的四种反应。第一,是视之为肤浅的表面现象而置之不理;第二,是承认这些变化,但不认为它们重要到能使国际关系发生结构性转变的程度;第三,是指出这些变化早已有之,只是人们至今才意识到了它的存在而已;第四,是认可这些变化对塑造新的国际关系结构的重大意义。[①] 罗斯诺选择了第四种立场。从理论本身的逻辑看,罗斯诺弃之不顾的另外三种反应也都可以自圆其说。到底哪种态度更实事求是、贴近国际关系的现实,也只能等待实践的检验了。

值得注意的是,罗斯诺关于后冷战时代世界政治两枝化趋势的论述,很容易使人把罗斯诺所声称的后国际政治即国际关系在当前的转型,与近代国际关系体系出现之前的中世纪国际关系作一对照。对照的结果,恐怕是对"新中世纪主义"(neo-medievalism)的赞同。所谓"新中世纪主义",指的是国际关系从近代发展到现在,在新的条件下重现中世纪时期西欧国际关系的基本景象:西欧中世纪的罗马教会拥有跨越国界的影响力,而目前的跨国行为体履行的也是相似的功能;西欧中世纪的封建领主在一个国家内部从下而上地分割着君主的权力,这同当前的次国家行为体也有异曲同工之妙;而西欧的封建君主在罗马教会和领主的削弱下并不享有真正的主权,这似乎又同当前主权制度面临全球化挑战的情形有类似之处。"新中世纪主义"的说法到底是智慧的类比,还是诱人的陷阱?这同样是一个发人深省

---

① James Rosenau, *Along the Domestic-Foreign*, Cambridge University Press, 1997, pp.3-5.

的问题。

　　罗斯诺的两枝世界政治论不乏犀利的洞见和系统的论证，其理论价值和现实意义也是众所公认的。美中不足的是，善于发明新词汇的罗斯诺有两处关键的概念建构容易让人产生迷惑。

　　第一处是"国家中心的世界"和"多中心的世界"。照罗斯诺的实际含义，"国家中心的世界"实际就是指国家，而"多中心的世界"则指代非国家行为体。罗斯诺特意发明两个新概念去指代广为人知的国际关系现象，不仅给人添麻烦，而且产生三点不妥。首先，同一个国际关系现实居然冒出两个"世界"，逻辑上说不过去。其次，"以国家为中心的世界"里其实只有国家，何必加一个"为中心"的字样，"多中心的世界"也同理。第三，如果罗斯诺把"国家中心的世界"比作过去的情形，而用"多中心的世界"喻指目前的趋势，即说明国际关系正处在由"国家中心的世界"向"多中心的世界"转变的过程中，效果会很好。但罗斯诺并没有明确说明这层意思。

　　第二处是"权威领域"。在列举十大权威领域时，罗斯诺谈到的都是些非国家行为体，而且在这十个例子当中甚至还有意义基本相同的（如非国家行为体和不受主体束缚的行为体）。真不知道"权威领域"所指究竟为何物，是指俗称的"问题领域"呢？还是仅仅充当"非国家行为体"的同义反复？

　　当然，评价一个理论的优劣，最终要看它传达的基本思想。那么，罗斯诺是怎么阐述"两枝世界政治"呢？他认为，该论在今后很长时期内将成为国际关系的基本格局。他强调，两枝世界政治不是平衡的，全球政治为中心是其重要支点，重要性大于国家为中心。很明显，罗斯诺想传递的含义是，多中心世界政治实际上是结合"美国第一"和"美国的世界领导责任"的全球为中心的政治模式。

第四节　文明冲突论

　　1993 年夏，美国哈佛大学的塞缪尔·亨廷顿（Samuel Huntington）在《外交季刊》杂志上发表了一篇题为《文明的冲突》的文章，首次阐发了他的文明冲突理论。在那篇文章中，他提出了文明之间的冲突是否决定世界政治前途的问题。3 年后，亨廷顿又将这篇文章扩展成一本专著，取名《文明的冲突与世界秩序的重建》(以下简称《重建》),对其文明冲突理论作了更详尽、更系统的阐述和论证。据笔者所知,《文明的冲突》一文最早是时任哈佛大学约翰·奥林战略研究所所长塞缪尔·亨廷顿(1927—2008)主持的"变化中的安全环境与美国国家利益"研究项目的直接成果。笔者第一次听他阐述这观点是 1993 年 2 月在卢森堡举行的以"东西方格局结束后的世界体系"为主题的一次国际讨论会上。亨廷顿教授在会议的第二天上午作了 25 分钟的基调发言,题目就是"文明的冲突"。他认为,随着冷战的结束,国际关系进入新的发展阶段,今后世界上的冲突将主要不是政治的,甚至不是经济的,而将是两种文明之间的冲突。他指出,文明的冲突是指文化、宗教、民族和种族的冲突,是一种广义的界定。他进而言之,冷战后文明的冲突集中为西方与其他地区之间的矛盾,西方(以美国为首)仍是世界文明的重心。亨廷顿的发言引起了热烈的反响,代表们争先恐后地评论发问,提出不同的看法,将会议的气氛推向了高潮。笔者也争得了发言的机会,认为亨廷顿的文明冲突论为我们研究、认识冷战后国际关系的变化及特点提供了新的视角,强调文化因素有一定积极意义。但是,对于亨廷顿提出的文明冲突的三种发展可能性(接受西方文明,融合于西方文明之中,开始西方化过程;制衡西方文明,但不排斥西方文明,保存本民族传统;排斥西方文明,采取非西方化的国策,大多数尊孔或信奉佛教、伊斯兰教的国家(包括中国)就属于这种情况),笔者提出异议,特别指出,这是西方文明独尊的表现,把中国列为排斥西方文明的国家也是完全错误的,是对当代中国的误解。在这个国际论坛上,笔者用 12 个字概括了对待西方文明的态度和立场:"不排斥,不照搬,有分析,可借鉴。"

1993 年 7 月 8 日,亨廷顿的《文明的冲突》在《外交》季刊 1993 年夏季号发表,其缩写文稿又在《纽约时报》和《先驱论坛报》上发表,一时间,一场关于文明冲突的辩论就在更广的范围内掀起。

由亨廷顿引发的这场关于文明冲突的世界性争论,涉及的范围之广、影响之深堪与凯南的"遏制论"相提并论,称得上是一场"世纪之辩"。

一、文明的冲突将是未来世界冲突的主导形式

亨廷顿认为:"在冷战后时代的新世界中,冲突的基本源泉将不再首先是意识形态或经济,而是文化……全球政治的主要冲突将发生于不同文化

的国家和集团之间。文明的冲突将主宰全球政治。""下一次世界大战，如果有的话，必将是所有文明之间的战争。"①这样，亨廷顿不仅把文化和文明看作是国际关系中的关键变量和国际事务中国家行为的重要基础，而且看作是国际冲突的首要原因。这是亨廷顿文明冲突理论的核心和命脉所在。

为什么文明差异引起冲突？为什么不同文明的国家比同一文明的国家更容易走向战争？亨廷顿在"文明的冲突？"中，曾提供六点理由。第一，文化之间"真正的"和"基本的"差异将引发战争。几个世纪以来，"文明之间的差异曾经引发过最漫长，最激烈的冲突"。第二，由于"世界变得越来越小"，并且文化之间的摩擦越来越深，由此带来的紧张局势就会越来越严重。第三，现代化和社会变迁"正把人们从传统的狭隘的个性中解脱出来"，结果导致"宗教的介入填补这一真空。"第四，对西方思想的价值观日益剧烈的反对将加剧文明的冲突。第五，"相对政治和经济，文化的特性和差异更缺乏易变性，因此也就更不容易协商和解决。"第六，"正在增长的经济地区主义"使"文明意识进一步增强"。②

在六点原因中，第一点或许并没有像亨廷顿说的那样真实；第五点只是一种观察经验，而不是理由。其他四点原因，从根本上讲，并非文化事项。它们不是由文化引发的，而是导源于现代化和全球主义，即现代科学、技术、自由市场体制，以及代议制民主在全球范围的加速扩展。而且它们实际上维护的是一个完全不同的假说——冲突的真正原因是社会经济而不是文明；这些原因是暂时性的而不是永久性的；它们所指向的是统一的全球主义，而不是狭隘的文化主义。

1996 年，在《重建》中，亨廷顿进一步对他的文明冲突观作了深入的阐发。亨廷顿首先指出，"文明是人类的终极部落"，"文明的冲突就是全球规模的部落冲突"。文明间冲突，在亨廷顿看来，一般有两种形式，在地区或微观层次上，不同文明的邻国或一国内不同文明的集团之间的断裂带冲突；在全球或宏观层次上，不同文明的主要国家之间的核心国冲突。其次，亨廷顿认为断裂带战争具有相对持久、时断时续、暴力水平高、意识形态混乱、难以通过协商解决等特点，不仅如此，断裂带战争通常发生在信仰不同宗教、不同的神的人民之间。再次，亨廷顿从历史学、人口学和政治学的角度分析了

---

① Samuel Huntington, "The Clash of Civilizations", *Foreign Affairs*, Summer 1993.

② Ibid.

断裂带战争爆发的原因：历史上的冲突遗产，恐惧不安和彼此仇恨的历史记忆；人口比例的巨大变化，一方对另一方造成政治、经济和社会压力；政治上新兴政治实体对民主化进程的强烈要求。最后，亨廷顿指出，由于断裂带战争是间断性的、无休止的，因此永久性地结束断裂带战争是不可取的，而只能暂时地休止断裂带冲突。这通常需要主要参与者的疲惫枯竭和非主要参与者的积极介入。"休止断裂带战争，阻止它们升级为全球战争，主要依靠世界主要文明核心国的利益和行动。断裂带战争自下而上，断裂带和平却只能自上而下"。①

在《重建》中，亨廷顿把文明冲突的根源进一步归结为与冷战结束相伴随的政治忠诚取向的深刻变换。对于亨廷顿来说，冷战的结束是国家对抗的旧世界与文明冲突的新世界之间最重大的历史分界线。他认为，人们对国家的忠诚随着冷战的结束开始让位于对文明的忠诚。他说："在冷战后世界，不同人民之间最根本的区别不在于意识形态、政治或经济，而在于文化。"②对国家的认同和忠诚正在转向对更大的文化实体，即"文明"的认同和忠诚，并且这种转换正在产生一种截然不同的世界秩序。因此，在对民族主义思想提出的直接挑战中，亨廷顿断定：不论精英还是大众都将越来越与那些与他们共享独特文化的其他国家认同，认同方面的这种变换将极大地减少同一文明内部的冲突，同时加剧文明之间的"安全困境"。

亨廷顿认为，冷战结束以来，受现代化的驱使，全球政治正沿着文明界限进行重组，具有相似文明的人民和国家正在聚合，具有不同文化的人民和国家正在分离。由意识形态和超级大国关系界定的联盟，正让位于由文化和文明界定的联盟……文化社会正在取代冷战集团，文明之间的断裂带正在变成全球政治冲突的中心地带。

但是，至于为什么冷战的结束会使忠诚以他所描述的方式发生变换，亨廷顿却没有给予让人信服的解释。他声称，全球化和不同文化之间日益增加的联系，使广泛的文明认同变得更加强有力，但他没有提供理论阐释。为什么对"文明"的忠诚现在正在上升为主导力量？为什么文化或种族关系不再关注国家而是关注更广泛的文明观念？亨廷顿也没有给这些问题提供答案。

---

① Samuel Huntington, *The Clash of Civilizations and the Remaking of World Order*, Simon and Schuster, 1996, p.298.

② Ibid., p.21.

尽管《重建》用了大约 300 多页的篇幅对世界政治作了文化分析，但亨廷顿却未解释为什么文明之间的冲突发生的可能性远远大于文明内部的冲突。他认为，文化价值观难以妥协，"对于那些异己的能够对自己构成伤害的人，人们会自然而然地表示出不信任，并把他们看作是一种威胁"。[①] 然而，这不能说明为什么文明间冲突将会决定未来的世界秩序。

亨廷顿为了证明当代伊斯兰国家的冲突本性，列了一个关于现代种族—政治冲突的图表，但是该图表却相反地证明各文明内部冲突发生的频率比文明之间的冲突高出 50％（见下表）。

种族—政治冲突（1993—1994）[②]

	文明内部	文明之间	总　计
伊斯兰国家	11	15	26
其他国家	19	5	24
总　计	30	20	50

这个结果是对亨廷顿核心观点的直接驳斥，它突出的只是如下事实：文化差异在解释后冷战世界全球冲突的起源问题上只居次要地位。

二、冷战后的世界将是一个多极、多文明的世界

亨廷顿在《重建》中开宗明义地指出："在冷战后世界，人类历史上第一次全球政治成了多极和多文明的政治。"[③]虽然国家仍然是世界政治的主要行为者，但它们越来越根据文明界定自身利益。结果，国家经常与那些具有相似或共同文化的国家进行合作或相互结盟，而与那些具有不同文化的国家发生冲突。由此，亨廷顿认为，在这个新世界上，大国之间的竞争正让位于文明之间的冲突；地区政治是种族政治，全球政治则是文明政治。

亨廷顿将文明定义为"人的最高文化归属，人必不可少的文化认同的最

---

① Samuel Huntington, *The Clash of Civilizations and the Remaking of World Order*, Simon and Schuster, 1996, p.130.

② Ibid., p.257.

③ Ibid., p.21.

大层面,人区别于其他物种的根本"①和"人们认同的最广泛的文化实体"。这里的"文化"意指"社会的整个生活方式"或"信仰、态度、取向、价值和哲学"等。② 在汤因比、斯宾格勒、布罗代尔等历史学家的研究基础上,亨廷顿确认了六种现代文明(印度教文明、伊斯兰教文明、日本文明、东正教文明、儒家文明和西方文明)和两种可能的候选文明(非洲文明和拉丁美洲文明)。③ 他认为,冷战后的世界就是由这八种主要文明构成的,未来的世界新秩序则是这八种主要文明相互影响、合力作用的结果。

亨廷顿将文明互动的新纪元的起点确定为冷战的结束。那么,冷战结束前世界政治的情形如何呢? 从公元 1500 年到冷战结束,亨廷顿将全球政治的发展划分为两个阶段。第一阶段:冷战开始前的 400 多年,全球政治是单极的,即由西方主导,世界只分为西方与非西方两部分;第二阶段:冷战期间的 40 多年,全球政治是两极的,即由美苏两个超级大国主导,世界分为三个部分:自由世界、共产主义集团和不结盟国家。显然,亨廷顿的这一划分遵循的仍是现实主义理论的一般原则。

但是,亨廷顿却没有进一步将这一原则用于分析冷战后的世界秩序。同样,他也没有将范式应用于冷战结束前的世界政治。但这并不表明,在冷战结束前的世界上文明不是多元的。

根据亨廷顿,1990 年前的大国冲突如果不是全部,也是大部分属于文明内部的冲突。他说:"在 400 多年时间里,西方的民族国家——英国、法国、西班牙、奥地利、普鲁士、德国、美国,在西方文明内部构成了一个多极国家体系,彼此间互动、竞争和开战。"④然而,这个定性忽略了两个非西方大国:日本和俄罗斯,在这 400 多年中,这两国也在与西方(及其他地方)"互动、竞争和开战"。

若加进日本和俄罗斯,那么历史记载能说明什么呢? 1800 年以来,世界上主要发生了四次霸权主义冲突(拿破仑战争、一次大战、二次大战和冷战),其中每一次都卷入了两种文明以上的国家。另外,大多数其他有大国

① Samuel Huntington, *The Clash of Civilizations and the Remaking of World Order*, Simon and Schuster, 1996, p.43.

② Samuel Huntington's Keynote address at a symposium celebrating the 125th Anniversary of Colorado College:"Cultures in the 21st Century:Conflicts and Convergences", Feb.4,1999.

③ Samuel Huntington, *The Clash of Civilizations and the Remaking of World Order*, Simon and Schuster, 1996, p.45.

④ Ibid., p.21.

卷入的战争（包括它们的殖民战争）也是发生在不同文明之间的。因此，亨廷顿声称"在冷战后世界里，历史上第一次全球政治成了多极和多文明的政治"，显然与历史相背。

另外，这个看法还令人对亨廷顿的下面论断产生怀疑，即：冷战的结束是国家对抗的旧世界与文明冲突的新世界之间最重大的历史分界线。亨廷顿之所以把冷战后的世界看作是多极和多文明的，就在于它认为：（1）随着冷战的结束，人们的政治忠诚取向发生了从国家到文明的深刻变换；（2）冷战后，文明之间的冲突大大多于文明内部的冲突。他说，冷战后，"最普遍、最重要、最危险的冲突，将不再是社会阶级之间、贫富之间或经济集团之间的冲突，而是归属不同文化实体的人民之间的冲突"。①

据此，亨廷顿主张把冷战后的世界看作是多文明的，并以此建立新的世界秩序。在未来时代，防止主要文明间战争需要各国遵守三个规则：（1）弃权规则，即核心国避免干涉其他文明的冲突，这是多文明和多极世界的和平的首要前提条件；（2）合作调节规则，即核心国相互协商和休止彼此文明间的断裂带战争；（3）求同规则，即所有文明的人民都应探寻并努力扩展与其他文明在价值观、惯例和习俗方面的共性。总之，人类必须学会如何在复杂、多极和多文明的世界内共存。

在过去 200 年左右时间里，国家，特别是大国，一直是世界事务的核心行为者。人们一般都承认这些国家属于不同的文明，但却很少有人认为这些差别对于理解国际政治至关重要，并要求以文明为单位建构世界秩序。亨廷顿的观点可谓独树一帜。

然而，亨廷顿的"文明"不具备国家的功能，缺乏作为国际关系行为者的基本条件。文明不同于国家，"文明"不做决定，不能决策。它是一种抽象的文化范畴，而不是具体的政治机构。相反，国家则具有明确的边界、选定的领袖、确定的决策程序和对政治资源的直接控制权。国家能够动员其居民、收税、施威、答友和作战。简言之，国家能够采取行动，而文明却不能。亨廷顿本人也认识到了这一点，他写道："由于文明是文化的而不是政治的统一体，因此文明本身不会维护秩序、建立司法制度、收税、打仗、商定条约，或做

---

① Samuel Huntington, *The Clash of Civilizations and the Remaking of World Order*, Simon and Schuster, 1996, p.28.

任何其他该由政府做的事情。"①

于是,亨廷顿就用文明的"核心国家"对他的观点进行修正;他说:"在当代全球政治中,主要文明的核心国家正在取代两个冷战超级大国,成为吸引或排斥其他国家的首要支柱……文明核心国既是文明内部又是文明之间秩序的源泉……是以文明为基础的国际新秩序的核心要素。"②文明的核心国作为世界新秩序的基本单位似乎无可置疑,但是,在亨廷顿列举的八大文明中,只有五种分别具有文明性质的重要的核心国家,它们分别是:印度教文明的印度、日本文明的日本、东正教文明的俄罗斯、儒家文明的中国和西方文明的美国,而另外三种,即非洲文明、伊斯兰教文明和拉丁美洲文明却没有这样的核心国家。亨廷顿本人也不得不承认:"当文明缺少核心国时,在文明内部建构秩序或在文明之间协调秩序就会变得极为困难。"③

文明的核心国与文明并不是完全对等的。文明的政治成分在不同的文明中是不同的,在同一文明内部也随时间而变化。一种文明可能涵盖一个或多个政治实体,一个国家也可能分享一种或多种文明。随着文明的进化,作为其组成部分的政治实体的数量和性质往往要发生变革。在极端情况下,文明和政治实体可能正好重合。例如日本,它既是一个文明也是一个国家。但在当代世界,大多数文明都包含两个以上的国家或政治实体。因此,文明的核心国家并不能完全代表文明行事。美国可以代表西方文明,但决不能代表与它同属西方文明的欧洲。

在文明与权力作为国际社会互动手段的关系问题上,亨廷顿的立场并不是一以贯之的。例如,他说:"文化受权力的制约。如果非西方社会重新受西方化的影响,这种情况的发生只能是西方权力得到扩张和施展的结果。"④"由世界主要文明核心国卷入的全球战争虽然爆发的可能性极小,但并不是不可能的……这种危险的根源在于文明及其核心国之间权力均势的变换。"⑤亨廷顿对这种文明内部核心国的强调同样重新肯定了以传统现实

① Samuel Huntington, *The Clash of Civilizations and the Remaking of World Order*, Simon and Schuster, 1996, p.44.
② Ibid., pp.155-157.
③ Ibid., p.156.
④ Samuel Huntington, "The West Unique, Not Universal", *Foreign Affairs*, Nov.-Dec.1996.
⑤ Samuel Huntington, *The Clash of Civilizations and the Remaking of World Order*, Simon and Schuster, 1996, p.312.

主义术语界定的"大国"的关键作用。他承认:"核心国冲突中的问题全部是国际政治的经典问题。"[①]例如,相对影响力、经济和军事权力,以及对地域的控制权力。显然,当亨廷顿开始讨论大国问题时,文化就成了次要的因素,文明的概念在很大程度上也就淡出了他的分析视野。

三、未来世界新秩序的重建必须以文明为基础

亨廷顿认为,人类的历史乃是文明的历史,以其他任何方式都无法思考人类的发展。文明之间的关系已经经历了两个发展阶段,现在正处在第三个阶段。第一阶段:遭遇,是指公元 1500 年以前的文明关系;第二阶段:冲击,是指 16—19 世纪,西方兴起后,文明之间间歇、有限、多向度的遭遇,让位于西方文明对其他所有文明持久、强烈、单向度的冲击;第三阶段:互动,是指到了 20 世纪,文明之间的关系已从一种文明对所有其他文明构成单向度冲击的阶段,发展到由全部文明相互之间激烈、持久、多向度互动占主导地位的阶段。[②] 因此,在亨廷顿看来,未来的世界秩序将是一个多级、多文明的体系,诸文明之间的相互影响和相互作用则是构筑世界新秩序的重要机制。

依据亨廷顿,未来的世界秩序将由以下几种强大的趋势形成。第一,西方主导的时代正在终结,几个非西方国家正在作为大国凭借它们自己的权力异军突起;第二,这些新兴大国愈来愈反对西方的价值观念,偏爱它们自己的文化规范,西方物质优越性的持续衰弱也将极大地瓦解其文化吸引力;第三,每种文明内部蕴含的主要文化价值观念作为个人和政治认同的源泉将变得愈来愈重要。

亨廷顿把范式比喻为地图。他认为,作为地图的范式,对现实世界的描绘必须既准确又简单。冷战结束期间,人们提出的关于冷战后世界政治的地图或范式主要有以下四种:(1)一个世界:既快乐又和谐;(2)两个世界:我们与他们;(3)大约 184 个国家构成的世界;(4)极端混乱的无政府世界。亨廷顿认为,这四种范式分别具有一定的现实性和简单性,但又都同时具有一定的缺陷或不足。比较而言,范式(1)和范式(2)过于简单化,而现

---

① Samuel Huntington, *The Clash of Civilizations and the Remaking of World Order*, Simon and Schuster, 1996, p.208.
② Ibid., pp.48-55.

实性不足;范式(3)和范式(4)则过于接近现实,而简单性不够。又由于这四种范式彼此之间互不相容,因此必须用一种新的范式,即文明范式取代它们。①

亨廷顿认为,文明范式不仅吸取了上述四种范式的长处,而且避免了它们的不足。它为人们认识世界、区分主次、展望未来和指导决策,提供了一个既明晰又简单,既贴近现实又易于掌握的框架。在亨廷顿看来,冷战结束以来,世界政治舞台上的许多重大事件与文明范式的预言是完全吻合的。"西方"克罗地亚人、穆斯林和"东正教"塞族人在波斯尼亚相互敌对;穆斯林和印度教徒在为克什米尔争吵不休;"东正教"俄罗斯人和亚美尼亚人在向穆斯林车臣人和阿塞拜疆人开战;伊斯兰国家在对西方制裁伊拉克和利比亚进行抵制……粗看起来,最近的事件似乎与亨廷顿的论断惊人地一致。正因为此,亨廷顿的文明范式才得到了国际社会相当的赞誉。例如,基辛格就称亨廷顿为"理解下个世纪全球政治的现实提供了一个极具挑战性的分析框架"。布热津斯基赞誉《重建》一书"是一本理性的杰作,思想开阔,想象丰富,发人深省,它将使我国对国际事务的理解发生革命性的变革"。② 格雷斯认为,亨廷顿不是"只对武器,权力规则和战略联盟感兴趣的冷战之鹰",而是"通过警戒普遍意识到的危险,为人们提出了一个独创性的、现实主义的后冷战国际关系范式"。③ 格什曼强调:"亨廷顿为证明自己无与伦比的恢宏视野,他将政治、经济、历史和文化分化结合为冷战后全球政治的综合理论。不论人们是否同意他所说的一切,谁都不敢说不被他的智力勇气和创造性打上深深的印记。"④阿米塔·阿查亚指出,文明范式的学术意义在两方面:一是传统国际关系强调战争与和平、政治与经济,忽视了文化和文明,文明的冲突理论改变了这一忽视的趋势;二是该范式突破了国家中心主义,提出了一种新的全球国际关系分析路径。⑤

然而,检验一个范式的效用,最关键的是看由该范式导出的预见在多大程度上变成了现实,亦即该范式的预见精确度。亨廷顿把文明范式看作只

---

① Samuel Huntington, *The Clash of Civilizations and the Remaking of World Order*, Simon and Schuster, 1996, pp.31-36.
② 同上书,见该书的封底。
③ David Gress, "The Subtext of Huntington's 'Clash'", *Orbis*, Spring 1997.
④ C. Gersman, "Clash Within Civilizations", *Journal of Democracy*, October 1997.
⑤ 美利坚大学阿查亚教授 2016 年 12 月 26 日在清华大学苏世民书院讲授"文明冲突论",引自笔者当时作的笔记。

与冷战后阶段相关联。但是，1990 年以来国家行为的历史纪录并没有给亨廷顿的论点多少支持。

1991 年的波斯湾战争是一个明证。亨廷顿的范式预言，文明之间的冲突将比文明内部的冲突更频繁、更激烈。然而在海湾战争中，伊拉克攻击的国家与它同属伊斯兰文明，并且只有西方和伊斯兰国家的联盟才能够挫败它。亨廷顿试图通过争辩说大多数伊斯兰人民事实上是支持伊拉克的来拯救他的论点。然而即使这是真的，他所强调说明的也仅仅是这样一个事实，即国家利益比感觉起来模糊和只有政治上才重要的对一种独特文明实体的忠诚更要紧。简而言之，在海湾战争中，文明认同似乎是毫不相干的因素。

波斯尼亚的情况亦然。虽然波斯尼亚悲剧的某些方面与亨廷顿的观点一致，但其全貌却和这种观点不相符合。1996 年美国把超过 5 万人的部队部署到波斯尼亚，然而他们在那里并不是去保护西方文化（克罗地亚文化），相反，他们的保护对象却是穆斯林。虽然几个伊斯兰国家的确为波斯尼亚穆斯林提供过一定数量的援助，但事实上西方国家对它们的援助比它们的伊斯兰兄弟国家要多得多。而且，根据文明标准，甚至西方国家也不能结成统一阵线，英国和法国更同情塞尔维亚人，德国人支持克罗地亚人，美国则把大部分援助提供给了穆斯林。

确实，亨廷顿遭到了不少国际学者的质疑和批评。奈指出：“亨廷顿认为，冷战后一个主要的冲突根源是宗派主义以及与此相匹配的认同感。此话不假，但他却只抓住了认同感冲撞的一个方面、一个角度。大文化内部的认同感冲撞要远远多于大文化之间的认同感冲撞，例如，两伊战争是伊斯兰世界内部的国家冲突。而且，亨廷顿把整个非洲称为一种‘文明’，但事实上，今日世界上大多数冲突都发生在非洲内部。”[1]福勒认为：“因权力、财富、影响分配不公以及大国不尊重小国引起的世界性冲突，大大超过基督教、儒教与伊斯兰教之间的文明冲突。文化是表达冲突的载体而非原因。”[2]麦哲在分析了亨廷顿的观点之后，得出结论：“冲突的真正原因是社会经济，而不是文明。虽然文明差异确实助长、促成了许多讨厌的冲突，但它们与一些冲突并无必然的关联，而只是作为诸多因素中的一个在起作用，或许在有些情

---

[1] Joseph Nye, "Conflicts After the Cold War", *The Washington Quarterly*, Winter 1996.

[2] Graham Fuller, "The Next Ideology", *Foreign Policy*, Spring 1995.

况下,文明的差异甚至有助于避免战争。"①卢本斯特恩和克罗克认为,亨廷顿犯了两个主要错误:"第一,他没有认识到种族、民族将会像抵制殖民帝国一样,抵制多民族文明集团对它们的兼并;第二,为了强调文化因素在国际政治中的重要性,他承袭自由主义的简化论,把文化差异看作是国际冲突最根本的促动力,而不是诸多因素中的一种。"②

对民族主义的忽略,乃是文明范式的致命弱点之一。民族主义之所以是一种极其强大的力量,完全是因为它能够将个人的文化亲近力与实际上能够有所作为的机构——国家紧密地结合在一起。将来,跟过去一样,世界上的主要冲突仍将是国家之间的,而不是文明之间的冲突。其中有些冲突的发生将要跨越文化的世界——类似亨廷顿强调的"断裂带"地区,但文化差异至多只是冲突的次要原因。

文化差异本身并不会引发战争,恰如文化相像不能保障和谐一样。亨廷顿把未来世界冲突称作文明的冲突,无异于给拥有不同文明背景的国家之间有时相互开战的旧现象贴上了一个新标签。这一点实际上也得到了亨廷顿本人的赞同,因为他写道:"不同文明的国家或集团之间的冲突根源,在很大程度上是那些一直在集团之间引发冲突的因素:对人口、地域、财富和资源的控制,以及相对的权力。"③诚如卢本斯特恩和克罗克所说的,亨廷顿的文明范式,"用一个更大的对应物——文明,代替了传统政治现实主义游戏中的基本行为角色——民族国家。但在关键方面,游戏本身动作依旧"。④正如鲁斯伯姆所说,"占主导地位的乃是经过新的高超诠释的均势理论。鼓舞人心的是亨利(基辛格)不是山姆(亨廷顿),是梅特涅不是韦伯。""亨廷顿关于文明冲突的预言只是反映了冷战后外交范式的匮乏,而绝不是新的乔治·凯南式的千年洞察"。⑤ 沃尔特则写道:"在一定意义上,文明范式提供的是一个危险的、能够自我实现的预言:我们越是相信它,把它作为行动的基础,它就越可能变为现实。"⑥

---

① Michael Magarr, "Culture and International Relations: A Review Essay", *The Washington Quarterly*, Spring 1996.

② Richard Rubenstein and Jarle Crocher, "Challenging Huntington", *Foreign Policy*, Fall 1994.

③ Samuel Huntington, *The Clash of Civilizations and the Remaking of World Order*, Simon and Schuster, 1996, p.129.

④ Richard Rubenstein and Jarle Crocher, "Challenging Huntington", *Foreign Policy*, Fall 1994.

⑤ John Ikenberty, *et al*, "The West Precious, Not Unique", *Foreign Affairs*, March-April 1997.

⑥ Stephen Walt, "Building up New Bogeymen", *Foreign Policy*, Spring 1997.

　　1996年,亨廷顿出版了《文明的冲突与世界秩序的重建》一书,这是关于"文明冲突论"内容的充实,是认知的升华和理论的深化。那年,笔者回哈佛进行学术访问,亨廷顿教授主持了笔者的讲座,期间,亨廷顿教授拿出一本刚出版的《文明的冲突与世界秩序的重建》,说他刚收到几本样书,你来得巧,正好送你一本,他当场欣然在书的扉页上写下:"谨以此书赠送给倪世雄教授,请接受来自你的朋友的最好的祝愿! 塞缪尔·亨廷顿"。那天,他说,自1993年提出文明冲突论以来,他受到的批评似潮,但他顶住了。他欢迎批评甚至批判,因为他坚信,真理越辩越明,理论越争越深。在交谈中,亨廷顿的儒雅又增添了新的睿智和冷峻。他固执,但不偏执。他对所有的批评意见是认真听取的,还能抱着修正和纠正的态度,如1996年的专著就修正了1993年论文中关于西方文明普世化、东西方文明冲突绝对化的判断,提出西方文明不要求普世化,西方文明也有融合的一面;专著的最后一段"强调文明之间的冲突是世界和平的最大威胁,以文明为基础重建世界秩序是防止战争的最佳安全保障"。[①] 笔者十分敬重他这种坚持真理、修正错误的精神和态度。正因为如此,他才能达到很高的学术境界,他才能思想超前、思路大胆、思考深沉、思辨缜密,他才能成为100年来美国最具影响的学术巨匠和理论大师。笔者与亨廷顿有近30年的交往,他于2008年圣诞节前夜不幸病逝,笔者向他家属,特别是他夫人南希表示悼念之情,并在报上撰文回忆与他交往的二三事,题为"斯人已逝,影响长存"。

　　美国著名学者罗伯特·卡普兰曾经介绍说,亨廷顿《文明的冲突与世界秩序的重建》书名本身"已经把一切都说透了",亨廷顿的学生福山和法瑞德·扎克雷(Fareed Zakaria)称老师是"旷世奇才"。卡普兰描述亨廷顿"几十年饱受嘲笑和诋毁,但他对世界的展望是一个真正的观察之道",他"在常青藤大学学术自由的堡垒里,孤独而顽强地为他的思想而战"。[②] 笔者还听说过一个动人的故事:1993年,亨廷顿发表"文明的冲突"后,高傲自恃的学者乌阿德·阿贾米带头对其进行抨击。然而,15年后事实证明,亨廷顿的理论经受了历史的考验,具有巨大的解释力,阿贾米2008年1月在《纽约时报》当月书评撰文向亨廷顿认错,表示后悔没听他的远见卓识。同年圣诞节

---

① Samuel Huntington, *The Clash of Civilizations and the Remaking of World Order*, Simon and Schuster, 1996, p.321.

② Robert Kaplan, "Looking at the World in the Eve", *The Atlantic Mouthly*, December 2001.

前夜,亨廷顿去世,阿贾米很悲痛,在《华尔街日报》发表悼念文章:"亨廷顿的警示",文章透露说,亨廷顿夫人南希曾给躺在病榻上的亨廷顿念阿贾米在《纽约时报》2008年1月书评上自我反省的文章,亨廷顿听后甚感欣慰,叮嘱南希向阿贾米致意。

第九章　冷战后国际关系理论的新发展（Ⅱ）

　　如果只抛弃旧范式，不建立新范式，就等于抛弃科学。科学革命是破坏与建设的统一。

——托马斯·库恩：《科学革命的结构》

　　国际关系理论与经验事实结合得并不紧密。因此，国际关系研究尚未找到一套大家共同接受的理论假设和经验技巧。

——巴里·艾辰格林：《经济学眼中的国际关系学》

　　即使是最简单的概括，即使是概念（判断、推理等等）的最初的和最简单的形式，就已经意味着人们对于世界的客观联系的认识是日益深刻的。

——列宁：《黑格尔〈逻辑学〉一书摘要》

第一节　国际安全新论

如何处理国际冲突、危机,维持国际社会的安全、稳定,历来是国际关系研究的重要课题。冷战的结束并没有使这项任务变得轻松,面对国际关系的新形势和新特点,国际安全研究领域呈现出一种新的活跃局面。

一、定义与演变

国际安全研究(ISS)并不是一个独立的学科,而是国际关系研究领域的一个分支学科。在国家安全、集体安全和国际安全中,国际安全为最高阶段和最高形式,它的研究对象是国际社会生存、稳定,和平与发展的安全环境、条件和保障机制。

阿诺德·沃尔弗斯很早就提出,安全"是一种价值",是国际政治研究的"起点"和"落点",但安全的概念较模糊,很难搞清它的确切含义。[1]

英国学者巴里·布赞将安全定义为"对免于威胁的追求",显示"国家和领土完整,反对敌对势力的能力","安全的底线是生存"。[2]

据此,学术界把安全概念分成消极安全与积极安全。前者强调免于危险和威胁,以求生存,后者则强调稳定。戴维·鲍德温指出,一提及安全,"脑子里就想起威胁",因此,"追求安全常常是要付出代价的"。这些代价包括七方面的要素:(1)行为者,其价值标准需要维护;(2)有关的标准价值;(3)安全的程度;(4)威胁的情况;(5)对付威胁的手段;(6)这样做的具体代价;(7)所需的相应的时间段。[3] 生存和稳定是安全的两个重要目标。

约瑟夫·奈提出,国际安全意指处于"安全困境"中的国家之间的相互依赖。这里有三个条件:(1)至少有两个以上行为者才会产生"安全困境";

---

① Arnold Wolfers, "National Security as an Ambiguious Symbol", *Political Science Quarterly*, 67/1952.

② Barry Buzan, "New Patterns of Global Security in the 21st Century", in William Olson (ed.), *The Theory and Practice of International Relations*, 1994 edition, p.207.

③ David Baldwin, "The Concept of Security", *Review of International Security*, No.1,1997.

(2) 国际政治处于无政府状态,缺乏超越主权国家以上的权威机构;(3) 安全依靠各国政策的互动。奈和约翰·加尼特等学者认为,国际安全与国家安全是两个不同的概念,处于国家和国际体系两个不同的分析层面,两者既有联系,又有区别。国际安全是关于国际社会的安全。它"代表克服国家安全对安全问题狭隘的、以人种为中心的认识的一种努力"。[①]

一般认为,作为国际关系的一个分支学科国际安全研究,出现于第二次世界大战后。自1945年以来,国际安全研究随国际政治气候的变化,有起有伏,经历了三个演变阶段:

1. 形成期(20世纪50年代至60年代)。国际安全研究所依托的背景是冷战时代的两极政治关系和安全关系,研究重点是军事战略和理论问题。这时期形成了国际安全研究的四个传统理论:威慑理论、裁军理论、军备控制理论和有限战争理论。威慑、裁军、军备控制和有限战争是确保和平与安全的重要条件。四个传统理论的形成推动了地区安全和国际安全的研究。[②]

2. 发展期(70年代至80年代)。1973年的石油危机给国际安全研究带来推动:国际安全与经济相互依存趋于结合;围绕危机的控制与管理,博弈论、秩序论、理性选择论等渗入国际安全研究。大三角战略关系与安全环境、核军备控制与核裁军、经济相互依存与安全机制等成为国际安全研究的热门课题。同时,由于美国对越战的反思,使国内问题对安全形势的影响成为国际安全研究的一个重要内容。另一方面,国际安全研究的队伍在这一阶段得到扩大,不仅历史学家、战略理论家,而且政治学家、经济学家和其他社会科学学者也加入其中。这一趋势继续在发展。

3. 变化期(90年代以后)。冷战的结束无论是在内容上还是在理论上都给国际安全研究带来了历史性的变化。研究课题出现了进一步"综合化"趋势,戴维·鲍德温称之为"国际安全的多层面研究"(multi-dimensionality)。[③] 其特点是政治安全、经济安全、军事安全、环境安全、社会安全等组成一种多层面、多方面的综合安全研究框架;经济安全突显出来,强调安全问题不再是单边的,而是"相互依存的";诸多全球问题,如环境、人口、移民、债务、毒品走私、国际恐怖活动等,为国际安全研究注入了新的内容。国际格局的变

---

① John Garnett (ed.), *Theories of Peace and Security: A Reader in Contemporary Strategic Thought*, St. Martin's Press, 1970, pp.33-34.
② Ibid., p.35.
③ David Baldwin, "The Concept of Security", *Review of International Security*, No.1, 1997.

化、国际合作与国际安全的互动以及用多视角处理国际冲突,成了国际安全研究的新的生长点。"出现了一个国际安全研究的热潮,对安全问题进行重新思考"。① 这一重新思考的结果最明显地反映在对非传统安全研究的重视和加强。非传统安全研究"起源于对非军事问题的关注",1983 年,美国普林斯顿大学国际关系学教授理查德·乌尔曼在《国际安全》杂志发表题为"重新定义安全"的论文,第一次把非传统安全的概念引入国际安全研究领域。30 多年来,非传统安全的研究以其时代性、动态性、复合性的特点,成为国际安全研究领域的新亮点和新热点。② 美国学者乔治·费达斯认为,非传统安全研究"没有威胁者的威胁"。当前,非传统安全问题涉及越来越多的全球问题,主要有:恐怖主义、气候变化、金融危机、网络安全、粮食危机、能源安全、海洋权益、太空竞争、极地问题等。

巴里·布赞在冷战结束之际,曾提出一个有趣的但有争议的问题:他认为,国际安全是"一个不发达的概念",在 80 年代之前缺乏完整的概念和理论框架,③其原因是:(1) 概念确定本身存在困难;(2) 与权力概念重叠;(3) 不同流派对此无多大兴趣;(4) 决策者发现,安全概念模糊对他们有好处。在冷战时期,只是与军事有关的才算安全问题,其余问题均属"低级政治",被忽视了。"安全成了一面飘起的旗帜,一个被使用的标签,而不是一个有用的概念"。④ 这一情况在冷战结束后开始有了转变。为了使国际安全成为一个有用的概念,布赞竭力为国际安全正名,努力探索进取,采用一种社会建构主义的分析框架,研究国际问题安全化(securitization),提出"地区安全复合体理论"(security complex theory),⑤对布赞这一成果应给予点赞。

二、国际安全的理论探索

长期以来,在西方学术界存在关于国际安全理论探索的三点基本看法:

① David Baldwin, "The Concept of Security", *Review of International Security*, No.1, 1997.鲍德温在文中指出,multi-dimensionality 并不是新的发现,但它将各种安全概念加以综合深化,进行重新思考,适应了形势变化的需要。

② 参见余潇枫:《重塑安全文明:非传统安全研究》(访谈),《国际政治研究》,2016 年第 6 期。

③ Barry Buzan, People, States and Fear: An Agenda for International Security Study in the Post-Cold War Era, Boulder CO, 1991, pp.3-4.

④ Ibid., p.111.

⑤ 巴里·布赞、奥尔·沃弗和迪·怀尔德:《国际安全结构》,原著于 1997 年出版,朱宁译,浙江人民出版社,2003 年,第 38 页。

1. 从摩根索到罗伯特·杰维斯,从华尔兹到乔治·奎斯特,在国际关系领域有着关于安全研究的理论分析传统。

2. 可以肯定的是,安全理论问题不会消失,其重要性将与日俱增。

3. 从长远来看,安全政策必须建立在理论分析基础上。

国际安全研究的理论分析较突出的成果是 80 年代罗伯特·杰维斯在原有的威慑论基础上提出的"理性威慑理论"(RDT)。杰维斯认为,原威慑论强调军事威慑手段,而 RDT 则把"格局、策略、心理因素和理论选择"结合起来,为国际安全研究设计了"一种新的理论分析框架",将其升格到"一个新的理论分析层面"。[①] 杰维斯强调,国际体系或结构主义的分析已无法解释战争的根源,应重视认知方面的问题,即误解伴随战争,误解常常成为导致战争的一个重要根源。他还认为,现实主义与博弈规则是互补的,具有结构性、战略性和理性的特点,有利于合作与冲突、政治与经济的结合。

这期间,另一位学者约翰·米尔斯海默也通过大量历史事例对威慑问题进行比较研究,他的"常规威慑"理论对美国构筑对苏非核威慑战略起了不可忽视的作用。

现实主义与自由主义是研究国际安全的两种基本思想流派。

长期以来,现实主义在国际关系研究方面占主导地位,但它不代表国际安全研究的全部。影响国际安全行为的决定因素有:(1) 追求安全利益;(2) 考虑非安全利益;(3) 通过国际合作改变安全困境的程度;(4) 改善国内环境。真正属现实主义的只有(1),其余的与新现实主义有关。鲍德温就指出:"在国际政治理论中,最重视安全研究的是新现实主义,它认为安全是国家首要动机和目标。"[②]如果在安全层面上将现实主义与新现实主义加以比较的话,我们可以看出,现实主义认为人性本恶是分析基点,权力是目的,均势和结盟是安全的关键;而新现实主义则认为无政府状态是分析基点,安全是目的,两极和核武器是安全的支柱。

除了与现实主义的比较之外,新现实主义在国际安全研究上与新自由主义也存在较大的差异:新现实主义强调国际安全与世界无政府状态有关,国家追求利益、争夺权力必然导致不安全;安全困境表现为控制盟国、领土和资源的争斗,引发权力转移和均衡失控;只有当均势对主要大国有利

---

① Robert Jervis, "War and Misperception", *Journal of Interdisciplinary History*, Spring 1988;
　"Rational Deterrence Theory: Theory and Evidence", *World Politics*, January 1989.
② David Baldwin, "The Concept of Security", *Review of International Security*, No.1, 1997.

时,强有力的国际安全体制才存在,因此,"安全体制在不需要时才有效,而需要时反而无效"。新自由主义则不同,它强调影响安全的因素包括国内外政治结构、文化与价值观,重视民主对安全的影响;发展经贸关系具有重要性,可避免国家之间发生战争,增加安全度;健全国际安全体制可以防止或制止国际冲突,维持和平。

现实主义、新现实主义和新自由主义学派均从不同角度对国际安全进行了理论探索,应该说它们起到了互补作用。事实证明,仅一种学派的观点是不足以说明和认识国际安全的复杂性的。

三、冷战后国际冲突的新课题

整个20世纪90年代是国际形势发生激烈变化的10年,世界经历了1990—1991年苏联解体和冷战后第一次国际安全重大危机(海湾战争),1998—1999年国际政治、国际经济双动荡,1999年冷战后第二次国际安全重大危机(科索沃战争)。客观形势要求用新的视角对冷战后国际冲突进行分析研究。

1996年,奈在《理解国际冲突》(1993年)一书的基础上,发表了一篇颇有影响的论文《冷战后的冲突》。差不多同时,鲍德温也发表了一篇题为《安全研究与冷战的结束》的重要文章,两人的文章初步勾勒出了"新国际冲突论"的基本框架。

首先,从国际安全角度来看,奈认为,冷战结束后,世界已经进入一个不确定的过渡时期。奈指出:"1500年以来,每一次大国战争之后都伴随着一个不确定时期。此时,政治家们都要试图改变国际体系或对其进行调整,以防止大国战争再次爆发。目前我们正处于这个不确定阶段,一次势均力敌的超级大国'战争'——冷战刚刚结束。"[1]但奈认为,目前的不确定阶段在许多方面不同于以往。原因有三:第一,在某种意义上,它是最不具确定性的转型期。因为没有一个单一的、决定性的军事对抗或战后协商;第二,大国的兴衰和技术、经济、文化的变化速度都大大加快;第三,未来冲突的根源也许完全不同于最近结束的冷战。冷战部分地植根于意识形态上的紧张状态,但这种紧张状态不可能再现。未来冲突也许将被大规模杀伤性武器的

---

[1]　Joseph Nye, "Conflicts After the Cold War", *The Washington Quarterly*, Winter 1996.

出现所限制或改变。

接着，奈把冷战后的国际冲突分为三大类："大国战争、地区战争和内部战争。"①

大国冲突（或战争）

由于冷战结束后合作重于遏制、对话代替对抗的趋势发展，大国冲突发生的可能性减少，但还不能说已完全消除，大国之间的误解、分歧和安全困境等冲突的导因仍然存在。

自修昔底德以来，历史学家和政治观察家就已注意到，权力的迅速转移是全球大国冲突的主要原因之一。近百年来，几次大国战争的一个深层次的结构原因，就是权力的迅速转移。② 因为权力转移能够导致衰弱的大国出其不意地袭击正在崛起的对手，或者导致那些自认为国际地位与其军事实力不符的新兴大国侵略他国。

然而，冷战结束造成的权力转移却并没有引起新的破坏全球均势的大国冲突，更不用说世界大战了。之所以如此，奈认为，虽然苏联的解体使世界的权力分配发生了变迁，但全球均势的实质并未因此实现根本性的变革。尽管美国是世界上唯一真正的超级大国，在各个权力层次上都占据主导地位，但这并不意味着一个单极世界已经取代了冷战时的两极世界，仍然有许多重要的安全、经济和政治目标仅靠美国实力是无法达到的。③ 当然世界也绝非多极，因为其他大国缺乏一个或一个以上的权力资源。确切地说，世界权力在不同层次上被不同国家或地区所瓜分。其中军事权力在很大程度上是单极的，美国拥有洲际核武器，并有一支强大的能在世界范围内作战的海陆空部队。虽然俄罗斯仍是世界第二大军事强国，但它的常规力量远远小于原苏联，且核能力也大大地减弱了。经济权力则是多极的，美国、欧洲和日本生产出世界 2/3 的产品。中国的经济增长长期保持着良好的势头，其崛起速度超出了多数人的想象，但中国的经济权力还不足以成为第四极。另外，在政府控制范围之外的超国家关系层面，权力更是被广泛瓜分。例如，像银行家和恐怖主义分子等多种多样的角色都可能对全球均势产生不可轻视的影响。

① Joseph Nye, "Conflicts After the Cold War", *The Washington Quarterly*, Winter 1996.
② Woosang Kim, "Power Transitions and Great Power War from Westphalia to Waterloo", *World Politics*, January 1989.
③ Joseph Nye, "Conflicts After the Cold War", *The Washington Quarterly*, Winter 1996.

权力,作为现实主义理论的核心概念,其构成性质在冷战结束后的确发生了显著的变化。在汉斯·摩根索那里,权力是指"支配他人的意志和行动的力量"。因此,政治家和外交家通常将权力界定为对人口、地域、自然资源、经济规模、军事力量和政治稳定的拥有。传统意义上,大国的标准主要在于其战争的能力。然而今天,权力的构成和性质已经不再以军事力量和对外征服为重点。在国际权力的构成中,技术、教育和经济增长等因素的重要性正日益突出,地理、人口和原材料的重要性却在相对减弱。甚至一些自由主义者认为,经济权力已经取代军事权力成为国际政治的中心,虽然这有些言过其实,因为经济手段毕竟不能与军事手段的压制力和威慑力相提并论。例如,经济制裁并没能迫使伊拉克从科威特撤军,相反军事打击却很快实现了这一目标。但相对于军事手段,经济的重要性日益突出,这一趋势是不可逆转的。

此外,随着经济重要性的日益突出,各国之间的相互依存程度不断加深。这种日益广泛、深入发展的相互依存关系已成为全球冲突的重要制约因素。[①] 像世界贸易组织、国际货币基金组织、北美自由贸易区、亚太经济合作组织、欧盟、东盟之类的国际组织和经济联合体的出现,正在使全球经济日益走向一体化。的确,跨国经济纽带已使一些公司的归属成为难题。如果一个公司的总部在某个国家,生产线在另外几个国家,而原材料进口、分配系统和出口市场又在另外一些国家,此公司能算哪国的呢? 因此,奈指出:"现代社会通向威望、权力和经济成功的道路只能在于高技术生产和人力资本。"[②]

大量的实例表明,在国内和国际事务中,军事力量的作用变得越来越小,花费却越来越大。特别是核武器的出现,已大大提高了冲突的潜在费用,以致大国表示他们将努力防止相互之间的任何直接军事冲突,包括能升级为核战争的常规冲突。1996年全面核禁试条约的签订进一步降低了爆发全球冲突的概率。现在,最有可能发生的危险是权力均衡的不确定性和军备竞赛。但核武器的威慑力以及卫星技术能迅速通报新兴大国的军事能力,又使这种危险发生的可能性变小。所有这些都有助于说明为什么美苏在40年的紧张对峙中从未发生大规模的和直接的军事冲突,为什么苏联的衰落、解体带来的巨大权力转移并未引发任何形式的大战危机,而在历史上

---

① Dale Copeland, "Economic Interdependence and War", *International Security*, Spring 1996.

② Joseph Nye, "Conflicts After the Cold War", *The Washington Quarterly*, Winter 1996.

这种情况大多都伴随着战争。

"总之,权力的性质以及与此相关的均势的性质的变化表明,最危险的全球冲突——美、俄、中、欧、日五个权力中心之间的任何两者或多者的直接冲突——极不可能,历史上权力转移引发冲突的任何一个途径都不可能再现。"[①]但由于潜在误解、安全困境和大国内不稳定因素仍然存在,因此,全球冲突尚不能完全排除。大国之间发生直接冲突的可能性变小,并不意味着他们之间将没有紧张。例如,各国在处理地区冲突的问题上,在防止大规模杀伤性武器扩散的问题上,在维护国际安全、保护自然环境的问题上,在解决国际贸易争端、加强经济联系的问题上等等仍然存在着分歧,只是这种分歧和争执不可能升级为军事冲突而已。

地区冲突(或战争)

冷战结束后的巨大权力转移,虽然没有引发任何形式的全球冲突,却出人意料地引发了异常激烈的地区均势冲突,并使这种冲突形式一跃成为冷战后世界冲突的主导形式。

奈认为,比大国冲突更为可能、更为现实的威胁,是新崛起的地区大国获得大规模杀伤性武器并确立地区霸权。像海湾战争这类地区性大国均势冲突发生的可能性要比世界大战大得多。这类战争会有广泛、持续的地区或全球影响,虽然与过去相比,它们导致大国间直接军事冲突的可能性要小得多。

任何冲突都是对现状的一种破坏。全球冲突是对全球均势状况的破坏,一般表现为大国战争或世界战争;地区冲突则是对地区均势状况的破坏,常常表现为地区战争或国内战争。冷战的结束使世界上冲突的构成模式发生了一个显著的变化。冷战前,世界上冲突以全球冲突为主,地区冲突只是其中的一个组成部分。据统计,自1500年以来的近500年间,世界上60%的历史处于大国交战状态,其中有9次是大的甚至"世界性"的战争,几乎卷入了所有大国。[②] 然而在冷战结束后的世界冲突中,全球冲突的主导地位却被地区冲突取而代之。全球冲突发生的几率越来越小,历史上循环往复争夺霸权的世界大战,也许不会再出现了。[③] 与此相反,地区冲突爆发的

---

①　Joseph Nye, "Conflicts After the Cold War", *The Washington Quarterly*, Winter 1996.

②　Jack Levy, *War in the Modern Great Power System: 1495—1975*, University Press of Kentucky,1983.

③　约瑟夫・奈,《关于'衰落'的错误类比》(原载《大西洋月刊》1990年第3期),《冷战后美国与世界》,时事出版社,1991年。

频率却明显加快,爆发的地点也在不断增多,几乎遍布了世界各主要战略地域。这是冷战结束以来世界冲突呈现出的一个重要特征。

首先,地区冲突发生的频率明显加快。据有关资料显示,在1955年至1989年的45年中,世界各地发生的武装冲突和局部战争约有190起。其中,60年代是爆发地区冲突最频繁的高潮期,达70多起,平均每年7起(主要原因在于世界范围的民族独立运动的兴起)。80年代发生了28起,平均每年不到3起。从中可以看出,在冷战结束前,地区冲突的数量和频率已大幅度下降。但进入90年代后,世界各地的武装冲突和局部战争却逐年增多。据不完全统计,在1990年1月至1995年6月的五年半时间里,世界上新旧武装冲突和局部战争高达83起(不重复计算),远远超过60年代高峰期的总数。其中,除了80年代遗留下来的24起外,其余59起都是90年代新爆发的,占总数的70%。这种态势有可能要继续维持相当一段时间。

其次,地区冲突发生的地域不断扩大。冷战时期,地区冲突主要集中在中东以及亚洲的一些国家和地区。但冷战后,爆发武装冲突的地域却不断扩大,几乎遍布了世界各主要战略地域。在20世纪90年代以来发生的59起冲突和战争中,按地区分布,苏联、东欧地区有28起,占总数的37.5%;非洲20起,占34%;亚洲8起,占13.5%;中东7起,占12%;拉美2起,占3.5%。显然,苏联、东欧地区和非洲乃是冷战后爆发地区均势冲突的两个主要地区。另外,据有关专家估计,目前世界各地尚存在着180多个潜在的冲突热点。其中,80个分布在苏联、东欧地区,20个分布在非洲,其他则散见于中东、亚洲和拉美地区。[①] 这些热点如果处理不当或失去控制,就会由潜能变为现实,由热点转化为直接破坏地区均势的军事冲突。冷战的结束不仅没有给世界带来和平,反而使世界上更多的地区趋于动荡。在未来几年、十几年乃至几十年内,这些地区性冲突仍将以此伏彼起的形式持续下去,仍将作为影响地区安全和世界和平、阻碍社会发展和历史进步的重要因素继续存在下去。

地区冲突作为冷战后发生可能性最大、频率最高的冲突,其深刻的历史根源在于,冷战的结束使那些被两极格局深深掩盖着的各种矛盾纷纷暴露出来,并激化为军事对抗。第二次世界大战是以大国重新瓜分世界殖民地作为结束语的,并且这种殖民主义是以破坏殖民地种族、宗教和国家的完整

---

① 张昌泰:《90年代以来地区性冲突的特点及发展趋势》,《国际战略研究》,1995年第2期。

性为特征的。今天,世界上多民族国家和多国家民族(即跨国民族,指同一民族分布在许多不同国家)的情况普遍存在。在 170 多个国家中,只有不到 10％是单一民族国家,一个民族占总人口 75％的国家也只有一半,40％的国家是由 5 个民族构成的。例如,南斯拉夫境内就有 5 个民族、4 种语言、3 种宗教和 2 种文字。这种情况在非洲表现得尤为明显,1 000 多个民族和语言群体包容在 50 几个国家里。① 由于许多国家的边界是由 20 世纪的殖民国确立的,而这些殖民国根本不考虑传统的种族界限,致使边界线人为地将同一民族分开,往往使同一种族的人必须生存在不同的甚至敌对的国度里。例如,索马里人除了主要居住在索马里共和国外,还有很大部分居住在埃塞俄比亚的奥格登地区、肯尼亚的北部地区以及吉布提共和国。② 这无疑为今天遍及全球的种族仇杀、宗教纠纷、民族对立、领土争端埋下了祸根。冷战时代,由于一切都必须服从、服务于美苏两极对抗的需要,这些祸根一直作为次要矛盾居从属地位,而未能获得发作的机会。一俟冷战结束,美苏对抗的主要矛盾不复存在,这些殖民主义的遗产就一跃而成为后冷战世界的主要矛盾,致使各种地区冲突变得一发不可收拾。在上述的冷战后地区冲突中,因殖民统治、冷战格局遗留下来的历史积怨造成的冲突占绝大多数,其中,因民族矛盾、种族仇恨引发的约占 40％;因宗教纠纷引发的约占 15％;因领土纠纷引发的约占 20％。

当然,冷战后地区冲突的迭起,也有其错综复杂的现实原因。这需要对具体情况进行具体分析。大体上,有的地区冲突导源于资源纷争,例如厄瓜多尔与秘鲁两国的边境冲突就是因争夺争议地区的石油资源而引发的;有的地区冲突导源于对国内政权的争夺,例如安哥拉、利比里亚、塞拉利昂、阿富汗等国的内战,均是因国内各党派争相控制国家权力而引发的;有的地区冲突则导源于大国势力的介入,例如前南斯拉夫境内的波黑冲突。在冷战时期,很多地区冲突或局部战争都是以美苏对抗为背景的。冷战后虽然公开的代理人战争已经消亡,但在一些地区冲突的背后,仍有某些大国的影子。尤其是在某些大国利益交汇的地区冲突中,他们或是直接插手进行干涉,或是提供援助予以支持,使这些地区冲突仍有转化为全球冲突的危险。

---

① Joseph Nye, "Conflicts After the Cold War", *The Washington Quarterly*, Winter 1996.

② Richard Shultz, "State Disintegration and Ethnic Conflict: A Framework for Analysis", *The Annals of the American Academy*, September 1995.

国内冲突（战争）

与全球冲突和地区冲突相比，奈认为，遍布全球的宗派冲突和种族冲突有可能成为冷战后世界上冲突的普遍形式，而且这类冲突常常发生于国内。从冷战结束到 1996 年，发生了 30 多次重大冲突几乎都是属于这一类型。最可能爆发这类冲突的地区是非洲和原苏联的边缘地区。虽然这类冲突多数不会立即危及它们的各自边界，但在地理上却具有扩散性，导致人道主义干涉，并逐步对国际安全构成持久性甚至全局性威胁。因此，虽然从全球或地区均势角度来看，大国冲突的可能性要小得多，但大国仍将面临困难抉择：如何避免宗派冲突的爆发、升级、扩散和为数增多。

如果运用比较和归纳的研究方法，对当代世界冲突特别是地区冲突的根源作进一步的剖析和挖掘，我们不难发现，冷战后的世界冲突不同于冷战时代的一独特之处就在于，冷战期间的世界冲突更多的属于意识形态冲突，而冷战后的世界冲突则更多地属于种族和宗教冲突，亦即奈所指称的"宗派冲突"。

冷战在很大程度上植根于美苏两大集团之间的意识形态紧张，甚至在一定意义上可以说冷战就是意识形态之战。冷战时代几乎所有的地区冲突都与美苏对抗有关。这些冲突或者由美苏其中一方直接介入，而另一方藏在舞台的背后，像越南战争；或者冲突双方分别由美苏在台下为其撑腰，像阿以中东之战。在一定意义上它们都不可避免地带有意识形态冲突的外观。苏联与东欧各国之间的冲突，则是为了巩固共产主义阵营，更好地与美国抗衡，其意识形态色彩更为强烈。随着冷战的结束，苏联的倒塌，共产主义体制的瓦解，原来的意识形态紧张已不复存在了。尽管目前东西方之间在民主、自由、平等、人权等许多价值观念上仍然存在着巨大的差异，但这已不足以成为新的意识形态紧张的根据。以意识形态为核心的地区冲突将逐渐地成为历史。

正如前文所述，冷战后的世界冲突植根于作为殖民主义遗产的民族矛盾、种族冲突和宗教纠纷。种族、宗教冲突与意识形态冲突的区别主要表现在认同感问题上。意识形态的认同感最差，因为它仅仅是个体政治信仰或政治行为的反应，不仅不具有牢固的稳定性，而且难以评估和确认；宗教的认同感较为固定，宗教信仰的改变往往是非常困难的；但最为固定的则要属种族的认同感，这种认同感建立在语言、文化和宗教的基础之上，就像人无法改变其出身一样难以变更。① 因此,冷战一结束,意识形态认同感就让位于种族或宗教认同感,为意识形态而战就让位于为种族或宗教而战了,种族和宗教冲突主要发生在发展中的第三世界。

由于这些国家和地区本身不具有像法国和挪威那样的相对的种族同一性,加上经济发展与国家管理等问题的广泛存在,致使国民对国家及其意识形态的忠诚很容易被本种族、语言和宗教集团的忠诚取而代之。于是冲突便不可避免地表现为赤裸裸的种族或宗教冲突。例如,在印度锡克教徒与印度教徒之间的冲突;在斯里兰卡泰米尔人与僧加罗族之间的冲突;在卢旺达胡图人与图西人之间的冲突;在肯尼亚吉库尤族与卡伦金族之间的冲突;在土耳其土耳其人与库尔德人之间的冲突;在克什米尔穆斯林与印度人之间的冲突;在黎巴嫩基督教徒与穆斯林之间的冲突;在东南亚越南人与柬埔寨人之间的冲突等等,不胜枚举。但这种冲突又不仅仅局限于发展中国家。例如,在前南斯拉夫境内的种族冲突;在北爱尔兰天主教与新教之间的冲突;在比利时说法语的人与说德语的人之间的冲突;在西班牙巴斯克人与加泰罗尼亚人之间的分裂;在苏联境内阿塞拜疆人与亚美尼亚人之间的冲突等等,不一而足。据统计,这类冲突在已发生的冷战后世界冲突中约占60%,而且从存在于世界各地的180多个潜在热点的形势来看,种族和宗教冲突的比例还会不断上升。

种族和宗教冲突并不是冷战后世界的新生事物,但它们之所以能在冷战后时代泛滥成灾,既有间接的长期原因,也有直接的短期原因。从长期因素来看,主要包括支撑个别国家的民族主义的狭隘性质;自治观念在种族或宗教集团内的广泛传播以及建立具有政治合法性有效政府的无效基础。民族主义往往是现代民族国家的主要政治支柱,民族主义的狭隘性质无疑是导致种族和宗教冲突的首要因素。早期形态的民族主义是建立在一系列公民责任的抽象原则和基础之上的,是一种包容性的民族主义。在理论上它愿意接纳所有的符合公民义务要求的人作为成员,例如美国就是这种民族主义的典范。民族主义的第二种形态则是以种族认同感有时也以宗教认同感作为基础的,是一种狭隘的特殊神宠论,它要求公民只能完全忠于一种种族或一种宗教。人们若没有适合的种族或宗教特征,就不可能被接纳为其

---

① Chain Kaufmann, "Possible and Impossible Solutions to Ethnic Civil Wars", *International Security*, Spring 1996.

中的成员。一旦具有不同的核心认同感的种族或宗教集团被接纳进来,结果通常导致国家采用歧视政策将他们至少贬低为二等公民。第二次世界大战后以及最近兴起的大多数民族国家都属于多种族或多宗教社会,盛行的就是第二种形态的民族主义。由于在这些国家里,只具有多种族、多宗教的政治体制,却缺乏共同的认同感,共同的市民文化,共同的机构和组织,以及民族同一的共同意识,因此,随着冷战的结束,这种狭隘的种族或宗教民族主义在国内政治合法性面临挑战的情况下复活并升级,从而导致种族和宗教的分裂。

奈认为,政府的腐败无能和经济的衰退瓦解,乃是冷战后时代国内宗派冲突日益增多的重要原因之一。他写道:"正如国内的政治和价值观取向能够影响大国冲突的可能性一样,它们对国家内部和国家之间的宗派冲突也有极大的影响。同时,它还会影响到其他地区或大国卷入这些冲突的倾向性。宗派冲突通常发生在面临合法性危机的国家,其原动力有两个:第一,在缺乏合法性的国家,调解冲突的机制已经瘫痪。正如南斯拉夫的共产主义崩溃后,轮职的总统制也随之垮台。第二,那些妄图攫取权力的野心家,利用神族等认同感作为要求重建国家合法性的手段。"[1]因此,国内冲突通常发生在那些政府面临合法性危机的国家。在当今地区性冲突的所有多发地区的国家内部,几乎都存在着一个缺乏权威的政府和一个破碎不堪的经济。由于政府本身的合法性、政府的统治方式和管理能力受到怀疑,以及与此相关的经济的持续衰退和人民生活水平的低下,进一步加剧了原本已经开始突出的根源于冷战前殖民时代的民族矛盾、种族冲突和宗教纠纷,从而使这些国家像卢旺达、索马里、阿富汗、安哥拉、柬埔寨等走到了崩溃的边缘。国内的政治经济问题为这些国家的内战提供了借口。此外,自治、独立等观念在种族、宗族集团中的向心性和凝聚力,以及政府本身的歧视政策、腐化无能,同样也是不可忽视的重要因素。

从短期因素来看,主要包括五个方面:(1)两极国际体制的瓦解和地区权力真空的出现。一些第三世界国家,在冷战中是靠超级大国的军事援助,以及其他多种形式的国际援助得以维持其统治的。一旦没有了这种外部援助,这些多种族国家就会很快土崩瓦解。(2)苏联的解体和种族民族主义在其废墟上的兴起,事实上,一旦国家瓦解,人们往往会格外地倾向于以种

---

① Joseph Nye,"Conflicts After the Cold War",*The Washington Quarterly*,Winter 1996.

族、宗教或家庭为纽带的集团。同样的情况也出现在东欧前社会主义国家。但这一解体对宗教冲突的影响似乎并没有像对种族冲突的影响那么明显,只有在塔吉克斯坦可以看到明显的宗教冲突的成分。(3)世界大部分地区对民主化改革的自治的要求。在1977年至1990年的10多年间,有30多个国家实现了由非民主到民主政治体制的转换,①这对许多多种族国家内的种族集团起到了示范作用。(4)国际上对人权的日益关注。对那些试图对国家权威提出挑战的种族或宗教集团是一种鼓舞。(5)全球通讯体系的发展,常常被种族或宗教集团当作扩大国际影响,引起国际关注,并寻求国际支持的有效手段,正是这些因素促使种族和宗教运动对许多国家的合法性和完整性提出了严峻的挑战。也正是这些因素的存在决定了种族和宗教冲突不可能在不远的将来自行消亡。

奈指出,宗族之间有关身份认同、领土要求和政治机构的冲突,当然并不是在现代社会才产生的。所不同的是,当代迅速、深远的社会、技术和经济变化带来了错综复杂的超国家、国家和亚国家层次的认同。这种有效力的温和状态,由于瞬间信息的作用,能使潜在的紧张关系引发为突然的冲突。

大国的迅速兴衰、苏联的解体和技术、信息革命所导致的并非如有些人认为的那样是历史的终结,而是历史的回归。回归的形式表现为个人间、群体间和民族间的认同碰撞。这种碰撞会在三个层面上发生——超国家认同,诸如伊斯兰教;国家认同,诸如俄罗斯;基于宗教、种族或语言差异的亚国家认同,诸如非洲和前南斯拉夫。所有这些都向各级冲突管理机构——超国家的、国家的、亚国家的——提出了挑战。

因此奈认为,与全球或地区大国冲突相比,宗派冲突对美国利益的威胁要小得多。但冷战后发生可能性最大、频率最高的冲突就是宗派冲突。虽然大多数宗派冲突本身并不会威胁到地区以外的安全,但有些却进一步升级,并扩散到该地区的其他国家。宗派冲突,尤其是以脱离国家为宗旨的冲突很难通过联合国和其他已设机构的呼吁来解决。联合国、地区组织、联盟和个别国家都无法解决这样一个悖论——自决原则与已定边界不可侵犯原则的矛盾。尤其是当前,许多国家都面临着潜在的宗派冲突。目前认同危

---

① Samuel Huntigton, *The Third Wave: Democratization in the Late Twentieth Century*, University of Oklahoma Press,1991.

机存在于许多层面：民族的、种族的、语言的或宗教的，究竟在哪个层面上能够确立主权尚无定论。同样，当黩武者及其对象分别处于不同的国际组织、国家集团或亚国家联盟时，使用武力威慑、逼迫或确保安全措施会变得更困难。

从上述分析来看，奈等学者想表明的是，面临这一变化，美国的领导作用至关重要。它作为世界的首要经济、民主大国，欲以其强大的军事力量为后盾成为限制大国、地区和宗派冲突的频繁性、毁灭性的关键因素。但冷战后，美国的世界地位却面临着两难境地：一方面，美国的硬件（经济和军事力量）和软件（政治和文化体系的影响力）都是世界最强的，自称有责任防止或减少大国冲突、地区冲突和内部冲突；但另一方面，仅凭自身的力量，美国又无法解决任何国际问题。美国缺乏解决所有冲突的国际和国内先决条件。

奈还根据前美国国防部长佩里对国家利益的划分具体地分析了美国解决冷战后冲突的战略原则。佩里把美国的国家利益分为三个层次：致命的、重要的和人道主义的。借此，奈认为，当致命利益受到威胁，只能用武力才能解决时，美国将不惜代价地单方面采取行动；当重要但非致命利益受到威胁时，美国必须权衡利弊，慎重考虑是否能够招募一支多国联军，而不是单枪匹马地采取行动；涉及人道主义问题时，当人道主义灾难威胁到救济机构的运行，并且特别需要美国的军方作出反应，而此时美国军队所冒的风险又很小时，非战斗性地运用美军力量是合适的。

在这三种情况下，美国能否参战还取决于一个重要因素，即能否赢得公众和国会支持，尤其是当不危及美国致命利益的时候。奈认为，与常人想法相反，当致命利益受到威胁时，即使将付出惨重代价，美国公众也绝不会低头。例如，沙漠风暴行动就得到了广泛支持，尽管事先估计将有几千人伤亡。当其他国家的维和士兵也能出色完成任务的时候，除非危及到美国的致命或重要利益，美国不应派兵，否则，派出美国地面部队只会起到相反作用，只会使美军成为象征性的政治攻击的靶子。美国在多次维和行动中的相对优势常常在于空军和海军，以及后勤、运输和智力资源。因此，美国成功地分担国际责任的一个有效方法，在于保证非美国人占联合国维和人员的绝大多数。

最后，奈指出，关于冷战后冲突的坏消息是：对于当前最普遍的冲突形式——宗派冲突，整个世界几乎毫无准备；好消息是：美国领导的联盟和海外驻军正在建造一个坚实的结构基础，以避免最具灾难性的地区战争和大国战争。虽然美国不能单枪匹马地解决许多宗派冲突，但它能够促使国际机构更好地解决这些冲突。总之，国际安全新论对美国而言，其实质是：在冷战结束后，美国继续维持在国际安全事务方面的领导地位，继续运用国际结盟或伙伴关系以最大限度地追求自己的安全战略利益，不难看出，美国对"国际安全新论"的政策解析便是"领导地位＋结盟伙伴"。

第二节　民主和平新论

民主和平论作为一种新的当代国际关系理论，产生于 20 世纪 80 年代初，自 80 年代末和 90 年代初开始在国际关系理论领域受到关注，是冷战结束以来新自由主义学派中较为流行的一种理论。尤为重要的是，它作为一种理论依据，对冷战后的美国外交决策起到了重要的作用。同时，随着美国"民主"外交的挫折和失败，对民主和平论的批评也接连不断。

一、产生与发展

民主和平论有着久远的历史渊源。早在 18 世纪末，随着西欧主权国家的不断出现，西方哲学家尤其是伊曼努尔·康德在批评绝对主义权力政治和继承天赋人权、自由平等、人民主权等思想的同时，就提出了由自由国家联合起来建立"永久和平"的设想。在《论永久和平》一文中，他把道德法则和人权思想运用到国与国之间的关系上，认为要建立国家之间的正常关系，就必须坚持国际法的原则，主要是主权独立、维护和平和遵守道义。宪制共和国内部的监督和平衡作用可以防止统治者冒险地对外发动战争，同时每个共和国政府是否遵守国际法也可以暴露其战争动机。由于共和制国家比其他政体更乐意接受一个和平的、有约束力的国际法，因此它们更为和平，并强化"建立在自由国家联盟之上的国际法则"。在这个和平联盟内部，战争是非法的。康德的"永久和平"方案虽然是一种空想，但是他以抽象的道德法则作为政治思想的基础，由此所产生的理性国家观、共和主义、和平主义对后来国际关系理论中理想主义学派有着重要的影响。

在 18 世纪末到 19 世纪末的百年时间里,西方资产阶级思想仍没有摆脱古典哲学和政治思想的窠臼,在民权与主权的概念里徘徊,直到第一次世界大战前后,西方才真正把早期西方哲学家和政治家的道德规范和理性原则的政治思想运用于国际关系,并形成了风行一时的社会科学思潮——乌托邦主义。以此为基础,国际关系理论中的理想主义学派应运而生。康德虽然提出了以法则创造"永久和平",但关于政府的行为如何规范,他却束手无策。理想主义以"道德要求"和"民主原则"为核心,把一国的外交政策与其国内政体结合起来,认为政府体制决定了一国是否好战。具体来说,独裁体制要比民主体制更具有侵略性,原因是独裁者可以不经民选立法机构的同意按照他们自己的意愿采取军事行动。民主包含对多数人的统治和对少数人的权力的严格约束,尊重法律而不是权力的价值体系无论在国内还是国际上都是秩序和稳定的最可靠保证,国家道德标准是维护世界和平的基础。理想主义者主张恢复规范,健全对各国具有约束力的国际法准则,建立国际性机构和组织,以国际集体安全防止战争的发生。理想主义又称之为"威尔逊主义",它的主要代表人物、美国第 28 届总统威尔逊的理想主义核心就是"使国家和世界民主化"。根据他的见解,用道义力量控制国际关系,用理性压倒公众舆论中的无知和狂热,才会向一个有秩序的国际社会迈进。"十四点计划"是他在美国登上国际舞台后为世界和平设计的蓝图,是美国外交史上要求干预全球事务的首次表态。虽然威尔逊主义过于理想化,但它毕竟第一次把美国民主与世界和平结合起来,为以后的美国外交定下了基调。用陈乐民先生的话说,"重要的是威尔逊主义先于现实提出了美国外交的走向,它的影响不在当时,甚至不在二三十年之内,而在于长远"。[①]

民主和平论不仅继承和发挥了卢梭、康德以及威尔逊的自由、人权、民主政治思想,而且直接继承理想主义之衣钵,得出自由民主国家之间不会打仗的结论。这种理论的始作俑者是约翰·霍布金斯大学政治学教授米切尔·多伊利。1983 年他在《康德、自由主义遗产和外交事务》一文中提出自由民主国家相互间从来没有发生过战争的论点。多伊利把康德的思想称作是"远见、政策和希望的源泉",并以康德的政治思想为依据解释说,民主政府相互间不愿打仗原因之一是它们必须向其国内的人民作出交代,如果战争的代价过高,它们在选举中就会失败。同时,在民主国家中,关于战争的

---

① 陈乐民:《西方外交思想史》,中国社会科学出版社,1995 年,第 188 页。

外交决策是透明的,公众和决策者都对战争代价非常敏感,因此可以公开辩论。另外,他认为,民主国家相互间有用和平方法指导政治竞争和解决纠纷的共同愿望,这种"共识"要求双方"协调"相互间的关系,通过彼此尊重和合作,扩大接触,这种共同愿望最终导致利益共同体的产生。随着民主国家走向一体化,它们抛弃了在相互交往中使用甚至威胁使用武力的选择。

自从1983年多伊利提出自由民主国家相互间从不打仗的观点后,这种民主和平观倍受西方社会的青睐,被认为是最接近于国际关系的经验法则。80年代末和90年代初,苏联东欧发生巨变,以和平方式走上了所谓"民主化"的道路,西方国家把冷战的"胜利"归功于他们对社会主义国家推行民主的政策。塞缪尔·亨廷顿宣称,"第三次民主化浪潮"已经到来。也有人甚至认为,至少从17世纪以来,现实主义原则(无序、国家安全困境)一直排斥自由主义或理想主义原则起到主导作用,现在民主和平在某种程度上部分地取代现实主义原则是可能的。

二、民主和平论的内容

民主和平论的中心论点是民主国家很少(或从不)相互打仗。为证明这一论点的正确性,该理论列举了大量历史事实,并提出了两个基本观点:第一,在民主国家之间如同其他政体之间一样存在着许多利益冲突,但是,毫无疑问,民主国家认为,战争不是解决他们之间纠纷的合适方法;第二,尽管自由民主国家很少(或从不)相互打仗,但他们可能和非民主国家打仗。

民主和平论提出了三个主要概念:民主和平、民主政治和国际政治系统,认为单位层次上的民主政治结构(自变量)与民主和平(因变量)之间有一种因果关系。民主和平论把这种因果逻辑归结为民主国家存在着政体上的两个根本限制因素,一是把民主国家间无战事归因于机制上的限制,即公共舆论或国内政治机构的监督与平衡对政府决策的制约作用;二是民主标准和文化因素,即民主国家之间有着相互尊重、合作与妥协的共同特点,这种"精神气质"表明民主国家之间不会以战争或战争威胁手段解决彼此之间的纠纷,相反,民主与非民主国家之间却缺少这些标准和限制因素。布鲁斯·鲁塞特则把上述两种制约因素按照特点的不同划分为两种"模式":文化或规范模式(cultural or normative model)和结构或体制模式(structural or institutional model)。就第一种模式来说,由于受到国内限制,决策者尽力遵守解决冲突的准则(妥协和非暴力),同时他们希望其他国家的决策者也会这样做,民主国家中民主文化的约束力证明了民主和平论的上述第一个基本观点是正确的。唯一的可能性是民主国家出现政治不稳定,但这种情况很少发生。这种模式还决定了上述第二个基本观点的正确性。由于非民主国家的决策者使用暴力或强制手段对付民主国家,结果导致民主国家(肯定)对非民主国家的行为表示怀疑,并采取"非民主"措施即使用武力对付非民主国家。

相比之下,结构或体制模式认为,民主国家之间的暴力冲突不常发生是由于受制于民主政治体系和相关的监督平衡作用,而决策者采取大规模军事行动必须得到绝大多数公众的支持。但是,非民主国家之间或民主与非民主国家之间的暴力冲突不断发生,原因在于非民主国家并没有这种结构上的限制。

以上两种模式或两种限制因素是民主和平论与主张权力政治的现实主义理论的根本区别,归纳起来,主要是对国内政治结构和国际政治系统的关系认识不同。民主和平论认为,基于国内政治机构对于一国对外行为的重要性,要达到国际政治的和平状态,就要先从国家的"民主化"着手。现实主义则认为即使一个国家内部发生变化,国际政治体系的无序状态也是不会改变的,系统结构是决定国际政治结果的主要因素。新现实主义理论的代表肯尼思·华尔兹说,国家之间面临着安全上的困境,在这样一个国际政治的"自助体系"中,竞争的压力要比意识形态倾向或国内政治的压力更为重要。

三、民主和平论对冷战后美国外交的影响

随着冷战的结束,民主和平的呼声甚嚣尘上,西方国家普遍认为冷战的胜利是自由民主制度的胜利。民主和平论与美国的对外政策开始相结合,成为美国对外战略的重要理论支柱,这也是民主和平论倍受西方政治家青睐的原因之一。

早在1983年多伊利提出建立民主"和平区"的设想时,并没有受到多大的注意和支持。但是,不到10年,他的民主和平观得到了美国国际关系学界的广泛重视和赞许,一些评论家迫不及待地提出,向外输出和促进自由民主思想应当成为冷战后美国对外政策的核心。弗朗西斯·福山大呼"历史

的终结"，认为在过去几年里，全世界都认识到自由民主制度作为一种政治制度的合法性，它不仅战胜了世袭的君主制、法西斯主义，而且在最近还战胜了敌对的共产主义意识形态。在世界格局发生彻底转变的情况下，美国的学术界和政界似乎达成了一种共识，那就是在冷战后没有任何一种"敌对的意识形态"敢于向"自由民主制度"提出挑战，民主国家之间不会发生战争，自由民主制度是民主和平的前提和可靠保证，因此，在世界范围内传播和推行自由民主制度将意味着世界"永久和平"的到来。美国克林顿政府的对外"扩展战略"正是基于"民主国家间无战事"和"市场经济可以推动民主化"两种观点而制定的。民主和平理论是其制定对外战略的重要理论依据。

克林顿在入主白宫前，就宣称"民主国家并不互相进行战争"是"颠扑不破的真理"，"民主国家在贸易和外交上结成更好的伙伴；民主国家尽管有内在的问题，但为保护人权提供了最好的保证"。[①] 1993 年 9 月，克林顿政府国家安全顾问安东尼·莱克进一步使美国的"民主和平"外交具体化。他认为，美国的安全决定于外国政体的性质如何，并提出用扩展战略代替冷战时期的遏制战略，即"扩展全世界由实行市场经济的民主国家组成的自由社会"。他的扩展民主论主要包括四个组成部分：第一，加强主要的市场民主国家；第二，巩固新生的民主和市场经济；第三，反击侵略、支持与民主和自由市场敌对的国家的自由化进程；第四，通过在人道主义问题最严重的地区推行民主和自由市场，继续奉行人道主义的政策。[②] 美国政府在推行民主外交的时候，越来越强调美国安全应与其他国家的政体，尤其是非民主国家的体制联系起来。

民主和平论在冷战后的美国对外战略的调整过程中得到运用，这里有两方面的原因：一是美国被冷战的"胜利"冲昏了头脑，把 90 年代看成是扩大"民主阵营"的最好时机；二是在冷战后的世界上，美国的领导和霸权地位正在动摇。以推行民主和平为幌子，可以给他们所认为的人类共同追求的理想和价值观即美国的民主和价值观披上合法的外衣，以掩盖其干涉他国内政的本质。具体说来，冷战后的美国"民主外交"有如下几个特点。

第一，通过自由和民主思想扩展美国的政治制度和价值观，把民主外交作为美国实力的重要组成部分。一方面，美国政府重申美国的价值观诸如个人

---

① 克林顿在乔治敦大学发表的对外政策演说，1993 年 1 月 18 日。
② 安东尼·莱克在霍普金斯大学高级国际研究学院的演讲，1993 年 9 月 21 日。

自由、宽容是民主制度的具体表现,强调国家的安全必须以扩大市场民主国家组成的社会、威慑和遏制对美国及其盟国的利益的威胁为基础,保护和加强美国的价值观是其安全战略的最终目的,因为,"民主和政治经济自由化越是能主导世界,我们的国家就越安全,我们的人民就越兴旺发达"。[①] 另一方面,美国政府认为,美国必须发挥领导世界走向自由与民主的作用,据此把民主外交视为领导世界的一个重要手段。"因为我们的最大实力是我们的思想的力量,在世界各地,我们的思想正在被接受"。[②] 向外传播美国的民主制度和价值观既是美国对外战略的最终目的,也是美国试图领导世界的新策略。

第二,美国的民主外交从一开始就带有干涉他国内政的特点。在索马里的联合国维和行动中,念念不忘传播美国民主和价值观的美国军队曾因干涉他国内政而最终撤出;为在欧洲建立"民主和平区",美国大力推行支持东欧"新生的民主国家"的北约东扩战略,但此举遭到俄罗斯等国的强烈反对;在东亚地区,美国不顾自身人权状况的缺陷,大肆指责一些东亚国家的所谓"人权问题";美国不允许其"后院"出现与其政经体制不一致的国家,以联合国名义不惜在海地使用武力"护送"民选总统回国执政;美国和北约盟国干涉南斯拉夫联盟共和国的科索沃问题,也是以"人权高于主权"的自由进行的。之后的乌克兰危机也属此例。民主外交打着"自由民主是人类共同追求的目标"这一招牌,使干涉他国内政具有隐蔽性。

第三,美国的民主外交仍然具有强烈的意识形态色彩。总体说来,冷战后国际关系中意识形态的斗争虽然有所淡化,但并不意味着西方外交也因而摆脱了意识形态因素的影响,只不过有了新的侧重。现在的意识形态斗争不仅是共产主义和资本主义两种制度的斗争,而且还是不同"文明"之间的斗争。在苏东社会主义体系解体后,西方大国在意识形态的攻势更盛。它们的最终目的是迫使所有不实行西方民主制度的国家发生"转变"。究其实质,这种意识形态中的某些准则常常被用作实现某种政治目的和施加政治影响的手段。

四、对民主和平论的批评与冷战后美国外交

对民主和平论的批评是随着其在美国外交中的运用而出现的。冷战后

---

① 1995 年 2 月美国《国家安全战略:扩展和接触》报告,正文第 2 页。
② 克林顿就职演说,1993 年 1 月 20 日。

的世界形势变化多端，一方面，美国仍然是唯一的超级大国，另一方面，众多大国的兴起对美国的领导地位形成挑战。美国的民主外交遭到世界各国尤其是发展中国家的反对和抵制，有时美国也因推行这一政策而碰得头破血流。这使人们对民主和平论的论点和应用的目的产生怀疑。

1995 年《欧洲》杂志社曾专门就"民主和平论"组织了讨论会，与会的专家和学者就民主和平论的内涵、民主与和平之间的关系及其实质进行了全面的分析。① 此后，也有学者通过民主与暴力的历史回顾，对民主和平论进行了批驳，认为在评析民主与和平的联系时，不能忽视民主发展的历史过程与暴力、战争的关系，民主和平并不能从以往的历史经验中得到有效的验证。我国学术界对民主和平论的分析和批评有了深入的发展。

国内外学者对民主和平论的批评各有重点、各有所指。探究起来，不外乎以下几个方面：

第一，对民主和平论的基本出发点的批评，这也是理想主义和现实主义的根本区别。民主和平论坚持认为国家内部政治因素起着决定性作用，而现实主义则认为，国际体系机构更为重要，民主和平论颠倒了国际体系限制和国内政治机制之间的因果关系。由于国家安全困境的因素，一个国家在没有外来威胁或外来威胁很小的情况下，更趋向于自由民主制度；而一个在高度威胁的外部环境中的国家则更可能选择集权或其他非民主形式，国际体系结构不仅是国家对外行为的主要决定因素，而且也是形成国内政治体系的重要因素。

第二，对历史经验事实的批评。民主和平论认为自 19 世纪初以来，除个别情况例外，民主国家间从不（或很少）发生战争。然而，统计数字表示，在 1816 年至 1980 年的 100 多年间，战争与民主之间没有明显的联系，然而，恰恰与民主和平论的看法相反，民主国家间经常发生以战争相威胁的情况。克里斯托夫·莱恩就四个具体的"个案分析"证明，在战争危机中，民主国家为了战略利益和荣誉，至少有一方准备打仗，战争并不是因为"你生存也要让别人生存"（Live and Let Live）这一民主和平论的精髓而避免，而是因为一方实力不够强大作出让步的结果。看来，现实主义理论更具有说服力。同时，民主和平论也不能解释民主国家发生内战的情况，如 1861—

---

① 李少军的《评"民主和平论"和关于"民主和平论"问题讨论发言摘要》，载《欧洲》，1995 年第 4 期。

1865 年的美国内战。

第三,对民主和平论的两个基本观点的批评。民主国家由于机制和民主标准与文化等方面的限制,相互间倾向于用和平手段解决彼此间的纠纷和冲突,但事实往往出现"反常"情况,即民主国家和非民主国家一样好战(这里暂且不论非民主国家是否真的好战和内部缺乏稳定性),民主国家(如美国)在 1898 年的美西战争中就曾出现民众热衷对外开战的情况。可见,民主和平论中的这一因果逻辑并非无懈可击。再者,民主和平论把民主与非民主国家之间的战争归因于后者缺少民主文化和机制上的制约因素,但是反过来讲,如果人民真的不愿打仗,不愿承担战争的巨大代价的话,那么民主国家就不会进行任何战争,包括与非民主国家的战争,民主制度的制约作用应具有普遍性。由此可见,民主和平理论的第二个基本观点在逻辑上也是错误的。

另外,关于民主概念的界定问题也是批评者的依据之一。一个国家达到什么样的标准才算是"民主"的呢? 正如美国明尼苏达大学政治学教授欧伦所分析的那样,美国划分民主与非民主的标准受到价值观的影响,并不客观,美国把自己的朋友看作是民主的,而把自己的敌人却看成是不民主的,这使民主和平论难以具有说服力。

值得注意的是,最近在历史经验难具说服力的情况下,西方学者又提出了一种新的论调,他们以俄罗斯和其他前苏东国家为例,通过大量数字试图证明,在现实政治中,许多非民主国家正在"民主化"。在向民主过渡的过程中,这些国家对民主国家更具侵略性和好战性,而专制国家更具稳定性。"事实上,民主参与不断增加的集权国家比稳定的民主国家和专制国家更可能对外发动战争","那些跳跃性最大的国家在进行民主化后的十年内对外发动战争的可能性是那些专制国家的两倍。"因此,长远看来,推动民主的传播是可能带来世界和平,但短期来看,这种做法有导致战争的危险。这种新论调从经验事实方面既批评了民主和平论中非民主国家好战的观点,又为其进行了辩护,把战争归因于正在"民主化"的非民主国家身上。很显然,这是为克林顿政府陷入困境的民主外交出谋献策。美国不是不要"民主化",而是不要急于推动"民主化"。就目前情况来说,这种论调对冷战后的美国民主外交更具现实性,有可能成为美国政府制定外交政策的一个理论依据。

在冷战后的美国对外战略中,以自由民主思想为内容的理想主义成分非常浓厚,民主外交是理想主义思潮的具体表现。从索马里、卢旺达到波黑、海地,美国政府不失时机地推销其民主制度和价值观。这种"干预主义"不乏成功的例子,但是,另一方面,它也越来越脱离冷战后的国际政治的现实。北约东扩目的是把刚刚走上"民主道路"的东欧国家拉入西方社会,以保护他们脆弱的民主制度,然而,俄罗斯反对北约东扩的事实证明了权力政治仍在起着很大的作用。在中美关系中,美国不顾自身的国家利益挑起"人权"问题之争,也使美国的民主外交遭到强烈的抵制和挫折。

从理论上讲,自从 20 世纪初以来,美国的对外政策始终是理想主义民主价值观和现实主义权力政治的混合物。在美国外交中,推行民主制度和追求国家利益之间的矛盾与冲突一直存在,只不过在冷战后前者的色彩更浓一些,并且在遭到后者的挑战后,又倾向于优先选择国家利益的特点。从克林顿政府经小布什政府到奥巴马政府,美国在调整其对外战略的重心,尤其在亚太地区,注重安全和经济利益的趋向越来越突出。但是,美国对外政策一直在理想主义和现实政治之间寻找一个平衡点,而这个平衡点只能在注重民主价值观和注重国家利益两种政策之间左右徘徊,至于在某一时期里孰轻孰重,则根据具体的国内外形势而定。冷战结束 20 多年来,美国等西方国家依靠其绝对实力和地位,并没轻易放弃推行西方民主和价值观的政策,民主和平论仍有很大的市场。值得注意的是,在冷战后的世界上,民主和平论对美国制定外交战略仍将起到一定的作用。

第三节　世界秩序新论

20 世纪 90 年代以来,随着冷战的结束、苏联的解体,存在了 40 多年的战后两极秩序逐渐走向了瓦解。在世界进入新的千年之际,人类应该有一个什么样的世界新秩序? 这个新秩序得以建立的基础是什么? 它的基本原则又是什么? 这些问题不仅引起了政治家和决策者们的极大兴趣,而且进一步激发了他们对世界秩序问题的苦思冥想和激烈争论。

一、什么是世界秩序

"秩序"意指"法律和次序",是严格实施治理规则的意思。"社会秩序"

则指"满足社会集团根本需要的准则、实践和过程"。①

什么是世界秩序？1965 年,西方一些国际关系学者在意大利开会讨论世界秩序问题。会议主持人是法国著名国际政治学权威雷蒙·阿隆,他提出"秩序"的 5 个可供选择的定义:

1. 现实的任何有规则的安排;

2. 各组成部分的有序关系;

3. 生存的最低条件;

4. 共存的最低条件;

5. 美好生活的必要条件。

与会学者经过热烈的讨论,多数倾向于第四个定义,认为世界秩序就是生活在国际社会的成员国相互共存的最低条件。

差不多同时,英国著名国际关系学者赫德莱·希尔也正从事一个有关世界秩序的研究项目。希尔认为,世界秩序是对人类活动和国家行为所作的旨在维护世界稳定、和平、合作的一种合理安排。他强调,在个人与国家关系上,应确定国家的支配地位;在国家与国家体系关系上,应偏重国家体系的支配作用。要建立世界秩序,主要应依靠国家体系的支配作用,基本的途径是"核均势"。

阿隆和希尔的观点在当时产生了较大的影响,在西方国际关系学界赢得了"阿隆—希尔世界秩序观"之称。

斯坦利·霍夫曼在总结他的老师雷蒙·阿隆的理论的基础上,从新的角度提出了世界秩序的定义。这位哈佛大学的名教授认为世界秩序有三个不可分割的定义要素:

1. 世界秩序是国家间关系处于和睦状态的一种理想化的模式;

2. 世界秩序是国家间友好共处的重要条件和有规章的程序,它能提供制止暴力、防止动乱的有效手段;

3. 世界秩序是指合理解决争端和冲突,开展国际合作以求共同发展的一种有序的状态。②

霍夫曼强调,世界秩序不同于联合国体制,它还不是现实,它有一个逐步形成的过程,它需要众多国际关系角色的长期努力;世界秩序也不同于世

---

① Stanley Hoffmann, *Janus and Minerva*, p.85.

② Stanley Hoffmann, *Primacy or World Order*, p.109 and p.188.

界政府,它应是通向世界政府的过渡状态。霍夫曼认为,尤其重要的是既不要视世界秩序为维持世界现状,也不要把它与世界革命等同起来,世界秩序是"世界政治深刻的、渐进的、但是有限度的变革过程"。[①]

1980 年,霍夫曼的《支配地位,还是世界秩序》一书出版,他在该书里分析了世界秩序的含义,并提出了世界秩序论的四个要点。

1. 霍夫曼认为,在全球层次上存在着三种秩序结构:第一种是两个超级大国之间的一种博弈规则,双方努力防止彼此的争斗导致世界战争,规则之一就是不使用核武器对付对方及其盟国,而只是利用核威慑维持核均势;第二种秩序结构是健全防止武装力量之间直接军事冲突的机制,国际社会应对危机的谨慎处理给予更多的注意,危机宁可导致失败,也不应导致战争;第三种秩序结构是有限战争——核军备控制,有限战争和核军备控制应是世界秩序采取的最初措施。

2. 霍夫曼提出,世界秩序政策的目的在于促进国际社会的积极变化,主要表现在:

——国际关系行为者的变化。在旧秩序下少数国家支配一切,新秩序应扩大行为者的范围和功能,特别要注意到非国家行为者在处理国际事务和建立世界秩序中的重要作用。

——对外目标的变化。在旧秩序下,一国对外目标是追求国家利益,形成"占有目标"——控制领土、资源、市场,以加强自身的地缘政治地位。在新秩序下,"占有目标"将逐步被"环境目标"所替代,环境目标是指创造一个"和平地、安全地"进行国际合作的国际环境,一国的所有只能取决于环境规则的许可。

——权力性质的变化。旧时的权力首先指军事力量,在对外关系上常常与控制联系在一起。在新秩序下,权力性质起了变化,其特征是:分散化,权力不再集中于一两家手里;多样化,军事力量不再是唯一重要的,经济实力乃至综合实力的重要性越来越显露出来;出现新的制约因素,特别是相互依存趋势的发展。

——国际等级制的变化。旧秩序下的国际等级制是"地缘军事等级制",表现为拥有最强大的军事力量的国家控制世界上具有地缘战略意义的地区和给予地位在其下的军事盟国以有力的经济支持。新秩序将结束基于

---

① Stanley Hoffmann, *Primacy or World Order*, p.189.

地缘军事之上的等级制,代之而起的是不同功能的国际组织,发展趋势将是多极的国际社会体系。

——国际体系的变化。以前国际体系的基本结构是军事结盟,国际背景基本上是武装冲突,国际组织常常被不同的对手或盟友所利用。在新秩序条件下,国际组织将在促进国际合作、解决全球问题方面起重要作用。另一方面,世界秩序在很大程度上将随国际体系的变化而变化。现实的和可能的趋势有:第一,维系国际体系,发展多国合作;第二,弱化国际体系,如里根主义那样,对外强硬的"推回政策"几乎造成了"世界秩序"危机;第三,强化国际体系,以建立"一个和平、公正、人道的世界";第四,改造国际体系,逐步减弱主权国家的作用,实现全球一体化。前三种是现实的选择,国家仍是主体。第四种是理想化的选择,国家作用弱化,国际体系作用逐步取代国家的职能,国际社会的主体将不再是国家,而是国际体系。这在目前和不远的将来是难以实现的。

3. 如何才能有效地推行"世界秩序政策"呢?霍夫曼在《支配地位,还是世界秩序》一书中从传统理论和历史经验的角度专门讨论了这个问题,他为此归纳了若干条具体建议和措施:第一,改造"旧正义战争理论"。"旧正义战争"把使用武力或武力威胁视为在道义上是中性的,甚至是主权的合法权利,这样就使战争与和平问题在理论和实践上变得混淆不清。霍夫曼认为,只要存在武装冲突的可能,就必须确定合法性的标准,以及限制使用武力的规则。这正是核时代的"正义战争理论"任务。新正义战争理论应强调核威慑的防御性,使之成为核和平时代避免战争的有力手段。

第二,以和平理论为对外政策的基础。和平应是国家的道义职责。消除战争、实现世界和平的先决条件有二:一是改革国内社会秩序,有人说,只要在国际上成立一个"国家联盟"便可制止战争,霍夫曼认为"这是一个梦想",[①]因为大国仍可用实力控制别人,关键是国内的变革;二是全球的经济相互依存地发展。由于劳动分工深入,各国利益更趋互补互惠,战争对大家都不利,"和为贵"的思想将被大多数国家所接受。

第三,稳定"核均势"。核均势不同于实现世界国家的乌托邦设想,它较为符合目前世界政治的现实,是维护世界秩序的重要保证。"核均势"的必要条件是:首先,必须有若干个实力相近或相等的主要的行为者,一般来说

---

① Stanley Hoffmann, *Primacy or World Order*, p.109 and p.165.

是五六个。目前,美国是世界性大国,中国仍是区域性大国（但是潜在的世界性大国）,日本和西欧正不断崛起,但在军事上依附于美国,它们是"在美国的核保护伞下意欲发挥世界作用"。① 因此,目前的核均势是以美苏为均势双方,中日西欧为主要平衡手。其次,必须有一个中心平衡机制。该机制的目的是防止核冲突,"核武器并没有消除战争,核武器只是代替了战争"。② 在主要核国家中有能力形成中心平衡机制的仍是美苏两家,因此美苏的核安全合作比任何时候都显得更加重要。再次,必须在主要核国家中间寻求共同的沟通语言和确定共同的行为准则。主要核国家应有道义的自我约束力,但这还不够,核大国之间应通过高层次的沟通渠道（如首脑会谈）,寻求共同的行为准则,形成对核大国的外部制约力。

第四,实施新功能主义。有些人不完全赞同核均势的观点,他们主张利用相互依存的发展势头,推动一体化的进程,在特定的领域建立新的区域性或全球性的跨国机构。新功能主义意在通过说服各国"放弃局部的主权"来换取"世界秩序的机会"。③ 目前,新功能主义的试验区局限在西欧,在世界别处要搞一体化目前仍很困难。但是它仍不失为一条通往未来世界秩序的途径。

霍夫曼最后形象地说,在不同于压邪扶正的理想社会的现实世界里,以上述方式消除不正义不啻刮起一场"龙卷风"。但是,它是历史的必然。

4. 霍夫曼在书中强调指出,对美国来说,世界秩序最关键的是谋求"没有霸权的领导地位"。"没有霸权的领导地位"应是美国对外政策的"座右铭"和"计谋韬略",美国应学会当领导,而不是当霸主。④ 战后美国以世界领导自居,然而,如今世人都认为美国霸权正是源于这一世界领导。美国政府应反省自己的对外政策,重新树立"当领导,不当霸主"的形象。一国政府怎么能要求自己的国民为了世界秩序去扩充核军备,去加紧控制别国呢？ 这是违背最起码的国际伦理准则的。霍夫曼特别提醒美国政府注意两点：一是以实力支配控制别国的行动往往会导致动乱；二是单单美国一家是无力建立世界秩序的。如今,以武力称霸的日子已成过去,美国要维护其战后确定的世界领导地位,就必须看到这形势的根本变化。

---

① Stanley Hoffmann, *Primacy or World Order*, p.169.
② Ibid., p.172.
③ Ibid., p.178.
④ Ibid., p.208.

二、世界新秩序的不同模式

冷战结束后,随着旧的世界秩序的瓦解,越来越多的学者,像基辛格、奈、亨廷顿、哈克维和斯劳特等,从事于探索和研究如何建立新的世界秩序,并提出各种有关世界新秩序的不同模式。

基辛格指出:"世界秩序的内容、作用和目标的变化从来没有像今天这样迅猛和深刻,这样具有全球影响。"[①]由于目前世界秩序的发展正处于新旧结构的转换时期,世界秩序系统本身经历着一种无序失衡的状态,加上决定未来世界秩序基本结构的众多因素的不确定性,关于 21 世纪世界新秩序的各种"理论"和"模式"可谓众说纷纭,莫衷一是。不过,概括地讲,主要有以下几种"假说"较具代表性:"地球村"模式、世界政府模式、"和平区"与"动乱区"模式、"三大经济区"模式、"单极霸权"或"单极主导下的多极合作"模式、两极均势模式、多极均势模式、复合世界的多元秩序、网络化的世界秩序等。

"地球村"模式

20 世纪 90 年代以来,全球化的新浪潮再一次唤起了人类"地球村"的梦想。巴尼特和卡瓦纳夫就是两个主要的编梦人。他们认为,高新技术的日新月异,传真机、国际互联网、信息高速公路、电子信箱和通讯卫星等信息传播技术的飞速发展,把全世界各地区、各国家紧紧地连在了一起,使地球变得愈来愈小。国际贸易、经济投资的相互依赖,文化、政治的相互交流、相互渗透,使国家与国家之间、人民与人民之间的接触与了解日益加深。全球性问题的出现,如人口爆炸、环境污染、水源短缺、温室效应、难民流动以及包括核武器在内的大规模杀伤性武器的扩散等等,需要全世界各国共同努力才能解决。所有这些全球化的特征都在加速地球村的形成。他们指出:"在新世纪的最初几十年,政治的根本冲突将不是国家之间,甚至不是贸易集团之间的冲突,而是全球化的促动者与地方化的维护者之间的冲突。"[②]

里斯顿也表达了同样的观点,他说:"全球化正在使我们走进一个全球

---

① Henry Kissinger, "How to Achieve the New World Order", *Time*, March 14th 1994.
② Richard Barnet and John Cavanagh, *Global Dreams*, Simon and Schuster, 1994.

社区,不管我们是否有此准备。""人类历史上第一次,穷人和富人、北方和南方、东方和西方、城市和乡村,于同一时间在全球电子网络中共同分享同样的信息,彼此紧密相连。"①

　　公允地说,"地球村"模式在指出信息革命、经贸交往和生态环境给全球带来的变化,亦即使世界变得越来越小这一点上是相当有道理的。世界上的许多问题确实需要世界各国的齐心协力才有可能得到解决。但是,仅仅根据信息技术革命和跨国公司的世界网络组织就断言国家统治将宣告结束或国家主权将不再重要是缺少事实根据的。实际上,各个国家在制定其外交政策时,很少按照"地球村"模式行事。即使跨入了 21 世纪,国家利益也仍旧是各国制定外交政策的主要考量因素。如果说经济和信息的全球化在某种程度上正在使全球逐步走向村庄化,那么这个村庄也只是在时间和空间的层面上具有意义,而在世界秩序的层面上,它只不过是一个村民之间继续你争我夺,彼此并不十分和睦的所在。

　　因此,对"地球村"模式持反对态度的大有人在。例如,莫伊雷就将"地球村"斥为"乌托邦"。他说,国际互联网以及信息全球化尽管给人类生活带来了极大的方便,但它绝不是"地球村"梦想变成现实的象征,"信息地球村依然只是个神话"。②

世界政府模式

　　美国哈佛大学斯劳特教授从全球化的角度,对世界新秩序进行了独特的分析。他认为,在全球化的背景下,国家是无法替代的,"国家并不是正在消失,而是正在分裂成各自独立、功能不同的部分。这些部分——法院、管理机构、行政部门,甚至立法机关——正在与国外的相应部分结成网络,创建密集的关系网,从而构成一个新的跨政府秩序"。斯劳特指出:"跨政府主义作为一种世界秩序理念,比其他现存任何一种世界秩序理念都更有效和更具潜在的说服力。"③在新世界中,网络化机构将发挥世界政府的功能——立法、施政和判决,而不带有世界政府的形式。政府网络超越了高级政治和低级政治的传统分歧。因而,政府网络是信息时代的政府,它将为世界提供建构 21 世纪国际大厦的宏伟蓝图。

① Daniel Burton, "The Brave New Wired World", *Foreign Policy*, Spring 1997.
② Claude Moiry, "Myths of the Global Information Village", *Foreign Policy*, Summer 1997.
③ Anne-Marie Slaughter, "The Real New World Order", *Foreign Affairs*, September/October 1997.

斯劳特的设想是极其美好的,但它在很大程度上却陷入了与"地球村"模式同样的困境。因此,与斯劳特的"跨政府主义"不同,大多数世界政府模式的倡导者还是主张通过改组联合国和修改完善国际法建立世界新秩序。应该说,在世界政府模式设想的所有方案中,只有这个方案似乎是最为可取和可能的一种。然而即便如此,它仍然是不切实际的。

联合国本质上可以说是一个超级国际组织,它对国际政治、经济、文化等诸多方面事务起着协调、联络、校正等作用,它是第二次世界大战以来对世界社会生活各领域产生影响广度和深度最大的一个组织。但它仍不是一个集权的政治实体,无法真正履行其统治世界和管理世界的职责。相反,在许多情况下,它受制于某个或某些国家集团,成了有辱其使命的傀儡。例如,最近美国两度在未经联合国安理会授权的情况下牵头发动了分别对伊拉克和南斯拉夫联盟的军事进攻。这对于联合国的前途来说或许是一个致命的危险信号。联合国不是世界政府,安理会不是世界和平的保障。即使联合国的存在能够维持到下个世纪或者更长时间,但是,无论如何,它都不会成为世界新秩序赖以维系的基础。

至于国际法,不论多么完善,它的真实价值都只有在主权国家之间才能得以充分体现。而且,国际法只提供了一种规范体系,它的运行必须依赖于其背后的权力支撑,它的强制力和约束力只能来自:(1)世界政府的集权。(2)各国之间的权力均势。但集权在世界政府成为现实之前是不可能的,而权力均势的状况并不构成世界政府,相反却只是国际政治多元化的一种标志。可见,靠国际法也不可能促成和维持一个世界政府以及由此而来的世界新秩序。

"和平区"与"动乱区"模式

"和平区"与"动乱区"模式是由麦克斯·辛格和阿隆·韦达夫斯基在他们合著的《真正的世界秩序》一书中提出来的。该模式不赞同传统现实主义和新现实主义的国际关系范式,认为它们的均势理论在冷战后时代已经失去了有效性。为此,他们提出,当今世界的主要矛盾是北方工业国家与南方发展中国家之间的分歧,而不再是世界强国之间的争夺。

辛格和韦达夫斯基认为,现实的世界由两部分组成:一部分是"和平、富裕、民主区域",包括西欧、美国、加拿大、日本和大洋洲,占世界人口的15％;另一部分是"动乱、战争、发展区域",包括前苏联、亚洲、非洲和拉丁美洲的多数国家。① "和平区"内的国家,由于彼此之间政治上的观念一致,经济上的相互依赖,国际关系将不受相对军事力量的影响,即使出现摩擦和矛盾,也会通过谈判和协商解决,而不会诉诸武力或战争。相反,"动乱区"内的国家,由于政局不稳、经济落后、人口过多,国际关系将处于一种动荡、不安、混乱,甚至战争的状态,恰如卡普兰在"即将来临的无政府状态"②中所描述的那样。

　　"和平区"与"动乱区"模式,目前在美国学术界享有很高的声誉。就"和平区"而言,第二次世界大战以来,人们很难找到一个可以反驳它的例子,因为部分发达国家未曾诉诸武力解决它们之间的争端。就"动乱区"而言,北非战乱、中东地区冲突、东南欧种族纠纷,以及南亚印巴矛盾,似乎都验证了这一模式的可信性。然而,"和平区—动乱区"模式并非无懈可击。例如,美日因贸易摩擦、市场开放和全球范围内的经济竞争等问题,已使两国关系趋于紧张。北约在解决科索沃危机等问题上也存在着巨大的内部分歧。这说明,"和平区"内的和平并不意味着永久和平,甚至它能否维持到 21 世纪仍是个未知数。此外,"和平区—动乱区"模式很少提及代表"和平区"的北方与代表"动乱区"的南方之间的矛盾与冲突。应该说,随着两个地区在政治上、经济上、军事上的差距日益扩大,南北对峙在所难免。以美国为首的北约试图通过军事进攻使南斯拉夫联盟屈服,从而解决科索沃危机,就是实证。

"三大经济区"模式

　　"三大经济区"模式的倡导者主要是冷战后适应国际关系的深刻变化而迅速发展起来的"地缘经济学"理论。地缘经济理论的要义是:冷战结束后世界政治力量出现了重新组合,原先的地缘政治被地缘经济所取代,原先的军事集团竞争让位于经济集团竞争,当今国际关系的焦点是三大区域经济集团之间的实力竞赛,而不是两大阵营(如冷战时期)之间的军事对抗。

　　"地缘经济学"的一个核心观点,就是认为世界正在逐步发展成为三个相互竞争的经济集团:日本率领的环太平洋经济区,包括韩国、东南亚;美国领导的西半球经济区,基础是北美自由贸易协定,今后将包括拉丁美洲在内;以德国为中心的欧洲经济区,将逐渐覆盖前苏联和东欧,也许还包括北

---

① Max Singer and Aaron Wildavsky, *The Real World Order: Zones of Peace*, *Zones of Turmoil*, Chatham, NJ: Chatham House Publishers, 1993, p.3.

② Robert Kaplan, "The Coming Anarchy", *The Atlantic Monthly*, February 1994.

部非洲。该模式的倡导者有卢特沃克、曼德、加登和塞罗等。① 塞罗强调：
"在未来的竞赛中，三个经济霸权中的每一个都倾向于超过其他两个。无论
哪一个实现了这种超越，都会位居领先，都会像英国主导 19 世纪，美国主导
20 世纪那样，主导 21 世纪。"②它们认为，三大经济集团谁能获得较大优势，
主要取决于各个集团的规模、地理位置、人口、文化、政治手腕等因素。根据
这些因素，曼德和塞罗确信，美国领导的集团到头来可能是最弱小的，最强
大的则是欧洲集团，日本领导的东北亚集团居中。

　　"三大经济区"模式的优点在于它内含不少有趣的分析。譬如，它指出，
在当今以经济力量为主导的竞争世界中，哪一个地区经济强盛，哪个地区就
将主宰 21 世纪。为此，区域经济集团化模式对三大经济集团的优势和劣势
进行了比较分析。

　　但是，"三大经济区"模式的缺陷在于，它忽视了当今世界经济正日益走
向一体化和全球化的大趋势，忽视了当今世界国与国之间、地区与地区之间
在经济发展上相互依赖和广泛交流的现实。正如哈克维指出的，"它过于以
国家为中心，过于把贸易看作是国家之间的，而不是全球复合背景下公司之
间的行为"，地缘经济学家们还低估了所谓地区集团中国家间的"政治
断裂带"。③

　　再者，"三大经济区"模式过于轻视国家安全在当今世界中的作用，因为
无论欧洲地区的德国，还是环太平洋地区的日本，它们在与美国进行经济竞
争的同时，仍有求于美国的军事保护伞。因此，奈在批判"三大经济区"模式
时指出："三大经济区"模式与全球的技术发展趋势南辕北辙；地区经济集团
与少数国家需要通过全球体系保护自己免遭邻国蹂躏的国家利益相背离；
地缘经济学没有考虑到安全因素，如日本和德国仍然需要美国的"安全保护
伞。"④毋庸置疑，21 世纪的世界新秩序将不大可能以地缘经济学的"三大经
济区"之间的竞争为基本结构。

① Edward Luttwak, *The Endangered American Dream*, Simon and Schuster, 1993; Walter Mead, On the Road to Ruin, Harper's, March 1990; Jeffrey Garten, *A Cold Peace*, Times Books, 1992; and Lester Thurow, *Head to Head: The Coming Economic Battle among Japan, Europe and America*, Morrow, 1992.
② Lester Thurow, *Head to Head: The Coming Economic Battle among Japan, Europe and America*, Morrow, 1992, p.246.
③ Robert E. Harkavy, "Images of the Coming International System", *Orbis*, Fall 1997.
④ Joseph Nye, "What New World Order?" *Foreign Affairs*, Spring 1992.

"单极霸权"模式和"单极主导下的多极合作"模式

最引人注目的关于未来世界新秩序的构想,大概要首推查尔斯·克劳瑟默的"单极霸权"模式[1]以及约瑟夫·奈的"单极主导下的多极合作"模式。[2] 克劳瑟默认为,冷战后时代最显著的特点是美国成了世界上唯一的超级大国。多极世界可能在未来的某一时刻到来,但在最近的数十年内,世界格局将是一个超级大国与几个二流世界强国并存的局面。这里的超级大国说的是美国,二流强国指的是德国、日本、法国、英国、俄罗斯及中国等国家。

然而,冷战结束后,尽管美国是世界上唯一真正的超级大国,但这并不意味着一个单极世界已经取代了冷战时的两极世界,仍然有许多重要的安全、经济和政治目标仅仅靠美国自身的实力是无法达到的。即使在美国实力表现最为突出的军事领域也是如此,它对伊拉克和南斯拉夫联盟的动武根本离不开其盟国的直接和间接支持。

正因为如此,奈认为,未来的世界新秩序将不以美国的一极独霸为特征,而是以单极指导下的多极合作为内容。在总结前人研究成果的基础上,约瑟夫·奈明确提出了自己的"世界秩序新论"。他认为,世界秩序是国际关系结构变革的复杂过程,是大国之间权力稳定分配的结果。决定冷战后世界秩序走向的主要因素是民族主义和全球主义的交互作用,由此可能导致的世界秩序模式有:(1)回复到两极世界(美国—俄罗斯);(2)多极世界(美国、日本、西欧、俄罗斯、中国);(3)三大经济集团(北美、西欧、东北亚);(4)单极霸权(美国);(5)单极指导下的多层次相互依存。奈认为,只有第五种才是最现实、最可行的世界秩序模式。[3]

1998年1月3日《经济学家》的文章《未来的权力均衡——21世纪谁主沉浮?》也表达了近似的看法。文章根据"远土作战能力"、"有效的外交决策机制"、"各国对强大外交的支持度"和"海外的实际利益"等方面对未来世界的地缘政治进行了一次总体检验,认为中国是除美国和欧洲之外得分最高者,因而必然是未来世界的一极,相比之下,伊斯兰力量虽然得分也不少但却肯定不会成为世界政治地图中的一极,日本和俄罗斯则介于两种情况之

---

[1] Charles Krauthammer, "The Unipolar Moment", *Foreign Affairs*, Vol. 70, No. 1, 1990—1991.

[2] Joseph Nye, *Understanding International Conflicts: An Introduciton to Theory and History*, Harper Collins Collage Publishers, 1993.

[3] Ibid., pp.190-192.

间,既可能是,也可能不是世界的一极,这主要取决于它们今后的发展。文章非常肯定地指出,美国和欧洲将是未来世界的主宰,但是,只有美国和欧洲之间实现结盟才能成为 21 世纪的缔造者。如果它们分道扬镳,就会沦落到与其他几个竞争者不相上下,一道进入新一轮的全球均势竞赛。

实际上,世界经济的全球化和世界政治的多极化趋势使美国维持其世界领袖地位的能力变得越来越有限,它称霸世界的野心和举措必将遭到世界上所有其他国家包括其盟友的反对和抵制。因此,历史发展的逻辑可能是极具讽刺意味的:一方面,美国无法放弃借助苏联解体的历史契机图谋世界霸权的野心;另一方面,美国越是想称霸,越是无法实现称霸的梦想,美国称霸的结果只会加速其与其他世界强国实现世界权力均势的进程。

两极均势模式

权力均势模式历来是国际关系理论界的热门话题,其基本要义是:世界秩序的稳定主要依赖于强国集团之间的力量均衡,一旦这种均衡被打破,既定秩序便难以为继,新的世界秩序必将取而代之。主张权力均势模式的现实主义者常常喜欢引用人类历史上反复出现的秩序—战争—再建秩序的例子,证明权力均势模式的合理性。

现实主义的权力均势理论的一种变体就是两极均势模式。宾夕法尼亚州立大学政治系教授罗伯特·哈克维就是两极均势模式的支持者之一。他在分析未来世界秩序的可能模式时指出,虽然大多数国际关系学者认为未来的世界秩序必将是多极的,但是他认为,未来的世界回归两极模式的可能性绝对不能排除。世界新秩序的模式既可能是美俄对垒,也可能是美日或美中对抗,恰如亨廷顿、伯恩斯坦和芒罗等人所预言的。但是,他认为最可能出现的形式是中俄集团对美欧联盟,或者全体亚洲国家集团对美欧俄联盟。哈克维把这称作是"新的两极模式"。①

至于哈克维的"新的两极均势模式",则似乎没有太大的市场。他所预言的中俄集团对美欧联盟,或全亚洲国家集团对美欧俄联盟更不具有现实的可能性。因此,21 世纪的世界秩序将不大可能回复到类似冷战时代的两极均势。

多极均势模式

亨利·基辛格是多极均势模式的主要代表。他认为,世界上只有两条

---

① Robert E. Harkavy, "Images of the Coming International System", *Orbis*, Fall 1997.

道路通向稳定,一是霸权,二是均势。与霸权相比,均势则更为可靠,因为霸权对于包括美国在内的大多数国家来说是可望而不可即的。基辛格强调,"没有均势就没有稳定","从历史上看,稳定总是和使实际统治难于实现的某种均势相一致的"。基辛格所追求的均势,就是世界各地区、各力量中心之间的权力平衡。在他看来,构成世界秩序的权力均势应该是多极的。冷战期间,基辛格提出以美—苏—中为核心建立世界"五大力量中心"(加上日本和西欧)之间的权力均衡,他认为这样的多极均势是世界有序的根本保障。冷战结束后,基辛格又认为未来的世界秩序将以六大强权之间的实力均衡为主要特征,这六大强权就是:美国、欧洲、中国、日本、俄罗斯,再加上印度。[①]

基辛格本人对世界新秩序问题一直十分关注并进行过深刻的理论思考。他认为:"世界新秩序……必须对下述三个问题提出答案:国际秩序的基本单位是什么? 它们互动的方式是什么? 它们互动,以什么为目标?"[②]正是由此出发,在展望世界的未来时,基辛格指出:"21世纪的国际秩序会出现一个似乎自相矛盾的特点:一方面愈来愈分散;一方面又愈来愈全球化。在国与国之间的关系上,这个新秩序会更接近18、19世纪的欧洲民族国家体系,而不像冷战时期严格划分的两大阵营。彼时至少会有六大强权:美国、欧洲、中国、日本、俄罗斯,可能再加印度,另有许许多多中小型国家;与此同时,国际关系已首次真正地全球化了。"[③]他强调,在这样的世界体系中,秩序仍然只能像过去几个世纪那样建立在协调和平衡相互冲突的国家利益的基础之上。

2014年,基辛格出版了一部关于世界秩序的力作:《世界秩序》。基辛格开门见山,在序言里,他总结概括了对世界秩序问题的思考:(1)从历史上看,从来不存在一个真正全球性的世界秩序;(2)在所有秩序概念中,唯有1618年至1648年在欧洲三十年战争后形成的威斯特伐利亚原则被普遍认为是"世界秩序的基础",成了国际关系史的一个转折点。"威斯特伐利亚体系"这一基于国家之上的国际秩序框架现在已延至全世界,涵盖了不同的文明和地区;(3)由于国际形势的巨大变化,威斯特伐利亚原则现在也受到各种挑战,这表明,任何一种世界秩序体系若要持久,必须是正义的,得到各国的认同且接受;(4)一种国际秩序的生命力在于它在合法性和权力之间

---

① 基辛格:《大外交》,海南出版社,1997年译本,第7页。

② 同上书,第747页。

③ 同上书,第7页。

建立起平衡,但这种平衡的建立又极其复杂;(5)在当今世界上,需要有一个全球的世界秩序。只有寻求人类命运相连的共同价值观,才能带来秩序,而不是冲突。[1]

基辛格在书中对20世纪50年代中国和印度等国倡导的和平共处五项原则给予高度评价,认为是超越威斯特伐利亚模式的"更高尚的多极秩序"的原则。基辛格用整整一章的篇幅阐述中国与亚洲秩序和世界秩序,他指出:"在亚洲所有关于世界秩序的观念中,中国所持的观念最为长久、最为清晰。……中国走过的路将对人类产生深远的影响。"[2]

在基辛格心目中,世界秩序成功的最终目标是"世界和平和全球和谐"。基辛格非常重视塑造世界秩序的时代因素。他认为,每个时代都有其主旋律。在中世纪,主旋律是宗教;在启蒙时期,是理性主义;在19—20世纪,是民族主义和历史观;在当代,主旋律则是科学和技术。在科学和技术进步的过程中,人类共同建立"核时代的世界秩序"。[3] 而要实现这一目标,人类需要"智慧和远见";需要有"均势加伙伴"的程序设计;需要调整教育政策;需要"一种全球性、结构性和法理化的文化"。这样看来,塑造世界秩序的任务不只是一个技术问题,在通向真正全球世界秩序的道路上,人类在取得伟大技术成就的同时,必须发扬人道主义精神,抛弃偏见,提高道德判断力。[4]

复合世界的多元秩序

复合世界的多元秩序这一观点是印度裔加拿大籍学者阿米塔·阿查亚[5]提出来的,2014年他出版《美国世纪秩序的终结》,为世界秩序新论的研究提供了一个重要新视角,他也由此声誉鹊起。2017年1月上海人民出版社出版了该书的中译本,阿查亚为中译本写了序言。《世界经济与政治》杂志2017年第6期刊登了一组专题文章,秦亚青、时殷弘等著名学者撰文对阿查亚复合世界的多元秩序的观点给予了积极的肯定。

阿查亚在该书中译本的序言中称,他并不赞成基辛格建立在维也纳会议基础上的新世界秩序的观点,他认为美国治下的单极秩序已经结束,取而

---

[1]　Henry Kissinger, *World Order*, Penguin Press, 2014, Introduction, pp.1-10.

[2]　Ibid., p.205, p.213.

[3]　Ibid., pp.330-331.

[4]　Ibid., p.373, p.360.

[5]　现为美国美利坚大学国际事务学院教授,中文名字叫安明博,曾担任2014—2015年度国际研究协会主席。笔者有幸和他三度合作,应邀在清华大学苏世民书院讲授核心课程"重大国际关系议题分析"。

代之的是复合世界(multiplex world)。阿查亚明确地指出,该书讨论的不是美国的衰落,而是美国秩序的衰落。美国秩序的终结不只是单极时刻的终结,还是美国霸权更长时期物质和规范力量的终结。[1] 在该书中,阿查亚系统地提出取代美国领导下自由主义霸权秩序的复合世界多元秩序,[2]这种新秩序是以多元行为者为主体、以多边制度为基础、以国际规范为机制、以多层次治理为领域、以全球相互依存为纽带的新世界秩序。

网络化的世界秩序

2004 年,美国普林斯顿大学安妮-玛丽-斯劳特教授出版专著《世界新秩序》,该书系统地提出了网络化的世界秩序。斯劳特自称她是从 1994 年就开始跨政府网络这一新主题研究的,而且受了基欧汉和奈两位教授有关论文和著作的启发。[3] 斯劳特认为,在信息时代,政府网络分为信息网络、执行网络和协调网络,遂形成一个跨政府的世界秩序。这将是一个分解的世界秩序、一个有效的世界秩序和一个公正的世界秩序。[4] 在一个分解的世界秩序中,主要行为者不再是统一的国家,而是国家政府机构,这是一个纵横相间密集的网络化秩序。在一个有效的世界秩序中,秩序状态并不一定令人称心如意,但它会有效地帮助处理国内问题衍生形成的全球问题。在一个公正的世界秩序中,世界新秩序难免带有乌托邦色彩,但它尽可能发挥包容、宽容、尊敬和分权的作用。[5]

在《世界新秩序》的结尾,斯劳特以她的热忱和执着写道:"世界新秩序将是这样一种世界秩序:在这里,人类的希望和绝望、犯罪和慈善、思想和理想都通过人和组织的网络传遍全球。它也将享有政府代表和管理其人民的权力。利用和增强这一权力,是一种世界新秩序的最佳希望。"[6]

综上所述,世界新秩序的不同模式,虽然错综复杂、千变万化,但同时又是彼此联系、密切相关的。有的模式之间存在着重叠成分,有的模式之间互相存在着一定的补充成分,也有的模式之间相互排斥、互不相容。然而,它

---

① 阿米塔·阿查亚:《美国世纪秩序的终结》,袁正清、肖莹莹译,上海人民出版社,2017 年,第 3 和 7 页。

② 同上书,第 13—15 页。

③ 安妮-玛丽-斯劳特:《世界新秩序》,任晓等译,复旦大学出版社 2010 年,中文版序言。

④ 同上书,第 165 页,第 131、164、212 页。

⑤ 同上书,第 164、166、212 和 213 页。

⑥ 同上书,第 261 页。

们各以其独特的视角,试图勾勒出后冷战时代世界新秩序的"地图"。

明天的世界将根据今天的模式来塑造。诚然,今天的模式和实践将影响明天的世界及其发展,但关键是什么样的"今天的模式"。记得恩格斯当年批评杜林的唯心主义世界模式时指出:"他是在笼子里谈哲学,就是说,是在黑格尔的范畴模式论的笼子里谈哲学。"① 西方秩序模式设计者们不正是在资本主义政治和经济体制的"笼子里"谈论世界秩序吗?

三、世界秩序与全球治理

与世界秩序论相伴而生的是全球治理论。在世界秩序论广受重视的同时,"全球治理成了一个意涵广泛的概念,它提供规范、规则,确立机制,规制国家行为。推动全球治理需要真正的国际化精神,促进国际社会相互依存和共同发展"。② 全球治理的目的是建立完善的国际机制,制定有效的国际秩序,实现公正的国际社会。

治理的拉丁文词意是"掌舵",意指控制引导操纵行动的方式。1955 年的《牛津英语字典》认定,治理是指"统治的行为和方式,以及被管理的状态"。据称,"全球治理"的概念最早出现于 20 世纪 90 年代初。1990 年 1 月,德国前总理威利·勃兰特与瑞典前首相英格瓦·卡尔松等 30 多位知名人士聚会,讨论冷战行将结束时国际体系发生的巨大变化,提出国际体系走向全球体系的新理念:全球治理。③ 1992 年,联合国成立的全球治理委员会发表一份文件《天涯若比邻——全球治理委员会报告》,报告指出:"治理是各种公共的或私人的、个人和机构管理共同事务的诸多方式的总和",是从国家为中心到多元中心的世界体系。同年,詹姆斯·罗斯诺从学理层面提出全球治理的新视角。他指出,世界上出现了一体化和碎片化的趋势,以国家为主体的政府治理正在向多层次治理变化,全球治理实际上是一种"没有政府的治理",这是"一个国际合作实践的新途径"。④ 1995 年,全球治理

---

① 《马克思恩格斯选集》第 3 卷,第 85 页。
② 阿米塔·阿查亚:《国际化思维推动全球治理》,《环球时报》2017 年 6 月 1 日。
③ 1991 年瑞典斯德哥尔摩全球体系和全球治理研究所报告:《关于全球安全和治理的斯德哥尔摩倡议》。
④ James Rosenau, "Governance, Order and Change in World Politics", in James Rosenau and Emst-Otto Czempiel (ed.), *Governance Without Government*, Cambridge University Press, 1992, pp.1-29.

委员会发表的《我们的全球之家》报告比较全面地提出了关于全球治理的早期概念和框架。报告写道,全球治理是处理世界共同事务的方式之总和,不仅是指政府之间的关系,而且也包括非政府机构、跨国公司、各国公民之间的关系。其原则是遵守国际规则、规范、标准、协议和程序,其目标是建立和平、稳定、安全、发展的世界秩序。全球治理的评估体系包括国际规则的透明度、完善性、适应性、政府能力、权力分配、相互依存和知识基础等要素。[①]

关于全球治理的定义,保罗·赫斯特统计有 120 多种,但主要可分为五类:(1)从经济学角度看,全球治理是现代经济增长的必要元素。(2)从国际组织角度看,它是国际社会和跨国组织的协调。(3)从企业管理角度看,它是关于跨国公司的治理。(4)从公共行政角度看,它是公共管理的新学术概念和实践。(5)从网络安全角度看,它又是关于网络合作与协调的新领域。[②]

这里,再列举一些有代表性的定义,录以备考:

▲ 全球治理是一种处理全球事务的协调和合作,是应对全球性挑战的新型国际合作机制。

▲ 全球治理是一种建立世界秩序的新组织模式和制度框架。

▲ 全球治理是关于一系列国际活动领域的管理机制,虽然没有得到正式授权,但是能发挥有效作用和功能,实现没有政府的治理。[③]

▲ 全球治理是关于国家、国际机构和非国家行为体极大地影响跨国问题的正式的或非正式的管理。[④]

▲ 从三重理论体系的视角看,现实主义注重主权国家仍是全球治理的主体,主张大国治理世界事务;自由主义注重世界体系下的治理规则,强调超越国家主权,改变传统的治理主体、对象和方式;建构主义则主张基于身份、文化、观念和价值的全球治理。[⑤]

詹姆士·罗斯诺认为,全球治理是国际关系理论与实践的核心概念之一,他为此提出六种主要的治理类型:自上而下型、自下而上型、市场治理型、网络安全型、政府组织与非政府组织并行型和结合政府、精英、社团的

---

① 参见吴志成:《西方治理理论述评》,《教学与研究》,2004 年第 6 期。
② Paul Hirst, "Debating Governance", *Democracy and Governance*, 2000, pp.13-35.
③ James Rosenau, "Governance, Order and Change in World Politics".
④ 引自笔者有关阿米塔·阿查亚在清华大学苏世民书院的授课笔记,2016 年 12 月 9 日。
⑤ 参阅朱杰进、何曜:《全球治理与三重体系的理论探述》,《国际关系研究》,2013 年第 1 期。

"默比乌斯"结构型。罗斯诺称这六种治理形态的分类法是"通向理论的一条有效途径"。①

近20年来,全球治理已经成为当代国际关系学的一个热门话题和关切的焦点,其概念从理论到实践趋于成熟。据不完全统计,关于全球治理的研究,1980年在世界主要国际关系杂志发表的文章仅30多篇,1990年只增加到40多篇,但2003年剧增至1 100篇,从1990年到2013年共计发表3 563篇。② 这方面研究的势头方兴未艾。

全球治理不是对全球化的取代,而是全球化的新阶段;它不是全球化的结束,而是全球化的新形式。全球治理研究是全球化时代最令人瞩目的领域,特别是世界进入21世纪后,它越来越受到各国学界和政府的重视。

第四节　全 球 化 新 论

一个多世纪以来,国际关系发生了从区域化到一体化到全球化的演变。全球化是其中最重要的变革性阶段。虽然全球化的苗头早已出现,但发展成为当今世界的一种强劲势头和潮流,还是最近几十年的事。

一、背景与定义

20世纪80年代至90年代世界范围内涌动着两个大潮:一个是世界市场发展的大潮,另一个是信息革命的大潮。这两个大潮孕育了全球化,特别是经济全球化的形成。"全球化"或"经济全球化"一词始于80年代在西方报刊和著作中出现,其雏形逐渐显露。冷战的结束给全球化的发展趋势以极大的推动。阎学通教授认为,信息化和冷战结束导致全球化进程的加快,信息化是全球化的加速器,资本主义市场和社会主义市场合二为一是全球化的推进器。③ 90年代起,全球化便频繁地被引用和应用。联合国秘书长

---

① 转引自詹姆士·罗斯诺:《全球新秩序中的治理》,收入王逸舟《全球政治与国际关系经典导读》,北京大学出版社,2009年,第160页和第152页。
② 臧雷根:《西方学界全球治理研究进展及其缺失》,《国际关系研究》,2013年第5期。
③ 阎学通:《国际关系分析》,第266页。

加利先生曾宣布:"世界进入了全球化时代。"

全球化,特别是经济全球化,是现代生产力发展的必然,是世界经济发展推进的结果,"是当今世界发展的客观进程,是在现代高科技的条件下经济社会化和国际化的历史新阶段"。① 国际分工、世界市场的扩大和深化为全球化提供了体制上的保障,全球信息网络化的发展为全球化提供了技术上的保证,两者构成了全球化的基本动因。尤其值得一提的是这当中全球跨国公司对全球化趋势所起的重要作用。据联合国 1997 年的投资报告和国际企业顾问公司报告,全球跨国公司如今有母公司 4.4 万个,子公司 28 万个,它们控制全球生产的比例为 1/3,控制全球贸易的比例为 2/3,掌握对外直接投资的 70%,掌握专利和技术转让的 70%,跨国收购、合并涉及的资金达 3 420 亿美元。

关于全球化的定义,人们从不同的角度作出不同的表述。但最集中的是经济全球化,其最简练的界定是各国经济的一体化,具体的说明则择录以下几种:

1. 经济全球化系指世界各国在生产、分配、消费等方面的经济活动的一体化趋势。②

2. 全球化主要表现在贸易、生产、投资、金融等领域全球性的自由流动。③

3. 经济全球化是指生产、贸易、投资、金融等经济行为在全球范围的大规模活动,是生产要素的全球配置与重组,是世界各国经济高度相互依赖和融合的表现。④ 它是经济一体化基础上的全球相互联系。

4. 经济全球化是指商品、服务、生产要素与信息的跨国界流动的规模与形式不断增加,通过国际分工,在世界市场范围内提高资源配置的效率,从而使各国间经济相互依赖程度日益加深的趋势。⑤

5. 斯坦利·霍夫曼把全球化分类为三种形态:经济全球化,指的是科技、信息、贸易、投资、商务的跨国流通;文化全球化,是指文化产品的国际流

---

① 汪道涵:"经济全球化与中国经济增长的前景展望",在达沃斯世界经济论坛上的演讲,1999 年 1 月 30 日。
② 阎学通:《国际关系分析》,第 266 页。
③ David Held and Anthony McGrew, *Global Transformation Reader — An Introduction to the Globalization Debate*, 2000, p.3.
④ 王鹤:《经济全球化与地区一体化》,《世界知识》,2000 年第 1 期。
⑤ 吴欣:《融入经济全球化潮流》,《人民日报》,2000 年 1 月 31 日。

动,强调多样化;政治全球化,则是前两种形态的产物,强调美国创造、美国优势和美国实力。[①]

6. 巴里·布赞对全球化作了生动的描述:人口快速增长,交通和通讯技术高速发展,各种国际组织广泛出现,为人们之间的各种交流互动提供极大的便利条件,使世界在时间和空间上变得越来越小了。[②]

然而,全球化不仅是经济全球化,而且也涉及政治、文化、社会、经济方面的全球化趋势。有关的定义包括:

1. 全球化是民族国家的世界体系的最后形成,是世界新格局的战略体现。

2. 全球化意指不同文化的相互渗透与融合,是不同文明的全球整合,是知识体系的全球传播。而从其进程来看,"经济互动常常是文化互动的载体"。[③]

3. 全球化是生产力和社会关系在时间与空间维度上的全球扩散。在这一过程中,"当代社会生活所有方面的全球联系得以扩展、深化和加速"。[④]

4. 全球化是人类利用高科技成果,克服自然界造成的客观限制而进行的全球信息传递和交流,是各种全球网络的构建和交织。因此,全球化是"世界范围内的相互依存的网络"。[⑤]

二、性质与特点

全球化是带有全局性的国际现象和趋势,它涉及的面相当广泛。何方曾列举了有关经济全球化的十个问题:[⑥]

1. 全球化与一体化。经济全球化就是全球经济一体化。

2. 全球化与区域化。这是矛盾的统一。

3. 全球化与民族化。这涉及全球化与国家主权的关系。随着全球化发展,带来两个趋势:主权行使受到限制和主权属性受到削弱;全球化发展和

---

① Stanley Hoffmann, "Clash of Globalizations", *Foreign Affairs*, July-August 2002.

② 巴里·布赞:《全球化与认同:世界社会是否可能?》,《浙江大学学报》(人文社会科学版),2010年第5期。

③ 同上。

④ David Held and Anthony McGrew, *Global Transformation*, 1999, p.2.

⑤ 约瑟夫·奈:《理解国际冲突》,第229页。

⑥ 何方:《有关经济全球化的十个问题》,《太平洋学报》,1998年第3期。当笔者校改书稿至此,传来何方先生于2017年10月3日去世的消息,谨以此段文字表达对何方先生的哀思和怀念。

民族化加强同时出现。

4. 全球化与市场化。市场化是全球化的基础。

5. 全球化与信息化。两者犹如"风助火势,火趁风威",互相促进,相得益彰。

6. 全球化与均衡化。全球化加剧不平衡—均衡的互动发展。

7. 全球化与贫穷化。在促进世界经济和增加社会财富的同时,全球化也导致了贫富差距的扩大。

8. 全球化与发展中国家。全球化对发展中国家提出了严峻的挑战。

9. 全球化与国际经济秩序。全球化对反对旧秩序、建立新秩序产生影响。

10. 全球化与时代特征。全球化是和平与发展的重要支柱和推动力量,和平与发展是全球化的根本前提。

以上十个问题为我们研究西方学者的全球化理论提供了一个完整的框架。在剖析全球化的性质和特点时,我们特别应该注意以下四点:

1. 全球化是一个复杂的动态过程。它是时间与空间互动的多维度过程,是参与者不平衡发展的过程,是一体化与多样性、合作与冲突共存的过程,是概念更新、范式转换的过程。

2. 全球化以政治秩序、经济秩序、安全秩序和社会秩序为依托,全球化应是有序的演变,而不是无序的推进。

3. 全球化以要求其参与者作出一定的主权让步,特别是经济主权的让步。但它不等于不要政府,不要主权国家。

4. 全球化是一把双刃剑。它并非一首田园牧歌,而是利弊兼有。这既加快世界经济的发展和科技的普及,又包含风险和挑战,使世界发展不平衡加剧,贫富悬殊拉大,南北差距拉大。有关数据表明,世界上有 13 亿人(占世界人口 1/4)每天平均收入只有一美元。1960 年,全球化之前,世界上 20％ 的富人收入是 30 倍于 20％ 的穷人,而到 1997 年,全球化处于高潮时,这一比例增至 74 倍。国外舆论也承认:"在进入新世纪的时候,全球化是一把双刃剑。它是加快经济增长速度,传播新技术和提高富国与穷国生活水平的有效途径,但也是一个侵犯国家主权、侵蚀当地文化和传统、威胁经济和社会稳定的一个有很大争议的过程。"①肯尼思·华尔兹认为:"还不能说

---

① 《全球化的利弊》,见《国际先驱论坛报》,2000 年 1 月 4 日。

全球化是真正的全球性的,但其过程是不可避免的。"①亨利·基辛格指出:
"全球化对美国是好事,对其他国家是坏事,因为它加深了贫富之间的鸿
沟。"②斯坦利·霍夫曼也认为,全球化的局限性是明显的,因为它"排斥穷国
和不同发展道路的国家"。③ 这就是为什么在全球化进程中会如影随形地出
现反全球化运动和逆全球化思潮的主要原因吧。沃伦·贝罗 2011 年出版
的《逆全球化》也正是在这背景下才有了一定的市场。

2006 年,艾力克斯·麦克吉利弗莱就全球化提出 5 个值得思考的问题:

1. 在什么程度上全球化历史区别于世界历史?

2. 全球化真的是一种分析和引领世界的新视角,还是单纯关于帝国主
义、殖民主义、现代主义和资本主义的新词句?

3. 全球化的背后是谁在操纵? 它果真是一种美国现象吗?

4. 全球化的进程如何? 它会达到一个临界点吗? 什么时候会达到?

5. 全球化是好事还是坏事? 谁是赢家? 谁是输家?④

三、主要观点

90 年代中期,全球化成了西方国际关系理论的一个热门话题(a buzz
word),成为国际问题研究的一个核心概念,同时也变成一个争论焦点。一
些有影响的学者提出了以下几种主要观点:

1. 詹姆斯·罗斯诺的"全球化动力说"。1996 年,罗斯诺发表一篇重要
论文,题为《全球化的动力》。⑤ 文中,他列举了几种全球化的同义表述:世
界社会、国际化、普遍性、全球主义(globalism)、全球性(globality)。但全球
化最显动态,体现一种强劲的动力。罗斯诺认为,全球化的动力来自"条件、
利益和市场"的扩散;这些跨国扩散的内容包括六个方面:(1) 人们的活动。
(2) 商品与服务。(3) 观念与信息。(4) 资本与金融。(5) 机构的运作。
(6) 行为的模式与实践。他还认为,全球化是对地域化(localization)的超
越。地域化是国界的限制,全球化则是国界的扩展;地域化意指分权、分散

---

① Kenneth Waltz, "Globalization and American Power", *National Interest*, Spring 2000.

② 亨利·基辛格:《全球化和美国霸权》,《新德意志报》,2000 年 7 月 22 日。

③ Stanley Hoffmann, "Clash of Globalizations".

④ Alex MacGillivray, *A Brief History of Globalization*, Caroll Graf Publishers, NY, 2006, p.3.

⑤ James Rosenau, "Dynamics of Globalization: Toward an Operational Formulation", *Security
Dialogue*, Sptember 1996.

和分解,而全球化意指集权、一致性和一体化。此外,罗斯诺概括出推动全球化的四种基本途径:(1)通过双向的对话和沟通机制;(2)通过大众媒介的变革性影响;(3)通过榜样的力量和效仿的过程;(4)通过机构和制度的同质化。而同质化往往又是沟通、媒介、榜样的互动的结果。罗斯诺强调,从长远来看,全球化的动力必然会持续下去,要做到这一点,关键是逐步形成全球化运作的规范。

2. 赛约姆·布朗的"世界政体论"。1996年,赛约姆·布朗的《变化中全球体系的国际关系》一书经修改后出了第三版。布朗认为,世界政体论(theory of world polity)不同于国际政治理论,它是人们摆脱国际关系中主要困境的需要。世界政体可界定为"处理和解决冲突、制定和实施规则的全球的结构和过程模式"或"关于强制性的社会关系体系的世界结构"。① 如果说,全球化是对地域化的超越,那么,世界政体就是对民族国家体系的超越。世界政体是全球化的重要体现,它所涉及的全球问题包括:从无政府状态到世界有序的治理、国际合作、战争与合作、财富与贫困、生态以及人权。

3. 托马斯·弗里曼的"全球化体系论"。1999年,在西方学术界发生了一场关于全球化问题的颇有意思的争论。争论是由美国《纽约时报》外交事务专栏作家托马斯·弗里曼的一本书引起的。弗里曼生于1953年,毕业于美国布兰代斯大学和英国牛津大学。此书的书名叫《凌志车与橄榄树——理解全球化》,凌志车是日本丰田汽车制造公司生产的一种高级轿车品牌,代表全球化体系,而橄榄树则意指古老的文化、地理、传统和社会的力量。凌志车与橄榄树表述的就是两者之间紧张的矛盾关系。

弗里曼指出,当今世界已经进入了全球化时代,从这个意义说,"世界刚刚满十岁。"他认为,全球化并非一种选择,而是一种现实。全球化不仅仅是一个现象、一个潮流,更重要的是,它代表了取代冷战体系的一种新的国际体系。弗里曼将全球化界定为"超越国界的资本、技术和信息的整合"。它正在创造一个单一的全球市场,从而在某种程度上,也在构建一个地球村。全球化也涉及"市场、技术和国家的一体化",它"使个人、公司和国家能更进一步、更快、更深入、更有效地接近世界"。② 在弗里曼的眼里,全球化就是自

---

① Seyom Brown, *International Relations in a Changing Global System*, Westview Press, 1996, p.5 and p.7.

② Thomas Friedman, *The Lexus and the Olive Tree-Understanding Globalization*, Farrar Straus Giroux, 1999, pp.7-8.

由化、市场化和资本主义化。

该书的有趣部分是冷战与全球化的比较。弗里曼认为：（1）如果冷战是一种竞技，那么它可能就是一场柔道比赛；如果全球化是一种竞技，那么它可能是一场百米赛跑。（2）冷战的最大忧患是担心被你非常了解的敌人所消灭，而全球化的最大忧患是担心你看不见、摸不着的"敌人"的飞速变化——你的生活随时都可能被经济和技术力量所改变。（3）冷战体系的文本是条约，全球化的文本是交易。（4）冷战的标志是一道墙，将人们分隔开来；全球化的标志是世界网页，将人们联系起来。（5）冷战期间，人们依靠白宫和克里姆林宫之间的热线联系，因为尽管当时世界被分裂为两大阵营，但至少两个超级大国在负责任；在全球化时代，人们依托因特网，每个人都彼此联系着，没有人专门在负责任。（6）在冷战时，提得最多的问题是"你的导弹有多大？"；而全球化时代提得最多的问题是"你的电脑调制解调器速度多快？"

同年，《外交政策》的秋季号以《全球化的双重性：托马斯·弗里曼和伊格纳西奥·拉蒙内特之间的辩论》为题，分别发表了两人的争论文章。[①] 弗里曼在"重新定义后冷战时代：全球化辨析"一文中进一步阐明了他关于全球化的观点。他认为，"后冷战世界已经终结……一种新的国际体系现已明确地取代了冷战体系，这就是全球化……全球化不只是一种经济趋向，也不只是一种时尚。和所有旧的国际体系一样，它直接或间接地改变着差不多所有国家的国内政治、经济政策与外交政策。"他指出，全球化体系是建立在三个相互重叠、相互影响的平衡基础上的：民族国家间的传统平衡；民族国家与全球市场间的关键平衡；个人与民族国家间的协调平衡。弗里曼指出，世界应该学会与全球化"平衡共存"。他的结论是："我视全球化为现实，意思是首先理解全球化，然后研究如何从全球化中获得好处，并兴利避害。这就是我的政治学。"

争论的另一面是法国《世界外交》杂志的编辑伊格纳西奥·拉蒙内特。他认为，弗里曼关于冷战体系与全球化的两分法是一种"令人厌烦的简化式"，冷战与全球化成为时代的主导并不能说明它们是两种体系。他还提出，弗里曼未能观察到全球化反而强化了世界上两个相互矛盾的动力源：

---

① 见 "Dueling Globalizations—A Debate Between Thomas Friedman and Ignacio Romonet", *Foreign Policy*，Fall 1999。

融和与分裂。此外,弗里曼也未能看到全球化会导致社会不公正现象的增加,贫富的悬殊和公共事务状况的恶化。他说:"如果我们估算当今世界的全球化进程的话,情况将会如何? 贫困、文盲、暴力与疾病与日俱增。最富有的1/5的世界人口仅拥有0.5%的资源。在59亿世界人口中,至少有5亿人生活舒适而45亿人却一贫如洗。即使在欧盟国家,有1 600万人失业,5 000万人生活在贫困之中。全球358位富豪(拥有10亿美元以上)的总财富占全球45%或等于26亿最贫穷人口的年收入总和。这就是危险的经济全球化世界。"

拉蒙内特反对弗里曼提出的"全球化即是美国化的扩展"观点,对弗里曼的"政治是经济的结果,经济是金融,金融即是市场"的观点提出异议。他认为,弗里曼为代表的全球化支持者将"一切权力居于市场"变为一种教条式的主张,因此弗里曼的全球化说教"便成了一种新的极权主义"。这点出了他的文章题目的本意。

2005年,托马斯·弗里曼发表另一部题为《世界是平的:21世纪简史》的著作,进一步阐述了他的全球化观点,他提出了新三段论:关于国家主体融合的"全球化1.0",关于公司主体融合的"全球化2.0"和关于个人主体融合的"全球化3.0"。有些学者包括反全球化的学者也发声了,看来,这场争论还在继续下去。

4. 肯尼思·华尔兹的"全球化治理论"。以结构现实主义蜚声于世的肯尼思·华尔兹这几年也开始关注全球化问题。他在1999年12月的《政治科学与政治》杂志上发表了题为《全球化与治理》的文章,该文是在他所作的"詹姆斯·麦迪逊讲座"基础上整理而成的。华尔兹关于全球化的基本观点是:[1]

(1) 全球化是90年代涌动的趋势,它渊源于美国,"自由市场、透明度和创新性成了主要口号。"

(2) 全球化不是一种选择,它是一种现实。

(3) 全球化是由市场,而不是由政府造成。

(4) 全球化意指同质化,即价格、产品、工资、财富、利润趋于接近或一致。

(5) 全球化也意指跨国发展条件的相近或一致。

---

[1] Kenneth Waltz, "Globalization and Governance", *Political Science and Politics*, December 1999.

（6）全球化不仅仅是一种现实的反映，而且也是一种未来的预测。

（7）全球化实际上并不是完全"全球的"，它主要是指地球南北关系中的北方，可悲的是，南方与北方的差异依然很大。

（8）20世纪是民族国家的世纪，21世纪也是。这是全球化条件下治理的出发点。

（9）过去的时代里，是"强者消灭弱者"，弱肉强食；现在的经济全球化时代里，"快者为王，慢者为败"，败者遭殃。

（10）在全球化条件下进行治理，相互依存再次与和平联系在一起，而和平又日益与民主联系在一起。

5. 罗伯特·基欧汉和约瑟夫·奈的"全球化比较观"。1977年，基欧汉和奈合著出版《权力与相互依存》一书，成为政治现实主义与新自由主义承上启下的一本重要专著，10年后再版，加了"再论权力与相互依存"的序，产生很大的影响。这些情况在第四章里已有介绍。2000年，该书的第三版又由朗门出版社出版。两位作者对原书作了修改，特别引人注目的是加了全球化的内容。《外交政策》2000年春季号刊登了第三版的部分章节，题为"全球化：什么是新的？什么不是新的"，①对全球化与相互依存作了精彩的比较。

基欧汉和奈认为，全球化在20世纪90年代成为热门话题，正如相互依存在70年代成为热门话题一样。但全球化所涉及的现象已完全不同。那么，相互依存和全球化是不是描述同一事物的两个概念呢？有没有新的内容呢？

（1）他俩指出，这两个词不是同一概念。相互依存意指一种条件，一种状态，它可以增强，也可减弱。而全球化仅指事物的增长和增强。因此，在讨论定义时常常从"全球主义"（globalism）开始，而不是从"全球化"（globalization）开始，因为全球主义可指增强或减弱，而全球化只说明全球主义的增强。全球化是全球主义的一种特殊形态。

（2）相互依存适用以不同国家之间互动为特征的种种情况，全球主义则是一种反映全球相互依存网络的世界状态，因此，它实质上是一种相互依存。

---

① Robert Keohane, and Joseph Joseph Nye, "Globalization: What's New? What's Not?", *Foreign Policy*, Spring 2000.

（3）相互依存和全球主义均体现多方位的现象，与相互依存一样，全球主义或全球化呈现为以下同等重要的形式：经济全球主义、军事全球主义、环境全球主义、社会与文化全球主义。

（4）用全球化或全球主义的话来说，复合相互依存即是：经济、环境和社会全球化或全球主义的水准提高了，军事全球化或全球主义的水准降低了。

（5）参与复合相互依存"并不意味着政治的结束"，相反，权力依然重要。在全球化的条件下，政治反映了经济、社会、环境的非对称发展，这一情况不仅发生在国家之间，而且也发生在非国家行为者之间，复合相互依存"不是对世界的描述，而是一种从现实抽象出来的理想式的概念"。

6. 詹姆斯·密特曼的"全球化综合观"。美利坚大学国际事务学院教授詹姆斯·密特曼自1996年以来先后出版了七本关于全球化的专著或编著：《全球化：批判的反思》(1996)、《全球化、和平与冲突》(1997)、《全球化的未来》(1999)、《全球化综合观——变革与阻挡》(2000)、《抓住全球化》(2001)、《全球化向何处去？——知识和思想的旋涡》(2004)和《争议全球秩序》(2011)。像这样几乎每年写一本关于全球化的书的学者实属少见，反映了密特曼教授对全球化问题孜孜不倦的探索精神。2000年6月，复旦大学美国研究中心邀请他来讲学，他的这种精神再次给我们留下了深刻的印象。

密特曼认为，如今，我们生活在全球化加速发展的时代，全球化已成为了一个热门话题。这首先反映在各种不同的对全球化定义的综合表述上。典型的表述有：

其一，全球化代表一个历史阶段，它不断地排除人们及其观念自由流动的障碍，把许多不同的社会融入一个体系。[1]

其二，全球化实际上即是全球政治经济一体化的商品化形式的深化，一种"市场乌托邦"。

其三，全球化是不同的跨国过程和国内结构的结合，导致一国的经济、政治、文化和思想向别国渗透。全球化是"一种市场导向、政策取向的过程"。[2]

[1]　James Mittelman, *Globalization: Critical Reflections*, Lynne Rienner Publishers, 1996, p.230.
[2]　Ibid., p.3.

其四,全球化是减少国家间隔阂,增加经济、政治、社会互动的过程,反映为相互联系、相互依存的不断加强。①

其五,全球化强调时间和空间的压缩,时间和空间的旧模型开始改变,直接推动世界范围内社会关系的强化。

最后,密特曼强调,他的全球化核心观点是认为,"全球化不是单一的统合现象,而是过程和活动的综合化"。"综合观"这个词意指全球化的多层面分析——经济、政治、社会和文化的综合分析,全球化是在全球政治经济框架内人类活动环境特征的最高模式。② 密特曼的独到之处,是他关于"全球化本体论"(the ontology of globalization)的分析。他认为,从根本上来说,全球化是"世界范围内的互动体系"。③ 就其本质即是全球政治经济一体化的趋势。全球化涉及宏观区域、次区域、微观区域,市民社会对这一趋势的积极的或消极的反应,同样地,它也反映了其对上述区域和社会的正面的或反面的影响。密特曼还提示人们要注意全球化的"霸权思想意识"(the hegemonic ideology of globalization),④这应是有见地的看法。

密特曼称,为了写作《全球化综合观》一书,他曾访问了许多亚洲国家,进行了100多次独家采访。他指出,迄今为止,大部分关于全球化的著作是基于西方国家的经验,而他的探究结果主要来自非西方国家。这确实是难能可贵的。他强调,全球化是一个历史过程。人类已经初创了全球化,随着客观形势的变化,人类也必然会再创全球化。

以上介绍了近几年来西方关于全球化问题的六种主要论点与看法。从中可见,全球化是世界历史发展到一定阶段的一种趋势,全球化新论则是对这一趋势的最新的理论分析。毋庸置疑的是,大部分西方全球化新论均带有明显的"西方中心论"或"美国中心论"。一个突出的例子是托马斯·弗里曼在《凌志车与橄榄树——理解全球化》一书提出的五个"加油站"比喻:日本的、美国的、西欧的、发展中国家的、共产党国家的。其中美国的"加油站"最好,油价低、自助式。全球的车辆到后来都到美国"加油站"加油了,因此,

---

① James Mittelnam, *The Globalization Syndrome: Transformation and Resistance*, Princeton University Press, 2000, p.5.

② Ibid., p.4.

③ Ibid., p.9.

④ Ibid., p.29.

全球化就是美国"加油站"遍布全世界。在作者眼里,全球化即是美国化。对此,连美国的学者也看得很清楚。就有学者尖锐地指出,全球化"不仅增加财富,还扩展民主","美国政府战略的核心是全球化概念",全球化已经成为美国世界领导作用的"同义词"。①

---

① Andrew Bacevich, "Policing Utopia—the Military Imperatives of Globalization", *The National Interest*, Summer 1999.

第十章　国际关系理论研究在中国

政治学、法学、社会学，以及世界政治的研究，我们过去多年忽视了，现在也需要赶快补课。

——邓小平：《坚持四项基本原则》

当思维从具体的东西上升到抽象的东西时，它不是离开——如果它是正确的——真理，而是接近真理。

——列宁：《黑格尔〈逻辑学〉一书摘要》

在理论方面还有很多工作需要做……只有清晰的理论分析才能在错综复杂的事实中指明正确的道路。

——恩格斯：《致康·施米特》

理论在一个国家的实现程度，决定于理论满足这个国家的需要程度。

——马克思：《〈黑格尔法哲学批判〉导言》

第一节　简要的历史回顾

在中国,国际关系理论研究作为一门独立学科,开始形成于 20 世纪 80 年代初。邓小平同志曾说过:"政治学、法学、社会学,以及世界政治的研究,我们过去多年忽视了,现在也需要赶快补课。"①他还特别提出,要加强"世界政治研究"。② 在学科起步晚于别人,研究水平落后于别人的情况下,我国学者奋起直追、努力探索。在过去的 30 多年时间里,我们补了不少课,成绩斐然。不仅有许多文章、专著、译著问世,而且在大学和研究机构开设了这方面的课程,开展有关的研究,召开国际和国内学术讨论会。当代国际关系研究已经成为我国社会科学的一个十分活跃、大有作为的领域。

自 20 世纪 80 年代初以来,我国国际关系理论研究大致经历了三个阶段:

1. 恢复期(1978—1987 年)。20 世纪 80 年代以前,中国国际关系理论研究几乎是一片空白。以十一届三中全会为标志的新形势,为国际关系研究的建立和发展创造了条件。从此,中国国际关系理论研究悄然兴起,1980 年,在中国国际关系史研究会成立大会上,金应忠发表了《试论国际关系学的研究任务、对象和范围》论文,发出了中国国际关系理论研究的先声。其他主要表现有:

(1) 开始介绍西方国际关系理论。最早介绍西方国际关系理论的文章是陈乐民的《当代西方国际关系理论简介》;③最早介绍西方国际关系理论的著作是陈汉民的《在国际舞台上》;接着,倪世雄和金应忠推出了《当代美国国际关系流派文选》。最先翻译的两本国际关系理论专著分别是詹姆斯·多尔蒂和罗伯特·法尔兹格拉夫的《争论中的国际关系理论》和威廉·奥尔森等人的《国际关系理论与实践》。重点介绍西方国际关系理论,成为这一阶段我国国际关系理论研究的显著特点。

(2) 自 1984 年,一批复刊或增设的学术杂志开辟专栏,为国际关系理

---

① 《邓小平文选》第 2 卷,人民出版社,1994 年,第 167 页。
② 同上书,第 180—181 页。
③ 陈乐民:《当代西方国际关系理论简介》,《国际问题研究》,1981 年第 2 期。

论研究提供论坛。具有代表性的是《国外社会科学》《国外政治学》《国际问题研究》《现代国际关系》《世界经济与政治》《政治学研究》《美国研究》《欧洲》《国际展望》《国际观察》《社会科学》《社会科学和社会科学文摘》《战略与管理》《太平洋学报》等。一些大学学报也刊登国际关系理论研究文章。据粗略统计,在此阶段,国内杂志上发表的国际关系理论论文和译文共 60 多篇。①

(3) 80 年代以后,国际关系理论进入大学课堂,如:北京大学、复旦大学、南京大学、人民大学、外交学院、南开大学及几所军队和地方的外语学院等。所设课程与国外的国际关系理论课程逐渐接轨,一些重点大学的国际关系理论专业开始培养研究生。

2. 初创期(1987—2000 年)。在这一阶段,介绍西方国际关系理论与创立中国国际关系理论相结合的最初努力,使国际关系理论研究在我国又取得了可喜的进展:

(1) 1987 年 8 月在上海召开了第一次国际关系理论讨论会,汪道涵同志致词,宦乡同志作主题报告。宦乡同志提出了有关国际关系理论研究的七个重要问题:国际关系理论已成为一门跨学科的交叉性综合学科;它应重视对人的作用的研究;它还应重视信息作用的研究;它要为实际服务,指导今后的行为;它要从苏联和西方国家的国际关系学中吸取我们所需的营养;它需研究我国外交的历史经验,以及它还需要研究国际关系的对象、框架和任务。② 这次会议总结了 80 年代初至 1987 年我国引进、介绍西方国际关系理论的成果,就重大国际问题举行了深入讨论,并提出了创建我国国际关系理论的任务。这次会议对我国国际问题研究的发展产生了积极的影响。以后,1993 年 8 月在山东烟台召开了"国际问题务虚会",这是又一次重要的研讨国际关系理论的会议。务虚会以邓小平同志南巡讲话为指导,遵循理论与实践相结合的原则,更高层地探讨了冷战后国际关系的变化及建设具有中国特色的国际关系理论的初步框架。

此外,在发展国际交流与合作过程中,还成功地举办了两次有关的国际学术讨论会。一次是 1991 年 6 月在北京举办的"跨世纪的挑战——中国国际关系学科的发展"国际讨论会,会议着重围绕三个问题开展了热烈的讨

---

① 《全国报刊索引》,1980—1987 年,哲社版,上海图书馆。

② 上海市国际关系学会编:《国际关系理论初探》,上海教育出版社,1991 年,第 2—7 页。

论：当前时代的特征，国际关系的基本概念与新问题，中国国际关系理论发展的问题。另一次是 1994 年 11 月在北京召开的"面向 21 世纪的中国与世界"国际学术讨论会，来自全国各地的与会者和国外学者一起就冷战后国际关系的格局、特征以及国际关系理论建设问题广泛交换了意见。这两次国际会议对扩大中国国际关系学在世界上的影响，促进我国国际关系理论界的对外交流合作起到了积极的作用。

（2）我国学者推出了一批新的国际关系理论学术著作、文章和译著。如张季良的《国际关系学概论》、倪世雄、冯绍雷和金应忠的《世纪风云的产儿：当代国际关系理论》和倪世雄的《冲突与合作——现代西方国际关系理论评介》、李义虎的《均势演变与核时代》、潘光的《当代国际危机研究》、金应忠和倪世雄的《国际关系理论比较研究》、杜枚的《转变中的世界格局》、白希的《现代国际关系学导论》、杨公素的《外交理论与实践》、梁守德的《国际政治论集》、袁明的《中国国际关系学科的发展》、蔡拓的《当代全球问题》、陈忠经的《国际战略问题》、王逸舟的《当代国际政治析论》和《西方国际政治学：历史与理论》、资中筠的《国际政治理论探索在中国》和《冷眼向洋——百年风云启示录》、秦亚青的《霸权体系和国际冲突》、王正毅的《边缘地带发展战略》、刘靖华的《霸权的兴衰》、阎学通的《中国国家利益分析》、俞正梁的《当代国际关系学导论》、颜声毅的《当代国际关系》、宋新宁、陈岳的《国际政治经济学概论》等。

1986 年初，以王建伟、林至敏、赵玉梁的《努力创建我国自己的国际关系理论体系》一文为开端，关于这方面的一系列文章相继发表，形成一股强劲的势头，进一步探索建设中国的国际关系理论体系。[①] 王建伟等人的文章提出十个问题：对国际社会基本性质的认识问题，国际关系发展的动力问题，国际冲突的根源和性质问题，国际关系中力量对比问题，内政与外交相互关系问题，国家对外政策目标问题，外交政策的决策问题，外交艺术的理论化问题，民族主义与国际主义问题，对战后发达国家对外政策的评价问题。这十个问题构成一个较为完整的国际关系理论的研究框架，在学术界

[①]　王建伟、林至敏、赵玉梁：《努力创建我国自己的国际关系理论体系》，《世界经济与政治内参》，1986 年第 9 期；林至敏：《论国际关系理论研究的两个优先课题》，《世界经济与政治内参》，1988 年第 8 期；石林：《关于创建国际关系理论体系的几点看法》，《世界经济与政治内参》，1989 年第 5 期；薛龙根：《国际政治的概念、研究对象和特点》，《世界经济与政治内参》，1989 年第 11 期；李石生：《马列主义对国际关系理论的贡献与发展》，《外交学院学报》，1992 年第 1 期。李石生：《关于创建国际关系理论体系的基本构想》；袁明：《西方国际关系研究在中国：回顾与思考》；章亚航：《如何建立我国的国际政治学》，均见《国际政治论集》，梁守德主编，北京出版社，1992 年。

产生积极的影响。

（3）继续介绍西方国际关系理论。在已翻译出版的有关西方国际关系理论的学术专著中，有相当一部分是在此阶段出版的，如斯坦利·霍夫曼的《当代国际关系理论》、肯尼思·华尔兹的《人、国家与战争》、汉斯·摩根索的《国家间政治》、莫顿·卡普兰的《国际政治的系统和过程》、罗伯特·基欧汉和约瑟夫·奈的《权力与相互依赖》及卡尔·多伊奇的《国际关系分析》等。

3. 发展期（2000年至今）。在这一阶段，中国的改革开放深入发展。与此同时，国际关系理论研究重点开始转向探索建立中国的国际关系理论，研究核心内容为冷战后国际关系的变化和研究21世纪面临的挑战。当然，跟踪研究冷战后西方国际关系理论仍然是一项重要任务。

（1）在学术探索和交流中产生了丰硕的成果。这一时期，中国国际关系理论领域出现了繁荣活跃的局面。王逸舟主编的《中国国际关系研究（1995—2005）》第一次全景式地呈现出中国国际关系学科在当代发展的主体影像。①

据上海人民出版社、浙江人民出版社、北京大学出版社、世界知识出版社和中国人民公安大学出版社五家出版社统计，1978—1990年，仅中国人民公安大学出版社出版了2部国际关系研究的专著，1991—2000年各社出版了10部，而2001—2007年骤增至74部，其中上海人民出版社和北京大学出版社分别出版了25部和28部。之后，又有一批力作问世。具有代表性的著作有：王缉思的《国际的理性思考》、阎学通的《国际关系分析》和阎学通与孙学峰的《国际关系研究实用方法》、秦亚青的《权力·制度·文化：国际关系理论与方法研究文集》和《国际关系理论：反思与重构》、王逸舟的《中国国际关系研究（1995—2005）》、王正毅的《世界体系与国家兴衰》和《国际政治经济学通论》、蔡拓的《国际关系学》和《全球学导论》、赵可金与倪世雄的《中国国际关系理论》、许嘉的《美国国际关系理论研究》和《"英国学派"国际关系理论研究》、李少军的《国际政治学概论》、楚树龙的《国际关系基本理论》、周敏凯的《国际政治学新论》、高尚涛的《国际关系理论基础》、戴德铮的《国际政治学要论》、任晓的《国际关系理论新视野》、张小明的《国际关系英国学派——历史、理论与中国观》、陈家刚的《全球治理：概念与理论》等。这时期，《世界经济与政治》《欧洲研究》《外交评论》《国际观察》和《现代国际

---

① 段霞主编：《新中国60年·学界回眸——国际关系学发展卷》，北京出版社，2011年，第158页。

关系》五家学术杂志共发表论文 713 篇,平均每年 101.9 篇,而从 1978 年到 1990 年仅发表 80 篇,平均一年约 6 篇。①

在这一时期,国际关系理论研讨会的举办越来越频繁,越来越活跃;研讨会的水平越来越高,影响也越来越大。以下主要以上海的会议为例: 2004 年 4 月 15—17 日,中国国际关系学会与青岛大学法学院举办"中国国际关系理论建设研讨会",会后汇集了 21 篇论文,出版了《中国国际关系理论研究》论文集。与会者指出,"中国国际关系理论是发展型和开放型的", 它的"内涵非常丰富,任务极其艰巨"。② 同年 12 月 10—11 日,上海交通大学国际与公共事务学院举办"构建中国理论　创建中国学派"研讨会,会后由天津人民出版社出版文集《国际关系:呼唤中国理论》。2008 年 12 月 13 日,上海市国际关系学会和上海交通大学国际与公共事务学院联合举办"改革开放 30 年　中国国际关系理论发展"学术讨论会,围绕三个主题进行深入的讨论:马克思主义与中国国际关系理论的发展,西方国际关系理论的借鉴和反思,中国国际关系理论的发展前景。2009 年 6 月,复旦大学国际关系与公共事务学院举办"国际关系研究的创新与发展"研讨会,探索国际关系新理论、新领域、新方法,探求国际关系研究的中国主体性和理论自觉性。2011 年 12 月 16 日,复旦大学国际关系与公共事务学院召开"中国国际关系的理论自觉与中国学派"学术讨论会,秦亚青、杨洁勉和时殷弘作主旨演讲,笔者也在会上作了题为"国际关系理论研究的中国化之路"的发言。 2012 年 7 月 18—19 日,上海市国际关系学会召开了迎接党的十八大的学术讨论会:"构建中国国际关系理论体系研讨会",会议邀请梁守德作主题演讲,由杨洁勉作总结发言。次年,上海人民出版社出版了会议文集《构建中国国际关系理论体系——纪念"上海 1987 年国际关系理论讨论会"25 周年论文集》。文集提出了国际关系理论中的中国元素和中国特色国际关系理论体系转入建设阶段的两个重要判断。杨洁勉还赋诗一首:"入世应对挑战,出世建构理论;个人各务本业,群体同建体系;克服浮躁情绪,提倡钻研精神;超越项目束缚,增强课题意识。"2013 年 6 月 23 日,上海市国际关系学会和上海外国语大学国际关系与外交事务研究院共同举办"中国国际关系理论前沿思考"研讨会,会议的议程既前沿又有创意:国际关系中的利益观

---

① 秦文:《中国国际关系理论研究的进步与问题》,《世界经济与政治》,2008 年第 11 期。
② 傅耀祖、顾关福(主编):《中国国际关系理论研究》,时事出版社,2015 年,前言第 2 页。

和价值观重构,国际关系理论的原生性问题,中国参与全球治理理论的构建。2017 年 6 月 24—25 日,由中国国际关系学会、上海市国际关系学会、复旦大学国际问题研究院、上海外国语大学主办了上海国际关系理论研讨会30 周年纪念会——"中国国际关系理论创新与中国特色大国外交"研讨会,会议秉承西学东渐、中西结合、自主创新三原则,努力做到三创新:创新国际关系基本理论、创新新兴国家与守成国家相互关系理论、创新全球治理理论。在会议上,秦亚青说:"30 年来,中国学者在国际关系理论领域走出了一条博学广纳、借鉴批判、融会贯通、理论创新的发展道路。"杨洁勉说:"展望未来,更是任重道远。中国特色国际关系理论建设,不仅是筚路蓝缕,而且更是一项长期的系统工程。"他俩的话语道出了大家共同的心声。

(2) 在广泛研究中逐渐形成一些亮点。今天中国国际关系理论研究的视角之广是以往任何历史时期所不能相比的。研究涉及的专题有:时代特征、当代主要矛盾、国际格局、国际战略、国际秩序、国际体系、全球环境、全球治理、战争与和平、国家利益、国家安全、集体安全、南北关系、科技与国际关系、意识形态与国际关系、人权理论、主权问题、霸权研究、危机管理、国际冲突、文化与外交、国家实力、跨国公司与国际关系、民族主义、外交决策、相互依存、国际经济与政治关系、地缘政治研究等等,不仅研究著述的数量多且质量高。并且,已经开始在个别研究专题方面,如人权理论、全球治理、和平发展、和谐世界、世界格局、国际战略和国家利益分析上显示了较强的实力。以全球治理研究为例。全球治理是全球化发展和世界秩序推进的必然。中国学者在进入新世纪之初就开始对全球治理问题给予关注,俞正樑、陈玉刚、吴志成较早在《教学与研究》2004 年第 6 期发表介绍性文章《西方治理理论述评》。接着,俞正樑、陈玉刚在《世界经济与政治》2005 年第 2 期发表研究性文章《全球共治理念初探》,白云真在《教学与研究》2007 年第 4 期发表概述性文章《全球治理问题研究的回顾与前瞻》。2012 年和 2013 年,全球治理研究在中国国际关系学术界形成了一个小高潮。[①] 2014 年后,

---

① 这两年发表的若干全球治理的文章主要有:《国际观察》,2012 年第 1 期刊出专栏,发表了 4 篇主题文章,包括刘贞烨的《全球治理变革与全球学学科建设》和陈玉刚的《全球关系与全球研究》;徐进、刘畅:《中国学者关于全球治理的研究》,《国际政治科学》,2013 年第 1 期;朱杰进、何曜:《全球治理与三重体系的理论探述》,《国际问题研究》,2013 年第 1 期;汤伟:《全球治理的新变化:从国际体系向全球体系的过渡》,《国际问题研究》,2013 年第 4 期;臧雷根:《西方学界全球治理研究的进展及其缺失》,《国际问题研究》,2013 年第 5 期;蔡拓:《全球学:概念、范畴、方法与科学定位》,《国际政治研究》,2013 年第 3 期等。

全球治理研究在中国厚积薄发,势不可挡,出现了一个大高潮。除了华东政法大学和复旦大学分别发表《国家参与全球治理指数》和《全球治理体系的改进和升级》的年度报告之外,还问世了一批重要论文和专著,如:陈志敏发表在《中国社会科学》2016 年第 6 期的论文:《国家治理、全球治理与世界秩序建构》;蔡拓的《全球学导读》(2015 年),蔡拓、杨雪冬和吴志成的《全球治理概况》(2016 年),陈家刚的《全球治理:概念与理论》(2017 年)。近 10 年来,国内大学国际关系院系、社会科学院及有关国际问题研究单位和协同研究基地先后举办了许多场关于全球治理的研讨会,有的还成立了相应的研究机构。2009 年 12 月 22 日,上海社会科学院世界经济研究所举办"全球治理与中国责任"学术讨论会,提出全球治理的必然性、重要性、战略性、创新性和时代性。2010 年上海大学成立全球学中心,2012 年 6 月举办第四届国际全球学合作团队年会暨首届中国全球学论坛。2012 年 3 月 16—17 日,北京大学国际关系学院举行全球治理研究中心成立仪式暨"全球治理:理论与实践"研讨会,笔者不仅与会,而且还和王缉思、曲星、阎学通、朱云汉、魏建国、于鸿君等被聘为该中心的顾问。会议也开得生动深入,从五个方面探讨了全球治理的逻辑、全球治理与国际安全、全球治理与经济发展、全球治理与全球问题、全球治理与中国选择。2015 年 11 月 12 日,上海市国际关系学会和华东政法大学政治学研究院联合召开"一带一路倡议与全球治理"研讨会,认为"一带一路"为全球治理理论提出了新视角,为全球治理实践提供了新平台。2015 年 12 月 12—13 日,华中科技大学国家治理研究院和中国世界和平基金会合办"全球治理与国家责任"国际研讨会,《中国社会科学报》2016 年 1 月 5 日作了专题报道。2016 年 10 月 23 日,北京大学国际战略研究院和国际关系学院举办了第三届"北阁对话",专题讨论"全球治理理论的不同视角"。2017 年 7 月 2 日,上海国际问题研究院与上海财经大学成立"上海国际组织与全球治理研究院",将重点研究各国在世界秩序和国际体系中的制度性安排、地位和作用,以及全球治理的规则和方向。2017 年 7 月 8 日,吉林大学主办"第五届全球学和全球治理论坛",来自全国各地的 40 多位代表参加,主题为"全球化困境下的国家治理和全球治理",蔡拓和杨雪冬作了主旨发言。可见,近 10 年来,全球治理研究在中国已成为一个热点问题,研究高潮迭起,成果丰硕。但是最值得点赞的是,以习近平为核心的党中央对全球治理的高度重视。中共中央政治局在 2015 年和 2016 年安排了两次关于全球治理的集体学习,这在中央高层的学习安排中是少见的。

2015 年 10 月 12 日,中央政治局就全球治理格局和全球治理体制主题进行第 27 次集体学习。习近平指出,国际社会普遍认为,全球治理体制变革处在历史转折点上。加强全球治理,推进全球治理体制变革已是大势所趋。他特别强调要加强对全球治理的理论研究,高度重视全球治理方面的人才培养。[1] 2016 年 9 月 27 日,中央政治局就 20 国集团领导人北京峰会和全球治理体系变革进行第 35 次集体学习。习近平指出,我们首次全面阐释中国的全球经济治理观。他强调,我们要积极参与全球治理,主动承担国际责任。[2] 在 2017 年 10 月 18 日中共十九大开幕式上,习近平在《决胜全面建成小康社会 夺取新时代中国特色社会主义伟大胜利》报告中,再次强调我们要秉持共商共建共享的全球治理观。

（3）在理论构建过程中逐渐呈现出中国国际关系理论体系的基本框架。尽管在中国国际关系理论是否要有中国特色以及在中国特色的内容界定上,学术界意见并不一致,但是,我国学者循着三条途径进行着的研究和探索,其趋向却殊途同归,辐辏地聚向于中国的国际关系理论体系:第一,重点研究我国领导人的外交思想。关于毛泽东外交理论研究主要集中在独立自主、统一战线和三个世界方面;关于周恩来外交理论研究主要集中在外交辩证法、和平共处五项原则和国家平等理论研究方面;关于邓小平外交理论研究,包括邓小平国际战略思想、外交思想、国际新秩序思想、和平与发展时代观、第三世界战略、国家利益和国家实力等方面。第二,注重挖掘和研究中国文化传统中的外交理论。至今已涉及的内容有:孙子政治军事思想、外交实践与文化传统思想、中国传统文化与当代中国外交、诸葛亮外交思想、李鸿章外交思想和曾国藩外交思想等。第三,在研究西方国际关系理论的基础上提出自己的观点。在这一时期,中国学者开始更系统地对西方国际关系理论进行评析。笔者在纪念首届上海国际关系理论讨论会 30 周年的会议上提出"三个如何"的看法:如何从时代大背景的变迁全面地把握西方国际关系理论百年的发展? 如何从中国的视角客观地介评西方国际关系理论的优劣? 如何从借鉴西方理论的角度创新地加快中国国际关系理论的建设。其核心是以我为主,创新为本。

从上述简单的回顾中,我们不难引出几点初步的看法:

---

[1] 新华社北京 2015 年 10 月 13 日电。

[2] 新华社北京 2016 年 9 月 28 日电。

1. 改革开放为国际关系学发展注入了活力和生机,中国国际关系理论研究在过去 30 多年里虽有突破性进展,但仍落后于人,目前正迎头赶上。

2. 通过国际交流与合作,中国学者在一定程度上参与了西方国际关系理论的第三次论战的讨论。他们不仅熟悉第三次论战中出现的新问题、新方法、新内容、新热点和新学派,而且就不少理论问题开始提出独到的见解。研究的项目包括民族国家与国际组织、战争与和平、和平与发展、国际政治经济学(IPE)、国际安全研究(ISS)、区域政治、国际文化、联合国与全球问题等,这一纵深发展已引起国际学术界的注目。

3. 在国际形势日趋复杂的情况下,中国学者努力摆脱"背景＋过程＋展望＝国际问题研究"的公式,探索用新的理论方法,科学地研究、预测国际新形势。在建立中国国际关系理论体系的过程中,正确处理马列主义理论与国际关系理论之间的关系,坚持马列主义的思想方法是我国国际关系理论的指导,同时注意吸收西方国际关系理论研究中合理的成分和科学的方法。

第二节　建立中国国际关系理论的若干问题

自 1978 年 12 月党的十一届三中全会以来,我国社会科学领域有了很大的变化,国际关系理论的研究也不例外:对西方国际关系理论进行了初步的评介;若干国际关系的研究课题取得了可喜的成果;大学有关系开始设立国际关系理论课程;关于建立中国国际关系理论体系的呼声渐高,并开始了有步骤的研究和探索。这些情况表明,中国国际关系理论研究已进入了一个新的开创阶段。然而,建立中国国际关系理论体系是一项光荣而艰巨的任务,在创建过程中必须正确地处理好若干重要问题,特别是以马列主义为指导的问题,中国特色问题、中国学派问题和对西方国际关系理论的评介问题。

第一,关于以马列主义为指导思想的问题。

马列主义、毛泽东思想、邓小平理论给我们留下了宝贵的理论遗产,其中关于国际关系的精辟论断仍是我们研究工作的指南。失去马列主义为指导思想,就会失去理论研究的正确方向,就根本谈不上建立中国国际关系理论体系。

　　纵观西方国际关系学的发展历史,可以发现,不少学者也介绍马列主义关于国际关系的论述,但他们是把马列主义作为一般的学派来加以评介,往往以主观主义或唯心主义态度抽象肯定,具体否定,而且有不少解释是片面的、武断的或错误的。因此,要建立中国国际关系理论,首先要确立马列主义的指导地位,全面正确地阐述马列主义关于国际关系的基本观点。

　　马列主义不仅是一个学派的理论,而且是我们创建国际关系理论体系的根本指导思想。历史经验充分证明,只有马列主义世界观才能正确地提示社会政治经济的发展规律,反映无产阶级的利益、观点和文化。列宁说:"马克思主义这一革命无产阶级的思想体系赢得了世界历史性的意义,是因为它并没有抛弃资产阶级时代最宝贵的成就,相反地却吸收和改造了两千多年来人类思想和文化发展中一切有价值的东西。"[①]"马克思的历史唯物主义是科学思想中的最大成果。"[②]尽管由于某些历史条件的限制,马克思、恩格斯和列宁来不及创建关于社会主义对外政策和无产阶级国际关系的完整理论体系,但是我们不同意有些西方学者说的马列主义中没有国际关系理论的看法。实际上在马克思、恩格斯、列宁、斯大林和毛泽东的著作中,关于国际关系的论述是很多的。《共产党宣言》提出了国际关系的基本准则和无产阶级的历史使命,这部划时代的文献比西方国际关系理论形成的时间还要早半个多世纪! 马克思的《十八世纪外交史内幕》和《论普法战争的两篇宣言》、恩格斯的《俄国沙皇政府的外交政策》和《反杜林论》的有关章节、马恩的部分通信、列宁的《帝国主义是资本主义的最高阶段》和《论民族殖民地问题的三篇文章》等以及斯大林、毛泽东的有关著作,都对国际关系和世界政治的一些重大现实问题和理论问题作了精辟的阐述。这些著作是为我们留下的有待进一步认识和开发的理论宝库。笔者认为特别要在以下几方面下功夫,进行重新认识和深入研究:(1)时代问题以及有关国际政治经济问题。(2)帝国主义和霸权主义问题,战争与和平问题。(3)无产阶级爱国主义和无产阶级国际主义问题。(4)民族殖民地学说和民族解放运动问题。(5)对外政策原则和策略问题。(6)历史唯物主义和辩证唯物主义的哲学思想和研究方法。国际关系理论作为一门独立的社会科学学科,应该包括历史分析、基础理论、现实应用和科学预测。只有在马列主义的指导下,我

---

① 列宁:《论无产阶级文化》,《列宁选集》第 4 卷,第 362 页。
② 列宁:《马克思主义的三个来源和三个组成部分》,《列宁选集》第 2 卷,第 443 页。

们才能做到这一点。

第二,关于中国特色问题。

中国国际关系理论要不要、有没有中国特色? 自 90 年代以来,国际关系学术界一直对这个问题给予极大的关注。早在 1991 年,就有学者提出,中国的国际关系理论研究并非一张白纸。中国的传统文化、第三世界理论、革命战争理论都是形成中国特色的促因。① 社会科学总会打上阶级烙印,国际关系理论作为一门社会科学不但有鲜明的阶级性,而且必然同本国的文化传统和实际相结合,具有自己鲜明的特征。②

1987 年,宦乡在上海举行的首次国际关系理论讨论会上作主旨报告时说:“对过去历史上的经验教训,加以借鉴,加以利用,可以作为我们建立中国特色国际关系理论的营养。”③1994 年 5 月,中国国际关系史研究会和北京大学国际政治学系曾举行了一次关于建设中国特色国际关系理论学术讨论会。与会大多数代表对“有中国特色”持肯定态度。梁柱认为,国际关系理论有中国特色是建设中国特色社会主义的重要方面。鲁毅就中国特色国际关系理论学科提出四点意见,即加深对马克思主义关于国际关系理论的贡献的认识;重视邓小平对国际关系的论述和老一辈革命家的理论贡献;在研究对象和范围上求得共识;拟定一个国际关系理论的整体框架。梁守德强调“有中国特色”的“四个必须”:必须以中国特色社会主义理论为指导;必须为正确确立中国在国际社会的地位,处理中国的国家利益服务;必须为中国的国家利益服务;必须继承、发扬中国的优良传统文化。会上,也有一些代表提出不同的观点。徐昕认为中国特色社会主义是治国方策,是一种政治思想,而国际关系理论是学术活动,两者有区别。张锡镇则担心过分强调中国特色会产生副作用,给外界一种错觉,即这种理论是为中国人服务的。④

国内最早主张建立中国特色国际政治学理论的一位学者是梁守德。他于 1990 年率先在《国际政治概论》的导言中比较系统地论述了中国特色的问题,他分别于 1991 年和 1997 年发表的《论国际政治学的“中国特色”》和

① 袁明(主编):《跨世界的挑战——中国国际关系学科的发展》,重庆出版社,1992 年。
② 同上。
③ 宦乡:《关于建立国际关系学的几个问题》,《国际关系理论初探》,上海外语教育出版社,1991年,第 7 页。
④ 王联:《建设有中国特色的国际关系理论学术讨论会综述》,《国际政治研究》,1994 年第 3 期。

《国际政治学在中国——再谈国际政治学理论的"中国特色"》两篇论文进一步地探讨了中国特色的问题,梁守德认为,任何一种理论本身内在规定其必然要有特色,因为凡理论都是相对的,没有个性、特性就没有普遍性和共性。"特色越鲜明,理论越科学"。^① 梁守德对不同意中国特色的观点并不是采取排斥的态度,而是采取商榷的态度。他归纳了持不同观点的学者的五种意见:(1)国际关系理论是普遍使用的科学,要"力图克服民族主义的障碍",提中国特色本身就不科学;(2)中国特色是一个意识形态概念,学术研究不能照搬;(3)突出强调中国特色会陷入理论实用性、片面性,削弱理论的学术性,有可能造成理论的停滞性和僵化;(4)特色形成不能预先设计,而有赖于理论自身的发展和成熟;(5)中国学者的理论研究本身就带有中国特色,不需特别"突出"。然而,他指出,这些看法虽然能够理解,但是站不住脚。他坚持,不管承认不承认,国际政治学理论不仅有各国特色,还有学派特色和个人特色。中国特色就是中国化,最根本的是要符合世情和国情的实际,关键在于认准世情和国情的最佳汇合点。为此,他提出三个命题:理论都是相对的,理论都有个性,理论都需要更新与发展。同时,他还提出,国际政治学的中国特色至少应包括三方面的内容:(1)以国家权力为核心,超越社会制度和意识形态,突出主权利益同强权利益的关系;(2)把生产力标准引进国际政治领域,确立经济优先观点,注重政治同经济的相互渗透;(3)以改革促发展,维护世界和平,正确处理稳定与进步的关系,建立公平合理的国际经济政治新秩序。^②

2005年,《中共中央关于进一步繁荣发展哲学社会科学的意见》发表。《意见》号召我们"既立足当代又继承传统,既立足本国又学习外国,大力推进学术观点创新、学术体系创新、科研方法创新,努力建设具有中国特色、中国风格、中国气派的哲学社会科学体系"。至此,《意见》对关于中国特色的讨论作了重要的小结,把大家的认识提到一个新高度,把中国特色国际关系理论的建设推向一个新水平。2016年5月17日,习近平在哲学社会科学工

---

① 梁守德:《国际政治学在中国——再谈国际政治理论的'中国特色'》,《国际政治》,1997年第1期。

② 梁守德关于中国特色问题的论文有:《关于国际政治学的中国特色和研究对象的探讨》,《国际政治研究》,1991年第4期;《关于中国外交学的中国特色的探讨》,《外交学院学报》,1993年第4期;《试论国际政治学的中国特色》,《国际政治研究》,1994年第1期;《国际政治学在中国:再谈国际政治学理论的中国特色》,《国际政治研究》,1997年第1期;《中国国际政治学理论建设的探索》,《世界经济与政治》,2005年第2期。

作座谈会上作了重要讲话,再次强调建设中国特色、中国风格、中国气派哲学社会科学体系的必要性和紧迫性。笔者认为,构建中国特色国际关系理论是中国特色哲学社会科学体系的重要组成部分。中国特色要求实现主体性和原创性,以人民为中心,在继承中求发展,在创新中求突破;中国风格要求包容互鉴,具有宽广视角,做大学问、真学问,培养严谨治学、求真务实的好学风;中国气派则要求高瞻远瞩,树立文化自信,立足中国但有世界胸怀,大胆探索,开拓进取,创造出反映新时代的新理论。

目前,关于"中国特色"的讨论和探索仍在继续。这场讨论和这一探索是健康的、有益的,它必然对中国国际关系理论的创建和发展起积极的推动作用。

第三,关于中国学派问题。

最近10多年来,关于中国学派的议论已成为国际关系研究领域的热门话题。这是改革开放以来中国国际关系理论发展使其然,有种"水到渠成"的感觉。学者们普遍认为,从中国特色到中国学派是必然的路径,[①]标志着这个领域的研究进入了构建中国特色、中国风格、中国气派国际关系理论体系的新阶段。

20世纪末,上海学者黄仁伟、金应忠、俞正樑、苏长和、任晓呼吁在中国特色的基础上培育中国学派的问题。不久,南北呼应,北京学者秦亚青、王逸舟、蔡拓、王正毅等也先后发声,主张国际关系理论中国化,倡议产生中国学派。[②] 2016年2月15日,《人民日报》发表秦亚青的文章:《构建国际关系理论的中国学派》。文章提出,构建中国学派就是在"非西方语境下进行理论创新,构建一个真正站得住的理论体系",这更是表明,中国学派问题已明显置于中国国际关系理论研究的重要议题上了。笔者认为,经历了与西方国际关系理论的对话、比较国际关系理论的发展,实现对西方国际关系理论的超越和构建中国国际关系理论的努力,只有到中国学术界非得以自己的话语和方式表达中国的意志和观点之时,国际关系理论的中国学派才能应运而生,得以确定。

---

① 参见门洪华:《从中国特色到中国学派——关于中国国际关系理论建构的思考》,《国际观察》,2016年第2期。

② 参见秦亚青:《国际关系理论的核心问题与中国学派的生成》,《中国社会科学》,2005年第3期;秦亚青:《国际关系理论中中国学派生成的可能和必然》,《世界经济与政治》,2006年第3期;朱锋:《中国特色的国际关系与外交理论创新研究:新议程、新框架、新挑战》,《国际政治研究》,2009年第2期。

1. 国际关系理论的中国学派能建成、被认可,是国际关系理论的中国化过程。从中国意识到中国理论到中国学派,是一个"递进向前的逻辑",[①]任重而道远。要达到这个目标,必须做到:(1)坚持以我为主、创新为本的原则,坚持中国特色、中国风格、中国气派国际关系理论发展的方向和实践;(2)建立一批国内外堪称一流,与国内发展同步、与国际发展接轨的国际关系协同创新研究机构;(3)形成代表中国水平、跻身国际先进的老中青结合的国际关系理论研究队伍;(4)产生一批现实与历史结合、理论与实践结合的标志性的国际关系理论研究著作;(5)创造国际关系理论领域的中国话语,打破西方话语独霸的局面。有的学者提出,要达到上述基本目标,不是一件易事,需要时间磨炼,需要几代人努力,因此不要急于建立,不要急于求成,应该逐步前行,一步一个脚印,脚踏实地去创造条件。

2. 创建国际关系理论中国学派与古典理论和传统文化密切相关。大部分学者认为,中国学派的产生不仅是可能的,而且是必然的。但也有少数学者持不同看法,认为科学理论具普遍性,倾向于以古代传统文化来加以定位。如在研究古代先秦思想基础上的"清华路径"和在海流文化基础上形成的"海纳百川、包容共生"的"上海流派",客观上就自然形成了既有共性又有区别的南北路径和流派。

3. 从总体上看,目前中国国际关系理论领域不同学派的雏形正在形成。2016 年 1 月 8 日,秦亚青在上海市国际关系学会和上海人民出版社主办的"国际政治理论与中国特色大国外交"研讨会上说:"中国学派一定是复数的,不是单数,有很多内容,有很多理论流派,有很多概念创新。"

目前已出现的具有不同重点和特点的学派及其观点主要是:

(1)秦亚青及其过程建构主义。秦亚青现任外交学院院长,过程建构主义的代表作是他的论文《关系本位与过程建构:将中国理念植入国际关系理论》(2009 年)和专著《关系与过程——中国国际关系理论的文化建构》(2012 年)。秦亚青认为:西方国际关系理论中现实主义、自由主义和建构主义的明显不足,是忽视对国际体系过程和国际社会复杂关系的研究。他提出要在借鉴建构主义的基础上,将"过程和关系"的中国社会文化理念植入国际关系理论,形成一种新的体系层次的进化理论。他指出,这一"过程

---

① 郭树勇:《中国国际关系理论建设中的中国意识成长及中国学派前途》,《国际观察》,2017 年第 1 期。

建构主义"理论模式的核心概念是"关系性过程",强调"过程包含关系,关系建构过程","过程是运动中的关系,关系的运动形成过程"。这就是过程建构主义的基本内容。① 在秦亚青看来,过程和关系是中国社会文化的重要元素,是中国国际关系理论的核心概念。他的过程建构主义理论强调动态实践,而不是静态事实;强调生成过程,而不是存在实体;强调复杂的社会关系,而不是线性的因果关系。他的新理论范式是"以关系为本位,以过程为本体,以元关系为认识核心,以中庸和谐为方法基础"。② 2015 年,秦亚青发表论文《国际政治的关系理论》,将"过程建构主义"更名为"关系理论"。2018 年,英国剑桥大学出版社出版他的英文专著:*A Relational Theory of World Politics*(《世界政治关系理论》),此书围绕关系世界观、关系本位和元关系三个基本假设,全面系统地阐释了他的国际政治关系理论,打开了国际关系理论中国化的新局面,必将产生极大的国际影响。

(2) 阎学通及其道义现实主义。阎学通现任清华大学当代国际关系研究院院长,国际关系理论"清华路径"的创始者和领军人。道义现实主义的代表作是其论文"道义现实主义的国际关系理论"(2014 年)、专著《世界权力的转移》(2015 年)和编著《道义现实主义与中国崛起战略》(2018 年)。道义的现实主义概念最早在 2012 年出现在西方国际关系理论中,强调政治领导力决定大国实力对比转变和国际体系变革,属于新古典现实主义理论范畴。阎学通把中国的传统道义观与西方国际关系现实主义权力观很好地结合起来。在现实主义有关权力、实力、国家利益的基础上,从个人层面再现道义在大国关系中的作用。研究核心问题是,崛起国如何取代世界上现存的主导国,如何以新型国际体系取代霸权政治。他认为,从国家及其实力来看,可分成主导国、崛起国、地区大国和小国;从政治领导来看,可分为无为、守成、进取和争斗。为此,道义现实主义主张国家应该道义优先,重视国际关系中的道义,推行公平正义文明的价值观,树立德威并重的战略信誉,维护国际规范和世界秩序。③ 阎学通的道义现实主义如今影响渐隆,国内学术界给予它很高的评价,称其论证了道义现实主义的科学性,是国际关系理论

---

① 秦亚青:《关系本位与过程建构:将中国理念植入国际关系理论》,《中国社会科学》,2009 年第 3 期。

② 秦亚青:《关系与过程——中国国际关系理论的文化建构》,上海人民出版社,2012 年,序言第 17 页。

③ 阎学通:《道义现实主义的国际关系理论》,《国际问题研究》,2014 年第 5 期。

中国化的新路径、新范式，"为现实主义理论研究开辟了新方向"。①

（3）蔡拓及其全球学理论。蔡拓现任中国政法大学全球化与全球问题研究所所长。20多年来，他专心致力于全球化和全球问题的研究，探索创建中国特色的全球学路径，取得丰硕的成果。他发表论文近百篇，出版学术论著10多部，其全球学的代表作是《全球学导论》。在书的前言里，蔡拓动情地说："这本著作凝聚了我20多年的学术追求和旨趣，实现了我20多年来建立全球学学科的宿愿。"他还回顾了20多年学术探索的历程："我的研究从全球问题学走向全球化学、全球治理学，始于20世纪90年代末期。《中国社会科学》上发表的《全球主义和国家主义》（2000年）、《全球治理的中国视角与实践》（2004年）两篇文章是这一转向的代表作。……伴随国内学术界对全球化与全球治理的关注与研究，我的研究内容和重点，也更侧重于全球化与全球治理。"②《全球学导论》是至今国内学术界第一本全球学理论力作，它在全球化和全球治理的本体论、方法论和价值观方面实现了理论创新：在本体论方面，它强调全球化带来的全球远景这一理论本体，对全球学知识体系的建构具有基础和核心意义；在方法论方面，它强调要突破民族国家视野的局限，以全球主义方法论重构人类对政治、经济、文化、环境和社会等领域全球化的认知体系；在价值观方面，它强调以全球意识、全球思维和全球价值来改变单纯国家主义和狭隘民族主义的偏见和不足。

（4）金应忠及其国际共生理论。金应忠曾长期担任上海市国际关系学会秘书长，勤勤恳恳工作，踏踏实实研究，几十年如一日，从未放弃过对学理的探求和原创的追求。他具有扎实的专业知识和深厚的理论底蕴，在原来国际关系比较理论研究的基础上，近年来，他开拓并沉湎于一个新的研究领域：国际共生理论。其代表作是发表在《社会科学》2011年第10期上的"国际社会共生论：和平发展时代的国际关系理论"一文。金应忠的研究紧紧扣住时代的变迁：和平发展合作共赢成为时代主要潮流，大发展大变革大调整成为国际局势的基本特点。在上海市国际关系学会会长杨洁勉的支持下，金应忠和其他几位上海学者俞正樑、胡守钧、任晓、苏长和等活跃在该领域的研究和探讨中，召开各种研讨会，进行各种形式的对话，发表研究文章，初步提出了关于国际社会共生理论的基本概念和理论框架：第一，任何事

---

① 参见吕耀东、谢若初：《中国的国际关系与国际政治研究新趋势》，《和平与发展》，2016年第5期。

② 蔡拓等著：《全球学导论》，北京大学出版社，2015年，前言第5—6页。

物都有阴阳两体,一物两体即同生,其基本形态是和而不同。第二,人与人、国与国共生交汇连接,形成同生关系和相互关联的共活关系。人与人、国与国之间存在差异性,其差异性不是排他性,彼此影响,求同存异。第三,国际关系也由不同主体共生性建构起来,虽然不同主体之间有矛盾,但共生是主趋势,外交的本质性任务是优化共生关系。第四,要重视共生关系的诸多因素:主体性、变化性、关联性和束缚性,特别是经济关系中的共生因素,因为它们是孕育、形成、强化国际社会共生网络的巨大动力。第五,在无政府状态的国际社会里,各个国家追逐权力和利益,但它们之间存在共生的关联性。冲突与合作、挑战与机遇相伴而生,应摒弃零和博弈,促共生、求共赢、达共治。第六,共生是国际社会自存、自保、自延的基本选择,各国独立存在,又共存共生,实现普遍安全的人类命运共同体是历史演变的必然逻辑。

(5)唐世平及其社会演化理论。唐世平是复旦大学国际关系与公共事务学院教授,他博学多才、著作等身,学贯古今、蜚声中外。他被称为是"半个神人""一个奇才"。他的研究领域跨不同学科,如国际政治、社会进化理论、社会心理学、广义制度变迁理论、制度经济学等。他通常用英文创作,发表了大量英文论文,出版了数量不少的英文著作。他的《国际政治的社会演化》英文专著被评为国际研究协会 2015 年年度最佳著作,他是获得这一殊荣的首位亚洲学者。他在比较国际政治、政治学理论、国际关系社会学理论、社会科学哲学、制度经济学等方面已达到了国际公认的水平,社会演化理论是他研究的代表性成果,其主要观点体现在他的专著《国际政治的社会演化》中,他把生物学进化论的"突变—选择—遗传"机制引入国际问题研究,得出一种解读国际政治系统性变迁的社会演化范式。为此,唐世平提出新的国际关系归因说,他认为,最能影响社会演化的是四个内部维度(能力、意图、利益、决心)和一个外部维度(合作与冲突的国家对外行为),这些维度对理解他人行为和国家行为都是必不可少的。[①] 唐世平的研究成果向结构主义正统理论提出了质疑,他运用跨学科的知识手段和方法进行大胆尝试,为中国国际关系理论增添了新的研究思路和范式,是跨学科互补互鉴的一个成功实例,是国际关系理论中国化的一个突破。

第四,关于对西方国际关系理论的评介问题。

---

① 唐世平:《一个新的国际关系归因理论——不确定性的维度及其认识挑战》,《国际安全研究》,2014 年第 2 期。

要建立中国国际关系理论体系,还要正确地处理好对西方理论的批评和借鉴的问题。要根据马列主义关于对客观情况进行历史的具体的分析的基本原则,一方面应看到西方国际关系理论的发展和理论贡献,研究哪些可以借鉴,洋为中用;另一方面应看到它的局限和缺陷,进行必要的分析批判。两者不可偏废。西方国际关系理论属资产阶级意识形态,不批判、只借鉴,甚至全盘接受,就会迷失方向,丧失立场。坚持批判的态度,才能正确地借鉴。但是,西方国际关系理论又是在特定的领域体现了人类文化发展的成果,不加以研究,不借鉴,不吸取其中有益的东西也是片面的。毛泽东说得对:"我们的方针是,一切民族、一切国家的长处都要学,政治、经济、科学、技术、文学、艺术的一切真正好的东西都要学。但是,必须有分析有批判地学,不能盲目地学,不能一切照抄,机械搬运,他们的短处、缺点,当然不要学。"①

笔者认为,在这一前提下,很重要的一点是要把握变化与实质的关系。应该看到,西方国际关系理论从20世纪40年代的摩根索现实主义发展到今天的新现实主义,变化是很大的,从原先鼓吹强权政治、武力干涉、国际冲突和霸权思想到强调国际政治经济、霸权后合作、国际机制和南北关系,从20世纪50年代马列著作被列为禁书到如今开禁并列入大学国际关系专业参考书,而且还出现了一批国际关系研究的"新马克思主义者",这说明随着国际形势变化,东西方关系缓和,在国际关系领域西方的理论融入了许多新的内容。

然而,这并不意味西方国际关系理论的实质起了根本变化。对这一点,我们必须保持清醒的头脑。前几篇文章已提及,80年代西方国际关系理论重新强调其实践性,它与政府决策关系更趋密切。美国国际关系理论仍以"美国利益全球化"为信条,坚持为美国对外战略服务。例如,新现实主义一方面强调国际合作,另一方面仍坚持强权政治,称"为美国对外战略提供一种新的思维方法";国际政治经济学强调国际政治与国际经济结合,是理论上的一个发展,但它实质上是以美国经济利益为中心的一种"新遏制经济学";国际机制论和世界秩序论突出国际关系原则、准则、规则和程序的重要性,但是骨子里美国仍是"老大自居",要别人按美国的政治原则和价值标准行事,美国政府近年来很推崇"国际关系机制化、制度化",西方国际关系理论与政府决策之

① 《论十大关系》(1956年4月),《毛泽东选集》第五卷,人民出版社,1977年,第285页。

密切可见一斑。在研究西方国际关系理论时,必须看清其实质。

从理论发展的角度来看,也是如此。一方面,应该看到,在西方国际关系理论形成至今的六七十年内,美国几代国际关系研究学者在该领域勤奋耕耘,使国际关系学从幼年时期进入成熟时期,使它演变成一门具有特色的十分活跃的综合性的跨学科的社会科学理论。美国学者从宏观与微观角度筑造起的国际关系理论构架(包括研究对象、基本内容、核心问题和研究方法)可供我们参考,特别是在研究方法上,更不乏可取之处,其中的历史哲学分析、层次分析、体系分析、决策分析、模式分析、博弈分析和比较研究等都含有不少合理的成分和独到的见解,具有较强的逻辑性和实用性,均值得我们加以借鉴。

另一方面,必须指出,西方国际关系理论与其他西方社会科学学科一样,也有着明显的缺陷。列宁曾提及旧理论的两个缺陷:一是没有摸到社会关系发展的客观规律性和本质特征;二是没能说明人民群众的活动和历史作用。这一分析也适用于西方国际关系理论。

美国国际关系理论本质上是以西方大国关系为主,在大多数美国学者看来,世界政治就是大国政治,而大国政治的核心是美国,故西方国际关系理论就是以美国为中心的大国国际关系理论。[1] 有一位美国学者直言不讳地说:"美国的国际关系研究不可避免地是以美国在世界上的作用为条件的。"[2]经过二次大战后的"重心转移"和冷战后的"地位加强",美国为中心的西方国际关系理论占据了"该学科的支配地位"。[3]

在美国国际关系理论中找不到小国、弱国、穷国的应有地位,听不到广大第三世界国家的正义声音,强权政治不消说,就是体系理论、互相依存理论和国际政治经济学也暴露出这一根本问题。有的学者即使提到南北关系,也往往歪曲第三世界国家的要求和立场,对它们的"观点和看法听而不闻、视而不见"。对于"美国为中心"这一点,不仅英国学者表示不满,认为是"损害了包括国际关系和政治学在内的社会科学",而且连美国学者也承认,这种"美国国际关系研究的超级大国地位"和他们"超级大国学者"已成为

[1] William Wallace,"Truth, Power, Monks and Technocrats", *Review of International studies*, 1996(22-1).

[2] 杰奥弗里·戈得温(主编):《大学的国际关系教学》,牛津大学出版社(英文版),1995年,第94页。

[3] Hugh Dyer and Leon Mangasarian,*The Study of International Relations*, St. Martin's Press, 1989, p.3.

"批评的目标"。① 因此,在世界范畴内发展国际关系理论研究的民主化和多样性,反对国际关系理论领域的任何霸权支配地位,使国际关系理论充分地反映各国人民,特别是第三世界国家和人民的利益、要求和呼声,是我国国际关系理论工作者的重要任务之一。

第三节 几点思考

综上所述,我们在研究过程中得出几点初步的结论。首先,中国国际关系理论的发展过程与改革开放同步,与国际发展接轨,大致上经历了3个阶段:引进西方国际关系理论;引进和探讨西方国际关系理论和探索中国国际关系理论并行;创建中国特色国际关系理论体系。纵观中国国际关系理论的发展过程,我们可以看出,从闭关锁国走向改革开放之时,正是国际关系理论研究在我国悄然兴起之际;逐年扩大改革开放之时,也是国际关系理论研究在我国取得长足发展之际。改革开放是时代的必然趋势,是国家民族走向富强昌盛的必经之路。因此,我们有理由相信,随着改革开放的不断深入,国际关系理论研究在我国必将大有作为。但是,也必须看到,作为一门新学科,它的发展过程中还存在着许多困难。中国国际关系理论的发展,仍然任重而道远。

其次,国际关系理论的建设,既需要专题研究,也需要理论研究自身的构建。如果忽视一些最基本的理论构建,一味地陷入具体专题研究之中,就研究目标而言,则可能骛之愈切而偏离愈远。国际关系学包括理论、历史和现状三个部分,国际关系理论研究是国际关系学的一个重要分支,在论述中国国际关系理论研究框架时,李石生教授概括为三个主要方面:基本概念、基本规律和基本原则。② 梁守德教授提出基本概念、完整体系和鲜明特色。③ 陈乐民教

---

① 见 James Rosenau, *Global Voices: Dialogue in International Relations*, Westview Press, 1993.本书以五场剧本形式展示关于国际关系理论的对话。罗斯诺教授扮演剧中的 SAR (Senior American Researcher 美国高级学者)角色,为主角。第一场题为"超级大国学者",第三场取名为"霸权实力、霸权学科、美国国际关系研究的超级大国地位"。

② 李石生:《关于国际关系学建设的几个问题》,《外交学院学报》,1996 年第 3 期。

③ 梁守德:《国际政治学在中国——再谈国际政治理论的'中国特色'》,《国际政治》,1997 年第 1 期。

授认为,冷战结束后,国际政治学在中国似乎愈加成为一门显学,它联着文史哲政经,它若要走出时事描述性和阐释性的层次,上升到理论思辨的层次,是非走跨学科的道路不可的。① 这些提法涵盖面广且深,较为充分地体现出国际关系理论研究的特点,已受到学术界的重视。

再次,关于中国国际关系理论要不要有中国特色的问题,回答是肯定的。一方面,强调中国特色并不就是狭隘的民族主义和强调意识形态概念,任何政治理论研究都有立场和视角问题,中国学者研究国际关系理论应从本国实际情况出发,站在中国的立场为本国国家利益服务,这就决定了中国国际关系理论研究要有中国特色;另一方面,强调中国特色也并非与研究全球共同的国际关系规律相抵触。就理论而言,从俯视的角度看世界各国间的关系,国际关系研究是有共同规律可循的。但是,具体到一国与他国间的关系时,就不难看出各国的国际关系理论都具有本国特色。没有自己的理论,就容易跟在西方理论后面乱转。为了建立中国的国际关系理论体系,我们应正确对待西方的理论。既不盲从,也不拒绝。应扬长避短,西为中用。经过比较分析和批判借鉴,奋起直追。

最后,从中国国际关系理论研究的三个发展阶段看,我们虽然在国际关系理论研究领域取得了明显进展,但与建立中国国际关系理论体系的目标还相距甚远。为此,我们应该在以下几方面继续作出努力:

1. 具有理论探索勇气。

国际关系理论反映变化着的世界,变化着的世界需要国际关系理论。国际形势风云变幻,国际关系曲折发展,新问题和新现象不断出现,要求国际关系学者进行认真研究,作出科学分析。这就必须要在马列主义、毛泽东思想和邓小平理论指导下,鼓起理论勇气,敢于探索,勇于创新,提出新见解和新观点。要体现中国国际关系理论的主体性,要以自己的研究成果在世界的学术舞台上争得一席重地。要"立足中国,借鉴国外,挖掘历史,把握当代,关怀人类,面向未来,充分体现继承性、民族性、原创性、时代性、系统性、专业性,创新发展中国特色、中国风格、中国气派的哲学社会科学,为实现两个百年奋斗目标,实现中国梦提供强大的思想理论支撑"。②

① 陈乐民:《拓宽国际政治研究的领域》,《太平洋学报》,1997 年第 2 期。
② 《中共中央关于加强构建中国特色哲学社会科学的意见》,2017 年 5 月 16 日。

2. 注意国际关系理论和实践的结合。

密切联系实际,使国际关系理论研究更富有现实性和时代感,更好地为执行我国外交政策、发展我国对外关系服务。我们越来越感到,要使中国更了解世界,让世界更了解中国,就必须加强国际关系及其理论的研究,而以下五个问题显得特别迫切和重要:第一,世纪之交国际关系格局变化的理论问题,尤其需要从国家利益和全球安全战略角度进行深入探讨;第二,和平与发展问题,包括国际冲突、国际危机、核战略、第三世界等问题的研究;第三,国际政治与经济体系,特别是国际政治经济学、相互依存、国际合作等理论问题;第四,国际人权问题,这不应是西方国家的专利,我们应该从理论高度和实践深度阐明人权问题的基本观点和立场;第五,建立世界新秩序和加强全球治理的理论和实践问题,如今西方学者也在大谈特谈世界新秩序和全球治理,两者的区别何在?世界政治与经济新秩序的特点、内容、性质、条件、机制、方法是什么?全球化与全球治理有什么关系?这些问题都需要进一步从理论上加以探讨和总结。

3. 加强国际关系理论研究的队伍建设。

要建立中国国际关系理论体系,就必须有一支掌握马列主义基本观点,具备深厚的历史知识功底,熟练运用外语工具,并具有良好的治学态度以及现代科学研究方法和手段的研究队伍。而目前我国国际关系理论研究队伍在总体素质上与其他社会科学(如经济学、哲学、历史学等)相比还显薄弱。尽管目前还不宜集中太多的人到这一领域来,但根据对外开放形势的发展和国际问题研究深入的需要,适当扩大队伍,提高队伍素质,是一个亟待解决的问题。毛泽东说过:"我们现在有许多做理论工作的干部,但还没有组成理论队伍,尤其是还没有强大的理论队伍。"[1]这段话读来还是那样具有现实感和现实意义。

马克思说过:"理论在一个国家的实现程度,决定于理论满足这个国家的需要程度。"[2]改革开放需要国际关系理论,正在迈向21世纪的中国需要国际关系理论,时代的发展呼唤中国国际关系理论走向世界。我们应加倍努力,坚韧不拔,奋起直追,使中国国际关系理论研究也能立足于世界学派之林,无愧于改革开放的中国,无愧于和平与发展的时代。

---

[1] 《在中共全国代表大会上的讲话》(1955年3月31日),《毛泽东文集》第六卷,人民出版社,1999年,第395页。
[2] 马克思:《〈黑格尔法哲学批判〉导言》,《马克思恩格斯选集》第1卷,第10页。

附录　主要参考书目

Ⅰ. 英文

1. Allison, Graham, *Essence of Decision: Explaining the Cuban Crisis*, Little, Brown, 1971.

2. Allison, Graham and Philip Zelikow, *Essence of Decision: Explaining the Cuban Crisis*, Longman, 1999.

3. Aron, Raymond, *Peace and War: A Theory of International Relations*, Translated by Richard Howard and Annette Baker Fox, Doubleday, 1966.

4. Axelrod, Robert, *The Evolution of Cooperation*, Basic Books. 1984.

5. _____, *The Complexity of Cooperation: Agent-Based Models of Competition and Collaboration*, Princeton University Press, 1997.

6. Baldwin, David, *Economic Statecraft*, Princeton University Press, 1985.

7. _____ (ed.), *Neorealizm and Neoliberalism: The Contemporary Debate*, Columbia University Press, 1993.

8. Booth Ken and Steve Swith (eds.), *International Relations Theory Today*, Cambridge State Press, 1995.

9. Brown, Seyom, *International Relations in a Changing Global System: Toward a Theory of World Polity*, Westview Press, 2nd ed., 1992.

10. Bull, Hedley, *The Anarchical Society: A Study of Order in World Politics*, MacMillan, 1995.

11. Carr, Edward Hallett, *The Twenty Years' Crisis 1919—1939: An Introduction to the Study of International Relations*, Harper and

Row，1939；2nd ed.，1946.

12. Claude，Inis，*Power and International Relations*，Random Press，1962.

13. Cooper，Richard，*The Economics of Interdependence: Economic Policy in the Atlantic Community*，McGraw Hill，1968.

14. Deutsch，Karl，*The Analysis of International Relations*，Prentice Hall,Inc.,1968.

15. Dougherty，James and Robert Pfaltzgraff，Jr，*Contending Theories of International Relations: A Comprehensive Survey*，Longman，fourth ed.,1997.

16. Freeman，Chas，*Arts of Power — Statecraft and Diplomacy*，United States Institute of Peace Press，1997.

17. Friden，Jeffry and David Lake（eds.），*IPE: Perspectives on Global Power and Wealth*，St.Martin's Press，1987.

18. Friedman，Thomas，*The Lexus and the Oliver Tree: Understanding Globalization*,Farrar Straus Giroux，1999.

19. Fukuyama，Francis，*The End of History and the Last Man*，Free Press，1992.

20. Gilpin，Robert，*War and Change in World Politics*，Cambridge University Press，1981.

21. _____,*The Political Economy of International Relations*，Princeton University Press,1987.

22. _____，*Global Political Economy: Understanding the International Economic Order*，Princeton University Press，2001.

23. Halliday，Fred，*Rethinking International Relations*，MacMillan，1994.

24. Held，David and Anthony McGrew（ed.），*Global Transformation Reader: An Introduction to the Globalization Debate*，Polity Press，2000.

25. Hoffmann，Stanley（ed.），*Contemporary Theory in International Relations*，Prentice-Hall，Inc.,1960.

26. _____,*Janus and Minerva: Essays in the Theory and Practice of*

International Politics，Westview Press，1987.

27. Huntington，Samuel，*The Clash of Civilizations and the Remaking of the World Order*，Simon and Schuster，1997.

28. Jervis，Robert，*Perception and Misperception in International Politics*，Princeton University Press，1976.

29. Kaplan，Morton，*System and Process in International Politics*，John Wiley and Sons，Inc.，1957.

30. Katzeastein，Peter，Robert Keohane and Stephen Krasner，*Exploration and Contestation in the Study of World Politics*，The MIT Press，1999.

31. Keohane，Robert，*After Hegemony: Cooperation and Discord in the World Political Economy*，Princeton University Press，1987.

32. _____（ed.），*International Institutions and State Power: Essays in International Relations Theory*，Westview Press，1977.

33. _____（ed.），*Neorealism and It's Critics*，Columbia University Press，1986.

34. Keohane，Robert and Joseph Nye，*Power and Interdependence: World Politics in Transition*，Little，Brown，1987（2nd）and 2000（3rd）.

35. Kissinger，Henry，*World Order*，Penguin Press，2014.

36. Krasner，Stephen（ed.），*International Regimes*，Cornell University Press，1983.

37. Lieber，Keir（ed.），*Realism in International Relations: The Review of Politics School*，University of Notre Dame Press，2009.

38. Lieber，Robert，*Theory and World Politics*，Winthrop Publishers，1972.

39. _____，*No Common Power — Understanding International Relations，the fourth edition*，Prentice Hall，2001.

40. Lobell，Steven/Norrin Ripsman and Jeffrey Taliaferro（ed.），*Neoclassical Realism，the State and Foreign Policy*，Cambridge University Press，2009.

41. MacClelland，Charles，*Theory and the International System*，

MacMillan, 1996.

42. Mittelman, James (ed.), *Globalization: Critical Reflections*, Lynne Rienner Publishers, 1996.

43. _____, *The Globalization Syndrome: Transformation and Resistance*, Princeton University Press, 2000.

44. Modelski, George, *Long Cycles in World Politics*, University of Washington Press, 1987.

45. Morgenthau, Hans, *Politics Among Nations: The Struggle for Power and Peace*, 5th ed., Knopf, 1978.

46. Neumann, Iver and Ole Wæver (ed.), *The Future of International Relations: Masters in the Making*, Routledge, 1997.

47. Nye, Joseph, *Bound to Lead: The Changing Nature of American Power*, Basic Book, 1990.

48. _____, *Understanding International Conflicts: An Introduction to Theory and History*, Harper Collins College Publishers, 1993.

49. _____, *The Paradox of American Power*, Oxford University Press, 2002.

50. _____, *The Power Game*, Public Affairs Press, 2004.

51. _____, *Soft Power — The Means to Success in World Politics*, Public Affairs Press, 2004.

52. _____, *The Future of Power*, Public Affairs Press, 2011.

53. _____, *Is the American Century Over?*, Polity Press, 2015.

54. Olson, William (ed.), *The Theory and Practice of International Relations*, Prentice Hall, Inc., 1987 and 1997.

55. Oye, Kenneth, *Cooperation Under Anarchy*, Princeton University Press, 1986.

56. Rosenau, James, *Turbulence in World Politics: A Theory of Change and Continuity*, Princeton University Press, 1990.

57. Smith, Steve (ed.), *International Relations: British and American Perspectives*, Basil Blackwell, 1985.

58. Spero, Joan and Jeffrey Hart, *The Politics of International Economic Relations*, St. Martin's Press, 1997.

59. Thompson, Kenneth, *Masters of International Thought: Major Twentieth Century Theorists and the World Crisis*, Louisiana State University Press, 1980.

60. _____, *Fathers of International Thought: The Legacy of Political Theory*, Louisiana State University Press, 1994.

61. Walt, Stephen, *Taming American Power: The Global Response to US Primacy*, WW Norton and Company, 2005.

62. Waltz, Kenneth. *Man, the State, and War*, Columbia University Press, 1979.

63. _____, *Theory of International Politics*, Addison-Wesley, 1979.

64. Wendt, Alexander, *Social Theory of International Politics*, Cambridge University Press, 1999.

65. Wolfers, Arnold, *Discord and Collaboration: Essays on International Politics*, Johns Hopkins University Press, 1962.

Ⅱ. 中文

1. 陈汉文:《在国际舞台上——西方现代国际关系学浅说》,四川人民出版社,1985年。

2. 倪世雄、金应忠(主编):《当代美国国际关系理论流派文选》,学林出版社,1987年。

3. 倪世雄、冯绍雷、金应忠:《世纪风云的产儿——当代国际关系理论》,浙江人民出版社,1989年。

4. 张季良:《国际关系学概论》,世界知识出版社,1989年。

5. 金应忠、倪世雄:《国际关系理论比较研究》,中国社会科学出版社,1989年。

6. 上海市国际关系学会(编):《国际关系理论初探》,上海外语教育出版社,1991年。

7. 袁明(主编):《跨世纪的挑战——中国国际关系学科的发展》,重庆出版社,1992年。

8. 梁守德(主编):《国际政治论集》,北京出版社,1992年。

9. 倪世雄:《战争与道义:核伦理学的兴起》,湖南出版社,1992年。

10. 王逸舟：《当代国际政治析论》，上海人民出版社，1995年。

11. 王辑思（主编）：《文明与国际政治》，上海人民出版社，1995年。

12. 阎学通：《中国国家利益分析》，天津人民出版社，1996年。

13. 颜声毅（主编）：《当代国际关系》，复旦大学出版社，1996年。

14. 俞正樑：《当代国际关系学导论》，复旦大学出版社，1996年。

15. 刘靖华：《霸权的兴衰》，中国经济出版社，1997年。

16. 王逸舟：《西方国际政治学：历史与理论》，上海人民出版社，1998年。

17. 资中筠（主编）：《国际政治理论探索在中国》，上海人民出版社，1999年。

18. 鲁毅等（主编）：《新时期中国国际关系理论研究》，时事出版社，1999年。

19. 星野昭吉、刘小林（主编）：《冷战后国际关系理论的变化与发展》，北京师范大学出版社，1999年。

20. 宋新宁、陈岳：《国际政治经济学概论》，中国人民大学出版社，1999年。

21. 秦亚青：《霸权体系与国际冲突》，上海人民出版社，1999年。

22. 资中筠：《冷眼向洋——百年风云启示录》，三联书店，2000年。

23. 苏长和：《全球公共问题与国际合作》，上海人民出版社，2000年。

24. 陈玉刚：《国家与超国家》，上海人民出版社，2001年。

25. 任晓：《国际关系理论新视野》，长征出版社，2001年。

26. 许嘉：《权力与国际政治》，长征出版社，2001年。

27. 郭树勇：《建构主义与国际政治》，长征出版社，2001年。

28. 阎学通、孙学锋：《国际关系研究实用方法》，人民出版社，2001年。

29. 李少军：《国际政治学概论》，上海人民出版社，2002年。

30. 楚树龙：《国际关系基本理论》，清华大学出版社，2003年。

31. 李景治（主编）：《当代世界经济与政治》，中国人民大学出版社，2003年。

32. 周敏凯：《国际政治学新论》，复旦大学出版社，2004年。

33. 濡忠岐：《世界秩序：结构、机制与模式》，上海人民出版社，2004年。

34. 秦亚青：《权力·制度·文化——国际关系理论与方法研究文集》，北京大学出版社，2005年。

35. 傅耀祖（主编）：《中国国际关系理论研究》，时事出版社，2005年。

36. 郭树勇（主编）：《国际关系：呼唤中国理论》，天津人民出版社，2005年。

37. 蔡拓：《国际关系学》，南开大学出版社，2005年。

38. 王逸舟（主编）：《中国国际关系研究（1995—2005）》，北京大学出版社，2006年。

39. 王缉思:《国际政治的理性思考》,北京大学出版社,2006 年。

40. 王正毅:《世界体系与国家兴衰》,北京大学出版社,2006 年。

41. 徐长春:《国际政治的逻辑》,世界知识出版社,2007 年。

42. 蔡拓:《全球化与政治的转型》,北京大学出版社,2007 年。

43. 赵可金、倪世雄:《中国国际关系理论研究》,复旦大学出版社,2007 年。

44. 阎学通:《国际关系分析》,北京大学出版社,2008 年。

45. 许嘉:《美国国际关系理论研究》,时事出版社,2008 年。

46. 许嘉:《"英国学派"国际关系理论研究》,时事出版社,2008 年。

47. 李少军:《国际关系学研究方法》,中国社会科学出版社,2008 年。

48. 王逸舟(主编):《全球政治与国际关系经典导读》,北京大学出版社,2009 年。

49. 秦亚青(主编):《西方国际关系理论经典导读》,北京大学出版社,2009 年。

50. 高尚涛:《国际关系理论基础》,时事出版社,2009 年。

51. 杨洁勉等著:《对外关系与国际问题研究六十年》,上海人民出版社,2009 年。

52. 戴德铮:《国际政治学要论——国际政治态势与战略应对》,时事出版社,2010 年。

53. 王正毅:《国际政治经济学通论》,北京大学出版社,2010 年。

54. 张小明:《国际关系英国学派——历史、理论与中国观》,人民出版社,2010 年。

55. 段霞(主编):《新中国 60 年——国际关系学发展卷》,北京出版社,2011 年。

56. 秦亚青:《国际关系理论:反思与重构》,北京大学出版社,2012 年。

57. 阎学通:《世界权力的转移》,北京大学出版社,2015 年。

58. 蔡拓:《全球学导论》,北京大学出版社,2015 年。

59. 蔡拓、杨雪冬、吴志成(主编):《全球治理概论》,北京大学出版社,2016 年。

60. 陈家刚(主编):《全球治理:概念和理论》,中央编译出版社,2017 年。

第二版后记

　　《当代西方国际关系理论》一书自 2001 年 7 月出版以来,已经历了 17 个春秋。这期间国际形势在世纪之交继续呈现大发展大变革大调整的势头,中国进入近代以来最好的发展时期,世界处于前所未有的大变局,两者相伴而生,相互激荡,对中国国际关系学研究提出新课题和新要求。在建设中国特色社会主义的新时代,中国国际关系学担负着新的历史责任。

　　时代是思想之父,实践是理论之源。这些年来,我一直想把我 17 年前的这本书作较大的修改和补充,出版修订版,以反映时代的新变化和学科的新发展。后来经过反复考虑,我决定这本书修改的定位是:不作大改,也不小改,而作中改;重点在调整部分结构,补充近 20 年来西方国际关系理论新的发展成果。同时,也对中国国际关系理论的新发展作些必要的梳理和介评。在许多同事和朋友的热情关心和积极推动下,经过两年多的努力,我终于完成了这本书的修订任务。

　　在这本书的第二版出版之际,我内心充满无限的感激。我首先感谢多年来以书信方式向我提出修改意见的老师和学生,他们是曾鑫、陈建荣、丁凯、马建英、李淑俊、张翠英和杨国庆等。我特别感谢这本书的原相关课题组成员,我们 20 年前的合作为这本书的出版打下了坚实的基础。我尤其要感谢复旦大学国际关系与公共事务学院陈志敏教授和苏长和教授对这本书的修订工作所给予的帮助和支持。上海外国语大学中东研究所副教授潜旭明曾是我的博士生,在这本书的修订过程中他的参与和帮助是不可缺少和令人难忘的。我带过的另一位博士生、同济大学邱美荣副教授协助查找资料等也功不可抹。最后,我的感谢要送给长期以来关心、帮助和鼓励我从事国际关系研究的复旦大学出版社的有关领导和本书责任编辑邬红伟老师。

　　我回顾这本书的修订工作,三个要求中调整结构和补充内容基本做了,但创新观点做得不够。囿于我的理论功底、历史基础和分析能力,目前也就只能到这水平了。然而,"求知不觉倦,求学不言老"是我晚年的座右铭,我将以这本书新版问世作为契机,继续走完一生求学路,为新时代中国社会科学的繁荣添砖加瓦。

倪世雄

2018 年 6 月 28 日写于上海世雄国际关系研究中心

(复旦科技园创新中心 2017 室)

第一版后记

　　《当代西方国际关系理论》是我主持的国家"九五"社会科学重点研究项目《当代西方国际关系理论评介》的最后成果。从 1996 年 8 月起,课题组经过三年的努力,于 1999 年下半年完成初稿,后又花了大半年时间对初稿进行细致的修改、删减、补充、调整,至今书稿已经完成,计 50 多万字。

　　从一开始,我们就注意在"新"字上下工夫,对 20 世纪的西方国际关系理论作新的研究探索,挖掘新的材料,增添新的内容,提出新的观点,进行新的比较。

　　这本书有三个明显的特点:

　　1. 系统性。西方国际关系理论自 1919 年作为一门独立的社会科学学科问世以来已有 80 年的历史,经历了三次大的论战,出现近 10 个主要学派和几十种有影响的理论。随着改革开放的深入,中国学术界开始注意对西方国际关系理论的介评工作。10 多年来,已出版了一些编著的译本,但系统性方面仍感不够。我们课题组在这方面作了努力,试图更全面、系统性地对西方国际关系理论作全方位、纵横交替的介评,时间跨度 80 年,内容涵盖不同学派、理论和论战。

　　2. 准确性。10 多年来,中国学者在介评西方国际关系理论方面做了不少工作,出了不少成果,这是首先应该肯定的。然而,在介绍和评叙纷繁复杂多变的西方学派、理论和研究方法时,常有不精确和不准确的情况发生,有的是误译产生的,有的是误解导致的。我们课题组在这本书的写作过程中,把准确性作为项目能否顺利完成的一个重要标准。

　　3. 客观性。毋庸置疑,西方国际关系理论本质上是资产阶级意识形态的反映,是为西方大国战略实践服务的。但作为一门学科,它也有自己的知识规律和方法特点,对人类文化发展也起过一定的积极作用。在介评西方国际关系理论时应防止两个极端：或全盘接受或全面否定。我们课题组把客观性作为另一个要求，在介评不同学派、理论和方法时，力求客观而实事求是地进行分析，作出介评。

在研究这个课题过程中，我们还注意三个结合：

1. 叙述与评论结合。我们不仅注意对每次论战的来龙去脉、每个学派的特点趋势、每个理论的内容方法作尽量详细的叙述，而且都有一定的篇幅对不同学派、理论和论战进行评价，不是一说了事，而是有叙有评。在肯定西方理论的某些积极面的同时，着重剖析其局限性。

2. 重点与全面结合。考虑到 20 世纪 80 年代国内一些论著和文章曾对第一、二次论战(前 60 年的国际关系理论的沿革和发展)作了较多的介绍，因此，在写作这本书时，我们注意既全面评价，又重点突出。对前 60 年西方国际关系理论的介绍不能完全停留在原来的水平，除了增加新的内容之外，还作了一些概括性的分析。重点则放在 1979 年以后，用两章的篇幅介评冷战结束前后 20 年的西方国际关系理论的最新发展和探索。

3. 理论与实践结合。理论与实践的关系是密切的，西方国际关系理论也是这样，它既反映又影响西方外交决策和实践。在写作过程中，我们对学派、论战和理论的产生和实践含义都作了介评。

要对西方国际关系理论作一个系统的、准确的、客观的介评，确实不是一件易事，它涉及面很广，理论性很强，学派交叉，论战繁杂。尽管我们作了努力，但在论述、分析方面还有不少欠缺之处。原以为三年多时间够了，但越到后来，越感到时间太紧，为了赶进度，也留下了不少遗憾之处，只待在今后的研究和教学中加以弥补了。不管怎样，我们希望这本书对中国国际关系理论研究的发展能有帮助。

本课题组成员是：倪世雄、刘永涛、彭召昌、郭学堂、许嘉、潘忠歧、刘巍中、陈剑峰。除我的同事刘永涛博士之外，其他成员都是我的博士生。我们课题组是一个通力合作、团结奋进的集体，我特别高兴地看到，经过这次课题的探索、创作和锻炼，我的学生在国际关系理论领域有了新的提高。

在本书付梓之时，我心里充满了感激。我首先感谢全国哲学社会科学规划办公室将此书列入"九五"国家社会科学基金重点项目。我特别感谢刘同舜教授和金应忠研究员为本书作序。刘同舜教授在国际关系理论研究方面给我的指导是我永生难忘的；金应忠研究员是我的好友，他在过去几年里给了我很多帮助和鼓励。我要感谢陈志敏副教授和周志成副教授对该项目的申报和组织工作所作的特别贡献。我还要感谢孙建杭博士,他参加了本书前期的讨论和设计。复旦大学出版社对本书的出版自始至终给予热情的关心和有力的支持,我代表课题组向复旦大学出版社有关领导和责任编辑邬红伟先生表示衷心的感谢。

倪世雄

2000 年 12 月 10 日

于复旦大学国际关系与公共事务学院

图书在版编目(CIP)数据

当代西方国际关系理论/倪世雄著. —2 版. —上海：复旦大学出版社，
2018.8(2024.11 重印)
(复旦博学. 国际政治与国际关系系列)
ISBN 978-7-309-13632-6

Ⅰ.①当... Ⅱ.①倪... Ⅲ.①国际关系理论-西方国家 Ⅳ.①D80

中国版本图书馆 CIP 数据核字(2018)第 076717 号

当代西方国际关系理论(第二版)
倪世雄 著
责任编辑/邬红伟

复旦大学出版社有限公司出版发行
上海市国权路 579 号 邮编：200433
网址：fupnet@ fudanpress.com http://www.fudanpress.com
门市零售：86-21-65102580 团体订购：86-21-65104505
出版部电话：86-21-65642845
杭州日报报业集团盛元印务有限公司

开本 787 毫米×960 毫米 1/16 印张 33 字数 514 千字
2024 年 11 月第 2 版第 7 次印刷
印数 16 601—18 700

ISBN 978-7-309-13632-6/D · 926
定价：82.00 元

内容提要

　　本书以国际关系理论史上三次大论战为主线，全面系统地论述了西方国际关系理论的历史渊源及其波澜壮阔的发展历程。

　　本次修订的第二版内容前后时间跨度为 100 年，涵盖西方近十个主要学派及其代表人物和几十种有影响的理论观点，包括威尔逊的理想主义、摩根索的现实主义、华尔兹的新现实主义和温特的建构主义等等。

　　作者在书中对各学派、各主要理论的内容及研究方法作了详尽的评述，同时重点介绍分析了几十年来西方国际关系理论的最新发展和探索，如20世纪90年代兴起的"软权力论""地缘经济学"等，以及关于国际安全、全球化和全球治理的新观察、新论点。

国际政治与国际关系系列

研究生教学用书　教育部学位管理与研究生教育司推荐

当代西方国际关系理论

（第二版）

倪世雄　著

复旦大学出版社